〔宋〕歐陽修 撰
柴德賡 點校

柴德賡點校新五代史

第一册

创于1897
The Commercial Press
商務印書館

論歐陽修的《新五代史》（代序）

柴德賡

一、《新五代史》的内容和體例

歐陽修作《五代史記》七十四卷，後世爲别於薛居正等所修《舊五代史》，稱它爲《新五代史》。這是二十四史中唐以後唯一的私人修史。

歐陽修於宋仁宗時主持官修《新唐書》的工作。他在修唐書的同時，搜集了五代的史料。歐陽修比薛居正等修史差不多晚一百年，凡薛居正等所見不到的材料，他都可以見到。像南唐、吴越、北漢入北宋版圖均在薛史成書以後，歐史更可以詳盡記載。所以從史料講，歐史應該比薛史更豐富些。而事實卻不是如此，新增的固然不少，削減的卻多得多。

薛史材料，多根據五代實録。其編纂方法是將本紀列傳按五代次序，連接起來，實在等於五代分修。其長處是材料較多，敍事較詳。短處是文辭繁冗，議論平庸。歐陽修不滿意這些，因而對薛史徹底地加以改編。

歐史的做法，既仿《春秋》，又學《史記》。仿《春秋》是指褒貶議論，學《史記》是指編纂方法。歐陽修把薛史完全打散，重新組織。他把五代十三個皇帝前後連接起來。在每個皇帝的本紀中，除了開端一段敍述較詳外，逐年大事寫得很簡單。薛史多載詔令，歐史全删。薛史本紀六十一卷，歐史只存十二卷。歐陽修把重點放在書法褒貶上面，本紀材料太少，不能説明問題。同時，他卻特別注重中國邊境各少數民族和五代的關係，不斷記載他們來貢、來使，有些是薛史所未載的。這種記錄，多數爲五代塗脂抹粉，其實五代既無此重大影響，各族也不是爲『慕化』而來，這是學《春秋》的毛病。

其次，歐史列傳，名目繁多，可以説是把人物分類，每人歸口。歐陽修把專在某一代做官的人列入這一代的大臣傳，其他歷仕數代的人列入雜傳。此外，歐陽修創造一些類傳的名目，和前史亦有所不同。如把死節死事分爲兩傳，又立《義兒傳》、《伶官傳》、《一行傳》等。他還特撰《唐六臣傳》，以諷刺唐朝宰相張文蔚等幫同朱溫篡位。這種編纂方法，完全爲了體現所謂褒貶精神。

至於十國，和五代同時並存，還占了大半個中國的地方。時間最長的是吳越，有八十四年。最短的是北漢，也有二十八年，比五代哪一個朝代都長。它們有的自制年號，有的表面服從中原王朝，實際完全獨立。薛史修成時有三國尚未歸附，記十國材料不多，可以理解。歐史《十國世家》只十二卷，這是很不相稱的。

從以上情況看，歐史以簡爲主，以文章見長，又寓褒貶於體例之中。這是一個特點。這樣他還嫌不夠，每卷後面（有時在卷中、卷首），絕大部分有正面評論，常以『嗚呼』二字發端，發表長篇議論。歐陽修恐怕讀者不能領會他的《春秋》筆法，還由他的學生徐無黨作注説明。可見他是很重視他自己這一套寫法的。

二、《新五代史》爲什麼獨享盛名

歐陽修作《五代史》，以模仿《春秋》相標榜。可是劉攽説：『好個歐九不讀書。』劉攽因歐史無韓通傳，以爲只能算『第二等文字』，可見同時學者對歐史估價不算太高。吳縝作《五代史纂誤》，挑剔史料方面的錯誤。司馬光修《通鑑》,於新、舊《五代史》雖然兼收並蓄,但事實多取之《舊五代史》。歐陽修作了許多論,司馬光僅取馮道、王守恩傳論。由此也可看出當時歐史地位未能壓倒薛史。

但是,到了南宋以後,薛史讀者日少。金章宗泰和七年(一二〇七年),明令『新定學令内削去薛居正《五代史》,止用歐陽修所撰』。這是北方金朝的法令。南方又怎樣呢?南宋此時正是理學盛行,要維護封建禮教,當然也是獨尊歐史。到了明朝以後,薛史幾乎絕跡,若不是四庫館臣搜輯《永樂大典》和其他書籍拼湊成書,根本就見不着《舊五代史》了。歐史何以有這麽大的力量?這一方面是由於歐史文章好,一方面是由於宋以後中國封建社會發展的趨向。肯定說,歐史比薛史更能爲封建統治服務,更符合封建地主政權的需要。

歐史效法《春秋》,最突出的一點,是尊王思想。尊王本來包括統一在内,五代不是統一時代,歐陽修對五代的八姓十三君,除了對唐明宗、周世宗有不同程度的褒語外,其餘都無好話。對後梁則《家人傳·論》云:『梁之惡極矣!自其起盜賊至於亡唐,其遺毒流於天下,天下豪傑,四面並起,孰不欲戡刃於其胸。』對後晉則《杜重威傳·論》云:『晉之事醜矣,而惡亦極也!其禍亂覆亡之不暇,蓋必然之理爾!』宋初有一種議論,即是以爲梁爲偽,不承認梁爲正統。《歐陽文忠公集》有《正統論》三篇,根據《春秋》之義,以爲梁固不得爲正統,『五代之得國者皆賊亂之君也,而獨偽梁而黜之者,因惡梁者之私論也』。他又在《或問》一篇中重申其義云:『彼有梁之土地,臣梁之吏民,立梁之宗廟社稷,而能殺生賞罰,以制命於梁人,則是梁之君矣,安得曰偽哉!』這是強有力地爲梁辯護。

以五代爲統系,關係到宋得國的問題,儘管五代的皇帝不像樣,但從唐至宋,一脈相承,不能不承認,這只是一個方面。歐陽修所關心的更有重要問題在。《一行傳·序》云:『五代之亂,君不君,臣不臣,父不父,子不子,至於兄弟夫婦人倫之際,無不大壞,而天理幾乎其滅矣。』《晉家人傳》亦慨歎:『禮樂崩壞,三綱五常之道絕。』歐陽修要恢復君君、臣臣、父父、子子的封建秩序,即使象五代那種君不君、父不父的情況下,也不允許臣不臣、子不子。這是歐陽修苦心孤詣、不可動摇的論點。

從這個維護封建秩序的觀點出發，歐陽修對五代那樣亂世的人物也提出嚴格的要求。《王彦章傳·論》：「天下惡梁久矣！然士之不幸而生其時者，不爲之臣可也。其食人之禄者，必死人之事，如彦章者，可謂得其死哉！」他惡梁是恨他篡唐，教人忠於梁又是一回事。食人之禄者死人之事，這是歐陽修的中心思想。他批判馮道時引五代小説中王凝妻李氏因旅店主人拉了一下她的手憤而斷臂這件事反復論説，無非教人忠於一主，不可失節。他有時説得娓娓動聽，有時説得慷慨激昂。他何嘗愛五代那些皇帝，可是他爲了維護封建秩序，不能不教人去愛他們。這樣，歐史對封建統治起了積極的擁護和捍衛作用。理學家空喊三綱五常，不如歐陽修通過歷史事實教育人來得有效。無怪朱熹很欣賞歐史，認爲「文字好，議論好」。清乾隆年間趙翼也説：「歐史不惟文筆潔淨，直追《史記》，而以《春秋》書法寓褒貶於紀傳之中，則雖《史記》亦不及也。」

歐陽修的尊王思想爲什麽這樣强烈？歐陽修是地主階級的學者，又是宋朝高級官吏，他很瞭解宋朝統治者的需要。宋初對於五代節度使專横的局面非常害怕，防止武將很嚴，就是怕他們反叛或者發動宫廷政變。歐陽修對五代人物進行嚴格的褒貶，就是直接爲宋朝統治服務，也是爲封建制度的長期存在進行維護。這是歷史爲政治服務的典型。

《春秋》之義，有所謂攘夷一説，歐陽修又如何呢？

五代之中，唐晉漢三代都是沙陀人所建。歐史於後唐賽天神、祭突厥神、傳箭、撲馬等，皆以爲「夷狄之事」；於後晉則以爲「起於夷狄，以篡逆而得天下」。這也算是貶詞了。可是《桑維翰傳·論》云：晉氏「以契丹而興，終爲契丹所滅。……夫本末不順，而與夷狄共事者，常見其禍，未見其福也」。这就叫人有些糊塗了，石敬瑭父子是「夷狄」，契丹也是「夷狄」，究竟是誰和誰共事呢？原來歐陽修於石晉雖然亦有貶斥，但因石晉已進於中國而爲君，故認爲石晉與契丹有所區别。

歐陽修所處的時代，正是宋與遼對峙的局面，北宋人對於夷夏之辨，還不十分嚴格。當時宋朝統治集團不敢談攘夷，一味向契丹求和。歐史對仕於契丹的人也沒有特別貶斥。像契丹入中國打草穀是中國歷史上落後民族入侵的大事情，而《四夷附錄第二》則僅輕描淡寫地説：『自古夷狄服叛，雖不係中國之盛衰，而中國之制夷狄，則必因其强弱。』馮道曾降契丹做了官，歐陽修批評他也只是就食人之祿、死人之事立論，並不特別提及他投降契丹之事。可見歐陽修攘夷一層不如尊王有力。

我們當初不明白，爲什麽女真人也尊信歐史，以爲女真與契丹相類，提倡歐史，於女真没有什麽好處。原來照歐陽修的主張，即使『夷狄』入於中國，稱皇帝，仕於其朝者仍應爲其效死盡忠，這叫做君臣之義無所逃於天地之間。因此，金章宗提倡歐史，有益無損。當然，歐陽修這種歷史觀點是非常有害的。

三、怎樣認識五代這個時代

歐陽修把五代看成一個極亂的時代，《一行傳·序》：『五代之亂極矣，《傳》所謂天地閉、賢人隱之時歟！』《唐廢帝家人傳·論》：『五代之際，君君、臣臣、父父、子子之道乖，而宗廟朝廷，人鬼皆失其序，斯可謂亂世者歟！自古未之有也。』這是從統治階級内部的矛盾和封建秩序的破壞來立論的。當然，以五十三年的時間，换了五代十三君。五個朝代中，又有三個是沙陀人建立的。這些皇位，都是大軍閥經過劇烈的戰爭或者巧取豪奪而來的，每一次政權的改移，都有成千成萬的人付出生命。即使政權暫時安定下來了，可是賦税繁重，刑罰殘暴，生産遭到破壞，人民的生活困苦不堪。這是一個軍閥專政的時代。史弘肇説：『安朝廷，定禍亂，直須長槍大劍，毛錐子安足用哉！』倒是赤裸裸的真心話。

但是，歷史總是在前進的。要認識五代這個時代，不能只看軍閥混戰那種漆黑一團的情況，而要從整個中國社會的經濟發展來考慮。

五代本身雖然只有五十三年，可是，朱溫即位以前的一段醞釀時期很長。如果從中和三年（八八三年）黄巢退出長安、朱溫做宣武軍節度使那一年算起，到宋太平興國四年（九七九年）十國中最後一國北漢滅亡止，實際有九十七年。

五代戰爭頻繁，也要分別而論。自中和三年諸鎮兵合力攻黄巢起，至龍紀元年（八八九年）秦宗權兵敗被殺止，這七年主要是以農民軍叛徒朱溫爲主聯合各地主武裝和農民軍交戰的時期，戰爭的中心在河南。五代初期的軍閥，有的是農民軍的叛徒反攻農民軍以取富貴的，有的是先跟著農民軍走，到農民軍失敗又投向朱溫、李克用、李茂貞等以保存實力地位的，也有的是一直和農民軍作對的地主武裝逐漸發展起來的，這些都是野心家，一心只想擴大自己的地盤。農民軍徹底失敗了，這些野心家不是先後進入長江以南另謀割據，就在中原火並。從龍紀元年到梁乾化三年（九一二年）朱溫死爲止，這二十四年是朱溫與山西的李克用父子、陝西的李茂貞的爭奪戰。儘管朱溫篡了位，李克用、李茂貞還都稱唐天祐年號，不承認朱溫。從乾化三年李存勗取幽州以後，晉兵逐步取河北，到梁末帝龍德三年（九二三年）止，這十年是晉兵和梁形成南北對峙即所謂『相持河上』時期，最後李存勗從東平奇襲汴州，梁遂亡國。以上三個階段前後四十年，不斷有大規模戰爭。這是唐末農民大起義失敗以後出現的大分裂局面。

從唐莊宗即位後（九二三年）大規模戰爭少了，直到石敬瑭引契丹兵入中國，燕雲十六州入於契丹。從開運元年（九四四年）到四年，契丹大舉入寇，黄河南北遭到空前未有的掠奪和殺戮。從劉知遠建立後漢起，情況又緩和了。

由此可見，戰爭最多最殘酷的時期，多半在唐末和梁的一代，後來在石晉之世，地點則在黄河南北。當然，由於戰爭的破壞、官吏的剝削，人民生活是痛苦的。

五代的政治，大權操在軍閥手裏，節度使有無限權力。因此，政府和節度使之間的矛盾是很大的。但是，統治階級和人民之間的矛盾更加尖銳。因此，政府不能不從政治上進行一些改革。像唐明宗在位的八年，周世宗在位的六年，力求安定社會秩序，在政治上進行一些改革。不能一筆抹煞。

歐陽修看不起五代的典章制度和文化，他在《司天考·序》說：『五代禮樂文章，吾無取焉。』他所以看不起五代的典章制度，是以宋代來比較的。他壓低五代，也是爲了突出宋代。其實，五代文化也並不低。後唐長興年間，國子監雕刻九經，這是中國文化史上的大事。不久，和凝自刻文集百卷，可見雕版印刷的發展。開運年間，當兵荒馬亂之時，卻修成《舊唐書》二百卷。南唐的寫本書和藏書很有名，是後來宋朝三館藏書的基礎。古典文學中詞的一體到五代開花結果。畫家中出現了很多人材，所流傳至今的名畫，爲我國藝術寶庫中增加了光彩。

歐陽修對十國也看不起，《十國世家·序》中所述，無一句好話，最後說：『清風興，群陰伏；日月出，爝火息，故真人作而天下同。』真人當然指趙匡胤兄弟。這種說法，是更露骨地爲宋代統治服務。

十國對中國歷史發展有貢獻的，主要在於開發長江以南地區。江南經濟，經過三國至南朝發展較快，但比北方還差得多。至中唐以後，浙西的幾個州生產水平已超過北方。但像湖南、廣東、福建等地，生產水平還是較低，戶口也比較少。經過農民起義，到五代十國時期，因爲建立政權，經濟上要求自給，不能不鼓勵生產。又因爲比較長時期沒有大規模戰爭，社會秩序相對安定，不論已開發或未開發地區，生產水平都有所提高。吳越和南唐地理條件最好，又注意水利，設立營田治水專官，經濟力量最爲充裕。蜀是天府之國，湖南馬氏種茶謀利，荊南高氏靠經營商業，嶺南劉氏靠海上交通。福建最閉塞，從黃巢的農民軍開山路入閩，又至廣東以後，和外界接觸多起來，生產水平迅速提高。舉漳、泉二州爲例，《新唐書·地理志》：漳州三縣，『戶五千八百四十六，口萬七千九百四十』。泉州四縣，『戶二萬三千八百六，口十六萬二百九十五』。《宋史》

記太平興國三年陳洪進獻漳、泉二州，縣十四，户十五萬一千九百七十八。從户口看，漳、泉兩州比全國其他地區發展都快。當時北方户口逃亡，生產破壞，和閩中相比，相去不知幾何。閩如此，其他如吴越、南唐、蜀中自然更要好些。

正因爲經過十國一段長的時間，南方經濟基礎很好，宋統一中國後，南北經濟得到迅速恢復發展，南北的生產水平差不多一樣，而南方後來居上之勢也逐漸形成，中國的封建經濟就出現了新的面貌。這是唐末農民大起義長期鬥爭的結果，應該予以足夠的重視。歐陽修對五代十國的看法，沒有從生產發展、階級鬥爭著眼，是不正確的。向來對於五代十國有些錯誤看法，多數來源於《新五代史》，必須加以糾正。[一]

[一] 此文章發表於《人民日報·學術研究專欄》（一九六五年七月二日第五版）。文章交稿後，《人民日報》理論宣傳部來信（原信現存）要求：一、增加批判歐陽修的尊王思想；二、提出修改原文結尾部分。使得發表的文章爲現在面貌。

整理說明

一

一九六四年四月，柴德賡教授由陳垣校長點將，從江蘇師範學院（今蘇州大學）借調至北京，參加中華書局『二十四史』點校工作。至一九六六年六月，江蘇師範學院發電報召他返校參加『文化大革命』運動。在這兩年多的時間裏，《新五代史》的點校工作已經完成。離京返蘇州之前，他將中華書局的《新五代史》點校底本（百衲本）及校勘筆記[一]交與劉乃和教授。

二十世紀七十年代，中華書局出版《新五代史》時，在出版說明中寫道：『本書「文革」前在陳垣同志的指導下，由柴德賡同志進行點校，但已完成的點校稿後來遺失。』

柴德賡教授點校過的《新五代史》下落不明，成爲一個疑案。二〇一三年七月，在『柴德賡先生《清代學術史講義》學術座談會』上，商務印書館丁波先生提出《柴德賡全集》出版規劃，並率編輯部的青年同志，赴蘇州大學搜集遺稿、講義及書信等，啟動編輯出版柴德賡教授著作的工作。

由於商務印書館的帶動，作爲家屬，我們也積極翻檢柴德賡教授留存的書籍及手稿。在一九七一年整理

[一] 據柴德賡家信：（一九六五年五月四日）『《新五代史校勘筆記》初稿完成後，找人謄清』；（一九六五年七月七日）『我的工作（《新五代史》點校，編注）已告段落，我把有關的書及校記都存到陳宅（陳垣寓所，編注）去了，這也表示我對工作的負責態度』。

的《柴德賡遺書·遺著目錄》中記有《新五代史》十册。因時隔四十餘年，幾經搬動，直至此時，沉睡將近五十年的柴德賡教授點校的《新五代史》才重新被我們發現。

打開函套，全書從頭至尾，全部斷句，幾乎每頁都有校勘筆記書於留白處。斷句、眉批主要爲墨筆，亦有少量朱筆。校勘方法包括對校、他校和本校。此函《新五代史》是柴德賡教授自藏書籍。該書版本爲光緒癸卯年（一九〇三年）十月五洲同文書局石印乾隆四年校勘本（即殿本石印）。

從點校的情況看，此本當爲柴德賡教授在進行中華書局《新五代史》點校工作時，將點校結果移錄到五洲同文本上，用於研究備份。

此書是柴德賡教授在二十世紀六十年代的一項工作成果，是他有生之年爲史學研究作出的最後一份貢獻。我們將其出版，最主要的目的是給五代史的學習研究提供一份珍貴的材料。同時，前面提到的『疑案』，也算是有了一半的解答。此外，我們也希望通過影印這本書，能夠使讀者從中學習他的研究方法，體會到他的治學態度。

二

從校勘眉批中，可以統計出柴德賡教授徵引文獻如下。

對校所用諸版本及眉批格式：

一、五洲同文本《五代史記》（清·光緒二十九年五洲同文書局刻本），眉注爲：**此本、此書、刻本**。

二、百衲本《新五代史》（民國二十年商務印書館影印南宋慶元刻本），眉注爲：**百衲本、百**。

三、貴池本《新五代史》（清·宣統三年貴池劉氏玉海堂影印南宋本），眉注爲：**貴池本、貴本、貴**。

四、南監本《新五代史》（明·萬曆四年南京國子監刻本，清·順治、康熙、乾隆遞修本），眉注爲：**南監本、**

南監、南。

五、汲古閣本《新五代史》（明·崇禎三年毛晉汲古閣刻本），眉注爲：**汲古閣本、汲古本、汲本、汲、毛本**。

六、劉校本《新五代史》（清·光緒十七年劉光蕡陝甘味經書院刻本，附五代史記校勘劄記），眉注爲：**劉校、劉光蕡**。

七、鄂本《新五代史》（清·同治十一年崇文書局刊本），眉注爲：**鄂本、鄂**。

八、殿本《五代史記》（清·乾隆四年武英殿官刻本），眉注爲：**殿本、原本、殿**。

九、武昌局本《新五代史》（清·同治十一年湖北書局刻本），眉注爲：**武昌局本、局本、局**。

十、蜀本《新五代史》（江安傅增湘校勘成都書局本），眉注爲：**蜀本、蜀**。

十一、南昌本《五代史記注》（清·道光八年南昌彭元瑞刻本），眉注爲：**南昌本**。

他校所用書籍及眉批格式：

一、百衲本《舊五代史》（民國二十五年商務印書館影印吴興劉氏嘉業堂本），眉注爲：**薛史、舊史、舊五代史、薛**。

二、彭本《舊五代史》（清·南昌彭元瑞知聖道齋抄本），眉注：**彭本、彭**。

三、劉本《舊五代史》（民國十四年吴興劉承幹嘉業堂依四明盧址抱經樓舊抄本校刊本），眉注爲：**薛史劉本、劉本、薛史劉**。

四、熊本《舊五代史》（民國十年南昌熊羅宿影印武英殿影库本），眉注爲：**薛熊、薛史熊刻本**。

五、《五代史記纂誤》，眉注爲：**纂誤、吴縝**。

六、《五代史記纂誤補》，眉注爲：**五代史纂誤補、纂誤補**。

七、《五代史記纂誤續補》，眉注爲：**吴光耀**。

八、《五代會要》，眉注爲：五代會要、會要。

九、《資治通鑑》，眉注爲：通鑑、鑑。

十、《資治通鑑考異》，眉注爲：通鑑考異。

十一、《續資治通鑑長編》，眉注爲：長編、李燾長編。

十二、《資治通鑑》胡三省注，眉注爲：通鑑胡注、胡注。

十三、《南唐書》，眉注爲：南唐書、陸遊南唐書、陸氏南唐書，馬令南唐書、馬氏南唐書。

十四、新、舊《唐書》，眉注爲：新唐書、舊唐書、新舊唐書、新舊唐、兩唐書、新唐、舊唐。

十五、《宋史》，眉注爲：宋史。

十六、《廿二史劄記》，眉注爲：廿二史劄記。

十七、《十七史商榷》，眉注爲：十七史商榷、王鳴盛。

十八、《廿二史考異》，眉注爲：廿二史考異、考異、錢大昕、錢竹汀。

十九、《冊府元龜》，眉注爲：冊府元龜、冊府、冊。

二十、《契丹國志》，眉注爲：契丹國志、國志。

二十一、《遼史》，眉注爲：遼史。

二十二、《十國春秋》，眉注爲：十國春秋。

二十三、《十國紀年》，眉注爲：十國紀年。

二十四、《九國志》，眉注爲：九國志。

二十五、《全唐文》，眉注爲：全唐文。

校勘所用其他書籍：

《夢溪筆談》、《太平寰宇記》、《輿地廣記》、《方輿勝覽》、《文獻通考》、《元豐九域志》、《北夢瑣言》、《西溪叢語》、《蜀檮杌》、《鑑誡録》、《東都事略》、《吴越備史》、《江南録》、《晉陽見聞録》、《世宗實録》、《玉海》、《太平治跡統類》、《鶴林玉露》、《容齋五筆》、《梁溪漫志》、《石林燕語》、《澠水燕談録》、《五代登科記》、《蜀鑑》、《三楚新録》、《廣東通志》。

關於《新五代史·司天考》部分，按照柴德賡教授家信〔一〕的記述，這一部分『不内行』，多次請教當時中科院科學史專家錢寶琮研究員，錢先生爲其作了校正。

五洲同文本原書十冊七十四卷，現影印排版部分爲一千七百二十六頁面，分三冊影印。

總計校注三千一百餘條，五萬餘字。

一九六五年，柴德賡教授在《人民日報》上發表《論歐陽修的〈新五代史〉》，該文章是他在點校《新五代史》時應邀請撰寫，對《新五代史》進行了系統分析和全面評價。在此將文章作爲此點校本的代序。

三

在整理過程中，參看柴德賡藏書《宋史》（光緒二十九年五洲同文書局石印本），一些年號的眉注亦在上面（如原書中語句以『二年』開頭，眉注『長興』二字），這是他讀書的習慣，爲便於翻閲。所以《新五代史》中的眉注不全爲校勘時所記，此前已有一些眉注於留白處。

此《新五代史》點校本是柴德賡教授的遺稿，非抄稿或校稿。其中不免有些遺漏、筆誤之處，在整理過程中儘量查對，並以编注形式列出，如：**『何足』，貴池本、百衲本作『豈作』（此條百衲本作『豈足』**；

〔一〕據柴德賡家信（一九六五年六月二十八日）。

疑筆誤，編注），不改。

對於本書，爲方便讀者，統一編輯凡例：

一、統一卷數書寫格式。如『卷二三』爲『卷二十三』，『通鑑23』爲『通鑑二十三』，『薛史廿三』爲『薛史二十三』。

二、統一書名格式『二十二史劄記』爲『廿二史劄記』，『廿二史考異』爲『廿二史考異』。

三、對於書中單個字校勘，未標明字的加括弧標明，便於對應查找。如『乂』［義，編注］。

四、對於未直接標明校勘針對何字，加『編注』說明。如『元從都押「牙」［衙，編注］』。

五、校勘注中已經用括弧說明的，加『本注』二字。如『百衲本均作「吾反必矣」』：［當改正，本注］。

六、對於校勘注解中疑似漏、衍、筆誤之處，用（……）加以注釋。如：『五十二』（疑筆誤，應作『五十一』，編注）。

七、編輯過程中，爲排版方便，人名省去人名線，書名不加書名線。

對於釋文，在此只是憑藉我們的能力對原文釋讀，恐有遺漏、錯辨之處，望讀者斧正。好在全書影印，原書校勘筆記風貌保存。在整理及釋文工作中得到武漢大學歷史學院博士生要二峰的幫助，責任編輯趙宇翔爲本書作出全面的校讀，在此對他們的工作特表感謝。

柴念東　二〇一四年二月　於北京

五代史七十四卷

光緒癸卯冬十月

五洲同文局石印

欽定四庫全書總目提要

新五代史記七十五卷

宋歐陽修撰本名新五代史記世稱五代史者省其文也唐以後所修諸史惟是書爲私撰故當時未上於朝修殁之後始詔取其書付國子監開雕遂至今列爲正史大致褒貶祖春秋故義例謹嚴敘述祖史記故文章高簡而事實則不甚經意諸家攻駮散見他書者無論其特勒一編者如吴縝之五代史纂誤楊陸榮之五代史志疑引繩批根動中要害雖吹求或過要不得謂之盡無當也然

則薛史如左氏之紀事本末賅具而斷制多疏歐史如公穀之發例褒貶分明而傳聞多謬兩家之並立當如三傳之俱存尊此一書謂可兼該五季是以名之輕重爲史之優劣矣且周官太史掌國之六典漢法亦天下計書先上太史史之所職兼司掌故八書十志遷固相因作者沿波遞相撰述使政刑禮樂沿革分明皆所謂國之大紀也修作是書僅司天職方二考寥寥數頁餘概從删雖曰世衰祚短文獻無徵然王溥五代會要蒐輯遺編尚裒然得三十卷何以經修編録乃至全付闕如

此由信史通之謬談劉知幾欲廢表志見史通表歷書志二篇成兹偏見元纂宋遼金三史明纂元史

國朝纂明史皆仍用舊規不從修例豈非以破壞古法不可以訓乎此書之失此爲最大若不考韓通之褒贈案宋太祖褒贈韓通勅令載宋文鑑中有所諱而不立傳者一節偶疎諸史類然不足以爲修病也修之文章冠冕有宋此書一筆一削尤具深心其有裨於風教者甚大惟具考證之疎則有或不盡知者故具論如右俾來者有所别白其註爲徐無黨作頗爲淺陋相傳已久今仍並録之焉

翰林院檢討臣孫廷翰恭錄

- 百衲本無『宋』字。
- 百衲本無總的分類卷數。
- 百衲本無本紀、列傳、考等標題。
- 百衲本無卷一、卷二，均作第一、第二……

五代史目錄

宋　歐陽修　撰

徐無黨　注

本紀一十二卷

列傳四十五卷

考三卷

世家年譜一十一卷

附錄三卷

本紀

卷一

梁本紀第一
太祖上
卷二
梁本紀第二
太祖下
卷三
梁本紀第三
末帝
卷四
唐本紀第四

莊宗上
卷五
唐本紀第五
莊宗下
卷六
唐本紀第六
明宗
卷七
唐本紀第七
愍帝

廢帝
卷八
晉本紀第八
高祖
卷九
晉本紀第九
出帝
卷十
漢本紀第十
高祖

隱帝
卷十一
周本紀第十一
太祖
卷十二
周本紀第十二
世宗
恭帝
列傳
卷十三

梁家人傳第一
太祖母文惠皇后王氏　元貞皇后張氏
陳昭儀　李昭容
末帝妃張氏　妃郭氏
太祖子友裕　友珪
友璋　友雍
友徽　友孜
友文　兄全昱
全昱子友諒　友能
友誨　兄存子友寧

貴池本、百衲本均無『母』字。

貴池本百衲本均無母字

友倫

卷十四

唐家人傳第二

太祖劉太妃　貞簡皇后曹氏

莊宗神閔敬皇后劉氏　淑妃韓氏

德妃伊氏　太祖子存美

存霸　存禮

存渥　存乂

存確　存紀

太祖弟克讓　克修

• 各卷中均著帝號，則目錄不著帝號，未爲不可。太祖。

克修子嗣弼　嗣肱
克恭　克寧
克寧子瓌　莊宗子繼岌
繼潼　繼嵩
繼蟾　繼嶢

卷十五

唐家人傳第三

明宗和武憲皇后曹氏　昭懿皇后夏氏
宣憲皇后魏氏　淑妃王氏
愍帝哀皇后孔氏　明宗子從璟

瓌不誤，目有傳無。
毛本作瓌

● 『瓌』，百衲本同，貴池本作『瓌』。
● 瓌，目有傳無。
● 明宗。

從榮　從益
姪從璨　從璋
從溫　從敏
卷十六
唐家人傳第四
廢帝皇后劉氏　子重吉
重美
卷十七
晉家人傳第五
高祖皇后李氏　太妃安氏

• 廢帝。
• 『廢帝』二字，貴本、百衲本無。

出帝皇后馮氏　高祖子重信
重義　重英
重進　重睿
重杲　高祖叔父萬友
萬友子敬威　敬贇
萬詮　萬詮子敬暉
高祖兄敬儒　高祖弟敬德
敬殷　重胤
出帝子延煦　延寶

卷十八

漢家人傳第十八

高祖皇后李氏　高祖弟崇

信　高祖子承訓

承勳　姪贇

卷十九

周家人傳第七

聖穆皇后柴氏　淑妃楊氏

貴妃張氏　德妃董氏

子侗　信

姪守愿　奉超

乾隆四年校刊　五代史目錄　六

● 崇、信皆高祖弟，此卷崇實無傳。其事見東漢世家，承訓、承勳此卷亦無傳。

● 百衲本、貴本目錄「崇、信」二字連寫，誤。

● 太祖。

● 「侗」，貴本作「洞」，傳則作「侗」。

● 貴本目誤「奉起」。

遜
卷二十
周家人傳第八
柴守禮　世宗貞惠皇后劉氏
宣懿皇后符氏　後立皇后符氏
世宗子誼　誠
誠　熙讓
熙謹　熙誨
卷二十一
梁臣傳第九

●世宗。
●貴作『符』。百衲本及彭『符』作『苻』，下同。
●凡家人傳上書帝名，均從百衲本。

- 『附』字，百衲本、貴、汲、彭本均無，然百衲本二十一『朱珍』下有『李唐賓附』四字。李唐賓附。
- 貴『康』誤作『唐』。
- 貴、百均大字。不采。貴本卷作小字。

附字百納本貴汲彭本均無，然百納本廿一朱珍下有李唐賓附四字

貴康誤作唐

敬翔　朱珍 李唐賓附

龐師古（李唐賓附）

葛從周　霍存

張存敬　符道昭

劉捍　寇彥卿

卷二十二

梁臣傳第十

康懷英　劉鄩

牛存節　張歸霸 歸厚 歸弁　貴百均大字，不采 貴本卷作小字

王重師　徐懷玉

乾隆四年校刊

卷二十三
梁臣傳第十一
楊師厚　王景仁
賀瓌　王檀
馬嗣勳　王虔裕
謝彥章
卷二十四
唐臣傳第十二
郭崇韜　安重誨
卷二十五

監本汲本作嗣
徽誤不校

● 監本、汲本作『嗣徽』誤，不校。

唐臣傳第十三

周德威　符存審

史建瑭子匡翰　王建及

元行欽　安金全

袁建豐　西方鄴

卷二十六

唐臣傳第十四

符習　烏震

孔謙　張延朗

李嚴　李仁矩

毛璋
卷二十七
唐臣傳第十五
朱弘昭 馮贇附　劉延朗
康思立　康義誠
藥彥稠
卷二十八
唐臣傳第十六
豆盧革　盧程
任圜　趙鳳

李襲吉　張憲
蕭希甫　劉贊
何瓚
卷二十九
晉臣傳第十七
桑維翰　景延廣
吳巒
卷三十
漢臣傳第十八
蘇逢吉　史弘肇

乾隆四年校刊　五代史目録　九

楊邠　王章
劉銖　李業
聶文進　後贊
郭允明
卷三十一
周臣傳第十九
王朴　鄭仁誨
扈載
卷三十二
死節傳第二十

• 從百衲本改。
• 貴池本兩『附』字，『裴約、劉仁贍附』。〔應在第一行，本注〕

從百衲本改
貴池本兩附字

王彥章 [redacted] 裴約 劉仁贍附 [redacted]

卷三十三 [redacted]

死事傳第二十一

張源德　夏魯奇

姚洪　王思同

張敬達　翟進宗

沈斌　王清

史彥超　孫晟

卷三十四

五代史目録

一行傳第二十二
鄭遨 [redacted] 張薦明
石昂 程福贇
李自倫
卷三十五
唐六臣傳第二十三
張文蔚 楊涉
張策 趙光逢
薛貽矩 蘇循 杜曉附
卷三十六

● 百衲本、貴本無『附』字。
● [刪除張薦明，本注]

義兒傳第二十四
李嗣昭　嗣本
嗣恩　存信
存孝　存進
存璋　存賢
卷三十七
伶官傳第二十五
敬新磨　景進
史彥瓊　郭從謙
卷三十八

宦者傳第二十六
張承業　張居翰
卷三十九
雜傳第二十七
王鎔　羅紹威
王處直　劉守光
卷四十
雜傳第二十八
李茂貞　韓建
李仁福　韓遜

楊崇本　高萬興
溫韜
卷四十一
雜傳第二十九
盧光稠　譚全播
雷滿　鍾傳
趙匡凝
卷四十二
雜傳第三十
朱宣 弟瑾 瑾

乾隆四年校刊

● 百衲本四十二卷加『弟瑾』，是。〔去大字『瑾』，本注〕

王師範　李罕之
孟方立　王珂
趙犨　馮行襲
卷四十三
雜傳第三十一
氏叔琮　李彥威
李振　裴迪
韋震　孔循
孫德昭　王敬蕘
蔣殷

卷四十四
雜傳第三十二
劉知俊　丁會
賀德倫　閻寶
康延孝
卷四十五
雜傳三十三
張全義　朱友謙
袁象先　朱漢賓
段凝　劉玘

周知裕　陸思鐸　貴本陸誤陸

卷四十六

雜傳第三十四

趙在禮　霍彥威

房知溫　王晏球

安重霸　王建立　子守恩

康福　郭延魯

卷四十七

雜傳第三十五

華溫琪　萇從簡

- 貴本『陸』誤『陵』。
- 子守恩。

張篯弟鏻　楊彥詢
李周　劉處讓
李承約（貴本「李」誤作「朱」）　張希崇
相里金　張廷藴
馬全節　皇甫遇
安彥威　李瓊
劉景巖

卷四十八

雜傳第三十六

盧文進　李金全

● 貴本『李』誤作『朱』。

楊思權　尹暉　王弘贄

劉審交　王周

高行周　行珪附　白再榮

安叔千

卷四十九

雜傳第三十七

翟光鄴　馮暉

皇甫暉　唐景思

王進　常思

孫方諫

- 『尹暉』，百衲本目亦無之，實有傳，據補。
- 百衲本目無『附』字，四十八卷有『附』字。
- 『甫』，貴池本誤『國』。
- 貴池本誤作『孫陳』。

卷五十
雜傳第三十八
王峻　王殷
劉詞　王環
折從阮
卷五十一
雜傳第三十九
朱守殷　董璋
范延光　婁繼英
安重榮　安從進

楊光遠
卷五十二
雜傳第四十
杜重威　李守貞
張彦澤
卷五十三
雜傳第四十一
王景崇　趙思綰
慕容彦超
卷五十四

- 百衲本、貴本作『李珽、李琪』。
- 百衲本作『空』，是。本傳作『司空』，不誤。
- 盧損，有目無傳。

雜傳第四十二

馮道　李琪兄珽

鄭珏　李愚

盧導　司馬（空）頲

卷五十五

雜傳第四十三

劉昫　盧文紀、

馬胤孫　姚顗

劉岳　馬縞

盧損　崔居儉

崔棁　李懌
卷五十六
雜傳四十四
和凝　趙瑩
馮玉　盧質
呂琦　薛融
何澤　王權
史圭　龍敏
卷五十七
雜傳第四十五

百衲本目作「譯」，傳作「懌」不校
貴本亦誤作譯
百衲本目作珪，傳作圭不校

- 百衲本目作「譯」，傳作「懌」。不校。貴本亦誤作「譯」。
- 百衲本目作「珪」，傳作「圭」，不校。

李崧　李鏻
賈緯　段希堯
張允　王松
裴皥　王仁裕
裴羽　王延
馬重績　趙延義
考
卷五十八
司天考第一
卷五十九

司天考第二
卷六十
職方考第三
世家年譜
卷六十一
吳世家第一
卷六十二
南唐世家第二
卷六十三
前蜀世家第三

卷六十四
後蜀世家第四
卷六十五
南漢世家第五
卷六十六
楚世家第六
卷六十七
吳越世家第七
卷六十八
閩世家第八

卷六十九
南平世家第九
卷七十
東漢世家第十
卷七十一
十國世家年譜第十一
附錄
卷七十二
四夷附錄第一
卷七十三

龔 監

龔，監。

四夷附錄第二

卷七十四

四夷附錄第三

徐無黨曰凡諸國名號梁本紀自封梁王以後始稱梁唐本紀自封晉王以後始稱晉自建國號唐以後始稱唐各從其實也自傳而下於未封王建國之前或稱梁稱晉稱唐者史官從後而追書也唐嘗稱晉而石敬瑭又稱晉李昪又稱唐劉龑已稱漢而劉旻又稱漢王建已稱蜀而孟知祥又稱蜀石晉自爲一代不待別而可知唐漢蜀則加東南前後以別其世家梁初嘗封沛東平南唐初嘗稱齊三號當時已不顯著故皆畧而不道五代亂世名號交雜而不常史家撰述隨事爲文要於理通事見而已覽者得以詳焉

五代史目錄

五代史記序

建　安　陳　師　錫

孟子曰三代之得天下也以仁其失天下也以不仁自生民以來一治一亂旋相消長未有去仁而興積仁而亡者甚哉五代不仁之極也其禍敗之復殄滅剝喪之威亦其效耳夫國之所以存者以有民民之所以生者以有君方是時上之人以慘烈自任刑戮相高兵革不休夷滅構禍置君猶易吏變國若傳舍生民膏血塗草野骸骼暴原隰君民相賊如髦蠻草木幾何其不胥爲夷也逮皇天悔禍眞人出寧易暴以仁轉禍以德民咸

保其首領收其族屬各正性命豈非天邪方夷夏相蹂兵連亂結非無忠良豪傑之士竭謀單智以緩民之死乃堙沒而無聞矣否閉極而泰道升聖人作而萬物覩指揮中原兵不頓刃向之滔天巨猾搖毒煽禍以害斯人者蹈鼎鑊斧鑕之不暇豈非人邪天與人相爲表裏和同於無間聖人知天之所助人之所歸國之所恃以爲固者仁而已非特三代然也堯舜之盛漢唐之興秦隋之失魏晉之亡南北之亂莫不由此也五代距今百有餘年故老遺俗往往垂絶無能道說者史官秉筆之士或文采不足以耀無窮道學不足以繼述作使五十

- 『单』，作盡講。明監本、汲本改『殫』字，不校。
- 百衲本、貴本作『暴』，不校。

有餘年間廢興存亡之迹姦臣賊子之罪忠臣義士之節不傳於後世來者無所攷焉惟廬陵歐陽公慨然以自任蓋潛心累年而後成書其事迹實錄詳於舊記而褒貶義例仰師春秋由遷固而來未之有也至於論朋黨宦女忠孝兩全義子降服豈小補哉豈小補哉

乾隆四年校刊　五代史序　十一

五代史記序 二

五代史記序

● 百衲本作『以』，誤。貴同。

百衲本作以誤書

五代史卷一

宋　歐陽修　撰

梁本紀第一

本紀因舊以爲名本原其所始起而紀次其事與時也即位以前其事詳原本其所自來故曲而備之見其起之有漸有暴也即位以後其事略居尊任重所責者大故所書者簡惟簡乃可立法

太祖神武元聖孝皇帝姓朱氏宋州碭山午溝里人也其父誠以五經教授鄉里生三子曰全昱存溫溫書名義在稱王注中誠卒三子貧不能爲生與其母傭食蕭縣人劉崇家全昱無他材能然爲人頗長者存溫勇有力而溫尤兇悍唐僖宗乾符四年黄巢起曹濮存溫亡入賊中

巢攻嶺南，存戰死。巢陷京師，以溫爲東南面行營先鋒使，攻陷同州，以爲同州防禦使。是時，天子在蜀，諸鎮會兵討賊。諸鎮記當時語也。唐謂節度使所治軍州爲藩鎮，故有赴鎮、移鎮之語。溫數爲河中王重榮所敗，屢請益兵於巢，巢中尉孟楷抑而不通。溫客謝瞳說溫曰：「黄家起於草莽，幸唐衰亂，直投其隙而取之爾，非有功德興王之業也，此豈足與共成事哉！今天子在蜀，諸鎮之兵日集，以謀興復，是唐德未厭於人也。且將軍力戰于外，而庸人制之於内，此章邯所以背秦而歸楚也。」溫以爲然，乃殺其監軍嚴實，自歸于河中，因王重榮以降。都統王鐸承制拜溫左金吾衛大將

- 「瞳」，貴池本作「瞳」，薛史作「曈」，字子明，以其字核之，當作「曈」。
- 薛史本紀不云王鐸。

• 薛史時年三十二。

軍河中行營招討副使，天子賜溫名全忠。中和三年三月，拜全忠汴州刺史、宣武軍節度使。四月，諸鎭兵破巢，復京師，巢走藍田。七月丁卯，全忠歸于宣武。是歲，黃巢出藍田關，陷蔡州，節度使秦宗權叛附于巢，遂圍陳州。徐州時溥凡稱某州某人者，皆其節度使。爲東南面行營兵馬都統，會東諸鎭兵以救陳。陳州刺史趙犨亦乞兵于全忠，溥雖爲都統而不親兵。四年，全忠乃自將救犨，率諸鎭兵擊敗巢將黃鄴、尚讓等。犨以全忠爲德，始附屬焉。是時，河東李克用下兵太行，渡河出洛陽，與東兵會擊巢。巢已敗去，全忠及克用追敗之于鄗城，巢走中牟，又敗之于

乾隆四年校刊　五代史卷一　紀一　朱溫紀

薛史時年三十二

王滿巢走封丘又大敗之巢挺身東走至泰山狼虎谷爲時溥追兵所殺九月天子以全忠爲檢校司徒同中書門下平章事封沛郡侯光啓二年三月進爵王義成軍亂逐其節度使安師儒推牙將張驍爲留後師儒來奔殺之遣朱珍李唐賓陷滑州以胡眞爲留後十二月封吳興郡王自黃巢死秦宗權稱帝陷陝洛懷孟唐許汝鄭州遣其將秦賢盧瑭張晊攻汴賢軍板橋晊軍北郊瑭軍萬勝環汴爲三十六柵王顧兵少不敢出始而稱名既而稱爵既而稱帝漸也爵至王而後稱著其逼者乃遣朱珍募兵於東方而求救於兗鄆三年春珍得兵萬人馬數百匹以歸乃擊賢

- 薛史作『王滿渡』，通鑑二五五同。
- 百衲本、貴池本『封』上有『徙』字。
- 百衲本脫『兵』字。

• 貴池本『速』誤作『遠』。
• 貴池本脫一『珍』字。

板橋拔其四柵又擊瑭萬勝瑭敗投水死宗權聞瑭等敗乃自將精兵數千柵北郊五月兗州朱瑾鄆州朱宣來赴援（流俗本宣從王者非）王置酒軍中中席王陽起如廁以輕兵出北門襲晊而樂聲不輟晊不意兵之至也兗鄆之兵又從而合擊遂大敗之斬首二萬餘級宗權與晊夜走過鄭屠其城而去宗權至蔡復遣張晊攻汴王聞晊復來登封禪寺後岡望晊兵過遣朱珍躡之戒曰晊見吾兵必止望其止當速返毋與之鬬也已而晊見珍在後果止珍即馳還王令珍引兵蔽大林而自率精騎出其東伏大冢間晊止而食食畢拔旗幟馳擊珍珍兵小

貴本速誤作遠
貴本脫一珍字

却王引伏兵橫出斷晊軍爲三而擊之晊大敗脫身走宗權怒斬晊而河陽陜洛之兵爲宗權守者聞蔡精兵皆已殲於汴因各潰去故諸葛爽將李罕之取河陽張全義取洛陽以來附十月天子使來賜王紀功碑朱宣朱瑾兵助汴已破宗權東歸王移檄兖鄆誣其誘汴亡卒以東乃發兵攻之取其曹州濮州遂遣朱珍攻鄆州大敗而還十二月天子使來賜王鐵券及德政碑淮南節度使高駢死楊行密入揚州天子以王兼淮南節度使王乃表行密爲副使以行軍司馬李璠爲留後璠之揚州行密不納文德元年正月王如淮南至宋州而還

貴池本作『楊州』。

貴池本作楊州

是時秦宗權陷襄州，以趙德諲爲節度使，德諲叛于宗權以來附，天子因以王爲蔡州四面行營都統，以德諲爲副。三月庚子，僖宗崩，天雄軍亂，囚其節度使樂彥貞，其子相州刺史從訓攻魏，來乞兵，遣朱珍助從訓攻魏，而魏軍殺彥貞，從訓戰死，魏人立羅弘信，珍乃還。張全義取河陽，逐李罕之，罕之奔于河東，李克用遣兵圍河陽，全義來求救，遣丁會、牛存節救之，擊敗河東兵于沇河。五月，行營討蔡州，圍之百餘日，不克。是時溥已爲東南面都統，又以王統行營，而溥猶稱都統，王乃上書論溥討蔡無功，而不落都統，且欲激怒溥以起兵端。初，

● 樂「彥貞」，兩唐書作「彥禎」，百衲本作「彥真」，皆因避諱而改，不校可也，或逕從唐書改爲「彥禎」。

高駢死淮南亂楚州刺史劉瓚來奔納之及王兵攻蔡不克還欲攻徐乃遣朱珍將兵數千以東聲言送瓚還楚州溥怒論巳又聞珍以兵來果出兵拒之珍戰于吳康大敗之取其豐蕭二縣遂攻宿州下之珍屯蕭縣別遣龐師古攻徐州龍紀元年正月師古敗溥于呂梁淮西牙將申叢執秦宗權折其足將檻送京師別將郭璠殺叢篡宗權以來獻王遣行軍司馬李璠獻俘于京師表郭璠淮西留後三月天子封王爲東平王七月朱珍殺李唐賓王如蕭縣執珍殺之遂攻徐州冬大雨水不能屯軍而旋初秦宗權遣其弟宗衡掠地淮南是歲宗

•『屯』字，貴池本、百衲本無，不改。

衡爲其將孫儒所殺儒攻楊行密于揚州淮南大亂行密走宣州儒入揚州大順元年春遣龐師古攻孫儒于淮南大敗而還四月宿州將張筠以宿州復歸于時溥王自將攻之不克初黃巢敗走李克用追之至于寃朐不及而旋過汴駐軍于北郊王邀克用置酒上源驛夜以兵攻之克用踰城而免訟其事于京師天子知曲在汴而和解之至是張濬私與汴交王厚之以賂濬爲汴請伐河東唐諸大臣皆以爲不可興師濬挾汴力請益堅天子不得已而許之五月以濬爲太原四面行營都統王爲東南面招討使然王不親兵以兵三千屬濬而

- 「張濬」上，百衲本、貴、彭有「宰相」二字，據補。
- 彭本脫「唐」字。
- 「三千」，汲本、彭本同百衲本作「二千」，貴本亦「二千」。

已濬屯于陰地。河東叛將馮霸殺潞州守將李克恭來降，遣葛從周入潞州。李克用遣康君立攻之，從周走河陽。九月，王如河陽。十月，天子以王兼宣義軍節度使，遂如滑州，假道于魏以攻河東，且責其軍須，亦所以怒魏爲兵端也。魏人果以謂非兵所當出，而辭以糧乏，皆不許。於是攻魏。十一月，張濬之師大敗于陰地。二年正月，王及魏人戰于内黄，大敗之，屠故元城。羅弘信來送欵。十月，克宿州。十一月，曹州將郭紹賓殺其刺史郭饒來降。十二月，丁會敗朱瑾于金鄉。景福元年二月，攻鄆州，前軍朱友裕敗于斗門，王軍後至，又敗而還。冬，友裕取

• 纂誤（疑漏『補』字，編注），按，唐家人傳作潞州牙將安居受殺克恭，與此異。

• 劉校、薛史同，通鑑作曹州都將郭銖殺其刺史郭詞，降於朱全忠，稽據新唐書。

濮州，遂攻徐州。二年四月，龎師古克徐州，殺時溥，王如徐州，以師古爲留後，遂攻兖、鄆。乾寧元年二月，王及朱宣戰于漁山，大敗之。二年八月，又敗宣于梁山。十一月，又敗之于鉅野。兖、鄆求救于河東，李克用發兵救之，假道于魏，既而魏人擊之，克用怒，大舉攻魏，羅弘信來求救，遣葛從周救魏。是歲，李克用封晉王。三年五月，戰于洹水，擒克用子落落，送于魏，殺之。七月，鳳翔李茂貞犯京師，天子出居于華州，王請以兵赴難，天子優詔止之。又請遷都洛陽，不許。四年正月，龎師古克鄆州，王如鄆州，以朱友裕爲留後，遂攻兖州，朱瑾奔于淮南，以葛從

乾隆四年校刊　五代史卷一　本紀　六　朱溫紀

- 『漁山』，王鳴盛謂當做『魚山』，薛史、通鑑同，不校。
- 擒落落，通鑑從薛史梁紀作『六月』，有考異。

周爲兗州留後。九月，攻淮南，龐師古出清口，葛從周出安豐，王軍屯于宿州。楊行密遣瑾先擊清口，師古敗死。從周亟返，兵至于淠河，瑾又敗之。王懼，馳歸。光化元年三月，天子以王兼天平軍節度使。四月，遣葛從周攻晉之山東，取邢、洺、磁三州。襄州趙匡凝自其父德諲時來附，匡凝又與楊行密、李克用通，而其事泄。七月，遣氏叔琮、康懷英攻匡凝，取其泌、隨、鄧三州。曾三異校定曰：三異案唐書地理志，唐州天祐三年朱全忠從治泌陽，表更乞泌州，則是天祐二年唐州舊名猶在，至三年始更爲泌，光化之初未常有泌州之名，今書爲泌則誤也。匡凝請和，乃止。十二月，李罕之以潞州來降。二年，幽州劉仁恭攻魏，羅紹威來求救，王救魏，

- 『淠河』，通鑑作『淠水』。胡注言淠河在來遠鎮西十里，來遠鎮即東正陽也，東至壽州二百里。
- 此亦以後名前之一例。

- 此李璠與四頁下王之行軍司馬偶同名耳，然舊史作副使李璠，或爲一人，亦未可知。
- 「孫德昭」，百衲本作「孫德」，舊唐本紀，［孫，編注］「德昭」。
- 復「立」，王鳴盛以爲當作復「位」，百衲本正作「位」，貴池本作「位」，據改。

敗仁恭于内黃，四月，遣氏叔琮攻晉太原，不克。七月，李克用取澤潞。十一月，保義軍亂，殺其節度使王珙，推其牙將李璠爲留後，其將朱簡殺璠來降，以簡爲保義軍節度使。三年四月，遣葛從周攻劉仁恭之滄州，取其德州，及仁恭戰于老鵶堤，大敗之。八月，晉取洺州，王如洺州，復取之。是時，鎮定皆附于晉，遂攻鎮州，破臨城，王鎔來送欵，進攻定州，王郜奔于晉，其將王處直以定州降。唐宦者劉季述作亂，天子幽于東宮。天復元年正月，護駕都頭孫德昭誅季述，天子復立，封王爲梁王，遣張存敬攻王珂于河中，出含山下，晉絳二州，王珂求救于晉，

乾隆四年校刊　五代史卷一　本紀　七　朱溫紀

本頁汲古本訛作太后

晉不能救乃來降三月大舉攻晉氏叔琮出太行取澤
潞葛從周張存敬侯言張歸厚及鎮定之兵皆會于太
原圍之不克遇雨而還五月天子以王兼河中尹護國
軍節度使六月晉取慈隰自劉季述等已誅宰相崔胤
外與梁交欲假梁兵盡誅宦者而鳳翔李茂貞邠寧王
行瑜等皆遣子弟以精兵宿衛天子宦者韓全誨等亦
因恃以爲助天子與胤計事宦者屬耳頗聞之乃選美
女內之宮中陰令伺察其實久之果得胤奏謀所以誅
宦者之說全誨等大懼日夜相與涕泣思圖胤以求全
胤知謀泄事急即矯爲制召梁兵入誅宦者十月王以

•『太原』，汲古本訛作『太后（當爲『厚』字，編注）』。

宣武、宣義、天平、護國兵七萬至于河中，取同州，遂攻華州，韓建出降。全誨等聞梁王兵且至，即以岐、邠宿衛兵刼天子奔于鳳翔。王乃上書言胤所以召之之意，天子怒，罷胤相，責授工部尚書，詔梁兵還鎮。王引兵去，攻邠州，屯于三原，邠州節度使楊崇本以邠、寧、慶、衍四州降。崔胤奔于華州。二年春，王退軍于河中，晉攻晉、絳，遣朱友寧擊敗晉軍于蒲縣，取汾、慈、隰，遂圍太原，不克而還。汾、慈、隰復入于晉。四月，友寧引兵西至興平，及李茂貞戰于武功，大敗之。王兵犯鳳翔，茂貞數出戰，輙敗，遂圍之。十一月，鄜坊李周彞以兵救鳳翔，王遣孔勍襲鄜州，劉校謂當解字斷句，甲下脫一子字，引薛史昭宗以甲子發鳳翔爲證，以諸本皆無子字，不改，存其說以爲參考。

虜周彝之族，徙于河中，周彝乃降。是時岐兵屢敗，而圍久，城中食盡，自天子至後宮皆凍餒。三年正月，茂貞殺韓全誨等二十人，囊其首示梁軍，約出天子以爲解。甲天子出幸梁軍，遣使者馳召崔胤，胤託疾不至。王使人戲胤曰：「吾未識天子，懼其非是，子來爲我辨之。」天子還至興平，胤率百官奉迎。王自爲天子執轡，且泣且行，行十餘里，止之，見者咸以爲忠。已，天子至自鳳翔，素服哭于太廟而後入，殺宦者七百餘人。二月甲戌，天子賜王回天再造竭忠守正功臣，以輝王祚爲諸道兵馬元帥，王爲副元帥。王乃留子友倫爲護駕指揮使。曾三異校定曰

●劉校謂，當『解』字斷句，『甲』下脫一『子』字，引薛史昭宗以甲子發鳳翔爲證。以諸本皆無『子』字，不改，存其說以爲參考。

[redacted]

三巽案家人傳友倫乃王兄存之以爲天子衛引兵東
子其後中書上議亦皆謂之皇姪
歸天子餞于延喜樓賜楊柳枝五曲初梁兵已西青州
王師範遣其將劉鄩襲據梁兗州王已還梁四月如鄆
州遣朱友寧攻青州師範敗之于石樓友寧死九月楊
師厚敗青人于臨朐取其棣州師範以青州降而鄩亦
降友倫擊鞠墮馬死王怒以崔胤殺之遣朱友謙殺胤
于京師曾三巽校定曰三巽案家人傳殺崔胤者朱友謀非友謙其與友倫擊鞠者
皆殺之自天子奔華州王請遷都洛陽雖不許而王命
河南張全義修洛陽宮以待天祐元年正月王如河中
遣牙將寇彥卿如京師請遷都洛陽并徙長安居人以

乾隆四年校刊

● 通鑑亦言友倫存之子也。
● 「以崔胤殺之」，百衲本、貴池本、彭「以」下有「爲」字，據增。
● 「友謀」，當作「友諒」，「謀」當是「諒」字之誤。
● 貴池本無校語。

東天子行至陝州、王朝于行在。先如東都。是時六軍諸衞兵已散亡，其從以東者小黃門十數人、打毬供奉內園小兒等二百餘人，行至穀水，王教醫官許昭遠告其謀亂，悉殺而代之，然後以聞，由是天子左右皆梁人矣。閏四月甲辰，天子至自西都。是時晉王李克用、岐王李茂貞、楚王趙匡凝、蜀王王建、吳王楊行密（曾三異校定日：三異案，克用本紀及茂貞傳、建、行密世家，皆書其在唐所投，獨匡凝不書其在唐，此乃闕文。）聞梁遷天子洛陽，皆欲舉兵討梁。王大懼。六月，楊崇本復附于岐，王乃以兵如河中，聲言攻崇本，遣朱友恭、氏叔琮、蔣玄暉等行弒昭宗。崩。十月，王朝于京師，殺朱友恭、氏叔琮。十一

- 五代史纂誤補、新舊唐書昭宗紀俱作『閏四月甲辰』，今補『閏』字。四月丙寅朔無甲辰，閏四月，乙未朔，甲辰初十。
- 貴本無校語。

月攻淮南取其光州攻壽州不克而旋二年二月遣蔣玄暉殺德王裕等九王于九曲池六月殺司空裴贄等百餘人七月天子復使來賜王迎鑾紀功碑王欲代唐使人諭諸鎮襄州趙匡凝以爲不可遣楊師厚攻之取其唐鄧復郢隨均房七州王如襄州軍于漢北九月師厚破襄州匡凝奔于淮南師厚取荊南荊南留後趙匡明奔于蜀遂出光州以攻壽州不克天子卜祀天于南郊王怒以爲蔣玄暉等欲祈天以延唐天子懼改卜郊十一月辛巳天子封王爲魏王相國總百揆以宣武宣義天平護國天雄武順祐國河陽義武昭義武寧保義

●『復』字，百衲本無，貴池本同。

●『趙匡明』，貴池本、百衲本作『趙明』，疑避諱省『匡』字，薛史作『匡明』。

●百衲本、貴池本作『佑國』。

忠義武昭武定泰寧平盧匡國鎮國荆南忠武二十一軍爲魏國備九錫王怒不受十二月天子以王爲天下兵馬元帥王益怒遣人告樞密使蔣玄暉與何太后私通殺玄暉而焚之遂弑太后于積善宮又殺宰相柳燦太常卿張廷範車裂以徇天子下詔以太后故停郊三年春魏州羅紹威謀殺其牙軍來假兵以虞變王爲發兵北攻劉仁恭之滄州兵過魏而紹威已殺牙軍其兵之在外者果皆叛據貝衛澶博州王以兵悉殺之遂攻滄州軍于長蘆劉仁恭求救于晉晉人取潞州王乃旋軍

• 百衲本『詔』上無『下』字，貴池本脫『子』字。
• 『果』字，百衲本、貴池本無。

五代史卷一考證

梁太祖紀大順元年春遣龎師古攻孫儒于淮南○師

監本訛思今改正

荆南留後趙匡明奔于蜀○一本無匡字

五代史卷一考證

彭本兩唐主均作唐王誤
百衲本貴本書下無之字

五代史卷二

宋　歐　陽　修　撰

梁本紀第二

開平元年春正月壬寅天子使御史大夫薛貽矩來勞軍宰相張文蔚率百官來勸進夏四月壬戌更名晃甲子皇帝即位（自即位以後大事則書變古則書非常則書意有所示則書後有所因則書非此五者則否）戊辰大赦（赦文皆曰大赦天下此書大見其志之欲遠及也不曰天下實有所不及也）改元國號梁封唐主爲濟陰王（謂天子爲唐主錄其本語如此）升汴州爲開封府建爲東都以唐東都爲西都廢京兆府爲雍州（州縣廢置見職方考惟京都則書之）賜東都酺一日契丹阿保機使袍

乾隆四年校刊　　五代史卷二　本紀　一　　朱溫紀

- 彭本兩「唐主」，均作「唐王」，誤。
- 百衲本、貴本「書」下無「之」字。

笏梅老來。夷狄來不言朝不責其禮不言貢不責其物故書曰來五代亂世著其屢來以見夷狄之來不來不因治亂而亂世屢來不足貴也五月丁丑朔，以唐相張文蔚、楊涉爲門下侍郎，御史大夫薛貽矩爲中書侍郎，同中書門下平章事。戊寅，渤海、契丹遣使者來。夷狄君臣姓名官爵或書或否不必備或因其舊史之詳畧但書其來以示意爾乙酉，封兄全昱爲廣王，子友文博王、友文非子而書子語在家人傳友珪郢王、友璋福王、友貞均王、友徽建王，姪友諒衡王、友能惠王、友誨邵王。甲午，改樞密院爲崇政院，太府卿敬翔爲使。是月，潞州行營都指揮使李思安及晉人戰，敗績。我敗曰敗績彼敗曰敗之文理宜然已見行營故戰不言地六月甲寅，平盧軍節度使韓建守司徒、同中書門下

• 『不責』其禮，百衲本作『不貴』，貴池本同，彭本亦作『貴』。
• 彭本脫『姪』字。
• 敗績是大敗，不止我敗。

平章事。秋七月己亥、追尊祖考爲皇帝、妣爲皇后。皇高祖黯謚曰宣元、廟號肅祖、祖妣范氏謚曰宣僖。曾祖茂琳謚曰光獻、廟號敬祖、祖妣楊氏謚曰光孝。祖信謚曰昭武、廟號憲祖、祖妣劉氏謚曰昭懿。考誠謚曰文穆、廟號烈祖、妣王氏謚曰文惠。八月丁卯、同州蚜蝝生、隰州黄河清。於此書見不爲瑞也九月、括馬。冬十月己未、講武于繁臺。十一月壬寅、赦亡命背軍髠黥刑徒。於好殺之世小赦必書見其亦有愛人之意也

二年春正月丁酉、渤海遣使者來。己亥、卜郊於西都、弑濟陰王。弑臣子之大惡也書濟陰王從其實書弑正梁罪名二月辛未、契丹阿保

貴本蚜作子

閒平

● 貴池本『蚜』訛作『子』。
● 開平。

機遣使者來。三月壬申朔，如西都。幸，已至也；如，往而未至之辭。書如，則在道有事可以書。丙子，如懷州。五代亂世，兵無虛日，不可悉書，故用兵無勝敗、攻城無得失皆不書。其命大將，與天子有所如，自著大事。爾此如懷、澤者，以兵方攻潞州也。丁丑，如澤州。戊寅，封鴻臚卿李崧介國公，爲二王後。梁嘗更戊日武，而舊史悉復爲戊。壬午，匡國軍節度使劉知俊爲潞州行營招討使。癸巳，卜郊。張文蔚薨。夏四月癸卯，楊涉罷。吏部侍郎于兢爲中書侍郎、翰林學士承旨禮部侍郎張策爲刑部侍郎，同中書門下平章事。壬子，至澤州。五月己丑，潞州行營都虞候康懷英及晉人戰于夾城，敗績。築城圍潞，戰于城中，故書地。戊戌，立唐三廟。契丹遣使者來。六月壬寅，忠武軍節度使

● 纂誤補云，『崧』字、『介』字並誤，據薛史、五代會要萊公國〔國公，編注〕者爲『李崧』，非『崧』。『介國公』，百衲本、貴池本同，惟彭本作『萊國公』。

● 百衲本、貴池本『卜郊』上有『改』字。王鳴盛云，當補『改』字。

● 『承旨』，彭本作『奉旨』，不改。

● 劉光蕡校云，『至』下脫去『自』字。

劉知俊爲西路行營招討使以伐岐。用兵之名有四：兩相攻曰攻，以大加小曰伐，有罪曰討，天子自往曰征。隨事爲文，不得不異，非有褒貶也。己酉，殺金吾衛上將軍王師範，滅其族。當殺曰伏誅，不當殺者以兩相殺爲文。丙辰，劉知俊及岐人戰于漠谷，敗之。秋九月丁丑，如陝州，以晉人攻晉、絳故也。博王友文留守東都。冬十月丁未，至自陝州。十一月癸巳，張策罷。左僕射楊涉同中書門下平章事。十二月己亥，以介國公爲三恪，酅國公、萊國公爲二王後。

三年春正月甲戌，如西都，復燃燈以祈福。燃燈風俗相傳，自天子至於庶人，舉天下同其奢樂，而風俗僭之大者，故錄其詔意，則其失可知。庚寅，享于太廟。辛卯，有事于南郊。祀天于南郊，書曰有事，錄當時語。大赦。丙申，羣臣上尊

- 百衲本、貴池本『金吾』上有『右』字，本書師範傳同，當增。
- 劉校，『丁未』當是『丁巳』之誤。
- 開平。

號曰睿文聖武廣孝皇帝。二月壬戌，講武于西杏園。甲子，延州高萬興叛于岐來降。唐末之亂，彊弱相并，或去彼來此，不可爲常，難於遽責，至此乃書曰叛，始正其定分也。三月辛未，渤海國王大諲譔遣使者來。甲戌，如河中。以高萬興降劉知俊，兵攻鄜延故也。山南東道節度使楊師厚爲潞州四面行營招討使。劉知俊取丹州。夏四月丙午，知俊克延、鄜、坊三州。易得曰取，難得曰克，文理宜然爾。五月己卯，至自河中。殺佑國軍節度使王重師。六月庚戌，劉知俊執佑國軍節度使劉捍，叛附于岐。以身歸曰降，以地歸曰附，亦文理宜然。知俊爲忠武軍節度使，以同州附岐，今直書知俊叛而不言地，蓋忠武已見上文。辛亥，如陝州。以劉知俊叛故也。乙卯，冀王朱友謙爲同州東面行營招討使。劉

● 貴池本、百衲本作『佑』。
● 『朱』，百衲本訛作『宋』。

[redacted]
失之百衲本作失亡貴本同
「殺」下百衲本無者字貴本同

知俊奔于岐。丹州軍亂，逐其刺史宋知誨。秋七月，商州軍亂，逐其刺史李稠，稠奔于岐。乙丑，克丹州，執其首惡王行思。（初不知首惡之人，故直曰軍亂，既克而推得之也。丹州無主將姓名，行思無官爵，又不見伏誅之日，皆舊史失之。）乙亥，至自陝州。甲申，襄州軍亂，殺其留後王班。（智不足以衞身，才不足以治衆，而見殺者，不書死之，而以被殺爲文，見死得其死者，士之大節，不妄以予人。）房州刺史楊虔叛附于蜀。八月辛亥，降死罪囚。辛酉，均州刺史張敬方克房州，執楊虔。閏月癸酉，契丹遣使者來。己卯，閱稼于西苑。九月壬寅，行營招討使左衞上將軍陳暉克襄州，執其首惡李洪。（命暉討亂，舊史失不書，至此始見，既克而推得其首惡，故初亦且書軍亂。）丁未，保義軍節度使王檀爲潞州東面

乾隆四年校刊　五代史卷二　本紀　四　朱温紀

●「失之」，百衲本作「失亡」，貴本同。
●「殺」下百衲本無「者」字，貴本同。

行營招討使。辛亥，韓建、楊涉罷，太常卿趙光逢爲中書侍郎、翰林學士承旨工部侍郎杜曉爲戶部侍郎，同中書門下平章事。辛酉，李洪、楊虔伏誅。冬十一月甲午，日南至，告謝于南郊。南至不必書，因其以至日告謝而書。告謝主用至日，故書之，不用有事于南郊，亦從其本語，蓋比南郊禮差簡。己酉，搜訪賢良。鎮國軍節度使康懷英伐岐，十二月，懷英克寧、慶、衍三州，及劉知俊戰于升平，敗績。

四年春正月壬辰朔，始用樂。自唐末之亂，禮樂亡，至此始用樂，故書。丁未，講武于榆林。二月己丑，閱稼于穀水。秋八月丙寅，如陝州。以岐人、晉人攻夏州故也。河南尹張宗奭留守西都。辛未，護國軍

● 貴池本『承旨』作『奉旨』。

● 『升』平，貴本、百衲本作『昇』，與通鑑合，逕改。

● 開平。

節度使楊師厚爲西路行營招討使以伐岐。九月己丑，至自陝州。辛亥，搜訪賢良。冬十一月己丑，寧國軍節度使王景仁爲北面行營招討使以伐趙，趙王王鎔、北平王王處直叛附于晉，晉人救趙。十二月癸酉，頒律令格式。

乾化元年春正月丁亥，王景仁及晉人戰于柏鄉，敗績。庚寅，赦流罪以下，因求危言正諫。癸巳，天雄軍節度使楊師厚爲北面行營招討使。夏四月壬申，契丹阿保機遣使者來。五月甲申朔，大赦，改元。癸巳，幸張宗奭第。秋八月戊辰，閱稼于榆林。渤海遣使者來。戊寅，大閱于興

貴池本因，百衲本作因，是。

•「因」，貴池本、百衲本作「因」，是。

安鞠場。九月辛巳朔，御文明殿入閤。御殿而云入閤，錄其本語書之，以見禮失事在李珙列傳。此禮其後屢行，皆不書，一書以見其失足矣。庚子，如魏州，以晉人攻魏故也。張宗奭留守西都。冬十月丙子，大閱于魏東郊。十一月，高萬興取鹽州。壬辰，至自魏州。乙未，回鶻、吐蕃遣使者來。

二年春二月丁巳，光祿卿盧玭使于蜀。甲子，如魏州，以晉人及鎮、定攻相魏也。張宗奭留守西都。次白馬，殺左散騎常侍孫隲、右諫議大夫張衍、兵部郎中張儁。戊寅，如貝州。三月丙戌，屠棗彊。書屠著其酷之甚者。丁未，復如魏州。夏四月己巳，至自魏州。下書如西都，則此至東都可知。戊寅，如西都。五月丁亥，德音

乾化

白馬 作白馬頓

三月 應從 貴池本 百衲本作五月

• 乾化。
• 通鑑作『白馬頓』。
• 『三月』，應從貴池本、百衲本作『五月』。

書不書上貴池本多一者字

降死罪已下囚德音赦之小者從其本名以著其實罷役徒禁屠及捕生
渤海遣使者來是月薛貽矩薨六月疾革郢王友珪反
叛者背此而附彼猶臣於人也反自下謀上惡逆之大
者也日月之書不書雖無義例而事亦有不得而日反
非一朝一夕不能得戊寅皇帝崩年六十一不書崩處
其日故反者皆不日以異於得其終者乾
化二年十一月友珪葬之河南伊闕
縣號宣陵以不得其死故不書葬
嗚呼天下之惡梁久矣自後唐以來皆以爲僞也至予
論次五代獨不僞梁而議者或譏予大失春秋之旨以
謂梁負大惡當加誅絕而反進之是奬篡也非春秋之
志也予應之曰是春秋之志爾魯桓公弒隱公而自立
者宣公弒子赤而自立者鄭厲公逐世子忽而自立者

● 『書不書』上，貴池本多一『者』字。

袁本脫十二字

衛公孫剽逐其君衎而自立者、聖人於春秋皆不絕其爲君、此予所以不僞梁者、用春秋之法也。然則春秋亦獎簒乎、曰惟不絕四者之爲君、於此見春秋之意也。聖人之於春秋、用意深、故能勸戒切、爲言信、然後善惡明。夫欲著其罪於後世、在乎不沒其實、其實嘗爲君矣、書其爲君、其實簒也、書其簒、各傳其實、而使後世信之、則四君之罪、不可得而掩爾。使爲君者不得掩其惡、然後人知惡名不可逃、則爲惡者庶乎其息矣。是謂用意深而勸戒切、爲言信而善惡明也。桀紂不待貶其王、而萬世所共惡者也。春秋於大惡之君不誅絕之者、不害其

• 貴池本脫十二字〔其實嘗至其實，編注〕。

褒善貶惡之旨也。雖不沒其實以著其罪，而信乎後世，與其爲君而不得掩其惡，以息人之爲惡。能知春秋之此意，然後知予不僞梁之旨也。

五代史卷二

五代史卷二考證

梁太祖紀忠武軍節度使劉知俊爲西路行營招討使以伐岐注以大加小曰伐○臣文淸按周禮大司馬以九伐之法正邦國左傳聲罪致討曰伐孟子曰征者上伐下也注謂以大加小曰伐恐非

五代史卷二考證

五代史卷三

宋　歐　陽　修　撰

梁本紀第三

末帝太祖第三子友貞也。末非謚號從其本語爲人美容貌、沉厚寡言、雅好儒士。太祖即位、封均王、爲左天興軍使、東京馬步軍都指揮使。乾化二年六月、太祖遇弑、友珪自立、殺博王友文、以弑帝之罪歸之、以王爲東京留守開封尹、敬翔爲中書侍郎同中書門下平章事、戶部尚書李振爲崇政院使。明年、友珪改元曰鳳曆。二月、駙馬都尉趙巖至東都、王私與之謀、遣馬慎交之魏州見楊師厚計事、師厚遣小校王舜賢至洛陽、告左龍虎統軍袁象先使討賊。是時懷州龍驤屯兵叛、方捕索之、王乃僞爲友珪詔書、發左右龍驤在東都者皆還洛陽、因激怒之曰、天子以懷州屯兵叛、追汝等欲盡坑之、諸將皆泣、莫知所爲。王曰、先皇帝經營王業三十餘年、今日尚爲友珪所殺、汝等安所逃死乎。因出太祖畫像示諸將而泣曰、汝能趨洛陽擒逆賊、則轉禍爲福矣。軍士皆呼萬歲、請王爲主。王乃遣人趣象先等。庚寅、象先等以禁兵討賊、友珪死、杜曉見殺。象先遣趙巖持傳國寶至東都、請王入洛陽、王報曰、夷門太祖所以興王業也、北拒并汾、

乾化

時字貴本百衲本無

東至淮海、國家藩鎭、多在東方、命將出師、利于便近。是月、皇帝卽位於東都、（卽位大事、失其日而書是月、見亂之甚、於東都終上文也。）復稱乾化三年、復博王友文官爵。三月丁未、更名鍠。夏五月、楊師厚取滄州。秋九月甲辰、御史大夫姚洎爲中書侍郎同中書門下平章事。冬十二月、晉人取幽州。

四年夏四月丁丑、貶于兢爲萊州司馬。武寧軍節度使蔣殷反、天平軍節度使牛存節討之。

貞明元年春正月、存節克徐州。（時蔣殷自燔死、故不書伏誅。）三月丁卯、趙光逢罷。平盧軍節度使賀德倫爲天雄軍節度使、（命官不書、非常而有故則書、此書爲天雄軍亂張本。）分其相澶衞州爲昭德軍、宣

• 乾化。
• 『時』字，貴本、百衲本無。

徽使張筠爲節度使。己丑、天雄軍亂、賀德倫叛附于晉。軍亂有首惡不書而書德倫叛責貴者深也德倫不可加以首惡而可責其不死以叛張彥實首惡而畧不書彥徽者德倫可誅而不誅故以德倫獨任其責邠州李保衡叛于岐來附。夏六月庚寅朔、晉王李存勗入于魏州、遂取德州。冬十月辛亥、康王友孜反伏誅。反者不日誅反者有日故書十一月乙丑、改元耀州溫昭圖叛于岐來附。是歲更名瑱。舊史失其日月

二年春二月丙申、楊涉罷。三月、鎮南軍節度使劉鄩及晉人戰于故元城、敗績、奔于滑州。晉人取衞州、惠州。捉生都將李霸反伏誅。夏六月、捉生都將張溫叛降于晉。秋七月、晉人取相州、張筠奔于京師。安國軍節度使閻

- 己丑，廿九。
- 『有』字，百衲本作『書』字，貴池本亦作『有』。
- 南監本作『失其月日』，彭同。
- 貞明。
- 劉校謂，李霸事當據薛史增『夏四月癸卯』五字。
- 纂誤補，梁邢州爲保義軍，唐莊宗改曰安國，此當作保義軍。按，五代方鎮名称改易不當，以後稱前者多是，如下文横海軍之當爲順化軍，不能一一駁正，聽之可也。

寶叛附于晉。八月丁酉、太子太保致仕趙光逢爲司空兼門下侍郎同中書門下平章事。九月、晉人取滄州。橫海軍節度使戴思遠奔于京師。晉人克貝州、守將張源德死之。書死、得其死也。冬十月丁酉、中書侍郎鄭珏同中書門下平章事。

三年夏四月辛卯、右千牛衞大將軍劉璩使于契丹。冬十二月、宣義軍節度使賀瓌爲北面行營招討使。己巳、如西都卜郊。晉人取楊劉。

四年正月、不克郊。己卯至自西都。夏四月己酉、尚書吏部侍郎蕭頃爲中書侍郎同中書門下平章事。己巳、趙

乾隆四年校刊

● 貞明。
● 貴池本無『卜』字。
● 貞明。
● 『正月』上，脱『春』字，纂誤已举出，不添。

光逢罷。冬十二月庚子朔，賀瓌殺其將謝彥章、孟審澄、侯溫裕。癸亥，瓌及晉人戰于胡柳，敗績。是歲，泰寧軍節度使張守進叛附于晉，亳州團練使劉鄩爲兗州安撫制置以討之。舊史不書亡其月日，故書于歲末，爲明年克兗州張本。

五年春正月，晉軍于德勝。用兵無勝敗不書，此梁晉得失所繫，故書也。秋八月乙未朔，開封尹王瓚爲北面行營招討使。冬十月，劉鄩克兗州，張守進伏誅。十二月，晉人取濮陽。天平軍節度使霍彥威爲北面行營招討使。

六年夏四月己亥，降死罪以下囚。乙巳，尚書左丞李琪爲中書侍郎、同中書門下平章事，河中節度使朱友謙

• 貴池本脫十五字〔殺至瓌字，編注〕。
• 百衲本、貴本、彭本『制置』下有『使』字，據增。
• 貞明。
• 張守進即張萬進也。
• 貞明。

襲同州，殺其節度使程全暉，叛附于晉。泰寧軍節度使劉鄩討之。秋七月，陳州妖賊母乙自稱天子。九月庚寅，供奉官郎公遠爲契丹歡好使。冬十月，母乙伏誅。

龍德元年春，趙將張文禮殺其君鎔，來乞師，不許。（文禮初爲鎔養子，號王德明，此書張文禮者，從舊史也。）三月丁亥朔，禁私度僧尼。陳州刺史惠王友能反。夏五月丙戌朔，德音改元，降流罪已下。四。秋，赦友能，降封房陵侯。天平軍節度使戴思遠爲北面行營招討使。冬十月，思遠及晉人戰于戚城，敗績。

二年春正月，思遠襲魏州，取成安。秋八月，滑州兵馬留後段凝攻衞州，執其刺史李存儒。戴思遠克淇門、共城、

- 『母』，百衲本作『毋』，薛史十同。
- 百衲本注無『也』字。
- 龍德。

新鄉

三年春三月潞州李繼韜叛于晉來附夏閏四月唐人取鄆州晉未即位已自與梁爲敵國至其建號於梁無所利害故不書唐建號而書唐人者因事而見爾五月庚申宣義軍節度使王彥章爲北面行營招討使取德勝南城秋八月段凝爲北面行營招討使先鋒將康延孝叛降于唐冬十月甲戌宣義軍節度使王彥章及唐人戰于中都敗績死之凡官皆不重書此書者嫌彥章已罷招討使而與唐戰蓋罷使而別將兵以戰也唐人取曹州盜竊傳國寶奔于唐戊寅皇帝崩年三十六梁亡書曰梁亡見唐莊宗之立速也四月莊宗立稱唐十月梁始亡見唐不待滅梁而立

龍德

- 龍德。
- 貴池本『〔年，編注〕三十六』小注，百衲本『年三十六』是小注，五代諸帝卒年均不正書，此亦當作注。

五代史卷三考證

梁末帝紀宣義軍節度使王彥章及唐人戰于中都敗績死之注凡官皆不重書此書者嫌彥章已罷招討使而與唐戰蓋罷使而別將兵以戰也○臣人龍按歐陽修作王彥章畫像記首稱太師王公極道其善戰而一本於忠節則此當以死事而重書其官恐非別將兵之謂也

五代史卷三考證

五代史卷四

宋　歐　陽　修　撰

唐本紀第四

莊宗光聖神閔孝皇帝、其先本號朱邪、蓋出於西突厥、至其後世、别自號曰沙陀、而以朱邪爲姓。唐德宗時、有朱邪盡忠者居於北庭之金滿州、貞元中吐蕃贊普攻陷北庭、徙盡忠於甘州而役屬之。其後贊普爲回鶻所敗、盡忠與其子執宜東走。贊普怒、追之及于石門關、盡忠戰死、執宜獨走歸唐、居之鹽州、以隸河西節度使范希朝。希朝徙鎮太原、執宜從之、居之定襄神武川之新

城、其部落萬騎皆驍勇善騎射、號沙陀軍。執宜死、其子
日赤心、懿宗咸通十年神策大將軍康承訓統十八將
討龐勛於徐州、以朱邪赤心爲太原行營招討沙陀三
部落軍使、以從破勛功拜單于大都護振武軍節度使、
賜姓名李國昌、以之屬籍。沙陀素强、而國昌恃功益横
恣、懿宗患之。十三年、徙國昌雲州刺史大同軍防禦使、
國昌稱疾拒命。國昌子克用尤善騎射、能仰中雙鳧爲
雲州守捉使。國昌已拒命、克用乃殺大同軍防禦使段
文楚、據雲州、自稱留後。唐以太僕卿盧簡方爲振武節
度使、會幽并兵討之。簡方行至嵐州、軍潰、由是沙陀侵

姓名下南监本有日字

「姓名」下，南監本有「日」字。

李業貴池本作業（業）
輯百衲本作緝

掠代北、爲邊患矣。明年、僖宗卽位、以謂前太原節度使李業遇沙陀有恩、而業已死、乃以其子鈞爲靈武節度使、宣慰沙陀六州三部落使。六州三部落皆不見其名處、據唐書除使有此語爾以招輯之、拜克用大同軍防禦使。居久之、國昌出擊党項、吐渾赫連鐸襲破振武、克用聞之、自雲州往迎國昌、而雲州人亦閉關拒之。國昌父子無所歸、因掠蔚朔間、得兵三千、國昌入保蔚州、克用還據新城。僖宗乃拜鐸大同軍使、以李鈞爲代北招討使、以討沙陀。乾符五年、沙陀破遮虜軍、又破岢嵐軍、而唐兵數敗、沙陀由此益熾、北據蔚朔、南侵忻代嵐石、至于太谷焉。廣明元年、招

●「李業」，貴池本作「李葉」。
●「輯」，百衲本作「緝」。

討使李琢會幽州李可舉雲州赫連鐸擊沙陀、克用與可舉相拒雄武軍、其叔父友金以蔚朔州降于琢、克用聞之遽還、可舉追至藥兒嶺、大敗之、琢軍夾擊、又敗之于蔚州、沙陀大潰、克用父子亡入達靼。克用少驍勇、軍中號曰李鴉兒、其一目眇、及其貴也、又號獨眼龍、其威名蓋於代北。其在達靼久之、鬱鬱不得志、又常懼其圖已、因時時從其羣豪射獵、或掛針於木、或立馬鞭百步、射之輒中、羣豪皆服以爲神。黄巢已陷京師、中和元年、代北起軍使陳景思發沙陀先所降者與吐渾安慶等萬人赴京師、行至絳州、沙陀軍亂、大掠而還。景思念沙

陀非克用不可將、乃以詔書召克用於達靼、承制以爲
代州刺史、鴈門以北行營節度使、率蕃漢萬人出石嶺
關、過太原、求發軍錢、節度使鄭從讜與之錢千緡、米千
石、克用怒、縱兵大掠而還。二年十一月、景思克用復以
步騎萬七千赴京師。三年正月、至于河中、進屯乾坑。巢
黨驚曰、鴉兒軍至矣。二月、敗巢將黃鄴於石隄谷。三月、
又敗趙章、尚讓於良田坡、橫尸三十里。是時諸鎮兵皆
會長安、大戰渭橋、賊敗走入城、克用乘勝追之、自光泰
門先入、戰望春宮昇陽殿、巢敗、南走出藍田關、京師平、
克用功第一、天子拜克用檢校司空、同中書門下平章

•「至於〔于，編注〕」河中，百衲本作「出於〔于，編注〕」，不改。
•「巢黨」，貴池本作「黃巢」。
•百衲本作「璋」，貴池本同。

事河東節度使，以國昌爲鴈門以北行營節度使。十月，國昌卒。十一月，遣其弟克修攻昭義孟方立，取其澤潞二州。方立走山東，以邢洺磁三州自別爲昭義軍。昭義軍在唐時跨山東西，管五州，至是澤潞入于晉，邢洺磁爲孟氏據之，故當時有兩昭義。黃巢南走，至蔡州，降秦宗權，遂攻陳州。四年，克用以兵五萬救陳州，出天井關，假道河陽，諸葛爽不許，乃自河中渡河。四月，敗尚讓於太康，又敗黃鄴于西華。巢且走且戰，至中牟，臨河未渡，而克用追及之，賊衆驚潰，比至封丘，又敗之。巢脫身走，克用追之，一日夜馳三百里，至于宛朐，不及而還。過汴州，休軍封禪寺，朱全忠饗克用於上源驛，夜酒

● 百衲本作『二百』里，貴池本作『三百』。

罷、克用醉臥、伏兵發、火起、侍者郭景銖滅燭匿克用牀下、以水醒面而告以難。會天大雨滅火、克用得從者薛鐵山賀回鶻等隨電光縋尉氏門出還軍中。七月、至于太原、訟其事于京師、請加兵於汴、遣弟克修將兵萬人屯于河中以待。僖宗和解之、用破巢功封克用隴西郡王。光啓元年、河中王重榮與宦者田令孜有隙、徙重榮兗州、以定州王處存爲河中節度使、詔克用以兵護處存之鎮。（克用不僭號故不稱王焉）重榮使人紿克用曰、天子詔重榮、俟克用至、與處存共誅之、因僞爲詔書示克用曰、此朱全忠之謀也。克用信之、八上表請討全忠、僖宗不許、克

● 貴池本脫十八字〔牀下至克用，編注〕。
● 錢大昕曰，薛鐵山與沙陀傳之薛志勳是一人。
● 百衲本小注無『焉』字。

用太怒。重榮既不肯徙，僖宗遣邠州朱玫、鳳翔李昌符討之，克用反以兵助重榮，敗玫于沙苑，遂犯京師，縱火大掠，天子出居于興元。克用退屯河中，朱玫亦反，以兵追天子不及，得襄王熅，迫之稱帝，屯于鳳翔。僖宗念獨克用可以破玫而不能使也。當破黃巢長安時，天下兵馬都監楊復恭與克用善，乃遣諫議大夫劉崇望以詔書召克用，且道復恭意，使進兵討玫等，克用陽諾而不行。明年，孟方立死，其弟遷立。大順元年，克用擊破孟遷，取邢、洺、磁三州，乃遣安金俊攻赫連鐸於雲州，幽州李匡威救鐸，戰於蔚州，金俊大敗。於是匡威、鐸及朱全忠

• 百衲本無『其』字。

● 百衲本無『等』字。
● 台省四品官議。
● 『副使』，貴池本無『使』字，毛本、局本、彭本同。

等皆請因其敗伐之。昭宗以克用破黄巢功高、不可伐、下其事臺省四品官議。議者多言不可、宰相張濬獨以謂沙陀前逼僖宗幸興元、罪當誅、可伐。軍容使楊復恭克用所善也、亦極諫以爲不可、昭宗然之、詔諭全忠等。全忠陰賂濬、使持其議益堅、昭宗不得已、以濬爲太原四面行營兵馬都統、韓建爲副使。是時潞州將馮霸叛降于梁、梁遣葛從周入潞州、唐以京兆尹孫揆爲昭義軍節度使。克用遣李存孝執揆于長子、又遣康君立取潞州。十一月、濬及克用戰于陰地、濬軍三戰三敗、濬建遯歸。克用兵大掠晉絳、至于河中赤地千里。克用上表自訴其辭慢侮天子爲之引咎優詔荅之二年二月復拜克用河東節度使隴西郡王加檢校太師兼中書令四月攻赫連鐸于雲州圍之百餘日鐸走吐渾八月大蒐于太原出晉絳掠懷孟至于邢州遂攻王鎔于鎮州克用柵常山西以十餘騎渡滹沱覘敵遇大雨平地水深數尺鎮人襲之克用匿林中禱其馬曰吾世有太原者馬不嘶馬偶不嘶以免前軍李存孝取臨城進攻元氏李匡威救鎔克用退軍邢州景福元年王鎔攻邢州李存信李嗣勳等敗鎔于堯山二月會王處存攻鎔戰于新市爲鎔所敗八月李匡威攻雲州以牽克用之兵

●『退軍』，貴池本、百衲本作『還軍』。

貴池本脱「匡威」二字。

貴池本脱匡威二字

克用潛入于雲州，返出擊匡威，匡威敗走。十月，李存孝以邢州叛。二年，存孝求援於王鎔，克用出兵井陘擊鎔，且以書招鎔，而急攻其平山，鎔懼，遂與克用通和，獻帛五十萬匹，出兵助攻邢州。乾寧元年三月，執存孝殺之。冬，攻幽州，李匡儔棄城走，追至景城見殺，以劉仁恭爲留後。二年，河中王重盈卒，其諸子珂、珙爭立。克用請立珂，鳳翔李茂貞、邠寧王行瑜、華州韓建請立珙。昭宗初兩難之，乃以宰相崔胤爲河中節度使，既而許克用，立珂。茂貞等怒，三鎮兵犯京師，聞克用亦起兵，乃皆罷去。六月，克用攻絳州，斬刺史王瑤。瑤，珙弟，助珙以爭者也。

月、至于河中。同州王行約奔于京師、陽言曰、沙陀十萬至矣、謀奉天子幸邠州。茂貞假子閻圭亦謀劫幸鳳翔、京師大亂、昭宗出居于石門。克用軍留月餘不進、昭宗遣延王戒丕、丹王允兄事克用、且告急。八月、克用進軍渭橋、以爲邠寧四面行營都統。昭宗還京師。十一月、克用擊破邠州、王行瑜走至慶州見殺。克用還軍雲陽、請擊茂貞、昭宗慰勞克用、使與茂貞解仇以紓難、拜克用忠正平難功臣、封晉王。是時晉軍渭北、遇雨六十日、或勸克用入朝、克用未决、都押衙蓋寓曰、天子還自石門、寢未安席、若晉兵渡渭、人情豈復能安、勤王而已、何必

●『華』縣字誤，當從百衲本作『莘』，貴池本同，殿本原作『莘』字不誤。

華縣字誤 當從百衲本作莘 貴池本同 殿本原作莘字不誤

朝哉克用笑曰蓋寓猶不信我況天下乎乃收軍而還三年正月昭宗復以張濬爲相克用曰此朱全忠之謀也乃上表曰若陛下朝以濬爲相則臣將暮至闕廷京師大恐濬命遽止朱全忠之攻克鄆也克用遣李存信假道魏州以救朱宣等存信屯于華縣軍士侵掠魏境羅弘信伏兵攻之存信敗走洺州克用自將擊魏戰于洹水亡其子落落六月破魏成安洹水臨漳等十餘邑十月又敗魏人于白龍潭進攻觀音門全忠救至乃解四年劉仁恭叛晉克用以兵五萬擊仁恭戰于安塞克用大敗光化元年朱全忠遣葛從周攻下邢洺磁三州

克用遣周德威出青山口，遇從周于張公橋，德威大敗。冬，潞州守將薛志勤卒，李罕之據潞州叛，附于朱全忠。二年，全忠遣氏叔琮攻破承天軍，又破遼州，至于榆次，周德威敗之于洞渦。秋，李嗣昭復取澤潞。三年，嗣昭敗汴軍于沙河，復取洺州，朱全忠自將圍之，嗣昭走至青山口，遇汴伏兵，嗣昭大敗。秋，嗣昭取懷州。是歲，汴人攻鎮定，鎮定皆絶晉以附于朱全忠。天復元年，全忠封梁王。梁攻下晉絳、河中，執王珂以歸。晉失三與國，乃下意爲書幣聘梁以求和。梁王以爲晉弱可取，乃曰：晉雖請盟，而書辭僈。因大舉擊晉。四月，氏叔琮入天井，張文敬

• 『沙』河，百衲本作『汴』河，沙河是，今永年北尚有有（疑衍二『有』字，編注）沙河可證。彭本『沙』，貴、汲『汴』。
• 百衲本，梁王攻下晉絳，多一『王』字，貴池本脫『梁王』二字。

入新口、葛從周入土門、王處直入飛狐、侯言入陰地。叔琮取澤潞、其別將白奉國破承天軍、遼州守將張鄂、汾州守將李瑭皆迎梁軍降、晉人大懼。會天大雨霖、梁兵多疾、皆解去。五月、晉復取汾州、誅李瑭。六月、周德威、李嗣昭取慈隰。二年、進攻晉絳、大敗于蒲縣、梁軍乘勝破汾慈隰三州、遂圍太原。克用大懼、謀出奔雲州、又欲奔匈奴、未决、梁軍大疫解去、周德威復取汾慈隰三州。四年、梁遷唐都於洛陽、改元曰天祐、克用以謂劫天子以遷都者梁也、天祐非唐號、不可稱、乃仍稱天復。五年、會契丹阿保機於雲中、約爲兄弟。六年、梁攻燕滄州、燕王

●『上門』，應從百衲本作『土門』，疑印刷模糊之故，原本如此。貴池本、彭本、局本作『土』。

劉仁恭來乞師，克用恨仁恭反覆，欲不許，其子存勗諫曰：此吾復振之時也。今天下之勢，歸梁者十七八，彊如趙、魏、中山，莫不聽命。是自河以北，無爲梁患者，其所憚者，惟我與仁恭耳。若燕、晉合勢，非梁之福也。夫爲天下者不顧小怨，且彼常困我，而我急其難，可因以德而懷之，是謂一舉而兩得，此不可失之機也。克用以爲然，乃爲燕出兵，攻破潞州，梁圍乃解去。以李嗣昭爲潞州留後。後七年，梁兵十萬攻潞州，圍以夾城，遣周德威救潞州，軍于亂柳。冬，克用疾。是歲，梁滅唐，克用復稱天祐四年。五年正月辛卯，克用卒，年五十三。子存勗立，葬克用

留后下多匠字，百衲本同。

•『留后（疑作『後』字，編注）』下多一『後』字，百衲本同。

於鴈門。

嗚呼，世久而失其傳者多矣，豈獨史官之謬哉。李氏之先，蓋出於西突厥，本號朱邪，至其後世，别自號曰沙陀，而以朱邪爲姓，拔野古爲始祖。其自序云：沙陀者，北庭之磧也，當唐太宗時，破西突厥諸部，分同羅、僕骨之人於此磧，置沙陀府，而以其始祖拔野古爲都督，其傳子孫數世，皆爲沙陀都督，故其後世因自號沙陀。然予考于傳記，其説皆非也。夷狄無姓氏，朱邪部族之號耳。拔野古與朱邪同時人，非其始祖，而唐太宗時未嘗有沙陀府也。唐太宗破西突厥，分其諸部，置十三州，以同羅爲龜林都督府、僕骨爲金微都督府、拔野古爲幽陵都督府、未當有沙陀府也。當是時、西突厥有鐵勒、延陀、阿史那之類爲最大、其別部有同羅、僕骨、拔野古等以十數、蓋其小者也。又有處月、處密諸部、又其小者也。朱邪者、處月別部之號耳。太宗二十二年、已降拔野古、其明年、阿史那賀魯叛。至高宗永徽二年、處月朱邪孤注從賀魯戰于牢山、爲契苾何力所敗、遂沒不見、後百五六十年、當憲宗時、有朱邪盡忠及子執宜見於中國、而自號沙陀、以朱邪爲姓矣。蓋沙陀者、大磧也、在金莎山之陽、蒲類海之東、自處月以來居此磧、號沙陀突厥、而夷

● 劉校、南監本『延陀』上有『薛』字，當據增。貴池本正有『薛』字，彭同。
● 新舊唐書、通鑑均在永徽三年正月。

狄無文字傳記、朱邪又微不足錄、故其後世自失其傳。至盡忠孫始賜姓李氏、李氏後大、而夷狄之人遂以沙陀爲貴種云。

乾隆四年校刊　五代史卷四　本紀　十　李克用紀

五代史卷四

• 百衲本無『辭』字，貴池本同。
• 纂誤，據莊宗卒年四十三，以爲時年十二，不知莊宗年四十二。

五代史卷五

宋　歐　陽　修　撰

唐本紀第五

存勗克用長子也初克用破孟方立于邢州還軍上黨置酒三垂崗伶人奏百年歌至于衰老之際聲辭甚悲坐上皆悽愴時存勗在側方五歲克用慨然捋鬚指而笑曰吾行老矣此奇兒也後二十年其能代我戰于此乎存勗年十一從克用破王行瑜遣獻捷于京師昭宗異其狀貌賜以鸂鶒巵翡翠盤而撫其背曰兒有奇表後當富貴無忘予家及長善騎射膽勇過人稍習春秋

通大義、尤喜音聲歌舞俳優之戲。天祐五年正月、即王位于太原、叔父克寧殺都虞候李存質、倖臣史敬鎔告克寧謀叛、二月執而戕之、且以先王之喪、叔父之難、告周德威。德威自亂柳還軍太原、梁夾城兵聞晉有大喪、德威軍且去、因頗懈。王謂諸將曰、梁人幸我大喪、謂我少而新立、無能爲也、宜乘其怠擊之。乃出兵趨上黨、行至三垂崗、歎曰、此先王置酒處也。會天大霧晝暝、兵行霧中、攻其夾城、破之、梁軍大敗、凱旋告廟。九月、蜀王王建、岐王李茂貞及楊崇本攻梁大安、晉亦遣周德威攻其晉州、敗梁軍于神山。六年、劉知俊叛梁、來乞師、王自

● 貴池本『告克』。

助晉何患之有。

助晉何患之有

將至陰地關遣周德威攻晉州敗梁軍于蒙阬七年冬梁遣王景仁攻趙趙王王鎔來乞師諸將皆疑鎔詐未可出兵王不聽乃救趙八年正月敗梁軍于柏鄉斬首二萬級獲其將校三百人馬三千匹進攻邢州不下留兵圍之去攻魏別遣周德威徇梁夏津高唐攻博州破東武朝城遂擊黎陽臨河淇門掠新鄉共城燕王劉守光聞晉攻梁深入乃大治兵聲言助晉王患之乃旋師七月會趙王王鎔于承天軍劉守光稱帝于燕九年正月遣周德威會鎮定以攻燕守光求救於梁梁軍攻趙屠棗彊李存審擊走之八月朱友謙以河中叛于梁來

降、梁遣康懷英討友謙、友謙復臣于梁、而亦陰附于晉。十年十月、劉守光請降、王如幽州、守光背約不降、攻破之。十一年、殺燕王劉守光于太原、用其父仁恭于鴈門、剖心以祭墓也。於是趙王王鎔、北平王王處直奉冊推王爲尚書令、始建行臺。七月、攻梁邢州、戰于張公橋、晉軍大敗。十二年、魏州軍亂、賀德倫以魏博二州叛于梁來附、王入魏州、行至永濟、誅其亂首張彥、以其兵五百自衛、號帳前銀鎗軍。六月、王兼領魏博節度使、取德州。七月、取澶州、劉鄩軍于洹水、王率百騎覘其營、遇鄩伏兵、圍之數重、決圍而出、亡七八騎。八月、梁復取澶州、晉軍與鄩對壘于莘晉軍數挑戰鄩閉壁不出十三年正月王留李存審于莘聲言西歸鄩聞晉王且去即引兵擊魏攻城東王行至貝州返擊鄩大敗之追至于故元城又敗之鄩走黎陽三月攻梁衞州降其刺史米昭克磁州殺其刺史靳昭四月克洺州八月圍邢州降其節度使閻寶梁張筠棄相州戴思遠棄滄州而逃遂取二州而貝州人殺梁守將張源德以城降契丹寇蔚州執振武節度使李嗣本十四年契丹寇新州遂寇幽州李嗣源擊走之冬梁謝彥章軍于楊劉十二月攻楊劉王自負蒭以堙塹遂破之十五年正月梁晉相拒于楊劉彥章決

● 百衲本作「礠」。
● 貴池本脫「冬」字。

河水以隔晉軍。六月，渡水擊彥章，破其四寨。八月，大閱于魏，合盧龍、橫海、昭義、安國及鎭定之兵十萬、馬萬匹，軍于麻家渡，謝彥章軍于行臺。十二月，進軍臨濮，梁軍追之，戰于胡柳，晉軍大敗，周德威死之。梁軍暮休于土山，晉軍復擊，大敗之，遂軍德勝，爲夾寨。十六年正月，王兼領盧龍軍節度使。梁王瓚攻德勝南城，不克。十月，廣德勝北城。十二月，敗梁軍于河南。十七年，朱友謙襲同州，梁遣劉鄩擊友謙，李存審敗梁軍于同州。十八年正月，魏州僧傳眞獻唐受命寶一。趙將張文禮弑其君鎔，文禮來請命。二月，以文禮爲鎭州兵馬留後。三月，河中

- 『大閱』，貴池本脫『大』字。
- 麻家渡。
- 夾寨。
- 貞明五。
- 薛史、通鑑，兼幽州在三月，贺瓌攻德勝南城，王瓚黎陽渡河在八月。

河中　昭義　潞州
橫海　滄州
義武　定州
安國　邢州
大同　雲州
振武　朔州
匡國　同州

貴池本脫李字

節度使朱友謙昭義軍節度使李嗣昭橫海軍節度使李存審義武軍節度使王處直安國軍節度使李嗣源鎮州兵馬留後張文禮領天平軍節度使閻寶大同軍節度使李存璋振武軍節度使李存進匡國軍節度使朱令德請王即皇帝位王三辭友謙等三請王曰予當思之。八月遣趙王王鎔故將符習及閻寶史建瑭等攻張文禮於鎮州建瑭取趙州張文禮卒其子處瑾閉城拒守。九月建瑭戰死。十月梁戴思遠攻德勝北城李嗣源敗之于戚城。王處直叛附于契丹其子都幽處直以來附。十二月契丹寇涿州遂寇定州十九年正月敗契

- 河中：昭義—潞州，橫海—滄州，義武—定州，安國—邢州，大同—雲州，振武—朔州，匡國—同州。
- 貴池本脫「李」字。

丹于新城望都，追奔至于幽州。三月，閻寶敗于鎭州，以李嗣昭代之。四月，嗣昭戰死，以李存進代之。八月，梁取衞州。九月，存進敗鎭人于東垣，存進戰死。十月，李存審克鎭州，王兼領成德軍節度使。

同光元年春三月，李繼韜以潞州叛附于梁。夏四月己巳，皇帝卽位，大赦，改元，國號唐。行臺左丞相豆盧革爲門下侍郎、右丞相，盧程爲中書侍郎，同中書門下平章事，中門使郭崇韜、昭義監軍張居翰爲樞密使。（樞密使，唐故以宦者爲之，其職甚微，至此始參用士人，而與宰相權任鈞矣，故與宰相並書。）以魏州爲東京，太原爲西京，鎭州爲北都。閏月，追尊祖考爲皇帝，妣爲皇后曾祖執宜祖妣崔氏皆謚曰昭烈廟號懿祖祖國昌祖妣秦氏皆謚曰文景廟號獻祖考謚曰武廟號太祖立廟于太原自唐高祖太宗懿宗昭宗爲七廟（追尊祖考則立廟可知故皆不書廟此書者以立高祖已下四廟故也此大事也舊史失其日）壬寅李嗣源取鄆州（後唐太祖畜義兒軍如李嗣昭等甚衆初皆賜姓名而不全若子故書李嗣源者書其所賜姓名爾不以子書也與友文從珂異）五月辛酉梁人取德勝南城六月及王彥章戰于新壘敗之是月盧程罷秋八月梁人克澤州（唐末澤潞皆屬晉梁初已得澤州至此又屬晉而梁克之中間不見晉得澤州年月蓋舊史闕不書五代之亂戰爭攻取彼此得失不常多類此也）守將裴約死之九月戊辰李嗣源及王彥章戰于遞坊敗之冬十月壬申如鄆州以襲梁

乾隆四年校刊

- 『昭』，百衲本誤作『照』。
- 貴池本注脫『立』字。
- 遞坊。

柴德賡點校

掩其不備疾馳而入之故甲戌、取中都。丁丑、取曹州。己
日襲文理宜然無褒貶也
卯、滅梁。敬翔自殺。翔爲梁臣梁所以亡唐翔之謀爲多梁之亡也翔雖死之不書死而書自
殺死大節也見不輕予人丙戌、貶鄭珏爲萊州司戶參軍、蕭頃登州
司戶參軍、殺李振、趙巖、張漢傑、朱珪、滅其族。己丑、德音、
降死罪、四流已下原之。十一月乙巳、復北都爲鎮州、太
原爲北都。丙辰、復汴州爲宣武軍。丁巳、尚書左丞趙光
胤爲中書侍郎、禮部侍郎韋說同中書門下平章事。戊
午、新羅國王金朴英遣使者來。辛酉、復永平軍爲西都。
甲子、如洛京。洛京從當時語十二月庚午朔、至自汴州。辛巳、李
繼韜伏誅。繼韜之弟繼達殺其兄繼儔于潞州。繼儔以被殺書

百衲本『見不輕予人也』。

- 同光。
- 『朴』[林，編注]。
- 劉校，疑『泉州』爲『唐州』之誤，可采。
- 『某夫人』，百衲本無『某』字，非是。貴池本亦無『某』字。

非不予其死蓋繼達殺兄自當壬辰畋于伊闕
著其罪爾與書弑其君者同
二年春正月河南尹張全義及諸鎮進暖殿物己酉求
唐宦者凡書過惡辭無譏貶者直書其實而自見也庚戌新羅國王金朴英
及其泉州節度使王逢規皆遣使者來乙卯渤海國王
大諲譔使大禹謨來庚申如河陽迎皇太后也太后曹氏莊宗母也莊宗即
位遣盧程奉冊爲皇太后舊史實錄皆無奉冊月日故不書辛酉至自河陽丁卯七
廟神主至自太原祔于太廟朝獻于太微宮戊辰享于
太廟二月己巳朔有事于南郊大赦癸酉羣臣上尊號
曰昭文睿武光孝皇帝戊寅幸李嗣源第癸未立劉氏
爲皇后五代十三君立后者七辭有不同立得其正者日以某妃某夫人某氏爲皇后其不正者直曰

乾隆四年校刊

立某氏爲皇后嫌與得正同爾無褒貶也三月己酉，党項來。庚戌，賜從平汴州及入洛南郊立仗軍士等功臣。庚申，工部郎中李塗爲檢視諸陵使。唐諸帝陵也潞州將楊立反。夏五月壬寅，教坊使陳俊爲景州刺史，內園栽接使儲德源爲憲州刺史。命官不書此書其甚也丙辰，渤海國王大諲譔遣使者來。丙寅，李嗣源克潞州。不書命將舊史闕六月丙子，楊立伏誅。己丑，封回紇王仁美爲英義可汗。秋七月己酉，如雷山賽天神。夷狄之事也八月，大雨霖，河溢。九月壬子，置水于城門以禳熒惑。本紀書災不書異熒惑爲置水非禮書爾見其有懼禍之意而不知畏天以修德水旱風蝗之類害物者災也故書其變逆常理不知所以然者異也以其不可知故不書爾甲寅，幸郭崇韜第。

● 貴池本『栽』訛作『裁』。
● 『紇』當作『鶻』，以資一律。

同光

同光。

丙辰，黑水遣使者來。冬十月癸未，左熊威軍將趙暉妻一產三男子。此亦變異而書者，重人事，故謹之；後世以此爲善祥，故於亂世書以見不然。十一月癸卯，畋于伊闕。丙午，至自伊闕。書至，見其留四日而荒甚。丁巳，回鶻使都督安千想來。十二月庚午，及皇后幸張全義第。

三年春正月庚子，如東京。毀即位壇爲鞠場。二月己巳，聚鞠于新場。乙亥，射鴈于王莽河。辛巳，突厥渾解樓、渤海國王大諲譔皆遣使者來。射鴈于北郊。乙酉，射鴨于郭泊。庚寅，射鴈于北郊。三月乙未，寒食，望祭于西郊。俚俗之祭也，非禮，故書。庚申，至自東京。辛酉，改東京爲鄴都，以洛京

乾隆四年校刊

爲東都。夏四月乙亥，及皇后幸郭崇韜、朱漢賓第。旱。庚寅，趙光胤薨。五月丁酉，皇太妃薨，廢朝五日。太祖正室，於莊宗爲嫡母，書太妃及輟朝，見亂世禮壞而恩薄。己酉，黑水、女眞皆遣使者來。六月辛未，宗正卿李紓爲昭宗、少帝改卜園陵使。少帝，濟陰王也。梁嘗謚曰哀皇帝，唐人謂之少帝，從其本語。括馬。秋七月壬寅，皇太后崩。不書冊皇太后，已見上注。八月癸未，殺河南縣令羅貫。九月庚子，魏王繼岌爲西川四面行營都統，郭崇韜爲招討使，以伐蜀。自六月雨至于是月。丁巳，射鴈于尖山。冬十月壬午，奚、吐渾、突厥皆遣使者來。戊子，葬貞簡太后于坤陵。十一月丁未，高麗遣使者來。己酉，蜀王衍降。唐兵入蜀，不攻不戰，君臣迎降，故直

• 『本語』，百衲本作『本意語』，誤。
• 貴池本脫『川四』二字。
• 百衲本無『蜀』字，此字可存。

書其實以見下書殺衍爲殺降郭崇韜殺王宗弼及其弟宗渥宗訓滅其族。十二月己卯，敗于白沙。癸未，至自白沙。閏月辛亥，封弟存美爲邕王，存霸永王，存禮薛王，存渥申王，存乂睦王，存確通王，存紀雅王。

四年春正月壬戌，降死罪以下囚。甲子，魏王繼岌殺郭崇韜及其三子于蜀。實皇后劉氏作教與繼岌使殺崇韜而書繼岌殺者繼岌將兵在外后教非天子命可止而不止戊寅，契丹使梅老鞋里來。庚辰，殺其弟睦王存乂及河中護國軍節度使李繼麟，滅其族。乙酉，沙州曹義金遣使者來。丙戌，回鶻阿咄欲遣使者來。丁亥，殺李繼麟之將史武、薛敬容、周唐殷、楊師太、王景、來

乾隆四年校刊　五代史卷五　李存勗

● 同光。
● 薛史崇韜傳二子死蜀，歐史同，『三』乃『二』之誤，劉校未引薛史。

作自奉國皆滅其族二月己丑宣徽南院使李紹宏爲樞密使癸巳鄴都軍將趙在禮反于貝州反者皆不日獨在禮書日推迹其心可知爾其事具本傳蓋在禮初無亂心以是日見迫而反爾雖加以大惡之名猶原其本心而異於作反者於此見凡書人善惡不妄加之也如此甲午畋于冷泉趙在禮陷鄴都武寧軍節度使李紹榮討之邢州軍將趙太反東北面招討使李紹眞討之甲辰成德軍節度使李嗣源討趙在禮三月趙太伏誅李嗣源反博州守將翟建自稱刺史甲子殺王衍滅其族許其不死降而殺之又滅其族於殺非罪此爲甚而書無異辭者前書衍降義自見也乙丑如汴州壬申次滎澤龍驤指揮使姚彥溫以前鋒軍叛降于李嗣源入于汴州甲戌至自萬

- 貴本、百衲本重『嗣源』二字，是。劉校亦提及，彭。
- 『皆不日』，應從百衲本作『不書日』，貴本同。
- 李紹榮時爲歸德節度使，武寧天復時罷也。
- 劉校云，薛史作副招討使，通鑑作招討副使，此疑脫『副』字。
- 『甲辰』，薛史本紀同，當從通鑑作『甲寅』。

• 彭本、局本『馬』作『駕』。
• 『安』字，百衲本脫。
• 諸本並作『年四十三』，五代會要載莊宗光啓元年［八八五，本注］生，同光四年［九二六，本注］卒，四十二。疑諸本並誤。錢竹汀謂四十三，乃轉寫之誤。

勝帝至萬勝鎮聞嗣源已入汴州乃還從馬直指揮使郭從謙反夏四月
丁亥朔皇帝崩年四十三帝尸爲伶人焚之明宗入洛得其骨盧天成元年七月葬之河南新
安縣號雍陵至晉避廟諱更曰
伊陵其不書葬與梁太祖同

五代史卷五

五代史卷五考證

唐莊宗紀中門使郭崇韜昭義監軍張居翰爲樞密使本注樞密使唐故以宦者爲之其職甚微至此始參用士人而與宰相權任鈞矣故與宰相並書○臣文清按司馬光通鑑胡三省注曰唐末兩樞密與兩神策中尉號爲四貴其職非甚微也特專用宦者爲之耳項安世曰唐于政事堂後列五房有樞密房以主曹務則樞密之要宰相主之未始他付其後寵任宦人始以樞密歸之內侍耳審此則注誤矣

五代史卷五考證

薛史父霓，百衲本貴池本均作電，監本蜀本南昌本作霓。[redacted] 錢竹汀謂一本霓作電，誤，五代會要亦作霓。

薛史作三百騎

五代史卷六

宋　歐陽修　撰

唐本紀第六

明宗聖德和武欽孝皇帝，世本夷狄，無姓氏。父電（霓），爲鴈門部將，生子邈佶烈，以騎射事太祖，爲人質厚寡言，執事恭謹，太祖養以爲子，賜名嗣源。梁攻兗鄆，朱宣、朱瑾來乞師，太祖遣李存信將兵三萬救之，存信留莘縣不進，使嗣源別以兵三千先擊梁兵，梁兵解去。存信留莘縣久之，爲羅弘信所襲，存信敗走，嗣源獨殿而還。太祖以嗣源所將騎五百號橫衝都。光化三年，李嗣昭攻梁

廿二史考異作都尉，未知何據

- 薛史三十五，父「霓」，百衲本、貴池本均作「電」，監本、蜀本、南昌本作「霓」。錢竹汀謂，一本「霓」作「電」，誤，五代會要亦作「霓」。
- 「部將」，廿二史考異作「都尉」，未知何據。
- 薛史作三百騎。

邢洺、出青山、遇葛從周兵、嗣昭大敗走、梁兵追之、嗣源從間道後至、謂嗣昭曰、爲公一戰、乃解鞍礪鏃、憑高爲陣、左右指畫、梁追兵望之莫測。嗣源急呼曰、吾取葛公、士卒可無動、乃馳騎犯之、出入奮擊、嗣昭繼進、梁兵解去。嗣源身中四矢、太祖解衣賜藥以勞之、由是李横衝名重四方。梁晉相拒于柏鄉、梁龍驤軍以赤白馬爲兩陣、旗幟鎧仗皆如馬色、晉兵望之皆懼。莊宗舉鍾以飲嗣源曰、卿望梁家赤白馬懼乎、雖吾亦怯也。嗣源笑曰、有其表爾、翌日歸吾廄也。莊宗大喜曰、卿當以氣吞之、因引鍾飲釂、奮檛馳騎、犯其白馬、挾二裨將而還、梁兵

百衲本无其字

敗以功拜代州刺史莊宗攻劉守光嗣源及李嗣昭將
兵三萬別出飛狐定山後取武嬀儒三州莊宗已平魏
州因狥下磁相拜相州刺史昭德軍節度使久之徙鎮
安國契丹攻幽州莊宗遣嗣源與閻寶等擊走之同光
元年徙鎮橫海是時梁唐相拒于河上李繼韜以潞州
叛降梁莊宗有憂色召嗣源帳中謂曰繼韜以上黨降
梁而梁方急攻澤州吾出不意襲其鄆州以斷梁右臂
可乎嗣源對曰夾河之兵久矣苟非出奇則大計不決
臣請獨當之乃以步騎五千涉濟至鄆州鄆人無備遂
襲破之即拜天平軍節度使蕃漢馬步軍副都總管梁

• 百衲本無『其』字。

軍攻破德勝南柵、莊宗退保楊劉、王彥章急攻鄆州、莊宗悉軍救之、嗣源爲前鋒、擊敗梁軍、追至中都、擒彥章及梁監軍張漢傑。彥章雖敗、而段凝悉將梁兵屯河上、莊宗未知所嚮、諸將多言乘勝以取青齊、嗣源曰、彥章之敗、凝猶未知、使其聞之、遲疑定計、亦須三日、縱使料吾所向、亟發救兵、必渡黎陽、數萬之衆、舟楫非一日具也。此去汴州不數百里、前無險阻、方陣而行、信宿可至、汴州已破、段凝豈足顧哉。而郭崇韜亦勸莊宗入汴、莊宗以爲然、遣嗣源以千騎先至汴州、攻封丘門、王瓚開門降。莊宗後至、見嗣源大喜、手攬其衣、以頭觸之曰、天

百衲本無敗字

● 百衲本無『敗』字。

下與爾共之、拜中書令。二年、莊宗祀天南郊、賜以鐵券。五月破楊立于潞州。六月徙鎮宣武兼蕃漢內外馬步軍總管。冬、契丹侵漁陽、嗣源敗之于涿州。三年、徙鎮成德。莊宗幸鄴、請朝行在、不許。貞簡太后疾、請入省、又不許。太后崩、請赴山陵、許之、而契丹侵邊、乃止。十二月、遂朝于洛陽。

天成元年、實同光四年而書天成元年者大赦改元文見下可知莊宗本紀自書同光四年各從其所稱既日改元不嫌二號也郭崇韜朱友謙皆以讒死、嗣源以名位高亦見疑忌。趙在禮反於魏、大臣皆請遣嗣源討賊、莊宗不許、羣臣屢請、莊宗不得已遣之。三月壬子、嗣源至

● 百衲本『大』訛『太』。
● 三月丁巳朔，無『壬子』，薛史作三月六日，則當是『壬戌』，通鑑正作『壬戌』。

魏屯御河南。在禮登樓謝罪。甲寅，軍變，嗣源入于魏，與在禮合。夕，出止魏縣。丁巳，以其兵南，遣石敬瑭將三百騎爲先鋒。嗣源行過鉅鹿，掠小坊馬二千匹以益軍。壬申，入汴州。四月丁亥，莊宗崩。己丑，入洛陽。甲午，監國，朝羣臣于興聖宫。乙未，中門使安重誨爲樞密使，殺元行欽及租庸使孔謙。壬寅，左驍衛大將軍孔循爲樞密使。丙午，始奠于西宫。日始奠，見其緩也。自己丑入洛至此二十日矣。皇帝即位于柩前。柩前即位，嗣君之禮也。反逆之臣自立而用嗣君之禮，書從其實而不變文者，蓋先已書反正其罪矣。此書其實者，見其猶有自愧之心而欲逃大惡之名也。易斬縗以衮冕。既用嗣君之禮矣，遽釋縗而服冕，故書以見其情。壬子，魏王繼岌薨。諸王薨不書，此書者，見明宗舉兵實反，會

- 劉校，是月無『甲寅』，歐史沿薛史以『丁未』爲三月朔之誤，廿二史考異『甲寅』通鑑作『甲子』，『丁巳』通鑑作『丁卯』，歐史均誤，『壬申』通鑑作『壬午』。
- 當有朔字。
- 百衲本『情』下有『詐』字，當據增。

(從謙弑逆遂託赴難爲名及即位時莊宗元子猶在則其辭屈矣)甲寅，大赦，改元。渤海國王大諲譔使大陳林來。是月，張居翰罷。五月丙辰朔，太子賓客鄭珏、工部尚書任圜爲中書侍郎、同中書門下平章事。戊辰，趙在禮爲義成軍節度使。(在禮始亂宜誅而明宗因之以反命以方鎮報其功也故書)六月丁酉，汴州控鶴軍亂，指揮使張諫殺其權知州事高逖。己亥，諫伏誅。秋七月庚申，安重誨殺殿直馬延于御史臺門。(御史臺所以糾百官之不法殺人于臺門惡其甚)契丹使梅老述骨來，渤海使大昭佐來。己卯，貶豆盧革爲辰州刺史，韋說叙州刺史。甲申，流革于陵州，說于合州。八月乙酉朔，陝州硤石縣民高存妻一產三男子。丁

● 『叙』州，二十八卷作『溆』。
● 『硤石』，當作『峽石』，諸本並同，不改。『陝州硤石縣』，百衲本作『陝石縣』，誤。

西，以象笏三十二賜百官之無笏者。是時朝廷衰弱之甚，故書。閱稼于冷泉宮。己亥，契丹寇邊。丁未，平盧軍節度使霍彥威殺其登州刺史王公儼。甲寅，醫官張志忠爲太原少尹。九月己未，幸至德宮及袁建豐第。冬十月丁亥，雲南山後雨林百蠻都鬼主右武衞大將軍李卑晚使大鬼主傅能何華來。辛丑，契丹使没骨餧來告阿保機哀，廢朝三日。旱。辛亥，雨。

二年春正月癸丑朔，更名亶。癸亥，端明殿學士兵部侍郎馮道、太常卿崔協爲中書侍郎、同中書門下平章事。二月壬午朔，新羅使張芬來。西川節度使孟知祥殺其

- 天成。
- 『是』字，貴池本、南監本作『見』。
- 薛史明宗紀作『三十四面』。
- 百衲本作『犯邊』。
- 『雨林』，百衲本同，貴池本作『两林』。纂誤補云，四夷附錄作『两林』，薛史亦作『两林』，據改。
- 薛史，『何華』下有『等』字。

不以百衲本作不足以，未可據。
書討上有不字。
[redacted]
貴池本局本無矣字
百衲本無軍字
字
坡字王鳴盛以爲當作坂

兵馬都監李嚴。丙申，赦京師囚。郭從謙爲景州刺史，既而殺之。從謙弒君，不討而命以官，故書與在禮同罪，宜誅而書殺者，明宗亦同罪，不得行誅，故以兩相殺書。戊戌，山南東道節度使劉訓爲南面招討使以伐荆南。是時荆南自絶於中國而附吳，不以有罪書討而書伐，見非内臣，不責其叛也。三月壬子朔，幸會節園，羣臣買宴。遊幸若不過度，則小事也，皆不書。惟莊宗及晉出帝之世則書者，著其過度耳。明宗於五代爲勤儉之君，遊幸無過度，此書以著買宴見君臣之失矣。盧臺軍亂，殺其將烏震。新羅使林彦來。夏四月庚寅，盧臺軍將龍晊等伏誅。六月丙戌，任圜罷。庚子，幸白司馬坡，祭突厥神。夷狄之事也。秋七月甲子，隨州刺史西方鄴取夔、忠、萬州。癸酉，殺豆盧革、韋說。八月乙酉，牂牁使宋朝化及昆明

- 『不以』，百衲本作『不足以』，未可據。
- 『書討』上，［百衲本，編注］有『不』字。
- 貴池本、局本注無『矣』字。
- 百衲本無『軍』字。
- 『坡』字，王鳴盛以爲當作『坂』。

使者來。九月庚午，党項使如連山來。壬申，契丹使梅老來。冬十月乙酉，如汴州。宣武軍節度使朱守殷反，馬步軍都指揮使馬彥超死之。己丑，守殷自殺。不書克汴州者，天子自以兵討，未嘗攻戰，直入其城也。佗自殺不書爲書克州，此不書克州，故書自殺。乙未，殺太子少保致仕任圜。實安重誨矯詔殺之，不書重誨殺者，明宗知而不責，又下詔書誣圜以罪，故以明宗自殺書之。辛丑，德音釋輕繫囚。是月，傳箭于霍彥威。夷狄之事也。十一月乙亥，契丹使梅老來。十二月己丑，回鶻西界吐蕃遣使者來。甲辰，畋于東郊。丙午，追尊祖考爲皇帝，妣爲皇后。高祖聿，謚曰孝恭，廟號惠祖；祖妣劉氏，謚曰孝恭昭。曾祖教，謚曰孝質，廟號毅祖；祖妣張氏，謚曰孝質

• 『乙未』，是月己卯朔，乙未十七日，薛史三十八作『今月十二日，供奉官王仁鎬至，稱制殺太子少保（疑漏『致仕』二字，編注）任圜』。十二日庚寅，二書不同。

• 百衲本『恭昭』二字雙行小字，以注論之，應作『恭昭』，與各祖謚法相應，此蓋挖補之跡。

乾隆四年校刊

順祖琰、謚曰孝靖、廟號烈祖、祖妣何氏、謚曰孝靖穆。考謚曰孝成、廟號德祖、妣劉氏、謚曰孝成懿。立廟于應州。三年春正月丁巳、契丹陷平州。二月辛巳、吐渾都督李紹虜來。乙未、孔循罷。戊戌、回鶻使李阿山來。三月丁未朔、御札求直言。己未、鄭珏罷。癸亥、成德軍節度使王建立爲尚書右僕射同中書門下平章事。西方鄴克歸州。戊辰、宣徽南院使范延光爲樞密使。夏四月戊寅、延光罷。乙酉、達靼遣使者來。義武軍節度使王都反。壬寅、歸德軍節度使王晏球爲北面行營招討使。五月、契丹秃餒入于定州。辛酉、右衛上將軍趙敬怡爲樞密使。封回

● 『孝質順』，百衲本作『孝毅順』，誤。
● 天成。
● 『使者』二字，百衲本作小字，蓋增改痕跡，本不誤也。

鶻可汗王仁裕爲順化可汗。秋七月己未，殺齊州防禦使曹廷隱。八月，盧龍軍節度使趙德鈞執契丹首領惕隱赫邈。慶州防禦史竇廷琬反。冬十月，静難軍節度使李敬周討之。丁巳，突厥使張慕晉來。十一月壬午，吐渾使念九來。甲午，王建立罷。十二月，李敬周克慶州，竇廷琬伏誅。辛亥，幸康義誠第。

四年春正月壬辰，回鶻使掣撥都督來。二月癸卯，王晏球克定州，王都自焚，故不書伏誅辛酉，晏球獻馘，俘趙敬怡。丁卯，崔協薨。庚午，至自汴州。三月丙戌，殺姪從璨。夏四月，契丹寇雲州。癸丑，契丹使撩括梅里來，求禿餒，殺之。甲

天成

四夷附錄明宗斬禿餒等

● 天成。
● 四夷附錄，明宗斬禿餒等。

寅、端明殿學士尚書兵部侍郎趙鳳爲門下侍郎兼工部尚書同中書門下平章事。五月己巳、朝羣臣賀朔。不日視朝而日賀朔著非禮視朝常事自不書爾五月賀朔出於道家之說自唐以來用之書之見亂世舉非禮之不急者此禮其後屢行皆不復書者與入閤同乙酉、追謚少帝曰昭宣光烈孝皇帝。契丹寇雲州。秋七月壬申、殺右金吾衛上將軍毛璋。八月乙巳、黑水使骨至來。丁未、吐渾首領念公山來。乙卯、党項折遇明來。己未、高麗王建使張彬來。九月癸巳、殺供奉官烏昭遇。冬十二月辛丑、殺西平縣令李商。

長興元年春正月丁卯、閱馬于苑。辛卯、宣徽南院使朱弘昭爲大內留守。二月戊戌、黑水兀兒遣使者來。乙巳、天雄軍節度使石敬瑭爲御營使。癸丑、朝獻于太微宮。甲寅、享于太廟。乙卯、有事于南郊、大赦改元。三月庚寅、立淑妃曹氏爲皇后。夏四月戊戌、安重誨使河中衙內指揮使楊彥溫逐其節度使從珂。壬寅、西京留守索自通侍衞步軍指揮使藥彥稠討之。辛亥、自通執彥溫殺之。彥溫雖有罪有命獲而勿殺自通擅殺之故不書誅而書殺戊午、羣臣上尊號曰聖明神武文德恭孝皇帝。辛酉、吐蕃首領于撥葛來。五月丁丑、回鶻使孽栗祖來。庚辰、回鶻使安黑連來。秋七月壬午、訪莊宗子孫瘞所。莊宗子孫而不知瘞所見明宗舉兵不順禍害所羅者可哀也於此始求之見事緩而無恩也八月乙未、忠武軍節度使張延朗爲三司使（三司使始於此）壬寅殺捧聖都軍使李行德大將張儉滅其族吐渾來附封子從榮爲秦王戊申海州將王傳極殺其刺史陳宣叛于吳來降乙卯吐渾康合畢來丙辰封子從厚爲宋王九月壬戌吐蕃使王滿儒來東川節度使董璋反甲申成德軍節度使范延光爲樞密使丁亥石敬瑭爲東川行營都招討使冬十月丁酉始藏冰甲辰驍衞上將軍致仕張筠進助軍粟乙巳董璋陷閬州殺節度使李仁矩指揮使姚洪死之孟知祥反十一月庚申朔秦王從榮受册謁于太廟（册禮廢於亂世至此始一行之故書）丙戌契丹東丹王突欲來奔（夷狄不可以禮義責故不日叛）

- 「大將」，貴本、百衲本作「十將」，安重誨傳同，當改正。彭、毛同。
- 薛史、通鑑作「傳拯」。劉、殿本「傳」作「傅」，誤。
- 「突欲」，實非人名。

于契丹。十二月丁未，二王後秘書丞酅國公楊仁矩卒。廢朝一日。丁巳，回鶻順化可汗王仁裕使翟末斯來。安重誨討董璋。不命將名，直以樞密使往沙州曹義金遣使者來。二年春正月戊辰，党項使折七移來。庚辰，達靼使列六薛孃居來。二月丁酉，幸安元信第。戊戌，突厥使杜阿熱吐渾使康萬琳來。辛丑，安重誨罷。三月，趙鳳罷。丁亥，太常卿李愚爲中書侍郎、同中書門下平章事。夏四月甲辰，宣徽北院使趙延壽爲樞密使。甲寅，董璋陷遂州。武信軍節度使夏魯奇死之。乙卯，以旱赦流罪以下囚。閏五月丁酉，殺太子太師致仕安重誨及其妻張氏、子崇

● 百衲本脫『仁』字。
● 將『名』，字各本同，然『名』字殊費解。
● 長興。

質崇緒。秋八月己未，契丹使邪姑兒來。九月丁亥，放五坊鷹隼。冬十一月戊申，吐蕃遣使者來。辛丑，旌表棣州民邢釗門閭。干戈之世，王道息而禮義亡，民猶有自知孝悌而時君旌表，猶有勸民之意，故兩善而書之。十二月甲寅朔，除鐵禁，初稅農具錢。至今因之，故書。己未，西涼府遣使者來。己巳，回鶻使安永思來。辛未，渤海使文成角來。党項寇方渠。

三年春正月庚子，契丹使拽骨來。己酉，渤海、回鶻皆遣使者來。二月己卯，靜難軍節度使藥彥稠及党項戰于牛兒谷，敗之。三月甲申，契丹遣使者來。夏四月庚申，新羅遣使者來。五月己丑，二王後詹事司直楊延紹襲封

- 「崇質」，貴本、百衲本作「崇贇」，安重誨本傳同，當改正。
- 「永思」，彭本、薛史同。貴本、百衲本作「求思」。
- 長興。
- 「牛兒谷」，薛史作「牛兒族白魚谷」。

長興

鄜國公。丙午，孟知祥攻董璋，陷綿州。六月甲寅，封王建爲高麗國王、大義軍使。孟知祥殺董璋，陷東川。達靼首領頡哥以其族來附。秋八月己卯，吐蕃遣使者來。冬十月庚申，幸石敬瑭第。

四年春正月庚寅，端明殿學士、兵部侍郎劉昫爲中書侍郎、同中書門下平章事。二月戊午，孟知祥使朱滉來。（十國外而不書，此書者，知祥本唐臣而反，至此改過自歸，絕之則嫌不許其自新，錄之則尚冀其遷善，然其來也臣禮不備，故如夷狄書之。）三月甲辰，追冊晉國夫人夏氏爲皇后。夏五月戊寅，封子從珂爲潞王，從（從珂非子而書子，從益與梁博王友文同。）許王，姪從溫兗王，從璋洋王，從敏涇王。丙戌，契丹使述

長興。

骨卿來。秋七月乙未，回鶻都督李末來獻白鶻，命放之。八月戊申，大赦。九月戊戌，趙延壽罷。山南東道節度使朱弘昭爲樞密使。冬十月庚申，范延光罷。三司使馮贇爲樞密使。壬申，幸士和亭，得疾。書得疾，爲從榮事詳之。十一月壬辰，秦王從榮以兵入興聖宮，不克，伏誅。君病不待疾以兵求立，罪當誅，故書伏誅，其意以謂帝崩矣，懼不得立而舉兵自助，非反，故不書反。乙未，侍衞親軍都指揮使康意誠殺三司使孫岳。戊戌，皇帝崩于雍和殿。年六十七。清泰元年，葬河南洛陽縣，號徽陵。雖得其死，而爲賊所葬，故亦不書葬。

嗚呼，自古治世少而亂世多。三代之王有天下者，皆數百年，其可道者數君而已，況於後世邪，況於五代邪。予

• 康『義誠』，誤作『意誠』，百衲本不誤，汲古本同，貴本同。

聞長老爲予言明宗雖出夷狄而爲人純質寬仁愛人於五代之君有足稱也嘗夜焚香仰天而祝曰臣本蕃人豈足治天下世亂久矣願天早生聖人自初卽位減罷宮人伶官廢內藏庫四方所上物悉歸之有司廣壽殿火災有司理之請加丹雘喟然歎曰天以火戒我豈宜增以侈邪歲嘗旱已而雪暴出庭中詔武德司宮中無得掃雪曰此天所以賜我也數問宰相馮道等民間疾苦聞道等言穀帛賤民無疾疫則欣然曰吾何以堪之當與公等作好事以報上天吏有犯贓輒寘之死曰此民之蠹也以詔書褒廉吏孫岳等以風示天下其愛

臒
暴出貴本百衲本作暴坐，謂露坐也，當改

• 臒。
• 『暴出』，貴本、百衲本作『暴坐』，謂露坐也，當改。

人恤物蓋亦有意於治矣其卽位時春秋已高不邇聲
色不樂遊畋在位十年於五代之君最爲長世兵革粗
息年屢豐登生民實賴以休息然夷狄性果仁而不明
屢以非辜誅殺臣下至於從榮父子之間不能慮患爲
防而變起倉卒卒陷之以大惡帝亦由此飲恨而終當
是時大理少卿康澄上疏言時事其言曰爲國家者有
不足懼者五深可畏者六三辰失行不足懼天象變見
不足懼小人訛言不足懼山崩川竭不足懼水旱蟲蝗
不足懼也賢士藏匿深可畏四民遷業深可畏上下相
狗深可畏廉耻道消深可畏毀譽亂眞深可畏直言不

李嗣源

諸本均作十年　百衲本作七年誤

• 諸本均作『十年』，百衲本作『七年』，誤。

聞深可畏也。識者皆多澄言切中時病。若從榮之變、任圜安重誨等之死、可謂上下相猜而毀譽亂眞之敝矣。然澄之言、豈止一時之病、凡爲國者、可不戒哉。

五代史卷六

五代史卷七

宋　歐陽修　撰

唐本紀第七

愍皇帝，明宗第五子從厚也。爲人形質豐厚，寡言好禮，明宗以其貌類己，特愛之。天成二年，以檢校司徒拜河南尹，判六軍諸衛事，加檢校太保同中書門下平章事。從厚妃，孔循女也。安重誨怒循以女妻從厚，三年，罷循樞密使，出從厚爲宣武軍節度使。明年，徙鎮河東。長興元年，封從厚宋王，徙鎮成德。二年，徙鎮天雄，累加兼中書令。四年十一月，秦王從榮伏誅，明宗病甚，遣宦者孟

乾隆四年校刊

● 家人傳四子。薛史、五代會要作第三子，是。

漢瓊召王于鄴，而明宗崩，秘其喪六日。十二月癸卯朔，發喪于西宮，皇帝即位于柩前，羣臣見于東階，復于喪位。丙午，成服于西宮。二代五君於此始見嗣君即位服喪之事，先君得其終，嗣君得其始，而免禍亂於臣民於篡亂之世稀見之事也，故特詳書之。庚戌，登光政門樓，存問軍民。辛亥，殺司衣王氏。癸丑，始聽政。乙卯，殺司儀康氏。丁巳，馮道為大行皇帝山陵使，戶部尚書韓彥惲為副，中書舍人王延為判官，禮部尚書王權為禮儀使，兵部尚書李鱗為鹵簿使，御史中丞龍敏為儀仗使，左僕射權判河南府盧質為橋道頓遞使。丁卯，禫。

應順元年春正月壬申朔，視朝于廣壽殿。著非禮也。乙亥，契

●『鱗』，百衲本作『璘』，諸本均作『鏻』。
●質本傳左僕射，薛史紀傳作『右』。

丹使都督沒辣于來戊寅大赦改元用樂回鶻可汗王仁美遣使者來沙州瓜州遣使者來乙未朱弘昭馮贇獻錢助作山陵閏月丙午冊皇太后不書姓氏不曰冊某人爲皇太后者母尊不可斥其事自見於傳也甲寅冊太妃王氏北京留守石敬瑭獻銀絹助作山陵二月庚寅視作山陵鳳翔節度使潞王從珂反辛卯西京留守王思同爲西面行營都部署静難軍節度使藥彥儔爲副三月丙辰思同兵潰嚴衛指揮使尹暉羽林指揮使楊思權以其軍叛降于從珂辛酉殺侍衛親軍馬軍都指揮使朱弘實癸亥河陽三城節度使康義誠爲鳳翔行營都招討使王思同爲副西

乾隆四年校刊　五代史卷七　本紀　十二　愍帝從厚

- 辣〔辢，編注〕。
- 錢大昕謂，自此以下至晉本紀，「仁美」均當作「仁裕」。
- 百衲本注無「皇」字。
- 百衲本無「馬軍」二字。

京副留守劉遂雍叛降于從珂、思同奔歸于京師、不克、死之。丁卯、京城巡檢使安從進叛、殺馮贇、朱弘昭自殺。從進傳其二首于從珂。戊辰、如衞州。不書帝崩者、當於廢帝紀書弑鄂王也

廢帝鎮州平山人也、本姓王氏、其世微賤、母魏氏少寡、明宗爲騎將、過平山、掠得之。魏氏有子阿三、已十餘歲、明宗養以爲子、名曰從珂。及長、狀貌雄偉、謹信寡言、而驍勇善戰、明宗甚愛之。自晉兵戰梁于河上、從珂常立戰功、莊宗呼其小字曰、阿三不徒與我同年、其敢戰亦類我。同光二年、爲衞州刺史、突騎指揮使、戍于石門。明

• 彭本是『付』字，薛紀亦有，不采。
• 從珂。
• 薛史本紀『阿三』誤作『二十三』。
• 『敢戰』，彭本、局本作『憨戰』，不采。

按路線，不應作『自曲陽、孟縣馳出常山』，疑『曲陽』乃『陽曲』之誤。

宗討趙在禮自魏反兵而南從珂率戍兵自曲陽孟縣
馳出常山以追明宗明宗之南也兵少得從珂兵在後
而軍聲大振明宗入立拜從珂河中節度使封潞王是
時明宗春秋已高王於諸子次最長樞密使安重誨患
之乃矯詔河中裨將楊彥溫使圖之王閱馬于黃龍莊
彥溫即閉門拒之王止于虞鄉以聞明宗召王還京師
居之淸化里第重誨數請行軍法明宗不聽後重誨見
殺乃起王爲左衞大將軍西京留守長興三年爲鳳翔
節度使王子重吉自明宗時典禁兵爲控鶴指揮使愍
帝即位朱弘昭馮贇用事乃罷重吉兵職出爲亳州團

辛丑朔

百衲本脫州字

庚午朔

練使又從王爲北京留守不降制書而宣授又以李從
璋爲代初安重誨得罪罷河中以從璋爲代而重誨見
殺故王益自疑遂據城反愍帝遣王思同會諸鎮兵討
之思同戰敗走諸鎮兵皆潰
清泰元年三月丁巳王以兵東庚申次長安西京副留
守劉遂雍叛于唐來降甲子次華州執藥彦稠丙寅次
靈寶河中安彦威陝州康思立叛于唐來降己巳次陝
州康義誠叛于唐來降殺宣徽使孟漢瓊愍帝出居于
衞州夏四月壬申入京師馮道率百官迎王于蔣橋王
辭不見入哭于西宮遂見羣臣道拜王答拜入居于至

- 辛丑朔，十七〔丁巳〕，二十〔庚申〕，廿四〔甲子〕，廿六〔丙寅〕，三十〔己巳〕。
- 百衲本脫『州』字。
- 庚午朔。

德宮。癸酉、以太后令降天子爲鄂王、命王監國。乙亥、皇帝卽位。丙子、率河南民財以賞軍。丁丑、借民房課五月以賞軍。戊寅、弒鄂王、（義與弒湣王同） 慈州刺史宋令詢死之。乙酉、大赦、改元。戊子、殺康義誠及藥彥儔。（義誠叛于愍帝，罪宜曰誅，而廢帝同惡相殺，故書殺） 五月丙午、端明殿學士左諫議大夫韓昭胤爲樞密使、莊宅使劉延朗爲樞密副使。庚戌、馮道罷。天雄軍節度使范延光爲樞密使。甲寅、賜勸進選人宗子官。六月庚辰、幸范延光及索自通第。秋七月辛亥、太常卿盧文紀爲中書侍郎同中書門下平章事。丁巳、立沛國夫人劉氏爲皇后。八月辛未、尚書左丞姚顗爲中

慈 當作 磁

● 『慈』當作『磁』。

書侍郎同中書門下平章事、許御署官選。御署官疑是廢帝初舉兵時所置之官以其非吏部正授故須有旨方得選此於事無勸戒不必書以舊史不詳故存所不知愼傳疑也九月，契丹寇邊。冬十月戊寅、李愚、劉昫罷。十二月己亥，雄武軍節度使張延朗爲中書侍郎同中書門下平章事。契丹寇雲州。庚寅、幸龍門、旱。

二年春二月甲戌、范延光罷。己丑、追尊曾國太夫人魏氏爲皇太后。非嫡母故詳其爵氏三月辛丑、忠武軍節度使趙延壽爲樞密使。夏五月辛卯、宣徽南院使劉延皓爲樞密使。契丹寇邊。六月癸未、羣臣獻添都馬。都者軍伍之名秋七月丁酉、回鶻可汗王仁美使其都督陳福海來。劉延皓罷。

- 『己亥』，百衲本作『乙亥』，是月無『己亥』，乙亥初九，薛史亦作『乙亥』，當改。
- 清泰。
- 五月甲午朔，無『辛卯』，薛史作四月『辛卯』，則四月二十七日也。

清泰

百衲本遠訛達

九月己酉、刑部尚書房暠爲樞密使。乙卯、渤海遣使者
來。
三年春正月乙未、百濟遣使者來。丁未、封子重美爲雍
王。三月丙午、翰林學士禮部侍郎馬胤孫爲中書侍郎
同中書門下平章事。河東節度使石敬瑭反。夏五月乙
卯、建雄軍節度使張敬達爲太原四面都招討使、義武
軍節度使楊光遠爲副。戊申、先鋒指揮使安審信叛降
于石敬瑭。己酉、振武戍將安重榮叛降于敬瑭。壬子、天
雄軍屯駐捧聖都虞候張令昭逐其節度使劉延皓。六
月癸亥、以令昭爲右千牛衞將軍權知天雄軍事。佗命官不

● 清泰。
● 百衲本『遠』訛『達』。

書以此書以者明令昭猶可以甲戌宣武軍節度使范延光爲天雄軍四面招討使秋七月戊申克魏州壬子張令昭伏誅癸丑彰聖指揮使張萬迪叛降于石敬瑭八月戊午契丹使梅里來九月甲辰張敬達及契丹戰于太原敗績契丹圍敬達于晉安戊申如河陽冬十月壬戌括馬籍民爲兵十一月戊子盧龍軍節度使趙德鈞爲行營都統丁酉契丹立晉閏月甲子楊光遠殺張敬達以其軍叛降于契丹敬達不書死之而書殺者敬達大將宜以義責光遠而誅之雖不果而見殺猶爲得死乃譏光遠殺己以叛故書之如其志甲戌契丹及晉人至于潞州丁丑至自河陽辛巳皇帝崩年五十一帝自焚死晉高祖命葬其燼骨於徽陵域中

• 『五十二』（疑作『五十一』，編注），汲古本、彭本、局本注訛爲『五十三』。

嗚呼、君臣之際、可謂難哉。蓋明者慮於未萌而前知、暗者告以將及而不懼。故先事而言、則雖忠而不信、事至而悔、其可及乎。重誨區區獨見潞王之禍、而謀之不臧、至於殞身赤族、其隙自茲。及愍帝之亡也、穴於徽陵、其土一壠、路人見者皆爲之悲、使明宗爲有知、其有媿於重誨矣、哀哉。

五代史卷七

五代史卷七考證

唐愍帝紀靜難軍節度使藥彦儔爲副○本書藥彦稠傳潞王從珂反彦稠爲招討副使今上文書從珂反則此卽係彦稠儔字誤也但各本俱同姑仍之

廢帝紀愍帝遣王思同會諸鎮兵討之○思監本訛師今從上下文改正

潞王紀戊子殺康義誠注義誠叛于愍帝罪宜曰誅而廢帝同惡相殺故書殺○臣文清按朱子綱目大書唐康義誠伏誅夷其族劉友益書法云從珂書弑矣康義誠曷爲以伏誅書義誠自從榮之亂反覆觀望

五代史卷七考證

今又叛主求容罪不容于誅矣其義較長

●『其得姓』，百衲本作『得其姓』，誤。諸本均不誤。

●薛史作『三討軍』。

五代史卷八

宋　歐陽修　撰

晉本紀第八

高祖聖文章武明德孝皇帝、其父臬捩鷄、本出於西夷、自朱邪歸唐、從朱邪入居陰山。其後晉王李克用起於雲朔之間、臬捩鷄以善騎射常從晉王征伐有功、官至洺州刺史。臬捩鷄生敬瑭、其姓石氏、不知其得姓之始也。敬瑭爲人沉厚寡言、明宗愛之、妻以女、是爲永寧公主。由是常隸明宗帳下、號左射軍。莊宗已得魏、梁將劉鄩急攻清平、莊宗馳救之、兵未及陣、爲鄩所掩、敬瑭以

即梁貞明四年　按文十五年上當有天祐二字　薛史作三討軍此亦作左射軍

十餘騎橫槊馳擊取之以旋、莊宗拊其背而壯之手啗以酥。啗酥夷狄所重、由是名動軍中。十五年、莊宗戰於胡柳、前鋒周德威戰死、敬瑭以左射軍從明宗復擊敗梁兵。明宗戰胡盧套楊村、爲梁兵所敗、敬瑭常脫明宗於危。趙在禮之亂、明宗討之、至魏而兵變。明宗初欲自歸于天子、明已所以不反者、敬瑭獻計曰、豈有軍變於外、上將獨無事者乎。且猶豫者兵家大忌、不如速行。願得騎兵三百、先攻汴州、夷門天下之要害也、得之可以成事。明宗然之、與之驍騎三百、渡黎陽、爲前鋒、明宗遂入汴、莊宗自洛後至、不得入而兵皆潰去。莊宗西還、明

• 即梁貞明四年，按，文『十五年』上當有『天祐』二字。

• 薛史前作『三討軍』，此亦作『左射軍』。

薛無馬字
董反在九月

宗以敬瑭爲前鋒、趣汜水、且收其散卒。莊宗遇弒、明宗入立、拜敬瑭保義軍節度使、賜號竭忠建策興復功臣、兼六軍諸衛副使。在陝爲政以廉聞。是時諸侯多不奉法、鄧州陶玘、亳州李鄴皆以贓汚論死、明宗下詔書褒廉吏普州安崇阮、洺州張萬進、耀州孫岳等以諷天下、而以敬瑭爲首。天成二年十月、從幸汴州、爲御營使、拜宣武軍節度使、侍衛親軍馬步軍都指揮使、六軍副使如故、改賜耀忠匡定保節功臣。三年四月、徙鎮天雄、拜同中書門下平章事、與唐尹。五月、拜駙馬都尉。董璋反東川、爲行營都招討使、不克而還。復兼六軍諸衛副使、

御營使。
薛無『馬』字。
董反在九月。

徙鎮河陽三城、未行而契丹吐渾突厥皆入寇。是時秦王從榮統六軍、敬瑭疑其必及禍、不欲爲其副、乃自請行。及制出不落副使、輒復辭行。明宗數責大臣、問誰可行者、范延光趙延壽等卒以敬瑭爲請、乃拜河東節度使大同彰國振武威塞等軍蕃漢馬步軍總管、落六軍副使、乃行。明年明宗崩、愍帝即位、加中書令。三月、徙鎮成德。清泰元年五月、復鎮太原、來朝京師。潞王從珂反、於鳳翔、愍帝出奔、遇敬瑭于道、敬瑭殺帝從者百餘人、幽帝于衞州而去。廢帝即位、疑敬瑭必反。

天福元年五月、徙鎮天平、敬瑭果不受命、謂其屬曰、先

●『授』，貴池本訛作『受』。

●『漠』，當作『莫』，百衲本亦誤，貴池原本不誤，而刻本仍誤。

授 貴本訛作 受

漠 當作莫 百衲本亦誤 貴池原本不誤 而刻本仍誤

帝授吾太原使老焉今無故而遷是疑吾反也且太原地險而粟多吾當內檄諸鎮外求援於契丹可乎桑維翰劉知遠等共以爲然乃上表論廢帝不當立請立許王從益爲明宗嗣廢帝下詔削奪敬瑭官爵命張敬達等討之敬瑭求援於契丹九月契丹耶律德光入自鴈門與唐兵戰敬達大敗敬瑭夜出北門見耶律德光約爲父子十一月丁酉皇帝即位於廢帝本紀書契丹立晉據所見也於此書皇帝即位以自立爲文原其心也晉高祖之反無契丹國之助亦必自立蓋其志在於爲帝故使自任其惡也號晉以幽涿薊檀順瀛漠蔚朔雲應新嬀儒武寰州入于契丹己亥大赦改元掌書記桑維翰爲翰林學士尚

書禮部侍郎知樞密使事。閏月丙寅，翰林學士承旨尚書戶部侍郎趙瑩爲門下侍郎，桑維翰爲中書侍郎同中書門下平章事兼樞密使。甲戌，趙德鈞及其子延壽叛于唐來降，契丹鏁之以歸。己卯，次河陽，節度使萇從簡叛于唐來降。是日廢帝猶在辛巳，至自太原。盧文紀、姚顗罷。甲申，大赦，殺張延朗、劉延朗，赦房暠。十二月乙酉，如河陽，追降王從珂爲庶人。王從珂從晉人本語丁亥，司空馮道兼門下侍郎同中書門下平章事。己丑，曹州指揮使石重立殺其刺史鄭玩。辛卯，御札求直言。癸巳，鎮州牙內都虞候祕瓊逐其節度副使李彥珂。同州裨將門鐸殺其將

- 『知使』，於文當作『知院』，薛史作『院』。
- 百衲本『猶』訛爲『由』。
- 百衲本作『李彥琦』，薛史同，當據改。貴本同『琦』。

天福

• 天福。

楊漢賓。庚子、天平軍節度使王建立殺其副使李彥贇。

旱。

二年春正月癸亥、安遠軍節度使盧文進叛降於吳。丁卯、天雄軍節度使范延光殺齊州防禦使祕瓊。戊寅、兵部侍郎李崧爲中書侍郎、同中書門下平章事、樞密使。

封唐宗室子爲公、及隋酅公爲二王後、以周介公備三恪。唐宗室子史失其名、書之以見二王後三恪猶存、不必著其人也。二月丁酉、契丹使

皇太子解里來。三月庚辰、如汴州。夏四月丁亥、赦囚、蠲民租賦。趙瑩使于契丹。辛卯、宣武軍節度使楊光遠進助國錢。契丹使宮苑使李可興來。五月壬戌、御札求直

言。丁丑，追尊祖考爲皇帝，妣爲皇后。高祖璟謚曰孝安廟號靖祖，祖妣秦氏謚曰孝安元。曾祖彬謚曰孝簡，廟號肅祖，祖妣安氏謚曰孝簡恭。祖昱謚曰孝平，廟號睿祖，祖妣來氏謚曰孝平獻。考紹雍謚曰孝元，廟號獻祖，妣何氏謚曰孝元懿。六月癸未，契丹使夷離畢來。天雄軍節度使范延光反。丁酉，傳箭于義成軍節度使符彥饒。丁未，楊光遠爲魏州四面行營都部署，東都巡檢張從賓反，留守判官李遐死之。奉國都指揮使侯益、護聖都指揮使杜重威討之。從賓寇河陽，殺皇子重乂，寇河南，殺皇子重信。秋七月，從賓陷汜水關，殺巡檢使宋廷

• 「孝安元」，百衲本脫「元」字，貴本亦脫「元」。
• 「彬」，百衲本作「郴」，貴本、五代會要一、薛史亦作「郴」，據改。
• 此節薛史無之。
• 「來氏」，百衲本同，貴本、薛史、五代會要一均作「米」
• 「獻祖」，百衲本同，貴本、五代會要一、薛史作「憲祖」。
• 「魏州」，百衲本作「魏府」，薛史同。
• 新舊史楊光遠傳官名不備。
• 「四面」，薛史作「西面」，然張從賓已先爲西

浩。壬子，右衛大將軍尹暉叛奔于吳，不克，伏誅。右監門衛大將軍婁繼英叛降于張從賓。義成軍亂，殺戍將侍衛馬步軍都指揮使白奉進。甲寅，戍將奉國指揮使馬萬執符彥饒歸于京師，命殺之于赤岡。彥饒雖有縱軍之罪，被誣以反而見殺，故不書誅。日命殺，嫌萬擅殺。乙卯，楊光遠爲魏州行營都招討使。辛酉，杜重威克汜水關。張從賓投河死，故不書伏誅。壬申，楊光遠克博州。丙子，安州屯防指揮使王暉殺其節度使周環，右衛上將軍李金全討之。金全未至而暉走見殺，故不書暉反，不書克安州，不書暉誅。八月丙申，靜難軍節度使安叔千進添都馬。乙巳，赦非死罪囚及張從賓、符彥饒、王暉餘黨。九月，楊光遠進粟

乾隆四年校刊 五代史卷八 本紀 十二 石敬瑭

- 薛七十六作『馬軍』、『奉國都指揮』。
- 『魏州』，百衲本作『魏府』，薛史同，貴、通鑑同。
- 『環』，百衲本、彭本、貴本均作『瓌』，薛史亦作『瓌』，當改。『瓌』，薛史九十五傳。
- 『上』將軍，百衲本作『大』將軍，薛『上』。
- 薛史楊光遠所進爲攻城圖。

冬十月辛巳，禁造甲兵。三年春二月戊戌，諸鎮皆進物以助國。殘民以獻其上，君臣同欲，賄賂公行，至此而不勝其多矣。故總言諸鎮，此後不復書矣。三月壬戌，回鶻可汗王仁美使翟全福來。丁丑，禁私造銅器。秋七月辛酉，以皇業錢作受命寶。作寶不必書，皇業錢者，私錢也，天子畜私錢，故書。八月戊寅，馮道及左僕射劉昫爲契丹冊禮使。壬午，澶州刺史馮暉降。丙戌，許御署官選。己丑，蠲水旱民稅。辛丑，歸伶官于契丹。高祖以父事契丹，其有所求，不日與而曰歸者，若輸之也。九月己酉，赦范延光。初延光請降，高祖不許，延光遂堅壁，攻之久不克，卒悔而赦之，故不書降。己未，歸靜鞭官劉守威、金吾勘契官王殷、司天雞叫學生殷暉于契丹。于闐

天福。
薛史本紀無『馮道』。
『王殷』，薛史作『王英』。
『殷暉』，薛史作『商暉』。

乾隆四年校刊　五代史記卷八　本紀　六　石敬瑭

使馬繼榮來回鶻使李萬金來。己巳、赦魏州獨民稅。是月、宣徽南院使劉處讓爲樞密使。冬十月戊寅、契丹使中書令韓頻來奉冊曰英武明義皇帝。庚辰、升汴州爲東京、以洛陽爲西京、雍州爲晉昌軍。戊子、右金吾衛大將軍馬從斌使于契丹。己未、契丹使梅里來。戊戌、大赦。庚子、封李聖天爲大寶于闐國王。十一月辛亥、升廣晉府爲鄴都。壬戌、除鑄錢令。十二月丙子、封子重貴爲鄭王。

四年春正月、盜發唐愍皇帝墓。愍帝附于明宗徽陵域中無陵名故曰墓晉高祖即位追謚爲愍皇帝五代諸帝謚號不可爲法皆不足道惟愍帝宜書者嫌嘗降爲鄂王也而國亡禮闕舊

- 薛史處讓爲知魏府軍府事。
- 百衲本作『頻』，貴本作『頲』，七十二契丹傳亦作『頲』，『頻』誤。薛史本紀及外國傳無韓頻。
- 『庚辰』，通鑑誤作『丙辰』。薛史劉亦誤。
- 是月無『己未』，劉校疑是『乙未』，然『己丑』亦有可能。己。
- 天福。

史實錄皆無奏謚上冊月日故雖當書而不得因事而見於此爾辛亥澶州防禦使張從恩爲樞密副使旌表深州民李自倫門閭三月乙巳回鶻使其都督拽里敦來丙辰頒調元歷靈州戍將王彥忠以懷遠城反己未彥忠降供奉官齊延祚殺之夏四月辛巳封回鶻可汗王仁美爲奉化可汗甲申廢樞密使秋七月丙辰復禁鑄錢閏月壬申桑維翰罷八月己亥朔河決博平西戎寇涇州彰義軍節度使張彥澤敗之執其首領野離羅蝦獨九月丁丑契丹使粘木孤來癸未封李從益爲郇國公以奉唐後丙戌高麗王建使其廣評侍郎邢順來冬十二月乙亥立唐高祖太宗

- 『因事』，百衲本作『因書』。
- 薛史、劉本脫『副』字。
- 薛史進調元曆在八月丙辰。
- 『［四月，編注］辛巳』，薛史作『三月辛酉』。
- 廢樞密使。
- 禁鑄錢，薛史在七月戊申。
- 彭本作『十一月』，薛史、通鑑同。

天福

莊宗明宗愍帝廟于西京。戊子，契丹使遙折來。吐蕃罷延族來附。

五年春正月丁卯朔，德音除民公私債。己丑，回鶻使石海金來。夏四月甲子，契丹興化王來。五月丙戌，安遠軍節度使李金全叛附于唐。六月癸卯，李昇遣其將李承裕入于安州，金全奔于唐。安遠軍節度使馬全節及承裕戰，敗之。丁巳，克安州，承裕奔于雲夢，全節執而殺之。秋八月丁酉，閱稼于西郊。己未，西京留守楊光遠殺太子太師范延光。九月丁卯，翰林學士承旨、戶部侍郎和凝爲中書侍郎、同中書門下平章事。辛巳，閱稼于沙臺。

乾隆四年校刊　五代史卷八　石敬瑭

• 天福。

冬十月丁未，契丹使舍利來。十一月丙子冬至，始用二舞。

六年春正月戊寅，封唐叔虞爲興安王，臺駘爲昌寧公。二月戊申，停買宴錢。三月，除民二年至四年以前稅見稅斂重而民不堪。夏四月己未，契丹使述括來。五月，吐渾首領白承福來。秋七月壬午，突厥使薛同海來。八月壬辰，如鄴都，開封尹鄭王重貴留守東京，宣徽南院使張從恩東京內外兵馬都監。壬寅，大赦。甲寅，光祿卿張澄使于契丹。九月乙亥，前安國軍節度使楊彥詢使于契丹。丁丑，吐渾使白可久來。河決中都，入于沓河。冬十月，河決滑

• 天福。
• 『稅斂』，貴本、百衲本作『時斂』。
• 『沭括』，貴本作『迷括』。
• 薛史『爲』（增一字，編注）。
• 貴本無『馬』字，薛史『兵馬』。

濮鄆澶州山南東道節度使安從進反。十一月丁丑，西京留守高行周爲南面軍前都部署以討之。十二月丙戌朔，鄭王重貴爲廣晉尹，徙封齊王。先鋒都指揮使郭海金及安從進戰于唐州，敗之。成德軍節度使安重榮反，天平軍節度使杜重威爲鎮州行營招討使。丙申，契丹遣使者來。戊戌，杜重威及安重榮戰于宗城，敗之。

七年春正月丁巳，克鎮州，安重榮伏誅，赦廣晉。庚午，契丹使達剌來。三月，歸德軍節度使安彥威塞決河于滑州。閏月，天興蝗食麥。夏五月乙巳，尊皇太妃劉氏爲皇太后。高祖所生母也。六月丙辰，吐渾使念醜漢來。乙丑，皇帝崩

乾隆四年校刊

• 『軍前』，薛史作『行營』。
• 諸本均作『海金』，薛史本紀、通鑑作『金海』，本書安從進傳亦作『金海』，據改正。薛九十四金海傳。
• 天福。
• 貴本、百衲本無下一『皇』字。

貴本百衲本均作年五十一薛史亦五十一

于保昌殿。年五十二

五代史卷八 八

五代史卷八

• 貴本、百衲本均作『年五十一』，薛史亦『五十一』。

五代史卷八考證

晉高祖紀六年河決中都入于沓河冬十月河決滑濮鄆澶州○　臣文清按朱子綱目書河決者十有六而五代居其九皆朱梁決河爲二以疏河漲之罪也然梁本紀失載附記于此

五代史卷八考證

詔拜貴百局彭汲諸本均作召當改

五代史卷九

宋　歐陽修　撰

晉本紀第九

出帝父敬儒，高祖兄也，爲唐莊宗騎將，早卒。高祖以其子重貴爲子。高祖六子，五皆早死，而重睿幼，故重貴得立。重貴少而謹厚，善騎射，高祖使博士王震教以禮記，久之不能通大義，謂震曰：此非我家事也。高祖爲契丹所立，謀以一子留守太原，契丹使盡出諸子自擇之，指重貴曰：此眼大者可也。遂拜金紫光祿大夫、行太原尹、北京留守、知河東節度事。天福二年九月，詔拜左金吾

•『詔』拜，貴、百、局、彭、汲諸本均作『召』，當改。

衛上將軍。三年冬，爲開封尹、封鄭王，加太尉、同中書門下平章事。六年，高祖幸鄴，留守東京，已而爲廣晉尹，徙封齊王。

七年六月乙丑，高祖崩，皇帝卽位于柩前。庚午，使左驍衛將軍石德超以御馬二撲祭于相州之西山。夷狄之禮也如京師使李仁廓使于契丹，契丹使梅里來。丙子，馮道爲大行皇帝山陵使，門下侍郎竇貞固爲副，太常卿崔棁爲禮儀使，戶部侍郎呂琦爲鹵簿使，御史中丞王易簡爲儀仗使。舊史實錄無橋道頓遞使，疑不置或闕書。漢高祖亦然已卯，四方館使宋崇節、右金吾衛大將軍梁言使于契丹。秋七月壬

• 天福。
• 『左』驍衛，貴池本、百衲本作『右』驍衛，薛八十一『右』。
• 『如京使』，官名。貴池本、百衲本無『師』字，是。彭。
• 『宋』崇節，百衲本、貴池本均作『朱』。

辰，皇祖母劉氏崩，輟視朝三日。高祖所生母也。高祖時尊爲皇太后矣，其崩也喪葬不用后禮，見恩禮之薄。不書曰皇太后者，於帝爲祖母也。曰崩，正其名也。丁酉，使石德超攢馬于相州之西山。前已備見，故文省。庚子，大赦。甲辰，契丹使通事來。八月戊午，高行周克襄州。安從進自焚死，故不書伏誅。庚申，天平軍節度使景延廣、義成軍節度使李守貞、彰德軍節度使郭謹進錢粟助作山陵。甲子，契丹使郎五來。庚午，葬皇祖母於魏縣。癸酉，契丹使其客省使張九思來。九月辛丑，李守貞爲大行皇帝山陵都部署。冬十月己未，契丹使舍利來。庚午，回鶻遣使者來。十一月，契丹使大卿來。庚寅，葬聖文章武孝皇帝于顯陵。陵在河南壽安縣，五代之

貴本脱景延廣義成軍節度使九字

• 貴池本脫『景延廣義成軍節度使』九字。

亂至此七君而不得其死者五明宗雖善終而愍帝不克葬至廢帝時始克葬故皆不書至此始見子得葬其父故并祔廟詳書之巳亥、牛羊使董殷使于契丹。庚子、祔高祖神主于太廟。辛丑、蠲高祖靈車所過民租之半。十二月庚午、北京留守劉知遠進白頭穹廬。穹廬夷狄之用也契丹于越使令骨支來。辛未、又使野里巳來。丙子、于闐使都督劉再昇來。沙州曹元深瓜州曹元忠皆遣使者附再昇以來。旱蝗。

八年春正月、契丹于越使烏多奥來。二月壬子、景延廣爲御營使。巳未、如東京、赦廣晉府囚。庚申、次澶州、赦囚。乙丑、至自鄴都。庚午、寒食、望祭顯陵于南莊、焚御衣紙

● 貴本作『令骨友』、『野里巳』。『都督』上（疑作『下』字，編注）無『劉』字，『使』下無『者』字。百衲本同。

● 天福。

錢焚衣野祭之類皆閭巷人之事也用之天子見禮樂壞甚三月巳卯朔趙瑩罷晉昌軍節度使桑維翰爲侍中辛丑引進使太府卿孟承誨使于契丹蝗夏四月庚午董殷使于契丹供奉官張福率威順軍捕蝗于陳州五月泰寧軍節度使安審信捕蝗于中都丁亥追封皇伯敬儒爲宋王癸卯馮道罷甲辰以旱蝗大赦六月庚戌祭蝗于皐門癸亥供奉官七人帥奉國軍捕蝗于京畿辛未括借民粟殺藏粟者秋七月甲午冊皇太后丁酉射于南莊契丹使梅里等來甲辰供奉官李漢超帥奉國軍捕蝗于京畿八月丁未朔募民捕蝗易以粟辛亥檢民青苗九月戊寅尊秦

貴本作梅李

• 貴本作『梅李』。

國夫人安氏爲皇太妃。丙申，幸大年莊及景延廣第。冬十月戊申，立馮氏爲皇后。馮氏於帝爲叔母壬子，畋于近郊。幸沙臺。丙寅，契丹使通事劉脩來。庚午，括借民粟。十一月己卯，董殷使于契丹。甲申，幸八角閱馬牧。乙未，契丹使梅里來。戊戌，齊州刺史楊承祚奔于青州。辛丑，高麗使其廣平侍郎金仁逢來。十二月癸丑，給事中邊光範登州刺史郭彥威使于契丹。甲寅，高麗使太相來。平盧軍節度使楊光遠反，淄州刺史翟進宗死之。

開運元年春正月甲戌朔，契丹寇滄州。己卯，陷貝州。庚辰，歸德軍節度使高行周爲北面行營都部署。契丹入

• 貴本『畋』訛为『田』。
• 『單』，薛史紀。
• 貴本作『廣評』，與前卷天福四年合，當據改。
• 貴本平『盧軍』誤作『廣軍』。

鴈門寇代州辛巳殿直王班使于契丹至于鄴都不得進而復晉自高祖以父事契丹甚謹而歲時遣使舊史實錄皆不書至出帝立使者旁午不絕不可勝數故其官卑者皆略而不書班以不得進故書大饑壬午前靜難軍節度使李周留守東京景延廣爲御營使乙酉北征丙戌契丹寇黎陽辛卯講武于澶州契丹屯于元城趙延壽寇南樂甲午劉知遠爲幽州道行營招討使括馬丙申契丹寇黎陽辛丑劉知遠及契丹偉王戰于秀容敗之博州刺史周儒叛降于契丹二月戊申前軍都虞候李守貞及契丹戰于馬家渡敗之癸丑北面行營都虞候馬全節及契丹戰于戚城契

李周百衲本作李同，貴作李周

『李周』，百衲本作『李同』，貴作『李周』。

丹去。戰而兩各傷失收兵徐去（晉不能追故以自去爲文）巳丑、冀州刺史白從暉及契丹戰于衡水、敗之。癸巳、籍民爲武定軍。夏四月、契丹陷德州、沿河巡檢使梁進敗之、取德州。甲寅、至自澶州、赦京師。巳未、馬全節及契丹戰于定豐、敗之。辛酉、率借民財。五月戊寅、李守貞討楊光遠。丁亥、鄴都留守張從恩爲貝州行營都部署。辛卯、李守貞爲青州行營都部署。六月、克淄州。丙午、復置樞密使。丁未、侍中桑維翰爲中書令、充樞密使。丙辰、河決滑州、環梁山入于汶濟。秋七月辛未朔、大赦、改元。巳丑、太子太傅劉昫守司空兼門下侍郎、同中書門下平章事。八月辛丑朔、劉知遠

• 百衲本『戊』誤作『戌』。

爲北面行營都統順德軍節度使杜威爲都招討使戊辰旌表陳州項城民史仁詡門閭九月丙子契丹寇遂城樂壽代州刺史白文珂及契丹戰于七里烽敗之冬十月庚戌武寧軍節度使趙在禮爲北面行營副都統鄴都留守馬全節爲副招討使十二月巳亥朔射兎于皐門丁巳楊承勲囚其父光遠以降殺之出帝巳許其不死巳而命李守貞殺之故不書伏誅閏月乙酉德音赦青州四契丹寇恒州

二年春正月契丹陷秦州壬子馬全節及契丹戰于楡林兩軍皆潰戊午幸南莊張從恩留守東都辛酉高行周爲御營使乙丑北征契丹去二月巳巳幸黎陽橫海

● 「副招討」，惟百衲本作「招討」，據本傳當有「副」字。
● 貴本「丁」字誤作「下」。
● 百衲本「殺」之上有「自」字。
● 開運。
● 彭本「泰」。

軍節度使田武爲東北面行營都部署以備契丹。日以備契丹嫌契丹巳去而命將丙子，大閱于戚城。丙戌，閱馬於鐵丘。丙申、端明殿學士尚書戶部侍郎馮玉爲戶部尚書樞密使。三月戊戌，契丹陷祁州，刺史沈斌死之。丁未，畋于戚城。庚戌，馬全節克秦州。辛亥，易州戍將孫方諫及契丹諧里戰于狼山，敗之。甲寅，杜威克滿城。乙卯，克遂城。庚申、杜威及契丹戰于陽城，敗之。追奔至于衞村，又敗之。夏四月戊寅，勞旋于戚城。巳卯，勞旋于王莽河。甲申，至自澶州。赦左右軍囚。庚寅，大賞軍功。五月丙申朔，大赦。丙午，幸南莊。六月丁卯，射于繁臺，幸杜威第。旱。秋八月甲

- 百衲本注無『巳』字。
- 『畋』，貴本作『田』。
- 『秦州』，當作『泰州』，五代會要，天成三年升奉化軍爲泰州，以清苑縣爲理所。開運二年，移就滿城，即其地也。

子朔廢二舞丙寅和凝罷馮玉爲中書侍郎同中書門下平章事辛未閱馬于茂澤陂丁丑括馬九月己亥閱馬于萬龍岡幸李守貞第冬十月丁丑高麗使其廣評侍郎韓玄珪禮賓卿金廉等來戊寅射兎于硯臺戊子高麗使其兵部侍郎劉崇規內軍卿朴藝言來十一月戊戌封王武爲高麗國王己巳射兎于皐門幸沙臺十二月丁丑臘畋于郊丁亥桑維翰罷開封尹趙瑩爲中書令李崧守侍中樞密使

三年春二月丙子回鶻使突厥陸來壬午射鴨于板橋幸南莊夏六月孫方諫以狼山叛附于契丹丙寅契丹

- 崇「規」，百衲本作崇「珪」，貴本亦作「珪」。
- 是月甲午朔，無「己巳」。
- 貴「畋」作「田」。
- 開運。

寇邊。己丑、李守貞爲行營都部署、義成軍節度使皇甫遇爲副。河決魚池、大饑、羣盜起。秋七月、大雨水、河決楊劉朝城武德。八月辛酉、河溢歷亭。九月、河決澶滑懷州。辛丑、行營馬軍排陣使張彦澤及契丹戰于新興、敗之。癸卯、劉知遠及契丹戰于朔州、敗之。大雨霖、河決臨黄。冬十月、河決衛州。丙寅、河決原武。辛未、杜威爲北面行營都招討使、李守貞爲兵馬都監。十一月、永靜軍節度使梁漢璋及契丹戰于瀛州、敗績、契丹寇鎮定。十二月己未、杜威軍于中渡。壬戌、奉國都指揮使王清及契丹戰于滹沱、敗績、死之。戰將殁于陣守將殁于城而不書死者以其志未可知也或欲走而不得或欲降而未暇遽以被殺爾若不走不降而死節明者自書死如清是已杜威、李守貞、張彥澤以其軍叛降于契丹。庚午、射兎于沙臺。壬申、張彥澤犯京師、殺開封尹桑維翰、契丹滅晉。出帝雖存而晉則亡矣故書滅

嗚呼。余書封子重貴爲鄭王、又書追封皇伯敬儒爲宋王者、豈無意哉。禮、兄弟之子猶子也、重貴書子可矣。敬儒、出帝父也、書曰皇伯者、何哉。出帝立不以正、而絶其所生也。蓋出帝於高祖得爲子而不得爲後者、高祖自有子也。方高祖疾病、抱其子重睿寘於馮道懷中、而託之、出帝豈得立邪。晉之大臣既違禮廢命而立之、以謂出帝爲高祖子則得立、爲敬儒子則不得立、於是深諱

柴德賡點校

其所生而絕之、以欺天下、爲眞高祖子也。禮曰、爲人後者爲其父母服、使高祖無子、出帝得爲後而立以正、則不待絕其所生以爲欺也。故余書曰追封皇伯敬儒爲宋王者、以見其立不以正、而滅絕天性、臣其父而爵之以欺天下也。

為濮議而發

五代史卷九

• 爲『濮議』而發耳。

五代史卷九考證

晉出帝紀丁亥追封皇伯敬儒爲宋王○臣曾汾按敬儒卽帝本生父從唐舊制亦無稱皇伯之禮義見總論內

五代史卷九考證

五代史卷九考證

五代史卷十

宋　歐　陽　修　撰

漢本紀第十

高祖睿文聖武昭肅孝皇帝、姓劉氏、初名知遠、其先沙陀部人也。其後世居于太原。知遠弱不好弄、嚴重寡言、面紫色、目多白睛、凜如也。與晉高祖俱事明宗爲偏將。明宗及梁人戰德勝、晉高祖馬甲斷、梁兵幾及、知遠以所乘馬授之、復取高祖馬殿而還、高祖德之。高祖留守北京、以知遠爲押衙。潞王從珂反、愍帝出奔、高祖自鎮州朝京師、遇愍帝于衛州、止傳舍、知遠遣勇士石敢袖

貴本、百衲本脫以字

貴本、百衲本脫『以』字。

鐵檛侍高祖以虞變高祖與愍帝議事未決左右欲兵之知遠擁高祖入室敢與左右格鬬而死知遠卽率兵盡殺愍帝左右留帝傳舍而去廢帝入立高祖復鎭河東已而有隙高祖將舉兵知遠與桑維翰密爲高祖謀畫贊成之高祖卽位於太原以知遠爲侍衞親軍都虞候領保義軍節度使契丹耶律德光送高祖至潞州臨決指知遠曰此都軍甚操剌世俗謂勇猛爲操剌錄其本語無大故勿棄之天福二年遷侍衞馬步軍都指揮使領忠武軍節度使已而以杜重威代知遠領忠武徙知遠領歸德知遠恥與重威同制杜門不出高祖怒欲罷其兵職宰相

• 百衲本『都』下贅一『軍』字，貴池本同。
• 通鑑，此在天福四年。

百衲本『敗之』上無『王』字，貴、彭諸本皆有。

趙瑩以爲不可、高祖乃遣端明殿學士和凝就第宣諭、知遠乃受命。五年、徙鄴都留守。九月、朝京師、高祖幸其第。六年、拜河東節度使、北京留守。七年、高祖崩。知遠從高祖起太原、有佐命功、自出帝立、與契丹絕盟、用兵北方、常疑知遠勳位已高、幸晉多故而有異志、每優尊之、拜中書令、封太原王、幽州道行營招討使、又拜北面行營都統。開運二年四月、封北平王。三年五月、加守太尉。然王未嘗出兵。契丹寇澶州、別遣偉王攻鴈門、王敗之于秀容。八月、殺吐渾白承福等族、取其貲鉅萬、良馬數千。

四年契丹犯京師出帝北遷王遣牙將王峻奉表契丹耶律德光呼之爲兒賜以木枴一木枴虜法貴之如中國几杖非優大臣不可得峻持枴歸虜人望之皆辟道峻還爲王言契丹必不能有中國乃議建國二月戊辰河東行軍司馬張彥威等上牋勸進辛未皇帝卽位稱天福十二年天福晉高祖年號也天福止八年改元開運至此四年矣漢雖建國而未有國號又稱晉年號捨開運而追續天福爲十二年初無義理但書其實爾磁州賊首梁暉取相州來歸變來降曰來歸哀斯人也是時天下無主得其主則往歸之與乎叛于彼而來於此者異矣漢高祖非有德之君惶惶斯人之無所歸者猶得而歸也故曰歸武節都指揮使史弘肇取代州殺其刺史王暉晉州將藥可儔殺其守將駱從

● 開運。
● 百衲本少『木枴一』三字，貴池本有。
● 貴本『止』作『上』。
● 劉校所據本無『理』字。
● 貴本『受』訛爲『綬』。

朗及括錢使諫議大夫趙熙來歸。辛巳、陝州留後趙暉
潞州留後王守恩來歸。三月丙戌朔、蠲河東雜稅。辛卯、
延州軍亂、逐其節度使周密。壬辰、丹州指揮使高彥詢
以其州來歸。壬寅、契丹遯。聞漢起太原畏而去故與自去異其文遯者退避之稱
以其將蕭翰爲宣武軍節度使守汴州。夏四月己未、右
都押衙楊邠爲樞密使、蕃漢兵馬都孔目官郭威權樞
密副使。契丹陷相州、殺梁暉。癸亥、立魏國夫人李氏爲
皇后。甲子、河東節度判官蘇逢吉觀察推官蘇禹珪爲
中書侍郎同中書門下平章事。乙丑、侍衛親軍步軍都
指揮使史弘肇取潞州。戊辰、奉國指揮使武行德以河

陽來歸。史弘肇取澤州。丙子，契丹耶律德光卒于欒城，契丹入于鎮州。五月甲午，太原尹劉崇爲北京留守。丙申，如東京，蕭翰遯歸于契丹，以郇國公李從益知南朝軍國事。戊申，次絳州，刺史李從朗來歸。六月丙辰，次河陽，殺李從益及其母于京師。甲子，至自太原。戊辰，改國號漢。高祖初建國無國號，蓋其制詔皆無明文，故闕不書。然稱天福十二年，則國仍號晉可知，但無明據，故慎於所疑爾。此書改國號漢，則未改之前宜有所稱，此可以推知也。赦罪人，蠲民稅于闕遣使者來。是夏，劉晌薨。秋閏七月乙丑，禁造契丹服器。天雄軍節度使杜重威反。杜重威於晉出帝時避出帝名去重，至漢而復之。天平軍節度使高行周爲鄴都行營都部署以討之。庚

• 貴本『疑』上脫『所』字。

• 竹汀謂，高行周未爲天平節度使，大誤。薛史本紀及傳可按也。

● 貴本祖「妣」訛作「姚」。
● 「昭憲」，薛史、五代會要俱作「昭獻」。

貴本祖妣訛作姚
昭憲薛史五代會要俱作昭獻

辰、追尊祖考爲皇帝、妣爲皇后。高祖湍謚曰明元、廟號文祖、祖妣李氏謚曰明貞。曾祖昂謚曰恭僖、廟號德祖、祖妣楊氏謚曰恭惠。祖僎謚曰昭憲、廟號翼祖、祖妣李氏謚曰昭穆。考琠謚曰章聖、廟號顯祖、妣安氏謚曰章懿。以漢高皇帝爲高祖、光武皇帝爲世祖、皆不祧。八月、護聖指揮使白再榮逐契丹、以鎮州來歸。丙申、安國軍節度使薛懷讓殺契丹之將劉鐸、入于邢州。九月甲戌、吏部尚書竇貞固守司空兼門下侍郎、翰林學士中書舍人李濤爲中書侍郎同中書門下平章事。庚辰、北征。冬十月甲申、次韋城、赦河北。十一月壬申、杜重威降。十

乾隆四年校刊

二月癸巳、至自鄴都。乾祐元年春正月乙卯、大赦改元。
己未、更名暠。丁丑、皇帝崩于萬歲殿。年五十四。
隱皇帝、高祖第二子承祐也。高祖即位、拜右衛上將軍
大內都點檢。魏王承訓長而賢、高祖愛之、方屬以為嗣、
承訓薨、高祖不豫、悲哀疾劇、乃以承祐屬諸將相。宰相
蘇逢吉曰、皇子承祐未封、王請亟封之、未及封而高祖
崩、祕不發喪、殺杜重威。
乾祐元年二月辛巳、封承祐周王、是日皇帝即位于柩
前。壬辰、右衛大將軍鳳翔巡檢使王景崇及蜀人戰于
大散關、敗之。癸巳、大赦。三月壬戌、竇貞固為大行皇帝

山陵使，吏部侍郎段希堯爲副，太常卿張昭爲禮儀使，兵部侍郎盧價爲鹵簿使，御史中丞邊蔚爲儀仗使。丁丑，李濤罷。護國軍節度使李守貞反，陷潼關。夏四月辛巳，陝州兵馬都監王玉克潼關。壬午，永興軍將趙思綰叛，附于李守貞，客省使王峻帥師屯于關西。（峻不命爲討賊，但令以兵實關西。下文乃見命將。）楊邠爲中書侍郎兼吏部尚書、同中書門下平章事，郭威爲樞密使、鎮寧軍節度使，郭從義爲永興軍兵馬都部署。戊子，保義軍節度使白文珂爲河中兵馬都部署。河決原武。五月己未，回鶻遣使者來。乙亥，魏州内黄民武進妻一產三男子。河決滑州魚池、旱蝗。秋七月戊申朔、彰德軍節度使王繼弘殺其判官張易。鸜鵒食蝗。丙辰、禁捕鸜鵒。庚申、郭威同中書門下平章事。癸亥、契丹鄭州刺史王彥徽來奔。庚午、殺成德軍副使張鵬。乙亥、王景崇叛附于李守貞。八月壬午、郭威討李守貞。九月、西面行營都虞候尚弘遷及趙思綰戰敗績。冬十月甲申、吐蕃使斯漫篤蘭氈藥斯來。十一月甲寅、殺太子太傅李崧、滅其族。壬申、葬睿文聖武昭肅孝皇帝于睿陵。在河南告成縣十二月巳卯、彰武軍節度使高允權殺太子太師致仕劉景巖。

二年、隱帝即位至此宜改元而不改元具周顯德二年注而帝名承祐年名乾祐舉國臣民共稱而不改

乾祐

•乾祐。

乾祐

局本誤壬午

避當時莫大之失本紀無譏者但書其實後世自見也　春正月乙巳朔、赦囚。二月丙子、蠲民紐配租。夏五月、李守貞之將周光遜降。乙丑、趙思綰降。六月辛卯、回鶻首領楊彥珣來。西涼府遣使者來。蝗。秋七月丁巳、郭威殺華州留後趙思綰于京兆。甲子、克河中。守貞自焚死故不書伏誅　八月、郭從義殺前永興巡檢喬守溫。丙戌、郭威使來獻俘。冬十月、契丹寇趙、魏、羣臣進添都馬、契丹陷內丘。己丑、郭威及宣徽南院使王峻伐契丹。十一月、契丹遯。

三年春正月、西面行營都部署趙暉克鳳翔。景崇自焚死故不書伏誅　丙午、郭威進添都馬。壬子、趙暉獻馘俘。二月甲戌、旌

• 乾祐。
• 局本誤『壬午』。

表穎州汝陰民麴温門閭。三月巳酉，寒食，望祭于南御園。夏四月壬午，郭威以樞密使爲天雄軍節度使。六月癸卯，河決原武。秋八月，達靼來附。冬十一月丙子，殺楊邠及侍衛親軍都指揮使史弘肇、三司使王章，皆滅其族。郭威反。庚辰，義成軍節度使宋延渥叛附于威。壬午，威犯封丘，泰寧軍節度使慕容彦超軍于七里店。癸未，勞軍于北郊。甲申，勞軍于劉子陂，慕容彦超及郭威戰，敗績。開封尹侯益叛降于威。郭允明反。乙酉，皇帝崩。年二十。周廣順元年葬之許州陽翟縣，號穎陵。爲賊所葬，故不書。蘇逢吉自殺。漢亡。自隱帝崩後四十二日，周太祖始即位，而斷自帝崩書漢亡者，見帝崩而漢巳亡矣，其太后臨朝、湘陰公嗣立，皆周所假

● 百衲本、貴本脫下一『使』字。
● 貴池本脫『巳亡』之『巳』字。

百衲本貴本脫下一使字

貴池本脫巳亡之巳字

託非誠實所以破其姦故書曰漢亡見周之立遲也遲而難於自立則猶有自媿之心焉

嗚呼人君即位稱元年常事爾古不以爲重也孔子未修春秋其前固已如此雖暴君昏主妄庸之史其記事先後遠近莫不以歲月一二數之乃理之自然也其謂一爲元亦未嘗有法蓋古人之語爾古謂歲之一月亦不云一而曰正月國語言六呂曰元間大呂周易列六爻曰初九大抵古人言數多不云一不獨謂年爲元也及後世曲學之士始謂孔子書元年爲春秋大法遂以改元爲重事自漢以後又名年以建元而正僞紛雜稱號遂多不勝其紀也五代亂世也其事無法而不合於理者多矣皆不足道也至其年號乖錯以惑後世則不可以不

乾隆四年校刊　五代史卷十　本紀　隱帝承祐

百衲本六呂誤作六品

貴本僞訛爲

● 百衲本『六呂』誤作『六品』。
● 貴本『僞』訛『爲』。

○衲本貴本均無此字

明初梁太祖以乾化二年遇弒明年末帝已誅友珪黜
其鳳曆之號復稱乾化三年尚爲有說至漢高祖建國
黜晉出帝開運四年復稱天福十二年者何哉蓋以其
愛憎之私爾方出帝時漢高祖居太原常憤憤下視晉
而晉亦陽優禮之幸而未見其隙及契丹滅晉漢未嘗
有赴難之意出帝已北遷方陽以兵聲言追之至土門
而還及其卽位改元而黜開運之號則其用心可知矣
蓋其於出帝無復君臣之義而幸禍以爲利者其素志
也可勝歎哉夫所謂有諸中必形於外者其見於是乎
五代史卷十

• 百衲本、貴本均無此［初，編注］字。

貴池本、百衲本均無孝字、

百衲本作酒醉、諸本無酒字、不改

五代史卷十一

宋　歐陽修撰

周本紀第十一

太祖聖神恭肅文武孝皇帝、姓郭氏、邢州堯山人也。父簡、事晉爲順州刺史、劉仁恭攻破順州、簡見殺。子威、少孤、依潞州人常氏。潞州留後李繼韜募勇敢士爲軍卒、威年十八、以勇力應募。爲人負氣、好使酒、繼韜特奇之。威嘗游於市、市有屠者、常以勇服其市人、威醉、呼屠者使進几、割肉、割不如法、叱之。屠者披其腹示之曰：爾勇者、能殺我乎。威即前取刀刺殺之、一市皆驚、威頗自如。

乾隆四年校刊
五代史卷十一　本紀　一　郭威

● 貴池本、百衲本均無『孝』字。

● 百衲本作『酒醉』，諸本并無『酒』字，不改。

爲吏所執、繼韜惜其勇、陰縱之使亡、已而復召置麾下。繼韜叛晉附于梁、後莊宗滅梁、繼韜誅死、其麾下兵悉隸從馬直。威以通書算補爲軍吏。好讀閫外春秋、略知兵法。後爲侍衛軍吏。漢高祖爲侍衛親軍都虞候、尤親愛之、後高祖所臨鎮、嘗以威從。契丹滅晉、漢高祖起兵太原、即皇帝位、拜威樞密副使。

乾祐元年正月、高祖疾大漸、以隱帝託威及史弘肇等。隱帝即位、拜威樞密使。是歲三月、河中李守貞、永興趙思綰、鳳翔王景崇相次反、隱帝遣白文珂、郭從義、常思等分討之、久皆無功。隱帝謂威曰、吾欲煩公、可乎。威對曰臣不敢請亦不敢辭惟陛下命乃加拜威同中書門下平章事使西督諸將威居軍中延見賓客褒衣博帶及臨陣行營幅巾短後與士卒無異上所賜予與諸將會射恣其所取其餘悉以分賜士卒將士皆懽樂威至河中自柵其城東思柵其南文珂柵其西調五縣〔十〕二萬人築連壘以護三柵諸將皆以謂守貞窮寇破在旦夕不宜勞人如此威不聽已而守貞數出兵擊壞連壘威輒補之守貞輒復出擊每出必有亡失久之城中兵食俱盡威曰可矣乃治攻具爲期日四面攻之破其羅城守貞與妻子自焚死思綰景崇相次降隱帝勞威以

● 貴池本無『加』字。
● 『自柵』，貴池本無『自』字。
● 『十』字，百衲本作『丁』，是。貴池本同。
● 『以謂』，貴本、百衲本均無『以』字。

玉帶加檢校太師兼侍中。威辭曰：臣事先帝，見功臣多矣，未常以玉帶賜之。因言臣幸得率行伍，假漢威靈，以破賊者，豈特臣之功，皆將相之賢，有以安朝廷，撫內外，而饋餉以時，故臣得以專事征伐。隱帝以威爲賢。於是悉召楊邠、史弘肇、蘇逢吉、禹珪、竇貞固、王章等皆賜以玉帶，威乃受。又推功大臣，請加爵賞，於是加貞固司空，逢吉司徒，禹珪、邠左右僕射。已而又曰：此特漢廷親近之臣耳，漢諸宗室、天下方鎮外暨荆、浙、湖南皆未及也。由是濫賞遍于天下。是冬，契丹寇邊，威以樞密使北伐，至魏州，契丹遯。三年二月，師還。四月，拜威鄴都留守、天

又上百衲本、貴池本皆有威字，當加。

•『又』上，百衲本、貴池本皆有『威』字，當加。

雄軍節度使、仍以樞密使之鎮。宰相蘇逢吉以謂樞密使不可以藩鎮兼領、與史弘肇等固爭久之、卒以樞密使行、詔河北諸州皆聽威節度。隱帝與李業等謀、已殺史弘肇等、詔鎮寧軍節度使李弘義殺侍衞步軍指揮使王殷于澶州、又詔侍衞馬軍指揮使郭崇殺威及宣徽使王峻于魏。詔書先至澶州、弘義恐事不果、反以詔書示殷、殷與弘義遣人告威。已而詔殺威、峻使者亦馳騎至、威匿詔書、召樞密使院吏魏仁浦謀於卧内、仁浦勸威反、教威倒用留守印、更爲詔書、詔威誅諸將校以激怒之、將校皆憤然效用。十一月丁丑、威遂舉兵渡河、隱帝遣開封尹侯益保大軍節度使張彥超客省使閻晉卿等率兵拒威、又遣內養鸗脫覘威所嚮、鸗脫爲威所得、威乃附脫奏請縛李業等送軍中。隱帝得威奏以示業等、業等皆言威反狀已白、乃悉誅威家屬于京師。庚辰、威至滑州、義成軍節度使宋延渥叛于漢來降。壬午、犯封丘。甲申、及泰寧軍節度使慕容彥超戰于劉子陂、彥超敗奔于兖州。郭允明反、弑隱帝于趙村。丙戌、威入京師、縱火大掠。戊子、率百官朝太后于明德門、請立嗣君。太后下令文武百寮六軍將校議擇賢明以承大統。庚寅、威率百官詣明德門、請立泰寧軍節度使贇爲

- 『鸗』，百衲本作『鷰』，貴池本同。
- 吳縝校、百衲本、貴池本『甲申』作『甲辰』，按，是月甲子朔，無甲辰，且上文『壬午』，下文『丙戌』，其爲『甲辰』無疑。
- 『泰寧』，當從百衲本、貴池本作『武寧』。

嗣，遣太師馮道迎贇于徐州。辛卯，請太后臨朝聽政。以王峻爲樞密使，翰林學士尚書兵部侍郎范質爲副使。十二月甲午朔，威北伐契丹，軍于滑州。癸丑，至澶州而旋。王峻遣郭崇以騎兵七百逆劉贇于宋州，殺之。其將鞏延美、楊温爲贇守徐州。戊午，次皐門，漢宰相竇貞固、蘇禹珪來勸進。庚申，太后制以威監國。

廣順元年春正月丁卯，皇帝即位，大赦，改元，國號周。己巳，上漢太后尊號曰昭聖皇太后。戊寅，漢劉崇自立于太原。吳、蜀諸國自立，皆絶而不書，此書，與其不屈于周，語在十國年譜論。己卯，馮道爲中書令。二月辛丑，西州回鶻使都督來。丁未，契丹使梟骨

• 「延」，百衲本作「廷」，下頁又作「廷」。貴池本作「延」。
• 貴池本兩作「延美」。王鳴盛謂，凡鞏庭美皆當作廷美。
• 「梟」，百衲本作「裊」，貴池本同。

支來。癸丑、寒食望祭于蒲池。蒲池佛寺名也 丁巳、尚書左丞田
敏使于契丹。回鶻使摩尼來。三月甲戌、武寧軍節度使
王彥超克徐州。翟延美楊溫不書死之語在贊傳 夏四月甲午、立夫人
董氏爲德妃。五月辛未、追尊祖考爲皇帝、妣爲皇后。高
祖璟謚曰睿和廟號信祖、祖妣張氏謚曰睿恭。曾祖諶
謚曰明憲廟號僖祖、祖妣申氏謚曰明孝。祖蘊謚曰翼
順廟號義祖、祖妣韓氏謚曰翼敬。考謚曰章肅廟號慶
祖、妣王氏謚曰章德。六月辛亥、范質及戶部侍郎判三
司李穀爲中書侍郎同中書門下平章事。竇貞固蘇禹
珪罷。癸丑、范質參知樞密院事。丁巳、宣徽北院使翟光

• 百衲本作『延』，貴池本作『廷』。

鄴爲樞密副使。秋七月戊寅、幸王峻第。八月壬寅、契丹來歸趙瑩之喪。冬十月丙午、漢人來討。討加有罪，漢之於周義所得討攻自晉州。云自晉州者見漢兵當誅罪人于京師自晉州而入耳攻城無得失不書此書者許漢來討。十一月、王峻及建雄軍節度使王彥超拒之。十二月、慕容彥超反。

二年春正月甲子、侍衞步軍都指揮使曹英爲兖州行營都部署。庚午、高麗王昭使其廣評侍郎徐逢來。二月庚寅、府州防禦使折德扆克嵐軍。三月丁巳朔、寒食、望祭于郊。戊辰、內客省使鄭仁誨爲樞密副使、翟光鄴罷。夏五月庚申、東征李穀留守東都、鄭仁誨爲大內都

乾隆四年校刊

● 注「得討」，百衲本作「得誅」，不改。
● 廣順。
● 貴池本「鄭仁誨」爲樞密使，無「副」字，本傳仁誨此時爲副使，不采。

賡　收

• 廣順。

點檢。癸亥、次曹州，赦流罪以下囚。乙亥、克兗州，彥超投井死，故不書伏誅。壬午、赦兗州。六月乙酉朔、幸曲阜，祠孔子。庚子、至自兗州。秋九月乙丑、太僕少卿王演使于高麗。契丹寇邊。

三年春正月乙卯、麟州刺史楊重訓叛于漢來附。閏月丙戌、回鶻使獨呈相温來。二月甲子、貶王峻爲商州司馬。三月甲申、封榮爲晉王。不書子者，榮於禮不得爲子，不書子則當書其本姓，又不書者，則人所共諱。丙戌、鄭仁誨罷。己丑、棣州團練使王仁鎬爲右衞大將軍、樞密副使。夏六月、大雨水。秋七月、契丹盧臺軍使張藏英來奔。九月、吐渾党富達等來。冬十月庚

申馮道爲奉迎神主使十一月癸未党項使吳帖磨五
等來十二月戊申四廟神主至自西京迎之于西郊祔
于太廟壬申殺天雄軍節度使王殷乙亥享于太廟
顯德元年春正月丙子朔有事于南郊大赦改元羣臣
上尊號曰聖明文武仁德皇帝戊寅罷鄴都丙戌鎮寧
軍節度使鄭仁誨爲樞密使壬辰端明殿學士戶部侍
郎王溥爲中書侍郎同中書門下平章事王仁鎬罷是
日皇帝崩于滋德殿年五十一書是日連上文嫌無崩日

●『帖』，貴本、百衲本作『帖』。

五代史卷十一

• 薛史作『樞密副使』。
• 百衲本、貴池本作『大將軍』。

薛史作樞密副使
百衲本貴池本作大將軍

五代史卷十二

宋　歐陽修　撰

周本紀第十二

世宗睿武孝文皇帝本姓柴氏邢州龍岡人也柴氏女適太祖是爲聖穆皇后后兄守禮子榮幼從姑長太祖家以謹厚見愛太祖遂以爲子太祖後稍貴榮亦壯而器貌英奇善騎射略通書史黄老性沉重寡言太祖爲漢樞密使榮爲左監門衛將軍太祖鎮天雄榮領貴州刺史天雄軍牙内都指揮使乾祐三年冬周兵起魏犯京師留榮守魏太祖入立拜澶州刺史鎮寧軍節度使

旦貴本誤作且

檢校太傅、同中書門下平章事。榮素爲樞密使王峻所忌，廣順三年正月來朝，不得留。既而峻有罪誅，三月，拜榮開封尹、封晉王。是冬，卜以來年正月朔旦有事于南郊，而太祖遇疾，不能視朝者久之。

顯德元年正月丙子，郊，僅而成禮，即以王判內外兵馬事。壬辰，太祖崩，秘不發喪。丙申，發喪，皇帝即位于柩前。於書封晉王，正其非子矣，其餘假竊嗣君之禮，不待譏貶而可知，故皆無異辭。右監門衞大將軍魏仁浦爲樞密副使。二月庚戌，回鶻遣使者來。丁卯，馮道爲大行皇帝山陵使，太常卿田敏爲禮儀使，兵部尚書張昭爲鹵簿使，御史中丞張煦爲儀仗使，開封少

『旦』，貴本誤作『且』。

尹權判府事、王敏爲橋道頓遞使。漢人來討、攻自潞州。三月辛巳、大赦。癸未、鄭仁誨留守東京。乙酉、如潞州以攻漢。（不曰伐、曲在周、不可以大小爲言、故用兩相攻爲文。）壬辰、次澤州、閱兵于北郊。癸巳、及劉旻戰于高原、敗之。（與其不屈于周、不與其稱帝、故書姓名。）追及于高平、又敗之。丁酉、幸潞州。己亥、侍衛馬軍都指揮使樊愛能、步軍都指揮使何徽伏誅。壬寅、天雄軍節度使符彥卿爲河東行營都部署。夏四月乙卯、葬神聖文武恭肅孝皇帝于嵩陵。（在鄭州新鄭縣）汾州防禦使董希顏叛于漢來附。丙辰、遼州刺史張漢超叛于漢來附。辛酉、取嵐憲州。壬戌、立衛國夫人符氏爲皇后。取石沁州。乙丑、

乾隆四年校刊　　五代史卷十二 本紀　　十二　周世宗

馮道薨。庚午，赦潞州流罪以下囚。如太原忻州監軍李勍殺其刺史趙皐，叛于漢，來附。五月丙子，代州守將鄭處謙叛于漢，來附。契丹救漢。丁酉，回鶻使因難敵略來。符彥卿及契丹戰于忻口，敗績，先鋒都指揮使史彥超死之。六月乙巳，班師。乙丑，次新鄭，遂拜嵩陵。庚午，至自太原。秋七月庚辰，閱稼于南御莊。癸巳，樞密院直學士工部侍郎景範爲中書侍郎、同中書門下平章事，魏仁浦爲樞密使。冬十月甲辰，殺左羽林大將軍孟漢瓊。

二年（五代亂世以嗣君即位者五，而改元不依古者四。梁末帝、晉出帝即位踰年宜改元而不改，又明年然後改；漢隱帝、周世宗皆仍稱先帝年號，終其世不改，而本紀無譏者，但書其實，自見其失也。）春二月，

• 孟『漢瓊』，百衲本作『漢卿』，薛史同。殿本考證云，瓊字新增，薛七十二有漢瓊傳，爲唐潞王所殺，此當改作『卿』。

• 顯德。

顯德。

御札求直言。夏五月辛未，宣徽南院使向訓、鳳翔節度使王景伐蜀。甲戌，大毁佛寺，禁民親無侍養而爲僧尼及私自度者。秋九月丙寅朔，頒銅禁。閏月癸丑，向訓克秦州。冬十月辛未，取成州。戊寅，高麗使王子太相融來。取階州。十一月乙未朔，李穀爲淮南道行營都部署以伐唐。戊申，王景克鳳州。十二月丙戌，鄭仁誨薨。

三年春正月，增築京城。庚子，向訓留守東京。壬寅，南征。辛亥，侍衛親軍都指揮使李重進及唐人戰于正陽，敗之。甲寅，重進爲淮南道行營都招討使。二月丙寅，幸下蔡浮橋。壬申，克滁州。甲戌，李景來求成，不荅。壬午，景使其臣鍾謨來奉表。丙戌、取揚州。辛卯、取泰州。三月庚子、丙外馬步軍都軍頭袁彥爲竹龍都部署。是月、取光舒常州。書是月見取三州不同日夏四月、常泰州復入于唐。五月乙卯、至自淮南、赦京師囚。六月壬申、德音赦淮南囚。秋七月、皇后崩。揚光舒滁州復入于唐。八月乙丑、課民種禾及韭。九月丙午、端明殿學士左散騎常侍王朴爲尚書戶部侍郎樞密副使。冬十月辛酉、葬宣懿皇后于懿陵。十一月庚寅、廢諸祠不在祀典者。乙巳、殺李景之臣孫晟。書殺景臣而不書晟死蓋已深罪周殺忠臣則臣之死節自著

四年春正月己丑朔、赦非死罪囚。二月甲戌、王朴留守

- 〔竹龍，編注〕此何物也？
- 『都軍頭』，百衲本、貴池本均無『軍』字。
- 『禾』，貴池本、百衲本並作『木』，局、彭同，薛紀不載此事。
- 顯德。

東京。乙亥，南征。三月丁未，克壽州。不書劉仁贍降，事見死節傳。蓋仁贍實不降，故書周自克之爾。克者，難取之名也。壽難取，則見仁贍之節著。不書死之者，仁贍自以病死，以其守節至死，故列之死節傳。夏四月己巳，至自壽州。己卯，放降卒八百歸于蜀。癸未，追冊彭城郡夫人劉氏爲皇后。五月丙申，殺密州防禦使侯希進。秋八月乙亥，李穀罷。王朴爲樞密使。癸未，蜀人來歸我濮州刺史胡立。冬十月己巳，王朴留守東京，三司使張美爲大內都點檢。壬申，南征。十二月乙卯，泗州守將范再遇叛于唐，以其州來降。庚申，濠州團練使郭廷謂以其州來降。身居其地而來降者書附。再遇、廷謂雖以地降，既降而不居其地，故不書附而書降。廷謂不書叛，事見南唐世家。丁丑，取泰州。

乾隆四年校刊　五代史卷十二　本紀　四　周世宗

• 「守節至死」，百衲本作「至死守節」，貴本與殿本同。

五年春正月丁亥，取海州。壬辰，取靜海軍。丁未，克楚州，守將張彥卿、鄭昭業死之。自四年十二月辛酉攻之，彥卿等堅守四十餘日乃克之。其不走不降可知，故予其死。本紀書死者十餘人，宋令詢及李遐、彥卿、昭業皆以事跡不完，不能立傳，然所貴者死爾。本紀著其大節可矣。二月甲寅，取雄州。丁卯，如揚州。癸酉，如瓜州。三月壬午朔，如泰州。丁亥，復如揚州。辛卯，幸迎鑾。己亥，克淮南十有四州以江爲界。并前所得通十四州耳。書之見其本志所止。三月辛亥，李景來買宴。夏四月庚申，祔五室神主于新廟。壬申，至自淮南。回鶻達靼遣使者來。六月辛未，放降卒四千六百于唐。秋七月乙酉，水部員外郎韓彥卿市銅于高麗。丁亥，頒均田圖。九月，占城國王釋利因德

上文已云三月壬午朔，此三月二字衍文

• 上文已云『三月壬午朔』，此『三月』二字衍文。

• 顯德。
• 『上』，貴池本、百衲本作『止』，是。
• 『見淤口關』，『見』字可疑。

縵使莆訶散來冬十月丁酉括民租十一月庚戌作通禮正樂十二月丙戌罷州縣課戸俸戸六年春正月高麗王昭遣使者來辛酉女眞使阿辨來三月己酉甘州回鶻來獻玉却之庚申王朴薨丙寅宣徽南院使吳延祚留守東京癸酉停給銅魚甲戌北征是月吳延祚爲左驍衛上將軍樞密使夏四月壬辰取乾寧軍辛丑取益津關以爲覇州癸卯取瓦橋關以爲雄州州縣廢置不書此書重復中國故地世宗下三關瓦橋益津以建州及見淤口關上置寨故舊史實錄皆闕不書遂不見其取得時日今信安軍是也五月乙巳朔取瀛州復中國故地故不書契丹甲戌至自雄州六月癸未立皇后符氏符氏無國爵不曰立

符氏爲皇后嫌同於不正也蓋其位先定而後娶故書曰立皇后符氏文理宜然無褒貶也封子宗訓爲梁王、宗誼燕國公。戊子、占城使蒲訶散來。己丑、范質王溥參知樞密院事、魏仁浦同中書門下平章事。癸巳、皇帝崩于滋德殿。年三十九

恭皇帝、世宗第四子宗訓也。世宗即位、大臣請封皇子爲王、世宗謙抑久之。及北取三關、遇疾還京師、始封宗訓梁王、時年七歲。

顯德六年六月癸巳、世宗崩。甲午、皇帝即位于柩前。癸卯、范質爲大行皇帝山陵使、翰林學士竇儼爲禮儀使、兵部尚書張昭爲鹵簿使、御史中丞邊歸讜爲儀仗使、

• 劉校謂，燕國公宗讓與恭帝同封，『誼』當作『讓』。
• 汲古本作『年二十九』，誤。

彭本曹作晉

討賊上貴池本無於字

宣徽南院使判開封府事昝居潤爲橋道頓遞使。秋七月丁未，戶部尚書李濤爲山陵副使，度支郎中盧億爲判官。八月庚寅，封弟熙讓爲曹王，熙謹紀王，熙誨蘄王。壬寅，高麗遣使者來。九月丙寅，左驍衛大將軍戴交使于高麗。冬十一月壬寅，葬睿武孝文皇帝于慶陵。在鄭州管城縣。高麗遣使者來。

七年春，正月甲辰，遜于位。

宋興，五代之亡所書不同，隨事爲文爾。梁亡見唐之速，漢亡見周之遲也。唐欺天下以討賊，周欺天下以立贇。故書梁亡見唐之立速，則知其志不在於討賊也；漢亡見周之立遲，則知立贇者僞也。唐亡無辭，莊宗之弒，唐已亡矣，而明宗又稱唐；愍帝之奔，唐又亡矣，而廢帝又稱唐。其亡也不可以屢書，故不書也。晉亡曰契丹

乾隆四年校刊

• 彭本『曹』作『晉』。
• 『討賊』上，貴池本無『於』字。

滅晉明言以深戒周曰遜于位遜順也能順乎天命也

嗚呼、五代本紀備矣。備謂喪亂之事無所不有君臣之際、可勝道哉。梁之友珪反、唐戕克寧而殺存乂、從璨、則父子骨肉之恩幾何其不絕矣。太妃薨而輟朝、立劉氏、馮氏爲皇后、則夫婦之倫幾何其不乖而不至於禽獸矣。寒食野祭而焚紙錢、居喪改元而用樂、殺馬延及任圜、則禮樂刑政幾何其不壞矣。至於賽雷山、傳箭而撲馬、則中國幾何其不夷狄矣。可爲亂世也歟。而世宗區區五六年間、取秦隴、平淮右、復三關、威武之聲震懾夷夏、而方內延儒學文章之士、考制度、修通禮、定正樂、議刑統、其制作

•「倫」，百衲本、貴本、彭本均作「義」。

之法皆可施於後世其爲人明達英果議論偉然即位之明年廢天下佛寺三千三百三十六是時中國乏錢乃詔悉毁天下銅佛像以鑄錢嘗曰吾聞佛說以身世爲妄而以利人爲急使其眞身尚在苟利於世猶欲割截況此銅像豈有所惜哉由是羣臣皆不敢言嘗夜讀書見唐元稹均田圖慨然歎曰此致治之本也王者之政自此始乃詔頒其圖法使吏民先習知之期以一歲大均天下之田其規爲志意豈小哉其伐南唐問宰相李穀以計策後克淮南出穀疏使學士陶穀爲贊而盛以錦囊嘗置之坐側其英武之材可謂雄傑及其虛心

聽納，用人不疑，豈非所謂賢主哉。其北取三關，兵不血刃，而史家猶譏其輕社稷之重，而僥倖一勝於倉卒，殊不知其料彊弱，較彼我，而乘述律之殆，得不可失之機，此非明於決勝者孰能至哉，誠非史氏之所及也。

五代史卷十二

五代史卷十二考證

周世宗紀冬十月甲辰殺左羽林大將軍孟漢瓊○監本脱瓊字今增正

三年壬寅南征辛亥侍衛親軍都指揮使李重進及唐人戰于正陽敗之○臣文清按朱子綱目書周主自將伐唐大敗唐兵斬其將劉彦貞又載世宗親征淮南命李重進先赴正陽唐兵救之重進退保正陽世宗亟遣重進引兵趣淮上彦貞至重進度淮逆戰大敗彦貞斬之是敗唐人于淮上非正陽也且此與南唐世家俱未言有斬將事與綱目異未知孰是

丁亥頒均田圖○臣宗萬按紀頒均田圖示重民事也但周廣順三年正月罷戶部營田務顯德六年二月又減行苗使所奏羨田三萬八千頃此二事爲朱子綱目所寻而本紀獨不載故以類從而綴于此

五代史卷十二考證

五代史卷十三

宋　歐　陽　修　撰

嗚呼梁之惡極矣自其起盜賊至於亡唐其遺毒流于天下天下豪傑四面並起孰不欲戡刃於其胷然卒不能少挫其鋒以得志梁之無敵於天下可謂虎狼之彊矣及其敗也困於一二女子之娛至於洞胷流腸刲若羊豕禍生父子之間乃知女色之能敗人矣自古女禍大者亡天下其次亡家其次亡身身苟免矣猶及其子孫雖遲速不同未有無禍者也然原其本末始不起於忽微易坤之初六曰履霜堅氷至家人之初九曰閑有

● 汲古閣本同，百衲本、貴池本均無『其』字。

● 『困於』，當從百衲本、貴池本作『因於』。

家悔亡其言至矣可不戒哉梁之家事詩所謂不可道者也至於唐晉以後親疏適庶亂矣作家人傳

梁家人傳第一

梁太祖母曰文惠皇后王氏單州單父人也其生三子長曰廣王全昱次曰朗王存其次太祖后少寡攜其三子傭食蕭縣人劉崇家太祖壯而無賴縣中皆厭苦之崇患太祖慵惰不作業數加笞責獨崇母憐之時時自爲櫛沐戒家人曰朱三非常人也宜善遇之黄巢起太祖與存俱亡爲盜從巢攻廣州存戰死居數歲太祖背巢降唐反以破巢遂鎮宣武乃遣人以車馬之蕭縣迎

汲本有『也』字，百衲本、貴池本無。

汲本有此字，百衲本無，從宋本。

后於崇家。使者至門，后惶恐走避，謂劉氏曰：朱三落魄無行，作賊死矣，何以至此邪？使者具道太祖所以然，后乃驚喜泣下，與崇母俱載以歸，封晉國太夫人。太祖置酒，太夫人前舉觴爲壽，歡甚，太祖啓曰：朱五經平生讀書，不登一第，有子爲節度使，無忝於先人矣。后惻然良久曰：汝能至此，可謂英特，然行義未必如先人也。太祖莫知其故。后曰：朱二與汝俱從黃巢，獨死蠻嶺，其孤皆在午溝，汝今富貴，獨不念之乎？太祖泣涕謝罪，乃悉召存諸子以歸。太祖剛暴多殺戮，后每誡之，多賴以全活。大順二年秋，后疾，卜者曰：宜還故鄉，乃歸，卒於午溝。太

•『無忝於先人矣』，『矣』字，百衲本、貴池本作『也』字。

祖卽位、立四廟、追尊皇考爲文穆皇帝、后曰文惠皇后。太祖元貞皇后張氏、單州碭山縣渠亭里富家子也。太祖少以婦聘之、生末帝。太祖貴、封魏國夫人。后賢明精悍、動有禮法、雖太祖剛暴、亦嘗畏之。太祖每以外事訪之、后言多中。太祖時時暴怒殺戮、后嘗救護、人賴以獲全。太祖嘗出兵、行至中途、后意以爲不然、馳一介召之、如期而至。郴王友裕攻徐州、破朱瑾於石佛山、瑾走、友裕不追。太祖大怒、奪其兵、友裕惶恐、與數騎亡山中、久之自匿於廣王。后陰使人敎友裕脫身自歸、友裕晨馳入見太祖、拜伏庭中、泣涕請死。太祖怒甚、使左右捽出、將斬之、后聞之、不及履、走庭中、持友裕泣曰、汝束身歸罪、豈不欲明非反乎、太祖意解、乃免。太祖已破朱瑾、納其妻以歸、后迎太祖於封丘、太祖告之、后遽見瑾妻、瑾妻再拜、后亦拜、悽然泣下曰、兗鄆與司空同姓之國、昆仲之間、以小故興干戈、而使吾姒至此、若不幸汴州失守、妾亦如此矣。言已又泣、太祖爲之感動、乃送瑾妻爲尼、后常給其衣食。司空、太祖時檢校官也。天福元年、后以疾卒。太祖即位、追冊爲賢妃。初葬開封縣潤色鄉、末帝立、追謚曰元貞皇太后、祔于宣陵。后已死、太祖始爲荒淫、卒以及禍云。

乾隆四年校刊　五代史卷十三　三　梁家人傳

各本同
貴池本無下一瑾妻、亦無后亦拜三字、
貴汲局彭諸本均作天福、天福晉年號必誤當從百衲本作天祐
王鳴盛亦言當作天祐

● 貴池本無下一「瑾妻」，亦無「后亦拜」三字。各本同。
● 貴、汲、局、彭諸本均作「天福」，「天福」晉年號，必誤。當從百衲本作「天祐」，王鳴盛亦言當作「天祐」。
● 淫。

昭儀陳氏、宋州人也少以色進。太祖已貴、嬪妾數百、而昭儀專寵。太祖嘗疾、昭儀與尼數十人晝夜爲佛法、未嘗少懈、太祖以爲愛已、尤寵之。開平三年度爲尼、居宋州佛寺。

昭容李氏、亦以色進、尤謹愿、未嘗去左右。太祖病晝寢、方寐、忽棟折、獨李氏侍側、遽牽太祖衣、太祖驚走、棟折寢上、太祖德之、拜昭容、皆不知其所終。

末帝德妃張氏、其父歸霸事太祖爲梁功臣。帝爲王時、以婦聘之。帝卽位、將冊妃爲后、妃請待帝郊天而帝卒不得郊。貞明五年、妃病甚、帝遽冊爲德妃、其夕薨、年二

汲古閣本無五字

百衲本貴池本無忽字

• 百衲本、貴池本無『忽』字。
• 汲古閣本無『五』字。

十四。

次妃郭氏，父歸厚，事梁爲登州刺史。妃少以色進，梁亡，莊宗入宮，梁故妃妾皆號泣迎拜，賀王友雍妃石氏有色，莊宗召之，石氏慢罵，莊宗殺之。次以召妃，妃懼而聽命，已而度爲尼，賜名誓正，居于洛陽。初，莊宗之入汴也，末帝登建國樓，謂控鶴指揮使皇甫麟曰：「晉吾世讎也，不可俟彼刀鋸，卿可盡我命，無使我落讎人之手。」麟與帝相持慟哭，是夕進刃於帝，麟亦自剄。莊宗入汴，命河南張全義葬其尸，藏其首於太社。晉天福三年，詔太社先藏罪人首級許親屬收葬，乃出末帝首，遣右衞將軍

乾隆四年校刊　　梁家人傳

• 百衲本、貴池本作「吾晉」，不采。
• 劉校，據薛史、通鑑、五代會要當作「貞明元年」。
• 百衲本、貴池本，「莊宗」上有「唐」字。汲本無「唐」字。
• 「入宮」，百衲本、貴池本作「入汴」。
• 錢竹汀謂，當作「晉正」。不知何據。
• 劉校，據薛史本紀、通鑑均係天福「二」年，此作「三」，誤。

卷十一案語，殿本、薛史考證謂，『妃』上當有『德』字，劉校。

薛史簡略

五代史卷十三 傳 四

安崇阮與妃同葬之、妃卒洛陽。
太祖二兄曰全昱、曰存。八子、長曰友裕、次曰友珪、友璋、友貞、友雍、友徽、友孜、其一養子曰友文。開平元年五月乙酉、封友文爲博王、友珪郢王、友璋福王、友貞均王、友雍賀王、友徽建王、友裕前卽位卒、追封郴王、而康王友孜末帝卽位封。友璋初爲壽州團練使、押左右番殿直、監豐德庫、友珪時爲鄆州留後、末帝時爲忠武軍節度使、徙鎮武寧、及友雍、友徽皆不知其所終。
廣王全昱、太祖卽位封。太祖與仲兄存俱亡爲盜、全昱獨與其母猶寄食劉崇家、太祖已貴、乃與其母俱歸宣

嶺南時名清海軍無東西道
百衲本作山南西道貴本作嶺南汲古閣本同
你
爾貴池本作你
百衲本無諸王諸字
滅下貴池本有他字
百衲本同汲本無
常百衲本貴池本均作當不采

武領嶺南西道節度使以太師致仕太祖將受禪有司備禮前殿全昱視之顧太祖曰朱三爾作得否太祖燕居宮中與諸王飲博全昱酒酣取骰子擊盆而迸之呼太祖曰朱三爾碭山一百姓遭逢天子用汝爲四鎮節度使於汝何負而滅唐家三百年社稷吾將見汝赤其族矣安用博爲太祖不悅罷會全昱亦不樂在京師常居碭山故里三子皆封王友諒衡王友能惠王友誨邵王乾化元年升宋州爲宣武軍以友諒爲節度使友諒進瑞麥一莖三穗太祖怒曰今年宋州大水何用此爲乃罷友諒居京師太祖臥病全昱來視疾與太祖相持

• 嶺南時名清海軍，無東西道。百衲本作『山南西道』。貴本作『嶺南』，汲古閣本同。
• 『爾』，貴池本作『你』。
• 百衲本無『諸王』『諸』字。
• 『滅』下貴池本有『他』字，百衲本同，汲本無。
• 『常』，百衲本、貴池本均作『當』，不采。

慟哭太祖爲釋友諒使與東歸貞明二年全昱以疾薨
徙衡王友諒嗣封廣王友能爲宋滑二州留後陳州刺
史所至爲不法姦人多依倚之而陳俗好淫祠左道其
學佛者自立一法號曰上乘晝伏夜聚男女雜亂妖人
母乙董乙聚衆稱天子建置官屬友能初縱之乙等攻
劫州縣末帝發兵擊滅之自康王友孜謀反伏誅末帝
始疎斥宗室宗室皆反仄貞明四年友能以陳州兵反
犯京師至陳留兵敗還走陳州後數月降末帝赦之降
爲房陵侯友誨爲陝州節度使欲以州兵爲亂末帝召
還京師與友諒友能皆被幽囚梁亡莊宗入汴皆見殺

• 百衲本、貴池本作『晝夜伏聚』，不采。
• 乙卒，本紀在六年七月，此誤。
• 貴池本無『謀』字，百衲本有。

朗王存初與太祖俱從黃巢攻廣州，存戰死。存子友寧、友倫。

友寧字安仁，幼聰敏，喜愠不形於色，太祖以爲軍校，善用弓劒，遷衙内制勝都指揮使、襲州刺史。太祖圍鳳翔，遣友寧東備宣武。王師範襲梁，圍齊州，友寧引兵擊之，奪馬千匹，斬首數千級。太祖奉昭宗還京師，拜友寧建武軍節度使，賜號迎鑾毅勇功臣。太祖復遣攻師範，圍博昌，屠之，清河爲之不流。戰于石樓，兵敗，友寧墜馬見殺。

友倫幼亦明敏，通論語、小學，曉音律。存已死，太祖以友倫爲元從馬軍指揮使，表右威武將軍。燕人攻魏，内黃，友倫以前鋒夜渡河，奪馬千匹。李罕之以潞州

• 汲古本不提行。
• 『墜』，貴池本作『墮』，百衲本同，汲古本作『墜』。

降梁晉人攻潞友倫以兵入潞州取罕之以歸累遷檢
校司空領藤州刺史太祖圍鳳翔晉人襲梁友倫以兵
三萬至礬山晉人乃却友倫西會太祖於鳳翔昭宗還
長安拜友倫寧遠軍節度使太祖東歸留友倫宿衞伺
察昭宗所爲友倫擊鞠墜馬死太祖大怒以兵七萬至
河中昭宗涕泣不知所爲將奔太原不果宰相崔胤遣
人止太祖太祖以爲友倫胤等殺之奏請誅胤等昭宗
未從乃遣友諒至京師以兵圍開化坊殺胤及京兆尹
鄭元規皇城使王建勲飛龍使陳班閤門使王建襲客
省使王建乂前左僕射張濬太祖即位已封宗室中書

貴池本無「梁」字，百衲本有。

貴池本無梁字 百衲本有

汲本不提行

上議故皇兄存皇姪建武軍節度使友寧寧遠軍節度
使友倫皆當封於是追封存朗王友寧安王友倫密王
郴王友裕字端夫幼善騎射從太祖征伐能以寬厚得
士卒心太祖與晉圍黃鄴於西華鄴卒荷稍登城罵敵
晉王使胡騎連射不能中太祖顧友裕一發中之軍中
皆大讙呼晉王喜遺友裕良弓百矢太祖鎮宣武以爲
衙內都指揮使景福元年太祖攻鄆友裕以先鋒次斗
門鄆兵夜擊之友裕敗走太祖從後來不知友裕之敗
也前軍遇敵多死太祖至村落間始與友裕相得是時
朱宣在濮州太祖乃遣友裕先以二百騎前太祖後至

汲本不提行。

與友裕相失。太祖卒與敵遇，敗而走，敵兵追之甚急，前至大溝，幾不免，賴溝中有積薪焉，乃得過。梁將李璠等死者十餘人。冬，友裕取濮州，遂圍時溥於徐州，朱瑾以兵二萬救溥，友裕敗瑾于石佛山，瑾走，都虞候朱友恭譖之太祖，以爲瑾可追而友裕不追，太祖大怒，奪其兵，屬龐師古，以友裕屬吏。使者誤致書於友裕，友裕惶恐不知所爲，賴張皇后教之得免，權知許州。許州近蔡，苦於大寇，居民殘破，友裕招撫流散，增戶三萬餘。遷諸軍都指揮使，與平兗、鄆，還領許州。崔洪奔淮南，友裕引兵定蔡州，市不易肆。太祖兼鎮護國軍，以友裕爲留後，遷

費貴池本作
實百衲本同
汲本作費

忠武軍節度使太祖攻鳳翔未下去攻邠州友裕破靈
臺良原下龍州楊崇本以邠州降後崇本復叛太祖遣
友裕攻之屯于永壽友裕以疾卒
博王友文字德明本姓康名勤幼美風姿好學善談論
頗能爲詩太祖養以爲子太祖領四鎮以友文爲度支
鹽鐵制置使太祖用兵四方友文征賦聚斂以供軍費
太祖卽位以故所領宣武宣義天平護國四鎮征賦置
建昌宫總之以友文爲使封博王太祖幸西都友文留
守東京庶人友珪者太祖初鎮宣武略地宋亳間與逆
旅婦人野合而生也長而辯黠多智博王友文多材藝

「費」，貴池本作「實」，百衲本同，汲本作「費」。

太祖愛之而年又長。太祖卽位，嫡嗣未立，心嘗屬友文。太祖自張皇后崩，無繼室，諸子在鎭，皆邀其婦入侍。友文妻王氏有色，尤寵之。太祖病久，王氏與友珪妻張氏嘗專房侍疾。太祖病少間，謂王氏曰：吾知終不起，汝之東都，召友文來，吾與之決。蓋心欲以後事屬之。乃謂敬翔曰：友珪可與一郡，趣使之任。乃以友珪爲萊州刺史。太祖素剛暴，既病而喜怒難測，是時左降者必有後命。友珪大懼。其妻張氏曰：官家以傳國寶與王氏，使如東都召友文，君今受禍矣。夫婦相對而泣。左右勸友珪曰：事急計生，何不早自爲圖。友珪乃易服微行，入左龍虎

●『屬』上，貴池本有『獨』字，百衲本同。
●貴池本無『房』字。
●『官家』，百衲本作『大家』。
●貴池本『服』上有『衣』字，百衲本同。

軍，見統軍韓勍計事。勍夜以牙兵五百隨友珪雜控鶴衞士而入，夜三鼓，斬關入萬春門，至寢中，侍疾者皆走。太祖惶駭起呼曰：「我疑此賊久矣，恨不早殺之，逆賊忍殺父乎！」友珪親吏馮廷諤以劍犯太祖，太祖旋柱而走，劍擊柱者三，太祖憊仆于牀，廷諤以劍中之，洞其腹，腸胃皆流。友珪以裀褥裹之，瘞之寢中，祕喪四日，乃出府庫大賚羣臣及諸軍，遣受旨丁昭浦矯詔馳至東都，殺友文。又下詔曰：「朕艱難創業，踰三十年，託于人上，忽焉六載，中外協力，期于小康。豈意友文陰畜異圖，將行大逆。昨二日夜，甲士突入大內，賴郢王友珪忠孝，領兵剿

● 『廷諤』，貴池本一作『延諤』，一作『廷諤』。
● 此與汲古閣本同，貴池本無『瘞之』二字，百衲本同。

戮、保全朕躬、然而疾恙震驚、彌所危殆。友珪克平兇逆、厥功靡倫、宜委權主軍國。然後發喪。乾化二年六月、既望、友珪於柩前即皇帝位、拜韓勍忠武軍節度使、以末帝爲汴州留後、河中朱友謙爲中書令。友謙不受命、而懷州龍驤軍三千劫其將劉重霸據懷州、自言討賊。三年正月、友珪祀天於洛陽南郊、改元曰鳳歷。太祖外孫袁象先與駙馬都尉趙巖等謀與末帝討賊。二月、象先以禁兵入宮、友珪與妻張氏趨北垣樓下、將踰城以走、不果、使馮廷諤進刃其妻、及已、廷諤亦自殺。末帝即位、復友文官爵、廢友珪爲庶人。

康王友孜、目重瞳子、嘗竊自負以爲當爲天子。貞明元年、末帝德妃薨、將葬、友孜使刺客夜入寢中。末帝方寐、夢人害己、旣寤、聞榻上寶劒鎗然有聲、躍起抽劒曰、將有變邪、乃索寢中、得刺客、手殺之、遂誅友孜。明日謂趙巖張漢傑曰、幾與卿輩不相見。由此遂疎弱宗室、而信任趙張、以至於敗云。

嗚呼、春秋之法、是非與奪之際難矣哉。或問梁太祖以臣弑君、友珪以子弑父、一也、與弑卽位踰年改元、春秋之法、皆以君書、而友珪不得列于本紀、何也。且父子之惡均、而奪其子、是與其父也、豈春秋之旨哉。應之曰、

百衲本自云字作亡　貴池本作云

百衲本「云」字作「亡」，貴池本作「云」。

梁事著矣、其父之惡不待與奪其子而後彰、然末帝之志不可以不伸也。春秋之法、君弒而賊不討者、國之臣子任其責、予於友珪之事、所以伸討賊者之志也。

五代史卷十三

●汲古閣本作『唐太祖家人傳』。
●『還軍』，百衲本無『軍』字，貴有。

五代史卷十四

宋　歐　陽　修　撰

唐家人傳第二

太祖正室劉氏，代北人也。其次妃曹氏，太原人也。太祖封晉王，劉氏封秦國夫人。自太祖起兵代北，劉氏常從征伐，為人明敏多智略，頗習兵機，常教其侍妾騎射，以佐太祖。太祖東追黃巢，還軍過梁，館于封禪寺，梁王邀太祖入城，置酒上源驛，夜半以兵攻之。太祖左右有先脫歸者，以難告夫人，夫人神色不動，立斬告者，陰召大將謀保軍以還。遲明，太祖還軍，與夫人相嚮慟哭，因欲舉兵擊梁夫人曰公本爲國討賊今梁事未暴而遽反兵相攻天下聞之莫分曲直不若斂軍還鎭自訴于朝太祖從之其後太祖擊劉仁恭敗歸梁遣氏叔琮康懷英等連歲攻晉圍太原晉兵屢敗太祖憂窘不知所爲大將軍李存信等勸太祖亡入北邊收兵以圖再舉太祖然之入以語夫人夫人問誰爲此謀者曰存信也夫人罵曰存信代北牧羊兒耳安足與計成敗邪且公嘗笑王行瑜棄邠州走卒爲人擒今乃自爲此乎昔公亡奔達靼幾不能自脫賴天下多故乃得南歸今屢敗之兵散亡無幾一失其守誰能從公北邊其可至乎太祖

● 百衲本、貴池本『將軍』上無『大』字。
● 『奔』，百衲本、貴池本作『在』。
● 『能』，百衲本、貴池本作『肯』。

乃止百衲本作而止

百衲本貴池本無歸字

百衲本無皇太妃三字貴池本無太妃二字

入洛百衲本貴

大悟乃止已而亡兵稍稍復集夫人無子性賢不妬忌常爲太祖言曹氏相當生貴子宜善待之而曹氏亦自謙退因相得甚歡曹氏封晉國夫人後生子是謂莊宗太祖奇之曹氏由是專寵太祖性暴怒多殺人左右無敢言者惟曹氏從容諫譬往往見聽及莊宗立事曹氏尤謹其救趙破燕取魏慱與梁戰河上十餘歲歲嘗馳歸省其母至三四人皆稱其孝莊宗即位冊尊曹氏爲皇太后而以嫡母劉氏爲皇太妃太妃往謝太后太后有慙色太妃曰願吾兒享國無窮使吾獲沒于地以從先君幸矣復何言哉莊宗滅梁入洛使人迎太后歸洛

乾隆四年校刊　

・『乃止』，百衲本作『而止』。
・百衲本、貴池本無『歸』字。
・百衲本無『皇太妃』三字，貴池本無『太妃』二字。
・『入洛』，百衲本、貴池本均作『入汴』。

居長壽宮，而太妃獨留晉陽。同光三年五月，太妃薨。七月，太后崩，謚曰貞簡，葬于坤陵，而太妃無謚，葬魏縣。太妃與太后甚相愛，其送太后于洛也，涕泣而別，歸而相思慕，遂至不起。太后聞之，欲馳至晉陽視疾，及其卒也，又欲自往葬之，莊宗泣諫，羣臣交章請留，乃止。而太后自太妃卒，悲哀不飲食，逾月亦崩。

莊宗神閔敬皇后劉氏，魏州成安人也。莊宗正室曰衛國夫人韓氏，其次燕國夫人伊氏，其次后也。初封魏國夫人。后父劉叟，黃鬚，善醫卜，自號劉山人。后生五六歲，晉王攻魏，掠成安，裨將袁建豐得后，納之晉宮，貞簡太

『崩』，貴池本、百衲本作『薨』。

柴德賡點校

后教以吹笙歌舞、既笄、甚有色、莊宗見而悅之。莊宗已爲晉王、太后幸其宮、置酒爲壽、自起歌舞。太后歡甚、命劉氏吹笙佐酒、酒罷去、留劉氏以賜莊宗。先時莊宗攻梁軍於夾城、得符道昭妻侯氏、寵專諸宮、宮中謂之夾寨夫人。莊宗出兵四方、常以侯氏從軍。其後劉氏生子繼岌、莊宗以爲類已、愛之、由是劉氏寵益專。自下魏博、戰河上十餘年、獨以劉氏從。劉氏多智、善迎意承旨、其佗嬪御莫得進見。其父聞劉氏已貴、詣魏宮上謁、莊宗召袁建豐問之、建豐曰、臣始得劉氏於成安北塢時、有黃鬚丈人護之。乃出劉叟示建豐、建豐曰、是也。然劉氏

乾隆四年校刊

方與諸夫人爭寵，以門望相高，因大怒曰：妾去鄉時畧
可記憶，妾父不幸，死於亂兵，妾時環尸慟哭而去，此田
舍翁安得至此！因命笞劉叟于宮門。莊宗已卽皇帝位，
欲立劉氏爲皇后，而韓夫人正室也，伊夫人位次在劉
氏上，以故難其事而未發。宰相豆盧革、樞密使郭崇韜
希旨上章，言劉氏當立，莊宗大悅。同光二年四月己卯，
皇帝御文明殿，遣使冊劉氏爲皇后。皇后受冊，乘重翟
車，鹵簿鼓吹，見於太廟。韓夫人等皆不平之，乃封韓氏
爲淑妃，伊氏爲德妃。莊宗自滅梁，志意驕怠，宦官伶人
亂政，后特用事於中。自以出於賤微，踰次得立，以爲佛

● 劉校謂，四月己卯乃冊封之日，薛史本紀載之。二年四月己卯，百衲本作二年癸未，缺月數。貴池本作四年己卯，並誤，當從本紀作『二年二月癸未』，本紀固如此也。

● 此條不改，作校記。

● 百衲本無『重』字。

九又好聚斂分遣人爲商賈至於市肆之間薪芻果茹皆稱中宮所賣四方貢獻必分爲二一以上天子一以入中宮宮中貨賄山積惟寫佛書饋賂僧尼而莊宗由此亦佞佛有胡僧自于闐來莊宗率皇后及諸子迎拜之僧遊五臺山遣中使供頓所至傾動城邑又有僧誠惠自言能降龍嘗過鎭州王鎔不爲之禮誠惠怒曰吾有毒龍五百當遣一龍揭片石常山之人皆魚鱉也會明年滹沱大水壞鎭州關城人皆以爲神莊宗及后率諸子諸妃拜之誠惠安坐不起由是士無貴賤皆拜之獨郭崇韜不拜也是時皇太后及皇后交通藩鎭太后

- 貴池本脫一『傾』字。
- 百衲本、貴池本『滹沱』下有『河』字，當補。
- 百衲本無『諸子』二字。
- 百衲本、貴池本作『端坐』。

稱誥令、皇后稱教命，兩宮使者旁午於道。許州節度使温韜以后佞佛，因請以私第爲佛寺，爲后薦福。莊宗數幸郭崇韜、元行欽等私第，常與后俱。其後幸張全義第，酒酣，命后拜全義爲養父。全義日遣姬妾出入宮中，問遺不絕。莊宗有愛姬甚有色，而生子，后心患之。莊宗燕居宮中，元行欽侍側，莊宗問曰：「爾新喪婦，其復娶乎？吾助爾聘。」后指愛姬請曰：「帝憐行欽，何不賜之？」莊宗不得已，佯諾之。后趣行欽拜謝，行欽再拜起，顧愛姬肩輿已出宮矣。莊宗不樂，稱疾不食者累日。同光三年秋，大水，兩河之民流徙道路，京師賦調不充，六軍之士往往殍

• 太后『誥令』，汲古閣本作『詔令』，不采。
• 汲古本作『愛妾』，不采。
• 『佯』，百衲本作『陽』，不改。

跲。乃預借明年夏秋租稅，百姓愁苦，號泣于路。莊宗方與后荒于畋遊。十二月己卯，獵畋于白沙，后率皇子後宮畢從，歷伊闕，宿龕澗，癸未乃還。是時大雪，軍士寒凍，金槍衞兵萬騎，所至責民供給，壞什器，徹廬舍而焚之，縣吏畏恐亡竄山谷。明年三月，客星犯天庫，有星流于天棓，占星者言御前當有急兵，宜散積聚以禳之。宰相請出庫物以給軍，莊宗許之。后不肯，曰：吾夫婦得天下，雖因武功，蓋亦有天命，命既在天，人如我何？宰相論于延英，后於屏間耳屬之，因取粧奩及皇幼子滿喜置帝前曰：諸侯所貢，給賜已盡，宮中所有惟此耳，請鬻以給

● 彭本作『臘』，王鳴盛謂，『獵』當作『臘』，百衲本正作『臘』，貴池本同。
● 『畏恐』，百衲本作『畏懼』，不改。
● 歐公有『雖曰天命，豈非人事』之論，以此。

軍宰相惶恐而退。及趙在禮作亂，出兵討魏，始出物以
賚軍，軍士負而詬曰：「吾妻子已餓死，得此何爲！」莊宗東
幸汴州，從駕兵二萬五千，及至萬勝，不得進而還，軍士
離散，所失大半。至罌子谷，道路隘狹，莊宗見從官執兵
仗者，皆以好言勞之曰：「適報魏王平蜀，得蜀金銀五十
萬，當悉給爾等。」對曰：「陛下與之太晚，得者亦不感恩。」莊
宗泣下，因顧內庫使張容哥索袍帶以賜之。容哥對曰：
「盡矣。」軍士叱容哥曰：「致吾君至此，皆由爾輩。」因抽刀逐
之，左右救之而免。容哥曰：「皇后惜物，不以給軍，而歸罪
於我；事若不測，吾身萬段矣！」乃投水而死。郭從謙反，莊

「軍士」，彭本作「軍中」，不采。
「失」，百衲本作「亡」，不改。
「謙」，百衲本訛作「謙」。

宗中流矢傷甚臥絳霄殿廊下渴欲得飲后令宦者進飧酪不自省視莊宗崩后與李存渥等焚嘉慶殿擁百騎出師子門后於馬上以囊盛金器寶帶欲於太原造寺爲尼在道與存渥姦及至太原乃削髮爲尼明宗入立遣人賜后死晉天福五年追謚曰神閔敬皇后自唐末喪亂后妃之制不備至莊宗時後宮之數尤多有昭儀昭容昭媛出使御正侍眞懿才咸一瑶芳懿德宣一等其餘名號不可勝記莊宗遇弑後宮皆散走朱守殷入宮選得三十餘人號國夫人夏氏以嘗幸於莊宗守殷不敢留明宗立悉放莊宗時宮人還其家獨夏氏

• 百衲本、貴池本無『因』字。
• 百衲本、貴池本『昭容』在『昭儀』前。
• 『記』，貴、彭、百衲本均作『紀』。
• 百衲本、貴池本無『皆』字。

無所歸，乃以河陽節度使夏魯奇同姓也，因以歸之。後嫁契丹突厥李贊華。贊華性酷毒，喜殺人，婢妾微過常加刲灼，夏氏懼，求離婚，乃削髮爲尼以卒。而韓淑妃、伊德妃皆居于太原。晉高祖反時，爲契丹所虜。

唐自朱邪得姓而爲李氏，得國而爲晉，得天下而爲唐，其始出於夷狄，而終以亂亡，故其世次不可詳見。其可見者曰太祖四弟、八子、五孫，三世而絕。太祖四弟曰克讓、克脩、克恭、克寧，皆不知其父母名號。

克讓少善騎射，爲振武軍校，從討王仙芝，以功拜金吾衛將軍，留京師。李氏自憲宗時，以部族歸唐，唐處之河

厥　百衲本、貴池本作突欲、是也。

•『厥』，百衲本、貴池本作突『欲』，是也。

西、嘗遣一子宿衞京師，賜第於親仁坊。其後太祖起兵雲中，殺唐守將段文楚，唐發兵討太祖，遣王處存以兵圍親仁坊，捕宿衞子克讓。克讓與其僕何相温、石的歷等十餘騎彎弧躍馬，突圍而出。處存以千餘人追至渭橋，克讓等射殺百餘人，追兵乃止。克讓奔于鴈門。明年太祖復歸唐，克讓還宿衞京師。黄巢犯長安，克讓守潼關，爲賊所敗，奔于南山，匿佛寺，爲寺僧所殺。

克脩字崇遠，從討龐勛，以功拜朔州刺史。太祖鎮鴈門，以爲奉誠軍使，從入關討黄巢，爲先鋒，遷左營軍使。潞州孟方立遷于邢州，晉取潞州，表克脩昭義軍節度使，

• 汲古閣本『嘗』誤作『害』，鄂本不誤。
• 『渭橋』，汲古本、鄂本並誤作『滑橋』。王鳴盛見汲本，考知其誤，何以不對核殿本邪？

數出山東擊方立又與李罕之攻冦懷孟之間其後太祖自將擊方立還軍過潞克脩性儉嗇供饋甚薄太祖大怒詬而笞之克脩慙憤發疾卒二子嗣弼嗣肱嗣弼爲涿州刺史天祐十九年契丹攻破涿州嗣弼歿于虜嗣肱少有膽畧從周德威數立戰功爲馬步軍都虞候李存審敗梁軍于胡壁嗣肱獲梁將一人梁太祖圍蓨縣嗣肱從存審救蓨梁軍解去嗣肱功爲多超拜蔚州刺史鴈門以北都知兵馬使累遷澤代二州刺史新州王郁叛晉亡入契丹山後諸州皆叛嗣肱取嬀儒武三州拜新州刺史山北都團練使同光元年春卒于官

● 百衲本『笞』上有『擊』字，貴池本同。

● 『十一年』，百衲本作『十九年』，貴池本同。通鑑列其事於天祐十八年，即梁末帝龍德元年，薛史五十作『十九年』，據改。汲古本亦誤作『十一年』，彭、局同。

● 百衲本、貴池本無「多」字。

● 「沁」，百衲本作「泌」，貴池本作「沁」。潞州出發至於銅鞮，作戰當在沁水，「泌」字誤。

克恭初爲決勝軍使克脩卒以克恭代爲昭義軍節度使克脩爲人簡儉潞人素安其政且哀其見笞以死而克恭橫暴多不法又不習軍事由是潞人皆怨克恭選後院勁兵五百人獻于太祖行至銅鞮其將馮霸以其徒叛太祖遣李元審討之戰于沁水元審大敗被傷奔入潞州牙將安居受亦叛殺克恭及元審使人召霸霸不受命居受懼而出奔行至長子爲野人所殺傳首于霸霸乃入潞州自稱留後以附于梁

克寧爲人仁孝居諸兄弟中最賢事太祖小心不懈太祖與赫連鐸李可舉戰雲蔚間後奔達靼入破黃巢克

寧未嘗不從行太祖鎮太原以爲內外都制置蕃漢都
知兵馬使檢校太保振武軍節度使軍中之事無大小
皆決克寧太祖病召莊宗侍側屬張承業與克寧曰以
亞子累公等太祖崩莊宗告於克寧曰兒年孤稚未通
庶政雖有先王之命恐不足以當大事叔父勳德俱高
先王嘗任以政矣敢以軍府煩季父以待兒之有立克
寧曰吾兄之命以兒屬我誰敢易之因下而北面再拜
稱賀莊宗乃卽晉王位初太祖起於雲朔之間所得驍
勇之士多養以爲子而與英豪戰爭卒就霸業諸養子
之功爲多故尤寵愛之衣服禮秩如嫡諸養子麾下皆

● 百衲本、貴池本無『都』字。
● 『累』，百衲本、貴池本均作『屬』。

告字百衲本作于、貴池本作干、不改。
當自百衲本、貴池本均作自當、不改。
百衲本重一孟氏、貴彭汲局諸本不重。

有精兵、恃功自恣、自先王時常見優假、及新王立、年少、或託疾不朝、或見而不拜。養子存顥存實告克寧曰：兄亡弟及、古之道也。以叔拜姪、理豈安乎。人生富貴當自取之。克寧曰：吾家三世父慈子孝、先王土宇苟有所歸、吾復何求也。克寧妻孟氏素剛悍、存顥等各遣其妻入說孟氏、數以迫克寧。克寧仁而無斷、惑於羣言、遂至於禍。都虞候李存質得罪於克寧、克寧殺之、而與張承業李存璋有隙、又求兼領大同軍節度使、於是幸臣史敬鎔見太后、告克寧與存顥謀執王及太后以降梁、莊宗召承業存璋告之曰：季父所爲如此、奈何。然骨肉不可

• 「告」字百衲本作「于」，貴池本作「干」，不改。
• 「道」，貴池本誤作「通」。
• 「當自」，百衲本、貴池本均作「自當」，不改。
• 百衲本重一「孟氏」，貴、彭、汲、局諸本不重。

自相魚肉，吾當避賢路，以紓禍於吾家。承業等請誅克寧，乃伏兵於府，置酒大會，克寧既至，執而殺之。

太祖子八人，莊宗長子也。次曰存美、存霸、存禮、存渥、存乂、存確、存紀。同光三年十二月辛亥，詔封存美等七人爲王。蓋存霸、存渥、存紀與莊宗同母，存美、存乂、存確、存禮不知其母名氏號位。存美封邕王，存霸永王，存禮薛王，存渥申王，存乂睦王，存確通王，存紀雅王。存乂歷建雄、保大二軍節度使，娶郭崇韜女。是時，魏州妖人楊千郎用事，自言有墨子術，能役使鬼神，化丹砂水銀，莊宗頗神之，拜千郎檢校尚書郎，賜紫，其妻出入宮禁，承恩

- 『礭』，鞭也，音與『確』同。百衲本、貴池本。
- 百衲本『同母』下有『也』字，貴池本同。

百衲本貴池本
千郎下無家字
當從百衲本貴池本
作誅之

寵而士或因之以求官爵存乂及存渥等往往朋淫于其家及崇韜被族莊宗遣宦官陰察外議以爲如何而宦官因欲盡誅崇韜親黨以絕後患乃誣言存乂過千郎家酒酣攘臂號泣爲婦翁稱寃言甚怨望莊宗大怒以兵圍其第而族之并誅千郎存霸歷昭義天平河中三軍節度使存渥義成天平二軍節度使皆居京師食其俸祿而已趙在禮作亂乃遣存霸於河中李嗣源兵反嚮京師莊宗再幸汜水從存霸北京留守存渥河中節度使宣麻未訖郭從謙反攻興教門存渥從莊宗拒賊莊宗中流矢崩存渥與劉皇后同奔于太原行至風

乾隆四年校刊　五代史記卷十四　傳　李克用諸子

● 百衲本、貴池本『千郎』下無『家』字。
● 當從百衲本、貴池本作『誅之』。

貴本脫部字

谷爲部下所殺存霸聞京師亂亦自河中奔太原比至麾下皆散走惟使下康從弁不去存霸乃剪髮衣僧衣謁符彥超曰願爲山僧冀公庇護彥超欲留之爲軍衆所殺存紀存確聞郭從謙反奔于南山匿民家明宗詔河南府及諸道諸王出奔所至送赴闕如不幸物故者收瘞以聞存紀等所匿民家以告安重誨重誨謂霍彥威曰二王逃難主上尋求恐其失所今上既監國典喪此禮如何彥威曰上性仁慈不可聞奏宜密爲之所以安人情乃卽民家殺之存美素病風居太原與存禮皆不知其所終

• 貴池本脫『部』字。

莊宗五子、長曰繼岌、其次繼潼、繼嵩、繼蟾、繼嶢。繼岌母曰劉皇后、其四皆不著其母名號。莊宗即位、繼岌爲北都留守、判六軍諸衞事、遷檢校太尉、同中書門下平章事。豆盧革爲相、建言唐故事、皇子皆爲宮使、因以鄴宮爲興聖宮、以繼岌爲使。同光三年、封魏王。是歲伐蜀、以繼岌爲西南面行營都統、郭從韜爲都招討使、工部尚書任圜、翰林學士李愚皆參軍事。九月戊申、將兵六萬自鳳翔入大散關、軍無十日之糧、而所至州鎮皆迎降、遂食其粟。至興州、蜀將程奉璉以五百騎降、因以其兵脩閣道以過唐軍。王衍將兵萬人屯利州、分其半逆戰

百衲本脫「面」字

貴池本脫「蜀」字

• 百衲本脫「面」字。
• 貴池本脫「蜀」字。

于三泉、爲先鋒康延孝所敗。衍懼、斷吉柏江浮橋、奔歸成都。唐軍自文州間道以入、十月己酉、繼岌至綿州、衍上牋請降。丙辰、入成都、王衍乘竹輿至昇仙橋、素衣牽羊、草索繫首、肉袒銜璧、輿櫬、羣臣衰絰徒跣以降。繼岌下而取璧、崇韜解縛焚櫬、自出師至降衍、凡七十五日、兵不血刃、自古用兵之易、未有如此。然繼岌雖爲都統、而軍政號令、一出崇韜。初、莊宗遣宦者供奉官李從襲監中軍、高品李廷安、呂知柔爲典謁。從襲等素惡崇韜、又見崇韜專任軍事、益不平之。及破蜀、蜀之貴臣大將、自王宗弼以下、皆爭以蜀寶貨妓樂奉崇韜父子、而魏

•十月無己酉，薛史及本書本紀繫『十一月』。

四夷百衲本貴池本作四方

王所得匹馬束帛唾壺麈柄而已崇韜日決軍事將吏
賔客趨走盈庭而都統府唯大將晨謁衙門闃然由是
從襲等不勝其憤已而宗弼率蜀人見繼岌請留崇韜
鎮蜀從襲等因言崇韜有異志勸繼岌爲備繼岌謂崇
韜曰陛下倚侍中如衡華尊之廟堂之上期以一天下
而制四夷必不棄元老於蠻夷之地此事非予敢知也
莊宗聞崇韜欲留蜀亦不悅遣宦者向延嗣趣繼岌班
師延嗣至成都崇韜不出迎及見禮益慢延嗣怒從襲
等因告延嗣崇韜有異志恐危魏王延嗣還具言之劉
皇后涕泣請保全繼岌莊宗遣宦官馬彥珪往視崇韜

•『四夷』，百衲本、貴池本作『四方』。

去就。是時兩川新定，孟知祥未至，所在盜賊亡聚山林，崇韜方遣任圜等分出招集，恐後生變，故師未卽還。而彥珪將行，見劉皇后曰：「臣見延嗣，言蜀中事勢已不可，禍機之作，間不容髮，安能三千里往復稟命乎。」劉皇后以彥珪語告莊宗，莊宗曰：「傳言未審，豈可便令果決。」皇后不得請，因自爲敎與繼岌，使殺崇韜。明年正月，崇韜留任圜守蜀，以待知祥之至，崇韜期班師有日。彥珪至蜀，出皇后敎示繼岌，繼岌曰：「今大軍將發，未有釁端，豈可作此負心事。」從襲等泣曰：「今有密敕，王苟不行，使崇韜知之，則吾屬無類矣。」繼岌曰：「上無詔書，徒以皇后手

百衲本貴池本無亡字
往復 百衲本貴池本誤作往覆
百衲本貴池本后下有以字
貴池本脫繼岌二字
汲古閣本作今大將軍發、誤、
徒以 百衲本貴池本作但

• 百衲本、貴池本無『亡』字。
• 『往復』，百衲本、貴池本誤作『往覆』。
• 百衲本、貴池本『后』下有『以』字。
• 貴池本脫『繼岌』二字。
• 汲古閣本作『今大將軍發』，誤。
• 『徒以』，百衲本、貴池本作『但』。

教安能殺招討使。從襲等力爭，繼岌不得已而從之。詰旦，從襲以都統命召崇韜，繼岌登樓以避之。崇韜入升階，繼岌從者李環撾碎其首，繼岌遂班師。二月，軍至泥溪，先鋒康延孝叛，據漢州，繼岌遣任圜討平之。四月辛卯，至興平，聞明宗反，兵入京師，繼岌欲退保鳳翔，至武功，李從襲勸繼岌馳趨京師以救內難。行至渭河，西都留守張籛斷浮橋，繼岌不得渡，乃循河而東，至渭南，左右皆潰。從襲謂繼岌曰：大事已去，福不可再，王宜自圖。繼岌徘徊泣下，謂李環曰：吾道盡途窮，子當殺我。環遲疑久之，謂繼岌乳母曰：吾不忍見王，王若無路求生，當

• 貴作『渡』，百衲本作『度』。

踣面以俟繼岌面榻而卧環縊死之任圜從後至葬繼岌于華州之西南繼岌少病閹無子明宗已即位圜率征蜀之師二萬至京師明宗撫慰久之問圜繼岌何在圜具言繼岌死狀同光三年詔以皇子繼嵩繼潼繼蟾繼嶢皆爲光祿大夫檢校司徒蓋其皆幼故不封當莊宗遇弑時太祖子孫在者十有一人明宗入立其四人見殺其餘皆不知其所終太祖之後遂絶梁唐家人傳皆先兄弟而後諸子兄弟之子各從其父此理之常也至莊宗七弟所書事迹不以長幼爲次者各因其死之先後而書之便於述事爾無定法也

五代史卷十四

•『死』，百衲本作『殺』，貴池本同。

五代史卷十五

宋 歐陽修 撰

唐家人傳第三

明宗三后一妃：和武憲皇后曹氏，生晉國公主；昭懿皇后夏氏，生秦王從榮、愍帝；宣憲皇后魏氏，潞王從珂母也；淑妃王氏，許王從益之慈母也。曹氏、夏氏皆不見其世家。夏氏無封爵，明宗未即位前卒。明宗天成元年，封楚國夫人曹氏爲淑妃，追封夏氏晉國夫人。長興元年，立淑妃爲皇后，而夏氏所生二子皆已王，乃追冊爲皇后，謚曰昭懿。

乾隆四年校刊

• 會要作『顯』，薛史作『憲』。

• 會要作『三年』，薛史本紀『元年』作『三年』正月甲戌。

五代史卷十五　傳　二

魏氏鎮州平山人也初適平山民王氏生子十歲矣明宗爲騎將掠平山得其子母以歸居數年魏氏卒葬太原其子是爲潞王從珂明宗時從珂已王乃追封魏氏爲魯國夫人廢帝卽位追尊魏氏爲皇太后議建陵寢而太原石敬瑭反乃於京師河南府東立寢宮清泰三年六月丙寅遣工部尚書崔儉奉上皇太后寶冊謚曰宣憲

淑妃王氏邠州餅家子也有美色號花見羞少賣梁故將劉鄩爲侍兒鄩卒王氏無所歸是時明宗夏夫人已卒方求別室有言王氏於安重誨者重誨以告明宗而

● 貴池本無『爲』字。

● 劉校據五代會要、本書末帝紀謂，當作『魯國太夫人』。不知此是明宗時追封，何能稱太夫人。

● 『崔儉』，薛史末帝本紀作『崔居儉』，本書五十五崔居儉傳，無爲工部尚書事，疑即其人。

納之。王氏素得鄩金甚多、悉以遺明宗左右及諸子婦、人人皆爲王氏稱譽、明宗益愛之。而夫人曹氏爲人簡質、常避事、由是王氏專寵。明宗卽位、議立皇后、而曹氏當立。曹氏謂王氏曰、我素多病、而性不耐煩、妹當代我。王氏曰、后、帝匹也、至尊之位、誰敢干之。乃立曹氏爲皇后、王氏爲淑妃。妃事皇后亦甚謹、每帝晨起、盥櫛服御、皆妃執事左右、及罷朝、帝與皇后食、妃侍食、徹乃退、未嘗少懈、皇后心亦益愛之。然宮中之事、皆主於妃。明宗病、妃與宦者孟漢瓊出納左右、遂專用事、殺安重誨、秦王從榮皆與焉。劉鄩諸子皆以妃故封拜官爵。愍帝卽位、冊尊皇后爲皇太后、妃爲皇太妃。初、明宗後宮有生子者、命妃母之、是爲許王從益。從益乳母司衣王氏見明宗已老、而秦王握兵、心欲自託爲後計、乃曰、兒思秦王。是時從益已四歲、又數教從益自言求見秦王、明宗遣乳嫗將兒往來秦府、遂與從榮私通、從榮因使王氏伺察宮中動靜。從榮已死、司衣王氏以謂秦王實以兵入宮衛天子、而以反見誅、出怨言。愍帝聞之大怒、賜司衣王氏死、而事連太妃、由是心不悅、欲遷之至德宮、以太后素善妃、懼傷其意而止、然待之甚薄。廢帝入立、嘗置酒妃院、妃舉酒曰、願辭皇帝爲比丘尼。帝驚問其故、妃曰小兒處偶得命若大人不容則死之日何面見先帝因泣下廢帝亦爲之悽然待之頗厚石敬瑭兵犯京師廢帝聚族將自焚妃謂太后曰事急矣宜少回避以俟姑夫太后曰我家至此何忍獨生妹自勉之太后乃與帝俱焚死而妃與許王從益及其妹匿於鞠院以免晉高祖立妃自請爲尼不可乃遷于至德宮晉遷都汴以妃子母俱東置於宮中高祖皇后事妃如母天福四年九月癸未詔以郇國三千戶封唐許王從益爲郇國公以奉唐祀服色旌旗一依舊制太常議立莊宗明宗愍帝三室以至德宮爲廟詔立高祖太宗爲五廟使從

● 百衲本無「妃」，「人」作「兒」，貴池本無「妃」字，「大人」作「大兒」，「以俟」無「以」字。
● 百衲本、貴池本「焚」作「燔」。

百衲本無妃，人作兒，貴池本無妃字，大人作大兒，以俟無以字。

百衲本、貴池本焚作燔。

益歲時主祠。出帝卽位、妃母子俱還洛陽。契丹犯京師、趙延壽所尚明宗公主已死、耶律德光乃爲延壽娶從益妹、是爲永安公主。公主不知其母爲誰、素亦養於妃、妃至京師主婚禮。德光見明宗畫像、焚香再拜、顧妃曰：明宗與我約爲弟兄、爾吾嫂也。已而靳之曰：今日乃吾婦也。乃拜從益爲彰信軍節度使、從益辭不之官、與妃俱還洛陽。德光北歸、留蕭翰守汴州、漢高祖起太原、翰欲北去、乃使人召從益、委以中國。從益子母逃於徽陵域中以避使者、使者迫之以東、遂以從益權知南朝軍國事。從益御崇元殿、翰率契丹諸將拜殿上、晉羣臣拜

• 『主祠』，彭本作『奉祠』。
• 百衲本、貴池本脫『爲』字。

殿下。羣臣入謁太妃，妃曰：「吾家子母孤弱，爲翰所迫，此豈福邪，禍行至矣。」乃以王松、趙上交爲左右丞相，李式、翟光鄴爲樞密使，燕將劉祚爲侍衛親軍都指揮使。翰留契丹兵千人屬祚而去。漢高祖擁兵而南，從益遣人召高行周、武行德等爲拒，行周等皆不至。乃與王松謀以燕兵閉城自守。妃曰：「吾家亡國之餘，安敢與人爭天下。」乃遣人上書迎漢高祖。高祖聞其嘗召行周而不至，遣郭從義先入京師，殺妃母子。妃臨死呼曰：「吾家母子何罪，何不留吾兒，使每歲寒食持一盂飯洒明宗墳上。」聞者悲之。從益死時年十七。

乾隆四年校刊

● 通鑑作趙遠，以迎劉知遠後以字行。

愍帝哀皇后孔氏、父循、橫海軍節度使。后有賢行、生四子。愍帝即位、立爲皇后、未及册命而難作。愍帝出奔、后病、子幼、皆不能從。廢帝入立、后及四子皆見殺。晉高祖立、追謚曰哀。

明宗四子、曰從璟、從榮、從厚、從益。從璟初名從審、爲人驍勇善戰、而謙退謹敕。從莊宗戰數有功、爲金槍指揮使。明宗軍變于魏、莊宗謂從璟曰、爾父於國有大功、忠孝之心朕自明信。今爲亂軍所逼、爾宜自往宣朕意、毋使自疑。從璟馳至衛州、爲元行欽所執、將殺之。從璟呼曰、我父爲亂軍所逼、公等不亮其心、我亦不能至魏、願歸衛天子，行欽釋之。莊宗憐其言，賜名從璟，以爲己子，從莊宗如汴州。將士多亡於道，獨從璟不去。左右或勸其逃禍，從璟不聽。莊宗聞明宗已渡黎陽，復欲遣從璟通問，行欽以爲不可，遂殺之。明宗即位，贈太保。

嗚呼，無父烏生？無君烏以爲生？而世之言曰：爲忠孝者不兩全。夫豈然哉？君父人倫之大本，忠孝臣子之大節，豈其不相爲用，而又相害者乎？抑私與義而已耳。蓋以其私則兩害，以其義則兩得。其父以兵攻其君，爲其子者從父乎？從君乎？曰：身從其居，志從其義可也。身居君所，則從君；居父所，則從父。其從於君者，必辭其君曰：子

● 百衲本、南監本作「從璟」，貴池本「賜名繼璟」，以莊宗諸子皆從「繼」，或可信。彭本作「繼璟」，薛史五十一亦作「繼璟」，通鑑同，汲本「從璟」，局本「繼璟」。

● 「豈」下，貴池本無「其」字。

不可以射父、願無與兵焉。則又號泣而呼其父曰、盡捨兵而歸吾君乎。君敗則死之、父敗則終喪而事君。其從於父者、必告之曰、君不可以射也、盡捨兵而歸吾君乎。君敗則死之、父敗則待罪於君、君赦已、則終喪而事之。古之知孝者莫如舜、知義者莫如孔孟、其於君臣父子之際詳矣。使其不幸而遭焉、其亦如是而已矣。從璟之於莊宗、知所從而得其死矣、哀哉。

秦王從榮、天成元年以檢校司徒兼御史大夫拜天雄軍節度使同中書門下平章事。三年徙鎮河東、長興元年拜河南尹兼判六軍諸衛事。從璟死、從榮於諸皇子

百衲本無下一「君」字

薛史通鑑作天成四年

- 百衲本無下一『君』字。
- 薛史、通鑑作『天成四年』。

● 薛史，從榮有紫府集。
● 百衲本作『習何事業』。
● 明宗此言有見地。

次最長又握兵柄然其爲人輕雋而鷹視頗喜儒學爲歌詩多招文學之士賦詩飲酒故後生浮薄之徒日進諛佞以驕其心自將相大臣皆患之明宗頗知其非而不能裁制從榮嘗侍側明宗問曰爾軍政之餘習何事對曰有暇讀書與諸儒講論經義爾明宗曰經有君臣父子之道然須碩儒端士乃可親之吾見先帝好作歌詩甚無謂也汝將家子文章非素習必不能工傳於人口徒取笑也吾老矣於經義雖不能曉然尚喜屢聞之其餘不足學也是歲秋封從榮秦王故事諸王受封不朝廟而有司希旨欲重其禮乃建議曰古者因禘嘗而

發爵祿所以示不敢專。今受大封而不告廟，非敬順之道也。於是從榮朝服乘輅車，具鹵簿，至朝堂受册，出載册以車，朝于太廟，京師之人皆以爲榮。三年，加兼中書令。有司又言故事親王班宰相下，今秦王位高而班下，不稱。於是與宰相分班而居右。四年，加尚書令，食邑萬戶。太僕少卿何澤上書請立從榮爲皇太子。是時明宗已病，得澤書不悅，顧左右曰：羣臣欲立太子，吾當養老於河東。乃召大臣議立太子事，大臣皆莫敢可否。從榮入白曰：臣聞姦人言欲立臣爲太子，臣實不願也。明宗曰：此羣臣之欲爾。從榮出見范延光、趙延壽等曰：諸公

「姦人」，貴池本無「人」字。

姦人貴池本無人字

議欲立吾爲太子，是欲奪吾兵柄而幽之東宮耳。延光等患之，乃加從榮天下兵馬大元帥。有司又言：元帥或統諸道，或專一面，自前世無天下大元帥之名，其禮無所考。擬請自節度使以下凡領兵職者，皆具櫜鞬以軍禮庭參；其兼同中書門下平章事者，初見亦如之，其後許如客禮。凡元帥府文符行天下，皆用帖文，升班在宰相上。從榮大宴元帥府，諸將皆有頒給，控鶴、捧聖、嚴衛指揮使人馬一匹、絹十疋，其諸軍指揮使人絹十疋，都頭已下七疋至三疋。又請嚴衛、捧聖千人爲牙兵，每入朝以數百騎先後，張弓挾矢，馳走道上，見者震懾。從榮

- 「文」字，貴池本作「又」字，百衲本同，彭亦作「又」，南監本亦作「又」，當改。
- 「捧聖」，貴池本作「奉聖」，然下文又作「捧聖」，百衲本同。
- 百衲本「者」下有「皆」字。

又命其寮屬及四方游士試作征淮檄陳已所以平一天下之意言事者請爲諸王擇師傅以加訓導宰相難其事因請從榮自擇從榮乃請翰林學士崔棁刑部侍郎任贊爲元帥判官明宗曰學士代予言不可也從榮出而恚曰任以元帥而不得請屬寮非吾所諭也將相大臣見從榮權位益隆而輕脫如此皆知其禍而莫敢言者惟延光延壽陰有避禍意數見明宗涕泣求解樞密二人皆引去而從榮之難作十一月戊子雪明宗幸宮西士和亭得傷寒疾己丑從榮與樞密使朱弘昭馮贇入問起居於廣壽殿帝不能知人王淑妃告曰從榮

● 通鑑、薛史先薦兵部侍郎劉贊，後有任贊。
● 彭本『輕脫』上有『所爲』二字，不采。

在此又曰弘昭等在此皆不應從榮等去乃遷於雍和殿宮中皆慟哭至夜半後帝蹶然自興於榻而侍疾者皆去顧殿上守漏宮女曰夜漏幾何對曰四更矣帝即唾肉如肺者數片溺涎液斗餘守漏者曰大家省事乎曰吾不知也有頃六宮皆至曰大家還魂矣因進粥一器至旦疾少愈而從榮稱疾不朝初從榮尚忌宋王從厚賢於已而懼不得爲嗣其平居驕矜自得及聞人道宋王之善則愀然有不足之色其入問疾也見帝已不知人既去而聞宮中哭聲以謂帝已崩矣乃謀以兵入宮使其押衙馬處鈞告弘昭等欲以牙兵入宿衛問何

● 『尚』，百衲本作『常』，當據改，貴池本同。『爲』上，二本均無『得』字。
● 貴池本無『帝』字。

所可以居者。弘昭等對曰、宮中皆王所可居、王自擇之。因私謂處鈞曰、聖上萬福、王宜竭力忠孝、不可草草。處鈞具以告從榮、從榮還遣處鈞語弘昭等曰、爾輩不念家族乎。弘昭贇及宣徽使孟漢瓊等入告王淑妃以謀之、曰、此事須得侍衛兵馬爲助、乃召侍衛指揮使康義誠謀於竹林之下。義誠有子在秦王府、未敢決其謀、謂弘昭曰、僕爲將校、惟公所使爾。弘昭大懼。明日、從榮遣馬處鈞告馮贇曰、吾今日入居興聖宮、又告義誠、義誠許諾。贇即馳入內見義誠及弘昭漢瓊等、坐中興殿閤議事、贇責義誠曰、主上所以畜養吾徒者、爲今日爾、今

• 貴池本無下一『從榮』。

• 百衲本、貴池本『兵』下無『馬』字，彭本同。

安危之機間不容髮柰何以子故懷顧望使秦王得至
此門主上安所歸乎吾輩復有種乎漢瓊曰賤命不足
惜吾自率兵拒之即入見曰從榮反兵已攻端門宮人
相顧號泣明宗問弘昭等曰實有之乎對曰有之明宗
以手指天泣下良久曰義誠自處置毋令震動京師潞
王子重吉在側明宗曰吾與爾父起微賤至取天下數
救我於危窘從榮得何氣力而作此惡事爾亟以兵守
諸門重吉即以控鶴兵守宮門是日從榮自河南府擁
兵千人以出從榮寮屬甚衆而正直之士多見惡其尤
所惡者劉贊王居敏而所昵者劉陟高輦從榮兵出與

乾隆四年校刊　五代史卷十五　李從榮

- 百衲本無『顧』字，不采。
- 百衲本脫『曰』字，貴池本亦脫。
- 『宮人』，百衲本、貴池本作『宮中』。
- 百衲本、貴池本無『於』字。
- 貴池本無『甚』字。
- 百衲本、貴池本均無『與』字。

陟輦㽎轡耳語行至天津橋南指日景謂輦曰明日而今誅王居敏矣因陳兵橋北下據胡牀而坐使人召康義誠而端門已閉叩左掖門亦閉而於門隙中見捧聖指揮使朱弘實率騎兵從北來即馳告從榮從榮驚懼索鐵厭心自調弓矢皇城使安從益率騎兵三百衝之從榮兵射之從益稍却弘實騎兵五百自左掖門出方渡河而後軍來者甚衆從榮乃走歸河南府其判官任贊已下皆走出定鼎門牙兵劫嘉善坊而潰從榮夫妻匿牀下從益殺之明宗聞從榮已死悲咽幾墮于榻絕而蘇者再馮道率百寮入見明宗曰吾家事若此慙見

● 彭本、局本『陣』作『陳』。
● 『贊』，貴池本誤作『輦』。

刊本無見字 不采

羣臣。君臣相顧、泣下沾襟。從榮二子尚幼、皆從死。後六日而明宗崩。

明宗兄弟皆不見于世家、而有姪四人、曰從璨、從璋、從溫、從敏。從璨初爲右衛大將軍、安重誨用事、自諸王將相皆下之。從璨爲人剛猛、不能少屈、而性倜儻、輕財好施、重誨忌之。明宗幸汴州、以從璨爲大內皇城使。嘗於會節園飲酒酣、戲登御榻、重誨奏其事、貶房州司戶參軍、賜死。重誨見誅、詔復其官、贈太保。

從璋字子良、少善騎射、莊宗時將兵戍常山、聞明宗兵變于魏、乃亦起兵據邢州。明宗卽位、以爲捧聖左廂都

● 彭本無『見』字，不采。

五代史卷十五　傳

指揮使、改皇城使、領饒州刺史、拜彰國軍節度使、徙鎮義成。明宗幸汴州、從璋欲率民爲貢獻、其從事諫以爲不可、從璋怒、引弓欲射之、坐罷爲右驍衛上將軍。居久之、出鎮保義、徙河中。長興四年夏、封洋王。晉高祖立、徙鎮威勝、降封隴西郡公。從璋爲人貪鄙、自鎮保義始折節自修、在南陽頗有遺愛。天福二年卒、年五十一。

從溫字德基、初爲北京副留守、歷安國忠武義武成德武寧五節度使、封兗王。晉高祖立、復爲忠武軍節度使。從溫爲人貪鄙、多作天子器服以自僭、宗族賓客諫之不聽。其妻關氏大呼于牙門曰、從溫欲反、而造天子服

天平軍節度使未載，竹汀謂失載河東之平、泰寧三州

• 天平軍節度使未載，竹汀謂失載河東、天平、泰寧三州。

• 百衲本、貴池本均無上『等』字，不采。

百衲本貴池本均無上等字不采

器、從溫大恐、乃悉毀之。明宗諸子八人、至晉出帝時六已亡歿、惟從溫、從敏在。太后常曰：吾惟有一兒、豈可繩之以法、從溫由此益驕。嘗誣親吏薛仁嗣等爲盜、悉籍沒其家貲數千萬、仁嗣等詣闕自訴、事下有司、從溫具伏、出帝懼傷太后意、釋之而不問。開運二年、徙河陽三城、卒于官。是時、從璋子重俊爲虢州刺史、坐贓、亦以太后故、罪其判官高獻而已。重俊復爲商州刺史、坐與其妹姦、及殺其僕孫漢榮、掠其妻、賜死。

從敏字叔達、爲人沉厚寡言、善騎射。初從莊宗爲馬步軍都指揮使、兼行軍司馬、明宗入立、遷皇城使、保義軍節度使。與討王都，歷鎮橫海、義武、成德、歸德、保義、昭義、河陽，封涇王。漢高祖時，爲西京留守，封秦國公，用廣順元年卒，贈中書令，謚曰恭惠。

五代史卷十五

五代史卷十五考證

秦王從榮傳弘昭贊及宣徽使孟漢瓊等○監本闕瓊字今從下文增入又次行乃召侍衞指揮使康義誠句召訛盈今改正

五代史卷十五考證

五代史卷十六

宋　歐陽修　撰

唐家人傳第四

廢帝皇后劉氏、父茂威、應州渾元人也。后爲人彊悍、廢帝素憚之。初封沛國夫人、廢帝即位、立爲皇后。其弟延皓少事廢帝爲牙將、廢帝即位、拜宮苑使、宣徽南院使。清泰二年爲樞密使、天雄軍節度使。延皓爲人素謹厚、及貴而改節、以后故用事、受賕、掠人園宅、在鄴不恤軍士、軍士皆怨。捧聖都虞候張令昭以其屯駐兵逐延皓、延皓走相州。是時石敬瑭已反、方用兵、而令昭之亂作、

薛史劉延皓傳作茂成
百衲本、貴池本在鄴下

• 薛史劉延皓傳作『茂成』。
• 百衲本、貴池本在鄴『下』。

令昭乃閉城，遣其副使邊仁嗣請已爲節度使。廢帝以令昭爲右千牛衛將軍，權知天雄軍府事。已而遣范延光討之，令昭敗走邢州，追至沙河，斬之，屯駐諸軍亂者三千餘人皆死。有司請以延皓行軍法，廢帝以后故，削其官爵而已。

廢帝二子，曰重吉、重美；一女爲尼，號幼澄，皆不知其所生。廢帝鎭鳳翔，重吉爲控鶴指揮使，與尼俱留京師。控鶴親兵也，愍帝卽位，不欲重吉掌親兵，乃出重吉爲亳州團練使，居幼澄於禁中。又徙廢帝北京，廢帝自疑，乃反。愍帝遣人殺重吉于宋州，幼澄亦死。

薛史浅（淺）本元年尼號惠明

• 薛史，清泰元年，尼號惠明。

重美幼而明敏、如成人。廢帝即位、自左衛上將軍領成德軍節度使、兼河南尹、判六軍諸衛事、改領天雄軍節度使、同中書門下平章事、封雍王。石敬瑭反、廢帝欲北征、重美謂宜持重、固請毋行。廢帝心憚敬瑭、初不欲往、聞重美言、以爲然。而劉延皓與劉延朗等迫之不已、廢帝遂如河陽、留重美守京師。京師震恐、居民皆出城以藏竄、門者禁止之、重美曰、國家多難、不能與民爲主、而欲禁其避禍、可乎、因縱民出。及晉兵將至、劉皇后積薪于地、將焚其宮室、重美曰、新天子至、必不露坐、但佗日重勞民力、取怨身後耳、后以爲然。廢帝自焚、后及重美與俱死。

嗚呼，家人之道，不可以不正也。夫禮者所以別嫌而明微也。甚矣，五代之際，君君臣臣、父父子子之道乖，而宗廟朝廷，人鬼皆失其序，斯可謂亂世者歟！自古未之有也。唐一號而三姓，周一號而二姓。唐太祖、莊宗爲一家，明宗、愍帝爲一家，廢帝爲一家。周太祖爲一家，世宗爲一家。別其家而同其號者何哉？唐從其號，見其盜而有也。周從其號，與之也。而別其家者，昭穆親疎之不可亂也。號可同，家不可以不別，所以別嫌而明微也。梁博王友文之不別何哉？著禍本也。梁太祖之禍自友文始。存之所以戒也。

五代史卷十六

• 五代會要，清泰二年封晉國長公主。
• 紀注，以爲高祖之生母。

五代史卷十七

宋　歐陽修　撰

晉家人傳第五

高祖皇后李氏、唐明宗皇帝女也。后初號永寧公主、清泰二年、封魏國長公主。自廢帝立、常疑高祖必反。三年、公主自太原入朝千春節、辭歸、留之不得。廢帝醉語公主曰、爾歸何速、欲與石郎反邪。既醒、左右告之、廢帝大悔。公主歸以語高祖、高祖由是益不自安。高祖即位、公主當爲皇后。天福二年三月、有司言皇太妃尊號已正、請上寶册、太妃高祖庶母劉氏也。高祖以宗廟未立、謙抑未遑。七年夏五月，高祖已病，乃詔尊太妃爲皇太后，然卒不奉册，而高祖崩，故后訖高祖世亦無册命。出帝天福八年七月，册尊皇后爲皇太后。太后爲人彊敏，高祖常嚴憚之。出帝馮皇后用事，太后數訓誡之，出帝不從，乃及于敗。開運三年十二月，耶律德光已降晉兵，遣張彦澤先犯京師，以書遺太后，具道已降晉軍。且曰：「吾有梳頭妮子竊一藥囊以奔于晉，今皆在否？吾戰陽城時亡奚車一乘，在否？」又問契丹先爲晉獲者及景延廣、桑維翰等所在。太后與帝聞彦澤至，欲自焚，嬖臣薛超勸止之。及得德光所與書，乃滅火，出上苑中。帝召當直

● 『遑』，貴池本、百衲本作『皇』。
● 貴池本『且』下無『曰』字。
● 貴池本『及』下無『得』字。

貴池本大造上無有字

學士范質謂曰：杜郎一何相負！昔先帝起太原時，欲擇一子留守，謀之北朝皇帝，皇帝以屬我。我素以爲其所知，卿爲我草奏具言之，庶幾活我子母。質爲帝草降表曰：孫男臣重貴言：頃者唐運告終，中原失馭，數窮否極，天缺地傾。先人有田一成，有衆一旅，兵連禍結，力屈勢孤。翁皇帝救患摧剛，興利除害，躬擐甲胄，深入寇場，犯露蒙霜，度鴈門之險，馳風擊電，行中冀之誅。黃鉞一麾，天下大定，勢凌宇宙，義感神明，功成不居，遂與晉祚。則翁皇帝有大造於石氏也。旋屬天降鞠凶，先君即世，臣遵承遺旨，纂紹前基。諒闇之初，荒迷失次，凡有軍國重

貴池本「大造」上無「有」字。

事、皆委將相大臣。至於擅繼宗祧、既非禀命、輕發文字、輒敢抗尊、自啓釁端、果貽赫怒、禍至神惑、運盡天亡、十萬師徒、望風束手、億兆黎庶、延頸歸心。臣負義包羞、貪生忍恥、自貽顛覆、上累祖宗、偷度朝昏、苟存視息。翁皇帝若惠顧疇昔、稍霽雷霆、未賜靈誅、不絕先祀、則百口荷更生之德、一門銜無報之恩、雖所願焉、非敢望也。臣與太后妻馮氏於郊野面縛俟罪。次。又爲太后表曰：晉室皇太后新婦李氏妾言、張彥澤傳住兒等至、伏蒙皇帝阿翁降書安撫者、妾伏念先皇帝頃在并汾、適逢屯難、危同累卵、急若倒懸、智勇俱窮、朝夕不保。皇帝阿翁

表亦见契丹國志，舊史引。

表完書丹國志舊書引

發自冀北，親抵河東，跋履山川，踰越險阻，立平巨孼，遂定中原，救石氏之覆亡，立晉朝之社稷。不幸先皇厭代，嗣子承祧，不能繼好息民，而反虧恩辜義，兵戈屢動，駟馬難追，戚實自貽，咎將誰執。今穹旻震怒，中外携離，上將牽羊，六師解甲，妾舉宗負釁，視景偷生，惶惑之中，撫問斯至，明宣恩旨，曲示含容，慰諭丁寧，神爽飛越。豈謂已垂之命，忽蒙更生之恩，省罪責躬，九死未報。今遣孫男延煦、延寶奉表請罪，陳謝以聞。」德光報曰：「可無憂管取一喫飯處。」四年正月丁亥朔，德光入京師，帝與太后肩輿至郊外，德光不見，館于封禪寺，遣其將崔延勳以

•「孼」，百衲本作「孽」，貴池本同。
•「示」，契丹國志作「賜」。
•「謝」，契丹作「情」。
•南監本、汲古本、彭本「延勳」作「廷勳」，百衲本、貴本作「延」，契丹國志及薛史本紀作「廷勳」，鑑。

兵守之。其時雨雪寒凍，皆苦飢。太后使人謂寺僧曰，吾
嘗於此飯僧數萬，今日豈不相憫邪。僧辭以虜意難測，
不敢獻食。帝陰祈守者，乃稍得食。辛卯，德光降帝爲光
祿大夫、檢校太尉，封負義侯，遷於黃龍府。德光使人謂
太后曰，吾聞重貴不從母教而至于此，可求自便，勿與
俱行。太后答曰，重貴事妾甚謹，所失者違先君之志，絕
兩國之歡。然重貴此去，幸蒙大惠，全生保家，母不隨子，
欲何所歸。於是太后與馮皇后、皇弟重睿、皇子延煦、延
寶等舉族從帝而北，以宮女五十、宦者三十、東西班五
十、醫官一、控鶴官四、御厨七、茶酒司三、儀鸞司三、六軍

●「其時」，貴池本、百衲本作「是時」。「僧辭」，作「寺僧辭」，國志亦無「寺」字。
●「隨子」，貴池本作「隨兒」。
●貴池本無「等」字。

士二十人從衛以騎兵三百所經州縣皆故晉將吏有
所供饋不得通路旁父老爭持羊酒爲獻衛兵擁隔不
使見帝皆涕泣而去自幽州行十餘日過平州出榆關
行砂磧中飢不得食遣宮女從官採木實野蔬而食又
行七八日至錦州虜人迫帝與太后拜阿保機畫象帝
不勝其辱泣而呼曰薛超誤我不令我死又行五六日
過海北州至東丹王墓遣延煦拜之又行十餘日渡遼
水至渤海國鐵州又行七八日過南海府遂至黄龍府
是歲六月契丹國母徙帝太后於懷密州州去黄龍府
西北一千五百里行過遼陽二百里而國母爲永康王

乾隆四年校刊

五代史卷十七　　晉高后李氏

• 貴池本無『晉』字。

所四、永康王遣帝太后還止遼陽，稍供給之。明年四月，永康王至遼陽，帝白衣紗帽，與太后皇后詣帳中上謁。永康王止帝以常服見，帝伏地雨泣，自陳過咎，永康王使人扶起之，與坐飲酒奏樂，而永康王帳下伶人從官望見故主，皆泣下，悲不自勝，爭以衣服藥餌爲遺。五月，永康王上陘，取帝所從行宦者十五人、東西班十五人、及皇子延煦而去。永康王妻兄禪奴愛帝小女，求之，帝辭以尚幼。永康王馳一騎取之，以賜禪奴。陘，虜地，尤高涼，虜人常以五月上陘避暑，八月下陘。至八月，永康王下陘，太后自馳至霸州見永康王，求於漢兒城側賜地

故主　百衲本作故王

遼史卅九地理志霸州彰武軍節度使

●『故主』，百衲本作『故王』。
●遼史三十九地理志，『霸州』彰武軍節度使。

種牧以爲生。永康王以太后自從行十餘日，遣與延煦俱還遼陽。明年，乃漢乾祐二年，其二月，從帝太后於建州。自遼陽東南行千二百里至建州，節度使趙延暉避正寢以館之。去建州數十里外得地五千餘頃，帝遣從行者耕而食之。明年三月，太后寢疾，無醫藥，嘗仰天而泣，南望戟手罵杜重威、李守貞等曰：「使死者無知則已，若其有知，不赦爾於地下。」八月，疾亟，謂帝曰：「我死，焚其骨送范陽佛寺，無使我爲虜地鬼也。」遂卒。帝與皇后、宮人、宦者東西班，皆被髮徒跣，扶舁其柩至賜地，焚其骨，穿地而葬焉。周顯德中，有中國人自契丹亡歸者，言見

• 「五千」，貴池本、百衲本作「五十」，是。彭本、蜀本、南監本「五十」，薛史熊刻本、遼史地理志「建州五十頃」。
• 貴池本作「帝遣從者耕之」。

帝與皇后諸子皆無恙。後不知其所終。

安太妃，代北人也，不知其世家，爲敬儒妻，生出帝。封秦國夫人。出帝立，尊爲皇太妃。妃老而失明，從出帝北遷，自遼陽徙建州，卒於道中。臨卒謂帝曰：「當焚我爲灰，南向颺之，庶幾遺魂得反中國也。」既卒，砂磧中無草木，乃毀奚車而焚之，載其燼骨至建州。李太后亦卒，遂并葬之。

出帝皇后馮氏，定州人也。父濛，爲州進奏吏，居京師，以巧佞爲安重誨所喜，以爲鄴都副留守。高祖留守鄴都，得濛懽甚，乃爲重胤娶濛女。後封吳國夫人。重胤早卒，

貴池本無下一「妃」字。

貴池本作「李太妃」。

百衲本、貴池本〔懽，編注〕作「驩」。

貴池本無下一妃字

貴池本作李太妃

百衲本貴池本作驩

后寡居有色，出帝悅之。高祖崩，梓宮在殯，出帝居喪中納之以爲后。是日，以六宮仗衞、太常鼓吹命后至西御莊，見于高祖影殿，羣臣皆賀。帝顧謂馮道等曰：「皇太后之命，與卿等不任大慶。」羣臣出，帝與皇后酣飲歌舞，過梓宮前，醱而告曰：「皇太后之命，與先帝不任大慶。」左右皆失笑，帝亦自絕倒，顧謂左右曰：「我今日作新女壻，何似？」皇后與左右皆大笑，聲聞于外。后既立，專內寵，封拜宮官尚宮、知客等皆爲郡夫人，又用男子李彥弼爲皇后宮都押衙。其兄玉執政，內外用事，晉遂以亂。契丹犯京師，暴帝之惡于天下，曰納叔母於中宮，亂人倫之大

●「六宮」，百衲本作「六軍」，貴同。
●「醱」，百衲本作「酹」，貴池本同。
●「皇后」，百衲本作「生后」，彭本、汲古本同，貴池本作「皇」，不改。

典后隨帝北遷哀帝之辱數求毒藥欲與帝俱飲以死
而藥不可得後不知其所終
晉氏始出夷狄而微終爲夷狄所滅故其宗室次序本
末不能究見其可見者曰高祖二叔父一兄六弟七子
二孫而有略有詳非惟禍亂多故而失其事實抑亦無
足稱焉者然粗存其見者以備其闕云二叔父曰萬友
萬詮兄曰敬儒弟曰敬威敬德敬殷敬贇敬暉重徹子
曰重貴重信重義重英重胤重睿重杲孫曰延煦延寶
孝平皇帝生孝元皇帝萬友萬詮孝元皇帝生高祖萬
友生敬威敬贇萬詮生敬暉而敬儒敬德敬殷重徹皆

•「重英」下應爲「重進」，百衲本、貴池本不誤，彭本同，改。

不知其於高祖爲親疎也。高祖孝元皇帝第二子也，而
敬儒爲兄，疑其長子也。則於高祖屬長而親，然贈官反
最後於諸弟，而高祖世獨不得追封，此又可疑也。重胤
高祖弟也，亦不知其爲親疎，然高祖愛之，養以爲子，故
於名加重，而下齒諸子。高祖叔兄與弟敬殷子重進，皆
前卽位卒。而敬威、敬德、重胤、重英，高祖反時死。高祖少
子曰馮六，未名而卒。而舊說以重睿爲幼子者，非也。石
氏世事軍中，萬友、萬詮職卑不見。天福二年正月，萬友
自故金紫光祿大夫、檢校司徒兼御史大夫、上柱國贈
太師，萬詮亦自金紫光祿大夫、檢校司空兼御史大夫

上柱國贈太傅。出帝天福八年五月，追封皇叔祖萬友爲秦王，萬詮加贈太師，追封趙王。

敬威字奉信，唐廢帝時爲彰聖右第三都指揮使，領常州刺史。聞高祖舉兵太原，謂人曰：「生而有死，人孰能免，吾兄方舉大事，吾不可偷生取辱，見笑一時。」遂自殺。敬德時爲沂州馬步軍指揮使，以高祖反誅。天福三年正月，贈敬威、敬德皆爲太傅，并贈敬殷以檢校太子賓客，亦贈太傅，而不及敬儒。七年正月，追封敬威廣王，敬德福王，敬殷通王，皆贈太尉。敬儒始以故金紫光祿大夫、檢校尚書左僕射兼御史大夫、上柱國贈太傅，而獨不

• 貴池本『孰』上無『人』字。

• 三『年』，百衲本、貴池本並作『二』年，疑『三』年誤，薛史『二』年，改。南監本亦作『二』。

得封。出帝天福八年五月，加贈三皇叔皆爲太師，而皇伯敬儒始追封宋王，亦加贈太師。

敬贇字德和，少無賴，竄身民間，高祖使人求得之，補太原牙將。即位，以爲飛龍皇城使，累遷曹州防禦使。天福五年冬，拜河陽三城節度使。敬贇性貪暴，高祖爲擇賢佐吏輔之，而敬贇亦憚高祖嚴，未嘗敢犯法，歲餘徙鎮保義。出帝時，加同中書門下平章事，始漸驕恣。帝常遣使者至，必問曰：小姪安否。陜人苦其暴虐，召還京師，以其皇叔不能責也，斥其元從都押衙蘇彦存、鄭溫遇，以警之。契丹犯邊，敬贇從出帝幸澶淵，使以兵備汶陽守

・『三城』，汲本誤『二城』。
・『常』，百衲本、貴池本作『嘗』。
・『苦』下貴池本無『其』字。

麻家渡，未嘗見敵，皆無功。開運元年七月，復出爲威勝軍節度使，歲餘，出帝以曹州爲威信軍，授敬贇節度使。在曹貪暴尤甚，久之召還。張彥澤兵犯京師，敬贇夜走，踰城東垣，墮沙濠溺死，時年四十九。

韓王敬暉字德昭，爲人厚重剛直，勇而多智，高祖尤愛之。高祖時爲曹州防禦使，以廉儉見稱，卒于官，贈太傅。天福八年，加贈太師，追封韓王，子曦嗣。

高祖李皇后生楚王重信，其諸子皆不知其母。當高祖起太原，重英爲右衛將軍，重胤爲皇城副使，居京師，聞高祖舉事，匿民家井中，捕得誅之，并族民家。天福二年

通鑑作石贇守麻家口
劉熊作裔
民家百衲本誤作其家

- 通鑑作「石贇守麻家口」。
- 劉熊作「裔」。
- 「民家」，百衲本誤作「其家」。

正月，高祖爲二子發哀，皆贈爲太保，并贈重進以故左金吾衛將軍，贈太保。七年正月，皆加贈太傅，追封重英虢王、重胤鄭王、重進夔王。出帝天福八年五月，皆加贈太師。

楚王重信字守孚，爲人敏悟多智而好禮。天福二年二月，以左驍衛上將軍拜河陽三城節度使，有善政，高祖下詔褒之。是歲，范延光反，詔前靈武節度使張從賓發河陽兵討延光，從賓亦反，重信見殺，時年二十。高祖欲贈重信太保，大臣引漢故事，皇子無爲三公者。高祖曰：「此兒爲善被禍，吾哀之甚，自我而已，豈有例邪？」乃贈太

乾隆四年校刊　五代史卷十七　七　石敬瑭諸子

● 貴池本、百衲本「鄭」作「郯」王，五代會要亦作「郯」王，當改。
● 「太保」，百衲本作「太尉」，貴池本同。

尉七年正月加贈太師追封沂王出帝天福八年五月
易封楚王
壽王重乂字弘理爲人好學頗知兵法高祖即位拜左
驍衛大將軍高祖幸汴州以爲東都留守張從賓反攻
河南見殺時年十九贈太傅天福七年正月加贈太尉
追封壽王出帝天福八年五月加贈太師皆無子
重睿爲人貌類高祖高祖臥疾宰相馮道入見臥內重
睿尚幼高祖呼出使拜道於前因以宦者抱持寘道懷
中高祖雖不言左右皆知其以重睿託道也高祖崩晉
大臣以國家多事議立長君而景延廣已陰許立出帝

• 『乂』〔義，編注〕。
• 百衲本作『河陽』，不改。
• 『天福』，汲古本誤作『天順』，局本亦誤。
• 彭本『睿』誤『允』。

重睿遂不得立。出帝以重睿爲檢校太保、開封尹，以左
散騎常侍邊蔚權知開封府事。開運二年五月，拜重睿
雄武軍節度使。歲餘，徙鎮忠武，皆不之鎮。契丹滅晉，重
睿從出帝北遷，後不知其所終。

陳王重杲，高祖幼子也，小字馮六，未名而卒，贈太傅。追
封陳王，賜名重杲。出帝天福八年五月，加贈太師。

延煦、延寶，高祖諸孫也，出帝以爲子。開運二年秋，以延
煦爲鄭州刺史。延煦少，不能視事，以一宦者從之，又選
尚書郎路航參知州事。宦者遂專政事，每訴辱航，出帝
召航還。已而徙延煦齊州防禦使。三年，拜鎮寧軍節度

使是時河北用兵天下旱蝗民餓死者百萬計而諸鎮爭爲聚斂趙在禮所積鉅萬爲諸侯王之最出帝利其貲乃以延煦娶在禮女在禮獻絹三千疋前後所獻不可勝數三年五月遣宗正卿石光贊以聘幣一百五十床迎于其第出帝宴在禮萬歲殿所以賜予甚厚君臣窮極奢侈時人以爲榮在禮謂人曰吾此一婚其費千萬十一月徙延煦鎮保義自延煦爲齊州防禦使而延寶代爲鄭州刺史及契丹滅晉出帝與皇太后遣延煦延寶齎降表玉璽金印以歸契丹而延寶時亦爲威信軍節度使矣契丹得璽以爲製作非工與前史所傳者

- 汲古本『餓』作『饑』。
- 百衲本、貴池本『最』上無『之』字。
- 『千萬』，百衲本、貴池本並作『十萬』。
- 貴池本無『矣』字。

異、命延煦等還報、求眞璽。出帝以狀答曰、頊王從珂自焚於洛陽、玉璽不知所在、疑已焚之、先帝受命、命玉工製此璽、在位羣臣皆知之、乃已。後延煦等從帝北遷、不知其所終。

嗚呼、古之不幸無子、而以其同宗之子爲後者、聖人許之、著之禮經而不諱也、而後世闇闇鄙俚之人、則諱之。諱則不勝其欺與僞也。故其苟偷竊取嬰孩襁褓、諱其父母而自欺、以爲我生之子。曰、不如此、則不能得其一志盡愛於我。而其心必二也。而爲其子者。亦自諱其所生。而絶其天性之親。反視以爲叔伯父。以此欺其九族。

- 百衲本「王」上有「潞」字，可據。通鑑亦無「潞」字，薛史同。
- 貴池本無「生」字。

而亂其人鬼親踈之序。凡物生而有知，未有不愛其父
母者，使是子也能忍而眞絶其天性歟，曾禽獸之不若
也。使其不忍而外陽絶之，是大僞也。夫閭閻鄙俚之人
之慮於事者亦已深矣，然而苟竊欺僞不可以爲法者，
小人之事也。惟聖人則不然，以謂人道莫大於繼絶，此
萬世之通制，而天下之公行也。何必諱哉，所謂子者，未
有不由父母而生者也，故爲人後者必有所生之父，有
所後之父，此理之自然也，何必諱哉。其簡易明白，不苟
不竊，不欺不僞，可以爲通制而公行者，聖人之法也。又
以謂爲人後者所承重，故加其服以斬，而不絶其所生

此歐公所以有濮議

爲人下百衲本貴池本均有之字

• 此歐公所以有『濮議』。
• 『爲人』下，百衲本、貴池本均有『之』字。

之親者、天性之不可絶也。然而恩有屈於義、故降其服以朞。服、外物也、可以降、而父母之名不可改、故著於經曰、爲人後者爲其父母服。自三代以來、有天下國家者莫不用之、而晉氏不用也。出帝之於敬儒、絶其父道、臣而爵之、非特以其義不當立、不得已而絶之、蓋亦習見閭閻鄙俚之所爲也。五代、干戈賊亂之世也、禮樂崩壞、三綱五常之道絶、而先王之制度文章掃地而盡於是矣。如寒食野祭而焚紙錢、天子而爲閭閻鄙俚之事者多矣。而晉氏起於夷狄、以篡逆而得天下、高祖以耶律德光爲父、而出帝於德光則以爲祖而稱孫、於其所生

「服」字，彭本作「報」。

父。則臣而名之。是豈可以人理責哉

五代史卷十七

五代史卷十七考證

晉家人傳高祖二叔父一兄六弟七子二孫○臣宗萬按本傳高祖弟曰敬威敬德敬殷敬贇敬暉重允凡六子曰重貴重信重義重英重允重睿重杲凡七傳又云重允高祖弟也亦不知其爲親疎然高祖愛之養以爲子故子名加重而下齒諸子若然則重允已不在弟列而高祖止五弟矣如謂名稱亦未順便當舍子從弟而高祖止六子今傳乃以一重允而兩列其名誤矣

五代史卷十七考證

百衲本無皇字，貴本同

五代史卷十八

宋　歐　陽　修　撰

漢家人傳第六

高祖皇后李氏晉陽人也其父為農高祖少為軍卒牧馬晉陽夜入其家刦取之高祖已貴封魏國夫人生隱皇帝開運四年高祖起兵太原賞軍士帑藏不足充欲斂於民后諫曰方今起事號為義兵民未知惠而先奪其財殆非新天子所以救民之意也今後宮所有請悉出之雖其不足士亦不以為怨也高祖為改容謝之高祖即位立為皇后高祖崩隱帝冊尊為皇太后帝年少

● 百衲本無『皇』字，貴本同。

數與小人郭允明、後贊、李業等游戲宮中，后數切責之。帝曰、國家之事、外有朝廷、非太后所宜言也。太常卿張昭聞之、上疏諫帝、請親近師傅、延問正人、以開聰明。帝益不省。其後帝卒與允明等謀議、遂至於亡。初、帝與允明等謀誅楊邠、史弘肇等、議已定、入白太后、太后曰、此大事也、當與宰相議之。李業從旁對曰、先皇帝平生言、朝廷大事、勿問書生。太后深以爲不可、帝拂衣而去、曰、何必謀於閨門。邠等死、周高祖●起兵嚮京師、慕容彥超敗於劉子陂、帝欲出自臨兵、太后止之、曰、郭威本吾家人、非其危疑、何肯至此。今若按兵無動、以詔諭威、威必

當作太祖諸本作高祖誤

● 當作「太祖」，諸本作「高祖」，誤。

有說則君臣之際庶幾尚全。帝不從，以出，遂及於難。周太祖入京師，舉事皆稱太后誥。已而議立湘陰公贇爲天子，贇未至，太祖乃請太后臨朝。已而太祖出征契丹，軍士擁之以還。太祖請事太后爲母。太后誥曰：「侍中功烈崇高，德聲昭著，翦除禍亂，安定邦家，謳歌有歸，歷數攸屬，所以軍民推戴，億兆同歡。老身未終殘年，屬此多難，惟以衰朽，託於始終。載省來牋，如母見待，感認深意，涕泗橫流。」於是遷后於太平宮，上尊號曰昭聖皇太后。顯德元年春崩。隱帝舊史實錄皆無皇后，帝立三年崩，時年二十，蓋未嘗立后也。

高祖二弟三子：弟曰崇、曰信；子曰承訓、承祐、承勳。崇子

- 『感認』，武昌局本與薛史同作『感念』。
- 薛史紀同，傳作『聖德（原書爲『德聖』，疑爲筆誤，編注）皇太后』。
- 貴池本連下文，不提行。

貴池本無注字

百衲無大字

曰贇、高祖愛之以爲己子。乾祐元年、拜贇徐州節度使。
承訓早卒、追封魏王。承祐次立、是謂隱帝。承勳爲開封
尹。周太祖已敗漢兵于北郊、隱帝遇弑、太祖入京師、以
謂漢大臣必相推戴。及見宰相馮道等、道殊無意、太祖
不得已、見道猶下拜、道受太祖拜如平時、徐勞之曰、公
行良苦。太祖意色皆沮、以謂漢大臣未有推立己意、又
難於自立、因白漢太后擇立漢嗣、而宗室河東節度使
崇等在者四人、乃爲太后誥曰、河東節度使崇、許州節
度使信、皆高祖之弟、徐州節度使贇、開封尹承勳、皆高
祖之子、文武百辟其擇嗣君以承天統。於是周太祖與

・貴池本無『拜』字。
・百衲無『大』字。

郭崇本名崇威見薛史通鑑

王峻入見太后，言開封尹承勳，高祖皇帝之子，宜立。太后以承勳久病，不任爲嗣，太祖與羣臣請見承勳，視起居。太后命以臥榻舁承勳出見羣臣，羣臣視之，信然。乃共奏曰，徐州節度使贇，高祖愛之，以爲子，宜立爲嗣。乃遣太師馮道率羣臣迎贇。道揣周太祖意不在贇，謂太祖曰：公此舉由衷乎？太祖指天爲誓，道既行，謂人曰：吾平生不爲繆語人，今繆語矣。道見贇，傳太后意，召之。贇行至宋州，太祖自澶州爲兵士擁還京師，王峻慮贇左右生變，遣侍衞馬軍指揮使郭崇以兵七百騎衞贇。崇至宋州，贇登樓問崇所以來之意，崇曰，澶州軍變，懼未

● 郭崇本名崇威，見薛史、通鑑。

乾隆四年校刊

察之遣崇護衛非惡意也贇召崇崇不敢進馮道出與崇語崇乃登樓見贇已而奪贇部下兵太祖以書召道先歸留其副趙上交王度奉贇入朝太后道乃先還贇謂道曰寡人此來所恃者以公三十年舊相是以不疑道默然贇客將賈正等數目道欲圖之贇曰勿草草事豈出於公邪道已去郭崇幽贇于外館殺賈正及判官董裔牙內都虞候劉福孔目官夏昭度等太祖已監國太后乃下誥曰比者樞密使郭威志安宗社議立長君以徐州節度使贇高祖近親立爲漢嗣乃自藩鎮召赴京師雖誥命已行而軍情不附天道在北人心靡東適

彭本「奪」下脱「贇」字。
「賈正」，通鑑、十國春秋作「賈貞」。
「北」，貴池本作「此」。

當改卜之初，俾膺分土之命，贇可降授開府儀同三司、檢校太師、上桂國，封湘陰公。贇以幽死。初，贇自徐州入也，以都押衙鞏庭美、教練使楊温守徐州。庭美等聞贇不得立，乃閉城拒命。太祖拜王彥超徐州節度使，下詔諭定美等，許以刺史，并詔贇赦庭美等。廣順元年三月，彥超克徐州，庭美等皆見殺。承勳廣順元年以疾卒，追封陳王。

嗚呼，予既悲湘陰公贇之事，又嘉鞏庭美、楊温之所爲。贇於漢非嫡長，特以周氏移國，畏天下而難之，故假贇以伺間爾。當是之時，天下皆知贇之必不立也，然庭美

膺貴池本作應
桂字誤
逕改不校

・「膺」，貴池本作「應」。
・「桂」字誤，逕改不校。

百衲本溫下有之字
然貴池本作於
貴池本皆下無言字

溫區區爲賁守孤城以死其始終之迹何媿於死節之士哉然予考於實錄二人之死狀不明夫二人之事固知其無所成其所重者死爾然史氏不著不知其何以死也當王彥超之攻徐州也周嘗遣人招庭美等予得其詔書四皆言庭美等嘗已送款於周後懼罪而復叛然庭美等款狀亦不見是皆不可知也夫史之闕文可不愼哉其疑以傳疑則信者信矣予固嘉二人之忠而悲其志然不得列於死節之士者惜哉

蔡王信高祖之從弟也高祖鎭太原以信爲興捷軍都指揮使領義成軍節度使徙領許州高祖寢疾隱帝當

- 百衲本『溫』下有『之』字。
- 『然』，貴池本作『於』。
- 貴池本『皆』下無『言』字。

立爲嗣、楊邠等受顧命、不欲信在京師、乃遣信就鎮。信涕泣而去。信所至黷貨、好行殺戮、軍士有犯法者、信召其妻子、對之刲剔支解、使自食其肉、血流盈前、信命樂飲酒自如也。楊邠等死、信大喜、謂其僚佐曰、吾嘗謂天無眼、而使我鬱鬱於此者三年矣、主上孤立、幾落賊手、諸公可以勸我一杯矣。已而聞難作、信憂不能食。周太祖軍變於澶州、王峻遣前申州刺史馬鐸以兵巡檢許州、信乃自殺。周太祖即位、追封蔡王。傳先贊而後信、亦便於述事爾

• 殘忍。
• 貴池本無『前』字。
• 汲古本『述』作『實』，誤。

五代史卷十八

五代史卷十八考證

漢高祖皇后李氏傳帝年少素與小人郭允明後贊李業等游戲宮中○後贊係人名自有傳併見史弘肇傳中或以爲官名者誤也

蔡王信傳周太祖即位追封蔡王注傳先贇而後信亦便于述事耳○述監本訛實今從南本改正

五代史卷十八考證

五代史卷十九

宋　歐　陽　修　撰

周家人傳第七

太祖一后三妃。聖穆皇后柴氏，邢州堯山人也，與太祖同里，遂以歸焉。太祖微時喜飲博任俠，不拘細行，后常諫止之。太祖狀貌奇偉，后心知其貴人也，事之甚謹。及太祖即位，后已先卒，乃下詔故夫人柴氏追冊爲皇后，謚曰聖穆。

淑妃楊氏，鎮州眞定人也。父弘裕，眞定少尹。妃幼以色選入趙王宮，事王鎔。鎔爲張文禮所殺，鎮州亂，妃亦流寓民間。後嫁里人石光輔，居數年，光輔死。太祖柴夫人卒，聞妃有色而賢，遂娶之爲繼室。太祖方事漢高祖於太原，天福中妃卒，遂葬太原之近郊。太祖即位，廣順元年九月，追冊爲淑妃，拜妃弟廷璋爲右飛龍使。廷璋辭曰：「臣父老矣，願以授之。」太祖曰：「吾方思之，豈忘爾父邪。」即召弘裕，弘裕老不能行，乃就其家拜金紫光祿大夫、眞定少尹。太祖崩，葬嵩陵，一后三妃皆當陪葬，而太原未克，世宗詔有司營嵩陵之側爲虛墓以俟。顯德元年，世宗已敗劉旻於高平，遂攻太原，太原閉壁被圍，乃遷妃喪而葬之。

貴妃張氏、鎮州真定人也。祖記、成德軍節度判官、檢校兵部尚書。父同芝、事趙王王鎔爲諮呈官、官至檢校工部尚書。鎔死、鎮州亂、莊宗遣幽州符存審以兵討張文禮。裨將武從諫館於妃家、見妃尚幼、憐之、而從諫家在太原、遂以妃歸爲其子婦。久之、太祖事漢高祖於太原、楊夫人卒、而武氏子亦卒、乃納妃爲繼室。太祖貴、累封吳國夫人。太祖以兵入京師、漢遣劉銖戮其家、妃與諸子皆死。太祖即位、追冊爲貴妃。

德妃董氏、鎮州靈壽人也。祖文廣、唐深州錄事參軍。父光嗣、趙州昭慶尉。妃幼頴悟、始能言、聞樂聲、知其律呂。

貴池本無諸字從下文觀之當有諸字

● 貴池本無『諸』字，從下文觀之當有『諸』字。

年七歲、鎮州亂、其家失之、爲潞州牙將所得、寘諸褚中以歸。潞將妻嘗生女輒不育、得妃憐之、養以爲子、過於所生。居五六年、妃家悲思、其兄瑀求之、人間莫知所在。潞將仕于京師、遇瑀、欣然歸之、時年十三。瑀以嫁里人劉進超、進超亦仕晉爲內職、契丹犯闕、進超歿于虜中、妃孀居洛陽。漢高祖自太原入京師、太祖從過洛陽、聞妃有賢行、聘之。太祖建國、中宮虛位、遂冊爲德妃。廣順三年卒、年三十九。妃兄三人、瑀官至太子左贊善大夫、玄之自明皆至刺史。初、帝舉兵于魏、漢以兵圍帝第、時張貴妃與諸子青哥意哥姪守筠奉超定哥皆被誅。青

• 『五六』，薛史作『六七』。
• 彭本作『十二』，誤。
• 百衲本作『右』贊善，貴池本作『左』，不改。

哥意哥不知其母誰氏太祖即位詔故第二子靑哥贈
太尉賜名侗第三子意哥贈司空賜名信皇姪守筠贈
左領軍衛將軍以筠聲近榮爲世宗避更名守愿奉超
贈左監門衛將軍定哥贈左千牛衛將軍賜名遜世宗
顯德四年夏四月癸未詔曰禮以緣情恩以悼往矧在
友于之列尤鍾惻愴之情故皇弟贈太保侗贈司空信
景運初啓天年不登俾予終鮮實動予懷侗可贈太傳
追封郯王信司徒杞王又詔曰故皇從弟贈左領軍衛
將軍守愿贈左監門衛將軍奉超贈左千牛衛將軍遜
等頃因季世不享遐齡每念非辜難忘有慟守愿可贈

● 此處各本作「太尉」，惟（疑少删一字，編注）南監本、南昌本下作「太尉」，薛史作「太尉」，當改下一「保」字爲「尉」。
● 百衲本、貴池「天」作「大」年。
三人皆「左衛」，惟汲本作「右監門」，不采。
● 貴池本「司空」上無「贈」字。
● 百衲本「動」作「勤」，不改。
「傳」，逕改。

左衛大將軍、奉超右衛大將軍、遜右武衛大將軍。

五代史卷十九

五代史卷二十

宋　歐　陽　修　撰

周家人傳第八

周太祖聖穆皇后柴氏、無子、養后兄守禮之子以爲子、是爲世宗。守禮字克讓、以后族拜銀青光祿大夫檢校吏部尚書兼御史大夫。世宗卽位、加金紫光祿大夫檢校司空光祿卿致仕、居于洛陽、終世宗之世、未嘗至京師、而左右亦莫敢言、第以元舅禮之。而守禮亦頗恣橫、嘗殺人于市、有司以聞、世宗不問。是時王溥汪晏王彥超韓令坤等同時將相、皆有父在洛陽、與守禮朝夕往

●『汪』，百衲本、貴池本作『王』，南監本、彭本、局本同，汲古本作『汪』，當改爲『王』。

來，惟意所爲，洛陽人多畏避之，號十阿父。守禮卒年七十二，官至太傅。

嗚呼，父子之恩至矣！孟子言舜爲天子，而瞽叟殺人，則棄天下，竊負之而逃，以謂天下可無舜，不可無至公，舜可棄天下，不可刑其父，此爲世立言之說也。然事固有不得如其意者多矣！蓋天子有宗廟社稷之重，百官之衞，朝廷之嚴，其不幸有不得竊而逃，則如之何？而可予讀周史，見守禮殺人，世宗寢而不問，蓋進任天下重矣，而子於其父亦至矣，故寧受屈法之過，以申父子之道，其所以合於義者，蓋知權也。君子之於事，擇其輕重而

• 李燾長編乾德五年九月乙巳，太子少傅致仕柴守禮卒，命中使護其喪事。
• 守禮卒年，彭本作『七十一』。
• 貴池本無『立』字。

處之耳。失刑輕，不孝重也。刑者所以禁人爲非，孝者所以教人爲善，其意一也。孰爲重？刑一人，未必能使天下無殺人，而殺其父，滅天性而絕人道，孰爲重？權其所謂輕重者，則天下雖不可棄，而父亦不可刑也。然則爲舜與世宗者，宜如何？無使瞽叟守禮至於殺人，則可謂孝矣。然而有不得如其意，則擇其輕重而處之焉。世宗之知權明矣夫。

世宗三皇后，貞惠皇后劉氏，不知其世家，蓋微時所娶也。世宗爲左監門衛將軍，得封彭城縣君。世宗從太祖于魏，后留京師。太祖舉兵，漢誅太祖家屬，后見殺。太祖

● 『不可』，百衲本、貴池本作『不能』，彭本同。
● 貴池本僅『漢誅其族』四字，百衲本同。

不可百衲本貴池本作不能彭本同
貴池本僅漢誅其族四字百衲本同

卽位、追封彭城郡夫人。世宗顯德四年夏四月、始詔彭城郡夫人劉氏追冊爲皇后、有司謚曰貞惠、陵曰惠陵。

宣懿皇后符氏、其祖秦王存審、父魏王彥卿。后世王家、出於將相之貴、爲人明果有大志。初適李守貞子崇訓。守貞事漢爲河中節度使、已挾異志、有術者善聽人聲、以知吉凶、守貞出其家人使聽之。術者聞后聲、驚曰、此天下之母也。守貞益自負、曰、吾婦猶爲天下母、吾取天下復何疑哉。於是決反、而漢遣周太祖討之。逾年攻破其城、崇訓知不免、手自殺其家人、次以及后、后走匿以帷幔自蔽、崇訓惶遽求后不得、遂自殺。漢兵入其家、后儼然坐堂上，顧軍士曰：「郭公與吾王父有舊，汝輩無犯我。」軍士見之，不敢迫。太祖聞之，以謂一女子能使亂兵不敢犯，奇之，爲加慰勉，以歸彥卿。后感太祖不殺，拜太祖爲父。其母以后夫家滅亡，而獨脫死兵刃之間，以爲天幸，欲使削髮爲尼。后不肯，曰：「死生有命，天也，何必妄毀形髮爲？」太祖於后有恩，而世宗性特英銳，聞后如此，益奇之。及劉夫人卒，遂納以爲繼室。世宗即位，冊爲皇后。世宗辨急，多暴怒，而後常追悔。每怒左右，后必從容伺顏色，漸爲解說，世宗意亦隨解，由是益重之。世宗征淮，后以帝不宜親行，切諫止之。世宗不聽。師久無功，遭

乾隆四年校刊　五代史卷二十　傳　三　世宗三后

辨百衲本作卞，貴池本作性

●「辨」，百衲本作「卞」，貴池本作「性」。

大暑雨、后以憂成疾而崩。議者以方用兵、請殺喪禮、於是百官朝臨于西宮、三日而釋服、帝亦七日而釋、葬于新鄭、陵曰懿陵。後立皇后符氏、后妹也。國初遷西宮、號周太后。

世宗子七人、長曰宜哥、次〔三〕皆未名。次曰恭皇帝、次曰熙讓、次曰熙謹、次曰熙誨、皆不知其母爲誰氏。宜哥與其二皆爲漢誅。太祖卽位、詔賜皇孫名誼、贈左驍衛大將軍、諴左武衛大將軍、諴左屯衛大將軍。顯德三年、羣臣請封宗室、世宗以謂爲國日淺、恩信未及於人、而須功德大成、慶流于世而後議之可也。明年夏四月癸未

•「三」，貴池本作「二」，百衲本同，南監本作「二」，汲古本、彭本作「二」。
•「讓」，貴池本作「驤」，以兄弟名衡之，當作「讓」。
•貴池本「慶流於後世而議之可也」，不改。

貴池本脫熙
謹二字
百衲本、貴池本
蘄王上無封字

逕改

先封太祖諸子、又詔曰、父子之道、聖賢不忘、再思天關之端、愈動悲傷之抱。故皇子左驍衛大將軍誼、左武衛大將軍誠、左屯衛大將軍諴等、載惟往事、有足傷懷、宜增一字之封、仍贈三台之秩。誼可贈太尉、追封越王、誠太傅、吳王、諴太保、韓王、而皇子在者皆不封。六年、北復三關、遇疾還京師、六月癸未、皇子宗訓特進、左衛上將軍、封梁王、而宗讓亦拜左驍衛上將軍、封燕國公。後十日而世宗崩、梁王即位、是爲恭皇帝。其年八月、宗讓更名熙讓、封曹王、熙謹、熙誨皆前未封爵、遂拜熙謹右武衛大將軍、封紀王、熙誨左領軍衛大將軍、封蘄王。皇朝

• 『傳』，逕改。
• 貴池本脫『熙謹』二字。
• 百衲本、貴池本『蘄王』上無『封』字。

乾德二年十月，熙謹卒。熙讓、熙誨不知其所終。

嗚呼，至公，天下之所共也。其是非曲直之際，雖父愛其子，亦或有所不得私焉。當周太祖舉兵于魏，漢遣劉銖誅其家族於京師，酷毒備至。後太祖入立，遣人責銖，銖辭不屈，太祖雖深恨之，然以銖辭直，終不及其家也。及追封妻子之被殺者，其言深自隱痛之而已，不敢有非漢之辭焉，蓋知其曲在己也。故畧存其辭，以見周之有媿於其心者矣。

五代史卷二十

● 百衲本『嗚呼』在標題後。
● 『大梁』，汲古本、彭本均作『之梁』，南監本同。

五代史卷二十一

宋　歐陽修　撰

嗚呼，孟子謂春秋無義戰，予亦以謂五代無全臣。無者，非無一人，蓋僅有之耳。余得死節之士三人焉。其仕不及于二代者，各以其國繫之，作梁唐晉漢周臣傳。其餘仕非一代，不可以國繫之者，作雜傳。夫入于雜，誠君子之所羞，而一代之臣未必皆可貴也。覽者詳其善惡焉。

梁臣傳第九

敬翔字子振，同州馮翊人也。自言唐平陽王暉之後。少好學，工書檄。乾符中，舉進士不中，乃客大梁。翔同里人

乾隆四年校刊　五代史卷二十一　傳　一　敬翔

王發爲汴州觀察支使、遂往依焉。久之、發無所薦引、翔客益窘、爲人作牋刺、傳之軍中。太祖素不知書、翔所作皆俚俗語、太祖愛之、謂發曰、聞君有故人、可與俱來。翔見太祖、太祖問曰、聞子讀春秋、春秋所記何等事。翔曰、諸侯爭戰之事耳。太祖曰、其用兵之法、可以爲吾用乎。翔曰、兵者應變出奇以取勝、春秋古法、不可用於今。太祖大喜、補以軍職、非其所好、乃以爲館驛巡官。太祖與蔡人戰汴郊、翔時時爲太祖謀畫、多中、太祖欣然以謂得翔之晚。動靜輒以問之。太祖奉昭宗自岐還長安、昭宗召翔與李振升延喜樓、勞之、拜翔太府卿。初、太祖常

- 『爭戰』，汲古本作『戰爭』，不改。
- 敬翔大有見地。
- 百衲本、貴池本並無『翔』字。

侍殿上昭宗意衞兵有能擒之者乃佯爲鞋結解以顧太祖太祖跪而結之而左右無敢動者太祖流汗浹背由此稀復進見昭宗遷洛陽宴崇勲殿酒半起使人召太祖入內殿將有所託太祖益懼辭以疾昭宗曰卿不欲來可使敬翔來太祖遽麾翔出翔亦佯醉去太祖已破趙匡凝取荊襄遂攻淮南翔切諫以謂新勝之兵宜持重以養威太祖不聽兵出光州遭大雨幾不得進進攻壽州不克而多所亡失太祖始大悔恨歸而忿躁殺唐大臣幾盡然益以翔爲可信任梁之篡弑翔之謀爲多太祖卽位以唐樞密院故用宦者乃改爲崇政院以

•「浹」，南監本、彭本作「洽」，「流汗」作「汗流」。

•下一「翔」字，百衲本、貴池本無，不改。

翔爲使、遷兵部尚書、金鑾殿大學士。翔爲人深沉有大畧、從太祖用兵三十餘年、細大之務必關之、翔亦盡心勤勞、晝夜不寐、自言惟馬上乃得休息。而太祖剛暴難近、有所不可、翔亦未嘗顯言、微開其端、太祖意悟、多爲之改易。太祖破徐州、得時溥寵姬劉氏、愛幸之、劉氏故尚讓妻也、乃以妻翔。翔已貴、劉氏猶侍太祖、出入卧內如平時、翔頗患之。劉氏誚翔曰、爾以我嘗失身於賊乎、尚讓黃家宰相、時溥國之忠臣、以卿門地、猶爲辱我、請從此訣矣。翔以太祖故、謝而止之。劉氏車服驕侈、別置典謁、交結藩鎮、權貴往往附之、寵信言事、不下於翔、當

彭本作效
逕改

時貴家往往効之。太祖崩，友珪立，以翔先帝謀臣，懼其圖已，不欲翔居內職，乃以李振代翔爲崇政使，拜翔中書侍郎、同中書門下平章事。翔以友珪畏已，多稱疾，未嘗省事。末帝卽位，趙巖等用事，頗離間舊臣，翔愈鬱鬱不得志。其後梁盡失河北，與晉相拒楊劉，翔曰：「故時河朔半在，以先帝之武，御貔虎之臣，猶不得志於晉。今晉日益彊，梁日益削，陛下處深宮之中，所與計事者，非其近習，則皆親戚之私，而望成事乎？臣聞晉攻楊劉，李亞子負薪渡水，爲士卒先；陛下委蛇守文，以儒雅自喜，而遣賀瓌爲將，豈足當彼之餘鋒乎？臣雖憊矣，受國恩深，

乾隆四年校刊　五代史卷二十一　傳　三　敬翔

● 彭本作『效』，逕改。

若其之材，願得自效。巖等以翔爲怨言，遂不用。其後王彥章敗于中都，末帝懼，召段凝於河上。是時梁精兵悉在凝軍，凝有異志，顧望不來。末帝遽呼翔曰：「朕居常忽卿言，今急矣，勿以爲懟，卿其教我當安歸。」翔曰：「臣從先帝三十餘年，今雖爲相，實朱氏老奴爾，事陛下如郎君，以臣之心，敢有所隱。陛下初用段凝，臣已爭之，今凝不來，敵勢已迫，欲爲陛下謀，則小人間之，必不見聽。請先死，不忍見宗廟之亡。」君臣相向慟哭。翔與李振俱爲太祖所信任，莊宗入汴，詔赦梁羣臣，振喜謂翔曰：「有詔洗滌，將朝新君。」邀翔欲俱入見，翔夜止高頭車坊，將旦，左

●『振』上，百衲本、貴池本、南監本、汲古本均有『李』字，其實不必要。

右報曰、崇政李公入朝矣。翔歎曰、李振謬爲丈夫矣、復何面目入梁建國門乎、乃自經而卒。

朱珍、徐州豐人也、少與龐師古等俱從梁太祖爲盜。珍爲將善治軍選士、太祖初鎮宣武、珍爲太祖創立軍制、選將練兵甚有法。太祖得諸將所募兵及佗降兵、皆以屬珍、珍選將五十餘人皆可用。梁敗黃巢、破秦宗權、東并兗鄆、未嘗不在戰中、而常勇出諸將。太祖與晉王東逐黃巢、還過汴、館之上源驛、太祖使珍夜以兵攻之、晉王亡去、珍悉殺其麾下兵。義成軍亂、逐安師儒、師儒奔梁、太祖遣珍以兵趨滑州、道遇大雪、珍趣兵疾馳、一夕至城下，遂乘其城。義成軍以爲方雪，不意梁兵來，不爲備，遂下之。秦宗權遣盧瑭、張晊等攻梁，是時梁兵尚少，數爲宗權所困。太祖乃拜珍淄州刺史，募兵於淄青。珍偏將張仁遇白珍曰：「軍中有犯令者，請先斬而後白。」珍曰：「偏將乃欲專殺邪？」立斬仁遇以徇，軍中皆感悅。珍得所募兵萬餘以歸。太祖大喜曰：「賊在吾郊，若踐吾麥，奈何？今珍至，吾事濟矣。且賊方息兵養勇，度吾兵少，而未知珍來，謂吾不過堅守而已，宜出其不意以擊之。」乃出兵擊敗晊等，宗權由此敗亡，而梁軍威大振，以得珍兵故也。珍從太祖攻朱宣，取曹州，執其刺史丘弘禮；又

貴池本無吾字　不采

• 貴池本無『吾』字，不采。

取濮州、刺史朱裕奔于鄆州。太祖乃還汴、留珍攻鄆州。珍去鄆二十里、遣精兵挑之、鄆人不出。朱裕詐爲降書、陰使人召珍、約開門爲內應。珍信之、夜率其兵叩鄆城門、朱裕登陴開門、內珍軍。珍軍已入甕城、而垂門發、鄆人從城上磔石以投之、珍兵皆死甕城中、珍僅以身免。太祖不之責也。魏博軍亂、因樂彥貞、太祖遣珍救魏、珍破黎陽臨河李固、分遣聶金范居實等略澶州、殺魏豹子軍二千於臨黃、珍威振河朔、魏人殺彥貞、珍乃還。梁攻徐州、遣珍先攻下豐縣、又敗時溥於吳康、與李唐賓等屯蕭縣。唐賓者陝州陝人也、初爲尚讓偏將、與太祖

● 廿二史考異，『垂门』即『懸门』。
● 南監本『陝人也』，薛史『陝州陝縣人』，百衲本、貴池本作『陝人也』，不改。

戰尉氏門、爲太祖所敗、唐賓乃降梁。梁兵攻掠四方、唐賓常與珍俱、與珍威名略等、而驍勇過之。珍戰每小却、唐賓佐之、乃大勝。珍常私迎其家置軍中、太祖疑珍有異志、遣唐賓伺察之。珍與唐賓不協、唐賓不能忍、夜走還宣武、珍單騎追之、交訴太祖前。太祖兩惜其材、爲和解之。珍屯蕭縣、聞太祖將至、戒軍中治館廄以待。唐賓部將嚴郊治廄失期、軍吏督之、郊訴于唐賓、唐賓以讓珍。珍怒、拔劒而起、唐賓拂衣就珍、珍卽斬之、遣使者告唐賓反。使者晨至梁、敬翔恐太祖暴怒不可測、乃匿使者、至夜而見之、謂雖有所發、必須明旦、冀得少緩其事

柴德賡點校

而圖之。既夕、乃引珍使者入見太祖、太祖大驚、然已夜矣、不能有所發。翊日、因從容爲太祖畫、明日佯收唐賓妻子下獄、因如珍軍。去蕭一舍、珍迎謁、太祖命武士執之。諸將霍存等十餘人叩頭救珍、太祖大怒、舉胡牀擲之曰：方珍殺唐賓時、獨不救之邪。存等退、珍遂縊死。

龐師古、曹州南華人也。初名從、梁太祖鎮宣武、初得馬五百匹、爲騎兵、乃以師古將之。從破黃巢、秦宗權皆有功。太祖攻時溥、未下、留兵屬師古守之、師古取其宿遷、進屯呂梁、溥以兵二萬出戰、師古敗之、斬首二千級。孫儒逐楊行密、取揚州、淮南大亂、太祖遣師古渡淮攻儒、爲儒所敗。是時朱珍李唐賓已死、師古與霍存分將其兵。郴王友裕攻徐州、朱瑾以兵救時溥、友裕敗溥於石佛山、瑾收餘兵去。太祖以友裕可追而不追、奪其兵以屬師古。師古攻破徐州、斬溥、太祖表師古徐州留後。梁兵攻鄆州臨濟、水師古徹木爲橋、夜以中軍先濟、朱宣走中都見殺。太祖已下兗鄆、乃遣師古與葛從周攻楊行密于淮南。師古出清口、從周出安豐。師古自其微時事太祖、爲人謹甚、未嘗離左右。及爲將出兵、必受方略以行、軍中非太祖命不妄動。師古營清口、地勢卑、或請就高爲柵、師古以非太祖命不聽。淮人決水浸之、請者

- 可『追』，貴池本作『進』，不采。
- 『軍』，貴池本作『事』，不采。

告曰淮南決河上流水至矣。師古以爲搖動士卒，立斬之。已而水至，兵不能戰，遂見殺。

嗚呼，兵之勝敗，豈易言哉。梁兵彊於天下，而吳人號爲輕弱，然師古再舉擊吳，輒再敗以死。其後太祖自將出光山，攻壽春，然亦敗也。蓋自高駢死，唐以梁兼統淮南，遂與孫、楊爭，凡三十年間，三舉而三敗，以至彊遭至弱而如此。此其不可以理得也。兵法固有以寡而敗衆，以弱而勝彊者，顧吳豈足以知之哉。豈非適與其機會邪。故曰兵者凶器，戰者危事也，可不慎哉。

葛從周字通美，濮州鄄城人也。少從黃巢，巢敗，降梁，從

● 汲古本「爭」下有「矣」字，無足取。
● 「鄄」，百衲本作「甄」，誤。
● 貴池本脫一「巢」字，百衲本亦脫。

太祖攻蔡州太祖墜馬從周扶太祖復騎與敵步鬭傷面身被數瘡偏將張延壽從旁擊之從周得與太祖俱去太祖盡黜諸將獨用從周延壽爲大將秦宗權掠地潁亳及梁兵戰于焦夷從周獲其將王涓一人從朱珍收兵淄青還東兵輒戰珍得兵歸從周功爲多張全義襲李罕之於河陽罕之奔晉召晉兵以攻全義乞兵於梁太祖遣從周丁會等救之敗晉兵於沇河潞州馮霸殺晉守將李克恭以降梁太祖遣從周入潞州晉兵攻之從周不能守走河陽太祖攻魏從周與丁會先下黎陽臨河會太祖於內黃敗魏兵於永定橋從丁會攻宿

- 『大將』，薛十六本傳作『大校』。
- 百衲本重『全義』二字，汲本同，當加。
- 克『恭』，百衲本、貴池本並作『脩』，汲本同，彭本作『恭』，薛史卷一作克『恭』，不改，校。

州以水浸其城遂破之太祖攻朱瑾于兖州未下留從周圍之瑾閉壁不出從周詐言救兵至陽避之高吳夜半潛還城下瑾以謂從周已去乃出兵收外壕從周掩擊之殺千餘人晉攻魏魏人求救太祖遣侯言救魏言築壘于洹水太祖怒言不出戰遣從周代言從周至軍益閉壘不出而鑿三闇門以待晉兵攻之從周以精兵自闇門出擊敗晉兵晉王怒自將擊從周從周雖大敗而梁兵擒其子落落送于魏斬之遂從攻鄆州擒朱宣於中都又攻兖州走朱瑾太祖表從周兖州留後以兖鄆兵攻淮南出安豐會龐師古于清口從周行至濠州

● 貴池本缺下『從周』二字，百衲本有。

● 『晉兵』，貴池本作『晉王兵』，百衲本似挖去一『王』字。

● 『從攻』，百衲本作『徙攻』，貴池本同。

聞師古死遽還至渒河將渡而淮兵追之從周亦大敗
是時晉兵出山東攻相衞太祖遣從周略地山東下洺
州斬其刺史邢善益又下邢州走其刺史馬師素又下
磁州殺其刺史袁奉滔五日而下三州太祖乃表從周
兼邢州留後劉仁恭攻魏已屠貝州羅紹威求救于梁
從周會太祖救魏入于魏州燕兵攻館陶門從周以五
百騎出戰曰大敵在前何可返顧使閉門而後戰破其
八柵燕兵走追至于臨淸擁之御河溺死者甚衆太祖
以從周爲宣義行軍司馬太祖遣從周攻劉守文于滄
州以蔣暉監其軍守文求救于其父仁恭仁恭以燕兵

御河即永洛渠

• 御河即永洛渠。

救之。暉語諸將曰吾王以我監諸將、今燕兵來、不可迎
戰、宜縱其入城、聚食倉廩、使兩困而後取之、諸將頗以
爲然。從周怒曰、兵在上將、豈監軍所得言。且暉之言、乃
常談爾、勝敗之機、在吾心、暉豈足以知之。乃勒兵逆仁
恭于乾寧、戰于老鵶堤、仁恭大敗、斬首三萬餘級、獲其
將馬慎交等百餘人、馬三千匹。是時守文亦求救於晉、
晉爲攻邢洺以牽之。從周遽還、敗晉兵于青山、遂從太
祖攻鎭州、下臨城。王鎔乞盟、太祖表從周泰寧軍節度
使。從氏叔琮攻晉太原、不克。梁兵西攻鳳翔、青州王師
範遣其將劉鄩襲兖州、從周家屬爲鄩所得、厚遇之、而

乾隆四年校刊　五代史卷二十一　傳九　葛從周

邢洺百衲本作鄩洺誤

鄩

●『邢洺』，百衲本作『鄩洺』，誤。
●鄩。

不殺太祖還自鳳翔乃遣從周攻鄜從周卒招降鄜太祖即位拜左金吾衛上將軍以疾致仕拜右衛上將軍居于偃師末帝即位拜昭義軍節度使封陳留郡王食其俸于家卒贈太尉

霍存洺州曲周人也少從黃巢巢敗存乃降梁存爲將驍勇善騎射秦宗權攻汴存以三千人夜破張晊柵又以騎兵破秦賢殺三千人敗晊於赤岡從朱珍掠淄青龐師古攻時溥皆有功朱珍與李唐賓俱死乃以龐師古代珍存代唐賓以攻溥溥敗碭山存獲其將石君和等五十人梁攻宿州葛從周引水浸之丁會與存戰城

• 百衲本、貴池本無『封』字，不采。
• 百衲本作『破碭山』，貴池本作『敗碭山』，不改。

下遂下之從攻潞州與晉人遇戰馬牢川存入則當其前出則爲其殿晉人却遂東攻魏取淇門殺三千人梁得曹州太祖以存爲刺史兼諸軍都指揮使梁攻鄆州朱瑾來救梁諸將或勸太祖縱瑾入鄆耗其食堅壁勿戰以此可俱斃太祖曰瑾來必與時溥俱不若遣兵邀之存伏兵蕭縣已而瑾果與溥俱出迷離存發伏擊之遂敗瑾等於石佛山存中流矢卒太祖已即位閱騎兵於繁臺顧諸將曰使霍存在豈勞吾親閱邪諸君寧復思之乎佗日語又如此

張存敬譙郡人也爲人剛直有膽勇少事梁太祖爲將

●『壁』百衲本、貴池本作『圍』。
●『兵』，百衲本作『存』，南監本、貴池本同，擬改。

善因危窘出奇計。李罕之與晉人攻張全義於河陽，太祖遣存敬與丁會等救之，罕之解圍去。太祖以存敬爲諸軍都虞候。太祖攻徐兗，以存敬爲行營都指揮使，從葛從周攻滄州，敗劉仁恭於老鴉堤，還攻王鎔於鎮州，入其城中，取其馬牛萬計。遷宋州刺史，復從諸將攻幽州，存敬取其瀛、鄚、景四州。梁攻定州，與王處直戰懷德驛，大敗之，枕尸十餘里。梁已下鎮定，乃遣存敬攻王珂于河中，存敬出舍山下，晉絳二州，珂降于梁。太祖表存敬護國軍留後，復從宋州刺史，未至，卒于河中，贈太傅。存敬子仁頴、仁愿。仁愿有孝行，存敬卒，事其兄仁頴，

● 『莫』，百衲本、貴池本亦誤作『漠』，彭本作『莫』，是。薛史二十作『莫』。
● 貴池本訛作『舍山』。
● 『頴』〔頴，編注〕，百衲本、貴池本。
● 彭本缺『仁願』二字。

出必告、反必面、如事父之禮。仁愿曉法令、事梁唐晉、常爲大理卿、卒贈祕書監。

符道昭、蔡州人也、爲秦宗權騎將。宗權敗、道昭流落無所依。後依鳳翔李茂貞、茂貞愛之、養以爲子、名繼遠。梁攻茂貞、道昭與梁兵戰屢敗、乃歸梁。太祖表道昭秦州節度使、以亂不果行。太祖爲元帥、初開府、而李周彝以鄜州降、以爲左司馬、擇右司馬、難其人。及得道昭、乃授之。羅紹威將誅其牙兵、惡魏兵彊、未敢發、求梁爲助。太祖乃悉發魏兵使攻燕、而遣馬嗣勳助紹威誅牙兵。牙兵已誅、魏兵在外者聞之皆亂、魏將左行遷據歷亭、史

乾隆四年校刊　五代史卷二十一　傳　十一　張存敬　符道昭

百衲本誤作疆

● [彊，編注] 百衲本誤作「疆」。

仁遇據高唐以叛，道昭等從太祖悉破之。道昭爲將勇於犯敵而少成算，每戰先發多敗，而周彝等繼之乃勝。開平元年，與康懷英等攻潞州，築夾城，爲蚰蜒塹以圍之。逾年不能下。晉兵攻破夾城，道昭戰死。

劉捍，開封人也。爲人明敏，有威儀，善擯贊。太祖初鎮宣武，以爲客將，使從朱珍募兵淄青。太祖北攻鎮州，與王鎔和，遣捍見鎔。鎔軍未知梁意，方嚴兵，捍馳一騎入城中，諭鎔以太祖意，鎔乃聽命。梁兵攻定州，降王處直，捍復以一騎入慰城中。太祖圍鳳翔，遣捍入見李茂貞計事，唐昭宗召見，問梁軍中事，稱旨，賜以錦袍，拜登州刺

通引官　右長直

史、賜號迎鑾毅勇功臣。梁兵攻淮南、遣捍先之淮口、築馬頭下浮橋以渡梁兵。太祖出光山攻壽州、又使捍作浮橋于淮北以渡歸師、拜宋州刺史。太祖即位、遷左天武指揮使、元從親軍都虞候、左龍虎統軍、出爲佑國軍留後。同州劉知俊反、以賂誘捍將吏、執捍而去。知俊械之送于李茂貞、見殺。太祖哀之、贈捍太傅。

寇彦卿字俊臣、開封人也。世事宣武軍爲牙將、太祖初就鎮、以爲通引官、累遷右長直都指揮使、領洺州刺史。羅紹威將誅牙軍、太祖遣彦卿之魏計事、彦卿陰爲紹威計畫、乃悉誅牙軍。彦卿身長八尺、隆準方面、語音如

通引官。
右長直。

鍾。工騎射，好書史，善伺太祖意，動作皆如旨。太祖嘗曰：「敬翔、劉捍、寇彥卿皆天爲我生之。」其愛之如此。賜以所乘愛馬「一丈烏」。太祖圍鳳翔，以彥卿爲都排陣使。彥卿乘烏馳突陣前，太祖目之曰：「眞神將也。」初，太祖與崔胤謀欲遷都洛陽，而昭宗不許。其後昭宗奔于鳳翔，太祖以兵圍之。昭宗既出，明年，太祖以兵至河中，遣彥卿奉表迫請遷都。彥卿因悉驅徙長安居人以東，人皆拆屋爲栰，浮渭而下，道路號哭，仰天大罵曰：「國賊崔胤、朱溫使我至此！」昭宗亦顧瞻陵廟，傍徨不忍去，謂其左右爲俚語云：「紇干山頭凍死雀，何不飛去生處樂。」相與泣下

● 百衲本「東」下無「人」字。

沾襟昭宗行至華州遣人告太祖以何皇后有娠願留華州待冬而行太祖大怒顧彥卿曰汝往趣官家來不可一日留也彥卿復馳至華即日迫昭宗上道太祖即位拜彥卿感化軍節度使歲餘名爲左金吾衛大將軍充金吾衙仗使彥卿晨朝至天津橋民梁現不避道前驅捽現投橋上石欄以死彥卿見太祖自首太祖惜之詔彥卿以錢償現家以贖罪御史司憲崔沂劾奏彥卿請論如法太祖不得已責授彥卿左衛中郎將復拜襄州防禦使遷河陽節度使太祖遇弒彥卿出太祖畫像事之如生嘗對客語先朝必涕泗交下末帝即位徙鎮

● 百衲本、貴池本作「街」，汲古本作「衙」，彭本作「街」。薛史二十「充街使」。
● 1「詔，編注」彭本同，貴池本作「語」字，百衲本亦作「詔」。
● 「襄」州，百衲本、貴池本並作「相」，薛史作「相」。薛史二十作「相」州，彭本亦作「襄」。

威勝即鄧州宣化軍，唐改。

威勝。彥卿明敏善事人，而怙寵作威，好誅殺，多猜忌，卒于鎮，年五十七。

五代史卷二十一

•『威勝』，即鄧州宣化軍，唐改。

五代史卷二十一考證

葛從周傳潞州馮霸殺晉守將李克恭以降梁○恭閣本作修

五代史卷二十一考證

五代史卷二十二

宋　歐　陽　修　撰

梁臣傳第十

康懷英兗州人也事朱瑾爲牙將梁兵攻瑾瑾出詧食豐沛間留懷英守城懷英卽以城降梁瑾遂奔于吳太祖得懷英大喜後從氏叔琮攻趙匡凝下鄧州梁兵攻李茂貞于岐以懷英爲先鋒至武功擊殺岐兵萬餘人太祖喜曰邑名武功眞武功也以名馬賜之是時李周彝以鄜坊兵救岐屯于三原懷英擊走之因取其翟州而還岐兵屯奉天懷英柵其東北夜半岐兵攻之懷英

乾隆四年校刊

● 薛史二十三，本名『懷貞』，避末帝諱名，故改之。
● 百衲本作『三界原』，貴池本作『三原界』，汲古本作『三原』，薛史二十三作『三原』。

以爲夜中不欲驚它軍、獨以三千人出戰。遲明、岐兵解去、身被十餘瘡。李茂貞與梁和、昭宗還京師、賜懷英迎鑾毅勇功臣。楊行密攻宿州、太祖遣懷英擊走之、表宿州刺史、遷保義軍節度使。丁會以潞州叛梁降晉、太祖命懷英爲招討使、將行、太祖戒之、語甚切、懷英惶恐、以謂潞州期必得、乃築夾城圍之。晉遣周德威屯于亂柳、數攻夾城、懷英不敢出戰。太祖乃以李思安代懷英將、降懷英爲都虞候。久之、思安亦無功、太祖大怒、罷思安、以同州劉知俊爲招討使。知俊未至軍、太祖自至澤州、爲懷英等軍援、且督之。已而晉王李克用卒、莊宗召周

• 百衲本、貴池本作『二千』，薛史二十三作『二千餘人』。
• 『援』，貴池本訛爲『授』。

百衲本貴池本無太原二字

德威還太原、太祖聞晉有喪、德威去、亦歸洛陽、而諸將亦少弛。莊宗謂德威曰、晉之所以能敵梁、而彼所憚者、先王也。今聞吾王之喪、謂我新立、未能出兵、其意必怠、宜出其不意以擊之、非徒解圍、亦足以定霸也。乃與德威等疾馳六日、至北黄碾、會天大昏霧、伏兵三垂岡、直趨夾城、攻破之。懷英大敗、亾大將三百人、懷英以百騎遁歸、詣闕請死。太祖曰、去歲興兵、太陰虧食、占者以爲不利、吾獨違之而致敗、非爾過也、釋之以爲右衛上將軍。劉知俊叛奔于岐、以懷英爲保義軍節度使、西路副招討使。知俊以岐兵圍靈武、太祖遣懷英攻邠寧以牽

● 百衲本、貴池本無「太原」二字。

之、懷英取寧慶衍三州。還至昇平、知俊掩擊之、懷英大敗。徙鎮感化。其後朱友謙叛附于晉、以懷英討之、與晉人戰白徑嶺、懷英又大敗、徙鎮永平、卒于鎮。

劉鄩、密州安丘人也、少事青州王敬武。敬武卒、子師範立、棣州刺史張蟾叛、師範遣指揮使盧洪討蟾。洪亦叛。師範僞爲好辭召洪、洪至、迎於郊外、命鄩斬之坐上。因使鄩攻張蟾、破之、師範表鄩登州刺史、以爲行軍司馬。梁太祖西攻鳳翔、師範乘梁虛、陰遣人分襲梁諸州縣、它遣者謀多漏洩、事不成、獨鄩素好兵書、有機畧。是時梁已破朱瑾等、悉有兗鄆、以葛從周爲兗州節度使、從周將兵在外、鄩乃使人負油鬻城中、悉視城中虛實出入之所。油者得羅城下水竇可入、鄩乃以步兵五百從水竇入襲破之、從從周家屬外第、親拜其母、撫之甚有恩禮。太祖已出昭宗于鳳翔、引兵東還、遣朱友寧攻師範、從周攻鄩。鄩以版輿置從周母城上、母呼從周曰：「劉將軍待我甚厚、無異於汝、人臣各爲其主、汝可察之。」從周爲之緩攻。鄩乃悉簡婦人及民之老疾不足當敵者出之、獨與少壯者同辛苦、分衣食、堅守以待外援。久之、外援不至、人心頗離、副使王彥溫踰城而奔、守陴者多逸。鄩乃遣人陽語彥溫曰：「副使勿多以人出、非吾素遣

乾隆四年校刊　　五代史卷二十二　　劉鄩

百衲本貴池本無「入」字　汲古本有

百衲本貴池本並缺「久之外援」四字　汲古本彭本有

● 百衲本、貴池本無『入』字，汲古本有。
● 百衲本、貴池本並缺『久之外援』四字，汲古本、彭本有。

者皆勿以行。又下令城中曰、吾遣從副使者得出、否者皆族、城中皆惑奔者乃止。已而梁兵聞之、果疑彥溫非實降者、乃斬之城下。由是城守益堅。師範兵已屈、從周以禍福諭鄩、鄩報曰、俟吾主降、即以城還梁。師範敗降梁、鄩乃亦降。從周爲具齋裝送鄩歸梁、鄩曰、降將蒙梁恩不誅幸矣、敢乘馬而衣裘乎。乃素服乘驢歸梁、太祖賜之冠帶、飲之以酒、鄩辭以量小、太祖曰、取兗州量何大乎、以爲元從都押衙。是時太祖已領四鎮、四鎮將吏皆功臣舊人、鄩一旦以降將居其上、及諸將見鄩、皆用軍禮、鄩居自如、太祖益奇之。太祖即位、累遷左龍武統

● 百衲本、貴池本無「乃」字。
● 百衲本無「梁」字。
● 貴池本缺下一「鄩」字。「具」作「其」，不采。
● 元從都押「牙」［衙，編注］。
● 百衲本、貴池本並無「四鎮」二字。

軍。劉知俊叛，陷長安，太祖遣鄩與牛存節討之。知俊走鳳翔，太祖乃以長安爲永平軍，拜鄩節度使。末帝卽位，領鎭南軍節度使，爲開封尹。楊師厚卒，分相魏爲兩鎭，末帝恐魏兵亂，遣鄩以兵屯于魏縣。魏兵果亂，劫賀德倫降晉。莊宗入魏，鄩以謂晉兵悉從莊宗赴魏，而太原可襲，乃結草爲人，執以旗幟，以驢負之，往來城上，而潛軍出黃澤關，襲太原。晉兵望梁壘旗幟往來，不知其去也，以故不追。鄩至樂平，遇雨，不克進，而旋，急趨臨淸，爭魏積粟，而周德威已先至，鄩乃屯于莘縣，築甬道及河以饋軍。久之，末帝以書責鄩曰：「閫外之事，全付將軍，河

貴池本脫魏縣二字

百衲本貴池本無之字

• 貴池本脫『魏縣』二字。
• 百衲本、貴池本無『之』字。

朔諸州一旦淪没今倉儲已竭飛輓不充將軍與國同
心宜思良畫鄩報曰晉兵甚鋭未可擊宜待之末帝復
遣問鄩必勝之策鄩曰臣無奇術請人給米十斛米盡
則敵破矣末帝大怒誚鄩曰將軍蓄米將療饑乎將破
敵乎乃遣使者監督其軍鄩召諸將謀曰主上深居禁
中與白面兒謀必敗人事今敵盛未可輕動諸君以爲
如何諸將皆欲戰鄩乃悉召諸將坐之軍門人以河水
一杯飲之諸將莫測或飲或辭鄩曰一杯之難猶若此
滔滔河流可盡乎諸將皆失色是時莊宗在魏數以勁
兵壓鄩營鄩不肯出而末帝又數促鄩使出戰莊宗與

奇術　彭本作　奇技不采

•「奇術」，彭本作「奇技」，不采。

諸將謀曰劉鄩學六韜喜以機變用兵本欲示弱以襲我今其見迫必求速戰乃聲言歸太原命符存審守魏陽爲西歸而潛兵貝州鄩果報末帝曰晉王西歸魏無備可擊乃以兵萬人攻魏城東莊宗自貝州返趨擊之鄩忽見晉軍驚曰晉王在此邪兵稍却追至故元城莊宗與符存審爲兩方陣夾之鄩爲員陣以禦晉人兵再合鄩大敗南奔自黎陽濟河保滑州末帝以爲義成軍節度使明年河朔皆入于晉降鄩亳州團練使兗州張萬進反拜鄩兗州安撫制置使萬進敗死乃拜鄩泰寧軍節度使朱友謙叛陷同州末帝以鄩爲河東道招討

• 百衲本無「而」字，貴池本亦無，不改。

• 「員」字，當依百衲本、貴池本作「圓」，汲古本亦作「員」，南監本。

使行次陝州，鄩爲書以招友謙，友謙不報。留月餘，待之
尹皓、段凝等素惡鄩，乃譖之，以爲鄩與友謙親家，故其
逗留以養賊。已而鄩兵數敗，乃罷鄩歸洛陽，酖殺之，年
六十四，贈中書令。子遂凝、遂雍，事唐皆爲刺史。鄩妾王
氏有美色，鄩卒後，入明宗宮中，是爲王淑妃。明宗晚年，
淑妃用事，鄩二子皆被恩寵。潞王從珂反於鳳翔，時遂
雍爲西京副留守，留守王思同帥諸鎮兵討鳳翔，戰敗
東歸，遂雍閉門不納，悉封府庫以待潞王。潞王前軍至
者，悉以金帛給之。潞王見遂雍，握手流涕，由是事無大
小皆與圖議。廢帝入立，拜遂雍淄州刺史，以鄩兄琪之

•『尹』皓，汲古閣本作『伊』皓，薛史二十二作『尹』。
•廿二史考異『遂凝』官隰州刺史，見范延光傳，又爲華州節度使，見一行傳。

子遂清代。遂雍爲西京副留守。遂清歷易棣等五州刺史，皆有善政，遷鳳州防禦使、宣徽北院使、判三司。晉開運中，爲安州防禦使，以卒。遂清性至孝，居父喪，哀毀，鄉里稱之。嘗爲淄州刺史，迎其母，母及郊，遂清爲母執轡行數十里，州人咸以爲榮。

牛存節字贊正，青州博昌人也，初名禮，事諸葛爽於河陽。爽卒，存節顧其徒曰：「天下洶洶，當得英雄事之。」乃率其徒十餘人歸梁太祖。存節爲人木彊忠謹，太祖愛之，賜之名字，以爲小校。張晊攻汴，存節破其二寨。梁攻濮州，戰南劉橋、范縣，存節功多。李罕之圍張全義於河陽，全義乞兵於梁太祖以存節故事河陽、知其間道、使以兵爲前鋒。是時歲饑、兵行乏食、存節以金帛就民易乾葚以食軍、擊走罕之。太祖攻魏、存節下魏黎陽臨河、殺魏萬二千人、與太祖會內黃、遷滑州牢城遏後指揮使。梁兵攻鄆、存節使都將王言藏船鄆西北隅濠中、期以日午渡兵踰濠急攻之。會營中火起、鄆人登城望火、言伏不敢動、與存節失期。存節獨破鄆西甕城門、奪其濠橋、梁兵得俱進、遂破朱宣。從葛從周攻淮南、從周敗渒河、存節收其散卒八千以歸、拜亳宿二州刺史。朱瑾走吳、召吳兵攻徐宿、存節謀曰、淮兵必不先攻宿、然宿溝

● 貴池本脫『存節』二字。

● 『潞』人，百衲本、貴池本皆作『路』。

貴池本脫存節二字
潞之百衲本、貴池本皆作路

壘素固，可以禦敵，乃夜以兵急趣徐州。比傳徐城下，瑾兵方至，望其塵起，驚曰，梁兵已來，何其速也，不能攻而去。已而太祖使者至，授存節軍機，悉與存節意合，由是諸將益服其能。遷潞州都指揮使。太祖攻鳳翔，使召存節。存節爲將，法令嚴整，而善得士心，潞人送者皆號泣。累拜邢州團練使、元帥府左都押衙。太祖即位，拜右千牛衛上將軍。從康懷英攻潞州，爲行營排陣使。晉兵已破夾城，存節等以餘兵歸，行至天井關，聞晉兵攻澤州，存節顧諸將曰，吾行雖不受命，然澤州要害，不可失也。諸將皆不欲救之，存節戒士卒熟息，已而謂曰，事急不赴、豈曰勇乎、舉策而先、士卒隨之。比至澤州、州人已焚外城將降晉、聞存節至、乃稍定。存節入城、助澤人守。晉人穴地道以攻之、存節選勇士數十、亦穴地以應之、戰于隧中、敵不得入、晉人解去。遷左龍虎統軍、六軍都指揮使、絳州刺史、遷鄜州留後。同州劉知俊叛奔鳳翔、乃遷存節匡國軍節度使。友珪立、朱友謙叛附于晉、西連鳳翔、存節東西受敵。同州水鹹而無井、知俊叛梁以渴不能守而走、故友謙與岐兵合圍持久、欲以渴疲之。存節禱而擇地、鑿井八十、水皆甘可食、友謙卒不能下。末帝立、加同中書門下平章事、徙鎮天平。蔣殷反徐州、遣

• 『而先』，貴池本作『西先』，誤。

• 貴池本無『戰于』二字。

丘貴池本訛作立

存節攻破之、以功加太尉。梁晉相距於河上、存節病痟、而梁晉方苦戰、存節忠憤彌激、治軍督士未嘗言病。病革、召歸京師、將卒、語其子知業曰、忠孝吾子也、不及其佗、贈太師。

張歸霸清河人也。末帝娶其女、是爲德妃。歸霸少與其弟歸厚歸弁俱從黃巢、巢敗東走、歸霸兄弟乃降梁。秦宗權攻汴、歸霸戰數有功。張晊軍赤岡、以騎兵挑戰、矢中歸霸、歸霸拔之、反以射賊、一發而斃、奪其馬而歸。太祖從高丘望見、甚壯之、賞以金帛、并以其馬賜之。使以弓手五百人伏湟中、太祖以騎數百爲遊兵過晊柵、晊

「丘」，貴池本訛作「立」。

出兵追太祖，歸霸發伏，殺蹬兵千人，奪馬數十匹。太祖攻蔡州，蔡將蕭顥急擊太祖營，歸霸不暇請，與徐懷玉分出東南壁門，合擊敗之，太祖得拔營去。太祖攻兗、鄆，取曹州，使歸霸以兵數千守之，與朱瑾逆戰金鄉，大敗之。又破濮州，晉人攻魏，歸霸從葛從周救魏，戰洹水，歸霸擒克用子落落以與魏人。又破劉仁恭於內黃，功出諸將右。光化二年，權知邢州，遷萊州刺史，拜左衛上將軍、曹州刺史。開平元年，拜右龍虎統軍、左驍衛上將軍。二年，拜河陽節度使，以疾卒。子漢傑，事末帝爲顯官，以張德妃故用事。梁亡，唐莊宗入汴，遂族誅。弟歸厚，字德

安重誨傳有廳子馬、薛史張歸厚傳作廳子馬

坤、爲將善用弓槊，能以少擊衆。張晊屯赤岡，歸厚與晊獨戰陣前，晊憊而却，諸將乘之，晊遂大敗。太祖大悦，以爲騎長。梁攻時溥，歸厚以麾下先進，九里山遇徐兵而戰。梁故將陳璠叛在徐，歸厚望見識之，瞋目大罵，馳騎直往取之，矢中其左目。郴王友裕攻鄆，屯濮州，太祖從後至，友裕徙柵與太祖相失。太祖卒與鄆兵遇，太祖登高望之，鄆兵纔千人，太祖與歸厚以廳子軍直衝之，戰已合，鄆兵大至，歸厚度不能支，以數十騎衛太祖先還。歸厚馬中矢僵，乃持槊步鬬。太祖還軍中，遣張筠馳騎第取之，以爲必死矣。歸厚體被十餘箭，得筠馬乃歸。太

• 安重誨傳有『廳子馬』，薛史張歸厚傳作『廳子馬』。

長劍

拔山都　都貴池本作軍　百衲本同

祖見之、泣曰、爾在、喪軍何足計乎、使昇歸宣武。遷右神武統軍、歷洺晉絳三州刺史。與晉人屢戰、未嘗屈。乾化元年、拜鎭國軍節度使、以疾卒。子漢卿、歸弁爲將亦善戰、開平初、爲滑州長劒指揮使、子漢融。梁亡皆族誅。

王重師許州長社人也。爲人沉嘿多智、善劒槊。秦宗權陷許州、重師脫身歸梁。從太祖平蔡、攻兗鄆、爲拔山都指揮使。重師苦戰齊魯間、威震鄰敵、遷穎州刺史。太祖攻濮州、已破、濮人積草焚之、梁兵不得入。是時重師方病金瘡、臥帳中、諸將强之、重師遽起、悉取軍中氈毯、沃以水、蒙之火上、卒精卒以短兵突入、梁兵隨之皆入、遂

• 長劍。

• 『拔山都』，『都』貴池本作『軍』，百衲本同。

取濮州。重師身被八九瘡、軍士負之而還。太祖聞之、驚曰、奈何使我得濮州而失重師乎。使醫理之、逾月乃愈。王師範降、表重師青州留後、累遷佑國軍節度使、同中書門下平章事。居數年、甚有威惠。重師與劉捍故有隙、捍嘗構之太祖、太祖疑之。重師遣其將張君練西攻邠鳳、而不先請、君練兵小敗、太祖以其擅發兵、挫失國威、將召而罪之。遣劉捍代重師。重師不知太祖怒已、捍至、重師不出迎、見之青門、禮又倨。捍因馳白太祖、言重師有二志、太祖益怒、貶重師溪州刺史、再貶崖州司戶參軍、未行賜死。

左長劍

徐懷玉、亳州焦夷人也。少事梁太祖，與太祖俱起微賤。懷玉爲將，以雄豪自任，而勇於戰陣。從太祖鎮宣武，爲永城鎮將。秦宗權攻梁，壁金隄靈昌酸棗，懷玉以輕騎連擊破之，俘殺五千餘人。遷左長劍都虞候。又破宗權於板橋赤岡，拔其八柵。從太祖東攻兗鄆，破徐宿。懷玉金創被體，戰必克捷，所得賞賚，往往以分士卒，爲梁名將。本名琮，太祖賜名懷玉。從太祖攻魏，敗魏兵黎陽，遂東攻兗，破朱瑾於金鄉。又從龐師古攻楊行密，師古敗清口，懷玉獨完一軍，行收散卒萬餘人以歸。遷沂州刺史，屬歲屢豐，乃繕兵治壁，爲戰守具。已而王師範叛梁，

• 左長劍。

百衲本貴池本均無梁字
薛史廿作左羽林
百衲本貴池本汲古本彭本均有兵字當增

攻梁東境，懷玉屢以州兵擊破之。遷齊州防禦使。天復四年，以州兵西迎昭宗都洛陽，遷華州觀察留後，以兵屯雍州。遷右羽林統軍，屯于澤州。晉人攻之，爲隧以入，懷玉擊之，隧中晉人乃却。太祖時，歷曹、晉二州刺史。晉數攻之，懷玉堅守，敗晉兵于洪洞，拜保大軍節度使。太祖崩，友珪自立，朱友謙附于晉，以襲鄜州，執懷玉殺之。

乾隆四年校刊

- 百衲本、貴池本均無『梁』字。
- 薛史二十一作『左羽林』。
- 百衲本、貴池本、汲古本、彭本均有『兵』字，當增。

五代史卷二十二

五代史卷二十二考證

劉鄩傳飲之以酒鄩辭以量小太祖曰取兗州量何大乎○大監本訛小今從閣本改正

鄩兵數敗乃罷歸洛陽酖殺之○臣文清按司馬光通鑑云密令留守張宗奭酖之丁亥卒胡三省考異莊宗實錄則云憂恚發病卒存考

五代史卷二十二考證

● 貴池本缺『罕之』二字。
● 貴池本脫『師厚在籍中』五字。
● 百衲本少一『梁』字，貴本同，此字可省。

五代史卷二十三

宋　歐　陽　修　撰

梁臣傳第十一

楊師厚，潁州斤溝人也。少事河陽李罕之，罕之降晉，選其麾下勁卒百人獻于晉王，師厚在籍中。師厚在晉無所知名，後以罪奔于梁。梁太祖以爲宣武軍押衙、曹州刺史。梁攻王師範，師厚戰臨朐，擒其偏將八十餘人，取棣州，以功拜齊州刺史。太祖攻趙匡凝於襄陽，遣師厚爲先鋒，師厚取穀城西童山木爲浮橋，渡漢水，擊匡凝，敗之。匡凝棄城走，師厚進攻荆南，又走匡凝弟匡明，功爲多拜山南東道節度使同中書門下平章事劉知俊叛攻陷長安劉鄩牛存節等攻之久不克師厚以奇兵傍南山入其西門降其守者遂克之晉周德威攻晉州以應知俊師厚敗之于蒙坑以功遷保義軍節度使徙鎮宣義是時梁兵攻趙久無功太祖病臥洛陽少間乃自將北擊趙師厚從太祖至洹水夜行迷失道明旦次魏縣聞敵將至梁兵潰亂不可止久之無敵乃定已而太祖疾作乃還明年少間而晉軍攻燕燕王劉守光求援於梁太祖爲之擊趙以牽晉屯於龍花遣師厚攻棗彊三月日一作不能下太祖怒自往督戰乃破屠之進圍

● 百衲本、貴池本『傍』上有『出』字。汲本無『出』字，南監本無。

● 百衲本『督』下有『兵』字，貴池本同。

蓚縣。晉史建瑭以輕兵夜擊梁軍，梁軍大擾，太祖與師厚皆棄輜重南走。太祖還東都，師厚留屯魏州。明年，太祖遇弒，友珪自立，師厚乘間殺魏牙將潘晏、臧延範等，逐出節度使羅周翰，友珪因以師厚爲天雄軍節度使。自太祖與晉戰河北，師厚嘗爲招討使，悉領梁之勁兵，太祖崩，師厚遂逐其帥，而稍矜倨難制。故時魏侍牙兵其帥得以倔彊，羅紹威時牙兵盡死，魏勢孤，始爲梁所制。師厚已得志，乃復置銀槍効節軍，友珪陰欲圖之，召師厚入計事，其吏田溫等勸師厚勿行，師厚曰：吾二十年不負朱家，今若不行，則見疑而生事。然吾知上爲人，

• 「三月」下貴池本無小注，南監本、彭本作「三日」，無注，薛史作「逾旬」。劉校，二月乙亥，圍棗強，三月丙戌拔之，十二日耳。疑作「三日」是。

• 「其帥」，貴池本誤作「其師」。

• 劉校，「明年」二字衍，三月圍棗強，六月帝崩也。

• 「嘗」，百衲本、貴池本作「常」，當改正。

• 百衲本「時」上無「故」字，貴池本同。

十餘貴池本作千餘，薛史亦作十餘人

雖往，無如我何也。乃以勁兵二萬朝京師，留其兵城外，以十餘人自從，入見友珪。友珪益恐懼，賜與鉅萬而還。已而末帝謀討友珪，問於趙巖，巖曰：「此事成敗在招討楊公爾，得其一言諭禁軍，吾事立辦。」末帝乃遣馬慎交陰見師厚，布腹心。師厚猶豫未決，謂其下曰：「方郢王弒逆時，吾不能卽討，今君臣之分已定，無故改圖，人謂我何？」其下或曰：「友珪弒父與君，乃天下之惡，均王仗大義以誅賊，其事易成，彼若一朝破賊，公將何以自處？」師厚大悟，乃遣其將王舜賢至洛陽見袁象先計事，使朱漢賓以兵屯滑州爲應。末帝卒與象先殺友珪。末帝卽位，

• 『十餘』，貴池本作『千餘』，薛史亦作『十餘』人。

封師厚鄴王、詔書不名、事無鉅細、皆以諮之、然心益忌而畏之。已而師厚瘍發卒、末帝爲之受賀於宮中。由是始分相魏爲兩鎭。魏軍亂、以魏博降晉、梁失河北自此始。

王景仁、廬州合淝人也、初名茂章。少從楊行密起淮南。景仁爲將、驍勇剛悍、質略無威儀、臨敵務以身先士卒、行密壯之。梁太祖遣子友寧攻王師範于青州、師範乞兵於行密、行密遣景仁以步騎七千救師範。師範以兵背城爲兩柵、友寧夜擊其一柵、柵中告急、趣景仁出戰、景仁按兵不動。友寧已破一柵、連戰不已、遲明、景仁度

• 友寧朗王存之子，六十一卷楊行密傳亦誤。

友寧兵已困，乃出戰，大敗之，遂斬友寧，以其首報行密。是時梁太祖方攻鄆州，聞子友寧死，以兵二十萬倍道而至。景仁閉壘示怯，伺梁兵怠，毀柵而出，驅馳疾戰，戰酣退坐，召諸將飲酒，已而復戰。太祖登高望見之，得青州降人，問飲酒者爲誰，曰：王茂章也。太祖歎曰：使吾得此人爲將，天下不足平也。梁兵又敗，景仁軍還，梁兵急追之。景仁度不可走，遣裨將李虔裕以衆一旅設伏於山下以待之，留軍不行，解鞍而寢。虔裕疾呼曰：追兵至矣，宜速走。虔裕以死遏之。景仁曰：吾亦戰於此也。虔裕三請，景仁乃行，而虔裕卒戰死。梁兵以故不能及，而景

●『伏』，貴池本作『覆』，百衲本同，彭本亦作『覆』。

仁全軍以歸。景仁事行密爲潤州團練使。行密死，子渥自宣州入立，以景仁代守宣州。渥已立，反求宣州故時物，景仁惜不與，渥怒，以兵攻之。景仁奔于錢鏐，鏐表景仁領宣州節度使。梁太祖素識景仁，乃遣人召之，景仁間道歸梁，仍以爲寧國軍節度使，加同中書門下平章事。久之未有以用，使參宰相班奉朝請而已。開平四年，以景仁爲北面招討使，將韓勍、李思安等兵伐趙，行至魏州，司天監言太陰虧，不利行師，太祖亟召景仁等還。已而復遣之。景仁已去，太祖思術者言，馳使者止景仁於魏，以待。景仁已過邢洺，使者及之，景仁不奉詔，進營

● 『故時物』，百衲本作『故物』，汲古本與此同。

於柏鄉乾化元年正月庚寅日有食之崇政使敬翔白太祖曰兵可憂矣太祖爲之旰食是日景仁及晉人戰大敗於柏鄉景仁歸訴於太祖太祖曰吾亦知之蓋韓勍李思安輕汝爲客而不從節度爾乃罷景仁就第後數月悉復其官爵末帝立以景仁爲淮南招討使使攻廬壽軍過獨山山有楊行密祠景仁再拜號泣而去戰于霍山梁兵敗走景仁殿而力戰以故梁兵不甚敗景仁歸京師病疽卒贈太尉

賀瓌字光遠濮州人也事鄆州朱宣爲都指揮使梁太祖攻朱瑾于兖州宣遣瓌與何懷寶柳存等以兵萬人

• 錢大昕曰，『庚寅』下失『書朔』字，按，此非本紀，何用書朔，當從司天考作『正月丙戌』。
• 貴池本、百衲本無『而』字。
• 『使』字，百衲本、貴池本無。
• 纂誤，『霍山』當是『霍丘』，原誤，當改。

[illegible]本均
百衲本缺瓌
等大敗四字
旦[illegible]本作
且，百衲本在
旦且之間
南監本作旦

救兗州，瓌趨待賓館，欲絕梁餉道。梁太祖略地至中都，得降卒言瓌等兵趨待賓館矣，以六壬占之，得斬關，卦名以爲吉，乃選精兵夜疾馳百里，期先至待賓以逆瓌。而夜黑兵失道，旦至鉅野東，遇瓌兵擊之，瓌等大敗。瓌走，梁兵急追之，瓌顧路窮，登塚上大呼曰：我賀瓌也，可勿殺我。太祖馳騎取之，并取懷寶等數十人。降其卒三千餘人。是日大風揚沙蔽天，太祖曰：天怒我殺人少邪。即盡殺降卒三千人，而縶瓌及懷寶等至兗城下，以招瑾。瑾不納，因斬懷寶等十餘人，而獨留瓌。瓌感太祖不殺，誓以身自效，從太祖平青州，以爲曹州刺史。太祖即位

- 百衲本、貴池本均缺「瓌等大敗」四字。
- 「旦」，貴池本作「且」，百衲本在「旦且」之間，南監本作「旦」。

累遷相州刺史。末帝時，遷左龍虎統軍、宣義軍節度使。貞明元年，魏兵亂，賀德倫降晉，晉王入魏州，劉鄩敗于故元城，走黎陽，貝、衞、洛、磁諸州皆入于晉。晉軍取楊劉，末帝乃以瓌爲招討使，與謝彥章等屯于行臺。晉軍迫瓌十里而柵，相持百餘日。瓌與彥章有隙，伏甲殺之。莊宗喜曰：「將帥不和，梁亡無日矣。」乃令軍中歸其老疾於鄴，以輕兵襲濮州。瓌自行臺躡之，戰于胡柳陂。晉人輜重在陣西，瓌軍薄之，晉軍亂，斬其將周德威，盡取其輜重。瓌軍已勝，陣無石山，日暮，晉軍仰攻之，瓌軍下山擊晉軍，瓌大敗。晉遂取濮州，城德勝，夾河爲柵。瓌以舟兵

• 『磁』，百衲本作『慈』，貴池本同，誤。汲古本『磁』作『磁』，南監本作『磁』。
• 『楊劉』，百衲本作『劉鄩』，誤。
• 百衲本『薄』上有『將』字，貴池本同。
• 九行『瓌』字百衲本脫，貴亦脫。

踏白
衡山

踏白。衡山。

攻南柵、不能得、還軍行臺、以疾卒、年六十二。贈侍中。有子光圖。凡言有子某者皆世皇朝有聞。

王檀字衆美、京兆人也。少事梁太祖爲小校。尚讓攻梁、戰尉氏門、檀勇出諸將、太祖奇之、遷踏白副指揮使。從朱珍募兵東方、戰數有功。梁與蔡兵戰板橋、李重裔馬踣、爲蔡兵所擒、檀馳取之、并獲其將一人。從太祖破魏內黃、遷衡山都虞候。復從朱珍攻徐州、檀獲其將一人。梁兵攻王師範、檀以一軍破其密州、拜密州刺史。太祖卽位、遷保義軍節度使、潞州東北面招討使。王景仁敗於柏鄉、晉兵圍邢州、太祖大懼、欲自將救之。檀止太祖、請自拒敵力戰卒全邢州、以功加同中書門下平章事、進封瑯琊郡王。友珪立、徙鎭宣化。貞明元年、又徙匡國。是時莊宗取魏博、檀以謂晉兵悉在河北、乃以奇兵西出陰地、襲太原、不克而還。徙鎭天平。檀嘗招納亡盜居帳下、帳下兵亂、入殺檀、年五十八。贈太師、謚曰忠毅。

馬嗣勳、濠州鍾離人也、少事州爲客將。爲人材武有辯。梁太祖攻濠州、刺史張遂遣嗣勳持牌印降梁。楊行密攻遂、遂又使嗣勳乞兵於太祖。梁兵未至、濠州已沒、嗣勳無所歸、乃留事梁、太祖以爲宣武軍元從押衙。太祖西攻鳳翔、行至華州、遣嗣勳入說韓建、建卽時出降。天

• 貴池本『爲州客將』，不采。

祐二年、羅紹威將誅牙軍乞兵於梁梁女嫁魏適死太祖乃遣嗣勲以長直千人爲綵輿入魏致兵器於輿中聲言助葬嗣勲館銅臺夜與魏新鄉鎮兵攻石柱門入迎紹威家屬衛之乃益取魏甲兵攻牙軍牙軍不知兵所從來莫能爲備殺其八千餘人遲明皆盡嗣勲中重瘡卒太祖卽位贈太保

王虔裕瑯琊臨沂人也爲人健勇善騎射以弋獵爲生少從諸葛爽起青棣間其後爽爲汝州防禦使率兵北擊沙陀還入長安攻黃巢爽兵敗降巢巢以爽爲河陽節度使中和三年孫儒陷河陽虔裕隨爽奔于梁是時

● 牙軍。
●「瘡」，南監本、彭本作「創」。
● 孫儒陷河陽在光啓二年。
● 與仲方奔梁。

太祖新就鎮、黄巢秦宗權等兵方盛、太祖數爲所窘、而梁未有佗將、乃以虔裕將騎兵常爲先鋒、擊巢陳蔡間、拔其數柵、巢走、梁兵躡之、戰于萬勝、戍巢敗而東、虔裕功爲多、乃表虔裕義州刺史、黄巢已去、秦宗權攻許鄭、與梁爲敵境、大小百餘戰、虔裕常有功、秦賢攻汴南境、太祖遣虔裕拒賢於尉氏、戰敗、失一裨將、太祖怒、拘虔裕於軍中、邢州孟遷降梁、爲晉人所圍、太祖遣虔裕以精兵百人疾馳、夜破晉圍、入邢州、遲明、立梁旗幟於城上、晉人以爲救兵至、乃退、已而晉兵復來、遷執虔裕降于晉、見殺。

●『秦賢』，百衲本、貴池本作『秦宗賢』，然下又稱『賢』，不云『宗賢』也。薛史作『秦宗賢』，梁紀一作『秦賢』，通鑑作『秦賢』。

慧 百衲本貴池本作惠
貴池本脫從周二字

謝彥章許州人也幼事葛從周從周憐其敏慧養以爲子授之兵法從周以千錢置大盤中爲行陣偏伍之狀示以出入進退之節彥章盡得之及壯事梁太祖爲騎將是時賀瓌善用步卒而彥章與孟審澄侯溫裕皆善將騎兵審澄溫裕所將不過三千彥章多而益辦彥章事末帝累遷匡國軍節度使貞明四年晉攻河北賀瓌爲北面招討使彥章爲排陣使屯于行臺彥章爲將好禮儒士雖居軍中嘗儒服或臨敵御衆肅然有將帥之威左右馳驟疾若風雨晉人望其行陣齊整相謂曰謝彥章必在此也其名重敵中如此瓌心忌之彥章與瓌

• 『慧』，百衲本、貴池本作『惠』。
• 貴池本脫『從周』二字。

行視郊外，瓌指一地語彥章曰：此地岡阜隆起，其中坦然，營柵之地也。已而晉兵柵之，瓌疑彥章陰以告晉，益惡之。彥章故與馬步都虞候朱珪有隙，瓌欲速戰，彥章請持重以老敵，珪乃誣彥章以爲將反，瓌旦享士，使珪伏甲殺之，審澄、温裕皆見害。

五代史卷二十三

隆下衲本誤作陸

·「隆」，百衲本誤作「陸」。

五代史卷二十三考證

王檀傳從朱珍募兵東方○從監本訛後今從閣本改正

五代史卷二十三考證

五代史卷二十四

宋　歐陽修　撰

唐臣傳第十二

郭崇韜，代州鴈門人也。爲河東教練使，爲人明敏能應對，以幹材見稱。莊宗爲晉王，孟知祥爲中門使，崇韜爲副使。中門之職，參管機要，先時吳珙、張虔厚等皆以中門使相繼獲罪，知祥懼，求外任。莊宗曰：「公欲避事，當舉可代公者。」知祥乃薦崇韜爲中門使，甚見親信。晉兵圍張文禮于鎮州，久不下，而定州王都●引契丹入寇。契丹至新樂，晉人皆恐，欲解圍去，莊宗未決。崇韜曰：「契丹之

●「王都」，劉校，薛史同，通鑑及是書王處直傳皆作「王郁」，此作「都」，誤。

來非救文禮爲王都以利誘之耳且晉新破梁軍宜乘已振之勢不可遽自退怯莊宗然之果敗契丹莊宗即位拜崇韜兵部尚書樞密使梁王彥章擊破德勝唐軍東保楊劉彥章圍之莊宗登壘望見彥章爲重塹以絶唐軍意輕之笑曰我知其心矣其欲持久以弊我也即引短兵出戰爲彥章伏兵所射大敗而歸莊宗問崇韜計安出是時唐已得鄆州矣崇韜因曰彥章圍我於此其志在取鄆州也臣願得兵數千據河下流築壘於必爭之地以應鄆州爲名彥章必來爭既分其兵可以圖也然板築之功難於卒就陛下日以精兵挑戰使彥章

- 『圖』，百衲本、貴池本作『圍』，是。惟汲古本作『圖』，南監本『圍』。
- 百衲本、貴池本無『於』字。

兵不得東十日壘成矣莊宗以爲然乃遣崇韜與毛彰將數千人夜行所過驅掠居人毀屋伐木渡河築壘於博州東晝夜督役六日壘成彥章果引兵急攻之時方大暑彥章兵熱死及攻壘不克所失大半還趨楊劉莊宗迎擊遂敗之康延孝自梁奔唐先見崇韜崇韜延之臥內盡得梁虛實是時莊宗軍朝城段凝軍臨河唐自失德勝梁兵日掠澶相黎陽衞州而李繼韜以澤潞叛入于梁契丹數犯幽涿又聞延孝言梁方召諸鎮兵欲大舉唐諸將皆憂惑以謂成敗未可知莊宗患之以問諸將諸將皆曰唐得鄆州隔河難守不若棄鄆與梁而

乾隆四年校刊　五代史卷二十四　傳　十二　郭崇韜

● 百衲本、貴池本、彭本均作「璋」，薛史作「璋」，當改正。南監同，汲古本作「彰」。
● 「大」，百衲本作「太」。
● 「相」下百衲本、貴池本有「取」字，當增。

西取衛州黎陽以河爲界與梁約罷兵毋相攻庶幾以爲後圖莊宗不悅退臥帳中召崇韜問計崇韜曰陛下興兵仗義將士疲戰爭生民苦轉餉者十餘年矣況今大號已建自河以北人皆引首以望成功而思休息今得一鄆州不能守而棄之雖欲指河爲界誰爲陛下守之且唐未失德勝時四方商賈征輸必集薪芻糧餉其積如山自失南城保楊劉道路轉徙耗亡大半而魏博五州秋稼不稔竭民而斂不支數月此豈按兵持久之時乎臣自康延孝來盡得梁之虛實此真天亡之時也願陛下分兵守魏固楊劉而自鄆長驅擣其巢穴不出

• 百衲本、貴池本並作『必』，彭本作『畢』。劉校謂當作『畢』。南監、汲本同。

半月天下定矣。莊宗大喜曰、此大丈夫之事也。因問司天、司天言歲不利用兵。崇韜曰、古者命將鑿凶門而出、況成算已決、區區常談、何足信也。莊宗即日下令軍中、歸其家屬於魏、夜渡楊劉、從鄆州入襲汴州、八日而滅梁。莊宗推功、賜崇韜鐵券、拜侍中、成德軍節度使、依前樞密使。莊宗與諸將以兵取天下、而崇韜未嘗居戰陣、徒以謀議居佐命第一之功、位兼將相、遂以天下為己任、遇事無所迴避、而宦官、伶人用事、特不便也。初、崇韜與宦者馬紹宏俱為中門使、而紹宏位在上。及莊宗即位、二人當為樞密使、而崇韜不欲紹宏在己上、乃以張

• 「何足」，貴池本、百衲本作「豈作」（此條百衲本作「豈足」，疑筆誤，編注），不改。

• 汴「州」，百衲本、貴池本、南監本作汴「用」，彭本亦作「用」。

居翰爲樞密使，紹宏爲宣徽使。紹宏失職怨望，崇韜因置內勾使，以紹宏領之，凡天下錢穀出入于租庸者，皆經內勾。既而文簿繁多，州縣爲弊，遽罷其事，而紹宏尤側目。崇韜頗懼，語其故人子弟曰：「吾佐天子取天下，今大功已就，而羣小交興，吾欲避之，歸守鎮陽，庶幾免禍可乎？」故人子弟對曰：「俚語曰：『騎虎者勢不得下。』今公權位已隆，而下多怨嫉，一失其勢，能自安乎？」崇韜曰：「奈何？」對曰：「今中宮未立，而劉氏有寵，宜請立劉氏爲皇后，而多建天下利害以便民者，然後退而乞身。天子以公有大功而無過，必不聽公去，是外有避權之名，而內有中宫之助又爲天下所悦雖有讒間其可動乎崇韜以爲然乃上書請立劉氏爲皇后崇韜素廉自從入洛始受四方賂遺故人子弟或以爲言崇韜曰吾位兼將相祿賜巨萬豈少此邪今藩鎮諸侯多梁舊將皆主上斬袪射鉤之人也今一切拒之豈無反側且藏予私室何異公帑明年天子有事南郊乃悉獻其所藏以佐賞給莊宗已郊遂立劉氏爲皇后崇韜累表自陳請依唐舊制還樞密使於內臣而并辭鎮陽優詔不允崇韜又曰臣從陛下軍朝城定計破梁陛下撫臣背而約曰事了與卿一鎮今天下一家俊賢並進臣憊矣願乞身如約莊

予百衲本作于

私室百衲本作私家不改

事了汲古本誤作事不

- 「予」，百衲本作「于」。
- 「私室」，百衲本作「私家」，不改。
- 「事了」，汲古本誤作「事不」。

宗召崇韜謂曰朝城之約許卿一鎮不許卿去欲捨朕安之乎。崇韜因建天下利害二十五事施行之。李嗣源爲成德軍節度使徙崇韜忠武崇韜因自陳權位已極言甚懇至莊宗曰豈可朕居天下之尊使卿無尺寸之地。崇韜辭不已遂罷其命仍爲侍中樞密使。同光三年夏霖雨不止太水害民田民多流死莊宗患宮中暑濕不可居思得高樓避暑。宦官進曰臣見長安全盛時大明興慶宮樓閣百數今大內不及故時卿相家莊宗曰吾富有天下豈不能作一樓。乃遣宮苑使王允平營之。宦官曰郭崇韜眉頭不伸常爲租庸惜財用陛下雖欲

• 纂誤補，據薛史同光三年二月，崇韜徙鎮汴州，則當作宣武。

• 『雖欲』，百衲本誤作『欲雖』。

有作，其可得乎。莊宗乃使人問崇韜曰：「昔吾與梁對壘於河上，雖祁寒盛暑，被甲跨馬，不以爲勞。今居深宮，蔭廣廈，不勝其熱，何也？」崇韜對曰：「陛下昔以天下爲心，今以一身爲意，艱難逸豫，爲慮不同，其勢自然也。願陛下無忘創業之難，常如河上，則可使繁暑坐變清涼。」莊宗默然。終遣允平起樓，崇韜果切諫。宦官曰：「崇韜之第，無異皇居，安知陛下之熱！」由是讒間愈入。河南縣令羅貫，爲人彊直，頗爲崇韜所知。貫正身奉法，不受權豪請託，宦官伶人有所求請，書積几案，一不以報，皆以示崇韜。崇韜數以爲言，宦官伶人由此切齒。河南自故唐時張全義爲尹，縣令多出其門，全義厮養畜之。及貫爲之，奉全義不屈，縣民恃全義爲不法者，皆按誅之。全義大怒，嘗使人告劉皇后，從容爲白貫事，而左右日夜共攻其短。莊宗未有以發。皇太后崩，葬坤陵，陵在壽安，莊宗幸陵作所，而道路泥塗，橋壞，莊宗止輿問誰主者，宦官曰：屬河南，因亟召貫。貫至，對曰：臣初不奉詔，請詰主者。莊宗曰：爾之所部，復問何人！即下貫獄。獄吏拷掠，體無完膚。明日傳詔殺之。崇韜諫曰：貫罪無佗，橋道不修，法不當死。莊宗怒曰：太后靈駕將發，天子車輿往來，橋道不修，卿言無罪，是朋黨也！崇韜曰：貫雖有罪，當具獄行法

•「拷」，百衲本、貴池本、南監本作「榜」，彭本亦作「榜」。

于有司，陛下以萬乘之尊怒一縣令，使天下之人言陛下用法不公，臣等之過也。」莊宗曰：「貴公所愛，任公裁決。」因起入宮，崇韜隨之論不已，莊宗自闔殿門，崇韜不得入，貴卒見殺。明年，征蜀，議擇大將，時明宗爲總管，當行，而崇韜以讒見危，思立大功爲自安之計，乃曰：「契丹爲患北邊，非總管不可禦。魏王繼岌，國之儲副，而大功未立，且親王爲元帥，唐故事也。」莊宗曰：「繼岌小子，豈任大事，公爲我擇其副。」崇韜未及言，莊宗曰：「吾得之矣，無以易卿也。」乃以繼岌爲西南面行營都統，崇韜爲招討使，軍政皆決崇韜。唐軍入蜀，所過迎降。王衍弟宗弼陰送

乾隆四年校刊　五代史卷二十四　傳　六　郭崇韜

● 殺貴在三年八月癸未〔廿三〕，伐蜀在三年九月庚子〔初十〕，相去十七日耳，安可謂之明年。
● 『公』字，百衲本、貴池本作『必』。

欵于崇韜，求爲西川兵馬留後，崇韜以節度使許之。軍至成都，宗弼遷衍于西宮，悉取衍嬪妓珍寶奉崇韜及其子廷誨，又與蜀人列狀見魏王，請崇韜留鎭蜀。繼岌頗疑崇韜，崇韜無以自明，因以事斬宗弼及其弟宗渥、宗勳，沒其家財，蜀人大恐。崇韜素嫉宦官，嘗謂繼岌曰：「王有破蜀功，師旋必爲太子，俟主上千秋萬歲後，當盡去宦官，至於扇馬，亦不可騎。」繼岌監軍李從襲等見崇韜專任軍事，心已不平，及聞此言，遂皆切齒，思有以圖之。莊宗聞破蜀，遣宦官向延嗣勞軍，崇韜不郊迎，延嗣大怒，因與從襲等共構之。延嗣還，上蜀簿，得兵三十萬，

• 『扇』，彭本作『騙』。
• 薛史本紀『兵士三萬』，誤。

馬九千五百匹兵器七百萬糧二百五十三萬石錢一百九十二萬緡金銀二十二萬兩珠玉犀象二萬文錦綾羅五十萬匹莊宗曰人言蜀天下之富國也所得止於此邪延嗣因言蜀之寶貨皆入崇韜且誣其有異志將危魏王莊宗怒遣宦官馬彥珪至蜀視崇韜去就彥珪以告劉皇后劉皇后教彥珪矯詔魏王殺之崇韜有子五人其二從死于蜀餘皆見殺其破蜀所得皆籍没明宗即位詔許歸葬以其太原故宅賜其一孫當崇韜用事時自宰相豆盧革韋說等皆傾附之崇韜父諱弘革等即因佗事奏改弘文館爲崇文館以其姓郭因以

● 彭本「二百」誤作「一百」。
● 薛史作三百五十三萬石。
● 「一孫」，貴池本、百衲本作「二孫」。
● 百衲本無「時」字。

爲子儀之後、崇韜遂以爲然。其伐蜀也、過子儀墓下、馬號慟而去、聞者頗以爲笑。然崇韜盡忠國家有大略、其已破蜀、因遣使者以唐威德風諭南詔諸蠻、欲因以綏來之、可謂有志矣。

安重誨、應州人也。其父福遷、事晉爲將、以驍勇知名。梁攻朱宣于鄆州、晉兵救宣、宣敗、福遷戰死。重誨少事明宗、爲人明敏謹恪。明宗鎮安國、以爲中門使。及兵變于魏、所與謀議大計、皆重誨與霍彥威決之。明宗即位、以爲左領軍衛大將軍、樞密使、兼領山南東道節度使、固辭不拜、改兵部尚書、使如故。在位六年、累加侍中兼中

書令重誨自爲中門使已見親信而以佐命功臣處機
密之任事無大小皆以參決其勢傾動天下雖其盡忠
勞力時有補益而恃功矜寵威福自出旁無賢人君子
之助其獨見之慮禍釁所生至於臣主俱傷幾滅其族
斯其可哀者也重誨嘗出過御史臺門殿直馬延悞衝
其前導重誨怒即臺門斬延而後奏是時隨駕廳子軍
士桑弘遷毆傷相州錄事參軍親從兵馬使安虔走馬
衝宰相前導弘遷罪死虔決杖而已重誨已斬延乃請
降敕處分明宗不得已從之由是御史諫官無敢言者
宰相任圜判三司以其職事與重誨爭不能得圜怒辭

- 彭本「以」作「所」。
- 傳中夾論。
- 「勞力」，貴池本、百衲本作「勞心」。
- 「已斬」，百衲本、貴池本作「以斬」。

疾，退居于磁州。朱守殷以汴州反，重誨遣人矯詔馳至其家，殺圜而後白，誣圜與守殷通謀，明宗皆不能詰也。而重誨恐天下議已，因取三司積欠二百餘萬請放之，冀以悅人而塞責，明宗不得已爲下詔蠲除之。其威福自出，多此類也。是時，四方奏事皆先白重誨，然後聞。河南縣獻嘉禾，一莖五穗，重誨視之曰：「僞也。」笞其人而遣之。夏州李仁福進白鷹，重誨却之。明日白曰：「陛下詔天下毋得獻鷹鷂，而仁福違詔獻鷹，臣已却之矣。」重誨出，明宗陰遣人取之以入。佗日按鷹于西郊，戒左右無使重誨知也。宿州進白兎，重誨曰：「兎陰且狡，雖白何爲？」遂卻而不白明宗爲人雖寬厚然其性夷狄果於殺人馬牧軍使田令方所牧馬瘠而多斃坐劾當死重誨諫曰使天下聞以馬故殺一軍使是謂貴畜而賤人令方因得減死明宗遣回鶻侯三馳傳至其國侯三至醴泉縣縣素僻無驛馬其令劉知章出獵不時給馬侯三遽以聞明宗大怒械知章至京師將殺之重誨從容爲言知章乃得不死其盡忠補益亦此類也重誨既以天下爲已任遂欲內爲社稷之計而外制諸侯之彊然其輕信韓玫之譖而絕錢鏐之臣徒陷彥溫於死而不能去潞王之患李嚴一出而知祥貳仁矩未至而董璋叛四方

●『令方』，貴池本誤作『北方』，『斃』作『死』。
●馬牧軍司。
●『璋』，百衲本誤作『章』。

騷動，師旅並興，如投膏止火，適足速之。此所謂獨見之慮，禍釁所生也。錢鏐據有兩浙，號兼吳越而王，自梁及莊宗，常異其禮，以羈縻臣屬之而已。明宗即位，鏐遣使朝京師，寓書重誨，其禮慢，重誨怒，未有以發，乃遣其嬖吏韓玫副供奉官烏昭遇復使於鏐。而玫恃重誨勢，數凌辱昭遇，因醉使酒，以馬箠擊之。鏐欲奏其事，昭遇以爲辱國，固止之。及玫還，反譖於重誨曰：「昭遇見鏐舞蹈稱臣，而以朝廷事私告鏐。」昭遇坐死御史獄，乃下制削奪鏐官爵，以太師致仕，於是錢氏遂絕於唐矣。潞王從珂爲河中節度使，重誨以謂從珂非李氏子，後必爲國家患乃欲陰圖之從珂閲馬黃龍莊其牙內指揮使楊彥溫閉城以叛從珂遣人謂彥溫曰我遇汝厚何苦而反邪報曰彥溫非叛也得樞密院宣請公趨歸朝廷耳從珂走虞鄉馳騎上變明宗疑其事不明欲究其所以乃遣殿直都知范溫以金帶襲衣金鞍勒馬賜彥溫拜彥溫絳州刺史以誘致之重誨固請用兵明宗不得已乃遣侍衛指揮使藥彥稠西京留守索自通率兵討之而誡曰爲我生致彥溫吾將自訊其事彥稠等攻破河中希重誨旨斬彥溫以滅口重誨率羣臣稱賀明宗大怒曰朕家事不了卿等不合致賀從珂罷鎮居清化里

• 「趨」，彭本作「趣」。
• 「范溫」，百衲本、貴池本作「范氳」，彭本亦作「氳」。貴本「范溫」作「馬氳」。
• 貴池本無「勒」字。

第、重誨數諷宰相言從珂失守宜得罪、馮道因白請行
法。明宗怒曰、吾兒爲姦人所中、事未辨明、公等出此言、
是不欲容吾兒人間邪。趙鳳因言春秋責帥之義、所以
勵爲臣者。明宗曰、皆非公等意也。道等惶恐而退。居數
日、道等又以爲請、明宗顧左右而言他。明日重誨乃自
論列、明宗曰、公欲如何處置我卽從公。重誨曰、此父子
之際、非臣所宜言、惟陛下裁之。明宗曰、吾爲小校時衣
食不能自足、此兒爲我擔石灰、拾馬糞、以相養活、今貴
爲天子、獨不能庇之邪。使其杜門私第、亦何與公事。重
誨由是不復敢言。孟知祥鎭西川、董璋鎭東川、二人皆

帥　貴池本誤作師

●『帥』，貴池本誤作『師』。

有異志，重誨每事裁抑，務欲制其姦心。凡兩川守將更代，多用己所親信，必以精兵從之，漸令分戍諸州，以虞緩急。二人覺之，以爲圖己，益不自安。既而遣李嚴爲西川監軍，知祥大怒，即日斬嚴。又分閬州爲保寧軍，以李仁矩爲節度使，以制璋，且削其地，璋以兵攻殺仁矩。二人遂皆反。唐兵戍蜀者積三萬人，其後知祥殺璋，兼據兩川，而唐之精兵皆陷蜀。初，明宗幸汴州，重誨建議欲因以伐吳，而明宗難之。其後戶部尚書李鏻得吳諜者言：「徐知誥欲舉吳國以稱藩，願得安公一言以爲信。」鏻即引諜者見重誨，重誨大喜，以爲然，乃以玉帶與諜者，

● 貴池本「已」上多一「心」字。
● 貴池本、百衲本無「即日」二字，不采。
● 百衲本無「攻」字。
● 貴池本缺「重誨」二字。

使遣知誥爲信、其直千緡、初不以其事聞。其後逾年、知誥之問不至、始奏貶鏻行軍司馬。已而捧聖都軍使李行德十將張儉告變言、樞密承旨李虔徽語其客邊彥溫云、重誨私募士卒、繕治甲器、欲自伐吳、又與諜者交私。明宗以問重誨、重誨惶恐、請究其事。明宗初頗疑之、大臣左右皆爲之辨、既而少解、始告重誨以彥溫之言、因廷詰彥溫、具伏其詐、於是君臣相顧泣下、彥溫行德儉皆坐族誅。重誨因求解職、明宗慰之曰、事已辨、愼無措之胸中。重誨論請不已、明宗怒曰、放卿去、朕不患無人。顧武德使孟漢瓊至中書、趣馮道等議代重誨者。馮

• 百衲本無『言』字。
• 十將。
• 『器』字彭作『兵』，王鳴盛謂當作『兵』。
• 『諜者』，彭本誤作『相者』。劉校以爲『諜』字誤，失之矣。此當校，不改。

● 「諸君」，百衲本作「諸公」。
● 彭本作「聖明」。

諸君百衲本作諸公

彭本作聖明

道曰、諸君苟惜安公、使得罷去、是紓其禍也。趙鳳以爲
大臣不可輕動、遂以范延光爲樞密使、而重誨居職如
故。董璋等反、遣石敬瑭討之。而川路險阻。糧運甚艱。每
費一石。而致一斗。自關以西。民苦輸送。往往亡聚山林
爲盜賊。明宗謂重誨曰、事勢如此、吾當自行。重誨曰、此
臣之責也、乃請行。關西之人聞重誨來、皆已恐動、而重
誨日馳數百里、遠近驚駭、督趣糧運、日夜不絶、斃踣道
路者不可勝數。重誨過鳳翔、節度使朱弘昭延之寢室、
使其妻子奉事左右甚謹。重誨酒酣爲弘昭言昨被讒
構、幾不自全、賴人主明聖、得保家族、因感歎泣下。重誨

去弘昭馳騎上言重誨怨望不可令至行營恐其生事
而宣徽使孟漢瓊自行營使還亦言西人震駭之狀因
述重誨過惡重誨行至三泉被召還過鳳翔弘昭拒而
不納重誨懼馳趨京師未至拜河中節度使重誨已罷
希旨者爭求其過宦者安希倫坐與重誨交私常爲重
誨陰伺宮中動息事發棄市重誨益懼因上章告老以
太子太師致仕而以李從璋爲河中節度使遣藥彥稠
率兵如河中虞變重誨二子崇緒崇贇宿衞京師聞制
下即日奔其父重誨見之驚曰二渠安得來已而曰此
非渠意爲人所使耳吾以一死報國餘復何言乃械送

● 上文之武德使。
● 『爲』，百衲本作『與』。
● 百衲本、貴池本無『二』字。
● 又，此行亦無『二』字，彭本有之。

二子于京師。行至陝州，下獄。明宗又遣翟光業至河中，視重誨去就，戒曰：有異志則與從璋圖之。又遣宦者使于重誨，使者見重誨號泣不已。重誨問其故，使者曰：人言公有異志，朝廷遣藥彥稠率兵至矣。重誨曰：吾死未塞責，遽勞朝廷興師，以重明主之憂。光業至，從璋率兵圍重誨第，入拜于庭。重誨降而荅拜，從璋以檛擊其首，重誨妻走抱之，而呼曰：令公死未晚，何遽如此！又擊其首，夫妻皆死，流血盈庭。從璋檢責其家貲，不及數千緡而已。明宗下詔，以其絕錢鏐、致孟知祥、董璋反及議伐吳以爲罪，并殺其二子，其餘子孫皆免。重誨得罪，知其

- 『兵』，百衲本、貴池本並作『師』。
- 貴池本無『孫』字。

必死、歎曰、我固當死、但恨不與國家除去潞王、此其恨也。

嗚呼、官失其職久矣。予讀梁宣底、見敬翔、李振爲崇政院使、凡承上之旨、宣之宰相而奉行之。宰相有非其見時而事當上決者、與其被旨而有所復請者、則具記事而入、記事若今學士院諮報、今士大夫間以文字相往來、謂之簡帖、俚俗猶謂之記事也。因崇政使以聞、得旨則復宣而出之。梁之崇政使、乃唐樞密之職、蓋出納之任也。唐常以宦者爲之。至梁戒其禍、始更用士人、其備顧問、參謀議于中則有之、未始專行事于外也。至崇韜、重誨爲之、始復唐樞密之名、然權侔於宰相矣。後世因之，遂分爲二。文事任宰相，武事任樞密。樞密之任既重，而宰相自此失其職也。

五代史卷二十四

五代史卷二十四考證

郭崇韜傳臣見長安全盛時大明興慶宮樓閣百數○大監本訛太今改正

彥珪以告劉皇后○珪監本訛珍今從上文遣宦官馬彥珪改正

安重誨傳遣人矯詔馳至其家殺圜而後白○臣文清按袁樞通鑑紀事云重誨奏遣使賜任圜死端明殿學士趙鳳哭謂重誨曰任圜義士安肯爲逆公濫刑如此何以贊國此數語任圜本傳亦不載姑附於此

重誨知其必死歎曰我固當死但恨不與國家除去潞

王○臣文清按胡三省辯此語曰重誨自以私憾欲殺從珂當是時從珂未有跋扈之跡重誨何以知其爲朝廷之患此恐是清泰篡後人譽重誨者造此語未可信也

五代史卷二十四考證

五代史卷二十五

宋　歐陽修　撰

唐臣傳第十三

周德威、字鎭遠、朔州馬邑人也。爲人勇而多智、能望塵以知敵數。其狀貌雄偉、笑不改容、人見之凜如也。事晉王爲騎將、稍遷鐵林軍使、從破王行瑜、以功遷內衙指揮使。其小字陽五。當梁晉之際、周陽五之勇聞天下。梁軍圍晉太原、令軍中曰、能生得周陽五者爲刺史。有驍將陳章者、號陳野叉、常乘白馬披朱甲以自異、出入陣中、求周陽五、欲必生致之。晉王戒德威曰、陳野叉欲得

● 百衲本、貴池本作『衙內』，薛史作『內衙軍副』。

● 彭作『下令軍中』。

● 『披』，百衲本、貴池本作『被』，彭同。改『被』。

汝以求刺史，見白馬朱甲者，宜善備之。」德威笑曰：「陳章好大言耳，安知刺史非臣作邪？」因戒其部兵曰：「見白馬朱甲者，當佯走以避之。」兩軍皆陣，德威微服雜卒伍中。陳章出挑戰，兵始交，德威部下見白馬朱甲者，因退走，章果奮矟急追之，德威伺章已過，揮鐵鎚擊之，中章墮馬，遂生擒之。梁攻燕，晉遣德威將五萬人爲燕攻梁，取潞州，遷代州刺史、內外蕃漢馬步軍都指揮使。梁軍捨燕攻潞，圍以夾城，潞州守將李嗣昭閉城拒守，而德威與梁軍相持於外，踰年。嗣昭與德威素有隙，晉王病且革，語莊宗曰：「梁軍圍潞，而德威與嗣昭有隙，吾甚憂之。」

• 『皆』，貴池本誤作『背』。
• 『出』按劉校定。
• 貴池本脫『晉』字。
• 『閉城』，貴池本作『閉門』。

王喪在殯莊宗新立殺其叔父克寧國中未定而晉之重兵悉屬德威于外晉人皆恐莊宗使人以喪及克寧之難告德威且召其軍德威聞命即日還軍太原留其兵城外徒步而入伏梓宮前慟哭幾絕晉人乃安遂從莊宗復擊梁軍破夾城與李嗣昭歡如初以破夾城功拜振武節度使同中書門下平章事天祐七年秋梁遣王景仁將魏滑汴宋等兵七萬人擊趙趙王王鎔乞師于晉晉遣德威先屯趙州冬梁軍至于柏鄉趙人告急莊宗自將出贊皇會德威于石橋進距柏鄉五里營于野河北晉兵少而景仁所將神威龍驤拱宸等軍皆梁

● 纂誤，『秋』當作『冬』。
● 百衲本、貴池本無『于』字。

精兵八馬鎧甲飾以組繡金銀，其光耀日，晉軍望之色動。德威勉其衆曰：「此汴宋傭販兒，徒飾其外耳，其中不足懼也。其一甲之直數十千，得之適足爲吾資，無徒望而愛之，當勉以往取也。」退而告莊宗曰：「梁兵甚銳，未可與爭，宜少退以待之。」莊宗曰：「吾提孤軍出千里，其利速戰。今不乘勢急擊之，使敵知吾之衆寡，則吾無所施矣。」德威曰：「不然。趙人能城守而不能野戰，吾之取勝，利在騎兵。平川廣野，騎兵之所長也。今吾軍於河上，迫賊營門，非吾用長之地也。」莊宗不悅，退臥帳中，諸將無敢入見。德威謂監軍張承業曰：「王怒老兵不速戰者，非怯也。

- 百衲本無「之」字，「得之」作「擒之」，貴池本同。
- 「取也」，百衲本、貴池本作「取之」。
- 貴池本脫「兵」字。

且吾兵少而臨賊營門、所恃者一水隔耳。使梁得舟楫渡河、吾無類矣。不如退軍鄗邑、誘敵出營、擾而勞之、可以策勝也。承業入言曰、德威老將、知兵、願無忽其言。莊宗遽起曰、吾方思之耳。已而德威獲梁游兵、問景仁何爲、曰、治舟數百、將以爲浮梁。德威引與俱見莊宗、笑曰、果如公所料。乃退軍鄗邑。德威晨遣三百騎叩梁營挑戰、自以勁兵三千繼之。景仁怒、悉其軍以出、與德威轉鬭數十里、至于鄗南。兩軍皆陣、梁軍橫亘六七里、汴宋之軍居西、魏滑之軍居東。莊宗策馬登高、望而喜曰、平原淺草、可前可郤、眞吾之勝地。乃使人告德威曰、吾當為公先，公可繼進。德威持馬諫曰：梁軍輕出而遠來，與吾轉戰，其來必不暇齎糧糗，縱其能齎，亦不暇食，不及日午，人馬俱飢，因其將退而擊之，勝。諸將亦皆以為然。至未申時，梁軍東偏塵起，德威鼓譟而進，麾其西偏曰：魏、滑軍走矣！又麾其東偏曰：梁軍走矣。梁陣動不可復整，乃皆走，遂大敗，自鄗追至于栢鄉，橫尸數十里，景仁以十餘騎僅而免。自梁與晉爭，凡數十戰，其大敗未嘗如此。劉守光僭號於燕，晉遣德威將兵三萬，出飛狐以擊之。德威入祁溝關，取涿州，遂圍守光於幽州，破其外城，守光閉門距守。而晉軍盡下燕諸州縣，獨幽州不下，

五代史卷二十五　傳　三

百衲本、貴池本
無持馬二字

栢鄉之戰

百衲本貴池本
均無兵字

● 百衲本、貴池本無『持馬』二字。
● 栢鄉之戰。
● 百衲本、貴池本均無『兵』字。

圍之踰年，乃破之。以功拜盧龍軍節度使。德威雖爲大將，而常身與士卒馳騁於矢石之間。守光驍將單廷珪望見德威於陣，曰：「此周陽五也。」乃挺槍馳騎追之。德威佯走，度廷珪垂及，側身少却，廷珪馬方馳不可止，縱其少過，奮檛擊之，廷珪墜馬，遂見擒。莊宗與劉鄩相持于魏，鄩夜潛軍出黃澤關以襲太原，德威自幽州以千騎入土門以躡之。鄩至樂平，遇雨不得進而還。德威與鄩俱東，爭趨臨清。臨清有積粟，且晉軍餉道也。德威先馳據之，以故莊宗卒能困鄩軍而敗之。莊宗勇而好戰，尤銳於見敵；德威老將，常務持重以挫人之鋒，故其用兵，

嵩本作詰明

貴池本少德威二字

常伺敵之隙以取勝。十五年，德威將燕兵三萬人與鎭定等軍從莊宗于河上，自麻家渡進軍臨濮，以趨汴州。軍宿胡柳陂，黎明，候騎報曰：「梁軍至矣。」莊宗問戰於德威，德威對曰：「此去汴州，信宿而近，梁軍父母妻子皆在其中，而梁人家國，繫此一舉，吾以深入之兵，當其必死之戰，可以計勝而難與力爭也。且吾軍先至此，糧爨具而營柵完，是謂以逸待勞之師也。王宜按軍無動，而臣請以騎軍擾之，使其營柵不得成，樵爨不暇給，因其勞乏而乘之，可以勝也。」莊宗曰：「吾軍河上，終日俟敵，今見敵不擊，復何爲乎？」顧李存審曰：「公以輜重先，吾爲公殿。」

- 貴池本作『詰明』。
- 貴池本少『德威』二字。

遂督軍而出。德威謂其子曰：吾不知死所矣。前遇梁軍而陣，王軍居中，鎮定之軍居左，德威之軍居右，而輜重次右之西。兵已接，莊宗率銀槍軍馳入梁陣，梁軍小敗，犯晉輜重，輜重見梁朱旗，皆驚走入德威軍，德威軍亂，梁軍乘之，德威父子皆戰死。莊宗與諸將相持而哭曰，吾不聽老將之言，而使其父子至此。莊宗即位，贈德威太師。明宗時，加贈太尉，配享莊宗廟。晉高祖追封德威燕王。子光輔，官至刺史。

符存審字德詳，陳州宛丘人也。初名存，少微賤，嘗犯法當死，臨刑，指旁壞垣顧主者曰：願就死于彼，冀得垣土

- 「遂」，百衲本、貴池本、南監本並作「遽」，當采。
- 百衲本、貴池本無「軍」字。
- 貴池本缺下「德威」二字，「乘之」誤作「棄之」。
- 劉校引纂誤補，以太師而加太尉，疑有衍文。
- 百衲本「指」誤作「拍」。

覆尸。主者哀而許之，爲從垣下。而主將方飮酒，顧其愛妓思得善歌者佐酒。妓言有符存嘗爲妾歌甚善，主將馳騎召存審，而存審以從垣下故未加刑，因往就召，使歌而悅之，存審因得不死。其後事李罕之，從罕之歸晉，晉王以爲義兒軍使，賜姓李氏，名存審。從晉王擊李匡儔，爲前鋒，破居庸關。又從擊王行瑜，破龍泉寨，以功遷檢校左僕射。從李嗣昭攻汾州，執李瑭，遷左右廂步軍都指揮使。又從嗣昭攻潞州，降丁會，從周德威破梁夾城，遷忻州刺史、蕃漢馬步軍都指揮使。晉趙攻燕，梁救燕，擊趙深州，圍蓨縣，存審與史建瑭軍下博，擊走梁軍。

● 百衲本、貴池本均無『都』字，各本有。
● 『忻州』，百衲本作『沂州』，不采。薛史亦作『忻州』。
● 百衲本［九行，本注］無『都』字。

遷領邢州團練使。魏博叛梁降晉，存審爲先鋒，屯臨清。莊宗入魏，存審殿軍魏縣，與劉鄩相距於莘西。從莊宗敗鄩於故元城。閻寶以邢州降，乃以存審爲安國軍節度使。毛璋以滄州降，從存審橫海，加同中書門下平章事。契丹圍幽州，是時晉與梁相持河上，欲發兵，兵少，欲勿救，懼失之。莊宗疑以問諸將，而存審獨以爲當救，曰：「願假臣騎兵五千足矣。」乃遣存審分兵救之，卒擊走契丹。從戰胡柳陂，晉軍晨敗，亡周德威，存審與其子彥圖力戰，暮復敗梁軍於土山，遂取德勝，築河南北爲兩城，晉人謂之夾寨。遷內外蕃漢馬步軍總管。梁朱友謙以

●『先』鋒，百衲本、貴池本並作『前』鋒，彭亦作『前』。
●新史夾城、夾寨爲兩事。

河中同州降晉，梁遣劉鄩攻同州，友謙求救，乃遣存審與李嗣昭救之。河中兵少而弱，梁人素易之，且不虞晉軍之速至也。存審選精騎二百雜河中兵出擊鄩壘，陽敗而走。鄩兵追之，晉騎反擊，獲其騎兵五十。梁人知其晉軍也，皆大驚。然河中糧少而新降，人心頗持兩端。晉軍屯朝邑，諸將皆欲速戰。存審曰：「使梁軍知吾利於速戰，則將夾渭而營，斷我餉道，以持久困我，則我進退不可，敗之道也。不若緩師示弱，伺隙出奇，可以取勝。」乃按軍不動，居旬日，望氣者言有黑氣狀如鬬雞。存審曰：「可以一戰矣。」乃進軍擊鄩，大敗之。鄩閉壁不復出。存審曰：

貴池本脫不字

百衲本貴池本並無我字

- 貴池本脫『不』字。
- 百衲本、貴池本並無『我』字。

鄩兵已敗不如逸之乃休士卒遣裨將王建及牧馬于
沙苑鄩以謂晉軍且懈乃夜遁去存審追擊于渭河又
大敗之張文禮弒趙王王鎔晉遣閻寶李嗣昭等攻之
至輒戰死最後遣存審破之存審爲將有機略大小百
餘戰未嘗敗衄與周德威齊名德威死晉之舊將獨存
審在契丹攻遮虜乃以存審爲盧龍軍節度使時存審
已病辭不肯行莊宗使人慰諭彊遣之莊宗滅梁入洛
存審自以身爲大將不得與破梁之功怏怏疾益甚因
請朝京師是時郭崇韜權位已重然其名望素出存審
下不樂其來而加已上因沮其事存審妻郭氏泣訴于

貴池本脫遣字

• 貴池本脫『遣』字。

崇韜曰、吾夫於國有功、而與公鄉里之舊、奈何忍令死棄窮野。崇韜愈怒。存審章累上、輒不許。存審伏枕歎曰、老夫事二主四十年。今日天下一家。四夷遠俗至於亡國之將。射鈎斬袪之人。皆得親見天子。奉觴爲壽。而獨予棄死於此。豈非命哉。崇韜度存審病已亟、乃請許其來朝。從存審宣武軍節度使、卒于幽州。臨終戒其子曰、吾少提一劒去鄉里。四十年間取將相。然履鋒冒刃、出死入生而得至此也。因出其平生身所中矢鏃百餘而示之曰、爾其勉哉。存審三子、彥超彥饒彥卿。彥超爲汾州刺史。郭從謙弑莊宗、明宗入洛陽。是時彥超爲北京

薛史年六十三。

薛史卷五十六

拱衛

汲古本又徙作又遷

巡檢永王存霸奔於太原彥超見留守張憲謀之憲儒
者事莊宗最久不忍背恩欲納之彥超不從存霸遂見
殺明宗即位彥超來朝明宗德之勞曰河東無事賴爾
之力也以爲建雄軍留後遷北京留守徙鎮昭義罷爲
上將軍復爲泰寧軍節度使又徙安遠彥超主藏奴王
希全盜其貲彥超稍責之奴懼夜叩其門言有急彥超
出見殺贈太尉次子彥饒爲汴州馬步軍都指揮使天
成元年發汴兵三千戍瓦橋關控鶴指揮使張諫爲亂
殺權知州高逖迫彥饒爲帥彥饒陽許之曰欲吾爲帥
當止焚掠明日以軍禮見吾於南衙乃陰與拱衙指揮

乾隆四年校刊

● 汲古本『又徙』作『又遷』。
● 拱衙。

使厲起伏甲於衙內明日諫等皆集伏兵發誅諫等殺四百餘人即日牒州事與推官韋儼明宗下詔褒其忠略其後累遷彰聖都指揮使歷曹沂饒三州刺史清泰三年自饒州刺史拜忠正軍節度使侍衛馬步軍都指揮使晉高祖起太原彥饒以侍衛兵從廢帝至河陽廢帝敗晉高祖以楊光遠代彥饒將親軍從彥饒義成軍節度使范延光反白奉進以侍衛兵三千屯滑州兵士犯法奉進捕得五人其三人義成兵也因并斬之彥饒怒明日奉進從數騎過彥饒謝不先告而殺彥饒曰軍士各有部分義成兵卒豈公所得斬邪何無主客之禮

● 彰聖。
● 百衲本『楊』作『揚』。
● 貴池本『耶』作『也』。

也。奉進怒曰、軍士犯法、安有彼此。且僕已自謝過、而公怒不息、欲與延光同反邪。拂衣而起、彥饒不復留之。其麾下大譟、追奉進殺之、彥饒不之止也。已而屯駐軍將馬萬等聞亂、以兵擒彥饒送之京師、遂以彥饒應延光反聞。行至赤岡、高祖使人殺之、下詔削奪在身官爵。彥饒與晉初無釁隙、以一旦之忿、不能馭其軍、殺奉進、已非其本意、以反見誅、非其罪也。

史建瑭、鴈門人也。晉王爲鴈門節度使、其父敬思爲九府都督、從晉王入關破黃巢、復京師、擊秦宗權于陳州。常將騎兵爲先鋒。晉王東追黃巢于冤朐、還過梁、軍其

● 貴池本「常」作「嘗」。

（批注：常字嘗作書）

城北梁王置酒上源驛獨敬思與薛鐵山賀回鶻等十
餘人侍晉王醉留宿梁驛梁兵夜圍而攻之敬思登驛
樓射殺梁兵十餘人會天大雨晉王得與從者俱去縋
尉氏門以出而敬思為梁追兵所得見殺建瑭少事軍
中為裨校自晉降丁會與梁相距於潞州建瑭已為晉
兵先鋒梁兵數為建瑭所殺相戒常避史先鋒梁遣王
景仁攻趙晉軍救趙建瑭以先鋒兵出井陘戰于柏鄉
梁軍為方陣分其兵為二汴宋之軍居左魏滑之軍居
右周德威擊其左建瑭擊其右梁軍皆走遂大敗之以
功加檢校左僕射天祐九年晉攻燕燕王劉守光乞師

冊府三九三『皆相戒曰宜避史先鋒』。

彭本作『當避』。

收　當從百衲本　貴池本改作　牧　不校

于梁、梁太祖自將擊趙、圍棗彊蓨縣。是時晉精兵皆北
攻燕、獨符存審與建瑭以三千騎屯趙州。梁軍已破棗
彊、存審扼下博橋、建瑭分其麾下五百騎爲五隊、一之
衡水、一之南宮、一之信都、一之阜城、而自將其一、約各
取梁芻牧者十人會下博。至暮、擒梁兵數十、皆殺之、各
留其一人、縱使逸去、告之曰、晉王軍且大至。明日、建瑭
率百騎爲梁旗幟、雜其芻牧者、暮叩梁營、殺其守門卒、
縱火大呼、斬擊數十百人。而梁芻牧者所出各遇晉兵、
有所亡失、其縱而不殺者、歸而皆言晉軍且至。梁太祖
夜拔營去、蓨縣人追擊之、梁軍棄其輜重鎧甲、不可勝

『收』，當從百衲本、貴池本改作『牧』，不校。

計。梁太祖方病，由是增劇，而晉軍以故得并力以收燕者，二人之力也。後從莊宗入魏博，敗劉鄩於故元城，累以功歷貝相二州刺史。十八年，晉軍討張文禮於鎮州，建瑭以先鋒兵下趙州，執其刺史王鋌。兵傅鎮州，建瑭攻其城門，中流矢卒，年四十二。建瑭子匡翰，尚晉高祖女，是爲魯國長公主。匡翰爲將沉毅有謀，而接下以禮，與部曲語，未嘗不名。歷天雄軍步軍都指揮使、彰聖馬軍都指揮使，事晉爲懷、邢二州刺史，鄭州防禦使，義成軍節度使，所至兵民稱慕之。史氏世爲將，而匡翰好讀書，尤喜春秋三傳，與學者講論，終日無倦。義成軍從事

- 貴池本脫『以先鋒』三字。
- 劉校，魯國長公主是高祖妹，女當爲長安公主。
- 薛史年四十六。

闕徹尤嗜酒，嘗醉罵匡翰曰：「近聞張彥澤臠張式，未見史匡翰斬闕徹。」天下談者未有偶爾，匡翰不怒，引滿自罰而慰勉之，人皆服其量。卒年四十。

王建及，許州人也。少事李罕之，從罕之奔晉，爲匡衞指揮使。梁、晉戰柏鄉，相距鄗邑野河上，鎭定兵扼河橋，梁兵急擊之，莊宗登高臺望見鎭定兵將敗，顧建及曰：「橋爲梁奪，則吾軍危矣，奈何？」建及選二百人馳擊梁兵，梁兵敗解去。從戰莘縣、故元城，皆先登陷陣，以功累拜遼州刺史，將銀槍効節軍。晉攻楊劉，建及躬自負葭葦堙塹，先登拔之。從戰胡柳，晉兵已敗，與梁爭土山，梁兵先

百衲本作『澈』，貴池本同。
薛史天福六年卒，史匡翰碑天福七年三月十六日卒。
彭本無『臺』字。
貴池本『則』字誤作『敗』。
『莘縣』，彭本作『莘野』。

至登山而陣莊宗至山下望梁陣堅而整呼其軍曰今
日之戰得山者勝因馳騎犯之建及以銀槍軍繼進梁
兵下走陣山西晉兵遂得土山諸將皆言潰兵未集旦
暮不可戰閻寶曰彼陣山上吾在其下尚能擊之況以
高而擊下不可失也建及以爲然因白莊宗曰請登高
望臣破敵卽呼其衆曰今日所失輜重皆在山西盍往
取之卽馳犯梁陣梁兵大敗晉遂軍德勝爲南北城于
河上梁將賀瓌攻其南城以竹笮維戰艦于河晉兵不
得渡南城危甚莊宗積金帛於軍門募能破梁戰艦者
至於吐火禁咒莫不皆有建及重鎧執矟呼曰梁晉一

• 貴池本脫『言』字，『旦』作『且』，彭本亦作『且』，汲古本作『旦』。薛史有『莊宗欲收軍，詰朝合戰』。注作『且』字，是。
• 『上』山，百衲本、貴池本、汲古本、彭本作『土』，是。
• 百衲本無『其』字，貴池本同。
• 『于』，殿本不誤，描誤。

水間爾，何必巧爲？吾今破之矣。」郎以大甕積薪，自上流縱火，焚梁戰艦，建及以二舟載甲士隨之，斧其竹笮，梁兵皆走，晉軍乃得渡，救南城，壞圍解去。自莊宗得魏博，建及將銀槍效節軍。建及爲將，喜以家貲散士卒，莊宗遣宦官韋令圖監其軍，令圖言建及得士心，懼有異志，不可令典牙兵，郎以爲代州刺史。建及怏怏而卒，年五十七。

元行欽，幽州人也，爲劉守光裨將。守光篡其父仁恭，使行欽以兵攻仁恭於大安山而囚之，又使行欽害諸兄弟。其後晉攻幽州，守光使行欽募兵雲朔間。是時明宗

乾隆四年校刊
五代史卷二十五　傳　十二　元行欽

● 百衲本脫「梁」字、「戰」字，貴本同。
● 笮［窄，編注］。
● 上面已言將銀槍效節軍，何爲重出？
● 貴池本脫「有」字。
● 貴池本作「年五十」，疑脫「七」字。
● 李紹榮。

掠地山北、與行欽相拒廣邊軍、凡八戰、明宗七射中行欽、行欽拔矢而戰、亦射明宗中股。行欽屢敗、乃降。明宗撫其背而飲以酒曰、壯士也、因養以爲子。常從明宗戰、數立功。莊宗已下魏、益選驍將自衞、聞行欽驍勇、取之以爲散員都部署、賜姓名曰李紹榮。莊宗好戰而輕敵、與梁軍戰潘張、軍敗而潰、莊宗得三四騎馳去、梁兵數百追及、攢矟圍之。行欽望其旗而識之、馳一騎、奮劍斷其二矛、斬首一級、梁兵解去。莊宗還營、持行欽泣曰、富貴與卿共之。由是寵絕諸將、拜忻州刺史、遷武寧軍節度使。莊宗宴羣臣於內殿、酒酣樂作、道平生戰陣事、以

• 散員都部署。
• 百衲本、貴池本『以爲』無『以』字。

爲笑樂而怪行欽不在因左右顧視曰紹榮安在所司
奏曰奉敕宴使相紹榮散官不得與也莊宗罷會不樂
明日即拜行欽同中書門下平章事自此不召羣臣入
內殿但宴武臣而已趙在禮反於魏莊宗方選大將擊
之劉皇后曰此小事可趣紹榮指揮乃以行欽爲鄴都
行營招撫使將二千人討之行欽攻鄴南門以詔書招
在禮在禮送羊酒犒軍登城謂行欽曰將士經年離去
父母不取敕旨奔歸上貽聖憂追悔何及若公善爲之
辭尚能改過自新行欽曰天子以汝等有社稷之功小
過必當赦宥在禮再拜以詔書示諸軍皇甫暉從旁奪

乾隆四年校刊　五代史卷二十五　傳　十三　元行欽

● 百衲本、貴池本無『行欽』二字，汲、彭有，不采。

貴池本椽作椓

詔書壞之、軍士大譟。行欽具以聞、莊宗大怒、敕行欽破城之日無遺種。乃益召諸鎮兵皆屬行欽。行欽屯澶州、分諸鎮兵爲五道、毀民車輪門扉屋椽爲筏、渡長慶河攻冠氏門。不克。是時邢洺諸州相繼皆叛、而行欽攻鄴無功、莊宗欲自將以往、羣臣皆諫止、乃遣明宗討之。明宗至魏、軍城西、行欽軍城南、而明宗軍變、入于魏、與在禮合。行欽聞之、退屯衞州、以明宗反聞。莊宗遣金槍指揮使李從璟馳詔明宗計事。從璟、明宗子也。行至衞州、而明宗已反、行欽乃縶從璟、將殺之。從璟請還京師、乃許之。明宗自魏縣引兵南、行欽率兵趨還京師、從莊宗

● 貴池本『椽』作『椓』。

幸汴州，行至滎澤，聞明宗已渡黎陽，莊宗復遣從璟通問于明宗，行欽以爲不可，因擊殺從璟。明宗入汴州，莊宗至萬勝鎮，不得進，與行欽登道旁冢，置酒相顧泣下。有野人獻雉，問其冢名，野人曰：「愁臺也。」莊宗益不悅，因罷酒去。西至石橋，置酒野次，莊宗謂行欽曰：「卿等從我久，富貴急難無不同也。今茲危蹙，而默默無言，坐視成敗。我至滎澤，欲單騎渡河，自求總管，卿等各陳利害。今日俾我至此，卿等何如？」行欽泣而對曰：「臣本小人，蒙陛下撫養，位至將相，危難之時，不能報國，雖死無以塞責。」因與諸將百餘人皆解髻斷髮，置之于地，誓以死報君臣相持慟哭。莊宗還洛陽、數日復幸汜水。郭從謙反、莊宗崩、行欽出奔、行至平陸、爲野人所執、送虢州刺史石潭、折其兩足、載以檻車、送京師。明宗見之罵曰、我兒何負於爾、行欽瞋目直視曰、先皇帝何負於爾、乃斬于洛陽市、市人皆爲之流涕、

嗚呼、死之。所。以可。貴。者。以其。義。不苟。生。爾。故曰主在。與。在、主亡。與亡。者。社稷。之臣。也。方明宗之兵變于魏、諸將未知去就。而行欽獨以反聞、又殺其子從璟。至於斷髮自誓。其誠節有足嘉矣。及莊宗之崩。不能自決。而反逃死以求生。終於被執而見殺。其言。雖。不。屈而死。非其。志。

踏伏，字衍。

•「踏伏」，寫新。

也。烏足貴哉。

安金全，代北人也。爲人驍果，工騎射，號能擒生踏伏。事晉爲騎將，數從莊宗用兵有功，官至刺史，以疾居于太原。莊宗已下魏博，與梁相距河上，梁將王檀襲太原。晉兵皆從莊宗于河上，太原無備，監軍張承業大恐，率諸司工匠登城扞禦，而外攻甚急。金全彊起謂承業曰：「太原，晉之根本也，一旦不守，則大事去矣。老夫誠憊矣，然尚能爲公破賊。」承業喜，授以甲兵。金全被甲跨馬，召率子弟及故將吏得百餘人，夜出北門，擊檀於羊馬城中，檀軍驚潰，而晉救兵稍至。然莊宗不以金全爲能，終其世不錄其功。金全與明宗有舊，明宗即位，拜金全振武軍節度使、同中書門下平章事。在鎮二年，召還京師，以疾卒。

袁建豐，不知其世家也。晉王討黃巢至華陰，得之，時方九歲，愛其俊爽，收養之。長習騎射，爲鐵林都虞候，從擊王行瑜、李匡威，以功遷突陣指揮使。從莊宗破夾城，戰柏鄉，遷左廂馬軍指揮使。明宗爲內衙指揮使，建豐爲副使。從莊宗入魏，取衛、磁、洺三州，拜洺州刺史。擊梁將王千，斬首千餘級，獲其將校七十餘人，遷相州刺史。從戰胡柳，指揮使孟謙據相州叛，建豐還討平之。從隰

- 貴池本、百衲本作『衙內』。薛史亦作『內衙』，安審暉傳有『外衙』。
- 薛史作『孟守謙』。

州刺史。病風廢。明宗即位，以舊恩召還京師，親幸其第，撫慰甚厚，加檢校太尉，遥領鎮南軍節度使，俾食其俸以卒，贈太尉。

西方鄴，定州滿城人也。父再遇，爲汴州軍校。鄴居軍中，以勇力聞。年二十，南渡河遊梁，不見用，復歸莊宗于河上。莊宗以爲孝義指揮使，數從征伐有功。同光中，爲曹州刺史，以州兵屯汴州。明宗自魏反，兵南渡河，而莊宗東幸汴州。汴州節度使孔循懷二志，使北門迎明宗，西門迎莊宗，所以供帳委積如一，曰：「先至者入之。」鄴因責循曰：「主上破梁而得公，有不殺之恩，奈何欲納總管而

乾隆四年校刊　五代史卷二十五　傳　十六

太尉，薛史作太傅

彭本無汴字，薛史無汴字。按注以不誤，爲誤

• 「太尉」，薛史作「太傅」。
• 彭本無「汴」字，薛史無「汴」字。按注「以」不誤，「爲」誤。

負國循不荅鄴度循不可爭而石敬瑭妻明宗女也時方在汴鄴欲殺之以堅人心循知其謀取之藏其家鄴無如之何而明宗已及汴乃將麾下兵五百騎西迎莊宗於汜水嗚咽泣下莊宗亦爲之噓唏乃使以兵爲先鋒莊宗至汴西不得入還洛陽遇弑明宗入洛鄴請死於馬前明宗嘉歎久之明年荊南高季興叛明宗遣襄州節度使劉訓等招討而以東川董璋爲西南面招討使乃拜鄴夔州刺史副璋以兵出三峽已而訓等無功見黜諸將皆罷璋亦未嘗出兵惟鄴獨取三州乃以夔州爲寧江軍拜鄴節度使已而又取歸州數敗季興之

- 『取之』，百衲本無『之』字，貴池本同。『之』字可去。
- 百衲本、貴池本無『麾下兵』三字。
- 『迎莊宗』下，彭本有『見』字。
- 百衲本無『未』字，貴池本同。

兵。鄴武人所爲多不中法度。判官譚善達數以諫。鄴怒、遣人告善達受人金下獄。善達素剛。辭益不遜。遂死于獄中。鄴病見善達爲祟、卒于鎮。

彭本重一鄴字

• 彭本重「下，編注」一『鄴』字。

五代史卷二十五

五代史卷二十六

宋　歐陽修撰

唐臣傳第十四

符習，趙州昭慶人也。少事趙王王鎔爲軍校。自晉救趙，破梁軍栢鄉，趙常遣習將兵從晉，晉軍德勝，張文禮弑趙王王鎔，上書莊宗，求習歸趙，莊宗遣之。習號泣曰：「臣世家趙，受趙王恩。王嘗以一劒與臣，使自效。今聞王死，欲以劒自裁，念卒無益，請擊趙破賊，報王冤。」莊宗壯之，乃遣閻寶、史建瑭等助習討文禮，以習爲鎮州兵馬留後。習攻文禮不克，莊宗用佗將破之，拜習成德軍節度

乾隆四年校刊　五代史卷二十六　傳　二　符習

「弑」，百衲本、貴池本作「殺」。
「趙王恩」，貴池本無「王」字。
「效」，百衲本、貴池本作「効」。

使習辭不敢受乃以相衛二州爲義寧軍以習爲節度
使習辭曰魏博六州霸王之府也不宜分割以示弱願
授臣河內一鎮得自攻取之乃拜習天平軍節度使東
南面招討使習亦未嘗攻取後徙鎮安國又徙平盧趙
在禮作亂遣習以鎮兵討賊習未至魏而明宗兵變習
不敢進明宗遣人招之習見明宗於胙縣而以明宗舉
兵不順去就之意未決霍彥威紿習曰主上所殺者十
人公居其四復何猶豫乎習意乃決平盧監軍楊希望
聞習爲明宗所召乃以兵圍習家屬將殺之指揮使王
公儼素爲希望所信紿希望曰內侍盡忠朝廷誅反者

• 貴池本『受』誤作『授』。
• 貴池本脫『博』字。
• 『河內』，百衲本、貴池本作『河南』，汲古本作『河內』，薛史作『河南』，南監本『河南』。
• 貴池本無『兵變』之『兵』字。
• 『殺』字，彭本作『知』，薛史同，百衲本、貴池本、汲古本作『殺』。

家族孰敢不效命宜分兵守城以虞外變習家不足慮也希望信之乃悉分其兵守城公儼因擒希望斬之習家屬由是獲免而公儼宣言青人不便習之嚴急不欲習復來因自求爲節度使明宗乃以房知溫代習鎮平盧拜公儼登州刺史公儼不時承命知溫擒而殺之習復鎮天平徙鎮宣武習素爲安重誨所不悅希其旨者上言習厚歛汴人乃以太子太師致仕歸昭慶故里明宗以其子令謙爲趙州刺史以奉養之習以無罪怏怏失職縱獵劇飲以自娛居歲餘中風卒贈太師習二子令謙令謙有勇力善騎射以父任爲將官至趙州刺

●『房知溫』，薛史三十七本紀作『霍彥威』。
●『徙鎮』，貴池本無『鎮』字。

符令謙

史有善政，卒于州，州人號泣送葬者數千人，當時號爲良刺史。蒙少好學，性剛鯁，爲成德軍節度副使，後事晉，官至禮部侍郎。

烏震，冀州信都人也。少事趙王王鎔爲軍卒，稍以功遷裨校，隸符習軍。習從莊宗于河上，而鎔爲張文禮所弑，震從習討文禮，而家在趙，文禮執震母妻及子十餘人以招震，震不顧，文禮乃皆斷其手鼻，割而不殊，縱至習軍，軍中皆不忍正視，震一慟而止，憤激自勵，身先士卒。晉軍攻破鎭州，震以功拜刺史，歷深、趙二州。震爲人純質，少好學，通左氏春秋，喜作詩，善書。及爲刺史，以廉平

- 符令謙。
- 不『殊』，百衲本、貴池本作不『誅』，汲古本作不『殊』，彭本作『殊』。
- 『皆』，百衲本誤作『自』。

爲政有聲遷冀州刺史兼北面水陸轉運使明宗聞其名擢拜河北道副招討使領寧國軍節度使代房知温戍于盧臺軍始至而戍兵龍晊等作亂見殺贈太師

嗚呼忠孝以義則兩得吾旣已言之矣若烏震者可謂忠乎甚矣震之不思也夫食人之祿而任人之事事有任專其責而其國之利害由已之爲不爲爲之雖利於國而有害於其親者猶將辭其祿而去之矧其事衆人所皆可爲而任不專已又其爲與不爲國之利害不繫爲者如是而不顧其親雖不以爲利猶曰不孝況因而利之乎夫能事其親以孝然後能事其君以忠若烏震

• 薛史明宗紀作『冀州』，傳作『易州』。

• ？

• 然爲震計亦甚難。是教人私而忘公，此論似通而非通。

者。可謂大不孝矣，尚何有於忠哉。

孔謙，魏州人也。爲魏州孔目官。魏博入于晉，莊宗以爲度支使。謙爲人勤敏而傾巧，善事人，莊宗及其左右皆悅之。自少爲吏，工書算，頗知金穀聚斂之事。晉與梁相拒河上十餘年，大小百餘戰，謙調發供饋，未嘗缺乏，所以成莊宗之業者，謙之力爲多。然民亦不勝其苦也。莊宗初建大號，謙自謂當爲租庸使，而郭崇韜用魏博觀察判官張憲爲使，以謙爲副。謙已怏怏。既而莊宗滅梁，謙從入汴，謂崇韜曰：「鄴，北都也，宜得重人鎮之，非張憲不可。」崇韜以爲然，因以憲留守北都，而以宰相豆盧革

批注：察下百衲本貴池本有使字不改

•『察』下，百衲本、貴池本有『使』字，不改。

判租庸謙益失望乃陰求革過失而革嘗以手書假租庸錢十萬謙因以書示崇韜而微泄其事使革聞之革懼遂求解職以讓崇韜崇韜亦不肯當莊宗問誰可者崇韜曰孔謙雖長於金穀而物議未可居大任不若復用張憲乃趣召憲憲爲人明辨人頗忌之謙因乘間謂革曰租庸錢穀悉在目前委一小吏可辦鄴都天下之重不可輕以任人革以語崇韜崇韜罷憲不召以興唐尹王正言爲租庸使謙益憤憤因求解職莊宗怒其避事欲寘之法賴伶官景進救解之乃止已而正言病風不任事景進數以爲言乃罷正言以謙爲租庸使賜豐

- 貴池本脫『庸』字。
- 薛史作數十萬。

財贍國功臣謙無佗能直以聚斂爲事莊宗初卽位推恩天下除百姓田租放諸場務課利欠負者謙悉違詔督理故事觀察使所治屬州事皆不得專達上所賦調亦下觀察使行之而謙直以租庸帖調發諸州不關觀察觀察使交章論理以謂制敕不下支郡刺史不專奏事唐制也租庸直帖沿僞梁之弊不可爲法今唐運中興願還舊制詔從其請而謙不奉詔卒行直帖又請減百官俸錢省罷節度觀察判官推官等員數以至鄣塞天下山谷徑路禁止行人以收商旅征算遣大程官放猪羊柴炭占庇人戶更制括田竿尺盡率州使公廨錢

• 豐財贍國功臣。
• 貴池本『勅』誤作『刺』。
• 大程官。

由是天下皆怨苦之明宗立下詔暴謙罪斬于洛陽市
籍没其家遂罷租庸使額分鹽鐵度支戶部爲三司
張延朗汴州開封人也事梁以租庸使爲鄆州糧料使
明宗克鄆州得延朗復以爲糧料使徙鎮宣武成德
以爲元從孔目官明宗即位爲莊宅使宣徽北院使忠
武軍節度使長興元年拜三司使唐制戶部度支以本
司郎中侍郎判其事而有鹽鐵轉運使其後用兵以國
計爲重遂以宰相領其職乾符以後天下喪亂國用愈
空始置租庸使用兵無常隨時調歛兵罷則止梁興始
置租庸使領天下錢穀廢戶部度支鹽鐵之官莊宗滅

• 『使』，百衲本、貴池本作『吏』，是。南監本作『使』。　鹽鐵，汲古本同。汲古本、彭本亦誤。
• 彭本、貴池本『莊宅使』，誤爲『莊宗宅使』。
• 總論三司沿革。
• 薛史本傳所無。百衲本、貴池本鹽鐵在戶部上，南監本度支、戶部、梁、因而不改。明宗入立、誅租庸使孔謙而廢其使職、以大臣一人判戶部度支鹽鐵、號曰判三司。延朗因請置三司使。事下中書、中書用唐故事、拜延朗特進工部尚書充諸道鹽鐵轉運等使、兼判戶部度支事。詔以延朗充三司使、班在宣徽使下。三司置使、自此始。延朗號爲有心計、以三司爲己任、而天下錢穀亦無所建明。明宗常出遊幸、召延朗共食、延朗不至、附使者報曰、三司事忙無暇、聞者笑之。歷泰寧雄武軍節度使。廢帝以爲吏部尚書兼中書門下平章事判三司。晉高祖有異志、三司財貨在太原者、延朗悉調取之、高祖深以爲恨。晉兵

起廢帝欲親征而心畏高祖遲疑不決延朗與劉延朗
等勸帝必行延朗籍諸道民爲丁及括其馬丁馬未至
晉兵入京師高祖得延朗殺之
李嚴幽州人也初名讓坤事劉守光爲刺史後事莊宗
爲客省使嚴爲人明敏多藝能習騎射頗知書而辯同
光三年使于蜀爲王衍陳唐興復功德之盛音辭清亮
蜀人聽之皆竦動衍樞密使宋光嗣召嚴置酒從容問
中國事嚴對曰前年天子建大號于鄴宮自鄆趨汴定
天下不旬日而梁之降兵猶三十萬東漸于海西極甘
涼北懾幽陵南踰閩嶺四方萬里莫不臣妾而淮南楊

通鉴出使在二年。

百衲本貴池本無于字

氏承累世之疆，鳳翔李公恃先朝之舊，皆遣子入侍，稽首稱藩。至于荆湖、吳越，修貢賦，效珍奇，願自比於列郡者，至無虛月。天子方懷之以德，而震之以威，天下之勢不得不一也。光嗣曰：荆湖、吳越，非吾所知，若鳳翔，則蜀之姻親也，其人反覆，其可信乎？又聞契丹日益疆盛，大國其可無慮乎？嚴曰：契丹之疆，孰與僞梁？光嗣曰：比梁差劣爾。嚴曰：唐滅梁如拉朽，況其不及乎？唐兵布天下，發一鎮之衆，可以滅虜，使無類，然而天生四夷，不在九州之內，自前古王者，皆存而不論，蓋不欲窮兵黷武也。蜀人聞嚴應對，愈益奇之。是時蜀之君臣皆庸暗，而恃

● 百衲本、貴池本無『于』字。

險自安窮極奢僭嚴自蜀還具言可取之狀初莊宗遣嚴以名馬入蜀市珍奇以充後宮而蜀法嚴禁以奇貨出劍門其非奇物而出者名曰入草物由是嚴無所得而還惟得金二百兩地衣毛布之類莊宗聞之大怒曰物歸中國謂之入草王衍其能免爲入草人乎於是決議伐蜀冬魏王繼岌西伐以嚴爲三川招討使與康延孝以兵五千先行所過州縣皆迎降延孝至漢州王衍告曰得李嚴來卽降衆皆以伐蜀之謀自嚴始而衍怨嚴深不宜往嚴聞之喜卽馳騎入益州衍見嚴以妻母爲託卽日以蜀降嚴還明宗以爲泗州防禦使客省使

● 『招討』，百衲本、貴池本作『招撫』，彭本同，南監本同，薛史、通鑑同。
● 貴池本『王衍』誤作『王彥』。

如故其後孟知祥倔彊於蜀安重誨稍裁抑之思有以制知祥者嚴乃求爲西川兵馬都監將行其母曰汝前啓破蜀之謀今行其以死報蜀人矣嚴不聽初嚴與知祥同事莊宗時知祥爲中門使嚴嘗有過莊宗怒甚命斬之知祥戒行刑者少緩入白莊宗曰嚴小過不宜以喜怒殺人恐失士大夫心莊宗怒稍解命知祥監笞嚴二十而釋之知祥雖與嚴有舊恩而惡其來蜀人聞嚴來亦皆惡之嚴至知祥置酒從容問嚴曰朝廷以公來邪公意自欲來邪嚴曰君命也知祥發怒曰天下藩鎮皆無監軍安得爾獨來此此乃孺子熒惑朝廷爾即擒

- 『倔』，百衲本、貴池本作『屈』。
- 李嚴自求入蜀，所謂得意不可，再往，何計之踈也。
- 貴池本脫『嚴』字。
- 貴池本脫『人』字。
- 貴池本『二十』作『一十』。

斬之。明宗不能詰也。知祥由此遂反。

李仁矩不知其世家，少事明宗，明宗即位，以爲客省使、左衞大將軍。明宗祀天南郊，東西川當進助禮錢，使仁矩趣之。仁矩恃恩驕恣，見藩臣不以禮。東川節度使董璋置酒召仁矩，仁矩辭醉不往，於傳舍與倡妓飲。璋怒，率衙兵露刃之傳舍，仁矩惶恐，不襪而靴，走庭中。璋責之曰：「爾以西川能斬李嚴，謂我獨不能斬爾邪！」顧左右牽出斬之，仁矩涕泣拜伏謝罪，乃止。明日，璋置酒召仁矩，見其妻子，以厚謝之。仁矩還，言璋必反。仁矩素爲安重誨所親信，自璋有異志，重誨思有以制之，乃

分東川之閬州爲保寧軍以仁矩爲節度使遣姚洪將
兵戍之璋以書至京師告其子光業曰朝廷割我支郡
分建節髦又以兵戍之是將殺我也若唐復遣一騎入
斜谷吾必反矣與汝自此而決光業私以書示樞密承
旨李虔徽使白重誨重誨不省仁矩至鎮伺璋動靜必
以聞璋益疑懼遂決反重誨又遣荀咸乂將兵益戍閬
州光業亟言以爲不可重誨不聽咸乂未至璋已反攻
閬州仁矩召將校問策皆曰璋有二心久矣常以利啖
吾兵兵未可用而賊鋒方銳宜堅壁以挫之能守旬日
大軍必至賊當自退仁矩曰蜀懦安能當我精銳之師

• 貴池本、南監本、汲古本、百衲本均作『吾反必矣』〔當改正，本注〕。
• 『微』，當從百衲本、貴池本作『徽』。
• 百衲本、貴池本皆無『能』字。
• 貴池本、百衲本同，彭本作『蜀兵懦』。

卽驅之出戰。兵未交而潰，仁矩被擒，并其家屬皆見殺。

毛璋，滄州人也。梁末，戴思遠爲横海軍節度使，璋事思遠爲軍校。晉已下魏博，思遠棄滄州出奔，璋以滄州降晉，以功爲貝州刺史。璋爲人有膽勇，自晉與梁相拒河上，璋累戰有功。莊宗滅梁，拜璋華州節度使。在鎭多不法，議者疑其有異志，乃徙璋鎭昭義。璋初欲拒命，其判官邊蔚切諫諭之，乃聽命。璋累歷藩鎭，又在華州得魏王繼岌伐蜀餘貲，旣富而驕，益爲淫侈，嘗服赭袍飲酒，使其所得蜀奴爲王衍宮中之戲于前。明宗聞而惡之，召爲金吾上將軍。東川董璋上書言璋遣子廷贇持書

- 彭本「多」下有「爲」字。
- 「蔚」，百衲本、貴池本均作「慰」，薛史作「蔚」。
- 百衲本作「妓」，貴池本同，汲本。
- 貴池本「衍」上脫「王」字。

往西川，疑其有姦，明宗乃遣人追還延贇，幷璋下御史獄。延贇欵稱實璋假子，有叔父在蜀，欲往省之，而無私書。璋無罪名，有司議璋前任藩鎭陰畜異圖，及處班行，不愼行止，乃停璋見任官，勒還私第。初，延贇之蜀，與其客趙延祚俱，及召下獄，延祚多捃璋陰事欲言之，璋許延祚重賂以滅口。既出而責賂於璋，璋不與，延祚乃詣臺自言，幷璋復下獄，鞫之無狀。中丞呂夢奇議曰璋前經推劾，已蒙昭雪，而延祚以責賂之故，復加織羅，乃稍肴璋。璋欵上有告者言夢奇受賂，而劾獄不盡，乃移軍巡獄。獄吏希旨，鍜鍊其事，璋具伏許賂延祚，而未與，嘗

● 貴池本脫『璋』字，百衲本同。
● 『巡』，百衲本誤作『延』。

以馬借夢奇、而無受賂。璋坐長流儒州、已而令所在賜自盡。

乾隆四年校刊

五代史卷二十六

• 薛六十六。

薛史

五代史卷二十七

宋　歐　陽　脩　撰

唐臣傳第十五

朱弘昭太原人也。少事明宗爲客將，明宗卽位，爲文思使，與安重誨有隙，故常使于外。董璋爲東川節度使，乃以弘昭爲副使。西川孟知祥殺其監軍李嚴，弘昭大懼，求還京師，璋不許，遂相猜忌。弘昭益開懷待之，不疑璋，頗重其爲人。後璋有軍事，遣弘昭入朝，弘昭乃免。遷左衞大將軍、内客省使、宣徽南院使、鳳翔節度使。孟知祥反，石敬瑭伐蜀，久無功，明宗遣安重誨督軍。是時重誨已有間、重誨至鳳翔、弘昭迎謁禮甚恭、延重誨于家、使其妻妾侍飲食。重誨以弘昭厚己、酒酣具言蒙天子厚恩、而所以讒間之端、因泣下。弘昭即奏言重誨怨望、又陰遣人馳告敬塘、使拒重誨。會敬塘以糧餉不繼、遽燒營返軍。重誨亦以被讒召還、過鳳翔、弘昭閉門不納。重誨由此得罪死。樞密使范延光尤惡弘昭爲人、罷爲左武衞上將軍、宣徽南院使。久之、爲山南東道節度使。是時、明宗已病、而秦王從榮禍起有端、唐諸大臣皆欲引去以避禍。樞密使范延光、趙延壽日夕更見涕泣求去、明宗怒而不許。延壽使其妻興平公主入言於中、延光

●『間』，汲古本誤作『聞』。
●百衲本『禍』下空一字，無『起』字。

彭本以上有乃字
馮贇
南監無 彭本無即字
險譎 彭本作 險詐

亦因孟漢瓊王淑妃進說故皆得罷以弘昭及馮贇代
延壽延光弘昭入見辭曰臣厮養之才不足當大任明
宗叱之曰公等皆不欲在吾目前邪吾養公等安用弘
昭惶恐乃視事馮贇者亦太原人也其父璋事明宗爲
閽者贇爲兒時以通黠爲明宗所愛明宗爲節度使以
贇爲進奏官明宗即位即爲客省使宣徽北院使歷河
東忠武節度使三司使明宗病甚大臣稀復進見而孟
漢瓊王淑妃用事弘昭及贇竝掌機務於中大事皆決
此四人及殺秦王而立愍帝益自以爲功又其所用多
非其人給事中陳乂爲人險譎好陰謀嘗事梁張漢傑

● 彭本『以』上有『乃』字。
● 馮贇。
● 彭本無『即』字，南監無。
『險譎』，彭本作『險詐』。

百衲本無院字 不改

又事郭崇韜，兩人皆輒敗死。弘昭乃引以爲樞密院直學士，而用其謀。是時，弘昭贊遣漢瓊至魏召愍帝入立，而留漢瓊權知後事。明年正月，漢瓊請入朝，弘昭贊乃議從成德范延光代漢瓊，北京留守石敬塘代延光，鳳翔潞王從珂代敬塘。三人者，皆唐大臣，以漢瓊故，輕易其地，又不降制書，第遣使者監其上道。從珂由此遂反。從珂兵已東，愍帝大懼，遣人召弘昭計事。弘昭謂其客穆延暉曰：上召我急，將罪我也。吾兒婦，君之女也，其以歸，無使及禍。乃拔劒大哭，欲自裁，而家人止之。使者促弘昭入見甚急，弘昭呼曰：窮至此邪！乃自投于井以死。

• 百衲本、貴池本無『院』字，不改。

● 薛六十九。

● 『中』，當從百衲本作『守』，貴池本同，彭、汲、局均不誤，南監本。

安從進聞之亦殺贇于家贇母新死子母棄尸于道妻子皆見殺贇有子三歲其故吏張守素匿之以免漢高祖卽位贈弘昭尚書令贇中書令

劉延朗宋州虞城人也初廢帝起於鳳翔與共事者五人節度判官韓昭胤掌書記李專美牙將宋審虔客將房暠而延朗爲孔目官初愍帝卽位徙廢帝爲北京留中不降制書遣供奉官趙處愿促帝上道帝疑惑召昭胤等計議昭胤等皆勸帝反由是事無大小皆此五人謀之而暠又喜鬼神巫祝之說有瞽者張濛自言事太白山神神魏崔浩也其言吉凶無不中暠素信之嘗引

濛見帝、聞其語聲、驚曰、此非人臣也。愚使濛問於神、神傳語曰、三珠併一珠、驢馬沒人驅、歲月甲庚午、中興戊己土。愚不曉其義、使問濛、濛曰、神言如此、我能傳之、不能解也、帝卽以濛爲館驛巡官。帝將反而兵少、又乏食、由此甚懼、使愚問濛、濛傳神語曰、王當有天下、可無憂。於是決反、使專美作檄書、言朱弘昭馮贇幸明宗病、殺秦王而立愍帝、帝年少、小人用事、離間骨肉、將問罪於朝。遣使者馳告諸鎮、皆不應、獨隴州防禦使相里金遣其判官薛文遇計事。帝得文遇大喜、而延朗調率城中民財以給軍。王思同率諸鎮兵圍鳳翔、廢帝懼、又遣愚問神、神曰、王兵少、東兵來所以迎王也、已而東兵果叛、降于帝。帝入京師、卽位之日、受册明宗柩前、册曰、維應順元年歲次甲午四月庚午朔、帝回顧昺曰、張濛神言豈不驗哉、由是昺益見親信、而專以巫祝用事。帝旣立、以昭胤爲左諫議大夫、端明殿學士、專美爲比部郎中、樞密院直學士、審虔爲皇城使、昺爲宣徽北院使、延朗爲莊宅使。久之、以昭胤昺爲樞密使、延朗爲副使、審虔爲侍衛步軍都指揮使、而薛文遇亦爲職方郎中、樞密院直學士。由是審虔將兵、專美文遇主謀議、而昭胤昺及延朗掌機密。初、帝與晉高祖俱事明宗、而心不相悅、

百衲本中無以字

● 百衲本、貴池本無『以』字。

帝既入立、高祖不得已來朝、而心頗自疑、欲求歸鎮、且難言之、乃陽爲羸疾、炙灼滿身、冀帝憐而遣之。延朗等多言敬瑭可留京師、昭胤專美曰、敬瑭與趙延壽皆尚唐公主。不可獨留。乃復授高祖河東而遣之。是時契丹數寇北邊、以高祖爲大同振武威塞彰國等軍蕃漢馬步軍都總管、屯于忻州、而屯兵忽變、擁高祖呼萬歲、高祖懼、斬三十餘人而後止。於是帝益疑之。是時高祖悉握精兵在北、饋運芻糧、遠近勞弊。帝與延朗等日夕謀議、而專美文遇迭宿中興殿廬、召見訪問、常至夜分而罷。是時高祖弟重胤爲皇城副使、而石氏公主母曹太

●『炙』，當作『灸』，百衲本、貴池不誤，逕改不校。
●此文連用四『是時』，歐史文筆流暢，如此傳亦殊拖沓也。

后居中因得伺帝動靜言語以報高祖高祖益自危懼毋帝遣使者勞軍郎陽爲羸疾不自堪因數求解總管以探帝忘是時帝母魏氏追封宣憲皇太后而墓在太原有司議立寢宮高祖建言陵與民家墓相雜不可立宮帝疑高祖欲毀民墓爲國取怨帝由此發怒罷高祖總管徙鎭鄆州延朗等多言不可而司天趙延義亦言天象失度宜安靜以弭災其事遂止後月餘文遇獨直帝夜召之語罷敬瑭事文遇曰臣聞作舍道邊三年不成國家之事斷在陛下且敬瑭徙亦反不徙亦反遲速爾不如先事圖之帝大喜曰術者言朕今年當得一賢

● 『家』字，疑當作『冢』，彭本正作『冢』字。南監本。
● 百衲本無『鎭』字，貴池本同。
● 『義』，貴作『乂』。

佐以定天下、卿其是邪。乃令文遇手書除目、夜半下學士院草制、明日宣制、文武兩班皆失色。居五六日、敬瑭以反聞。敬瑭上書言帝非明宗子、而許王從益次當立。帝得書大怒、手壞而投之、召學士馬胤孫爲荅詔、曰、宜以惡語抵之。延朗等請帝親征、帝心憂懼、常惡言敬瑭事、每戒人曰、爾無說石郎、令我心膽墮地。由此不欲行。而延朗等屢迫之、乃行、至懷州、帝夜召李崧問以計策、文遇不知而繼至、帝見之色變。崧躡其足、文遇乃出。帝曰、我見文遇肉顫遽、欲抽刀刺之。崧曰、文遇小人致悞大事、刺之益醜。乃已。是時契丹已立敬瑭爲天子、以兵

- 『抵』，百衲本作『詆』，貴池本同，汲古本同。
- 百衲本、貴池本無『遽』字。

● 白司馬坡。
● 百衲本『日』字誤作『曰』。
● 貴池本『于此』誤此（疑爲『作』字之訛，編注）『千此』。

而南，帝惶惑不知所之，遣審虔將千騎至白司馬坡，踏戰地。審虔曰：「何地不堪戰，雖有其地，何人肯立于此，不如還也。」帝遂還自焚。高祖入京師，延朗等六人皆除名爲民。初，延朗與昺竝掌機密，延朗專任事，諸將當得州者，不以功次爲先後，納賂多者得善州，少及無賂者得惡州，或久而不得，由是人人皆怨。昺心患之而不能爭也，但日飽食高枕而已，每延朗議事，則垂頭陽睡不省。及晉兵入，延朗以一騎走南山，過其家，指而歎曰：「吾積錢三十萬于此，不知何人取之。」遂爲追兵所殺。晉高祖聞昺常不與延朗事，哀之，後復以爲將，歲餘卒。專美事晉爲大理卿、開運中卒。當晉之將起、廢帝以昭胤爲中書侍郎同中書門下平章事、出爲河陽節度使、與審虔文遇皆不知其所終。

嗚呼、禍福成敗之理可不戒哉。張濛神言驗矣、然焉知其不爲禍也。予之所記大抵如此覽者可以深思焉。廢帝之起所與圖議者、此五六人而已考其逆順之理雖有智者爲之謀未必能不敗況如此五六人者哉故并述以附延朗、見其始終之際云。

康思立本山陰諸部人也。少爲騎將、從莊宗破梁夾城、戰柏鄉、累以功遷突騎指揮使。明宗卽位、歷應嵐二州

薛史七十。

薛史七十

刺史宿州團練使昭武軍節度使徙鎭保義皆有善政潞王從珂反於鳳翔愍帝遣王思同等討之思立有捧聖羽林屯兵千五百人乃以羽林千人屬思同思同至鳳翔軍叛降于從珂思立聞之欲盡誅羽林千人家屬未及而從珂兵已至思立乃以捧聖兵城守從珂兵傳其城呼曰西兵七萬策新天子爾五百人其能拒邪徒陷陝人於死耳捧聖兵聞之皆解甲思立遂開門迎從珂廢帝卽位以思立初無降意頗不悅之徙安遠又徙安國以年老罷爲右神武統軍石敬瑭反太原廢帝以思立爲北面行營馬軍都指揮使廢帝幸懷州遣思立

● 貴池本『傳』作『薄』。

● 『七』萬，百衲本、貴池本作『十』萬，汲古本作『七』萬，通鑑作『十』萬，當改。南監作『七』。

將從駕騎兵出團柏谷救張敬達未至而敬達死楊光遠降晉思立以疾卒于道晉高祖入立贈太子少傅

康義誠字信臣代北三部落人也以騎射事晉王莊宗時爲突騎指揮使從明宗討趙在禮至魏而軍變義誠前陳莊宗過失勸明宗南嚮明宗即位遷捧聖指揮使領汾州刺史從破朱守殷遷侍衛親軍馬步軍都指揮使領河陽三城節度使出爲山南東道節度使復爲親軍都指揮使領河陽加同中書門下平章事秦王從榮素驕自爲河南尹典六軍拜大元帥唐諸大臣皆懼禍及思自脫獨義誠心結之遣其子事秦王府明宗病從

● 『團』，貴池本誤作『圍』。
● 百衲本、貴池本無『以』字。
● 『少傅』，百衲本作『少師』，貴池本同，薛史亦作『少師』，當改正。
● 薛史六十六。

宫書池本誤作官

百衲本貴池本缺從榮二字

榮謀以兵入宫，唐大臣朱弘昭、馮贇等皆以爲不可，而義誠獨持兩端。從榮已舉兵至天津橋，弘昭等入以反白，明宗涕泣，召義誠使自處置，而義誠卒不出兵。馬軍指揮使朱弘實以兵擊從榮，從榮敗走見殺。三司使孫岳嘗爲馮贇言從榮必敗之狀，義誠聞而不悅，及從榮死，義誠始引兵入河南府，召岳檢閱從榮家貲，岳至，義誠乘亂使人射之，岳走至通利坊見殺，明宗不能詰。義誠已殺岳，又以從榮故與弘實有隙。愍帝卽位，弘實常以誅從榮功自負，義誠心益不平。潞王從珂反鳳翔，王思同率諸鎮兵圍之，興元張虔釗兵叛降從珂，思同走。

●『宫』，貴池本誤作『官』。
●百衲本、貴池本缺『從榮』二字。

諸鎮兵皆潰。愍帝大怒、謂朱弘昭等曰、朕新卽位、天下事皆出諸公、然於事兄未有失節。諸公以大計見迫、不能獨違、事一至此、何方轉禍。吾當率左右往迎吾兄、遜以位、苟不吾信、死其所也。弘昭等惶恐不能對。義誠前曰、西帥驚潰、主將怯耳、今京師兵尚多、臣請盡將以西、扼關而守、招集亡散、以爲後圖。愍帝以爲然、幸左藏庫、親給將士人絹二十匹、錢五千。是時明宗山陵未畢、帑藏空虛、軍士負物揚言曰、到鳳翔更請一分。朱弘實見軍士無鬬志、而義誠盡將以西、疑其有二心。謂義誠曰、今西帥小衄、而無一騎東者、人心可知。不如以見兵守

- 『帥』字各本皆同，疑當作『師』字，南監本、局本、彭本正作『師』字。
- 百衲本、貴池本無『有』字。
- 『西帥』亦當從彭本作『西師』。

京師以自固、彼雖幸勝、特得虔釗一軍耳、諸鎭之兵在後、其敢徑來邪。義誠怒曰、如此言、弘實反矣。弘實曰、公謂誰欲反邪、其聲厲而聞。愍帝召兩人訊之、兩人爭於前、帝不能決、遂斬弘實、以義誠爲招討使、悉將禁軍以西。愍帝奔衛州、義誠行至新安、降于從珂。清泰元年四月、斬于興敎門外、夷其族。

嗚呼、五代爲國興亡以兵、而其軍制、後世無足稱焉、惟侍衛親軍之號、今猶因之、而甚重、此五代之遺制也。然原其始起微矣、及其至也可謂盛哉。當唐之末、方鎭之兵多矣、凡一軍有指揮使一人、而合一州之諸軍又有

百衲本貴池本脱兩人訊之四字

論軍制

李作出師

● 百衲本、貴池本脫『兩人訊之』四字。

● 論軍制。

馬步軍都指揮使一人，蓋其卒伍之長也。自梁以宣武軍建國，因其舊制，有在京馬步軍都指揮使，後唐因之。至明宗時，始更爲侍衞親軍馬步軍都指揮使。當是時，天子自有六軍諸衞之職，六軍有統軍，諸衞有將軍，而又以大臣宗室一人判六軍諸衞事，此朝廷大將，天子國兵之舊制也。而侍衞親軍者，天子自將之私兵也。推其名號可知矣。天子自爲將，則都指揮使乃其卒伍之都長耳。然自漢、周以來，其職益重，漢有侍衞司獄，凡朝廷大事，皆決侍衞獄。是時，史弘肇爲都指揮使，與宰相樞密使並執國政，而弘肇尤專任，以至於亡。語曰：涓涓

自爲下彭本有之字。

「自爲」下，彭本有「之」字。

百衲本無猶字
大將上百衲本、貴池本無無字，百衲本無屬字，貴池本同
薛六十六

不絕流爲江河，熒熒不滅，炎炎柰何，可不戒哉！然是時方鎮各自有兵，天子親軍猶不過京師之兵而已。今方鎮名存而實亡，六軍諸衛又益以廢，朝廷無大將之職，而舉天下内外之兵皆屬侍衛司矣，則爲都指揮使者，其權豈不益重哉！親軍之號始於明宗，其後又有殿前都指揮使，亦親軍也，皆不見其更置之始。今天下之兵，皆分屬此兩司矣。

藥彦稠，沙陀三部落人也。初爲騎將，明宗即位，拜澄州刺史，從王晏球破王都定州，遷侍衛步軍都虞候，領壽州節度使。安重誨矯詔遣河中指揮使楊彦溫逐其節

- 百衲本無『猶』字。
- 『大將』上，百衲本、貴池本無『無』字。
- 百衲本無『屬』字，貴池本同。

薛六十六。

薛史作招
討副使

度使潞王從珂、以彥稠爲招討使。明宗疑彥溫有所說、戒彥稠得彥溫毋殺、將訊之。彥稠希重誨旨、殺彥溫以滅口、明宗大怒、然不之罪也。長興中爲靜難軍節度使、党項阿埋屈悉保等族抄掠方渠、邀殺回鶻使者、明宗遣彥稠與靈武康福會兵擊之、阿埋等亡竄山谷。明宗以謂党項知懼、可加約束而綏撫之、使者未至、彥稠等自牛兒族入白魚谷、盡誅其族、獲其大首領連香等、遣人上捷。明宗謂其使者曰、吾誅党項、非有所利也、凡軍中所獲、悉與士卒分之、毋以進奉爲名、重斂軍士也。已而彥稠以党項所掠回鶻進奉玉兩團、及遣秦王金裝

• 薛史作『招討副使』。

胡鞣等來獻明宗曰吾已語彥稠矣不可失信因悉以

賜彥稠又逐鹽州諸戎取其所掠男女千餘人潞王從

珂反彥稠爲招討副使王思同兵潰彥稠與思同俱東

走爲潞王兵所得因之華州獄已而殺之晉高祖立贈

侍中彥稠與思同俱以敗走時愍帝猶在唐未亡二人

義不屈其死可嘉彥稠直被執見殺爾餘無可稱故不列於死事傳

走歸國於節未虧異於元行欽之走也然思同辭

乾隆四年校刊　　五代史卷二十七　　藥彥稠

百衲本脫傳字

● 百衲本脫『傳』字。

五代史卷二十七

五代史卷二十七考證

朱弘昭傳是時明宗已病而秦王從榮禍起有端○一本脫起字今從監本

五代史卷二十七考證

〔宋〕歐陽修 撰
柴德賡 點校

柴德賡點校新五代史

第三册

创于1897
商務印書館
The Commercial Press

五代史卷五十五

宋 歐 陽 修 撰

雜傳第四十三

劉昫涿州歸義人也昫爲人美風儀與其兄暄弟皞皆以好學知名燕薊之間後爲定州王處直觀察推官處直爲其子都所囚昫兄暄亦爲怨家所殺昫乃避之滄州唐莊宗卽位拜昫太常博士以爲翰林學士明宗時累遷兵部侍郎居職明宗素重昫而愛其風韻遷端明殿學士長興三年拜中書侍郎兼刑部尚書同中書門下平章事昫詣中興殿門謝是日大祠不坐昫入謝端

薛史八十九
暄 百衲本作暄 誤 貴不誤
皞 貴
貴校無字
薛史戶部侍郎
居職
紀、薛均作四年
薛史昫字耀遠
薛史兄暄與此同

- 薛史八十九。
- 薛史昫字耀遠。
- 『暄』，百衲本作『暄』誤，貴不誤。薛史兄『暄』，與此同。
- ［皞，編注］『皞』，百、貴。
- 貴校無『後』字。
- 薛史『戶部侍郎』。
- 居職。
- 紀、薛均作『四年』。

明殿、昫自端明殿學士拜相、當時以此爲榮。廢帝入立、遷吏部尚書門下侍郎、監修國史。初、廢帝入問三司使王玫帑廩之數幾何、玫言其數百萬、及責以賞軍、而無十一、廢帝大怒、罷玫、命昫兼判三司。昫性察、而嫉三司蠹敝尤甚、乃句計文簿、覈其虛實、殘租積負、悉蠲除之。往時吏幸積年之負、蓋而不發、因以把持州縣、求賄賂。及昫一切蠲除、民間歡然以爲德、而三司吏皆沮怨。先是馮道與昫爲姻家、而同爲相。道罷、李愚代之。愚素惡道爲人、凡事有稽失者、必指以誚昫曰、此公親家翁所爲也。昫性少容恕、而愚特剛介、遂相詆訴。相府史吏惡

晉書紀及馬縞傳作左僕射
昫不失為好官

此兩人剛直，因共揚言其事。聞，廢帝竝罷之，以昫爲右僕射。是時，三司諸吏提印聚立月華門外，聞宣麻罷昫相，皆歡呼相賀曰：「自此我曹快活矣！」昫在相位，不習典故。初，明宗崩，太常卿崔居儉以故事當爲禮儀使，居儉辭以祖諱蠡，馮道改居儉祕書監，居儉怏怏失職。中書舍人李詳爲居儉詰詞，有「聞名心懼」之語，昫輒易曰「有恥且格」。居儉訴曰：「名諱有令式，于何罪也？」當時聞者皆傳以爲笑。及爲僕射，入朝遇雨，移班廊下，御史臺吏引僕射立中丞、御史下，昫詰吏以故事，自宰相至臺省皆不能知。是時，馮道罷相爲司空，自隋、唐以來，三公無職

百衲本無外字

- 晉本紀及馬縞傳作「左僕射」。
- 百衲本無「外」字。
- 昫不失爲好官。

事、不特置及道爲司空、問有司班次、亦皆不能知、由是不入朝堂、俟臺官兩省入而後入、宰相出則隨而出。至昫爲僕射、自以由宰相罷、與道同、乃隨道出入、有司不能彈正、而議者多竊笑之。晉高祖時、張從賓反、殺皇子重乂於洛陽、乃以昫爲東都留守、判鹽鐵。開運中、拜司空、同中書門下平章事、復判三司。契丹犯京師、昫以目疾罷爲太保、是歲卒、年六十。

盧文紀字子持、其祖簡求、爲唐太原節度使。父嗣業、官至右補闕。文紀舉進士、事梁爲刑部侍郎、集賢殿學士。唐明宗時爲御史中丞。初上事、百官臺參、吏白諸道進

藤史一二七
有闕文

• 薛史一二七，有闕文。

奏官賀文紀問當如何吏對曰朝廷在長安時進奏官見大夫中丞如胥史自唐衰天子微弱諸侯強盛貢奉不至朝廷姑息方鎮假借邸吏大夫中丞上事進奏官至客次通名勞以茶酒而不相見相傳以爲故事文紀曰吾雖德薄敢隳舊制因遣吏諭之進奏官奮臂諠然欲去不得已入見文紀據牀端笏臺吏通名贊拜既出恚怒不自勝訴於樞密使安重誨重誨曰吾不知故事可上訴于朝即相率詣閤門求見以狀訴明宗問宰相趙鳳進奏吏比外何官鳳曰州縣發遞知後之流也明宗怒曰乃吏卒爾安得慢吾法官皆杖而遣之文紀又

● 貴池本『胥史』作『胥吏』，五代會要作『胥吏』，薛史職官志同。
● 汲古本、局本『假借』誤作『借假』。

請悉復中外官校考法，將相天子自書之，詔雖施行，而官卒不考。歲餘，遷工部尚書。文紀素與宰相崔協有隙，協除工部郎中于鄴，文紀以鄴與其父名同音，大怒。鄴赴省參上，文紀不見之，因請連假。已而鄴奉使未行，文紀即出視事。鄴因醉忿自經死。文紀坐貶石州司馬。久之，爲祕書監、太常卿，奉使于蜀，過鳳翔。時廢帝爲鳳翔節度使，文紀爲人形貌魁偉，語音琅然，廢帝奇之。後廢帝入立，欲擇宰相，問於左右，左右皆言文紀及姚顗有人望。廢帝因悉書清望官姓名內琉璃瓶中，夜焚香呪天，以筯挾之，首得文紀，欣然相之，乃拜中書侍郎同中

汲古閣本局本拜誤作得

請連假

● 請連假。
● 汲古閣本、局本「拜」誤作「得」。

書門下平章事。是時天下多事，廢帝數以責文紀，文紀因請罷五日起居，復唐故事，開延英，冀得從容奏議天下事。廢帝以謂五日起居，明宗所以見羣臣也，不可罷，而便殿論事，可以從容，何必延英。因詔宰相有事不以時詣閤門請對。晉高祖起太原，廢帝北征，過拜徽陵，休仗舍，顧文紀曰：「吾自鳳翔識卿，不以常人爲待，自卿爲相，詢于輿議，皆云可致太平，今日使吾至此，卿宜如何？」文紀惶恐謝罪。廢帝至河陽，文紀勸帝扼橋自守，不聽。晉高祖入立，罷爲吏部尚書，累遷太子少保致仕。周太祖入立，即拜司空于家，卒年七十六，贈司徒。

乾隆四年校刊　五代史卷五十五　傳　四　盧文紀

惶 百衲本作皇
少保 百衲本作太師 與薛史同，當據改
貴池本作太子太保
彭本作太師

●「惶」，百衲本作「皇」。
●「少保」，百衲本作「太師」，與薛史同，當據改。貴池本作「太子太保」，彭本作「太師」。

馬胤孫字慶先棣州商河人也爲人儒暗少好學學韓愈爲文章舉進士爲唐潞王從珂河中觀察支使從珂爲楊彥温所逐罷居于京師里第胤孫從而不去從珂爲京兆尹從鎮鳳翔胤孫常從之以爲觀察判官潞王將舉兵反與將吏韓昭胤等謀議已定召胤孫告之曰受命移鎮路出京師何向爲便胤孫曰君命召不俟駕今大王爲國宗屬而先帝新棄天下臨喪赴鎮臣子之道也左右皆笑其愚然從珂心獨重之廢帝入立以爲戸部郎中翰林學士久之拜中書侍郎同中書門下平章事胤孫不通世務故事多壅塞是時馮道罷匡國軍

• 薛史一二七，作裔孫，有闕文。
• 『之道』，百衲本作『之忠』，彭本同，南監本。

節度使拜司空司空自唐以來無特拜者有司不知故事朝廷議者紛然或曰司空三公宰相職也當參與大政而宰相盧文紀獨以謂司空之職祭祀掃除而已胤孫皆不能決時劉昫亦罷相爲僕射右散騎常侍孔昭序建言常侍班當在僕射前胤孫責御史臺檢例臺言故事無所見據今南北班位常侍在前胤孫即判臺狀施行劉昫大怒崔居儉揚言于朝曰孔昭序解語是朝廷無解語人也且僕射師長百寮中丞大夫就班脩敬而常侍在南宮六卿之下況僕射乎昭序癡兒豈識事體朝士聞居儉言流議稍息胤孫臨事多不能決當時

號爲三不開，謂其不開口以論議，不開印以行事，不開門以延士大夫也。晉兵起太原，廢帝至河陽，是時勢已危迫，胤孫自洛來朝行在，人皆冀其有所建說，胤孫獻綾三百匹而已。晉高祖入立，罷歸田里。胤孫旣學韓愈爲文，故多斥浮屠氏之說，及罷歸，乃反學佛，撰法喜集、佛國記行于世。時人誚之曰：「佞清泰不徹，乃來佞佛。」清泰，廢帝年號也。人有戲胤孫曰：「公素慕韓愈爲人，而常誦傅奕之論，今反佞佛，是佛佞公邪，公佞佛邪？」胤孫答曰：「豈知非佛佞我也。」時人傳以爲笑。後以太子賓客分司居于洛陽，周廣順中卒。胤孫卒後，其家婢有爲胤孫

- 三不開。
- 「建說」，百衲本作「建言」。
- 「獻綾」，貴池本作「獻緞」。

語者、初崔協爲明宗相、在位無所發明、旣死而有降語其家、胤孫又然、時人嘲之曰、生不能言、死而後語云。

姚顗字百眞、京兆長安人也。少惷不脩容止、時人莫之知、中條山處士司空圖一見以爲奇、以其女妻之。舉進士、事梁爲翰林學士、中書舍人。唐莊宗滅梁、貶復州司馬、已而以爲左散騎常侍、兼吏部侍郎、尚書左丞。廢帝欲擇宰相、選當時淸望官知名於世者、得盧文紀及顗、乃拜顗中書侍郎、同中書門下平章事。顗爲人仁恕、不知錢陌銖兩之數、御家無法、在相位齪齪無所爲。唐制、吏部分爲三銓。尚書一人曰尚書銓、侍郎二人曰中銓、

• 薛史九十二。
• 薛作『佰真』。
• 『錢陌銖兩』，貴池本作『錢百兩銖』。
• 唐三銓。

東銓每歲集以孟冬三旬而選盡季春之月天成中馮道爲相建言天下未一選人歲纔數百而吏部三銓分注雖曰故事其實徒繁而無益始詔三銓合爲一而尚書侍郎共行選事至顗與盧文紀爲相復奏分銓爲三而循資長定舊格歲久多舛因增損之選人多不便之往往邀遮宰相喧訴不遜顗等無如之何廢帝爲下詔書禁止晉高祖立罷顗爲戶部尚書卒年七十五卒之日家無餘貲尸不能斂官爲賻贈乃能斂聞者哀憐之

劉岳字昭輔洛陽人也唐民部尚書政會之八代孫崇龜崇望其諸父也岳名家子好學敏於文辭善談論舉

薛史天福五年卒贈左僕射
戶部官職
爲此亦頗難得
同
薛史六十八

● 薛史天福五年卒，贈左僕射。戶部官職，爲此亦頗難得。
● 薛史六十八。

進士，事梁爲左拾遺、侍御史。末帝時，爲翰林學士，累官至兵部侍郎。梁亡，貶均州司馬，復用爲太子詹事。唐明宗時，爲吏部侍郎。故事，吏部文武官告身，皆輸朱膠紙軸錢然後給，其品高者則賜之，貧者不能輸錢，往往但得勑牒而無告身。五代之亂，因以爲常，官卑者無復給告身，中書但錄其制辭，編爲勑甲。岳建言，以爲制辭或任其材能，或褒其功行，或申以訓誡，而受官者既不給告身，皆不知受命之所以然，非王言所以告詔也，請一切賜之，由是百官皆賜告身，自岳始也。宰相馮道，世本田家，狀貌質野，朝士多笑其陋。道旦入朝，兵部侍郎任

薛史作戶部侍郎
均百衲本作鈞
告身
勑下
百衲本無官字
旦貴池本作且

• 薛史作『戶部侍郎』。
• 『均』，百衲本作『鈞』。
• 告身。
• 〔勑，編注〕『敕』，百。
• 百衲本無『官』字。
• 『旦』，貴池本作『且』。

贊與岳在其後，道行數反顧，贊問岳：「道反顧何爲？」岳曰：「遺下兔園冊爾。」兔園冊者，鄉校俚儒敎田夫牧子之所誦也，故岳擧以誚道。道聞之大怒，徙岳祕書監。其後李愚爲相，遷岳太常卿。初，鄭餘慶嘗採唐士庶吉凶書疏之式，雜以常時家人之禮，爲書儀兩卷。明宗見其有起復冥昏之制，歎曰：「儒者所以隆孝悌而敦風俗，且無金革之事，起復可乎？婚，吉禮也，用於死者可乎？」乃詔岳選文學通知古今之士，共删定之。岳與太常博士段顒、田敏等增損其書，而其事出鄙俚，皆當時家人女子傳習所見，往往轉失其本，然猶時有禮之遺制。其後亡失愈

• 『常』，百衲本作『當』，彭本同，南監本。
• 書儀。

●『親迎』，局本作『迎親』。
●劉溫叟。
●貴池本『嗚呼』不提行。
●薛史七十一。

親迎局本作迎親
劉溫叟
貴池本嗚呼不提行
薛史七十一

不可究其本末、其婚禮親迎有女坐壻鞍合髻之說、尤爲不經、公卿之家頗遵用之。至其久也、又益訛繆可笑、其類甚多。岳卒于官、年五十六、贈吏部尚書。子溫叟。

嗚呼、甚矣人之好爲禮也。在上者不以禮示之、使人不見其本、而傳其習俗之失者、尚拳拳而行之。五代干戈之亂、不暇於禮久矣。明宗武君出於夷狄、而不通文字。乃能有意使民知禮、而岳等皆當時儒者、卒無所發明、但因其書增損而已。然其後世士庶吉凶皆取岳書以爲法、而十又轉失其三四也、可勝歎哉。

馬縞、不知其世家。少舉明經、又舉宏詞、事梁爲太常少卿、以知禮見稱于世。唐莊宗時累遷中書舍人、刑部侍郎、權判太常卿。明宗入立、繼唐太祖莊宗、而不立親廟。縞言漢諸侯王入繼統者、必別立親廟、光武皇帝立四親廟于南陽、請如漢故事、立廟以申孝享。明宗下其議、禮部尚書蕭頊等請如縞議、宰相鄭珏等議引漢桓靈爲比、以謂桓帝尊其祖解瀆亭侯淑爲孝元皇、父萇爲孝仁皇、請下有司定謚四代祖考爲皇、置園陵如漢故事。事下太常博士王丕議、漢桓帝尊祖爲孝穆皇帝、父爲孝崇皇帝。縞以謂孝穆孝崇有皇而無帝、惟吳孫皓尊其父和爲文皇帝、不可以爲法。右僕射李琪等議與

薛史有闕文。

百衲本『立四廟』，無『親』字。

『蕭頊』，百衲本作『蕭武』。

薛史有闕

百衲本立四廟無親字

蕭頊百衲本作蕭武

縞同明宗詔曰：五帝不相襲禮，三王不相沿樂，惟皇與帝，異世殊稱，爰自嬴秦，已兼厥號。朕居九五之位，爲億兆之尊，奈何總二名於眇躬，惜一字於先世，乃命宰臣集百官於中書，各陳所見。李琪等請尊祖禰爲皇帝，曾高爲皇。宰相鄭珏合羣議奏曰：禮非天降，而本人情，可止可行，有損有益。今議者引古以漢爲據，漢之所制，夫復何依？開元時，尊皐陶爲德明皇帝，涼武昭王爲興聖皇帝，皆立廟京師，此唐家故事也。臣請四代祖考皆加帝，如詔旨，而立廟京師。詔可其加帝，而立廟應州。劉岳脩書儀，其所增損，皆決於縞。縞又言：縗麻喪紀，所以別親疏辨嫌疑禮叔嫂無服推而遠之也唐太宗時有司議爲兄之妻服小功五月今有司給假爲大功九月非是廢帝下其議太常博士段顒議嫂服給假以大功者令文也令與禮異者非一而喪服之不同者五禮姨舅皆服小功令皆大功妻父母壻外甥皆服緦令皆小功禮令之不可同如此右贊善大夫趙咸乂議曰喪與其易也寧戚儀禮五服或以名加或因尊制推恩引義各有所當據禮爲兄之子妻服大功今爲兄之子母服小功是輕重失其倫也以名則兄子之妻疏因尊則嫂非卑嫂服大功其來已久令國之典不可滅也司封郎中

●此節貴池本『令』多訛爲『今』。
●『小功』下『令』字百衲本作『今』。
●『咸』下百衲本作『又』字。

此節貴池本令多訛爲今

小功下令字百衲本作今

咸下百衲本作又字

● 『假寧令』乃令或篇名。
● 薛史爲『戶部侍郎』，縞時年已八十，及爲國子祭酒，八十餘矣。
● 盧損有目無書。
● 薛史無傳。
● 百衲本『蕘』訛作『堯』。

曹琛請下其議，并以禮令之違者定議。詔尚書省集百官議，左僕射劉昫等議曰：「令於喪服無正文，而嫂服給大功假，乃假寧附令，而勑無年月，請凡喪服皆以開元禮爲定，下太常具五服制度，附于令。」令有五服，自縞始也。縞，明宗時嘗坐覆獄不當，貶綏州司馬，復爲太子賓客，遷戶部、兵部侍郎。盧文紀作相，以其迂儒鄙之，改國子祭酒，卒年八十，贈兵部尚書。

崔居儉，清河人也。祖蠡，父蕘，皆爲唐名臣。居儉美文辭，風骨清秀，少舉進士。梁貞明中，爲中書舍人、翰林學士、御史中丞。唐莊宗時爲刑部侍郎、太常卿。崔氏自後魏隋唐與盧鄭皆爲甲族，吉凶之事各著家禮。至其後世子孫，專以門望自高，爲世所嫉。明宗崩，居儉以故事爲禮儀使，居儉以祖諱蠡，辭不受，宰相馮道卽徙居儉爲祕書監。居儉歷兵、吏部侍郎，尚書左丞，戶部尚書。晉天福四年卒，年七十，贈右僕射。居儉拙於爲生，居顯官，衣服常乏，死之日貧不能葬，聞者哀之。

崔棁字子文，深州安平人也。父涿，唐末爲刑部郎中。棁少好學，頗涉經史，工於文辭。遭世亂，寓居于滑臺，不遊里巷者十餘年，人罕識其面。梁貞明三年，舉進士甲科，開封尹王瓚辟掌奏記。棁性至孝，其父涿病，不肯服藥

• 『各』，貴池本作『名』。
• 『衣服』，百衲本脫『服』字。
• 亦難得。
• 薛史九十三。
• 貴池本『棁』盡訛作『稅』。

曰死生有命，何用藥爲。棁屢進醫藥，不納。每賓客問疾者，棁輒迎拜門外，泣涕而告之，涿終不服藥而卒。棁居喪哀毁，服除，唐明宗以爲監察御史，不拜。踰年再命，乃拜。累遷都官郎中、翰林學士。晉高祖時，以戶部侍郎爲學士承旨、權知天福二年貢舉。初，棁爲學士，嘗草制，爲宰相桑維翰所改，棁以唐故事，學士草制有所改者，當罷職，乃引經據爭之。維翰頗不樂，而棁少專於文學，不能涖事，維翰乃命棁知貢舉。棁果不能舉職。時有進士孔英者，素有醜行，爲當時所惡。棁既受命，往見維翰，維翰素貴嚴，尊而語簡，謂棁曰：「孔英來矣。」棁不諭其意，以

•『問疾』，彭本作『問病』。

五代史卷五十五　傳　十

謂維翰以孔英爲言，乃考英及第，物議大以爲非，卽罷學士，拜尚書左丞，遷太常卿。八年，高祖詔太常復文武二舞，詳定正冬朝會禮及樂章。自唐末之亂，禮樂制度亡失已久，梲與御史中丞竇貞固、刑部侍郎呂琦、禮部侍郎張允等草定之。其年冬至，高祖會朝崇元殿，廷設宮縣，二舞在北，登歌在上。文舞郎八佾，六十有四人，冠進賢，黃紗袍，白中單，白練褴襠，白布大口袴，革帶履，左執籥，右秉翟，執纛引者二人。武舞郎八佾，六十有四人，服平巾幘，緋絲布大袖，繡襠甲金飾，白練褴錦騰蛇起梁帶，豹文大口袴，烏靴，左執干，右執戚，執旌引者二人，

五代會要六。

新唐書『白練褴襠』。

百衲本『騰』作『勝』，五代會要亦作『騰』。

新唐書白練褴襠

五代會要六

百衲本騰作勝　五代會要亦作騰

加鼓吹十二，按負以熊豹，以象百獸率舞。按設羽葆、鼓一、大鼓一、金錞一、歌簫笳各二人。王公上壽，天子舉爵，奏玄同；三舉，登歌奏文同；舉食，文舞舞昭德、武舞舞成功之曲。禮畢，高祖大悅，賜梲金帛，羣臣左右覩者皆嗟歎之。然禮樂廢久，而制作簡繆，又繼以龜茲部霓裳法曲，參亂雅音。其樂工舞郎多教坊伶人、百工商賈、州縣避役之人，又無老師良工教習。明年正旦，復奏于廷，而登歌發聲，悲離煩慝，如薤露、虞殯之音，舞者行列進退，皆不應節，聞者皆悲憤。其年，高祖崩。梲以風痺改太子賓客，分司西京，以卒。開運二年，太常少卿陶穀奏廢二

乾隆四年校刊　五代史卷五十五　十三　崔梲

● 亦見薛史七十九本紀。
● 貴池本『陶穀』作『陶榖』，誤。
● 薛史『卒年六十八』。

舞明年契丹滅晉耶律德光入京師太常請備法駕奉
迎樂工教習鹵簿鼓吹都人聞者爲之流涕焉
李懌京兆人也少好學頗工文辭唐末舉進士爲祕書
省校書郎集賢校理唐亡事梁爲監察御史累遷中書
舍人翰林學士梁亡責授懷州司馬遇赦量移稍遷衛
尉少卿天成中復爲中書舍人翰林學士累遷尚書右
丞承旨時右散騎常侍張文寶知貢舉所放進士中書
有覆落者乃請下學士院作詩賦爲貢舉格學士竇夢
徵張礪等所作不工乃命懌爲之懌笑曰予少舉進士
登科蓋偶然耳後生可畏來者未可量假令予復就禮

● 薛史九十二。
● 貴池本『承旨』二字訛爲『昔』。
● 『右丞』，薛史作『左丞』。
● 『予』，百衲本作『年』。

• 『復遷』，百衲本、彭本作『後遷』。

部、試未必不落第、安能與英俊爲准格、聞者多其知體、

復遷刑部尚書、分司洛陽、卒年七十餘、

復遷 百衲 彭本作後遷

五代史卷五十五

五代史卷五十五考證

盧文紀傳累遷太子少保○少一本作太

馬允孫傳晉兵起太原廢帝至河陽○至一本作幸

五代史卷五十五考證

- 此卷貴池本多與殿本同，疑亦鈔配，然未注明。
- 薛史一二七。
- 『大丈夫』，百衲本無『大』字。

五代史卷五十六

宋 歐 陽 修 撰

雜傳第四十四

和凝字成績鄆州須昌人也其九世祖逢堯爲唐監察御史其後世遂不復宦學凝父矩性嗜酒不拘小節然獨好禮文士每傾貲以交之以故凝得與之游而凝幼聰敏形神秀發舉進士梁義成軍節度使賀瓌辟爲從事瓌與唐莊宗戰于胡柳瓌戰敗脫身走獨凝隨之反顧見凝麾之使去凝曰大丈夫當爲知己死吾恨未得死所爾豈可去也已而一騎追瓌幾及凝叱之不止即

乾隆四年校刊

引弓射殺之、瓌由此得免。瓌歸、戒其諸子曰、和生志義之士也、後必富貴、爾其謹事之。因妻之以女。天成中、拜殿中侍御史、累遷主客員外郎、知制誥、翰林學士、知貢舉。是時、進士多浮薄、喜爲諠譁以動主司。主司每放榜、則圍之以棘、閉省門、絶人出入、以爲常。凝徹棘開門、而士皆肅然無譁、所取皆一時之秀、稱爲得人。晉初、拜端明殿學士、兼判度支、爲翰林學士承旨。晉高祖數召之、問以時事、凝所對皆稱旨。天福五年、拜中書侍郎、同中書門下平章事。高祖將幸鄴、而襄州安從進反迹已見、凝曰、陛下幸鄴、從進必因此時反、則將奈何。高祖曰、卿

• 『晉高祖』，百衲本無『晉』字，按文『晉』字可省。
• 此事已見卷五十一安從進傳中。

●『授』，百衲本作『受』，誤。
●本紀及凝傳均無焦繼勳，而有郭金海。
●鏤板文集。

將何以待之。凝曰：先人者所以奪人也，請爲宣勅十餘通授之，鄭王有急，則命將擊之。高祖以爲然。是時鄭王爲開封尹，留不從幸，乃授以宣勅。高祖至鄴，從進果反，鄭王即以宣勅命騎將李建崇、焦繼勳等討之。從進謂高祖方幸鄴，不意晉兵之速也，行至花山，遇建崇等兵，以爲神，遂敗走。出帝即位，加右僕射，歲餘，罷平章事，遷左僕射。漢高祖時，拜太子太傅，封魯國公。顯德二年卒，年五十八，贈侍中。凝好飾車服，爲文章以多爲富，有集百餘卷，嘗自鏤板以行于世，識者多非之。然性樂善，好稱道後進之士。唐故事，知貢舉者所放進士，以已及第時名次爲重。凝舉進士及第時第五，後知貢舉，選范質爲第五。後質位至宰相，封魯國公，官至太子太傅，皆與凝同，當時以爲榮焉。

趙瑩字玄暉，華州華陰縣人也。爲人純厚，美風儀。事梁將康延孝爲從事。晉高祖爲保義節度使，以瑩掌書記，自是從鎮，常以瑩從。高祖將起兵太原，以問諸將吏，將吏或贊成之，瑩獨懼形于色，勸高祖毋反。高祖雖不用其言，心甚愛之。高祖即位，拜翰林學士承旨、戶部侍郎、同中書門下平章事，累拜中書令。出爲晉昌軍節度使、開封尹。是時出帝童昏，馮玉、李彥韜等用事，與桑維翰

- 百衲本無『貢』字。
- 劉校引本作『爲第五』。石林燕語、容齋四筆、宋史范質傳作『十三』，梁溪漫志作『第五』，澠水燕談錄作『第十三』。
- 彭本無『焉』字。薛史八十九。
- 百衲本無『縣』字，彭本同。
- 『保義』下，百衲本有『軍』字。
- 未及修國史，五代史。

爭權、乃共譖去之、以瑩柔而易制、故復引以爲相●契丹滅晉、瑩從出帝北徙虜中、瑩事兀欲爲太子太保●、周太祖時、與契丹通好、遣尚書左丞田敏使于契丹、遇瑩于幽州、瑩見敏悲不自勝、瑩子易則易從當其從而北也、與易從俱、而易則留事漢官至刑部郎中、後瑩病將卒、告于契丹、願以尸還中國、契丹許之、及卒、遣易從護其喪南歸、太祖憐之、贈瑩太傅、葬于華陰●、

馮玉字璟臣、定州人也、少舉進士不中、馮贇爲河東節度使、辟爲推官、入拜監察御史、累遷禮部郎中、爲鹽鐵判官、晉出帝納玉姊爲后●、玉以后戚知制誥、拜中書舍

乾隆四年校刊

● 薛史亦作「太子太保」，然考證謂遼史作「太子太傅」，不校。
● 薛史八十九。
● 薛史作玉妹，通鑑亦作后兄玉。

人。玉不知書。而與殷鵬同爲舍人。制誥常遣鵬代作。頃之、玉出爲潁州團練使、拜端明殿學士、戶部侍郎、遷樞密使、中書侍郎同中書門下平章事。是時出帝童昏、馮皇后用事、軍國大務、一決於玉。玉嘗有疾在告、自刺史已上宰相不敢除授。以俟玉決。玉除中書舍人盧價爲工部侍郎。桑維翰以價資望淺爲不可。由是與維翰有隙。維翰由此罷相。玉爲相、四方、賄賂、積貲鉅萬。契丹滅晉。張彥澤先以兵入京師。兵士爭先入玉家。其貲一夕而盡。明日見彥澤、猶諂笑自言、願得持晉玉璽獻契丹。以冀恩獎。彥澤不納。出帝之北、玉從入契丹、契丹以爲

賄賂百衲本脫賂字

● 『賄賂』，百衲本脫『賂』字。

太子太保。周廣順三年，其子傑自契丹逃歸，玉懼以憂卒。

盧質字子徵，河南人也。父望，唐司勳郎中。質幼聰慧，善屬文，事唐爲祕書郎，丁母憂，解職去，後遊太原，晉王以爲河東節度掌書記。質與張承業等定議立莊宗爲嗣。莊宗將即位，以質爲大禮使，拜行臺禮部尚書。莊宗即位，欲以質爲相，質性踈逸，不欲任責，因固辭不拜，拜太原尹、北京留守，遷戶部尚書、翰林學士，從平梁，權判租庸，遷兵部尚書，後爲學士承旨，仍賜論思匡佐功臣。天成元年，拜匡國軍節度使，三年，拜兵部尚書、判太常卿。

乾隆四年校刊　五代史卷五十六　盧質

● 薛史本傳作『少保』。

● 薛史九十三。

● 百衲本作子『徵』，彭引薛亦『徵』，彭本仍作『徵』。纂誤補，汪本作『徵』，考薛史作『子貞』，此『徵』字誤。按，今本薛史亦無作『貞』者，劉本作『子徵』，殿本作『子徵』。

● 『慧』，百衲本作『惠』。

● 『去後』，百衲本作『後去』。

● 『不拜』，百衲本作『不受』。

● 『後』爲，按，薛史前已爲翰林學士承旨，此當作『復』。薛史本紀依前翰林學士承旨，則當作『復』爲。

● 『太常』，薛史、劉、殿本作『太僕』，彭本引薛史作『太常』。

事、歷鎮河陽、橫海。初、梁已篡唐、封哀帝爲濟陰王、旣而酖殺之、瘞于曹州。同光三年、莊宗將議改葬、而曹太后崩、乃止。因其故壠、稍廣其封、以時薦饗而已。質乃建議立廟、追謚、謚曰昭宣光烈孝皇帝、廟號景宗。天成四年八月戊申、明宗御文明殿、遣質奉冊、立廟于曹州。而議者以謂輝王不幸爲賊臣所立、而昭宗何皇后皆爲梁所弒、遂以亡國、而昭宣光烈非所宜稱、且立廟稱宗、而不入太廟、皆非是。共以此非質、大臣亦知其不可、乃奏去廟號。秦王從榮坐謀反誅、質以右僕射權知河南府事。廢帝反鳳翔、愍帝發兵誅之、竭帑藏以厚賞、而兵至

唐哀帝謚
百衲本少一謚字

- 唐哀帝謚。
- 百衲本少一『謚』字。

薛九十二

鳳翔皆叛降，廢帝悉將而東，事成許以重賞，而軍士皆過望。廢帝入立，有司獻籍數甚少，廢帝暴怒，自諸鎮至刺史皆進錢帛助國用，猶不足，三司使王玫請率民財以佐用。乃使質與玫等共議，配率而貧富不均，怨訟並起。囚繫滿獄，六七日間，所得不滿十萬，廢帝患之，乃命質等借民屋課五月。由是民大咨怨。晉高祖入立，質以疾分司西京，拜太子太保，卒年七十六，贈太子太師，謚曰文忠。

吕琦字輝山，幽州安次人也。父兗，爲橫海軍節度判官。節度使劉守文與其弟守光以兵相攻，守文敗死，其吏

• 薛史九十二。

民立其子延祚而事之、以堯爲謀主。已而延祚又爲守
光所敗、堯見殺、守光怒堯、并族其家。琦年十五、見執將
就刑。堯故客趙玉紿其監者曰。此吾弟也。監者信之、縱
琦去。玉與琦得俱走。琦足弱不能行。玉負之而行。逾數
百里。變姓名、乞食于道以免。琦爲人美風儀。重節槩。少
喪其家。游學汾晉之間。唐莊宗鎮太原、以爲代州軍事
推官。後爲横海趙德鈞節度推官、入爲殿中侍御史。明
宗時爲駕部員外郎、兼侍御史知雜事。河陽主藏吏盜
所監物、下軍巡獄、獄吏尹訓納賂、反其獄、其寃家訴于
朝、下御史臺按驗、得訓贓狀、奏攝訓赴臺。訓爲安重誨

趙玉風義。

推官　薛史作　判官

● 趙玉風義。
● 『推官』，薛史作『判官』。

所庇，不與，琦請不已，訓懼自殺，獄乃辨，蒙活者甚衆。歲餘，遷禮部郎中、史館修撰。長興中，廢帝失守河中，罷居清化坊，與琦同巷，琦數往過之。後廢帝入立，待琦甚厚，拜知制誥、給事中、樞密院直學士、端明殿學士。是時，晉高祖鎮河東，有二志，廢帝患之，琦與李崧俱備顧問，多所裨畫。琦言太原之患，必引契丹爲助，不如先事制之。自明宗時王都反定州，契丹遣禿餒、荝剌等助都，而爲趙德鈞王晏球所敗，禿餒見殺，荝剌等皆送京師。其後契丹數遣使者求荝剌等，其辭甚卑恭，明宗輒斬其使者不報。而東丹王又亡入中國，契丹由此數欲求和。琦

因言方今之勢，不如與契丹通和，如漢故事，歲給金帛，
妻之以女，使彊藩大鎮，顧外無所引援，可弭其亂心。崧
以琦語語三司使張延朗，延朗欣然曰：「苟能紓國患，歲
費縣官十數萬緡，責吾取足可也。」因共建其事，廢帝大
喜，佗日以琦等語問樞密直學士薛文遇，文遇大以爲
非，因誦戎昱社稷依明主，安危託婦人之詩以誚琦等，
廢帝大怒，急召崧、琦等問和戎計如何，琦等察帝色怒，
亟曰：「臣等爲國計，非與契丹求利於中國也。」帝即發怒
曰：「卿等佐朕欲致太平，而若是邪？朕一女尚幼，欲棄之
夷狄，金帛所以養士而扞國也，又輸以資虜，可乎？」崧等

拜

屢拜百衲本作雖拜

趙文度

惶恐拜謝拜無數琦足力乏不能拜而先止帝曰呂琦彊項肯以人主視我邪琦曰臣素病羸拜多而乏容臣少息頃之喘定奏曰陛下以臣等言非罪之可也屢拜何益帝意稍解曰勿拜賜酒一巵而遣之其議遂寢因遷琦御史中丞居數月復爲端明殿學士其後晉高祖起太原果引契丹爲助遂以亡唐琦事晉爲秘書監累遷兵部侍郎天福八年卒趙玉仕至職方員外郎琦事之如父玉疾親嘗藥扶侍及卒爲其家主辦喪葬玉子文度幼孤琦教以學如己子後舉進士及第云琦有子餘慶端

• 拜。
• 『屢拜』，百衲本作『雖拜』。
• 趙文度。

薛融，汾州平遙人也。少以儒學知名。唐明宗時爲右補闕、直弘文館。晉高祖鎮太原，融爲觀察判官。高祖徙鄆，欲據太原拒命，延見賓佐，問以可否，而坐中或贊成之，或恐懼不敢言。融獨從容對曰：「融本儒生，軍旅之事，未嘗學也。進退存亡之理，豈易言哉。」高祖不之責也。高祖入立，拜吏部郎中，兼侍御史知雜事，累拜左諫議大夫，遷中書舍人。融曰：「文辭非臣所長也。」遂辭不拜。時詔修洛陽大內，融上疏切諫，高祖褒納其言，即詔罷其役。遷御史中丞，改尚書右丞，分司西京，卒年六十。

何澤，廣州人也。父鼎，唐末爲容管經略使。澤少好學，長

● 薛史九十三。
● 『明宗』，百衲本作『莊宗』，誤。
● 薛史在長興四年。
● 『太原』下貴池本無『融』字。
● 薛史『年六十餘』。
● 何澤薛史無傳。

於歌詩舉進士爲洛陽令唐莊宗好畋獵數踐民田澤乃潛身伏草間伺莊宗當馬諫曰陛下未能一天下以休兵而暴斂疲民以給軍食今田將熟奈何恣畋游以害多稼使民何以出租賦吏何以督民耕陛下不聽臣言願賜臣死於馬前使後世知陛下之過莊宗大笑爲之止獵拜倉部郎中明宗時數上書言事明宗幸汴州又欲幸鄴而人情不便大臣屢言不聽澤伏閤切諫明宗嘉之拜吏部郎中史館修撰澤外雖直言而內實邪佞嘗於內殿起居班退獨留以笏叩顙北望而呼曰明主明主聞者皆哂之五代之際民苦於兵往往因親疾

『身伏』，貴池本作『伏身』。
伶官傳作『莊宗怒叱縣令去』。

以割股或旣喪而割乳廬墓以規免州縣賦役戶部歲給蠲符不可勝數而課州縣出紙號爲蠲紙澤上書言其敝明宗下詔悉廢戶部蠲紙澤與宰相趙鳳有舊數私干鳳求爲給諫鳳薄其爲人以爲太常少卿勑未出而澤先知之卽稱新官上章自訴章下中書鳳等言澤未拜命而稱新官輕侮朝廷請坐以法乃以太僕少卿致仕居于河陽澤時年已七十尙希仕進卽遣婢宜子詣匭上章言事請立秦王爲皇太子秦王素驕多不軌遂成其禍由澤而始晉高祖入立召爲太常少卿以疾卒于家

• 澤有諫莊宗止蠲紙二事，在五代官吏中亦稱難得，歐公乃以熱進貶之，累言而不休，何也？

• 『干』，百衲本作『于』，貴池本亦作『于』，彭作『於』。

王權字秀山，太原人也。唐左僕射起之曾孫。父蕘，官至右司郎中。權舉進士，為右補闕。唐亡，事梁，為職方員外郎、知制誥、翰林學士，累遷御史中丞。唐莊宗滅梁，貶權隨州司馬。起為右庶子，累遷戶部尚書。晉高祖時，為兵部尚書。是時，高祖以父事契丹，權當奉使，歎曰：「我雖不才，安能稽顙於穹廬乎！」因辭不行，坐是停任。踰年，以太子少傅致仕，卒，年七十八，贈左僕射。

史圭，常山石邑人也。為人明敏好學，為晉寧樂壽縣令，有善政，縣人立碑以頌之。郭崇韜鎮成德，辟為從事。明宗時，為尚書郎。安重誨為樞密使，薦圭直學士。故事直

乾隆四年校刊

- 薛九十二。
- 「右司郎中」，薛史作「右司員外郎」。
- 薛史三十唐紀作「司戶」，本傳作「司馬」。
- 薛史，六年秋卒。
- 惟百衲本作「寧晉」。劉校，「晉寧」當從薛史作「寧晉」。「寧晉」屬趙州，「晉寧」羈縻州。

學士職雖清而承領文書參掌庶務與判官無異重誨素不知書倚圭以備顧問始白許圭升殿侍立樞密直學士升殿自圭始改尚書右丞判吏部銓事重誨敗死圭出爲貝州刺史罷歸常山閉門絶人事出入閭里乘輜軿車晉高祖立召拜刑部侍郎鹽鐵副使遷吏部侍郎分知銓事有能名以疾罷卒于常山

龍敏字欲訥幽州永清人也少仕州攝參軍劉守光亂敏避之滄州遂客於梁久不調敏素善馮道道爲唐莊宗從事乃潛往依之監軍張承業謂道曰聞子有客可與俱來道以敏見承業承業辟敏監軍巡官使掌奏記

• 百衲本『閉』下無『門』字。
• 薛史一〇八。
• 百衲本脫下一『承業』。

莊宗即位，召拜司門員外郎。敏父盛式年七十餘，而其祖父年九十餘，皆在薊。敏乃求爲興唐尹，事祖父以孝聞。丁母憂去職。趙在禮反，逼敏起視事。明宗即位，在禮鎮滄州，敏乃復得居喪。服除，累拜兵部侍郎。馮贇留守北京，辟敏副留守。贇入爲樞密使，敏拜吏部侍郎。是時晉高祖起太原，乞兵契丹，唐廢帝在懷州，趙德鈞父子有異志，張敬達屯于晉安，勢甚危急。廢帝問計從臣，敏曰：晉所恃者契丹也，東丹王失國之君，今在京師，若以兵送東丹，自幽州而入西樓，契丹且有內顧之憂，何暇助晉？晉失契丹，大事去矣。又謂李懿曰：敏燕人也，能知

● 「盛式」，惟百衲本作「咸式」，「祖父」作「王父」，薛史父名「咸式」，彭本亦作「王父」。

德鈞。德鈞爲將、守城壘塹、篤勵健兒而已、使其當大敵、奮不顧身、非其能也、況有異志乎。今聞駕前之馬、猶有五千、願得壯者千匹、健兵千人、與勇將郎萬金自平遙沿山冒虜中而趍官砦、且戰且行、得其半達、則事濟矣。懿爲言之廢帝、廢帝莫能用。然人皆壯其大言。歷晉爲太常卿、使于吳越。是時使吳越者、見吳越王皆下拜。敏獨揖之。還遷工部侍郎。乾祐元年瘍發於首卒、贈右僕射。

薛史年六十三

侍郎薛史作尚書

五代史卷五十六

• 『侍郎』，薛史作『尚書』。
• 薛史『年六十三』。

● 此卷貴池本多與殿本同，疑亦鈔配。
● 薛史一〇八。
● 李崧，通鑑天成元年見。『掌書』，薛史作『掌事』，彭本同。

五代史卷五十七

宋 歐陽修 撰

雜傳第四十五

李崧深州饒陽人也崧幼聰敏能文章爲鎮州參軍唐魏王繼岌爲興聖宮使領鎮州節度使以推官李蕘掌書記崧謂掌書呂柔曰魏王皇子天下之望書奏之職非蕘所當柔私使崧代爲之以示盧質馮道道等皆以爲善乃以崧爲興聖宮巡官拜協律郎繼岌與郭崇韜伐蜀以崧掌書記繼岌已破蜀劉皇后聽讒者言陰遣人之蜀教繼岌殺崇韜人情不安崧入見繼岌曰王何

諸本並作五千　實三千二百里耳
百衲本脫而字
判官薛史作推官　似以判官爲是

爲作此危事，誠不能容崇韜。至洛誅之，何晚。今遠軍五千里，不見咫尺之詔而殺大臣，動搖人情，是召亂也。繼岌曰：吾亦悔之，柰何。崧乃召書吏三四人，登樓去梯，夜以黃紙作詔書，倒用都統印，明旦告諭諸軍，人心乃定。師還，繼岌死於道。崧至京師，任圜判三司，用崧爲鹽鐵判官，以內憂去職，還鄉里。服除，范延光居鎭州，辟崧掌書記。延光爲樞密使，崧拜拾遺、直樞密院，累遷戶部侍郎、端明殿學士。長興中，明宗春秋高，秦王從榮多不法，晉高祖爲六軍副使，懼禍及，求出外藩。是時契丹入鴈門，明宗選將以捍太原，晉高祖欲之，樞密使范延光、趙

- 諸本並作『五千』，實三千二百里耳。
- 百衲本脫『而』字。
- 『判官』，薛史作『推官』，似以『判官』爲是。

延壽等議將久不決。明宗怒甚，責延壽等，延壽等惶恐，欲以康義誠應選。崧獨曰：太原國之北門，宜得重臣，非石敬瑭不可也。由是從崧議。晉高祖深德之，陰遣人謝崧曰：爲浮屠者，必合其尖。蓋欲使崧終始成已事也。其後晉高祖以兵入京師，崧竄匿伊闕民家，晉高祖召爲戶部侍郎，拜中書侍郎同中書門下平章事兼樞密使。丁內艱，起復。高祖崩，出帝即位，以崧兼判三司，與馮玉對掌樞密。是時晉兵敗契丹於陽城，趙延壽在幽州，詐言思歸，以誘晉兵。崧等信之。初，漢高祖在晉，掌親軍，爲侍衛都指揮使，與杜重威同制加平章事。漢高祖恥之，

● 歐史晉本紀天福二年作『兵部侍郎』，通鑑作『以兵部侍郎判戶部』，崧本傳作『戶部』，亦有兩據。
● 上文已以內憂去職。劉校，當作『丁外艱』，作『內』字誤。

怒不肯謝。晉高祖遣和凝諭之、乃謝。其後漢高祖出居太原、重威代爲侍衛使、崧亦數稱重威之材、於是漢高祖以崧爲排已、深恨之。崧又信延壽之詐、以爲然、卒以重威將大兵、其後敗于中渡、晉遂以亡。契丹耶律德光犯京師、德光素聞延壽等稱崧爲人、及入京師、謂人曰、吾破南朝、得崧一人而已。乃拜崧太子太師。契丹北還、命崧以族俱行、留之鎮州。其後麻荅棄鎮州、崧與馮道等得還。高祖素不悅崧、又爲怨者譖之、言崧爲契丹所厚、故崧遇漢權臣常惕惕、爲謙謹、莫敢有所忤。初、漢高祖入京師、以崧第賜蘇逢吉、崧家遭亂、多埋金寶、逢吉

百衲本脫初字

• 百衲本脫『初』字。

悉有之而崧弟嶼嶬與逄吉子弟同舍酒酣出怨言以爲奪我第崧又以宅券獻逄吉逄吉尤不喜漢法素嚴楊邠史弘肇多濫刑法嶼僕葛延遇爲嶼商賈多乾沒其貲嶼笞責之延遇夜宿逄吉部曲李澄家以情告澄是時高祖將葬睿陵河中李守貞反澄乃教延遇告變言崧與其甥王凝謀因山陵放火焚京師又以蠟丸書通守貞逄吉遣人召崧至第從容告之崧知不免乃以幼女託逄吉逄吉送崧侍衛獄崧出乘馬從者去無一人崧恚曰自古豈有不死之人然亦豈有不亡之國乎乃自誣伏族誅崧素與翰林學士徐台符相善後周太

貴池本山陵訛作山林

• 貴池本『山陵』訛作『山林』。

祖立、台符告宰相馮道請誅葛延遇。道以延遇數經赦宥、難之。樞密使王峻聞之。多台符有義。乃奏誅延遇。

李鏻、唐宗室子也。其伯父陽、事唐咸通間爲給事中。鏻少舉進士、累不中。客河朔間、自稱清海軍掌書記、謁定州王處直。處直不爲禮。乃易其綠衣、更爲緋衣、謁常山李弘規。弘規進之趙王王鎔。鎔留爲從事。其後張文禮弒鎔自立、遣鏻聘唐。莊宗於太原。鏻爲人利口敢言、乃陰爲莊宗畫文禮可破之策。後文禮敗、莊宗以鏻爲支使。莊宗即位、拜鏻宗正卿。以李瓊爲少卿。獻祖懿祖墓在趙州昭慶縣、唐國初建、鏻瓊上言獻祖宣皇帝建初

• 『立』上，百衲本有『入』字，彭同。
• 薛史一〇八。
• 『陽』，薛史作『湯』。
• 貴池本脫『處直』二字。
• 薛作『王德明』，張文禮即王德明也。
• 百衲本『畫』下有『一』字，誤。

陵、懿祖光皇帝啓運陵、請置臺令。縣中無賴子自稱宗子者百餘人。宗正無譜諜、莫能考按、有民詣寺、自言世爲丹陽竟陵臺令、厚賂宗正吏、鏻瓊不復詳考、遂補爲令。民卽持絳幡招置部曲、侵奪民田百餘頃。以謂陵園壖地。民訴于官、不能決。以聞、莊宗下公卿博士問故唐諸帝陵寢所在。公卿博士言丹陽在今潤州、而竟陵非唐事。鏻不學無知、不足以備九卿、坐貶司農少卿、出爲河中節度副使。明宗卽位、以鏻故人、召還、累遷戶部尚書。鏻意頗希大用、嘗謂馮道、趙鳳曰、唐家故事、宗室皆爲宰相。今天祚中興、宜按舊典。鏻雖不才、嘗事莊宗霸

乾隆四年校刊　五代史卷五十七　傳　四　李鏻

薛史富民李守恭

• 薛史『富民李守恭』。

府識今天子於藩邸論才較業何後衆人而久寘班行於諸君安乎道等惡其言後楊溥諜者見鏻言事鏻謂安重誨曰楊溥欲歸國久矣若朝廷遣使諭之可以召也重誨信之以玉帶與諜者使爲信久而無効由是貶鏻兗州行軍司馬鏻與廢帝有舊愍帝時爲兵部尚書奉使湖南聞廢帝立喜以謂必用已爲相還過荊南謂高從誨曰士固有否泰吾不爲時用久矣今新天子卽位我將用矣乃就從誨求寶貨入獻以爲賀從誨與馬紅裝拂二猓⿰犭然皮一因爲鏻置酒問其副使馬承翰今朝廷之臣孰有公輔之望承翰曰尚書崔居儉左丞姚

- [効，編注]效。
- 『⿰犭然』，貴池本作『然』。
- 劉校，居儉傳明宗崩徙爲秘書監，通鑑同。

顗。其次太常盧文紀也。」從誨笑顧左右，取進奏官報狀示鏻，顗與文紀皆拜平章事矣。鏻慙失色，還，遂獻其皮拂。廢帝終不用。初，李愚自太常卿作相，而盧文紀代之，及文紀作相，鏻乃求爲太常卿，及拜命中謝曰：「臣叨入相之資。」朝士傳以爲笑。鏻事晉，累遷太子太保。漢高祖即位，拜鏻司徒，居數月卒，年八十八，贈太傅。

賈緯，鎭州獲鹿人也。少舉進士不中，州辟參軍。唐天成中，范延光鎭成德，辟趙州軍事判官，遷石邑令。緯長於史學，唐自武宗已後無實錄，史官之職廢，緯采次傳聞，爲唐年補錄六十五卷。當唐之末，王室微弱，諸侯强盛，

乾隆四年校刊

• 糊塗人反長壽。
• 薛史一三一。
• 唐年補錄。

征伐擅出，天下多事，故緯所論次多所闕誤。而喪亂之際，事迹粗存，亦有補於史氏。晉天福中，爲太常博士，非其好也。數求爲史職，改屯田員外郎、起居郎、史館脩撰，與脩唐書。丁內艱，服除，知制誥，累遷中書舍人、諫議大夫、給事中，復爲脩撰。漢隱帝時，詔與王伸、竇儼等同脩晉高祖、出帝、漢高祖實錄。初，桑維翰爲相，常惡緯爲人，待之甚薄。緯爲維翰傳，言維翰死有銀八千鋌。翰林學士徐台符以爲不可，數以非緯。緯不得已，更爲數千鋌。廣順元年，實錄成，緯求遷官不得，由是怨望。是時宰相王峻監脩國史，緯書日歷多言當時大臣過失，峻見之

• 薛史「左諫議大夫」。
• 薛史劉本作「數十鋌」，殿本作「數千鋌」，作「千」是。彭本引薛史亦作「數千」。

● 薛史一二八。
● 希堯，宋史段思恭傳作『澤州晉城人』，然通鑑與此書同，不校。

怒曰賈給事子弟仕宦亦要門閥柰何歷詆當朝之士
使其子孫何以仕進言之高祖貶平盧軍行軍司馬明
年卒于青州
段希堯河內人也晉高祖爲河東節度使以希堯爲判
官高祖軍屯忻州軍中有擁高祖呼萬歲者高祖惶惑
不知所爲希堯勸高祖斬其亂首乃止高祖將舉兵於
太原與其賓佐謀希堯以爲不可高祖雖不聽然重其
爲人不之責也高祖入立希堯比諸將吏恩澤最薄久
之稍遷諫議大夫使于吳越是時江淮不通凡使吳越
者皆泛海而多風波之患希堯過海遭大風左右皆恐

懼。希堯曰、吾平生不欺、汝等恃吾、可無恐也。已而風亦止。歷萊懷棣三州刺史、出帝時爲吏部侍郎、判東西銓事、累遷禮部尚書、卒年七十九、贈太子少保。

張允鎮州人也。少事鎮州、爲張文禮參軍。唐莊宗討張文禮、允脫身降、莊宗繫之獄、文禮敗、乃出之、爲魏州功曹。趙在禮辟節度推官、歷滄兗二鎮掌書記。入爲監察御史、累遷水部員外郎、知制誥。廢帝皇子重美爲河南尹、掌六軍、以允剛介、乃拜允給事中、爲六軍判官。罷遷左散騎常侍。晉高祖卽位、屢赦天下、允爲駁赦論以獻曰、管子曰、凡赦者小利而大害、久而不勝其禍、無赦者

薛史顯德三年卒
薛史一百八
薛史作鎮州束鹿人按束鹿屬深州此刪束鹿則州人也

● 薛史顯德三年卒。
● 薛史一〇八。
● 薛史作鎮州束鹿人，按，束鹿屬深州，此刪束鹿，則鎮州人也。

乾隆四年校刊 五代史卷五十七 七 張允

小害而大利人而不勝其福又漢之吳漢疾篤帝問漢所欲言漢曰唯願陛下無赦爾蓋行赦不以爲恩不行赦不以爲無恩罰有罪故也自古皆以水旱則降德音而宥過開獄牢而出囚冀感天心以救其災者非也假有一人之訟者一有罪而一無罪若有罪者見捨則無罪者銜冤此乃致災之道非救災之術也至使小人遇天災則皆喜而相勸以爲惡曰國將赦矣必捨我以救災如此則是教民爲惡也夫天之爲道福善而禍淫若捨惡人而變災爲福則是天又喜人爲惡也凡天之降災所以警戒人主節嗜慾務勤儉恤鰥寡正刑罰而已

•「見捨」，彭本作「赦」，「捨我」作「赦我」。「捨」當從薛史作「赦」，然薛史下文亦有「見捨者此何親乎」句，則可不改。•「救災」，薛史劉本脫「災」字。•「捨我」，薛史亦作「赦我」，彭本同，五代會要並作「赦」。•「慾」，百衲本作「欲」。

是時晉高祖方好臣下有言，覽之大悅。允事漢爲吏部侍郎。隱帝誅戮大臣，京師皆恐，允常退朝，不敢還家，止于相國寺。周太祖以兵入京師，允匿于佛殿承塵，墜而卒，年六十五。

王松，父徽，爲唐僖宗宰相。松舉進士，後唐時歷刑部郎中。唐末從事方鎮，晉高祖鎮太原，辟松節度判官。晉高祖即位，拜右諫議大夫，累拜工部尚書。出帝北遷，蕭翰立許王從益於京師，以松爲左丞相。漢高祖入洛，先遣人馳詔東京，百官嘗授僞命者皆焚之，使勿自疑。由是御史臺悉斂百官僞敕焚之。松以手指其胷，引郭子儀

薛史匿於佛殿藻井之上則當塵字斷句

薛史無傳 郎中當作侍郎以其歷官考之似不至此位

• 薛史『匿於佛殿藻井之上』，則當『塵』字斷句。
• 薛史無傳。
• 『郎中』，貴池本作『侍郎』，以其歷官考之，似不至此位。

自謂以語人曰：此乃二十四考中書令也。聞者笑之。後松子仁寶爲李守貞河中支使，守貞反，松以子故上書自陳，高祖憐之，但使解職而已。松有田城東，歲時往來京師，以疾卒。

裴皞字司東，河東人也。裴氏自晉魏以來世爲名族，居燕者號東眷，居涼者號西眷，居河東者號中眷。皞出於名家，而容止端秀，性剛急，直而無隱。少好學，唐光化中舉進士，拜校書郎、拾遺、補闕。事梁爲翰林學士、中書舍人。事後唐爲禮部侍郎。皞喜論議，每陳朝廷闕失，多斥權臣。改太子賓客，以老拜兵部尚書致仕。晉高祖時起

- 本紀守貞反在乾祐元年三月，高祖死在元年正月。
- 薛史無傳。
- 『以老』下貴池本有『告』字，是。
- 百衲本無『時』字。

爲工部尚書復以老告拜右僕射致仕卒年八十五贈
太子太保皞以文學在朝廷久宰相馬胤孫桑維翰皆
皞禮部所放進士也後胤孫知舉放牓引新進士詣皞
皞喜作詩曰門生門下見門生世傳以爲榮維翰已作
相嘗過皞皞不迎不送人或問之皞曰我見桑公於中
書庶寮也桑公見我於私第門生也何送迎之有人亦
以爲當

王仁裕字德輦天水人也少不知書以狗馬彈射爲樂
年二十五始就學而爲人儁秀以文辭知名秦帥辟爲
秦州節度判官秦州入于蜀仁裕因事蜀爲中書舍人

- 容齋五筆，余以五代登科記考之，裴在同光中三知舉，貴、汲、彭均無。四年放進士八人，胤孫預焉；後十年，胤孫爲翰林學士，以清泰十年放進士十三人。
- 百衲本脱『秦州入』三字。
- 薛史一二八，薛史此傳有闕。
- 百衲本『以文辭知名秦隴間』，注云『撫本有此三字』，翰林學士。唐莊宗平蜀，仁裕事唐，復爲秦州節度判官。

王思同鎭興元，辟爲從事。思同留守西京，以爲判官。廢

帝舉兵鳳翔，思同戰敗，廢帝得仁裕，聞其名，不殺，寘之

軍中。自廢帝起事至其入立，馳檄諸鎭，詔書告命，皆仁

裕爲之。久之，以都官郎中充翰林學士。晉高祖入立，罷

職爲郎中，歷司封、左司郎中，諫議大夫。漢高祖時，復爲

翰林學士承旨，累遷戶部尚書，罷爲兵部尚書、太子少

保。顯德三年卒，年七十七，贈太子少師。仁裕性曉音律，

晉高祖初定雅樂，宴羣臣於永福殿，奏黃鍾，仁裕聞之，

曰：音不純肅，而無和聲，當有爭者起於禁中。已而兩軍

乾隆四年校刊

- 薛史劉本作太子「太保」，殿本「少保」。
- 「鍾」，百衲本作「鐘」。

校闕昇龍門外，聲聞于內，人以爲神。喜爲詩，其少也嘗夢剖其腸胃，以西江水滌之，顧見江中沙石皆爲篆籀之文，由是文思益進。乃集其平生所作詩萬餘首，爲百卷，號西江集。仁裕與和凝於五代時皆以文章知名，又嘗知貢舉，仁裕門生王溥，凝門生范質，皆至宰相，時稱其得人。

裴羽字用化，其父贄，相唐僖宗，官至司空。羽以一品子爲河南壽安尉，事梁爲御史臺主簿，改監察御史。唐明宗時爲吏部郎中，與右散騎常侍陸崇使于閩，爲海風所颶，至錢塘。是時吳越王錢鏐與安重誨有隙，唐方絕

薛史一二八。

薛史一二八

• 百衲本重一『鏐』字，無『乃』字，彭本同。
• 薛史作『工部尚书』。
• 薛史一三一。
『長豐』，屬鄭州，薛史劉本正作『鄭』，殿本亦誤『鄭』。
彭本作『鄭』州。

鏐朝貢、羽等被留經歲，而崇以疾卒。後鏐遣羽還，羽求載崇尸與俱歸，鏐初不許，羽以語感動鏐，乃惻然許之。因附羽表自歸。明宗得鏐表大喜，由是吳越復通於中國。羽護崇喪至京師，及其橐裝還其家，士人皆多羽之義。羽周太祖時為左散騎常侍，卒，贈戶部尚書。

王延字世美，鄭州長豐人也。少好學，嘗以賦謁梁相李琪，琪為之稱譽薦為即墨縣令。馮道作相，與延故人，召拜左補闕，遷水部員外郎、知制誥，拜中書舍人、權知貢舉、吏部尚書。盧文紀與故相崔協有隙，是時協子頎方舉進士，文紀謂延曰：「吾嘗譽子于朝，貢舉選士，當求實効、無以虛名取人。昔有越人善泅、生子方晬、其母浮之水上、人怪而問之、則曰、其父善泅、子必能之。若是可乎。延退而笑曰、盧公之言、爲崔協也、恨其父遂及其子邪。明年選須甲科、人皆稱其公。累遷刑部尚書、以太子少保致仕、卒年七十三。延爲人重然諾、與其弟規相友愛、五代之際稱其家法焉。

馬重績字洞微、其先出於北狄、而世事軍中。重績少學數術、明太一、五紀、八象、三統大歷、居于太原。唐莊宗鎮太原、每用兵征伐、必以問之、重績所言無不中、拜大理司直。明宗時廢不用。晉高祖以太原拒命、廢帝遣兵圍

效

晬，薛史作晬，誤。

王規

薛史九十六。

薛史廣順二年冬卒。

●［効，編注］效。
●『晬』，貴池本作『晬』，誤。
●薛史『廣順二年冬卒』。
●王規。
●薛史九十六。

之勢甚危急、命重績筮之、遇同人曰、天火之象、乾健而離明、健者君之德也、明者南面而嚮之、所以治天下也。同人者、人所同也、必有同我者焉。易曰、戰乎乾、乾西北也。又曰、相見乎離、離南方也、其同我者自北而南乎。乾西北也、戰而勝、其九月十月之交乎。是歲九月、契丹助晉擊敗唐軍、晉遂有天下、拜重績太子右贊善大夫、遷司天監。明年、張從賓反、命重績筮之、遇隨曰、南瞻析木、木不自續、虛而動之、動隨其覆、歲將秋矣、無能爲也。七月而從賓敗、高祖大喜、賜以良馬器幣。天福三年、重績上言、歷象王者所以正一氣之元、宣萬邦之命、而古今

●『動隨』，貴池本無『動』字。
●『邦』，貴池本誤『拜』。

所紀考審多差，宣明氣朔正而星度不驗，崇玄五星得而歲差一日，以宣明之氣朔，合崇玄之五星，二歷相參，然後符合。自前世諸歷皆起天正十一月爲歲首，用太古甲子爲上元，積歲愈多，差闊愈甚。臣輒合二歷，創爲新法，以唐天寶十四載乙未爲上元，雨水正月中氣爲氣首。詔下司天監趙仁琦、張文皓等考覆得失。仁琦等言明年庚子正月朔，用重績歷考之，皆合無舛。乃下詔班行之，號調元歷。行之數歲輒差，遂不用。重績又言漏刻之法，以中星考晝夜爲一百刻，八刻六十分刻之二十爲一時，時以四刻十分爲正，此自古所用也。今失其

● 『琦』，百衲本作『錡』，然薛史劉作『錡』，殿本亦作『琦』。
● 『覆』，百衲本作『覈』，是。南、汲、彭同。
● 貴池本『用』作『旦』。
● 薛史劉本『六十』下有『一』字。
● 百衲本脫『八刻』二字。

薛史一三一
趙延乂

薛史由蔭爲奉
禮部翰林待詔
雷公、太乙、
六壬。

傳以午正爲時始下侵未四刻十分而爲午由是晝夜昏曉皆失其正請依古改正從之重績卒年六十四

趙延義字子英秦州人也曾祖省躬通數術避亂于蜀父溫珪事蜀王建爲司天監每爲建占吉凶小不中輒加詰責溫珪臨卒戒其子孫曰數術吾世業然吾仕亂國得罪而幾死者數矣子孫能以佗道仕進者不必爲也然延義少亦以此仕蜀爲司天監蜀亡仕唐爲星官延義兼通三式頗善相人契丹滅晉延義隨虜至鎭州李筠白再榮謀逐麻荅歸漢猶豫未決延義假述數術贊成之周太祖自魏以兵入京師太祖召延義問漢祚

• 薛史一三一，趙延乂。
• 薛史『由蔭爲奉禮部翰林待詔』。
• 雷公、太乙、六壬。

短促者天數邪。延義言王者撫天下，當以仁恩德澤，而漢法深酷，刑罰枉濫，天下稱寃，此其所以亡也。是時太祖方以兵圍蘇逢吉、劉銖第，欲誅其族，聞延義言，悚然因貸其族，二家獲全。延義事周爲太府卿、判司天監，以疾卒。

五代史卷五十七

薛史卒年五十八

• 薛史『卒年五十八』。

- 百衲本無『必』字，彭本同，不采。
- 彭本無『考』字，不采。

五代史卷五十八

宋　歐　陽　修　撰

嗚呼，五代禮樂文章，吾無取焉。其後世有必欲知之者，
不可以遺也。作司天職方考。

司天考第一

司天掌日月星辰之象。周天一歲四時二十四氣七十
二候，行十日十二辰以爲歷，而謹察其變者以爲占。占
者非常之兆也，以驗吉凶，以求天意，以覺人事，其術藏
於有司。歷者有常之數也，以推寒暑，以先天道，以勉人
事，其法信於天下。術有時而用，法不可一日而差。差之

毫釐、則亂天人之序、乖百事之時、蓋有國之所重也。然自堯命羲和、見於書中、星閏餘略、存其大法。而三代中間、千有餘歲、遺文曠廢、六經無所述、而孔子之徒亦未嘗道也。至於後世、其學一出於陰陽之家、其事則重、其學則末。夫天人之際、遠哉微矣。而使一藝之士、布算積分、上求數千萬歲之前、必得甲子朔旦夜半冬至、而日月五星、皆會于子、謂之上元。以爲歷始。蓋自漢而後、其說始詳見於世、其源流所自、止於如此、是果堯舜三代之法歟、皆不可得而考矣。然自是以來、歷家之術、雖世多不同、而未始不本於此。五代之初、因唐之故、用崇玄

歷至晉高祖時司天監馬重績始更造新歷不復推古
上元甲子冬至七曜之會而起唐天寶十四載乙未爲
上元用正月雨水爲氣首初唐建中時術者曹士蔿始
變古法以顯慶五年爲上元雨水爲歲首號符天歷然
世謂之小歷祇行於民間而重績乃用以爲法遂施于
朝廷賜號調元歷然行之五年輒差不可用而復用崇
玄歷周廣順中國子博士王處訥私撰明玄歷于家民
間又有萬分歷而蜀有永昌歷正象歷南唐有齊政歷
五代之際歷家可考見者止於此而調元歷法既非古
明玄又止藏其家萬分止行於民間其法皆不足紀而

乾隆四年校刊

• 汲古本、局本有『之』字。

永昌正象齊政歷皆止用於其國今亦亡不復見世宗即位外伐僭叛內修法度端明殿學士王朴通於歷數乃詔朴撰定歲餘朴奏曰臣聞聖人之作也在乎知天之變者也人情之動則可以言知之天道之動則當以數知之數之爲用也聖人以之觀天道焉歲月日時由斯而成陰陽寒暑由斯而節四方之政由斯而行夫爲國家者履端立極必體其元布政考績必因其歲禮動樂舉必正其朔三農百工必順其時五刑九伐必順其氣庶務有爲必從其日月是以聖人受命必治歷數故五紀有常度庶徵有常應正朔行之於天下也自唐之

● 薛史曆志『天』下有『人』字，以下文人情、天道對比言之，當從薛史，會要有『人』字。

季，凡歷數朝亂，日失天垂，將百載，天之歷數，汩陳而巳。陛下順考古道，寅畏上天，咨詢庶官，振舉墜典。臣雖非能者，敢不奉詔，乃包萬象以爲法，齊七政以立元，測圭箭以候氣，審朓朒以定朔，明九道以步月，校遲疾以推星，考黃道之斜正，辨天勢之昇降，而交蝕詳焉。夫立天之道，曰陰與陽，陰陽各有數，合則化成矣。陽之策三十六，陰之策二十四，奇偶相命，兩陽三陰，同得七十二，何則？陰陽之數合七十二者，化成之數也。化成則謂之五行之數，五行之得朞數，過之者謂之氣盈，不及者謂之朔虛。至於應變分用，無所不通，故以七十二爲經法。經

乾隆四年校刊　五代史卷五十八　司天考　三

• 薛史曆志「何」作「同」，是。彭本、局本蓋據薛史改。
• 薛史考證謂，「行」字據會要改，會要作「五之」，不作五行也。
• 會要、薛史作「得期之數」。

者常用之法也。百者，數之節也，隨法進退，不失舊位，故謂之通法。以通法進經法，得七千二百，謂之統法。自元入經，先用此法，統歷之諸法也。以通法進統法，得七十二萬，氣朔之下，收分必盡，謂之全率。以通法進全率，得七千二百萬，謂之大率，而元紀生焉。元者，歲月日時皆甲子，日月五星合在子，當盈縮先後之中，所謂七政齊矣。古者植圭於陽城，以其近洛也；蓋尙慊其中，乃在洛之東偏。開元十二年，遣使天下候影，南距林邑，北距横野，中得浚儀之岳臺，應南北弦，居地之中。大周建國，定都於汴，樹圭置箭，測岳臺晷漏，以爲中數。晷漏正，則日

● 薛史、五代會要、彭本、局本『百』字作『法』。劉校謂作『百』不誤，是也。

之所至氣之所應得之矣。日月皆有盈縮，日盈月縮，則後中而朔，月盈日縮，則先中而朔。自古朓朒之法，率皆平行之數，入歷既有前次，而又衰稍不倫。皇極舊術，則迂迴而難用，降及諸歷，則疎遠而多失。今以月離朓朒，隨歷校定，日躔朓朒，臨用加減，所得者入離定日也。一日之中，分爲九限，每限損益，衰稍有倫。朓朒之法，可謂審矣。赤道者，天之紘帶也，其勢圜而平，紀宿度之常數焉。黃道者，日軌也，其半在赤道內，半在赤道外，去極二十四度。當與赤道近，則其勢斜；當與赤道遠，則其勢直。當斜則日行宜遲，當直則日行宜速，故二分前後加其

• 百衲本無「迴」。
• 「紘」，薛作「弦」，誤。
• 「去極」，五代會要作「去極遠」，薛史作「去赤道極遠」，當補「遠」字。

度二至前後減其度九道者月軌也其半在黃道內半在黃道外去極遠六度出黃道謂之正交入黃道謂之中交若正交在秋分之宿中交在春分之宿則比黃道益斜若正交在春分之宿中交在秋分之宿則比黃道反直若正交中交在二至之宿則其勢差斜故校去二至二分遠近以考斜正乃得加減之數自古雖有九道之說蓋亦知而未詳徒有祖述之文而無推步之用今以黃道一周分爲八節一節之中分爲九道盡七十二道而使日月無所隱其斜正之勢焉九道之法可謂明矣星之行也近日而疾遠日而遲去日極遠勢盡而留

● 『極遠』上，薛史有『黃道』二字，五代會要無，不增。
● 薛、會要『徒』作『空』，『而』作『全』，不改。
● 『而』下薛史、會要有『復』字，當增。

自古諸歷分段失實隆降無準今日行分尚多次日便留自留而退惟用平行仍以入段行度爲入歷之數皆非本理遂至乖戾今校逐日行分積以爲變段然後自疾而漸遲勢盡而留自留而行亦積微而後多別立諸段變歷以推變差俾諸段變差際會相合星之遲疾可得而知之矣自古相傳皆謂去交十五度以下則日月有蝕殊不知日月之相掩與闇虛之所射其理有異今以日月徑度之大小校去交之遠近以黃道之斜正天勢之昇降度仰視旁視之分數則交虧得其實矣臣考前世無食神首尾之文近自司天卜祝小術不能舉其

● 此本凡「段」字，均誤作「叚」，逐字逕改，不出校記。
● 五代會要、薛「積」下有「逐日行分」五（實爲四，編注）字，此歐史有意刪之也。
● 「食神」，五代會要、薛史作「蝕神」。

大體、遂爲等接之法。蓋從假用以求徑捷、於是乎交有逆行之數、後學者不能詳知、因言歷有九曜、以爲注歷之常式。今並削而去之、謹以步日、步月、步星、步發斂爲四篇、合爲歷經一卷、歷十一卷、草三卷、顯德三年七政細行歷一卷、以爲欽天歷。昔在帝堯欽若昊天、陛下考歷象日月星辰、唐堯之道也、天道玄遠、非微臣之所盡知。世宗嘉之、詔司天監用之、以明年正月朔旦爲始。

顯德欽天歷

演紀上元甲子、距今顯德三年丙辰、積七千二百六十九萬八千四百五十二算外。

• 百衲本「二」作「三」，貴、局、彭、南監「二」，汲古「二」。

• 薛史一八『三』。

欽天統法七千二百

欽天經法七十二

欽天通法一百

欽天步日躔術

歲率二百六十二萬九千七百六十 四十

軌率二百六十二萬九千八百四十四 八十

朔率二十一萬二千六百二十 二十八

歲策三百六十五 一千七百六十 四十

軌策三百六十五 一千八百四十四 八十

歲中一百八十二 四千四百八十 二十

軌中一百八十二　四千五百二十二　四十

朔策二十九　三千八百二十　二十八

氣策一十五　一千五百七十三　三十五

象策七　一千七百五十五　七

周紀六十　歲差八十四　四十

辰則六百　八刻二十四分

赤道宿次

斗二十六度牛八度女十二度虛一　十度少危十七度

室十六度壁九度

北方七宿九十八度少

• 南監本、百衲本作『二千』，薛史亦作『二千』。

• 薛史『周紀』、『歲差』分兩行。

軫

奎十六度、婁十二度、胃十四度、昴十一度、畢十七度、觜一度、參一十度。

西方七宿八十一度

井三十三度、鬼三度、柳十五度、星七度、張十八度、翼十八度、軫十七度。

南方七宿一百一十一度

角十二度、亢九度、氐十五度、房五度、心五度、尾十八度、箕十一度。

東方七宿七十五度

中節

●〔軫，編注〕軫。

置歲率，以演紀上元距所求積年乘之，爲氣積。統法而一爲日，盈周紀去之，命甲子算外，即天正中氣日辰及分杪也。以氣策累加之，杪盈通法從分，分盈統法從日，日盈周紀去之，即各得次氣日辰及分杪也。

朔弦望

置氣積，以朔率去之，不盡爲閏餘，用減氣積爲朔積。統法而一爲日，盈周紀去之，命甲子算外，即天正常朔日辰及分杪也。以象策累加之，即各得弦望及次朔也。

日躔入歷

置歲率，以閏餘減之，統法而一爲日，歲中以下爲盈，以

上減去歲中爲縮、卽天正常朔加時所入也、累加象策、

滿歲中去之、盈縮互命、卽四象所入也、

日躔朓朒

置加時入歷分杪、以其日損益率乘之、統法而一、損益

其日朓朒數爲日躔朓朒定數、

赤道日度

置氣積、以軌率去之、餘統法而一爲度、命赤道虛八算

外、卽天正中氣加時日躔赤道宿度及分杪也、加歲中、

以次命之、卽夏至之宿也、

黃道宿次

置二至日躔赤道宿度距前後每五度爲限，初率八，每限減一，盡九限，末率空，乃一度少彊，亦限率空，其半當四立之宿，自後亦五度爲限，初率空，每限增一，盡九限，末率八。股二分之宿。自二分至二至亦如之。各以限率乘所入限度爲分，經法而一，爲度。二至前後各九限，以減；二分前後各九限，以加。赤道宿爲黃道宿，及分，就其分爲少大半之數。

黃道日度

置天正中氣，加時日躔赤道宿度，各與所入限率相乘，皆以統法通之，以所入限率乘其分，以從之，經法而一

赤道宿百衲本無宿字、

彭本局本作通法統之

●『赤道宿』，百衲本無『宿』字。
●彭本、局本作『通法統之』。

入盈汲古本誤作入日

爲分、盈統法爲度、用減赤道所躔、即天正中氣加時日躔黃道宿度及分也。加歲中以黃道宿次命之、即夏至加時日度及分也。

午中日躔

置二至分、減去半法、爲午後分、不足反減、爲午前分、以乘初日躔分、經法而一、午前以加、午後以減、加時黃道日度、爲午中日度及分也。各以次日躔分加之、滿統法從度、依宿次命之、即次日午中日躔也。

午中日躔入歷

置天正中氣午前分、便爲午中入盈歷日分。其在午後

•「入盈」，汲古本誤作「入日」。

者，以午後分減歲中爲午中入縮歷日分，累加一日，滿歲中即去之，盈縮互命，爲每日午中入歷也。

岳臺中晷

置午中入歷分，以其日損益率乘之，加統法而一，爲分，分十爲寸，用損益其下中晷數，爲定數也。

晨昏分

各置入歷分，以其日損益率乘之，加統法而一，用損益其下晨分，即所求晨定分也。用損加益減其下昏分，即所求昏定分也。

日出入辰刻

柴德賡點校

置晨昏分、以一百八十加晨減昏爲日出入分、各以辰則除爲辰數、餘滿經法爲刻、命辰數子正算外、則日出入辰刻也。

晝夜刻

置日入分、以日出分減之爲晝分、用減統法爲夜分、各滿經法爲晝夜刻。

五夜辰刻

置昏分、以辰則除爲辰數、經法除爲刻數、命辰數子正算外、卽甲夜辰刻也。倍晨分、五約之爲更用分、又五約之爲籌用分、用累加甲夜、滿辰則爲辰、滿經法爲刻、卽

• 百衲本無『則』字，南監有『則』字。

各得五夜辰刻也。

昏曉中星

置昏分減去半統，用乘軌率統法除之，爲距中分盈統法爲度，加午中日躔爲昏中星，減之爲曉中星。

赤道內外數

置入歷分，以其日損益率乘之，加統法而一，用損益其下內外數，如不足損，則反損之，內外互命，卽得所求赤道內外定數也。

九服距軌數

置距岳臺南北里數，以三百六十通之，爲步一千七百

五十六、除之、用北加南、減二千五百一十三、爲其地戴中數、以赤道內外定數內減外加之、即九服距軌數也。

九服中晷

置距軌數、二十五乘之、一百三十七除、爲天用分、置之以二十二乘六、約之用減四千爲晷法。又以天用分自相乘、如晷法而一、爲地用分、相從爲晷分、分十爲寸、即得其地中晷也。

九服刻漏

經法通軌中而半之、用自相乘、如其地戴中數而一、以乘二百六十三、經法除之爲漏法、通軌中於上、置赤道內外數於下、以下減上、餘用乘之盈漏法爲漏分。赤道內以減赤道外以加一千六百二十、爲其地晨分、減統法爲昏分、置晨昏分各如岳臺術、入之即得其地日出入辰刻五夜辰刻昏曉中星也。

欽天步月離術

離率一十九萬八千三百九十三　九

交率一十九萬五千九百三十七　九十七　五十六

離策二十七　三千九百九十三　九

交策二十七　一千五百二十七　九十七　五十六

望策一十四　五千五百一十　一十四

● 彭本、局本作『二十七』。

● 彭本『一十』二字獨立一層，誤。

交中一十三　四千三百六十三　九十八　七十八

離朔一　七千二十七　一十九

交朔二　二千二百九十二　三十二　四十四

中準一千七百三十六

中限四千七百八十

平離九百六十三

程節八百

月離入歷

置朔積以離率去之，餘滿統法爲日，即天正常朔加時入歷也。累加象策盈離策去之，即弦望及次朔入歷也。

● 薛史無『二』字，疑脫誤，然彭本、局本從之。

月離朓朒

置入歷分以日躔朓朒定數朓減朒加之程節除之爲限數餘乘所入限損益率程節而一用損益其限朓朒爲定數

朔弦望定日

各以日躔月離朓朒定數朓減朒加朔弦望常分爲定日定朔加時日入後則進一日有交見初則不進弦望加時日未出則退一日日雖出有交見初亦如之元日有交則消息定之定朔與後朔干同者大不同者小無中氣者爲閏

彭局本作加
干彭局本誤于

● 彭、局本作『加』。
● 『干』，彭、局本誤『于』。

朔望加時日度

各置日躔入歷、以日躔月離朓朒定數朓減朒加之、爲定朔加時入歷、以歷分乘其日損益率、統法而一、損益其下盈縮數爲定數。置定朔歷分、通法約之、以定數盈加縮減之、各命以冬夏至之宿、算外、卽所求也、

月離入交

置朔積、以交率去之、餘滿統法爲日、卽天正常朔入交泛日也。以望策累加之、盈交策去之、卽望及次朔所入也。各以日躔朓朒定數朓減朒加之、爲入交常日。置月離朓朒定數、經法乘之、平離而一、朓減朒加常分、卽入

交定日也。

黄道正交月度

統法通朔交定日，以二百五十四乘之，十九而一，復以統法除，爲入交度，用減其朔加時日度，即朔前月離正交黄道宿度也。

九道宿次

月離出入黄道六度，變從八節，斜正不同，故月有九道。黄道八節，各有九限。若正交，起八節後第一限之宿爲月行其節第一道，起第二限之宿爲月行其節第二道，即以所起限爲正交後第一限。初率八，每限減一，盡九

統法上百衲本有經字，貴南同、

第二限百衲本作第一限、

● 「統法」上，百衲本有「經」字，貴、南同。

● 「第二限」，百衲本作「第一限」。

限末率空又九限初率空每限增一末率入般半交之宿自後亦九限初率入每限減一末率空又九限初率空每限增一末率入復與黃道相會謂之中交自中交至正交亦如之各置所入限度以限率乘之爲泛差其正交中交前後各九限以距二至之宿限數乘之半交前後各九限以距二分之宿限數乘之皆如經法而一爲黃道產在冬至之宿後正交前後各九限爲減中交前後各九限爲加在夏至之宿後正交前後各九限爲加中交前後各九限爲減凡月正交後出黃道外中交後入黃道內其半交前後各九限在春分之宿後出黃

•「所」下南監本原有「正」字，北圖藏本空此一字。
•「如」，當作「加」。
•南監本、彭本、局本作「差」，是。

道外，秋分之宿後入黃道內，皆以差爲加。在春分之宿後入黃道內、秋分之宿後出黃道外，皆以差爲減。四約泛差，以黃道差減之，爲赤道差。正交、中交前後各九限，皆以差爲加；半交前後各九限，皆以差爲減。以黃赤二差加減黃道，爲九道宿次。就其分爲少、太、半之數。八節各九道七十二道周焉。

九道正交月度

置月離正交黃道宿度，各以所入限率乘之，亦乘其分，經法約之，爲泛差。用求黃赤二差，以加減之，即月離正交九道宿度也。

朒定數脁減朒加之即所求也

置朔望月離入曆加半統減去之定分各以日躔月離脁

月離午中入曆

亦加之

加其朔九道月度命以其道宿次即所求也自望推朔

置朔望加時日相距之度以軌中加之為加時象積用

九道望月度

即其朔加時月離九道宿度也

置月離正交九道宿度以入交度加之命以九道宿次

九道朔月度

晨昏月度

置其日晨昏分，以定分減之，爲前；不足，返減，爲後；用乘其日離程，統法而一，滿經法爲度，爲晨昏前後度。前加後減，加時月爲晨昏月度。

晨昏象積

置加時象積，以前象前後度，前減後加，又以後象前後度，前加後減之，即所求也。

每日晨昏月度

累計距後象離度，以減晨昏象積，爲加；不足，反減之，爲減；以距後象日數除之，用加減每日離度，爲定度，累加

晨昏月度命以九道宿次即所求也

月去黄道度

置入交定日交中以下月行陽道以上去之月行陰道皆以經法通之用減九百八十餘以乘之五百五十六而一爲分滿經法爲度行陽道在黄道外行陰道在黄道内即所求月去黄道内外度也

日月食限

置定交行陰陽道日半交中以下爲交後以上用減交中爲交前皆以統法通之爲距交分朔視距交分陽道四千三百一十九陰道一萬三百八十三以下日入食

● 彭本、局本無『皆』字。
● 百衲本作『二』，彭同。

限望視距交分陰陽道皆六千九百九十五以下月入食限

日月食甚加時定分

置朔定分半統以上以半統減之半統以下用減半統爲距午分十一乘之經法而一半統以下減半統以上加之朔定分爲日食加時定分望以其日晨分與一千六百二十相減餘以二百四十五乘之三百一十三而一用減二百四十五餘以損益望定分爲月食加時定分

日食常準

● 「食限」，百衲本作「蝕限」。
● 百衲本、彭本作「以加」。
● 「分」，百衲本作「而」。

百衲本脫六字
貴作減用

置中準與其日赤道內外數相乘，二千五百一十三除，爲黃道出入食差，以距午分減半晝分，以乘之，半晝分而一，赤道內以減，赤道外以加，中準爲日食常準。

日食定準

置日躔入歷，以經法通之，三千二百八十七以下用減；三千二百八十七爲二至後，以上減去三千二百八十七爲二分前；六千五百七十四以上用減九千八百六十一爲二分後，以上減去九千八百六十一爲二至前。各三約之，二至前後用減，二分前後用加二千七百七十二，爲黃道斜正食差，以距午分乘之，半晝分而一，以

● 百衲本脫六字「用減至前後，編注」。
● 貴作『減用』。

加常準爲定準

日食分

以定準加中限爲陰道定準，減中限爲陽道定限。不足減者反減之爲限外分。視陰道距交分，定準以上、定限以下爲陰道食，即置定限以距交分減之爲距食分。定準以下，雖日陰道亦爲陽道食，即加陽道定限爲距食分。其有限外分者，即減去限外分爲距食分。不足減者不食。其陰道距交分定限以下爲入定食限，即用減陽道定限爲距食分。各置距食分，皆以四百七十八除爲日食之大分，餘爲小分，命大分以十爲限，命小分以半

彭本局本陰作陽

• 彭本、局本『陰』作『陽』。

及彊弱、

月食分

視距交分中準以下、皆既以上用減食限爲距食分置之、以五百二十六除爲月食之大分餘爲小分命大分以十爲限命小分以半及彊弱

日食泛用分

置距食分一千九百一十二以上用減四千七百八十餘自相乘六萬三千二百七十二除之以減六百四十七爲泛用分九百五十六以上用減一千九百一十二餘以通法乘之七百三十五而一以減五百一十七爲

泛用分九百五十六以上、以距食分自相乘、二千三百六十二除之、用減三百八十七爲泛用分、

月食泛用分

置距食分、二千一百四以上用減五千二百六十、餘自相乘、六萬九千一百六十九除之、以減七百一十一爲泛用分、一千五十二以上用減二千一百四十、餘七除之、以減五百六十七爲泛用分、一千五十二以下以距食分減之、餘自相乘、二千六百五十四而一、用減四百一十七爲泛用分。

日月初末加時定分

● 『以上』，彭、局作『以下』，是。

各置泛用分、以平離乘之、其日離程而一、為定用分、以減朔望定分、為虧初、加之為復末、加時常分如食甚術、推之、得虧初復末定分。置初甚末定分、各以辰則除之、為辰、經法除之為刻、即初甚末之辰刻也。

虧食所起

日食起虧自西、月食起虧自東。其食分少者、月行陽道、則日食偏南、月食偏北、陰道則日食偏北、月食偏南、此常數也。立春後、立夏前、食分多、則日食偏南、月食偏北。立秋後、立冬前、食分多、則日食偏北、月食偏南、此黃道斜正也。陽道交前、陰道交後、食分多、則日食偏南、月食

兩起字汲古本作初誤

• 兩「起」字，汲古本作「初」，誤。

偏北。陽道交後陰道交前，食分多則日食偏北，月食偏南。此九道斜正也。黃道比常數所偏差少，九道比黃道所偏又四分之一，皆據午而言之。若午前午後，一理偏南，一理偏北，及消息所食分數多少，以定初甚末之方，即各得所求也。

帶食出入分

視其日出入分在虧初定分已上，復末定分已下，即帶食出入。食甚在出入分已下者，以出入分減復末定分爲帶食差。食甚在出入分已上者，以虧初定分減出入分爲帶食差。各置帶食差，以距食分乘之，定用分而一。

● 南監本脫「求」字，彭本加「其」字於「得」字上，不采。

日以四百七十八月以五百二十六除爲帶食之大分、餘爲小分。

食入更籌

各置初甚末定分、晨分巳下、以晨分加之、昏分巳上、以昏分減之、皆更用分而一、爲更數、餘籌用分而一、爲籌數。

欽天步五星術

歲星

周率二百八十七萬一千九百七十六　六

變率二百四萬二千二百一十五　六十六

•『二百四萬』，百衲本作『二十四萬』，薛史同。

二百四萬 百衲本作二十四萬 薛史同

歷率	二百六十二萬九千九百六十六			七十八
周策	三百九十八	六千三百七十六		六
歷中	一百八十二	四千四百八十		八十九
變段	變日	變度	變歷	
晨見	一十七	三三七十	二二四十	
順疾	九十	一十六三六十	一一十一三一十	
順遲	二十五	二九	一九二十	
前留	二十六二三十			
退遲	一十四	一二一十	空八二十	
退疾	二十七	四八三十	一七三十	

- 薛史案誤，當作『七百六十一』。
- 薛作『九十六』，有案語。
- 『變段』，薛歐二史次序不同，且順疾、順遲、退疾、退遲，數目完全相同，而各重見一次，則次序必不可亂，疑薛史錯亂。

乾隆四年校刊　五代史卷五十八　司天考　三

歷率二百六十二萬九千七百六十　空

變率二百九十八萬五千六百六十一　七十一

周率五百六十一萬五千四百二十二　一十一

變段			
夕伏	一十七	三七十	二四十
順疾	九十	一十六三十	二十一三十
順遲	二十五	一九	一九十
後留	二十六三十		
退遲	一十四	一二十	空八十
退疾	二十七	四三十	一二八十

一七三十

指鈞

周策七百七十九	六千六百二十二	一十一	
歷中一百八十二	四千四百八十	空	
變段	變日	變度	變歷
晨見	七十三	五十三六十八	五十五十八
順疾	七十三	五十一一	四十八三
次疾	七十一	四十六六十九	四十四一十六
次遲	七十一	四十五三十三	四十二五十八
順遲	六十二	一十九二十九	一十八二十
前留	八六十九		
退遲	一十	一五十八	空四十四

• 「七一」，百衲本、汲古本、貴池本、局本、南監本、彭「一」字作「百」，此脫下半，殿本不誤，不校。
• 汲、局作「三」，百衲本、薛史作「二」，不改。
• 「六」字，百衲本作「七」，貴池本、汲古本、彭本、局本作「六」，南監本作「六」，殿「七」，薛史「六」。
參考下頁七行當作「七」。

退疾	二十一	七四十六	二四十		
退疾	二十一	七四十六	二四十		
退遲	一十	一五十八	空四十四		
後留	八六十九				
順遲	六十二	一十九二十九	一十八二十		
次遲	七十一	四十五三十三	四十二五十八		
次疾	七十一	四十六六十九	四十四一十七		
順疾	七十三	五十一一	四十八三		
夕伏	七十三	五十三六十八	五十八五十		

鎮星

●汲古本、局本「二」誤作「一」。
●彭、局作「四十八」，誤。
●百、貴、局、汲作「六十六」，改，薛「六十八」。

周率二百七十二萬二千一百七十六　九十
變率九萬二千四百一十六　五十
歷率二百六十二萬九千七百五十九　八十
周策二百七十八　五百七十六　九十
歷中一百八十二　四千四百七十九　九十

變段	變日	變度	變歷
晨見	一十九	二七	一十四
順疾	六十五	六三十八	三一五十
順遲	一十九	空六十三	空三十五
前留	三十七三		

● 百衲本、彭、局本、南監本作「三」百，薛「三」百。
● 彭「三」誤「二」。
● 汲古本脱「三」字。

退遲	一十六	空四十三	空一十四
退疾	三十三	二三十五	空六十
退疾	三十三	二三十五	空六十
退遲	一十六	空四十三	空一十四
後留	三十七三		
順遲	一十九	空六十三	空三十五
順疾	六十五	六三十八	三五十一
夕伏	一十九	二七	一一十四

太白

周率四百二十萬四千一百四十三　九十六

乾隆四年校刊　五代史卷五十八　司天考　三

變率四百二十萬四千一百四十三			九十六
歷率二百六十二萬九千七百五十			五十六
周策五百八十三		六千五百四十三	九十六
歷中一百八十二		四千四百七十五	二十八
變段	變日	變度	變歷
夕見	四十二	五十三	五十一
順疾	九十六	一百二十一	一百一十六
次疾	七十三	八十	七十七
次遲	三十三	三十四	三十二
順遲	二十四	一十一	一十一

• 百衲本、南監本作「二」，彭作「三」，薛史作「一」。不改。

夕伏當與晨見同
薛作四十

前留	六 六十九		
退遲	四	一 二十二	空 三十一
退疾	六	三 六十五	一 二十二
夕伏	七	四 四十 一字贅	一 三十七
晨見	七	四 四十	一 三十七
退疾	六	三 六十五	一 二十二
退遲	四	一 二十二	空 三十一
後留	六 六十九		
順遲	二十四	一十一 六十一	一十一 二十四
次遲	三十三	三十四 一	三十二 四十

乾隆四年校刊 五代史卷五十八 司天考

• 夕伏當與晨見同。薛作『四十』。『一』字贅。

夕疾　七十三　八十三十七　七十七一

順疾　九十六　一百二十一五十七　一百一十六三十九

晨伏　四十二　五十三四十　五十一一十七

辰星

周率八十三萬四千三百三十五　五十二

變率八十三萬四千三百三十五　五十二

歷率二[一]百六十二萬九千七百六十　四十四

周策一百一十五　六千三百三十五　五十二

歷中一百八十二　四千四百八十　二十二

變段　變日　變度　變歷

[一]「二」百衲本、局本、彭本作「二」。局本「二」誤作「一」。

夕見　一十七　三十四一　二十九四　三十

順疾　一十七　一十八二四　十一　十六四

順遲　一十六三四十　一十一三四十　一十一十

前留　二六十八

夕伏　一十一　六　二

晨見　一十一　六　二

後留　二六十八

順遲　一十六三四十　一十一二四十　一十一十

順疾　一十一　一十八四二十　一十六四

晨伏　一十七　三十四一　二十九四五十

● 惟百衲本作『一十一』。
●『三』字，薛史作『五』，彭、局同，改。夕見當與晨伏同，『五』字是。
●『順疾』，百衲本作『一十一』，是。薛史同。
● 薛無，此『四十三』疑涉下行而誤，姑存之，注異同。
●『四十二』，百衲本、彭本、局本作『四十三』，是。

●『一十一』，百衲本、彭本、局本作『一十』，當作『一十』。
● 薛無［四十三，編注］，薛四十三［四十二，編注］，薛一十［一十一，編注］。

中日中星

置氣積、以其星周率除之爲周數、不盡爲天正中氣積前合、用減歲率、爲前年天正中氣後合。如不足減、則加歲率以減之、爲次前年天正中氣後合。各以統法約之、爲日爲度、卽所求平合中日中星也。置中日、以逐段變日累加之、卽逐段中日也。置中星、以逐段變度順加退減之、卽得逐段中星、金水夕伏晨見、皆退變也

入歷

置變率、以周數乘之、以歷率去之、餘滿統法爲度、歷中以下爲先、以上減去歷中爲後、卽所求平合入歷、以逐

段變歷累加之，得逐段入歷也。

先後定數

置入歷分，以其度損益率乘之，經法而一，用損益其下先後數，即所求也。

常日定星

置中日中星，各以先後定數先加後減之。留用前段先後數。太白順伏見及前順疾次疾後次遲次疾，辰星順伏見及前疾後遲，並先減後加之，即各為其段常日定星。置定星，以其年天正中氣日躔黃道宿次加而命之，得逐段末日加時宿度也。

乾隆四年校刊

盈縮定數

置常日，如歲中以下爲在盈，以上減去歲中餘爲在縮，卽常日入盈縮歷也。置歷分，以其日損益率乘之，經法而一，用損益其下盈縮數，卽得所求也。

定日

置常日，以盈縮定數盈減縮加之，爲定日，以其年天正中氣加而命之，卽逐段末日加時日辰也。

入中節

置定日，以氣策除之，命起冬至，卽所入氣日數也。

平行分

置定日、以前段定日減之、爲日率定星、與前段定星相減爲度率、通度率以、經法乘之通日率而一、爲平行分。

初末行分

近伏段與伏段平行分合而半之、爲其段近伏行分、以平行分減之、餘減平行分爲其段遠伏行分。近留段近留行分空倍平行分爲其段遠留行分。其不近伏留段皆以順行二段平行分合而半之、爲前段末日後段初日行分、各與其段平行分相減平行分多則加平行分、平行分少則減平行分、即前段初日後段末日行分。其不近伏留段退行、則以遲段近疾行分爲疾段近遲行分所得與平行分相減，平行分多則加之，少則減之，皆爲遠遲行分也。

初行夜半宿次

置經法，以前段末日加時分減之，餘乘前段末日行分，經法而一，用順加退減前段末日加時宿度，爲其段初行昏後夜半宿度也。

每日行分

初末行分相減爲差率，累計其段初行昏後夜半距後段初行昏後夜半日數除之，爲日差，半日差以減多加少，爲其段初末定行分。置初定行分，用日差，末多則累加、末少則累減、爲每日行分。以每日行分順加退減初行昏後夜半宿度、爲每日昏後夜半星所至宿度也。

先定日昏後夜半宿次

自初日累計、距所求日數以乘其段日差、末多用加、末少用減。初日行分爲其日行分、合初日而半之、以所累計日乘之、用順加退減其段初行昏後夜半宿次、即所求也。

欽天步發斂術

候策五	五百二十四	四十五
卦策六	六百二十九	三十四

外策三	三百一十四	六十七
維策一十二	一千二百五十八	六十八
氣盈一千五百七十三		三十五
朔虛三千三百九十九		七十二

氣候圖

冬至十一月中	蚯蚓結	麋角解	水泉動
小寒十二月節	鴈北鄉	鵲始巢	雉始雊
大寒十二月中	鷄始乳	鷙鳥厲疾	水澤腹堅
立春正月節	東風解凍	蟄蟲始振	魚上氷
雨水正月中	獺祭魚	鴻鴈來	草木萌動

驚蟄二月節	桃始華	倉庚鳴	鷹化爲鳩
春分二月中	玄鳥至	雷乃發聲	始電
清明三月節	桐始華	田鼠化爲鴽	虹始見
穀雨三月中	萍始生	鳴鳩拂其羽	戴勝降于桑
立夏四月節	螻蟈鳴	蚯蚓出	王瓜生
小滿四月中	苦菜秀	靡草死	小暑至
芒種五月節	螗螂生	鵙始鳴	反舌無聲
夏至五月中	鹿角解	蜩始鳴	半夏生
小暑六月節	温風至	蟋蟀居壁	鷹乃學習
大暑六月中	腐草爲螢	土潤溽暑	大雨時行

立秋七月節	涼風至	白露降	寒蟬鳴
處暑七月中	鷹祭鳥	天地始肅	禾乃登
白露八月節	鴻鴈來	玄鳥歸	羣鳥養羞
秋分八月中	雷乃收聲	蟄蟲坯戶	水始涸
寒露九月節	鴻鴈來賓	雀入水爲蛤	菊有黄華
霜降九月中	豺祭獸	草木黄落	蟄蟲咸俯
立冬十月節	水始氷	地始凍	雉入水爲蜃
小雪十月中	虹藏不見	天氣上騰地氣下降	閉塞成冬
大雪十一月節	鶡鳥不鳴	虎始交	荔挺出

爻象圖

冬至坎初六　公中孚　辟復　侯屯內
小寒坎九二　侯屯外　大夫謙　卿睽
大寒坎六三　公升　辟臨　侯小過內
立春坎六四　侯小過外　大夫蒙　卿益
雨水坎九五　公漸　辟泰　侯需內
驚蟄坎上六　侯需外　大夫隨　卿晉
春分震初九　公解　辟大壯　侯豫內
清明震六二　侯豫外　大夫訟　卿蠱
穀雨震六三　公革　辟夬　侯旅內
立夏震九四　侯旅外　大夫師　卿比

南監本作睽

• 南監本作『睽』。

小滿震六五	公小畜	辟乾	侯大有內
芒種震上六	侯大有外	大夫家人	卿井
夏至離初九	公咸	辟姤	侯鼎內
小暑離六二	侯鼎外	大夫豐	卿渙
大暑離九三	公履	辟遯	侯恒內
立秋離九四	侯恒外	大夫節	卿同人
處暑離六五	公損	辟否	侯巽內
白露離上九	侯巽外	大夫萃	卿大畜
秋分兌初九	公賁	辟觀	侯歸妹內
寒露兌九二	侯歸妹外	大夫无妄	卿明夷

柴德賡點校

霜降兌六三　公困　辟剝　侯艮內

立冬兌九四　侯艮外　大夫旣濟　卿噬嗑

小雪兌九五　公大過　辟坤　侯未濟內

大雪兌上六　侯未濟外　大夫蹇　卿頤

七十二候

各置中節、即初候也、以侯策累加之、即次候也。

六十四卦

置中氣、即公卦也、以卦策累加之、即次卦也。置侯卦、以外策加之、即外卦也。

五行用事

置四立之節而命之、即春木、夏火、秋金、冬水用事之初也。置四季之節、各以維策加之、即土用事也。

沒日

中節分、五千六百二十六秒六十五已上者用減統法、爲有沒分、通氣策以乘之、氣盈而一、滿統法爲日、用加其氣而命之、即所求沒日也。

滅日

常朔分、朔虛已下者爲滅分、以朔率乘之、朔虛而一、盈統法爲日、用加其朔而命之、即所求滅日也。

右朴所撰欽天歷經四篇、舊史亡其步發斂一篇、而在者三篇簡略不完不足爲法朴歷世既罕傳予嘗問於著作佐郎劉羲叟羲叟爲予求得其本經然後朴之歷大備羲叟好學知書史尤通於星歷嘗謂予曰前世造歷者其法不同而多差至唐一行始以天地之中數作大衍歷最爲精密後世善治歷者皆用其法惟寫分擬數而已至朴亦能自爲一家朴之歷法總日躔差爲盈縮二歷分月離爲遲疾二百四十八限以考衰殺之漸以審朓朒而朔望正矣校赤道九限更其率數以步黃道使日躔有常度分黃道八節辨其內外以揆九道使月行如循環而二曜協矣觀天勢之升降察軌道之斜

正、以制食差、而交會密矣。測岳臺之中晷、以辨二至之日夜、而軌漏實矣。推星行之逆順伏留、使舒亟有漸、而五緯齊矣。然不能宏深簡易、而徑急是取、至其所長、雖聖人出、不能廢也。羲叟之言蓋如此、覽者得以考焉。

五代史卷五十八

五代史卷五十八考證

司天考第一黃道正交月度統法通朔交定日○統字上南本有經字

五代史卷五十八考證

柴德賡點校

五代史卷五十九

宋　歐　陽　修　撰

司天考第二

昔孔子作春秋而天人備，予述本紀，書人而不書天，予何敢異於聖人哉。其文雖異，其意一也。自堯舜三代以來，莫不稱天以舉事，孔子刪詩書，不去也。蓋聖人不絕天於人，亦不以天參人。絕天於人則天道廢，以天參人則人事惑，故常存而不究也。春秋雖書日食星變之類，孔子未嘗道其所以然者，故其弟子之徒，莫得有所述於後世也。然則天果與於人乎，果不與於人乎，曰，天吾不知、質諸聖人之言可也。易曰、天道虧盈而益謙、地道變盈而流謙、鬼神害盈而福謙、人道惡盈而好謙。此聖人極論天人之際最詳而明者也。其於天地鬼神、以不可知爲言、其可知者、人而已。夫日中則昃、盛衰必復、天吾不知、吾見其虧益於物者矣。草木之成者、變而衰落之、物之下者、進而流行之。地吾不知、吾見其變流於物者矣。人之貪滿者多禍、其守約者多福、鬼神吾不知吾見人之禍福者矣。天地鬼神不可知、其心則因其著於物者以測之、故據其迹之可見者以爲言、曰虧益、曰變流、曰害福。若人則可知者、故直言其情、曰好惡。其知與不知、異辭也、參而會之、與人無以異也。其果與於人乎、不與於人乎、則所不知也。以其不可知、故常尊而遠之。以其與人無所異也、則修吾人事而已。人事者、天意也。書曰、天視自我民視、天聽自我民聽、未有人心悅於下而天意怒於上者、未有人理逆於下而天道順於上者。然則王者君天下、子生民、布德行政、以順人心、是之謂奉天。至於三辰五星常動而不息、不能無盈縮差忒之變、而占之有中有不中、不可以爲常者、有司之事也。本紀所述人君行事詳矣、其興亡治亂、可以見、至於三辰五星逆順變見有司之所占者、故以其官誌之、以備司天之所考。嗚呼，聖人既沒而異端起，自秦漢以來，學者惑於災異矣，天文五行之說，不勝其繁也。予之所述，不得不異乎春秋也，考者可以知焉。

開平二年夏四月辛丑，熒惑犯上將。甲寅，地震。四年十二月庚午，月有食之。乾化元年春正月丙戌朔，日有食之。五月，客星犯帝座。二年正月丙申，熒惑犯房第二星。戊申，月犯心大星。四月甲寅，月掩心大星。壬申，彗出于張。甲戌，彗出靈臺。同光元年十月辛未朔，日有食之。二年六月甲申，衆星交流。丙戌，衆星交流。八月戊子，熒惑犯星。十一月丁巳，地震。三年三月丙申，熒惑犯上相。戊

• 王景仁傳『乾化元年正月庚寅，日有食之』，是月丙戌朔。

申、月有食之。四月癸亥朔、日有食之。甲子、熒惑犯左執法。六月甲子、太白晝見。丙寅、歲犯右執法。己巳、太白晝見。庚寅、衆星流、自二更盡三更而止。辛卯、衆小星流于西南。九月甲辰、月有食之。丁未、天狗墮、有聲如雷、野雉皆雊。丙辰、太白歲相犯。十一月甲寅、地震。天成元年三月、惡星入天庫、流星犯天棓。四月庚戌、金犯積尸。六月乙未、衆小星交流。七月己未、月犯太白。庚申、太白晝見。乙丑、月入南斗魁。八月乙酉朔、日有食之。癸卯、太白犯心大星。乙巳、月犯五諸侯。辛亥、熒惑犯上將。九月丁巳、月犯心大星。己巳、月犯昴。庚午、熒惑犯右執法。己卯、熒熒惑犯左執法。十月戊子、熒惑犯上相。己丑、至于庚子、日月赤而無光。丙午、月掩左執法。十一月丁丑、月暈匝火木。戊寅、月犯金木土。十二月戊戌、熒惑犯氐。乙巳、月掩庶子。二年正月甲戌、熒惑歲相犯。二月辛卯、熒惑犯鍵閉。三月戊午、月掩鬼。庚申、衆小星流于西北。己巳、熒惑犯上相。乙亥、月入羽林。四月丁亥、月犯右執法。癸卯、月入羽林。六月辛丑、熒惑犯房。八月己卯朔、日有食之。庚子、月犯五諸侯。九月壬子、歲犯房。庚申、月入羽林。壬申、月犯上將。十月壬午、月犯五諸侯。癸未、地震。十一月乙卯、月入羽林。辛未、地震。壬申、地震。十二月癸未、地震。三年春正月壬申、金火合于奎。二月丁丑朔、日有食之。四月丁酉、月犯五諸侯。五月丁巳、月掩房距星。六月乙酉、月掩心庶子。癸巳、月入羽林，自正月至于是月，宗人宗正搖不止。七月乙卯、月入南斗魁。閏八月癸卯朔、熒惑犯上將。戊申、月犯南斗。乙卯、熒惑犯右執法。庚戌、太白犯右執法。九月庚辰、土木合于箕。辛巳、金火合于軫。十月庚午、彗出西南。十一月戊子、月掩軒轅大星。乙未、太白犯鎮，月掩房。十二月壬寅朔、熒惑犯房、金木相犯于斗。乙卯、月有食之。四年正月癸巳、月入南斗魁。二月辛酉、月及火土合于斗。三月壬辰、歲犯牛。六月、癸丑月有

● 薛作『庚午』，二十八。
● 十二。
● 六。

食之既。七月丁丑、月入南斗。九月丙子、熒惑入哭星。十二月庚戌、月有食之既。長興元年六月癸巳朔、日有食之。乙卯、太白犯天鐏。八月己亥、月犯南斗。乙卯、月犯積尸。九月辛酉朔、衆小星交流而隕。十一月壬戌、熒惑犯氐。十二月丙辰、熒惑犯天江。二年正月乙亥、太白犯羽林。庚辰、月犯心距星。二月丁未、月犯房。四月甲寅、熒惑犯羽林。五月癸亥、太白晝見。閏五月乙巳、歲晝見。六月壬午、地震。八月丁巳、辰犯端門。九月丙戌、衆星交流。丁亥、衆星交流而隕。戊子、太白晝見。丁未、雷。十一月甲申朔、日有食之。丙戌、太白犯鍵。三年四月庚辰、熒惑犯積

南監本月有食之，彭、汲、局同

• 南監本『月有食之』，彭、汲、局同。

尸九月庚寅太白犯哭星十月壬申太白晝見十一月己亥太白犯壁壘四年五月癸卯太白晝見六月庚午衆星交流七月乙亥朔衆星交流九月辛巳太白犯右執法乙未雷應順元年二月丁酉衆星流于西北四月戊寅白虹貫日是月改元淸泰淸泰元年五月己未太白晝見六月甲戌太白犯右執法九月辛丑衆星交流壬寅雨雹于京師冬十一月丁未彗出虛危掃天壘及哭星天福元年三月壬子熒惑犯積尸二年正月乙卯朔日有食之七月丙寅日有食之十二月己卯朔日有白虹二三年三月壬子日有白虹二五月壬子月犯上

將。四年四月辛巳、太白犯東井北轅。甲午、太白犯五諸侯。五月丁未、太白犯輿鬼中星。七月庚子朔、日有食之。九月癸未、月掩畢。五年十一月丁丑、日有食之。六年八月辛卯、太白犯軒轅。九月己卯、熒惑犯上將。壬子、彗出于西、掃天市垣。八年四月戊申朔、日有食之。八月丙子、熒惑犯右掖。十月庚戌、彗出東方。丙辰、熒惑犯進賢。十一月庚子、月犯房。開運元年二月辛亥、日有白虹二。壬戌、太白犯鼎。己巳、熒惑犯天錀。三月戊子、日有食之。四月丁巳、太白犯五諸侯。七月庚辰、月犯熒惑。壬午、月入南斗。甲申、太白犯東井。八月甲辰、熒惑入南斗。九月庚

•「日」，百衲本、彭本作「月」。
•「日」，百衲本、彭本作「月」。

月南監本作日

午朔，日有食之。丙子，月入南斗。乙酉，月食昴。丙戌，月有食之。庚寅，月犯五諸侯。十月癸卯，月入南斗。十一月辛巳，月犯昴。十二月癸丑，太白犯辰。二年七月乙未朔，月犯角。壬寅，月犯心前大星。庚戌，歲犯井鉞。八月甲子朔，日有食之。甲戌，歲犯東井。九月己酉，月犯昴。甲寅，太白犯南斗魁。十一月甲午朔，太白犯哭星。癸丑，月掩角距星。戊午，月犯心後星。三年二月壬戌朔，日有食之。天福十二年四月，丙子，太白晝見。十月己丑，太白犯亢距星十一月壬子，雨木氷。辛酉，雨木氷。壬戌，月犯昴。癸酉，雨木氷。乙亥，月掩心大星。己卯，月犯南斗。十二月乙未，月

•「月」，南監本作「日」。

有食之。乾祐元年四月甲午，月犯南斗。六月戊寅朔，日有食之。乙未，月入南斗。七月甲寅，月掩心庶子星。八月乙酉，鎮犯太微西垣。戊戌，歲犯右執法。九月丁卯，月掩鬼。十月丁丑，歲犯左執法。二年四月壬午，太白晝見。六月癸酉朔，日有食之。壬午，月犯心。丙戌，月犯天關。八月乙亥，月犯房次將。九月壬寅，太白犯右執法。庚戌，太白犯鎮。辛酉，鎮犯右執法。丁卯，太白犯歲。鎮自元年八月己丑入太微垣，犯上將、執法、內屏、謁者，勾己往來，至是歲十一月辛亥而出，四百四十三日。甲寅，月犯昴。三年二月甲戌，月犯昴。六月乙卯，鎮犯左掖。七月甲申，熒惑

• 南監本『四百四十三日』小注。

犯司怪。八月癸卯、太白犯房。庚戌、太白犯心大星。十月辛酉、月犯心大星。太白犯木。十一月甲子朔、日有食之。廣順元年二月丁巳、歲犯咸池。己未、熒惑犯五諸侯。三月甲子、歲守心。己卯、熒惑犯鬼。壬午、熒惑犯天戸。四月甲午、歲犯鈎鈐。二年二月庚寅、太白經天。四月丙戌朔、日有食之。七月乙丑、熒惑犯井鉞。八月乙未、熒惑犯天鐏。九月辛酉、熒惑犯鬼。庚辰、太白掩右執法。十月壬辰、太白犯進賢。三年四月乙丑、熒惑犯靈臺。五月辛巳、熒惑犯上將。丙申、熒惑犯右執法。七月乙酉、月犯房。十二月戊申、雨木氷。顯德元年正月庚寅、有大星墜、有聲如雷牛馬皆逸，京城以爲曉鼓，皆伐鼓以應之。三年正月壬戌，有星孛于參。十二月庚午，白虹貫日。癸酉，日有食之。

日字百衲本彭本局本作月

五代亂世，文字不完，而史官所記，亦有詳略。其日月五星之變，大者如此。至於氣祲之象，出没銷散不常，尤難占據。而五代之際，日有冠珥環暈纓紐負抱戴履背氣，十日之中常七八，其繁不可以勝書，而背氣尤多。天福八年正月丙戌，黃霧四塞。九年正月乙未，大霧中二白虹相偶。四月庚戌，大霧中有蒼白二虹。廣順元年十一月甲子，白虹竟天。此其尤異者也。至於吳火出楊林江

●百衲本、貴池本、彭本作『十一月』。
●『日』字，百衲本、彭本、局本作『月』。

「類」，百衲本、彭本誤作「數」。

水中，闐天雨豆之類，皆非中國耳目所及者，不可得而悉書矣。

數百衲本誤 本誤作數

乾隆四年校刊

五代史卷五十九

五代史卷五十九考證

司天考第二三年三月壬子日有白虹二五月壬子月犯上將○此天福三年也張希崇傳有天福三年月掩畢口大星希崇歎曰畢口大星邊將也我其當之乎本卷不知何以不書

丁亥太白犯歲鎮自元年八月己丑入太微垣犯上將執法內屏謁者勾已徃來至是歲十一月辛亥而出

四百四十三日○四百四十三日南本作小注

五代史卷五十九考證

五代史卷六十

宋 歐 陽 修 撰

職方考第三

嗚呼、自三代以上、莫不分土而治也。後世鑒古矯失、始郡縣天下、而自秦漢以來、爲國孰與三代長短。及其亡也、未始不分、至或無地以自存焉。蓋得其要則雖萬國而治、失其所守則雖一天下不能以容、豈非一本於道德哉。唐之盛時雖名天下爲十道、而其勢未分。既其衰也、置軍節度、號爲方鎭、鎭之大者連州十餘、小者猶兼三四、故其兵驕則逐帥、帥彊則叛上、土地爲其世有、干戈起而相侵，天下之勢，自兹而分。然唐自中世多故矣，其興衰救難，常倚鎮兵扶持，而侵凌亂亡，亦終以此。豈其利害之理然歟！自僖昭以來，日益割裂。梁初，天下別爲十一：南有吳、浙、荆、湖、閩、漢，西有岐、蜀，北有燕、晉，而朱氏所有七十八州以爲梁。莊宗初起幷、代，取幽、滄，有州三十五。其後又取梁魏博等十有六州，合五十一州以滅梁。岐王稱臣，又得其州七。同光破蜀，已而復失，惟得秦、鳳、階、成四州，而營、平二州陷于契丹，其增置之州一，合一百二十三州以爲唐。石氏入立，獻十有六州于契丹，而得蜀金州，又增置之州一，合一百九州以爲晉。劉

百衲本作十國

百衲本作『十一國』。

氏之初，秦鳳階成復入于蜀、隱帝時增置之州一、合一百六州以爲漢。郭氏代漢、十州入于劉旻、世宗取秦鳳階成瀛莫及淮南十四州、又增置之州五、而廢者三、合一百一十八州以爲周。宋興因之、此中國之大略也。其餘外屬者强弱相并、不常其得失、至於周末、閩已先亡、而在者七國。自江以下二十一州爲南唐、自劒以南及山南西道四十六州爲蜀、自湖南北十州爲楚、自浙東西十三州爲吳越、自嶺南北四十七州爲南漢、自太原以北十州爲東漢、而荆歸峽三州爲南平。合中國所有二百六十八州、而軍不在焉。唐之封疆遠矣、前史備載、

• 百衲本、南監本作『莫』，是。貴本同，彭本同。
• 『江以下』，百衲本作『江以南』，是。

而羈縻寄治虛名之州在其間。五代亂世，文字不完，而時有廢省，又或陷于夷狄，不可考究其詳，其可見者，具之如譜。

州	梁	唐	晉	漢	周
汴	都	有宣武	都	都	都
洛	都	都	都	都	都
雍	有永平	都	有晉昌	有永興	有
兗	有泰寧	有	有	有	有罷
沂	有	有	有	有	有
密	有	有	有	有	有

● 局本、彭本移『永興』二字入此行，按，薛史一〇一，乾祐元年改晉昌軍爲永興軍，殿本不誤，彭誤。

● 貴池本、南監本作『泰寧』，當作『泰寧』。百衲本作『太甯』，系補刻之頁，亦誤。彭作『泰』，局同。

百衲本第三行有字下有罷字　第四行有字下有平盧二字　五代会要青州開運元年降爲防禦州　漢天福十二年六月復爲平盧軍節度使　則百衲本是也

青	有（平盧）	有	有（罷）	有（平盧）	有
淄	有	有	有	有	有
齊	有	有	有	有	有
棣	有	有	有	有	有
登	有	有	有	有	有
萊	有	有	有	有	有
徐	有（武寧）	有	有	有	有
宿	有	有	有	有	有
鄆	有（天平）	有	有	有	有
曹	有	有	有（威信）	有（罷）	有（彰信）

竹汀論及此時未見此本耳

乾隆四年校刊　五代史卷六十　職方考　三

- 百衲本第三行『有』字下有『罷』字，第四行『有』字下有『平盧』二字。竹汀論及此時，未見此本耳。
- 五代會要，青州開運元年降爲防禦州，漢天福十二年六月復爲平盧軍節度使，則百衲本是也。

濮	有	有	有	有	有
濟					有太祖置
宋	有宣武	有歸德	有	有	有
亳	有	有	有	有	有
單	有輝州	有改曰單州	有	有	有
潁	有	有	有	有	有
陳	有	有	有鎮安	有軍廢	有復
蔡	有	有	有	有	有
許	有匡國	有忠武	有	有	有
汝	有	有	有	有	有

鄭	有	有	有	有	有
滑	有宣義	有義成	有	有	有
襄	有初曰忠義後復爲山南東道	有	有	有	有
均	有	有	有	有	有
房	有	有	有	有	有
金	有蜀武雄	有蜀	有懷德尋罷	有	有
鄧	有宣化	有威勝	有	有	有武勝
隨	有	有	有	有	有
郢	有	有	有	有	有
唐	有	有	有	有	有

乾隆四年校刊　五代史卷六十　職方考　四

● ［義成，編注］百衲本誤作「義城」。
● 廿二史考異六十五，「有」字衍。
● 「武雄」，方輿勝覽、十國南春秋作「雄武」。百衲本同作「威勝」誤，貴池本不誤。

罷軍二字百衲本作威勝誤，威勝言鄧州，當威勝軍不誤

復	有	有	有	有	有
安	有宣威	有安遠	有罷軍	有復	有罷
申	有	有	有	有	有
蒲	有護國	有	有	有	有
孟	有河陽三城	有	有	有	有
懷	有	有	有	有	有
晉	有初曰定昌後曰建寧	有建雄	有	有	有
絳	有	有	有	有	有
陝	有鎮國	有保義	有	有	有
虢	有	有	有	有	有

•「罷軍」二字，百衲本作「威勝」誤，「威勝」涉上文鄧州有威勝軍而誤。

（手寫批注）
百衲本同州無忠武二字，耀州下無罷軍二字
百衲本衍州第五行有字作廢字

乾隆四年校刊

州						
華	有感化	有鎮國	有	有	有罷軍
商	有	有	有	有	有
同	有忠武	有匡國	有	有	有
耀	岐義勝　有崇州靜勝	有復曰耀州改順義	有	有	有罷軍
解				有隱帝置	有
邠	岐靜難　有	有	有	有	有
寧	岐　有	有	有	有	有
慶	岐　有	有	有	有	有
衍	岐　有	有	有	有	有
威			有高祖置	有	有改曰環州

五代史卷六十　職方考　五

● 百衲本同州無『忠武』二字，耀州下無『罷軍』二字。
● 百衲本衍州第五行『有』字作『廢』字。

鹽	有	有	有	有	有
靈	有 朔方	有	有	有	有
宥	有	有	有	有	有
綏	有	有	有	有	有
銀	有	有	有	有	有
夏	有 定難	有	有	有	有
延	岐 忠義 有	有 彰武	有	有	有
丹	岐 有	有	有	有	有
坊	岐 有	有	有	有	有
鄜	岐 保大 有	有	有	有	有

秦成階鳳四州第四行百衲本均作蜀字

鳳州岐蜀下百衲本無武興二字

乾隆四年校刊

岐	岐 鳳翔	有	有	有	有
隴	岐	有	有	有	有
涇	岐 彰義	有	有	有	有
原	岐	有	有	有	有
渭	岐	有	有	有	有
武	岐	有	有	有	有
秦	岐 雄武 蜀 天雄	有	有	（有）蜀	有
成	岐蜀	有	有	（有）蜀	有
階	岐蜀	有	有	有）蜀	有
鳳	岐蜀 武興	有	有	（有 蜀	有

- 秦、成、階、鳳四州第四行百衲本均作『蜀』字。
- 鳳州『岐蜀』下百衲本下（疑爲『本』字之誤，編注）無『武興』二字。

乾	岐李茂貞置		有	有	有	有
魏	有天雄	唐	有鄴都	有鄴都	有鄴都	有罷都
博	有	唐	有	有	有	有
貝	有	唐	有	有永清	有	有
衛	有	唐	有	有	有	有
澶	有	唐	有	有鎮寧	有	有
相	有昭德	唐	有	有彰德	有	有
邢	有保義	唐	有安國	有	有	有
洺	有		有	有	有	有
磁	有旼曰惠州	唐	有復曰磁州	有	有	有

• 自魏至定十五同（疑爲「行」字之誤，編注）百衲本「唐」字與上行「有」字連，明示取之於梁，此本連下「有」字誤。均當移上一行。

• 汲本脫「安國」二字。

• 將來排列，當有横格。

• 貴池本洺州一格有「唐」字，南監本、彭本、局本有「唐」字。

鎮	有武順	唐	有成德	有順德	有成德	有
冀	有	唐	有	有	有	有
深	有	唐	有	有	有	有
趙	有	唐	有	有	有	有
易	有	唐	有	有	有	有
祁	有	唐	有	有	有	有
定	有義成（武）	唐	有	有	有	有
滄	唐橫海		有	有	有	有
景	唐		有	有	有	有廢
德	唐		有	有	有	有

乾隆四年校刊　五代史卷六十　職方考　七

• 廿二史考異六十五，「順德」當作「順國」。

• 薛史一〇〇，天福十二年八月辛卯，詔恒州復爲鎮州，順國軍復爲成德軍。

• 「義成」，百衲本作「義武」，當據改。考異已及之。貴池本、南監本「武」亦訛「成」。

濵					有世宗置
瀛	唐	有	契丹	契丹	有
漠 莫	唐	有	契丹	契丹	有
雄					有世宗置
霸					有世宗置
幽	唐盧龍	有	契丹	契丹	契丹
涿	唐	有	契丹	契丹	契丹
檀	唐	有	契丹	契丹	契丹
薊	唐	有	契丹	契丹	契丹
順	唐	有	契丹	契丹	契丹

漠，百衲本作莫，南監本、貴本、彭本同，蜀同，是。

●『漠』，百衲本作『莫』，南監本、貴本、彭本同，蜀同，是。

營	唐	有契丹	契丹	契丹	契丹
平	唐	有契丹	契丹	契丹	契丹
蔚	唐	有	契丹	契丹	契丹
朔	唐振武	有	契丹	契丹	契丹
雲	唐大同	有	契丹	契丹	契丹
應	唐	有彰國	契丹	契丹	契丹
新	唐	有威塞	契丹	契丹	契丹
媯	唐	有	契丹	契丹	契丹
儒	唐	有	契丹	契丹	契丹
武	唐	有	契丹	契丹	契丹

寰		有明宗置	契丹	契丹	契丹
忻	唐	有	有	有	東漢
代	唐鴈門	有	有	有	東漢
嵐	唐	有	有	有	東漢
石	唐	有	有	有	東漢
憲	唐	有	有	有	東漢
麟	唐	有	有	有	東漢
府	唐	有	有永安	有罷軍	有永安
幷	唐河東	有北都	有	有	東漢
汾	唐	有	有	有	東漢

慈	唐	有	有	有	有
隰	唐	有	有	有	有
澤	唐	有	有	有	有
潞	唐昭義	有安義	有昭義	有	有
沁	唐	有	有	有	東漢
遼	唐	有	有	有	東漢
揚	吳淮南	吳	南唐	南唐	有
楚	吳	吳	南唐	南唐	有
泗	吳	吳	南唐	南唐	有
滁	吳	吳	南唐	南唐	有

● 百衲本二、三行「安義」、「昭義」均在第二行，本考潞州下明云，唐滅梁改曰「安義」，晉復曰「昭義」。殿本不誤，彭本同百衲本，局本同百衲本，下一行多一「昭」字。

百衲本無清淮二字

和	吳	吳	南唐	南唐	有
光	吳	吳	南唐	南唐	有
黃	吳	吳	南唐	南唐	有
舒	吳	吳	南唐	南唐	有
蘄	吳	吳	南唐	南唐	有
廬	吳	吳	南唐	南唐	有保信
壽	吳忠正	吳	南唐清淮	南唐	有忠正
海	吳	吳	南唐	南唐	有
泰	吳	吳	南唐	南唐	有
濠	吳	吳	南唐	南唐	有

• 百衲本無『清淮』二字。

信	吳	吳	南唐	南唐	南唐
饒	吳	吳	南唐	南唐	南唐
池	吳	吳	南唐	南唐	南唐
昇	吳	吳	南唐	南唐	南唐
鄂	吳昌武	吳	南唐	南唐	南唐
歙	吳	吳	南唐	南唐	南唐
宣	吳寧國	吳	南唐	南唐	南唐
常	吳	吳	南唐	南唐	南唐
潤	吳	吳	南唐	南唐	南唐
通					有世宗置

乾隆四年校刊

江	吳	吳	南唐	南唐	南唐
洪	吳 鎮南	吳	南唐	南唐	南唐
撫	吳	吳	南唐	南唐	南唐
袁	吳	吳	南唐	南唐	南唐
吉	吳	吳	南唐	南唐	南唐
虔	有吳	吳	南唐	南唐	南唐
筠			南唐 李景置	南唐	南唐
建	閩	閩	南唐	南唐	南唐
汀	閩	閩	南唐	南唐	南唐
劍			南唐 李景置	南唐	南唐

- 盧光稠傳，梁何能獨有虔州，不采。『虔』，百衲本梁時『有吳』，貴同，南監本同。
- 筠、劍二州两『李景』置，百衲本均作『李煜』，誤。南監本、貴池本不誤，彭亦誤。

通鑑乾寧三年九月升福建爲威武軍　廿二史考異六十五此武威當作威武今福州有唐天祐三年王審知德政碑正作威武軍節度使

漳	閩	閩	南唐 留從效	南唐 留從效	南唐 留從效
泉	閩	閩	南唐 留從效	南唐 留從效	南唐 留從效
福	閩 武威	閩	吳越	吳越	吳越
杭	吳越 鎮海	吳越	吳越	吳越	吳越
越	吳越 鎮東	吳越	吳越	吳越	吳越
蘇	吳越	吳越	吳越	吳越	吳越
湖	吳越	吳越	吳越	吳越	吳越 宣德
温	吳越	吳越	吳越 靜海	吳越	吳越
台	吳越	吳越	吳越	吳越	吳越
明	吳越	吳越	吳越	吳越	吳越

● 通鑑乾寧三年九月『升福建爲威武軍』，廿二史考異六十五，此『武威』當作『威武』，今福州有唐天祐三年王審知德政碑，正作威武軍節度使。

處	吳越	吳越	吳越	吳越	吳越
衢	吳越	吳越	吳越	吳越	吳越
婺	吳越	吳越	吳越	吳越	吳越
睦	吳越	吳越	吳越	吳越	吳越
秀			吳越（元瓘置）	吳越	吳越
荊	南平（荊南）	南平	南平	南平	南平
歸	蜀	南平	南平	南平	南平
峽	蜀	南平	南平	南平	南平
益	蜀（成都）	有後蜀	蜀	蜀	蜀
漢	蜀	有後蜀	蜀	蜀	蜀

彭	蜀		有後蜀	蜀	蜀	蜀
蜀	蜀		有後蜀	蜀	蜀	蜀
綿	蜀		有後蜀	蜀	蜀	蜀
眉	蜀		有後蜀	蜀	蜀	蜀
嘉	蜀		有後蜀	蜀	蜀	蜀
劒	蜀		有後蜀	蜀	蜀	蜀
梓	蜀 劒南東川		有後蜀	蜀	蜀	蜀
遂	蜀 武信		有後蜀	蜀	蜀	蜀
果	蜀		有後蜀	蜀	蜀	蜀
閬	蜀		有保寧後蜀	蜀	蜀	蜀

普	蜀	有後蜀	蜀	蜀	蜀
陵	蜀	有後蜀	蜀	蜀	蜀
資	蜀	有後蜀	蜀	蜀	蜀
榮	蜀	有後蜀	蜀	蜀	蜀
簡	蜀	有後蜀	蜀	蜀	蜀
邛	蜀	有後蜀	蜀	蜀	蜀
黎	蜀	有後蜀	蜀	蜀	蜀
雅	蜀永平	有後蜀	蜀	蜀	蜀
維	蜀	有後蜀	蜀	蜀	蜀
茂	蜀	有後蜀	蜀	蜀	蜀

文	蜀	有後蜀	蜀	蜀	蜀
龍	蜀	有後蜀	蜀	蜀	蜀
黔	蜀 武泰	有後蜀	蜀	蜀	蜀
施	蜀	有後蜀	蜀	蜀	蜀
夔	蜀 鎮江	有後蜀	蜀	蜀	蜀
忠	蜀	有後蜀	蜀	蜀	蜀
萬	蜀	有後蜀	蜀	蜀	蜀
興	蜀	有後蜀	蜀	蜀	蜀
利	蜀 昭武	有後蜀	蜀	蜀	蜀
開	蜀	有後蜀	蜀	蜀	蜀

通	蜀	有後蜀	蜀	蜀	蜀
涪	蜀	有後蜀	蜀	蜀	蜀
渝	蜀	有後蜀	蜀	蜀	蜀
瀘	蜀	有後蜀	蜀	蜀	蜀
合	蜀	有後蜀	蜀	蜀	蜀
昌	蜀	有後蜀	蜀	蜀	蜀
巴	蜀	有後蜀	蜀	蜀	蜀
蓬	蜀	有後蜀	蜀	蜀	蜀
集	蜀	有後蜀	蜀	蜀	蜀
壁	蜀	有後蜀	蜀	蜀	蜀

渠	蜀	有後蜀	蜀	蜀	蜀
戎	蜀	有後蜀	蜀	蜀	蜀
梁	蜀 山南西道	有後蜀	蜀	蜀	蜀
洋	蜀 武定	有後蜀	蜀	蜀	蜀
潭	蜀 武安	有後蜀	蜀	蜀	周行逢
衡	蜀	有後蜀	蜀	蜀	周行逢
澧	蜀	有後蜀	蜀	蜀	周行逢
朗	楚 武平	楚	楚	楚	周行逢
岳	楚	楚	楚	楚	周行逢
道	楚	楚	楚	楚	周行逢

- 自『潭』至『澧』四行皆當作『楚』，百衲本、彭本、貴池本同，汲、局本同，惟殿本誤，南監本同。
- 百衲本、彭本『武平』在唐，通考後唐爲武平軍。廿二史考異，『武平』當作『永順』，『武平』二字當注於五格『周行逢』之下。

永	楚	楚	楚	楚	周行逢
邵	楚	楚	楚	楚	周行逢
全			楚馬希範置	楚	周行逢
辰	楚	楚	楚	楚	周行逢
融	楚	楚	楚	南漢	南漢
郴	楚	楚	楚	南漢	南漢
連	楚	楚	楚	南漢	南漢
昭	楚	楚	楚	南漢	南漢
宜	楚	楚	楚	南漢	南漢
桂	楚靜江	楚	楚	南漢	南漢

● 貴池本作「青江」，誤。

賀	楚	楚	楚	南漢	南漢
梧	楚	楚	楚	南漢	南漢
蒙	楚	楚	楚	南漢	南漢
嚴	楚	楚	楚	南漢	南漢
富	楚	楚	楚	南漢	南漢
柳	楚	楚	楚	南漢	南漢
象	楚	楚	楚	南漢	南漢
容	南漢寧遠	南漢	南漢	南漢	南漢
邕	南漢建武	南漢	南漢	南漢	南漢
端	南漢	南漢	南漢	南漢	南漢

乾隆四年校刊

康	南漢	南漢	南漢	南漢	南漢
封	南漢	南漢	南漢	南漢	南漢
恩	南漢	南漢	南漢	南漢	南漢
春	南漢	南漢	南漢	南漢	南漢
新	南漢	南漢	南漢	南漢	南漢
高	南漢	南漢	南漢	南漢	南漢
竇	南漢	南漢	南漢	南漢	南漢
雷	南漢	南漢	南漢	南漢	南漢
化	南漢	南漢	南漢	南漢	南漢
韶	有南漢	南漢	南漢	南漢	南漢

- 廿二史考異『化州』即『辯州』。
- 盧光稠時，梁有韶州，局本無『有』字。

藤	南漢	南漢	南漢	南漢	南漢
白	南漢	南漢	南漢	南漢	南漢
廉	南漢	南漢	南漢	南漢	南漢
欽	南漢	南漢	南漢	南漢	南漢
廣	南漢 清海	南漢	南漢	南漢	南漢
橫	南漢	南漢	南漢	南漢	南漢
賓	南漢	南漢	南漢	南漢	南漢
潯	南漢	南漢	南漢	南漢	南漢
惠	南漢	南漢	南漢	南漢	南漢
鬱林	南漢	南漢	南漢	南漢	南漢

乾隆四年校刊

● 本循州，南漢置禎州，當改。

英		南漢劉龑置	南漢	南漢	南漢
雄		南漢劉龑置	南漢	南漢	南漢
瓊	南漢	南漢	南漢	南漢	南漢
崖	南漢	南漢	南漢	南漢	南漢
儋	南漢	南漢	南漢	南漢	南漢
萬安	南漢	南漢	南漢	南漢	南漢
羅	南漢	南漢	南漢	南漢	南漢
潘	南漢	南漢	南漢	南漢	南漢
勤	南漢	南漢	南漢	南漢	南漢
瀧	南漢	南漢	南漢	南漢	南漢

辨　南漢　南漢　南漢　南漢　南漢

汴州，唐故曰宣武軍。梁以汴州爲開封府，建爲東都。後唐滅梁，復爲宣武軍。晉天福三年，升爲東京。漢、周因之。

洛陽，梁、唐、晉、漢、周常以爲都。唐故爲東都，梁爲西都，後唐爲洛京，晉爲西京，漢、周因之。

雍州，唐故上都，昭宗遷洛，廢爲佑國軍。梁初改京兆府曰大安，佑國軍曰永平。唐滅梁，復爲西京。晉廢爲晉昌軍，漢改曰永興，周因之。

曹州，故屬宣武軍節度。晉開運二年，置威信軍。漢初軍廢。周廣順二年，復置彰信軍。

乾隆四年校刊　五代史卷六十　職方考　十二

故百衲本作改非是

•『故』，百衲本、貴本作『改』，非是。

宋州、故屬宣武軍節度。梁初徙置宣武軍。唐滅梁、改曰歸德。

陳州、故屬忠武軍節度。晉開運二年置鎮安軍。漢初軍廢、周廣順二年復之。

許州、唐故曰忠武、梁改曰匡國、唐滅梁、復曰忠武。

滑州、唐故曰義成、以避梁王父諱、改曰宣義。唐滅梁、復其故。

襄州、唐故曰山南東道。唐梁之際、改曰忠義軍。後以延州爲忠義、襄州復曰山南東道。

鄧州、故屬山南東道節度。梁破趙匡凝、分鄧州置宣化軍。唐改曰威勝、周改曰武勝。

安州、梁置宣威軍、唐改曰安遠、晉罷、漢復曰安遠、周又罷。

晉州、故屬護國軍節度。梁開平四年置定昌軍、貞明三年改曰建寧、唐改曰建雄。

金州、故屬山南東道節度。唐末置戎昭軍、已而廢之、遂入于蜀。至晉高祖時、又置懷德軍、尋罷。

陝州、唐故曰保義、梁改曰鎮國、後唐復曰保義。

華州、唐故曰鎮國、梁改曰感化、後唐復曰鎮國。

同州、唐故曰匡國、梁改曰忠武、後唐復曰匡國。

彭本改誤作校

• 彭本『改』誤作『故』。

耀州，本華原縣。唐末屬李茂貞，建爲耀州，置義勝軍。梁末帝時，茂貞養子溫韜以州降梁，梁改耀州爲崇州，義勝曰靜勝。後唐復曰耀州，改曰順義。

延州，故屬保大軍節度。梁置忠義軍，唐改曰彰武。

魏州，唐故曰大名府，置天雄軍，五代皆因之。後唐建鄴都，晉漢因之，至周罷。大名府，後唐曰興唐，晉曰廣晉，漢周復曰大名。

澶州，故屬天雄節度。晉天福九年，置鎮寧軍。

相州，故屬天雄軍節度。梁末帝分置昭德軍，而天雄軍亂，遂入于晉。莊宗滅梁，復屬天雄。晉高祖置彰德軍。

- 「養子」，汲古本作「義子」。
- 「復曰」，百衲本、南監本、貴池本、彭本均作「復爲」，局本同，當改定。
- 百衲本、南監本有「軍」字，貴、彭同，局本脫「軍」字。

廿二史考異，『案，通鑑天福七年正月，改鎮州爲恒州，成德軍爲順國軍。五代會要亦云順國軍。此稱順德者誤也』。通考亦作『順國』，寰宇記、輿地廣記並誤。

五代會要作『同光二年』。

邢州故屬昭義軍節度昭義所統澤潞邢洺磁五州唐
末孟方立爲昭義軍節度使徙其軍額于邢州而澤潞
二州入于晉方立但有邢洺磁三州故當唐末有兩昭
義軍梁晉之爭或入于梁或入于晉梁以邢洺磁三州
爲保義軍莊宗滅梁改曰安國
鎮州故曰成德軍梁初以成音犯廟諱改曰武順唐復
曰成德晉又改曰順德漢復曰成德
應州故屬大同軍節度唐明宗卽位以其應州人也乃
置彰國軍
新州唐同光元年置威塞軍

乾隆四年校刊

府州、晉置永安軍、漢罷之、周復。

并州、後唐建北都、其軍仍曰河東。

潞州、唐故曰昭義、梁末帝時屬梁、改曰匡義、歲餘、唐滅梁、改曰安義、晉復曰昭義。

廬州、周世宗克淮南、置保信軍。

壽州、唐故曰忠正、南唐改曰清淮、周世宗平淮南、復曰忠正。

五代之際、外屬之州、揚州曰淮南、宣州曰寧國、鄂州曰武昌、洪州曰鎮南、福州曰武威、杭州曰鎮海、越州曰鎮東、江陵府曰荆南、益州梓州曰劒南東西川、遂州曰武

● 五代會要，長興元復舊名。
● 錢大昕曰『武威』當作『威武』，劉校亦及之。通鑑二七四作『威武』，元豐九域志、方輿勝覽、文獻通考均作『威武』。
● 百衲本『福州』誤作『復州』。

信興元府曰山南西道，洋州曰武定，黔州曰黔南，潭州曰武安，桂州曰靜江，容州曰寧遠，邕州曰建武，廣州曰清海，皆唐故號。更五代無所易，而今因之者也。其餘僭僞改置之名，不可悉考，而不足道，其因著于今者，略注于譜。

濟州，周廣順二年置，割鄆州之鉅野、鄆城，兖州之任城、單州之金鄉爲屬縣，而治鉅野。

單州，唐末以宋州之碭山，梁太祖鄉里也，爲置輝州，已而徙治單父。後唐滅梁，改輝州爲單州，其屬縣置徙傳記不同，今領單父、碭山、成武、魚臺四縣。

僞百衲本作位

乾隆四年校刊

•「僞」，百衲本作「位」。

耀州，李茂貞置，治華原縣。梁初改曰崇州，唐同光元年復爲耀州。

解州，漢乾祐元年九月置，割河中之聞喜、安邑、解三縣爲屬，而治解。

威州，晉天福四年置，割靈州之方渠、寧州之末波、烏嶺三鎮爲屬，而治方渠。周廣順二年，改曰環州。顯德四年廢爲通遠軍。五代置軍六，皆寄治於縣，隸於州，故不別出。監者物務之名，爾故不載於地理。皇朝軍監始自置屬縣，與州府並列矣。

乾州，李茂貞置，治奉先縣。

磁州，梁改曰惠州，唐復曰磁州。

• 百衲本脫「三」字。

• 「末波」，鄂本作「木波」。通鑑注、文獻通考、寰宇記作「木波馬嶺」，是。南監本作「木波」。

• 五代置軍六：晉置德清軍於頓丘、周置保順軍於無棣、漢陽軍於漢陽、雄勝軍於鳳州固鎮，又，廢景州爲定遠軍、威州爲通遠軍，見廿二史考異。

• 貴池本「監者揔務之名」，百衲本、南監本作「物務」。

• 「奉先」屬同州，此當是「奉天」之誤。新唐志、長安志並作「奉天」，廿二史考異言之。

• 百衲本「磁」作「礠」，貴本同。

景州，唐故置弓高，周顯德二年廢爲定遠軍，割其屬安陵縣屬德州，廢弓高縣入東光縣，爲定遠軍治所。

濱州，周顯德三年置，以其濱海爲名。初，五代之際，置榷鹽務於海傍，後爲贍國軍，周因置州，割棣州之渤海、蒲臺爲屬縣，而治渤海。

雄州，周顯德六年克瓦橋關置，治歸義，割易州之容城爲屬，尋廢。

霸州，周顯德六年克益津關置，治永清，割漢州之文安、瀛州之大城爲屬。

通州，本海陵之東境，南唐置靜海制置院，周世宗克淮

乾隆四年校刊

●「二」年，百衲本作「三」年，各本均作「二」，作「三」字誤。

●貴池本脫「置」字。

●百衲本、南監本作「莫」，彭同，貴、局同，汲作「漠」。

劉校以富沙爲誤南唐書有富沙縣

南升爲靜海軍後置通州分其地置靜海海門二縣爲屬而治靜海。筠州南唐李景置割洪州之高安上高萬載清江四縣爲屬而治高安。劒州南唐李景置割建州之延平劒浦富沙三縣爲屬而治延平。全州楚王馬希範置以潭州之湘川縣爲清湘縣又割灌陽縣爲屬而治清湘。秀州吳越王錢元瓘置割杭州之嘉興縣爲屬而治之。雄州南漢劉龑割韶州之保昌置治保昌。

● 劉校以『富沙』爲誤，十國春秋有富沙縣。

英州，南漢劉龑割廣州之湞陽置，治湞陽。

開封府故統六縣，梁開平元年割滑州之酸棗、長垣，鄭州之中牟、陽武，宋州之襄邑，曹州之考城，東曰戴邑，許州之扶溝、鄢陵，陳州之太康隸焉。唐分酸棗、中牟、襄邑、鄢陵、太康五縣，還其故。晉升汴州為東京，復割五縣隸焉。

雍丘，晉改曰杞，漢復其故。長垣，唐改曰匡城。

黎陽故屬滑州，晉割隸衞州。

葉縣故屬許州，唐割隸汝州。

楚丘故屬單州，梁割隸宋州。

乾隆四年校刊

密州膠西故曰輔唐梁改曰安丘唐復其故晉改曰膠
西
渭南故屬京兆周改隸華州
同官故屬京兆府梁割隸同州唐割隸耀州
美原故屬同州李茂貞置鼎州而治之梁改爲裕州屬
順義軍節度後不見其廢時唐同光三年割隸耀州
平涼故屬涇州唐末渭州陷吐蕃權於平涼置渭州而
縣廢後唐清泰三年以故平涼之安國耀武兩鎮置平
涼縣屬涇州
臨涇故屬涇州唐末原州陷吐蕃權於臨涇置原州而

• 錢大昕曰，故屬『涇州』，當作『原州』。

涇州兼治其民，後唐清泰三年，割隸原州。

鄜州咸寧，周廢。

稷山，故屬河中，唐割隸絳州。

慈州仵城、呂香，周廢。

大名府大名，唐故曰貴鄉，後唐改曰廣晉，漢改曰大名。

滄州長蘆、乾符，周廢入清池；無棣，周置保順軍。

安陵，故屬景州，周割隸德州。

澶州頓丘，晉置德清軍。

博州武水，周廢入聊城。

博野，故屬深州，周割隸定州。

• 百衲本「故」上無「唐」字。

• 南監本空一格。

武康，故屬湖州，梁割隸杭州。

福州閩清，梁乾化元年王審知於梅溪場置。

蘇州吳江，梁開平三年錢鏐置。

明州望海，梁開平三年錢鏐置。

處州長松，故曰松陽，梁改曰長松。

潭州龍喜，漢乾祐三年馬希範置。

天長、六合，故屬揚州，南唐以天長爲軍，六合爲雄州，周復故。

漢陽，故屬鄂州，周置漢陽軍。

汊川，故屬沔州，周割隸安州。

隱帝紀列乾祐二年

• 隱帝紀列乾祐二年。

襄州樂鄉、周廢入宜城。
鄧州臨湍漢改曰臨瀨，菊潭、向城周廢。
南監本空一格
復州竟陵、晉改曰景陵。
監利故屬復州，梁割隸江陵。
唐州慈丘周廢。
商州乾元漢改曰乾祐，割隸京兆。
洛南故屬華州，周割隸商州。
隨州唐城、梁改曰漢東，後唐復舊，晉又改漢東，漢復舊。
雄勝軍、本鳳州固鎮，周置軍。
秦州天水隴城、唐末廢，後唐復置。

● 南監本空一格。

成州栗亭、後唐置。

自唐有方鎮、而史官不錄於地理之書、以謂方鎮兵戎之事、非職方所掌故也。然而後世因習、以軍目地、而沒其州名。若今永興本節度軍名、而今命守臣、遂曰知永興軍府事、而不言雍州京兆、是也。又今置軍者、徒以虛名升建爲州府之重、此不可以不書也。州縣凡唐故而廢於五代、若五代所置而見于今者、及縣之割隸今因之者、皆宜列以備職方之考。其餘嘗置而復廢、嘗改割而復舊者、皆不足書。山川物俗、職方之掌也、五代短世、無所遷變、故亦不復錄、而錄其方鎮軍名、以與前史互見之云。

● 薛史常稱州名，歐史常稱軍名，此其說明也。
● 宋節度不領它州，實一州之長而已。

五代史卷六十一

宋　歐　陽　修　撰

嗚呼，自唐失其政，天下乘時，黥髡盜販，衮冕峩巍。吳暨南唐，姦豪竊攘，蜀險而富，漢險而貧，貧能自彊，富者先亡。閩陋荆蹙，楚開蠻服，剥剽弗堪，吳越其尤。牢牲視人，嶺蜑遭劉。百年之間，並起爭雄，山川亦絶，風氣不通，語曰：清風興，羣陰伏；日月出，爝火息。故眞人作而天下同。作十國世家。

吳世家第一

楊行密字化源，廬州合淝人也。爲人長大有力，能手舉

乾隆四年校刊　五代史卷六十一　世家　一　楊行密

百斤。唐乾符中江淮羣盜起，行密以爲盜見獲，刺史鄭棨奇其狀貌，釋縛縱之。後應募爲州兵，戍朔方，遷隊長。歲滿戍還，而軍吏惡之，復使出戍。行密將行，過軍吏舍，軍吏陽爲好言，問行密行何所欲。行密奮然曰：「惟少公頭爾。」即斬其首，攜之而出，因起兵爲亂，自號八營都知兵馬使。刺史郎幼復棄城走，行密遂據廬州。中和三年，唐即拜行密廬州刺史。淮南節度使高駢爲畢師鐸所攻，駢表行密行軍司馬，行密率兵數千赴之，行至天長，師鐸已囚駢，召宣州秦彥入揚州，行密不得入，屯于蜀岡。師鐸率衆數萬出擊行密，行密陽敗，棄營走，師鐸兵

- 『棨』，北夢瑣言作『綮』。綮，兩唐書有傳。作『棨』誤。
- 『中和三年』，薛史作『光啓三年』。
- 『率衆』，百衲本誤作『兵衆』。
- 百、貴無『出』字。

人相食

飢，乘勝爭入營收軍實，行密反兵擊之，師鐸大敗，單騎走入城，遂殺高駢。行密聞駢死，縞軍向城哭三日，攻其西門。彥及師鐸奔于東塘，行密遂入揚州。是時城中倉廩空虛，飢民相殺而食，其夫婦父子自相牽就屠賣之，屠者刲剔如羊豕。行密不能守，欲走，而蔡州秦宗權遣其弟宗衡掠地淮南，彥及師鐸還自東塘，與宗衡合。行密閉城不敢出。已而宗衡爲偏將孫儒所殺，儒攻高郵，破之，行密益懼。其客袁襲曰：吾以新集之衆守空城，而諸將多駢舊人，非有厚恩素信力制而心服之也。今儒兵方盛，所攻必克，此諸將持兩端，因彊弱擇嚮背之時

•人相食。

也。海陵鎮使高霸驕之舊將、必不爲吾用。行密乃以軍令召霸、霸率其兵入廣陵、行密欲使霸守天長、襲曰、吾以疑霸而召之、其可復用乎。且吾能勝儒無所用霸、不幸不勝、天長豈吾有哉、不如殺之以并其衆。行密因犒軍擒霸族之、得其兵數千。已而孫儒殺秦彥畢師鐸并其兵以攻行密、行密欲走海陵、襲曰、海陵難守、而廬州吾舊治也、城廩完實、可爲後圖。行密乃走廬州、久之未知所嚮、問襲曰、吾欲卷甲倍道西取洪州可乎。襲曰、鍾傳新得江西、勢未可圖、而秦彥之入廣陵也、召池州刺史趙鍠委以宣州。今彥且死、鍠失所恃、而守宣州、非其

• 「完實」，彭本作「充實」。百衲本、貴池本同作「完」。
• 「傳」，貴池本作「傅」。

通鑑作友規
新唐書孫儒傳、十國春秋作戴規

本志。且其爲人非公敵，此可取也。行密乃引兵攻鍠，戰于曷山，大敗之，進圍宣州，鍠棄城走，追及殺之，行密遂入宣州。龍紀元年，唐拜行密宣州觀察使。行密遣田頵、安仁義、李神福等攻浙西，取蘇、常、潤州。二年，取滁、和州。景福元年，取楚州。孫儒自逐行密入廣陵，久之，亦不能守，乃焚其城，殺民老疾以餉軍，驅其衆渡江，號五十萬，以攻行密。諸將田頵、劉威等遇之，輒敗。行密欲走銅官，其客戴友規曰：儒來氣銳而兵多，蓋其鋒不可當而可以挫，其衆不可敵而可久以敝之。若避而走，是就擒也。劉威亦曰：背城堅柵，可以不戰疲之。行密以爲然。久之，

• 新唐書一八八孫儒傳、十國春秋作『戴規』。通鑑作『友規』。

儒兵飢、又大疫、行密悉兵擊之。儒敗被擒、將死、仰顧、見威曰、聞公爲此策以敗我、使我有將如公者、其可敗邪。行密收儒餘兵數千。以皁衣蒙甲、號黑雲都。常以爲親軍。是歲復入揚州、唐拜行密淮南節度使。乾寧二年、加檢校太傅同中書門下平章事。行密以田頵守宣州、安仁義守潤州。昇州刺史馮弘鐸來附。分遣頵等攻掠、自淮以南、江以東諸州皆下之、進攻蘇州、擒其刺史成及。四年、兖州朱瑾奔于行密。初瑾爲梁所攻、求救于晉、晉遣李承嗣將勁騎數千助瑾、瑾敗、因與俱奔行密。行密兵皆江淮人、淮人輕弱、得瑾勁騎、而兵益振。是歲、梁太祖遣葛從周龐師古攻行密壽州、行密擊敗梁兵淸口、殺師古。而從周收兵走、追至浬河、又大敗之。五年、錢鏐攻蘇州。及周本戰于白方湖、本敗。蘇州復入于越。天復元年、遣李神福攻越、戰臨安、大敗之、擒其將顧全武以歸。二年、馮弘鐸叛、襲宣州、及田頵戰于曷山。弘鐸敗、將入于海、行密自至東塘邀之、使人謂弘鐸曰、勝敗用兵常事也、一戰之衄、何苦自棄于海島、吾府雖小、猶足容君。弘鐸感泣、行密從十餘騎馳入其軍、以弘鐸歸、爲節度副使、以李神福代弘鐸爲昇州刺史。是歲、唐昭宗在岐、遣江淮宣諭使李儼拜行密東面諸道行營都統、檢校太師中書令封吳王。三年、以李神福爲鄂岳招討使以攻杜洪、荆南成汭救洪、神福敗之于君山。梁兵攻青州、王思範來求救、遣王茂章救之、大敗梁兵、殺朱友寧、友寧梁太祖子也。太祖大怒、自將以擊茂章、兵號二十萬、復爲茂章所敗。田頵叛、襲昇州、執李神福妻子歸于宣州。行密召神福以討頵、頵遣其將王壇逆之、又遣神福書、以其妻子招之。神福曰、吾以一卒從吳王起事、今爲大將、忍背德而顧妻子乎、立斬其使以自絕、軍士聞之、皆感奮。行至吉陽磯、頵執神福子承鼎以招之、神福叱左右射之、遂敗壇兵于吉陽。行密別遣臺濛擊頵、頵

• 友寧實朱溫兄子。

• 通鑑二六四，神福至吉陽磯與王壇、汪建遇，壇、建執其子承鼎示之。劉校疑『頵』字乃『壇』字之誤。

壇字之誤

天復汲古本局本誤作天福

邪百衲本作也

仁義頗能用兵

敗死初頵及安仁義朱延壽等皆從行密起微賤及江淮甫定思漸休息而三人者皆猛悍難制頗欲除之未有以發天復二年錢鏐爲其將許再思等叛而圍之再思召頵攻鏐杭州垂克而行密納鏐賂命頵解兵頵恨之頵嘗計事廣陵行密諸將多就頵求賂而獄吏亦有所求頵怒曰吏欲我下獄邪歸而遂謀反仁義聞之亦反焚東塘以襲常州常州刺史李遇出戰望見仁義大罵之仁義止其軍曰李遇乃敢辱我如此其必有伏兵遂引軍却而伏兵果發追至夾岡仁義植幟解甲而食遇兵不敢追仁義復入潤州行密遣王茂章李德誠米

● 『天復』，汲古本、局本誤作『天福』。
● 『邪』，百衲本作『也』。
● 仁義頗能用兵。

志誠等圍之。吳之軍中推朱瑾善槊、志誠善射，皆爲第一。而仁義常以射自負，曰：志誠之弓十，不當瑾槊之一，瑾槊之十，不當仁義弓之一。每與茂章等戰，必命中而後發，以此吳軍畏之，不敢近。行密亦欲招降之，仁義猶豫未決。茂章乘其怠，穴地道而入，執仁義，斬于廣陵。延壽者，行密夫人朱氏之弟也。頵及仁義之將叛也，行密疑之，乃陽爲目疾，每接延壽使者，必錯亂其所見以示之。嘗行，故觸柱而仆，朱夫人扶之，良久乃蘇，泣曰：吾業成而喪其目，是天廢我也。吾兒子皆不足以任事，得延壽付之，吾無恨矣。夫人喜，急召延壽。延壽至，行密迎之

● 楊行密大有權術。

● 貴池本脫『延壽』二字。

寢門刺殺之，出朱夫人以嫁之。天祐二年，遣劉存攻鄂州，焚其城，城中兵突圍而出，諸將請急擊之，存曰：「擊之復入，則城愈固，聽其去，城可取也。」是日城破，執杜洪，斬于廣陵。九月，梁兵攻破襄州，趙匡凝奔于行密。十一月，行密卒，年五十四，謚曰武忠。子渥立。溥僭號，追尊行密爲太祖武皇帝，陵曰興陵。

渥字承天，行密長子也。行密病，出渥爲宣州觀察使。右衙指揮使徐温私謂渥曰：「今王有疾而出嫡嗣，必有姦臣之謀，若他日召子，非温使者，愼無應命。」渥涕泣謝温而去。行密病甚，命判官周隱作符召渥，隱慮渥幼弱不

● 唐書、通鑑作「二年」，薛史作「三年」誤。
● 百衲本脫「請」字。
● 薛史誤「溥」爲「渭」。
● ［承天，編注］薛史作「奉天」，避諱改。
右衙。

任事、勸行密用舊將有威望者代主軍政、乃薦大將劉威、行密未許。温與嚴可求入問疾、行密以隱議告之、温等大驚、遽詣隱所計事。隱未出、而温見隱作召符、猶在案上、急取遣之。渥見温使者乃行。行密卒、渥嗣立、召周隱罵曰、汝欲賣吾國者、復何面目見楊氏乎、遂殺之。以王茂章爲宣州觀察使。渥之入也、多輦宣州庫物以歸廣陵。茂章惜而不與、渥怒、命李簡以兵五千圍之。茂章奔于錢塘。天祐三年二月、劉存取岳州。四月、江西鍾傳卒、其子匡時代立。傳養子延規怨不得立、以兵攻匡時、渥遣秦裴率兵攻之。九月克洪州、執匡時、及其司馬陳

- 百衲本無『者』字。
- 通鑑、十國春秋均作陳知新取岳州。十國春秋劉存傳存爲招討使取岳州，蓋存爲統帥也。
- 百衲本『傳』作『傅』，貴本同。

象以歸斬象於市赦匡時以秦裴爲江西制置使梁太
祖代唐改元開平渥仍稱天祐鄂州劉存岳州陳知新
以舟師伐楚敗于瀏陽楚人執存及知新以歸楚王馬
殷素聞其名皆欲活之存等大罵殷曰昔歲宣城脫吾
刃下今日之敗乃天亡我我肯事汝以求活耶我豈負
楊氏者殷知不可屈乃殺之岳州復入于楚初渥之入
廣陵也留帳下兵三千於宣州以其腹心陳璠范遇將
之既入立惡徐温典牙兵召璠等爲東院馬軍以自衞
而温與左衙都指揮使張顥皆行密時舊將又以立渥
之功共惡璠等侵其權四年正月渥視事璠等侍側温

乾隆四年校刊　五代史卷六十一　十二　楊行密 渥

百衲本作淛　貴池本作瀏　彭本同　當改　監本

貴池本豈下有肯字負作背

左衙

● 百衲本作『瀏』，貴池本作『瀏』，彭本同，當改正。監本。
● 貴池本『豈』下有『肯』字，『負』作『背』。
● 左衙。

顥擁牙兵入搜璠等下斬之渥不能止由是失政而心憤未能發温等益不自安五年五月温顥共遣盜入寢中殺渥渥說羣盜能反殺温等者皆爲刺史羣盜皆諾惟紀祥不從執渥縊殺之時年二十三謚曰景弟隆演立溥僭號追尊渥爲烈宗景皇帝陵曰紹陵

隆演字鴻源行密第二子也初名瀛又名渭初温顥之弑渥也約分其地以臣於梁及渥死顥欲背約自立温患之問其客嚴可求可求曰顥雖剛愎而闇於成事此易爲也明日顥列劒戟府中召諸將議事自大將朱瑾而下皆去衛從然後入顥問諸將誰當立者諸將莫敢

百衲本無憒字
五月百衲本作三月誤
薛史一三四作六月亦誤

• 百衲本、貴池本無『憒』字。
• 『五月』，百衲本作『三月』，誤。薛史一三四作『六月』，亦誤。

對顥三問可求前密啓曰方今四境多虞非公主之不
可然恐爲之太速且今外有劉威陶雅李簡李遇皆先
王一等人也公雖自立未知此輩能降心以事公否不
若輔立幼主漸以歲時待其歸心然後可也顥不能對
可求因趨出書一教內袖中率諸將入賀諸將莫知所
爲及出教宣之乃渥母史氏教言楊氏創業艱難而嗣
王不幸隆演以次當立告諸將以無負楊氏而善事之
辭旨激切聞者感動顥氣色皆沮卒無能爲隆演乃得
立顥由此與温有隙諷隆演出温潤州可求謂温曰今
捨衙兵而出外郡禍行至矣温患之可求因說顥曰公

與徐温同受顧託、議者謂公奪其衙兵、是將殺之於外、信乎。顥曰、事已行矣、安可止乎。可求曰、甚易也。明日從顥與諸將造温、可求陽責温曰、古人不忘一飯之恩、況公楊氏三世之將、今幼嗣新立、多事之時、乃求居外以苟安乎。温亦陽謝曰、公等見留、不願去也、由是不行、軍副使李承嗣與張顥善、覺可求有附温意、諷顥使客夜刺殺之。客刺可求不能中、明日可求詒温謀先殺顥、陰遣鍾章選壯士三十人、就衙堂斬顥、因以弒渥之罪歸之。温由是專政、隆演備位而已。六月、撫州危全諷叛、攻洪州、袁州彭彦章、吉州彭玕、信州危仔倡皆起兵叛。

● 貴池本脱『諸』字。
● 通鑑及十國春秋作『鍾泰章』。本書李煜傳，母鍾氏，父名泰章。
● 危全諷攻洪州在天祐六年六月，然上文皆五年事，此『六月』當作『六年』。

隆演召嚴可求問誰可用者，可求薦周本。時本方攻蘇州，敗歸，慚不肯出，可求彊起之。本曰：「蘇州之敗，非怯也，乃上將權輕而下多專命爾。若必見任，願無用偏裨。」乃請兵七千，戰于象牙潭，敗之，執全諷、彥章，而玕奔于楚，仔倡奔于錢塘。全諷至廣陵，諸將議曰：「昔先王攻趙鍠，全諷屢饟給吳軍。」乃釋不殺。初，全諷欲舉兵也，錢鏐送王茂章于梁，道過全諷，謂曰：「聞公欲大舉，願見公兵以知濟否。」全諷陳兵與茂章登城望之。茂章曰：「我素事吳，吳兵三等，如公此衆，可當其下將爾，非得益兵十萬不可。」而全諷卒以此敗。八年，徐温領昇州刺史，治舟師於

乾隆四年校刊　五代史卷六十一　世家　九　楊隆演

百衲本作王檀 貴本同 十國春秋作王壇

金陵。宣州李遇自行密時爲大將、勳位已高、憤溫用事、嘗曰、徐溫何人、吾猶未識、而驟至於此。溫聞之怒、遣柴再用以兵送王壇代遇、且召之。遇疑不受命、再用圍之、隆演使客將何蕘諭遇使自歸。蕘因説曰、公若欲反、可殺蕘以示衆、若本無心、何不隨蕘以出。遇自以無反心、乃隨蕘出、溫諷再用何其出殺之、并族其家。九年、溫率將吏進隆演位太師、中書令、吳王、溫爲行軍司馬、鎮海軍節度使、同中書門下平章事。陳章攻楚、取岳州、執其刺史苑玫。十年、越人攻常州、徐溫敗之于無錫。梁遣王茂章攻壽春、溫敗之于霍丘。十二年、封徐溫齊國公、兩

• 百衲本作『王檀』，貴本同，十國春秋作『王壇』。

浙都招討使、始鎮潤州、留其子知訓爲行軍副使、秉政、而大事溫遙決之。冬、濬楊林江、水中出火、可以燃。十三年、宿衛將李球、馬謙挾隆演登樓、取庫兵以誅知訓、陣于門橋、知訓與戰頻却。朱瑾適自外來、以一騎前視其陳、曰、此不足爲也、因返顧一麾、外兵爭進、遂斬球、謙、而亂兵皆潰。十四年、徐溫徙治金陵。十五年、遣王祺會洪、袁、信三州兵攻虔、韶。久之不克、祺病、以劉信代之。夏四月、副都統朱瑾殺徐知訓、瑾自殺。潤州徐知誥聞亂、率兵入、殺唐宣諭使李儼以止亂、遂秉政。徐氏之專政也、隆演幼懦、不能自持、而知訓尤凌侮之、嘗飲酒樓上、命

乾隆四年校刊　　五代史卷六十一　世家　　十一　楊隆演

此石油也
百衲本作陣　貴同　逕改
南唐書只言虔州　不及韶州
李儼長水張清之子也

- 此石油也。
- 百衲本作『陣』，貴同。逕改。
- 十國春秋只言『虔州』，不及『韶州』。
- 李儼，長水張清之子也。

優人高貴卿侍酒、知訓爲參軍、隆演鶉衣髽髻爲蒼鶻。知訓嘗使酒罵坐、語侵隆演、隆演愧恥涕泣、而知訓愈辱之、左右扶隆演起去。知訓殺吏一人乃止、吳人皆仄目。知訓又與朱瑾有隙、瑾已殺知訓、攜其首馳府中、示隆演曰、今日爲吳除患矣。隆演曰、此事非吾敢知、遽起入內。瑾忿然、以首擊柱、提劍而出。府門已闔、踰垣折其足、遂自刎死。米志誠聞瑾殺知訓、被甲率其家兵至天興門、問瑾所在、聞瑾死、乃還。徐温疑志誠助瑾、遣使殺之。嚴可求懼事不克、使人僞從湖南境上來告軍捷、召諸將入賀、擒志誠斬之。劉信克虔州、執譚全播以歸。十

乾隆四年校刊

六年春二月、温率將吏請隆演即天子位、不許、夏四月、
温奉玉冊寶綬、尊隆演即吳王位、建宗廟社稷、設百官、
如天子之制、改天祐十六年爲武義元年、大赦境內、追
尊行密孝武王、廟號太祖、渥景王、廟號烈祖、拜温大丞
相都督中外諸軍事、封東海郡王、以徐知誥爲左僕射、
參知政事、嚴可求爲門下侍郎、駱知祥爲中書侍郎、殷
文圭沈顏爲翰林學士、盧擇爲吏部尚書、李宗陳璋爲
左右雄武統軍、柴再用錢鏢爲左右龍武統軍、王令謀
爲內樞密使、江西劉信征南大將軍、鄂州李簡鎮西大
將軍、撫州李德誠平南大將軍、廬州張崇安西大將軍、

- 「十六年」，局本作「十八年」，誤。
- 前作「章」，此作「璋」，百衲本作「章」，貴本作「璋」，通鑑作「璋」。

海州王縮鎮東大將軍，文武以次進位，封宗室皆郡公。溫之從鎮金陵也，以其養子知誥守潤州。嚴可求嘗謂溫曰：「二郎君非徐氏子，而推賢下士，人望頗歸，若不去之，恐爲後患。」溫不能用其言。及知誥秉政，其語泄，知誥出可求於楚州。可求懼，詣金陵見溫，謀曰：「唐亡於今十二年，而吳猶不敢改天祐，可謂不負唐矣。然吳所以征伐四方而建基業者，常以復興爲辭。今聞河上之戰，梁兵屢絀，若李氏復興，其能屈節乎？宜於此時先建國以自立。」溫深然之，因留可求不遣，方謀迫隆演僭號。二年五月，隆演卒。隆演少年嗣位，權在徐氏，及建國稱制，非

● 彭本作『興復』，百衲本同，局本同，南監本。
● 二年，天祐十七年也，薛史一三四作十八年，誤。

其意常怏怏酣飲稀復進食遂至疾卒年二十四謚曰
宣弟溥立溥僭號追尊爲高祖宣皇帝陵曰肅陵
溥行密第四子也隆演建國封丹陽郡公隆演卒弟廬
江公濛次當立而徐氏秉政不欲長君乃立溥七月改
昇州大都督府爲金陵府拜徐温金陵尹明年二月改
元順義赦境内冬十一月祀天於南郊御天興樓大赦
拜徐温太師嚴可求右僕射三年唐莊宗滅梁遣司農
卿盧蘋使于唐嚴可求密條數事授之以行蘋見洛陽
莊宗問之蘋次第以對皆如所授四年溥至白沙閲舟
師徐温來見以白沙爲迎鑾鎮五年唐遣諫議大夫薛

• 順義二年無事可記之故。
• 隆演天祐十六年即位，即貞明五年［九一九，本注］是爲武義元年。二年五月卒，溥立，則此所云『明年二月』乃三年也，而下文又有『三年』，何也？意此指楊溥即位之年號數字。
• 龍德元年［明年，本注］。龍德三年［三年，本注］。同光二年［四年，本注］。
• 十國春秋從通鑑作『十一月甲子』，誤［十月癸丑朔，本注］。
• 『授之』，百衲本、貴池本作『授蘋』。

昭文使福州，假道江西，劉信出勞之，謂曰：「亞次聞有信否？」昭文曰：「天子新有河南，未熟公名也。」信曰：「漢有韓信，吳有劉信，君還，其語亞次當來較射於淮上也。」乃酌大巵，望牙旗鏁首百步，謂昭文曰：「一發而中，願以此巵爲壽，否則亦以自罰。」言訖而箭已穿矣。六年，追爵大丞相徐溫四代祖考，立廟於金陵。左僕射徐知誥爲侍中，右僕射嚴可求同平章事。是歲，莊宗崩。五月丁卯，詔爲同光主輟朝七日。七年，大丞相徐溫卒。吳文武上表勸溥即皇帝位，溥未許，而溫病。十月，溫卒。十一月庚戌，溥御文明殿即皇帝位，改元曰乾貞，大赦境內，追尊行密武

• 百衲本脫『十月溫』三字。

皇帝、渥景皇帝、隆演宣皇帝。以徐知誥爲太尉兼侍中、拜温子知詢輔國大將軍金陵尹、治温舊鎮、諸子皆封王。二年正月、封東海爲廣德王、江瀆廣源王、淮瀆長源王、馬當上水府寧江王、采石中水府定江王、金山下水府鎮江王。六月、荆南高季興來附、封季興秦王。九月、季興敗楚師於白田、獲其將吏三十四人來獻。三年十一月、金陵尹徐知詢來朝、知誥誣其有反狀、留之不遣、以爲左統軍、斬其客將周廷望。以徐知諤爲金陵尹。溥加尊號聖睿文明孝皇帝、大赦境内、改元大和、以徐知誥爲中書令。二年、冊其子江都王璉爲太子。三年、以徐知

●「左統軍」，下卷南唐世家作「右統軍」。
●「廷望」，百衲本作「延望」，貴本作「廷」。
●「聖睿」，百衲本、貴池本作「睿聖」，十國春秋同。
●「大和」，局本作「太和」，十國春秋亦「太和」。

誥爲金陵尹、以其子景通爲司徒、及左僕射王令謀右僕射宋齊丘皆平章事。四年、封知誥東海王。五年、建都於金陵。六年閏正月、金陵火、罷建都。廢臨川王濛爲歷陽公、知誥遣親信王宏以兵守之。拜王令謀司徒、宋齊丘司空。知誥召景通還金陵、爲鎮海軍節度副使、以其子景遷爲太保平章事、與令謀等執政。七年九月、溥加尊號曰睿聖文明光孝應天弘道廣德皇帝、大赦改元天祚。知誥進位太師天下兵馬大元帥、封齊王。二年、景遷病、以次子景遂爲門下侍郎參政事。三年、知誥建齊國、立宗廟社稷、置左右丞相已下。以金陵爲西都、廣陵

- 下卷廢濛在四年。
- 『令謀』上，百衲本脱『王』字。
- 此作『睿聖』，不誤。

爲東都。冬十月，溥遣江夏王璘奉册禪位於齊王。十二月，溥卒於丹陽，年三十八。謚曰睿。昇元六年，李昇遷其子孫於海陵，號永寧宮，嚴兵守之，絶不通人，久而男女自爲匹偶。吳人多哀憐之。顯德三年，世宗征淮南，下詔撫安楊氏子孫。而李景聞之，遣人盡殺其族。周先鋒都部署劉重進得其玉硯、馬腦碗、翡翠瓶以獻。楊氏遂絶。

徐温字敦美，海州朐山人也。少以販鹽爲盜。行密起合淝，以隸帳下。行密所與起事劉威、陶雅之徒，號三十六英雄，獨温未嘗有戰功。及行密欲殺朱延壽等，温用其客嚴可求謀，教行密陽爲目疾，事成，以功遷右衙指揮

乾隆四年校刊　五代史卷六十一　世家　十四　徐温

- 溥昇元二年卒，此「十二月」上脫「明年」二字。
- 「二」年，百衲本、局本、彭本、貴池本作「三」年，當作「三」。
- 徐温。
- 貴池本無「以」字，百衲本同。

使、始預謀議。及行密病、平生舊將皆以戰守在外、而溫居帳下、遂預立渥之功。及殺渥、又與張顥有隙、使鍾章殺之。章許諾。選壯士三十人、椎牛享之、刺血爲盟。溫猶疑章不果。夜半使人探其意。陽謂曰：溫有老母、懼事不成。不如且止。章曰：已出口、寧可已乎。溫乃安。明日鍾章殺顥、溫因盡殺紀祥等、歸殺渥之罪於顥、以其事入白渥母史氏。史氏悸而泣曰：吾兒年幼、禍亂若此、得保百口、以歸合淝、公之惠也。隆演立、溫遂專政、遷昇州刺史、治舟師於金陵。大將李遇怒溫用事、出嫚言、溫使柴再用族遇於宣州。行密舊將人人皆自疑、溫因僞下之、

●『殺』，百衲本、貴池本作『弒』。
●『殺』，百衲本、貴池本作『弒』。
● 下一『史氏』，百衲本、貴本無『氏』字。

恭謹如見行密、諸將乃安。八年、温遷行軍司馬、潤州刺史、鎮海軍節度使、同平章事。十年、遣招討使李濤攻越、戰于臨安、裨將曹筠奔于越、濤敗被執。温間遣人語筠曰、吾用汝爲將、汝軍有求、吾不能給、是吾過也。赦筠妻子不誅、厚遇之。秋、越人攻毗陵、温戰于無錫、筠感温前言、臨陣奔歸、遂敗越兵。十二年、封温齊國公、兼兩浙招討使、始就鎮潤州、以昇、潤、宣、常、池、黄六州爲齊國。温城昇州、建大都督府。十四年、徙治之、以其子知訓輔隆演於廣陵、而大事温遥決之。知訓爲朱瑾所殺、温養子知誥自潤州先入、遂得政。温雖姦詐多疑、而善用將吏、江

● 無錫之戰在天祐十六年，劉校謂「秋」字疑「後」字之誤，近之。

●「臨陣」，百衲本、貴池本作「臨戰」。

西劉信圍虔州久不克使人說譚全播出降遣使報温
温怒曰信以十倍之衆攻一城不下而反用說客降之
何以威敵國笞其使者而遣之曰吾以笞信也因命濟
師遂破全播人有誣信逗留陰縱全播言信將反者信
聞之因自獻捷至金陵見温温與信博信斂骰子厲聲
祝曰劉信欲背吳骰爲惡彩苟無二心當成渾花温遽
止之一擲六子皆赤温慙自以巵酒飮信然終疑之及
唐師伐王衍温急召信至廣陵以爲左統軍託以內備
遂奪其地温客尤見信者如駱知祥嚴可求可求善籌
畫知祥長於財利温嘗以軍事問可求國用問知祥吳

• 六行『骰』，彭、貴、百衲本作『顧』。
• 『花』，百衲本誤作『化』。
• 『如』，百衲本、局本、彭、貴池本作『惟』，南監。
• 『軍事』，百衲本、貴池本作『軍旅』，彭本作『軍旅』。

人謂之嚴駱溫亦自喜爲智詐以得吳人之心初隨行密破趙鍠諸將皆爭取金帛溫獨收餘囷作粥以食餓者十六年溫請隆演卽皇帝位不許復請卽吳王位乃許遂建國改元拜溫大丞相都督中外諸軍事封東海郡王隆演卒溫越次立其弟溥順義七年溫又請溥卽皇帝位溥未許而溫病卒年六十六追封齊王謚曰忠武李昇僭號號溫爲義祖

嗚呼盜亦有道信哉行密之書稱行密爲人寬仁雅信能得士心其將蔡儔叛於廬州悉毀行密墳墓及儔敗而諸將皆請毀其墓以報之行密嘆曰儔以此爲惡吾

- 「以得」，百衲本、貴池本作「尤得」，彭同。
- 「收」，百衲本、貴池本作「據」，彭本亦作「據」。貴本「囷」誤作「米」。
- 「復」，百、貴作「又」，彭「又」。
- 「十年」，百衲本作「七年」，貴同，當改正。溥貞明七年改元「順義」，至天成二年，適爲「七年」。
- 「忠武」，百衲本無「忠」字，貴同，通鑑作「忠武」。

豈復爲邪。嘗使從者張洪負劍而侍，洪拔劍擊行密，不中，洪死。復用洪所善陳紹負劍不疑。又嘗罵其將劉信，信忿奔孫儒。行密戒左右勿追，曰：「信豈負我者邪！其醉而去，醒必復來。」明日果來。行密起於盜賊，其下皆驍武雄暴，而樂爲之用者，以此也。故二世四主垂五十年。及渥已下，政在徐温。於此之時，天下大亂，中國之禍，篡弒相尋，而徐氏父子區區詐力，裴回三主，不敢輕取之，何也？豈其恩威亦有在人者歟！據吳錄、運歷圖、九國志皆云行密以唐景福元年再入揚州，至晉天福二年爲李昪所篡，實四十六年。而舊唐書、舊五代史皆云大順二年入揚州，至被篡四十七年。吳錄，徐鉉等撰，運歷圖，龔潁撰，二人皆江南故臣，所記宜得實。而唐末喪亂，中朝文字多差失，故今以鉉、潁所記爲定。

百衲本小注作大字，首加注云二字

百衲本𩔰作頴，貴本作穎

• 百衲本「穎」作「頴」，貴本作「穎」。
• 百衲本小注作大字，首加「注云」二字。

五代史卷六十一

• 當作『西』。

五代史卷六十一考證

楊行密傳攻其西門○西一本作四

渥傳惟紀祥不從○祥一本作詳

溥傳隆演卒弟盧江公濛次當立○濛一本作濠觀下文廢臨川王濛爲歷陽公當以濛爲是

徐知誥進位太師天下兵馬大元帥封齊王○臣文清按司馬光通鑑云進封齊王備殊禮以昇潤宣池歙常江饒信海十州爲齊國注云所封十州中斷吳國之要膂有包舉吳國之勢此知誥取國之規圖應繫于此

五代史卷六十一考證

薛史『海州人』，十國春秋作『彭城人』，疑薛史誤。

疑薛史誤　薛史海州人　南唐書作彭城人

五代史卷六十二

宋　歐陽修　撰

南唐世家第二

李昪字正倫徐州人也世本微賤父榮遇唐末之亂不知其所終昪少孤流寓濠泗間楊行密攻濠州得之奇其狀貌養以爲子而楊氏諸子不能容行密以乞徐溫乃冒姓徐氏名知誥及壯身長七尺廣顙隆準爲人溫厚有謀爲吳樓船軍使以舟兵屯金陵柴再用攻宣州用其兵殺李遇昪以功拜昇州刺史時江淮初定州縣吏多武夫務賦斂爲戰守昪獨好學接禮儒者能自勵

爲勤儉、以寬仁爲政、民稍譽之。徐温鎮潤州、以昇池等六州爲屬。温聞昇理昇州有善政、往視之、見其府庫充實、城壁修整、乃徙治之、而遷昇潤州刺史。昇初不欲往、屢求宣州、温不與。既而徐知訓爲朱瑾所殺、温居金陵、未及聞、昇居潤州、近廣陵、得先聞、即日以州兵渡江定亂、遂得政。昇事徐温甚孝謹、温嘗罵其諸子不如昇、諸子頗不能容、而知訓尤甚。嘗召昇飲酒、伏劒士欲害之、行酒吏刁彥能覺之、酒至昇、以手爪搯之、昇悟起走、乃免。後昇自潤州入覲、知訓與飲於山光寺、又欲害之。徐知諫以其謀告昇、昇起遯去。知訓以劒授刁彥能使追殺之，及於中途而還，給以不及，由是得免。後昇貴，以彥能爲撫州節度使。知訓之用事也，嘗凌弱楊氏而驕侮諸將，遂以見殺。及昇秉政，欲收人心，乃寬刑法，推恩信，起延賓亭以待四方之士。引宋齊丘、駱知祥、王令謀等爲謀客，士有羇旅於吳者，皆齒用之。嘗陰使人察視民間有婚喪匱乏者，往往賙給之。盛暑未嘗張蓋操扇，左右進蓋，必却之，曰：「士衆尚多暴露，我何用此！」以故溫雖遙秉大政，而吳人頗已歸昇。武義元年，拜左僕射、參知政事。溫行軍司馬徐玠數勸溫以已子代昇，溫遣子知詢入廣陵，謀代昇秉政。會溫病卒，知詢奔還金陵，玠反爲昪謀誣知訽以罪，斬其客將周廷望，以知訽爲右統軍。楊溥僭號，拜昪太尉、中書令。太和三年，出鎮金陵，如温之制，留其子景通爲司徒、同平章事，以王令謀、宋齊丘爲左右僕射、同平章事。四年，封昪東海郡王。昪照鑑見白鬚，顧其吏周宗歎曰："功業已就，而吾老矣，奈何？"宗知其意，馳詣廣陵見宋齊丘，謀禪代，齊丘以爲未可，請斬宗以謝吴人，昪黜宗爲池州刺史。吴臨江王濛者，怨徐氏捨已而立溥，心常不平。及昪將謀簒國，先廢濛爲歷陽公，使吏以兵守之。濛殺守者，奔廬州節度使周本。本，吴舊將也，聞濛至，欲納之，爲其子祚所止。本曰："此吾

- 上卷作『左』統軍，而南唐書作『左』，當統一作『左』。
- 薛史太和元年鎮金陵，誤。百衲本、貴池本、彭本『大和』。
- 『四年』，十國春秋作『五年』。
- 廢濛在六年。

乾隆四年校刊

故主家郎君也何忍拒之遽自出迎濛祚閉門遮本不得出縛濛至金陵見殺五年昪封齊王已而閩越諸國皆遣使勸進昪謂人望已歸天祚三年建齊國置宗廟社稷以宋齊丘徐玠爲左右丞相十月溥遣攝太尉楊璘傳位於昪國號齊改元昇元昪以冊尊溥曰受禪老臣知誥謹上冊皇帝爲高尚思玄弘古讓皇帝追尊徐溫爲忠武皇帝封子景爲吳王封徐氏子知證江王知諤饒王周本與諸將至金陵勸進歸而歎曰吾不能誅簒國者以報楊氏今老矣豈能事二姓乎憤惋而死二年四月遷楊溥於潤州丹陽宮以王輿爲浙西節度使

• 百衲本無『濛』字，貴池本同。
• 『濛至』，百衲本作『濛送』，彭本同。
• 『五年』，上卷作『七年』，薛史、通鑑同，此誤。此處改正，則上文暢通矣。
• 十國春秋無『知』字，以是三年（疑『三年』爲『三月』之筆誤，編注），更名誥之故。通鑑天福三年，誥。
• 『不能誅』，百衲本作『不誅』。
• 通鑑作五月。

馬思讓爲丹陽宮使，以嚴兵守之。徐氏諸子請昪復姓，昪謙抑不敢忘徐氏恩，下其議百官。百官皆請，然後復姓李氏，改名昪。昪自言唐憲宗子建王恪生超，超生志，爲徐州判司。志生榮。乃自以爲建王四世孫，改其國號曰唐，立唐高祖、太宗廟，追尊四代祖恪爲孝靜皇帝，廟號定宗；曾祖超爲孝平皇帝，廟號成宗；祖志孝安皇帝，廟號惠宗；考榮孝德皇帝，廟號慶宗。奉徐溫爲義祖。徐氏子孫皆封王公，女封郡縣主。以門下侍郎張居詠、中書侍郎李建勳、右僕射張延翰同平章事。十二月，以步騎八萬講武於銅橋。楊溥卒於丹陽宮，溥子璉爲吳太

- 十國春秋作『思謙』。
- 『名』下百衲本有『曰』字，少一『昪』字。
- 百衲本無『其』字。
- 『義祖』，百衲本作『義父』。
- 當作『十二月』。

子時，昇以女妻之。及昇篡國，封其女永興公主。女聞人呼公主，必悲咽流涕而辭，宮中皆憐之。溥卒，以璉爲康化軍節度使，已而以疾卒。三年四月，昇郊祀昊天上帝於圓丘，禮畢，羣臣請上尊號。昇曰：「尊號非古也。」不許。州縣言民孝悌五代同居者七家，皆表門閭，復其繇役。其尤盛者江州陳氏，宗族七百口，每食設廣席，長幼以次坐而共食。有畜犬百餘，共一牢食，一犬不至，諸犬爲之不食。四年六月，晉安州節度使李金全叛，送款於昇。昇遣鄂州屯營使李承裕迎之。承裕與晉將馬全節、安審暉戰安陸南，三戰皆敗，承裕與裨將段處恭皆死，都監

必百衲本作則
悲百衲本作嗚

•『必』，百衲本作『則』。
•『悲』，百衲本『嗚』。

杜光鄴及其兵五百人被執、送于京師、高祖厚賜之、遣還。昪致書高祖、復送光鄴等、請以敗軍行法。高祖又遣之、昪以甲士臨淮拒之、乃止。六年、吳越國火、焚其宮室、府庫甲兵皆盡、羣臣請乘其弊攻之、昪不許、遣使弔問、厚賙其乏。錢氏自吳時素爲敵國、昪見天下亂久、常厭用兵、及將篡國、先與錢氏約和、歸其所執將士、錢氏亦歸吳敗將、遂通好不絕。昪客馮延已好論兵、大言、嘗誚昪曰、田舍翁安能成大事。而昪志在守吳舊地而已、無復經營之略也。然吳人亦賴以休息。七年、昪卒、年五十六、謚曰光文肅武孝高皇帝、廟號烈祖、陵曰永陵、子景立。

景初名景通，昪長子也。既立，又改名璟。徐温死，昪專政，以爲兵部尚書、參知政事。明年，昪鎮金陵，留景爲司徒、同平章事，與宋齊丘王令謀居廣陵輔楊溥。昪將篡國，召景歸金陵，爲副都統。昪立，封齊王。昪卒，嗣立，改元保大。尊母朱氏爲皇太后，妃鍾氏爲皇后。封弟壽王景遂爲燕王，宣城王景達爲鄂王，景遏前未王，爲保寧王。秋，改封景遂齊王、諸道兵馬元帥、太尉、中書令，景達爲燕王、副元帥，盟於昪柩前，約兄弟世世繼立。封其子冀南昌王、江都尹。冬十月，破虔州妖賊張遇賢。遇賢，循州羅

• 「嗣立」，百衲本作「嗣位」。
• 「朱氏」，彭本、百衲本作「宋氏」，殿本考證所謂「一本作宋」，失於考核。貴池本亦作「宋」。景母宋氏，宋韞之女，十國春秋有傳，作「朱」者誤。馬、陸書同。
• 百衲本、貴池本無「爲」字。
• 通鑑作「弘冀」，此因避諱去之。

縣小吏也，初有神降羅縣民家，與人言禍福輒中。遇賢禱之，神曰：「遇賢是羅漢，可留事我。」是時南海劉龑死，子玢初立，嶺南盜賊起，羣盜千餘人未有所統，問神當爲主者，神言遇賢，遂共推爲帥。遇賢自號中天八國王，改元永樂，置官屬，羣盜皆絳衣，攻剽嶺外。問神所嚮，神曰：「當過嶺取虔州。」遂襲南康，節度使賈浩不能禦，遇賢據白雲洞，造宮室，有衆十餘萬，連陷諸縣。景詔洪州營屯虞候嚴恩、通事舍人邊鎬率兵攻之。遇賢問神，神不復語，羣盜皆懼，遂執遇賢以降。景以馮延巳、常夢錫爲翰林學士，馮延魯爲中書舍人，陳覺爲樞密使，魏岑、查文

• 「羣」下貴池本衍「賊」字。
• 百衲本脫「使」字。
• 「詔」，百衲本作「遣」，貴池本同，南監、彭。
• 「賈浩」，通鑑作「匡浩」。
• 通鑑、陸氏作「嚴恩」，馬令南唐書作「嚴思禮」。

巖爲副使。夢錫直宣政殿，專掌密命，而延巳等皆以邪佞用事，吳人謂之五鬼。夢錫屢言五人者不可用，景不納。十二月，景下令中外庶政委齊王景遂參决，惟陳覺、查文徽得奏事，羣臣非召見者皆不得入。給事中蕭儼上疏切諫，不報。侍衛軍都虞候賈崇詣閤求見景曰：臣事先朝三十年，見先帝所以成功業者，皆用衆賢之謀，故延接疏遠，未嘗壅隔，然下情猶時有不達者。今陛下新即位，所信用者何人？奈何頓與臣下隔絕。臣老，卽死，恐無復一見顏色。因泣下嗚咽。景爲之動容，引與坐，賜食而慰之，遂寢所下令。初，宋齊丘爲昪謀篡楊氏，最有

- 百衲本無『皆』字。
- 貴池本『皆』下無『用』字。
- 百衲本無『時』字。

力及成事，乃賜入九華山。昪僭號，未幾，齊丘以病罷相，出爲洪州節度使。景立，復召爲相。陳覺、魏岑等皆爲齊丘所引用，而岑與覺有隙，譖覺於景，左遷少府監。齊丘亦罷相，爲浙西節度使。齊丘不得意，願復歸九華山，賜號九華先生，封青陽公，食青陽一縣。二年二月，閩人連重遇、朱文進弑其君延羲，文進自立。是時延羲弟延政亦自立於建州，國號殷。王氏兄弟連兵累年，閩大亂。景因其亂，遣查文徽及待詔臧循發兵攻建州。延政聞唐且攻之，遣人紿福州曰：「唐兵助我討賊矣。」福州信之，共殺文進等以降延政。延政遣其從子繼昌守福州。文徽軍屯建陽，福州將李仁達殺王繼昌，自稱留後。泉州將留從效亦殺其刺史黃紹頗，皆送款於文徽。四年八月，文徽乘勝克建、汀、泉、漳四州，景分延平、劍浦、富沙三縣置劍州，遷王延政之族于金陵，以延政爲饒州節度使，李仁達爲福州節度使，從效爲清源軍節度使。景遂欲罷兵，而查文徽、陳覺等皆言仁達等餘孽猶在，不若乘勝盡取之。覺自言可不用尺兵致仁達等，景以覺爲宣諭使，召仁達朝金陵，仁達不從。覺慙，還至建州，矯命發汀、建、信、撫州兵攻仁達。時魏岑安撫漳泉，聞覺起兵，亦擅發兵會覺。景大怒，馮延已等爲言兵業

汲古閣作漳泉，局同。
百衲本有留字，貴池本同。
覺上百衲本有陳字
貴池本言上有景字

- 汲古閣作『漳泉』，局同。
- 百衲本有『留』字，貴池本同。
- 『覺』上，百衲本有『陳』字。
- 貴池本『言』上有『景』字。

行，不可止，乃以王崇文爲招討使，王建封爲副使，益兵以會之。馮延魯、魏岑、陳覺皆爲監軍使，仁達送款於吳越，吳越以兵三萬應仁達，覺等爭功，進退不相應，延魯與吳越兵先戰，大敗而走，諸軍皆潰歸。景怒，遣使者鎖覺、延魯至金陵，而馮延己方爲宰相，宋齊丘復自九華召爲太傅，爲稍解之，乃流覺蘄州，延魯舒州。韓熙載上書切諫，請誅覺等，齊丘惡之，貶熙載和州司馬。是歲，契丹陷京師，中國無主，而景方以覺等疲兵東南，不暇北顧。御史中丞江文蔚劾奏宰相馮延己、諫議大夫魏岑亂政，與覺等同罪，而不見貶黜，言甚切直。景大怒，自苔

馮字百衲本作以　彭本同

●『馮』字，百衲本作『以』，彭本同。

其疏貶文蔚江州司士參軍亦罷延己爲少傅岑爲太子洗馬五年以景遂爲太弟景達爲元帥封齊王南昌王冀爲副元帥封燕王契丹遣使來聘以兵部尚書賈潭報聘六年漢李守貞反河中遣其客將朱元來求援景以潤州節度使李金全爲北面行營招撫使兵攻沐陽聞守貞已敗乃還是時漢隱帝少中國衰弱淮北羣盜多送欵於景景遣皇甫暉出海泗諸州招納之八年福州詐言吳越戍兵亂殺李仁達而遯遣人請建州節度使查文徽文徽與劒州刺史陳誨下舟閩江趨應之福州以兵出迎誨曰閩人多詐難信宜駐江岸徐圖之

•『沐』當作『沭』。

文徽曰：「久則生變，乘其未定亟取之。」留誨屯江口，進至西門，伏兵發，文徽被擒。誨與越人戰，大敗之，獲其將馬先進。景送先進還越，越亦歸景文徽。是歲，楚王馬希廣爲其弟希萼所弒，希萼自立。九年秋，楚人囚希萼於衡山，立其弟希崇，附于景。楚國大亂，景遣信州刺史邊鎬攻楚，破潭州，盡遷馬氏之族于金陵。景以希萼爲洪州節度使，希崇舒州節度使，以邊鎬爲湖南節度使。十年，分洪州高安、清江、萬載、上高四縣置筠州，以馮延己、孫忌爲左右僕射、同平章事。廣州劉晟乘楚之亂，取桂、管，景遣將軍張巒出兵爭之，不克。楚地新定，其府庫空虛，

● 希萼兄也，希廣弟也，見楚世家，此作『弟』，誤。
● 百衲本脫『希崇舒州節度使』一句，貴池本不脫。

宰相馮延已以克楚爲功不欲取費於國乃重斂其民以給軍楚人皆怨而叛其將劉言攻邊鎬鎬不能守遯歸十一年金陵大火踰月十二年大饑民多疫死十三年十一月周師南征詔曰蠢爾淮甸敢拒大邦盜據一方僭稱僞號晉漢之代寰海未寧而乃招納叛亡朋助兇逆金全之據安陸守貞之叛河中大起師徒來爲應援迫奪閩越塗炭湘潭至於應接慕容憑淩徐部沭陽之役曲直可知勾誘契丹入爲邊患結連并壘實我世讎罪惡難名人神共憤乃拜李穀爲行營都部署攻自壽州始是時宋齊丘爲洪州節度使景召齊丘還金陵

此沭字亦當作沭

• 此『沭』字亦當作『沭』。

以劉彥貞爲神武統軍、劉仁贍爲清淮軍節度使、以拒周師。李穀曰吾無水戰之具、而使淮兵斷正陽浮橋、則我背腹受敵、乃焚其芻糧、退屯正陽。是時世宗親征、行至圍鎮、聞穀退軍曰吾軍却、唐兵必追之。遣李重進急趨正陽曰、唐兵且至、宜急擊之。劉彥貞等聞穀退軍、果以爲怯、急追之、比及正陽、而重進先至。軍未及食而戰、彥貞等遂敗。彥貞之兵施利刃於拒馬、維以鐵索、又刻木爲獸、號捷馬牌、以皮囊布鐵蒺藜于地。周兵見而知其怯。一鼓敗之。世宗營于淝水之陽、徙浮橋于下蔡。景遣林仁肇等爭之不得。而周師取滁州、景懼、遣泗州牙

● 『芻』，貴本、百衲本作『蒭』。
● 彭注引西溪叢話謂，當作『捷』馬牌。陸氏南唐書本作『捷』。

將王知朗至徐州稱唐皇帝奉書願効貢賦陳兄事之
禮世宗不荅景東都副留守馮延魯光州刺史張紹舒
州刺史周祚泰州刺史方訥皆棄城走延魯削髮爲僧
爲周兵所獲蘄州裨將李福殺其刺史王承雋降周景
益懼始改名璟以避周廟諱遣其翰林學士鍾謨文理
院學士李德明奉表稱臣獻犒軍牛五百頭酒二千石
金銀羅綺數千請割壽濠泗楚光海六州以求罷兵世
宗不報分兵襲下揚泰景遣人懷蠟丸書走契丹求救
爲邊將所執光州刺史張承翰降周十四年三月景又
遣司空孫晟禮部尚書王崇質奉表辭益卑服世宗猶

- 百衲本改名作『景』，彭本同。此與歐史先名『景』後改『璟』不一致。
- 孫晟，即前頁作相之『孫忌』。

不荅。前遣鍾謨等并晟崇質皆留行在、而謨等請歸取景表、盡獻江北地、世宗許之、遣崇質德明等還。始賜景書曰、自有唐失御、天步方艱、六紀于茲、瓜分鼎峙、自爲聲教、各擅蒸黎、交結四夷、憑凌上國、華風不競、否運所鍾、凡百有心、孰不興憤。朕擅一百州之富庶、握三十萬之甲兵、農戰交修、士卒樂用、苟不能恢復內地、申畫邊疆、便議班旋、眞同戲劇。至於削去尊稱、願輸臣節、孫權事魏、蕭詧奉周、古也雖然、今則不取。但存帝號、何爽歲寒、儻堅事大之心、必不迫人於險。德明等還、盛稱世宗英武、景不悅。宋齊丘陳覺等皆以割地無益、而德明賣撫巡百衲本作按巡，貴池本、彭同。

國以圖利景怒斬德明遣元帥齊王景達與陳覺邊鎬許文縝率兵趣壽春景達將朱元等復得舒蘄泰三州夏大雨周師在揚滁和者皆却諸將請要其險隘擊之宋齊丘曰擊之怨深不如縱之以爲德誠諸將閉壁毋得要戰故周師皆集於壽州世宗屯于渦口欲再幸揚州宰相范質以師老泣諫乃班師以李重進攻廬壽向訓守揚州訓請棄揚州併力以攻壽春乃封府庫付主者遣景舊將撫巡城中秋毫不犯而去淮人大悅皆負糗糧以送周師十五年景達遣朱元等屯紫金山築甬道以餉壽州二月世宗復南征徙下蔡浮橋于渦口爲

「撫巡」，百衲本作「按巡」，貴池本同，彭同。

鎮淮軍、築二城以夾淮。周師連破紫金諸寨、景達雖爲元帥、而兵事皆决於陳覺、覺與朱元素有隙、以元李守貞客反覆難信、景遣大將楊守忠代元、且召之。元憤怒、叛降于周、諸軍皆潰。許文縝、邊鎬皆被執。景達以舟兵奔還金陵。劉仁贍病且死、其副使孫羽等以壽州降于周、世宗班師。景遣人焚揚州、驅其士庶而去。冬十月、世宗復南征、遂圍濠州。濠州刺史郭廷謂告于周曰、臣不能守一州以抗王師、然願請命于唐而後降。世宗爲之緩攻。廷謂遣人請命于景、景許其降、乃降。又取泗州。周師步騎數萬、水陸齊進、軍士作檀來之歌、聲聞數十里。

● 『老鹊河』，貴池本作『老鸛河』，彭本同，薛史本紀『鸛河』。

● 通鑑『鑿楚州西北鸛水』注『今楚州城西老鸛河是也』。

十二月屯于楚州之北門交泰元年正月大赦改元周
師攻楚州守將張彥卿鄭昭業城守甚堅攻四十日不
可破世宗親督兵以洞屋穴城而焚之城壞彥卿昭業
戰死周兵怒甚殺戮殆盡周師復取海泰揚州世宗幸
迎鑾以臨大江景知不能支而恥自屈身去其名號乃
遣陳覺奉表請傳國與其世子而聽命初周師南征無
水戰之具已而屢敗景兵獲水戰卒乃造戰艦數百艘
使降卒教之水戰命王環將以下淮景之水軍多敗長
淮之舟皆爲周師所得又造齊雲船數百艘世宗至楚
州北神堰齊雲舟大不能過乃開老鸛河以通之遂至

乾隆四年校刊　李景

大江。景初自恃水戰、以周兵非敵、且未能至江。及覺奉使見舟師列于江次甚盛、以爲自天而下。乃請曰、臣願還國取景表、盡獻江北諸州、如約。世宗許之、始賜景書曰、皇帝恭問江南國主、勞其良苦而已。是時揚泰滁和壽濠泗楚光海等州已爲周得、景遂獻廬舒蘄黃、盡江以爲界。五月、景下令去帝號、稱國主、奉周正朔。時顯德五年也。初、孫晟使于周、留不遣。而世宗問晟江南虛實、不對、世宗怒、殺晟。周已罷兵、景乃贈劉仁贍太師、追封晟魯國公。世宗遣鍾謨馮延魯歸國。景復遣謨等朝京師、手自書表、稱天地父母之恩不可報。又請降詔書、同藩鎮遣謨面陳願傳位世子世宗遣謨等還國優詔以勞安之景以謨爲禮部侍郎延魯戶部侍郎景爲太子時延魯等皆出入東宮禮部尚書常夢錫自昇世屢言不可使延魯等近太子及景立延魯等用事夢錫每排斥之景既割地稱臣有語及朝廷爲大朝者夢錫大笑曰君等嘗欲致君如堯舜今日自爲小朝邪鍾謨素善李德明既歸而聞德明由宋齊丘等見殺欲報其冤未能發陳覺齊丘黨也與景相嚴續素有隙覺嘗奉使周還遣言世宗以江南不卽聽命者嚴續之謀勸景誅續以謝罪景疑之謨因請使于周驗其事景以割地稱臣乃

小朝廷故事

百衲本無景相二字嘗作常

- 小朝廷故事。
- 百衲本無『景相』二字，『嘗』作『常』。

遣謨入朝謝罪，言不即割地者，非續謀，願赦之。世宗大驚曰：「續能爲謀，是忠其主也，朕豈殺忠臣乎。」謨還言覺姦詐，景怒，流覺饒州，殺之。宋齊丘坐覺黨與，放還青陽賜死。以太弟景遂爲洪州節度使，燕王冀爲太子。景困於用兵，鍾謨請鑄大錢，以一當十，文曰永通泉貨。謨嘗得罪而大錢廢。韓熙載又鑄鐵錢，以一當二。九月，太子冀卒，次子從嘉封吳王，居東宮。鍾謨言從嘉輕肆，請立紀國公從善。景怒，貶謨國子司業，立從嘉爲太子。世宗使人謂景曰：「吾與江南，大義已定，然慮後世不能容汝，可及吾世修城隍，治要害，爲子孫計。」景因營緝諸城，謀遷其都于洪州、羣臣皆不欲遷、惟樞密使唐鎬贊之、乃升洪州爲南昌、建南都。建隆二年、留太子從嘉監國、景遷于南都、而洪州迫隘、宮府營廨、皆不能容、羣臣日夕思歸、景悔怒不已。唐鎬慙懼發疾卒。六月、景卒、年四十六。從嘉嗣立、以喪歸金陵、遣使入朝、願復景帝號、太祖皇帝許之。乃謚曰明道崇德文宣孝皇帝、廟號元宗、陵曰順陵。

煜字重光、初名從嘉、景第六子也。煜爲人仁孝、善屬文、工書畫、而豐額駢齒、一目重瞳子。自太子冀已上五子皆早卒、煜以次封吳王。建隆二年、景遷南都、立煜爲太

乾隆四年校刊　五代史卷六十二　世家　十四　李煜

● 『四十六』，貴池本、百衲本作『六十四』，十國春秋作『四十六』，陸游南唐書『四十六』。
● 貴池本自『太祖皇帝』以下凡關宋皆提行矣。
● 李［煜，編注］。
● 『卒』，百衲本作『亡』，貴本同。

子留監國。景卒，煜嗣立於金陵。母鍾氏，父名泰章，煜尊母曰聖尊后；立妃周氏爲國后；封弟從善韓王，從益鄭王，從謙宜春王，從度昭平郡公，從信文陽郡公。大赦境內。遣中書侍郎馮延魯修貢于朝廷，令諸司四品以下無職事者，日二員待制於內殿。三年，泉州留從效卒。景之稱臣於周也，從效亦奉表貢獻于京師，世宗以景故不納。從效聞景遷洪州，懼以爲襲己，遣其子紹基納貢于金陵，而從效病卒。泉人因并送其族于金陵，推立副使張漢思。漢思老不任事，州人陳洪進逐之，自稱留後，煜即以洪進爲節度使。乾德二年，始用鐵錢，民間多藏

• 『鄭』王，長編、馬令南唐書、十國春秋作『鄧』。『謙』，陸氏南唐書、十國春秋同，長編作『讓』。
• 『從度』，陸氏南唐書作『從慶』。
• 百衲本作『五年』誤，此建隆三年事也。

匿舊錢舊錢益少商賈多以十鐵錢易一銅錢出境官不可禁煜因下令以一當十拜韓熙載中書侍郎勤政殿學士封長子仲遇清源公次子仲儀宣城公五年命兩省侍郎給事中中書舍人集賢勤政殿學士分夕於光政殿宿直煜引與談論煜嘗以熙載盡忠能直言欲用爲相而熙載後房妓妾數十人多出外舍私侍賓客煜以此難之左授熙載右庶子分司南都熙載盡斥諸妓單車上道煜喜留之復其位已而諸妓稍稍復還煜曰吾無如之何矣是歲熙載卒煜歎曰吾終不得熙載爲相也欲以平章事贈之問前世有此比否羣臣對曰

『十鐵錢』，百衲本誤作『一鐵錢』，誤。

昔劉穆之贈開府儀同三司，遂贈熙載平章事。熙載北海將家子也，初與李穀相善。明宗時，熙載南奔吳，穀送至正陽，酒酣臨訣，熙載謂穀曰：江左用吾爲相，當長驅以定中原。穀曰：中國用吾爲相，取江南如探囊中物爾。及周師之征淮也，命穀爲將，以取淮南，而熙載不能有所爲也。開寶四年，煜遣其弟韓王從善朝京師，遂留不遣。煜手疏求從善還國，太祖皇帝不許，煜嘗怏怏以國蹙爲憂，日與羣臣酣宴，愁思悲歌不已。五年，煜下令貶損制度，下書稱教，改中書門下省爲左右內史府，尚書省爲司會府，御史臺爲司憲府，翰林爲文館，樞密院爲

• 百衲本自此以下有關宋事均提行。
• 「韓王」，陸氏南唐書、長編作「鄭王」。
• 「群臣」，百衲本、貴、彭、汲、局均作「臣下」。

光政院，諸王皆爲國公，以尊朝廷。煜性驕侈，好聲色，又喜浮圖，高談不恤政事。六年，內史舍人潘佑上書極諫，煜收下獄，佑自縊死。七年，太祖皇帝遣使召煜赴闕，煜稱疾不行。王師南征，煜遣徐鉉、周惟簡等奉表朝廷，求緩師，不答。八年十二月，王師克金陵。九年，煜俘至京師，太祖赦之，封煜違命侯，拜左千牛衞將軍。其後事具國史。予世家江南，其故老多能言李氏時事，云太祖皇帝之出師南征也，煜遣其臣徐鉉朝于京師。鉉居江南，以名臣自負，其來也，欲以口舌馳說存其國，其日夜計謀思慮言語應對之際詳矣。及其將見也，大臣亦先入請言鉉博學有材辯，宜有以待之。太祖笑曰。第去、非爾所知也。明日鉉朝于庭、仰而言曰、李煜無罪、陛下師出無名。太祖徐召之、升使畢其說、鉉曰、煜以小事大、如子事父、未有過失、奈何見伐。其說累數百言。太祖曰、爾謂父子者為兩家可乎。鉉無以對而退。嗚呼、大哉、何其言之簡也。蓋王者之典、天下必歸于一統。其可來者來之、不可者伐之。僭偽假竊、期於掃蕩一平而後已。予讀周世宗征淮詔、惟其區區攎攄前事、務較曲直以為辭。何其小也。然世宗之英武、有足喜者。豈為其辭者之過歟。據湯悅所撰江南錄云、景以保大十五年正月改元交泰、是歲盡獻淮南十四州、畫江為界。保大十五年乃周顯德

•「攎」，百衲本作「攄」。
•「淮」，百衲本、貴池本作「淮南」。監。

四年也按五代舊史及世宗實錄顯德四年十月壬申世宗方復南征五年正月丙午始克楚州二月己亥景始盡獻淮南諸州畫江爲界當是保大十五年也悅等南唐故臣記其目見之事何其差繆而九國志紀年通譜之類但以悅書爲正不復參較遂皆差一年至於景滅閩國是保大四年江南錄書於三年亦差一年已見閩世家注或疑景立踰年而改元則滅閩國當爲三年周取淮南當爲十五年不差但江南錄誤於景立之年改元保大所以當差一年也今知不然者以諸書參較閩人殺王延羲當晉開運元年周師始伐南唐當顯德二年據景以初立之年即改元則開運元年爲保大二年顯德二年爲保大十三年今江南錄書延羲被殺於二年周師始伐於十三年則是景立之年改元不誤而悅等書滅王氏割淮南自各差二年㒸昇自晉天福二年建國至皇朝開寶八年國滅凡三十九年

乾隆四年校刊

• 『十五年』，貴池本、百衲本作『十六年』，是。彭本同，汲、局同。六。

• 已『見』，百衲本作已『具』，是。貴本同，彭作『見』。具。

• 『當差』，百衲本作『常差』，是。貴本同，彭本同。常。

• 各差『二年』，彭本、百衲本、貴本作『一年』。

• 三十九年。『三十九』，汲古本作『三十八』。

• 十國春秋顯德五年，唐中興元年三月改交泰元年，五月稱顯德元年，即歐史所云保大十六年也。

五代史卷六十二

五代史卷六十二考證

李昪傳徐氏諸子請昪復姓○子各本訛王今從南本

楊溥卒于丹陽宮○臣文清按朱子綱目書故吳主楊溥卒通鑑云辛丑吳讓王卒薛史云溥以幽卒十國紀年乃云唐人殺之紀年之說自不足據

景傳昪卒嗣立改元保大尊母朱氏爲皇太后○朱一本作宋

是時漢隱帝少中國衰弱淮北羣盜多送欵于景○弱一本作江

遣景舊將撫巡城中○撫南本作按

南唐世家總注當是保大十五年也○五一本作六

五代史卷六十二考證

● 百衲本無『爲人』二字。
● 賊王八。
● 都頭。

五代史卷六十三

宋　歐陽修　撰

前蜀世家第三

王建字光圖許州舞陽人也爲人隆眉廣顙狀貌偉然少無賴以屠牛盜驢販私鹽爲事里人謂之賊王八後爲忠武軍卒稍遷隊將黃巢陷長安僖宗在蜀忠武軍將鹿晏弘以兵八千屬楊復光討賊巢敗走復光以其兵爲八都都將千人建與晏弘皆爲一都頭復光死晏弘率八都西迎僖宗于蜀所過剽略行至興元逐節度使牛叢自稱留後僖宗即以晏弘爲節度使晏弘以建

等八都頭皆領屬州刺史已而晏弘擁衆東歸陷陳許建與晉暉韓建張造李師泰等各率一都西奔于蜀僖宗得之大喜號隨駕五都以屬十軍觀軍容使田令孜令孜以建等爲養子僖宗還長安使建與晉暉等將神策軍宿衛光啓元年河中王重榮與令孜爭鹽池重榮召晉兵犯京師僖宗幸鳳翔二年三月移幸興元以建爲清道使使負玉璽以從行至當塗驛李昌符焚棧道棧道幾斷建控僖宗馬冒煙焰中過宿坂下僖宗枕建膝寢既覺涕泣解御衣賜之僖宗已至興元令孜以謂天子播越由已致之懼且得罪西川節度使陳敬瑄令

百衲本少一使字

當塗驛

• 百衲本少一『使』字。
• 當塗驛。

孜同母弟也令孜因求爲西川監軍楊復恭代爲軍容使復恭出建爲壁州刺史建乃招集亡命及溪洞夷落有衆八千以攻閬州執其刺史楊行遷又攻利州利州刺史王珙棄城走敬瑄患之以問令孜令孜曰王八吾兒也以一介召之可置麾下乃使人招建東川顧彥朗與建有舊建聞令孜召已大喜因至梓州謂彥朗曰十軍阿父召我我欲至成都見陳公以求一鎮卽以其家屬託彥朗選精兵二千馳之成都行至鹿頭關敬瑄悔召建使人止之建大怒擊破鹿頭關取漢州彥朗聞之出兵助建軍于學射敬瑄遣將句惟立逆建建擊敗之

- 田令孜、陳敬瑄同母。
- 『壁』當作『壁』。百衲本作『壁』，貴池本同，局同，彭同，薛史同。
- 通鑑作『利州』。
- 貴池本脫『建』字。
- 山名。

遂攻彭州。敬瑄遣眉州刺史山行章將兵五萬屯新繁，建又擊敗之，虜獲萬餘人，橫尸四十里。敬瑄發兵七萬益行章，與建相持濛陽、新都百餘日。昭宗遣左諫議大夫李洵爲兩川宣諭和協使，詔彥朗等罷兵，彥朗請以大臣鎮蜀，因爲建求旌節。文德元年六月，以宰相韋昭度爲西川節度使，分邛、蜀、黎、雅爲永平軍，拜建節度使。敬瑄不受代，昭宗即命昭度將彥朗等兵討之，昭宗以建爲招討牙內都指揮使。久之不克，建謂昭度曰：「公以數萬之衆，困兩川之人，而師久無功，柰何？且唐室多故，東方諸鎮兵接都畿，公當歸相天子，靜中原以固根本，

百衲本「珣」作「洵」，貴池本同，四頁亦作李「洵」，通鉴作「珣」。考證兩存。洵。

此蠻夷之國、不足以留公。昭度遲疑未决。建遣軍士擒昭度親吏於軍門。臠而食之。建入白曰。軍士飢、須此爲食爾。昭度大恐、即留符節與建而東。昭度已去、建即以兵扼劒門、兩川由是阻絶。山行章屯廣都、建擊敗之、行章走眉州、以州降建、建引兵攻成都、而資簡戎茂嘉邛諸州皆殺刺史降建。建攻成都甚急、田令孜登城呼建曰、老夫與公相厚、何嫌而至此。建曰、軍容父子之恩、心何可忘、然兵討不受代者、天子命也。令孜夜入建軍、以節度觀察牌印授建、明日、敬瑄開門迎建。建將入城、以張勍爲都虞候、戒其軍士曰、吾以張勍爲虞候矣、汝等無犯其令幸勍執而見我我尚活汝使其殺而後白吾亦不能詰也建入城軍士剽略勍殺百人而後止建遷敬瑄于雅州使人殺之復以令孜爲監軍既而亦殺之大順二年十月唐以建爲檢校司徒成都尹劍南西川節度副大使知節度事管內觀察處置雲南八國招撫等使東川顧彥朗卒其弟彥暉立唐遣宦者宗道弼賜彥暉東川旌節緜州刺史常厚執道弼以攻梓州建遣李簡王宗滌等討厚自彥朗死建欲圖幷東川而未有以發及李簡等討厚戒曰兵已破厚彥暉必出犒師即與俱來無煩吾再舉也簡等擊厚敗之鍾陽厚走還緜

• 「後止」，百衲本、貴池本作「止後」。
• 百衲本無「厚」字。
• 十國春秋三十五據通鑑「建表敬瑄子陶爲雅州刺史，敬瑄隨陶之官」。
• 「宗道弼」，通鑑作「宋道弼」。
• 「常厚」，通鑑作楊「守厚」，十國春秋從之，歐史據九國志。

州以唐旌節還道彌而出之彥暉已得節辭疾不出牑軍。乾寧二年建遣王宗滌攻之十二月宗滌敗彥暉于楸林、斬其將羅璋遂圍梓州。三年五月昭宗遣宦者袁易簡詔建罷兵、建收兵還成都黔南節度使王肇以其地降于建。四年宗滌復攻東川別遣王宗侃宗阮等出峽取渝瀘州。五月建自將攻東川昭宗遣諫議大夫李洵判官韋莊宣諭兩川、詔建罷兵建不奉詔乃責授建南州刺史以郯王為鳳翔節度使徙李茂貞代建為西川節度使茂貞拒命乃復建官爵。冬十月建攻破梓州彥暉自殺彥暉將顧彥瑤顧城已危謂諸將吏曰事公

●「王肇」，唐書本紀、通鑑乾寧三年皆作「王建肇」，蓋避建名去一字耳。
●「郯王」，唐紀、通鑑均作「覃王」。
●百衲本無「徙」字。
●「彥瑤」，通鑑、十國春秋作「假子瑤」。新彥暉傳「養子瑤」。

當生死以之、指其所佩賓鐵劒曰、事急而有叛者、當齒此劒。及城將破、彥瑤與彥暉召集將吏飲酒、遂與之俱死。建以王宗滌爲東川留後、唐卽以宗滌爲節度使。於是并有兩川之地。是時、鳳翔李茂貞兼據梁洋秦隴、數以兵侵建。天復元年、梁太祖兵誅宦者、韓全誨等劫天子幸鳳翔、梁兵圍之、茂貞閉城拒守經年、力窘、求與梁和。建間遣人聘茂貞、許以出兵爲援、勸其堅壁勿和、遣王宗滌將兵五萬聲言迎駕、以攻興元、執其節度使李繼業。而武定節度使拓拔思敬遂以其地降于建。於是并有山南西道。是時、荊南成汭死、襄州趙匡凝遣其弟

• 百衲本、貴池本重『宦者』二字，當增。
• 唐書、通鑑、十國春秋諸書作『李繼密』。

臣明襲據之，建乘其間，攻下夔、施、忠、萬四州。三年八月，唐封建蜀王。四年，唐遷都洛陽，改元天祐，建與唐隔絕而不知，故仍稱天復。天復六年，又取歸州，於是并有三峽。七年，梁滅唐，遣使者諭建，建拒而不納，建因馳檄四方，會兵討梁，四方知其非誠實，皆不應。是歲正月，巨人見青城山；六月，鳳皇見萬歲縣，黄龍見嘉陽江，而諸州皆言甘露、白鹿、白雀、龜龍之瑞。秋九月己亥，建乃即皇帝位，封其諸子爲王，以王宗佶爲中書令，韋莊爲左散騎常侍判中書門下事，唐襲爲樞密使，鄭騫爲御史中丞，張格、王鍇爲翰林學士，周博雅爲成都尹。蜀恃險而

百衲本不重「天復」二字，貴本重，彭亦重。

「唐襲」，通鑑、十國春秋等均作「唐道襲」。

百衲本不重天復二字，貴本重，彭亦重。

唐襲，通鑑、十國春秋等均作唐道襲。

富、當唐之末、士人多欲依建以避亂、建雖起盜賊、而爲人多智詐、善待士、故其僭號所用、皆唐名臣世族。莊、見素之孫、格、濬之子也。建謂其左右曰、吾爲神策軍將時、宿衞禁中、見天子夜召學士、出入無間、恩禮親厚、如寮友、非將相可比也。故建待格等恩禮尤異。其餘宋玭等百餘人、並見信用。武成元年正月、祀天南郊、大赦改元、以王宗佶爲太師。宗佶本姓甘氏、建爲忠武軍卒時、掠得之、養以爲子。後以軍功累遷武信軍節度使。後建所生子元懿等稍長、宗佶以養子心不自安、與鄭騫等謀、求爲大司馬、總六軍、開元帥府、凡軍事便宜行而後聞。

• 『多欲』，局本作『都欲』。
• 百衲本無『其』字，貴池本亦無『其』字，然不必改。

建以宗佶創業功多優容之唐襲本以舞僮見幸於建
宗佶尤易之後爲樞密使猶名呼襲襲雖内恨而外奉
宗佶愈謹建聞之怒曰宗佶名呼我樞密使是將反邪
宗佶求大司馬章三上建以問襲襲因激怒建曰宗佶
功臣其威望可以服人心陛下宜卽與之建心益疑宗
佶入奏事自請不已建叱衞士撲殺之并賜鷰死六月
以遂王宗懿爲皇太子建加尊號英武睿聖皇帝七月
騶虞見武定二年頒永昌歷廣都嘉禾合穗三年八月
有龍五十見洵陽水中十月麟見壁州十二月大赦改
明年爲永平元年岐王李茂貞自爲梁所圍而山南入

• 『耶』〔邪，編注〕，百衲本作『也』。
• 彭本無『皇』字。

于蜀、地狹勢孤、遂與建和、以其子娶建女、因求山南故地、建怒不與。以王宗侃爲北路都統、宗佑宗賀唐襲爲三面招討使、以攻岐、戰于青泥、宗侃敗績、退保西縣、爲茂貞兵所圍、建自將擊之、岐兵敗解去。建至興元而還、加尊號曰英武睿聖光孝皇帝。二年、又加號曰英武睿聖神功文德光孝皇帝。初、田令孜之爲監軍也、盜唐傳國璽入于蜀、而埋之、二月、尚食使歐陽柔治令孜故第、穿地而得之、以獻。五月、梁遣光祿卿盧玭來聘、推建爲兄、其印文曰大梁入蜀之印。宰相張格曰、唐故事。奉使四夷、其印文曰大唐入某國之印、今梁以兄事陛下、奈

•『宗佑』，貴池本作『宗祐』。
•百衲本、貴池本脫『文』字，『以』作『已』。

何卑我如夷狄建怒欲殺梁使者格曰此梁有司之過爾不可以絕兩國之懽已而梁太祖崩建遣將作監李紘弔之遂刻其印文曰大蜀入梁之印劒州木連理六月麟見文州十二月黃龍見富義江三年正月麟見永泰五月騶虞見壁山有二鹿隨之秋七月皇太子元膺殺太子少保唐襲元膺建次子也初名宗懿後更名宗坦建得銅牌子于什仿有文二十餘字建以爲符讖因取以名諸子故又更曰元膺元膺爲人猳喙齲齒多材藝能射錢中孔嘗自抱畫毬擲馬上馳而射之無不中年十七爲皇太子判六軍創天武神機營開永和府置

- 局本作『璧』，彭同，均誤。
- 『取』下百衲本、貴池本有『之』字。
- 『更曰』，局本作『更名』。

官屬建以元膺年少任重以記事戒之令一切學朕所爲則可以保國又命道士廣成先生杜光庭爲之師唐襲建之嬖也元膺易之屢譖于朝建懼其交惡乃罷襲樞密出爲興元節度使已而襲罷歸元膺廷疏其過失建益不悅是月七夕元膺召諸王大臣置酒而集王宗翰樞密使潘峭翰林學士毛文錫不至元膺怒曰集王不來峭與文錫敎之耳明日元膺白建峭及文錫離間諸王建怒將罪之元膺出而襲入建以問之襲曰太子謀作亂欲召諸將諸王以兵錮之然後舉事爾建疑之襲請召屯營軍入衞元膺初不爲備聞襲召兵以爲誅

- 百衲本作「樞密使」，是。貴同。
- 「諸王」，百衲本作「語」字。
- 「屯營軍」，百衲本、貴池本作「營兵」二字。

已乃與伶人安悉香軍將喻全殊率天武兵自衞遣人擒峭及文錫而笞之幽於其家召大將徐瑤常謙率兵出拒襲與襲戰神武門襲中流矢墜馬死建遣王宗賀以兵討之元膺兵敗皆潰去元膺匿躍龍池檻中明日出而丐食蜀人識之以告建遣宗翰招諭之宗翰未至爲衞兵所殺建乃立其幼子鄭王宗衍爲太子白龍見邛州江四年荆南高季昌侵蜀巫山遣嘉王宗壽敗之于瞿唐八月殺黔南節度使王宗訓冬南蠻攻掠界上建遣夔王宗範擊敗之于大渡河麟見昌州五年起壽昌殿於龍興宮畫建像於壁又起扶天閣畫諸功臣像

乾隆四年校刊

• 通鑑作『龍躍池』。
• 『大渡河』，百衲本作『大河渡』，貴同。北夢瑣言亦作『大渡河』，不改。

十一月，大火，焚其宮室。遣王宗儔等攻岐，取其秦鳳階成四州，至于大散關。梁叛將劉知俊在岐，於是以其族來。通正元年，遣王宗綰等率兵十二萬出大散關，攻岐，取隴州。八月，起文思殿，以清資五品正員官購羣書以實之，以內樞密使毛文錫爲文思殿大學士。黃龍見大昌池。十月，大赦，改元。十二月，又改明年元曰天漢，國號漢。天漢元年，殺劉知俊。十二月，大赦，改明年元曰光天，復國號蜀。光天元年六月，建卒，年七十二。建晚多內寵，賢妃徐氏與妹淑妃皆以色進，專房用事，交結宦者唐文扆等干與外政。建年老昏耄，文扆判六軍事，無大小

• 百衲本無『于』字。『於是』下多一『特』字，貴本同。
• 百衲本脱六字〔元十二月又改，編注〕，貴池本同，此條單考。
• 百衲本『晚』下有『年』字。

皆決文扆及建疾以兵入宿衛謀盡去建故將故將大
臣聞建疾皆不得入見久之宗弼等排闥入言文扆欲
爲變乃殺之建因以謂老將大臣多許昌故人必不爲
太子用思擇人未得而疾亟乃以宦者宋光嗣爲樞密
使判六軍而建卒太子立去宗名衍

王

衍字化源建十一子曰衛王宗仁簡王宗元膺趙王宗紀
豳王宗輅韓王宗智莒王宗特信王宗傑晉王宗鼎興
王宗澤薛王宗平而鄭王宗衍最幼其母徐賢妃也以
母寵得立爲皇太子開崇賢府置官屬後更曰天策府
衍爲人方頤大口垂手過膝顧目見耳頗知學問能爲

● 貴本誤多一『扆』，少一『決』字。
● 百衲本無『謂』字，貴本同。
● 王［衍，編注］。
『目見』，貴池本作『自見』。

浮艶之詞元膺死建以幽王宗輅貌類已信王宗傑於
諸子最材賢欲於兩人擇立之而徐妃專寵建老昏耄
妃與宦者唐文扆教相士言衍相最貴又諷宰相張格
贊成之衍由是得爲太子建卒衍立謚建曰神武聖文
孝德明惠皇帝廟號高祖陵曰永陵建正室周氏號昭
聖皇后後建數日而卒衍因尊其母徐氏爲皇太后后
妹淑妃爲皇太妃太后太妃以教令賣官自刺史以下
每一官闕必數人並爭而入錢多者得之通都大邑起
邸店以奪民利衍年少荒淫委其政於宦者宋光嗣光
葆景潤澄王承休歐陽晃田魯儔等而以韓昭潘在迎

- 貴池本作『后姊』。
- 『信』上，百衲本有『而』字。
- 『諸子』下貴池本有『中』字。
- 『相士言』，百衲本作『相者上言』，貴池本同。劉校，案通鑑及十國春秋建卒在六月壬寅，后卒在八月甲子，相距已八十二日，不得爲『數日』也，『日』字當是『月』字之誤。

顧在珣嚴旭等爲狎客起宣華苑苑有重光太清延昌會眞之殿清和迎仙之宮降眞蓬萊丹霞之亭飛鸞之閣瑞獸之門又作怡神亭與諸狎客婦人日夜酣飲其中嘗以九日宴宣華苑嘉王宗壽以社稷爲言言發流涕韓昭等曰嘉王酒悲爾諸狎客共以慢言謔嘲之坐上諠然衍不能省也蜀人富而喜遨當王氏晚年俗競爲小帽僅覆其頂俛首即墮謂之危腦帽衍以爲不祥禁之而衍好戴大帽每微服出遊民間民間以大帽識之因令國中皆戴大帽又好裹尖巾其狀如錐而後宮皆戴金蓮花冠衣道士服酒酣免冠其髻髽然更施朱

• 百衲本脫下『苑』字。
• 『怡神』，百衲本作『悅神』。
• 『流涕』，百衲本作『泣涕』。

粉號醉粧國中之人皆效之嘗與太后太妃游靑城山
宮人衣服皆畫雲霞飄然望之若仙衍自作甘州曲述
其仙狀上下山谷衍常自歌而使宮人皆和之衍立之
明年改元乾德乾德元年正月祀天南郊大赦加尊號
爲聖德明孝皇帝二年冬北巡至于西縣旌旗戈甲連
亘百餘里其還也自閬州浮江而上龍舟畫舸照耀江
水所在供億人不堪命三年正月還成都五年起上淸
宮塑王子晉像尊以爲聖祖至道玉宸皇帝又塑建及
衍像侍立於其左右又於正殿塑玄元皇帝及唐諸帝
備法駕而朝之六年以王承休爲天雄軍節度使天雄

● 局本作『玄玄皇帝』。

軍、秦州也。承休以宦者得幸爲宣徽使，承休妻嚴氏有絕色，衍通之。是時唐莊宗滅梁，蜀人皆懼，莊宗遣李嚴聘蜀，衍與俱朝上清，而蜀都庶士簾帷珠翠夾道不絕。嚴見其人物富盛，而衍驕淫，歸乃獻策伐蜀。明年，唐魏王繼岌、郭崇韜伐蜀。是歲，衍改元曰咸康。衍自立，歲常獵于子來山。是歲又幸彭州陽平山、漢州三學山。以王承休妻嚴氏故，十月幸秦州，羣臣切諫，衍不聽。行至梓潼，大風發屋拔木，太史曰：「此貪狼風也，當有敗軍殺將者。」衍不省。衍至緜谷，而唐師入其境，衍懼，遽還。唐師所至州縣皆迎降。衍留王宗弼守緜谷，遣王宗勳、宗儼、宗

乾隆四年校刊　五代史卷六十三　王衍

- 局本作「士庶」，百衲本同，貴本同，汲、彭同。
- 「陽平山」，百衲本作「陽平化」，「化」字疑描誤。
- 「行至」，貴池本作「衍至」。
- 百衲本脫「衍不省」三字。

㬎率兵以拒唐師。宗勳等至三泉，望風退走。衍詔宗弼誅宗勳等，宗弼反與宗勳等合謀，送款於唐師。衍自緜谷還至成都，百官及後宮迎謁七里亭，衍雜宮人作回鶻隊以入。明日，御文明殿，與其羣臣相對涕泣。而宗弼亦自緜谷馳歸，登大玄門，收成都尹韓昭、宦者宋光嗣、景潤澄、歐陽晃等殺之，函首送于繼岌。衍即上表乞降，宗弼遷衍于天啓宮。魏王繼岌至成都，衍君臣面縛輿櫬出降于七里亭。莊宗召衍入洛，賜衍詔曰：「固當列土而封，必不薄人于險。三辰在上，一言不欺。」衍捧詔忻然就道，率其宗族及僞宰相王鍇、張格、庾傳素、許寂、翰林

●「大玄」，貴池本作「太玄」，百衲本同，蜀檮杌作「大元」。
●「子」，當逕改作「于」。

學士李昊等及諸將佐家族數千人以東同光四年四月行至秦川驛莊宗用伶人景進計遣宦者向延嗣誅其族衍母徐氏臨刑呼曰吾兒以一國迎降反以爲戮信義俱棄吾知其禍不旋踵矣衍妾劉氏鬢髮如雲而有色行刑者將免之劉氏曰家國喪亡義不受辱遂就死宗弼本姓魏名弘夫建錄爲養子建攻顧彥暉宗弼常以建語泄之彥暉者彥暉敗建待之如初建病且卒宗弼守太師兼中書令判六軍輔政衍已降宗弼以蜀珍寶奉魏王及郭崇韜求爲西川節度使魏王曰此我家物也何以獻爲居數日爲崇韜所殺宗壽許州民家

● 百衲本作『李旻』，誤。旻被讖爲世草降表李家者也。

● 『鬢』，百衲本、貴池本、彭本作『鬒』，詩鄘風『鬒髮如雲』，當改從。

子也，建以同姓錄之爲子。宗壽好學，工琴弈，爲人恬退，喜道家之術，事建時爲鎮江軍節度使。衍既立，宗壽爲太子太保奉朝請，以煉丹養氣自娛。衍爲淫亂，獨宗壽常切諫之。後爲武信軍節度使。唐師伐蜀，所在迎降，魏王常以書招之，獨宗壽不降。聞衍已銜璧，大慟，從衍東遷，至岐陽，以賄賂守者得入見衍，衍泣下霑襟，曰：早從王言，豈有今日。衍死，宗壽至澠池，聞莊宗遇弒，亡入熊耳山。天成二年，出詣京師，上書求衍宗族葬之。明宗嘉其忠，以爲保義軍行軍司馬，封衍順正公，許以諸侯禮葬。宗壽得王氏十八喪，葬之長安南三趙村。

- 「常」，當從百衲本、貴池本作「嘗」。
- 「賄」，百衲本作「賂」，貴本同。
- 「至澠池」，貴池本作「走澠池」，百衲本同。
- 天成「二年」通鑑及十國春秋作「三年」。
- 百衲本、貴池本「葬」下有「之」字。

嗚呼自秦漢以來學者多言祥瑞雖有善辯之士不能袪其惑也予讀蜀至於龜龍麟鳳騶虞之類世道所謂王者之嘉瑞莫不畢出於其國異哉然考王氏之所以興亡成敗者可以知之矣或以爲一王氏不足以當之則視時天下治亂可以知之矣龍之爲物也以不見爲神以升雲行天爲得志今僵然暴露其形是不神也不上于天而不見於水中是失職也然其一何多歟可以爲妖矣鳳皇鳥之遠人者也昔舜治天下政成而民悅命夔作樂樂聲和鳥獸聞之皆鼓舞當是之時鳳皇適至舜之史因并記以爲美後世因以鳳來爲有道之應

乾隆四年校刊　五代史卷六十三　世家　十三

- 論蜀多符瑞。
- 百衲本、彭本無『道』字。按文當去，局本亦無。
- 『讀蜀』下局本有『書』字，百衲本同，貴本同，汲本同。
- 『不見』，百衲本作『下見』，局同，貴同。

其後鳳皇數至、或出於庸君繆政之時、或出於危亡大亂之際、是果爲瑞哉。麟獸之遠人者也。昔魯哀公出獵得之、而不識、蓋索而獲之、非其自出也。故孔子書於春秋曰、西狩獲麟者、譏之也。西狩非其遠也、獲麟惡其盡取也。狩必書地、而哀公馳騁所涉地多、不可徧以名舉、故書西以包衆地、謂其舉國之西皆至也。麟、人罕識之獸也、以見公之窮山竭澤而盡取、至於不識之獸、皆搜索而獲之、故曰譏之也。聖人已沒、而異端之說興、乃以麟爲王者之瑞、而附以符命讖緯詭怪之言。鳳嘗出於舜、以爲瑞、猶有說也、及其後出於亂世、則可以知其非瑞矣。若麟者，前有治世如堯舜禹湯文武周公之世，未嘗一出，其一出而當亂世，然則孰知其爲瑞哉？龜，玄物也，汚泥川澤，不可勝數，其死而貴於卜官者，用適有宜爾，而戴氏禮以其在宮沼爲王者難致之瑞。戴禮雜出於諸家，其失亦以多矣。騶虞，吾不知其何物也。詩曰：「吁嗟乎騶虞！」賈誼以爲騶者，文王之囿；虞，虞官也。當誼之時，其說如此，然則以之爲獸者，其出於近世之說乎？夫破人之惑，若難與爭於篤信之時，待其有所疑焉，然後從而攻之可也。麟鳳龜龍，王者之瑞，而出於五代之際，又皆萃于蜀，此雖好爲祥瑞之說者，亦可疑也。因其可

- 百衲本脫『舜』字。
- 『玄物』，纂誤補謂當從周禮作『互物』。
- 『若』字無解，百衲本作『者』，是。局本同，貴本同，彭同。

天復百衲本作天祐誤　貴本亦誤

疑而攻之、庶幾惑者有以思焉。據前蜀書、運歷圖、九國志皆云建以唐大順二年入成都、爲西川節度使、天復七年九月、建號明年正月改元武成。今以爲定。惟舊五代史云龍紀元年入成都、天祐五年建號改元者、謬也。至後唐同光三年蜀滅則諸書皆同、自大順二年至同光三年、凡三十五年。

五代史卷六十三

- 「天復」，百衲本作「天祐」，誤。貴池本亦誤。

●上『珣』字誤，百衲本兩均作『洵』。

上珣字誤
百衲本兩
均作洵

五代史卷六十三考證

王建傳僖宗幸鳳翔二年三月移幸興元○元監本訛化今從本紀改正

昭宗遣諫議大夫李洵判官韋莊宣諭兩川○上文云遣左諫議大夫李珣爲兩川宣諭和協使此云李洵恐是一人而前後互異

以郯王爲鳳翔節度使○郯各本作剡今從監本

五代史卷六十三考證

五代史卷六十四

宋　歐　陽　修　撰

後蜀世家第四

孟知祥，字保胤，邢州龍岡人也。其叔父遷，當唐之末，據邢、洺、磁三州，爲晉所虜。晉王以遷守澤潞。梁兵攻晉，遷以澤潞降梁。知祥父道，獨留事晉而不顯。及知祥壯，晉王以其弟克讓女妻之，以爲左教練使。莊宗爲晉王，以知祥爲中門使。前此爲中門使者多以罪誅，知祥懼，求他職。莊宗命知祥薦可代己者，知祥因薦郭崇韜自代。崇韜德之。知祥遷馬步軍都虞候。莊宗建號，以太原爲

百衲本前此下有人字

薛史改保裔

• 薛史改『保裔』。
• 百衲本『前此』下有『人』字。

北京、以知祥爲太原尹、北京留守。魏王繼岌伐蜀、郭崇韜爲招討使、崇韜臨訣、白曰、即臣等平蜀、陛下擇帥以守西川、無如孟知祥者。已而唐兵破蜀、莊宗遂以知祥爲成都尹、劍南西川節度副大使。知祥馳至京師、莊宗戒有司盛供帳、多出內府珍奇諸物以宴勞之、酒酣、語及平昔、以爲笑樂。歎曰、繼岌前日乳臭兒爾、乃能爲吾平定兩川。吾徒老矣、孺子可喜。然益令人悲爾。吾憶先帝棄世時、疆土侵削、僅保一隅。豈知今日奄有天下、九州四海、奇珍異產、充牣吾府。因指以示知祥曰、吾聞蜀土之富、無異於此、以卿親賢、故以相付。同光四年正月戊辰，知祥至成都，而崇韜已死，魏王繼岌引軍東歸。先鋒康延孝反，攻破漢州，知祥遣大將李仁罕會任圜、董璋等兵，擊破延孝。知祥得其將李肇、侯弘實及其兵數千以歸。而莊宗崩，魏王繼岌死，明宗入立。知祥乃訓練兵甲，陰有王蜀之志，益置義勝、定遠、驍銳、義寧、飛棹等軍七萬餘人，命李仁罕、趙廷隱、張業等分將之。初，魏王之班師也，知祥率成都富人及王氏故臣家得錢六百萬緡以犒軍，其餘者猶二百萬。任圜自蜀入爲相，兼判三司，素知蜀所餘錢，是冬，知祥加拜侍中，乃以太僕卿趙季良爲官告賜之，因以爲三川制置使，督蜀犒軍餘

戊辰　正月十一

纂誤謂，延孝乃後殿非先鋒，已見唐家人傳解詁。

志　彭本作意

棹　百衲本、貴池本、彭本

廷　百衲本，本卷時見，逕改

百衲本無加字

● 戊辰　正月十一。
● 纂誤謂，延孝乃後殿非先鋒，已見唐家人傳解詁。
● 『志』，彭本作『意』。
● 『棹』，百衲本、貴池本、彭本。
● 『廷』，百衲本，本卷時見，逕改。
● 百衲本無『加』字。

錢送京師，且制置兩川征賦。知祥怒，不奉詔。然知祥與
季良有舊，遂留之。樞密使安重誨頗疑知祥有異志，思
有以制之。初，知祥鎮蜀，莊宗以宦者焦彥賓爲監軍。明
宗入立，悉誅宦者，罷諸道監軍。彥賓已罷，重誨復以客
省使李嚴爲監軍。嚴前使蜀，既歸而獻策伐蜀，蜀人皆
惡之。而知祥亦怒曰：「焦彥賓以例罷，而諸道皆廢監軍，
獨吾軍置之，是嚴欲以蜀再爲功也。」掌書記毋昭裔及
諸將吏皆請止嚴，無內。知祥曰：「吾將有以待其來。」嚴至
境上，遣人持書候知祥，知祥盛兵見之，冀嚴懼而不來。
嚴聞之自若。天成二年正月，嚴至成都，知祥置酒，召嚴

貴本「復」誤「後」。

書眉批：貴本誤後

是時焦彥賓雖罷，猶在蜀，嚴於懷中出詔示知祥，以誅彥賓，知祥不聽，因責嚴曰：「今諸方鎮已罷監軍，公何得來此？」目客將王彥銖執嚴下斬之。明宗不能詰。初，知祥鎮蜀，遣人迎其家屬于太原，行至鳳翔，鳳翔節度使李從曮聞知祥殺李嚴，以爲知祥反矣，遂留之。明宗既不能詰，而猶欲以恩信懷之，乃遣客省使李仁矩慰諭知祥，并送瓊華公主及其子昶等歸之。知祥因請趙季良爲節度副使，事無大小，皆與參決。三年，唐徙季良爲果州團練使，以何瓚爲節度副使。知祥得制書，匿之，表留季良，不許，乃遣其將雷廷魯至京師論請，明宗不得已

百衲本無猶字

●百衲本無『猶』字。

而從之。是時，瓚行至縣谷，懼不敢進，知祥乃奏瓚爲行軍司馬。是歲，唐師伐荆南，詔知祥以兵下峽，知祥遣毛重威率兵三千戍夔州。已而荆南高季興死，其子從誨請命，知祥請罷戍兵，不許。知祥諷重威以兵鼓譟潰而歸，唐以詔書劾重威，知祥奏請無劾，由是唐大臣益以知祥爲必反。四年，明宗將有事于南郊，遣李仁矩責知祥助禮錢一百萬緡，知祥覺唐謀欲困己，辭不肯出，久之，請獻五十萬而已。初，魏王繼岌東歸，留精兵五千戍蜀，自安重誨疑知祥有異志，聽言事者用己所親信分守兩川管內諸州，每除守將，則以精兵爲其牙隊，多者

二三千、少者不下五百人、以備緩急。是歲、以夏魯奇爲
武信軍節度使、分東川之閬州爲保寧軍、以李仁矩爲
節度使、又以武虔裕爲緜州刺史。仁矩與東川董璋有
隙、而虔裕重誨表兄、由是璋與知祥皆懼、以謂唐將致
討。自璋鎮東川、未嘗與知祥通問、於是璋始遣人求婚
以自結。而知祥心恨璋、欲不許、以問趙季良、季良以謂
宜合從以拒唐、知祥乃許。於是連表請罷還唐所遣節
度刺史等、明宗優詔慰諭之。長興元年二月、明宗有事
于南郊、加拜知祥中書令。初、知祥與璋俱有異志、而安
重誨信言事者以爲璋盡忠於國、獨知祥可疑、重誨猶

書本「璋」上無「爲」字，百衲同。

● 貴本「璋」上無「爲」字，百衲同。

欲倚璋以圖知祥。是歲九月，董璋先反，攻破閬州，擒李仁矩殺之。是月，應聖節，知祥開宴，東北望再拜，俯伏嗚咽，泣下沾襟，士卒皆爲之歔欷。明日，遂舉兵反。是秋，明宗改封瓊華公主爲福慶長公主，有司言前世公主受封皆未出降，無遣使就藩冊命之儀，詔有司草具新儀，乃遣祕書監劉岳爲冊使。岳行至鳳翔，聞知祥反，乃旋。明宗下詔削奪知祥官爵，命天雄軍節度使石敬瑭爲都招討使，夏魯奇爲副。知祥遣李仁罕、張業、趙廷隱將兵三萬人會璋攻遂州，別遣侯弘實將四千人助璋守東川。又遣張武下峽取渝州。唐師攻劍門，殺璋守兵三

藩　南唐春秋　彭本

敬瑭

•『藩［蕃，編注］』，十國春秋，彭本。
•敬瑭。

『吾知』，彭本作『吾其』。

吾知彭本作吾其

千人遂入劍門。璋來告急，知祥大駭，遣廷隱分兵萬人以東。已而聞唐軍止劍州不進，喜曰：「使唐軍急趨東川，則遂州解圍，吾勢沮而兩川搖矣。今其不進，吾知易與爾。」十二月，敬瑭及廷隱戰于劍門，唐師大敗。張武已取渝州，武病卒，其副將袁彦超代將其兵，又取黔州。二年正月，李仁罕克遂州，夏魯奇死之。知祥以仁罕爲武信軍留後，遣人馳魯奇首示敬瑭軍，敬瑭乃班師。利州李彦珂聞唐軍敗，東歸，乃棄城走。知祥以趙廷隱爲昭武軍留後。李仁罕進攻夔州，刺史安崇阮棄城走，以趙季良爲留後。是時，唐軍涉險，以餉道爲艱，自潼關以西，民苦轉饋、每費一石、不能致一斗、道路嗟怨。而敬塘軍旣旋、所在守將、又皆棄城走、明宗憂之、以責安重誨、重誨懼、遽自請行。而重誨亦以被讒得罪死、明宗以謂致知祥等反由重誨失策、及重誨死、乃遣西川進奏官蘇愿、進奉軍將杜紹本西歸、招諭知祥、具言知祥家屬在京師者皆無恙。知祥聞重誨誅死、而唐厚待其家屬、乃邀璋欲同謝罪。璋曰、孟公家屬皆存、而我子孫獨見殺、我何謝爲。知祥三遣使往見璋、璋不聽、乃遣觀察判官李昊說璋、璋益疑知祥賣己、因發怒、以語侵昊、昊乃勸知祥攻之。而璋先襲破知祥漢州、知祥遣趙廷隱率兵三

• 『致』，百衲本作『置』，貴本同。
• 『既旋』，百衲本作『亦旋』。

萬自將擊之陣雞距橋知祥得璋降卒衣以錦袍使持書招降璋璋曰事已及此不可悔也璋軍士皆譟曰徒曝我於日中何不速戰璋即麾軍以戰兵始交璋偏將張守進來降知祥乘之璋遂大敗走過金鴈橋麾其子光嗣使降以保家族光嗣哭曰自古豈有殺父而求生者乎寧俱就死因與璋俱走知祥遣趙廷隱追之不及璋走至梓州見殺光嗣自縊死知祥遂并有東川然自璋死知祥卒不遣使謝唐唐樞密使范延光曰知祥雖已破璋必借朝廷之勢以爲兩川之重自非屈意招之彼亦不能自歸也明宗曰知祥吾故人也本因間諜致

• 薛史孟知祥傳作『雞蹤橋』，見通鑑胡注二七七，胡三省疑『雞蹤橋』即『金雁橋』。蜀檮杌、鑑誡錄、十國春秋均作『雞蹤橋』，通鑑同。

此危疑，撫吾故人何屈意之有。先是，克寧妻孟氏，知祥妹也，莊宗已殺克寧，孟氏歸于知祥。其子瓌留事唐，爲供奉官。明宗即遣瓌歸省其母，因賜知祥詔書招慰之。知祥兼據兩川，以趙季良爲武泰軍留後，李仁罕武信軍留後，趙廷隱保寧軍留後，張業寧江軍留後，李肇昭武軍留後。季良等因請知祥稱王，以墨制行事，議未決，而瓌至蜀。知祥見瓌倨慢。九月，瓌自蜀還，得知祥表，請除趙季良等爲五鎮節度，其餘刺史以下得自除授。又請封蜀王，且言福慶公主已卒。明宗爲之發哀，遣閤門使劉政恩爲宣諭使。政恩復命，知祥始遣其將朱滉來

•「瓌」，通鑑長興三年作「李存瓌」。

•「滉」，百衲本作「晃」，貴同，汲古本作「濕」。冊府長興四年二月戊午，帝對西川進奉使朱滉於中興殿，「滉」不誤。

•百衲本無『閏』字。

朝。四年二月癸亥、制以知祥檢校太尉兼中書令行成都尹劍南東西兩川節度管內觀察處置統押近界諸蠻兼西山八國雲南安撫制置等使、遣工部尚書盧文紀册封知祥爲蜀王、而趙季良等五人皆拜節度使。唐兵先在蜀者數萬人、知祥皆厚給其衣食、因請送其家屬、明宗詔諭不許。十一月、明宗崩。明年閏正月、知祥乃卽皇帝位、國號蜀、以趙季良爲司空同中書門下平章事、中門使王處回爲樞密使、李昊爲翰林學士。三月、唐潞王舉兵於鳳翔、愍帝遣王思同等討之、思同兵潰、山南西道節度使張虔釗武定軍節度使孫漢韶皆以其地附于蜀。四月，知祥改元曰明德。六月，虔釗等至成都，知祥宴勞之。虔釗奉觴起爲壽，知祥手緩不能舉觴，遂病。以其子昶爲皇太子監國。知祥卒，謚爲文武聖德英烈明孝皇帝，廟號高祖，陵曰和陵。

昶，知祥第三子也。知祥爲兩川節度使，昶爲行軍司馬。知祥僭號，以昶爲東川節度使、同中書門下平章事。知祥病，昶監國。知祥已卒，而祕未發喪，王處回夜過趙季良，相對泣涕不已。季良正色曰：今彊侯握兵，專伺時變，當速立嗣君，以絕非望，泣無益也。處回遂與季良立昶，而後發喪。昶立不改元，仍稱明德，至五年始改元曰廣

● 薛史年六十一。
● 孟［昶，編注］。
● 薛史即位時年十六。

政明德三年三月熒惑犯積尸昶以謂積尸蜀分也懼欲禳之以問司天少監胡韞韞曰按十二次起井五度至柳八度爲鶉首之次鶉首秦分也蜀雖屬秦乃極南之表爾前世火入鬼其應多在秦晉咸和九年三月火犯積尸四月雍州刺史郭權見殺義熙十四年火犯鬼明年雍州刺史朱齡石見殺而蜀皆無事昶乃止昶好打毬走馬又爲方士房中之術多採良家子以充後宮樞密副使韓保貞切諫昶大悟即日出之賜保貞金數斤有上書者言臺省官當擇清流昶歎曰何不言擇其人而任之左右請以其言詰上書者昶曰吾見唐太宗

•「十四年」，百衲本「四年」，誤。
•朱齡石卒於義熙十四年，非明年也。

初即位，獄吏孫伏伽上書言事，皆見嘉納，奈何勸我拒諫耶！然昶年少不親政事，而將相大臣皆知祥故人，知祥寬厚，多優縱之，及其事昶，益驕蹇，多踰法度，務廣第宅，奪人良田，發其墳墓，而李仁罕、張業尤甚。昶即位數月，執仁罕殺之，并族其家。是時，李肇自鎮來朝，杖而入見，稱疾不拜，及聞仁罕死，遽釋杖而拜。廣政九年，趙季良卒，張業益用事。業，仁罕甥也，仁罕被誅，時業方掌禁兵，昶懼其反，乃用以爲相，業兼判度支，置獄于家，務以酷法厚斂蜀人，蜀人大怨。十二年，昶與匡聖指揮使安思謙謀，執而殺之。王處回、趙廷隱相次致仕，由是故

百納本『嘉』誤作『加』。
百納本無『仄』字。
百納本作『十一年』，此事在後蜀廣政十一年，通鑑局同。下文自有『十二年』。
劉漢乾祐元年，是也。貴池本『十一年』。彭本同，

將舊臣殆盡，昶始親政事，於朝堂置匭以通下情。是時契丹滅晉，漢高祖起于太原，中國多故，雄武軍節度使何建以秦成階三州附于蜀。昶因遣孫漢韶攻下鳳州，於是悉有王衍故地。漢將趙思綰據永興，王景崇據鳳翔反，皆送款于昶。昶遣張虔釗出大散關，何建出隴右，李廷珪出子午谷，以應思綰。昶相毋昭裔切諫以爲不可，然昶志欲窺關中甚銳，乃遣安思謙益兵以東。已而漢誅思綰、景崇，虔釗等皆罷歸，而思謙恥於無功，多殺士卒以威衆。昶與翰林使王藻謀殺思謙，而邊吏有急奏，藻不以時聞，輒啓其封，昶怒之，其殺思謙也，藻方侍

何建薛史九十四有傳，九國志、蜀鑑作何重建。

何建薛史九十四有傳 九國志蜀鑑作何重建

側因并擒藻斬之。十二年、置吏部三銓、禮部貢舉。十三年、昶加號睿文英武仁聖明孝皇帝、封子玄喆秦王、判六軍事、次子玄珏褒王、弟仁毅夔王、仁贄雅王、仁裕嘉王。十八年、周世宗伐蜀、攻自秦州、昶以韓繼勳爲雄武軍節度、聞周師來伐、歎曰、繼勳豈足以當周兵耶。客省使趙季札請行、乃以季札爲秦州監軍使。季札行至德陽、聞周兵至、遽馳還奏事、昶召問之、季札惶懼不能道一言、昶怒殺之。乃遣高彥儔李廷珪出堂倉以拒周師、彥儔大敗、走青泥、於是秦成階鳳復入于周。昶懼、分遣使者聘于南唐東漢以張形勢。二十年、世宗以所得蜀

• 『札』，百衲本作『扎』，貴池本同。
• 百衲本無『召』字。

殤上百衲本無之字
纂誤謂肅王名詳李昊以名犯知祥嫌名故易之為評耳此條當注明
大程官

俘歸之、昶亦歸所獲周將胡立于京師、因寓書于世宗、世宗怒昶無臣禮、不荅。二十一年、周兵伐南唐、取淮南十四州、諸國皆懼。荆南高保融以書招昶、使歸周、昶以前嘗致書世宗不荅、乃止。昶幼子玄寶生七歲而卒、太常言無服之殤無贈典、昶問李昊、昊曰：昔唐德宗皇子評生四歲而卒、贈揚州大都督、封肅王、此故事也。昶乃贈玄寶靑州大都督、追封遂王。二十五年、立秦王玄喆爲皇太子。昶幸晉漢之際、中國多故、而據險一方、君臣務爲奢侈以自娛、至於溺器皆以七寶裝之。宋興、已下荆潭、昶益懼、遣大程官孫遇以蠟丸書間行東漢、約出

- 『殤』上，百衲本無『之』字。
- 纂誤謂，肅王名詳，李昊以名犯知祥嫌名，故易之爲『評』耳。此條當注明。
- 大程官。

兵以撓中國，遇爲邊吏所得。太祖皇帝遂詔伐蜀，遣王全斌、崔彥進等出鳳州，劉光乂、曹彬等出歸州。詔八作司度右掖門南臨汴水爲昶治第，一區凡五百餘間，供帳什物皆具，以待昶。昶遣王昭遠、趙彥韜等拒命。昭遠成都人也，年十三，事東郭禪師智諲爲童子。知祥嘗飯僧於府，昭遠執巾履從智諲以入，知祥見之，愛其惠黠。時昶方就學，即命昭遠給事左右，而見親狎。昶立，以爲捲簾使、樞密使。王處回致仕，昶以樞密使權重難制，乃以昭遠爲通奏使、知樞密使事，然事無大小，一以委之。府庫金帛，恣其所取不問。昶母李太后常爲昶言昭遠

不可用昶不聽昭遠好讀兵書以方略自許兵始發成
都昶遣李昊等餞之昭遠手執鐵如意指揮軍事自比
諸葛亮酒酣謂昊曰吾之是行何止克敵當領此二三
萬雕面惡少兒取中原如反掌爾昶又遣子玄喆率精
兵數萬守劍門玄喆輦其愛姬攜樂器伶人數十以從
蜀人見者皆竊笑全斌至三泉遇昭遠擊敗之昭遠焚
吉柏江浮橋退守劍門軍頭向韜得蜀降卒言來蘇小
路出劍門南清彊店與大路合全斌遣偏將史延德分
兵出來蘇北擊劍門與全斌夾攻之昭遠彦韜敗走皆
見擒玄喆聞昭遠等敗亦逃歸劉光乂攻夔州夔州守

- 百衲本無『軍』字。
- 大言。
- 長編作侍衛軍頭『何韜』。宋史王全斌傳作『向韜』。
- 百衲本不重『夔州』二字。

將高彥儔戰敗、閉牙城拒守。判官羅濟勸其走、彥儔曰、吾昔不能守秦川、今又奔北、雖人主不殺我、我何面目見蜀人乎。又勸其降、彥儔不許、乃自焚死。而蜀兵所在奔潰、將帥多被擒獲、昶問計於左右、老將石頵以謂東兵遠來、勢不能久、宜聚兵堅守以敝之。昶歎曰、吾與先君以溫衣美食養士四十年、一旦臨敵、不能爲吾東向放一箭、雖欲堅壁、誰與吾守者耶。乃命李昊草表以降、時乾德三年正月也。自興師至昶降、凡六十六日。初昊事王衍、爲翰林學士。衍之亡也、昊爲草降表、至是又草焉。蜀人夜表其門曰、世修降表李家、當時傳以爲笑。昶

薛史卒年四十七

四十七

薛史卒年四十七。

至京師拜檢校太師兼中書令封秦國公七日而卒追贈楚王其母李氏爲人明辯甚見優禮詔書呼爲國母嘗召見勞之曰母善自愛無戚戚思蜀他日當送母歸李氏曰妾家本太原儻得歸老故鄉不勝大願是時劉鈞尚在太祖大喜曰俟平劉鈞當如母願昶之卒也李氏不哭以酒酹地祝曰汝不能死社稷苟生以取羞吾所以忍死者以汝在也吾今何用生爲因不食而卒其餘事具國史

知祥興滅年數甚明諸書皆同蓋自同光二年乙酉入蜀至皇朝乾德三年乙丑國滅凡四十一年惟舊五代史云同光四年丙戌至乾德三年乙丑四十年者謬也

乾隆四年校刊　五代史卷六十四　世家　十二

• 乙酉同光三年，百衲本正作「三」，貴、彭同。
• 丙戌同光四年。百衲本亦作「三年」丙戌，然作四十年，又云丙戌當作四年。此舊史原誤，不改。

五代史卷六十四

五代史卷六十四考證

孟知祥傳命李仁罕趙廷隱張業等分將之○延當作廷

目客將王彦銖執嚴下斬之○銖一本作鉥

知祥始遣其將朱滉來朝○滉監本作濕今從南本

五代史卷六十四考證

五代史卷六十五

宋　歐陽修　撰

南漢世家第五

劉隱其祖安仁上蔡人也後徙閩中商賈南海因家焉父謙爲廣州牙將唐乾符五年黄巢攻破廣州去略湖湘間廣州表謙封州刺史賀江鎮遏使以禦梧桂以西歲餘有兵萬人戰艦百餘艘謙三子曰隱台巖謙卒廣州表隱代謙封州刺史乾寧中節度使劉崇龜死嗣薛王知柔代爲帥行至湖南廣州將盧琚單玘作亂知柔不敢進隱以封州兵攻殺琚玘迎知柔知柔辟隱行軍

• 彭本引薛史、十國春秋作「安仁」，劉本、殿本作「仁安」，宋史亦作「仁安」。

• 「賀江鎮遏使」，薛史作「賀水鎮使」。

• 「單」，百衲本作「覃」，貴池本同，薛史作「譚」，十國春秋作「譚宏玘」。

司馬。其後徐彥若代知柔，表隱節度副使，委以軍政。彥若卒，軍中推隱爲留後。天祐二年，拜隱節度使。梁開平元年，加檢校太尉，兼侍中。二年，兼靜海軍節度、安南都護。三年，加檢校太師，兼中書令，封南平王。隱父子起封州，遭世多故，數有功於嶺南，遂有南海。隱復好賢士。是時天下已亂，中朝人士以嶺外最遠，可以避地，多游焉。唐世名臣謫死南方者往往有子孫，或當時仕宦遭亂不得還者，皆客嶺表。王定保、倪曙、劉濬、李衡、周傑、楊洞潛、趙光胤之徒，隱皆招禮之。定保容管巡官，曙唐太學博士，濬崇望之子，以避亂往，衡德裕之孫，唐右補闕，以

• 『最遠』，汲本誤作『敢遠』。
• 『人士』，百衲本作『士人』，貴池本同。
• 『李衡』，通鑑、十國春秋作『殷衡』，蓋避宋諱去殷字也。

奉使往皆辟置幕府待以賓客傑善星歷唐司農少卿因避亂往隱數問以災變傑耻以星術事人嘗稱疾不起隱亦客之洞潛初爲邕管巡官秩滿客南海隱嘗師事之後以爲節度副使及龔僭號爲陳吉凶禮法爲國制度略有次序皆用此數人焉乾化元年進封隱南海王是歲卒年三十八弟龔立

龔初名巖謙庶子也其母段氏生龔於外舍謙妻韋氏素妬聞之怒拔劒而出命持龔至將殺之及見而悸劒輒墮地良久曰此非常兒也後三日卒殺段氏養龔爲己子及長善騎射身長七尺垂手過膝隱爲行軍司馬

客之，彭本、局本作容之，容是。

『客之』，彭本、局本作『容之』，『容』是。

百衲本脫軍字

下一龑字百衲本作龔，貴池本同，彭同，監本

貴池本南海作淮南，誤、

龑亦辟薛王府諮議參軍。隱鎮南海，龑爲副使。隱卒，龑代立。乾化二年，除清海軍節度使、檢校太保、同平章事。三年，加檢校太傅。末帝卽位，悉以隱官爵授龑，龑封南海王。唐末，南海最後亂，僖宗以後，大臣出鎮者，天下皆亂，無所之，惟除南海而已。自隱始亦自立。是時，交州曲顥、桂州劉士政、邕州葉廣略、容州龐巨昭分據諸管，盧光稠據虔州，以攻嶺上，其弟光睦據潮州，子延昌據韶州，高州刺史劉昌魯、新州刺史劉潛及江東七十餘寨，皆不能制。隱攻韶州，龑曰：「韶州所賴者光稠，擊之虔人必應，應則首尾受敵，此不宜直攻，而可以計取。」隱不聽，

● 百衲本脫『軍』字。
● 下一『龑』字，百衲本作『龔』，貴池本同，彭同，監本。
● 貴池本『南海』作『淮南』，誤。

果敗而歸，因盡以兵事付龑。悉平諸寨，遂殺昌魯等，更置刺史。卒，出兵攻敗盧氏，取潮、韶，又西與馬殷爭容、桂。殷取桂管，虜士政；龑取容管，逐巨昭，又取邕管。隱、龑自梁初受封爵、稟正朔而已。貞明三年，龑即皇帝位，國號大越，改元曰乾亨，追尊安仁文皇帝、謙聖武皇帝、隱襄皇帝，立三廟，置百官。以楊洞潛爲兵部侍郎，李衡禮部侍郎，倪曙工部侍郎，趙光胤兵部尚書，皆平章事。光胤自以唐甲族，耻事僞國，常怏怏思歸，龑乃習爲光胤手書，遣使間道至洛陽，召其二子損、益幷其家屬皆至。光胤驚喜，爲盡心焉。龑性聰悟而奇酷，爲刀鋸支解刳剔

乾隆四年校刊　五代史卷六十五　世家　二　劉龑

- 『付龑』下，百衲本重一『龑』字，貴池本同，彭本同，監本。
- 吳光耀曰，『光胤』當作『光裔』。趙隱三字（疑爲『子』字之誤，編注），光逢、光裔、光胤。
- 『奇』酷，百衲本、貴池本、彭本，汲古本作『苛』。

之刑。每視殺人則不勝其喜。不覺朶頤垂涎呀呷。人以爲眞蛟蜃也。又好奢侈。悉聚南海珍寶以爲玉堂珠殿。二年祀天南郊、大赦境內、改國號漢。龔初欲僭號、憚王定保不從、遣定保使荆南、及還、懼其非己、使倪曙勞之、告以建國。定保曰、建國當有制度、吾入南門、清海軍額猶在、四方其不取笑乎。龔笑曰、吾備定保久矣、而不思此、宜其譏也。三年、冊越國夫人馬氏爲皇后。馬氏楚王殷女也。四年春、置選部貢舉、放進士明經十餘人、如唐故事、歲以爲常。七年、唐莊宗入汴、龔懼、遣宮苑使何詞入詢中國虛實、稱大漢國主致書大唐皇帝。詞還、言唐必亂，不足憂。」龔大喜。又性好夸大，嶺北商賈至南海者，多召之使升宮殿，示以珠玉之富。自言家本咸秦，恥王蠻夷，呼唐天子爲洛州刺史。是歲，雲南驃信鄭旻遣使致朱鬃白馬以求婚，使者自稱皇親母弟清容布燮兼理，賜金錦袍、虎綾紋、攀金裝刀，封歸仁慶侯，食邑一千戶，持節鄭昭淳。昭淳好學有文辭，龔與游燕賦詩，龔及羣臣皆不能逮，遂以隱女增城縣主妻旻。八年，作南宮，王定保獻南宮七奇賦以美之。龔初名巖，又更曰陟。九年，白龍見南宮三清殿，改元白龍，又更名龔，以應龍見之祥。有胡僧言讖書滅劉氏者龔也，龔乃採周易飛龍

乾隆四年校刊

• 此何语也？
• 十國春秋以布燮作官名。
• 通鑑作『公主』。
• 百衲本作『更名龔』，非是，兩『龔』字，貴池本均訛『龔』。

在天之義爲龔字音儼以名焉。四年，楚人以舟師攻封州，封州兵敗於賀江，龔懼，以周易筮之，遇大有，遂赦境內，改元曰大有。遣將蘇章以神弩軍三千救封州，章以兩鐵索沉賀江中，爲巨輪於岸上，築堤以隱之，因輕舟迎戰，陽敗而奔，楚人逐之，章舉巨輪挽索，鎖楚舟，以彊弩夾江射之，盡殺楚人。三年，遣將李守鄘、梁克貞攻交趾，擒曲承美。承美至南海，龔登儀鳳樓受俘，謂承美曰：公常以我爲僞廷，今反面縛，何也？承美頓首伏罪，乃赦之。承美，顥子也。克貞又攻占城，掠其寶貨而歸。四年，愛州楊廷藝叛，攻交州，刺史李進遯歸，龔遣承旨程寶攻

百衲本重一進字，貴本同

• 百衲本重一『進』字，貴本同。

廷藝寶戰死。五年，封子耀樞邕王、龜圖康王、洪度秦王、洪熙晉王、洪昌越王、洪弼齊王、洪雅韶王、洪澤鎮王、洪操萬王、洪杲循王、洪暐息王、洪邈高王、洪簡同王、洪建益王、洪濟辯王、洪道貴王、洪照宜王、洪政通王、洪益定王。九年，遣將軍孫德成攻豙州，不克。十年，交州牙將皎公羨殺楊廷藝自立，廷藝故將吳權攻交州，公羨來乞師，龔封洪操交王，出兵白藤以攻之，龔以兵駐海門。權已殺公羨，逆戰海口，植鐵橛海中，權兵乘潮而進，洪操遂之，潮退舟還，轢撅者皆覆，洪操戰死，龔收餘衆而還。十五年，龔卒，年五十四，謚天皇大帝，廟號高祖，陵曰康

乾隆四年校刊　五代史卷六十五　世家　十　劉龔

• 十國春秋五十六（當作「八」，疑筆誤，編注），大有五年，宏照爲宣王。「洪照」，百衲本作「洪昭」，「宣王」作「宣王」。
• 橛［撅，編注］。
• 「豙州」，百衲本作「象州」，非是，不改。
• 「德成」，百衲本作「德晟」，通鑑作「德威」，廣東志作「德晟」。

陵子玢立。

玢初名洪度，封秦王。龑子耀樞、龜圖皆早死，玢次當立。龑病臥寢中，召右僕射王翷與語，呼洪度、洪熙小字曰：壽、儔雖長，然皆不足任吾事，惟洪昌類我，吾欲立之，柰何？吾子孫不肖，後世如鼠入牛角，勢當漸小爾！因泣下獻欷。翷爲龑謀，出洪度以邕州、洪熙容州，然後立洪昌爲太子。議已定，崇文使蕭益入問疾，龑以告之，益諫曰：少者得立，長者爭之，禍始此矣。由是洪度卒得立，更名玢，改元曰光天，尊母趙昭儀爲皇太妃，以晉王洪熙輔政。玢立，果不能任事，龑在殯，召伶人作樂，飲酒宮中，裸

•『王翻』，貴池本作『王翷』，十國春秋王翷有傳，作『翷』是。翷，彭本。通鑑天福七年作『王翷』。

男女以爲樂，或衣墨縗與娼女夜行，出入民家。由是山海閒盜賊競起，妖人張遇賢自稱中天八國王，攻陷循州。玢遣越王洪昌、循王洪杲攻之，遇賢圍洪昌等於錢帛館，裨將萬景忻、陳道庠力戰，拔二王潰圍而走。玢莫能省，嶺東皆亂。洪熙日益進聲妓，誘玢爲荒恣，玢亦頗疑諸弟圖已，敕宦官守宮門，入者皆露索。洪熙、洪杲、洪昌陰遣陳道庠養勇士劉思潮、譚令禋、林少彊、少良、何昌延等習爲角觝以獻玢，玢宴長春宮以閱之，玢醉起，道庠與思潮等隨至寢門，拉殺之，盡殺其左右。玢立二年，年二十四，謚曰殤。弟晟立。

●『昌延』，百衲本作『昌廷』，貴池本同，通鑑、十國春秋同，南唐書同。

弒百衲本作殺
貴池書

晟初名洪熙，封晉王。既弒玢，遂自立，改元曰應乾。以洪昌爲兵馬元帥、知政事，洪杲副元帥，劉思潮等封功臣。晟既弒兄立，不順，懼衆不服，乃益峻刑法以威衆。已而洪杲屢請討賊，陰勸晟誅思潮等以止外議，晟大怒，使使者夜召洪杲。洪杲知不免，乃留使者，入具沐浴，詣佛前祝曰：「洪杲誤念，來生王宮，今見殺矣！後世當生民家，以免屠害。」因涕泣與家人訣別，然後赴召，至則殺之。冬，晟祀天南郊，改元曰乾和，羣臣上尊號曰大聖文武大明至道大光孝皇帝。二年夏，遣洪昌祠襄帝陵於海曲，至昌華宮，晟使盜刺殺之。晟自殺洪杲，由是與諸弟有

● 「弒」，百衲本作「殺」，貴池本同。

隙，而洪昌最賢，襲素所欲立者，晟尤忌之，故先及害。鎮王洪澤居邕州，有善政，是歲鳳皇見邕州，晟怒，使人酖殺之。而諸弟相次皆見殺。三年，殺其弟洪雅，又殺劉思潮等五人。思潮等死，陳道庠懼不自安，其友鄧伸以荀悅漢紀遺之，道庠莫能曉，伸罵曰：「憨獠！韓信誅而彭越醢，皆在此書矣。」道庠悟，益懼。晟聞之，大怒，以道庠、伸下獄，皆斬於市，夷其族。以右僕射王翻為英州刺史，使人殺之於路。五年，晟弟洪弼、洪道、洪益、洪濟、洪簡、洪建、洪暐、洪照同日皆見殺。六年，遣工部郎中、知制誥鍾允章聘楚以求婚，楚不許。允章還，晟曰：「馬公復能經略南土

乾隆四年校刊　五代史卷六十五　劉晟

● 漢紀。
● 「憨」，貴池本作「憨」，彭本、局本同。
● 貴池本作「翻」，彭本同。
● 「照」，百衲本作「昭」，貴本同。

五代史卷六五　世家　七

乎是時馬希廣新立希萼起兵武陵湖南大亂允章具言楚可攻之狀晟乃遣巨象指揮使吳珣內侍吳懷恩攻賀州已克之楚人來救珣鑿大阱於城下覆陷於上以土傅之楚兵逼城悉陷阱中死者數千楚人皆走珣等攻桂州及連宜嚴梧蒙五州皆克之掠全州而還九年冬又遣內侍潘崇徹攻郴州李景兵亦在與崇徹等遇戰大敗景兵於宜章遂取郴州晟益得志遣巨艦指揮使暨彥贇以兵入海掠商人金帛作離宮游獵故時劉氏有南宮大明昌華甘泉玩華秀華玉清太微諸宮凡數百不可悉紀宦者林延遇宮人盧瓊仙內外專恣

十國春秋珣作恂　貴池本誤作吳均

掠百衲本誤作採　貴池本同

百衲本貴池本無等字

●十國春秋『珣』一作『恂』，貴池本誤作吳『均』。
●百衲本、貴池本無『等』字。
●『掠』，百衲本誤作『採』，貴同。

爲殺戮晟不復省嘗夜飲大醉以瓜置伶人尚玉樓項
拔劍斬之以試劍因并斬其首明日酒醒復召玉樓侍
飲左右白已殺之晟歎息而已十年潮南王進逵以兵
五萬寇溪洞蠻攻郴州潘崇徹敗逵於蠔石斬首萬餘
級十一年晟病甚封其子繼興衛王旋興桂王慶興荆
王保興祥王崇興梅王十二年晟親耕藉田交州吳昌
濬遣使稱臣求節鉞昌濬者權子也權自龔時據交州
龔遣洪操攻之洪操戰死遂棄不復攻權死子昌岌立
昌岌卒弟昌濬立始稱臣於晟晟遣給事中李璵以旌
節招之璵至白州昌濬使人止璵曰海賊爲亂道路不

乾隆四年校刊　劉晟

● 「潮南」，百衲本作「湖南」，貴本同，彭本同，局本同，十國春秋同，改。
● 「進逵」，下卷與劉言合傳作「湖南」是也。
● 百衲本「逵」上有「進」字，是。貴本同。通鑑作「王逵」。
● 「旋興」，百衲本作「璇興」，貴本同，彭同。
● 通鑑廣順三年，保興爲禎王，蓋避宋諱改爲「祥」也。十國春秋六十一禎王保興，五十九本紀同。
● 劉校疑當從後文作「昌文」。十國春秋作「昌文」。
● 百衲本、貴池本脫「昌」字。

通璵不果行，晟殺其弟洪邈。十三年，又殺其弟洪政，於是龔之諸子盡矣。顯德三年，世宗平江北，晟始惶恐，遣使修貢於京師，爲楚人所隔，使者不得行，晟憂形於色。又嘗自言知星，未年月食牛女間，出書占之，歎曰：「吾當之矣！」因爲長夜之飲。十六年，卜葬域於城北，運甓爲壙，晟親臨視之。是秋卒，年三十九，謚曰文武光聖明孝皇帝，廟號中宗，陵曰昭陵。子鋹立。

鋹初名繼興，封衞王。晟卒，以長子立，改元曰大寶。晟性剛忌，不能任臣下，而獨任其嬖倖宦官、宮婢延遇、瓊仙等。至鋹尤愚，以謂羣臣皆自有家室，顧子孫，不能盡忠，

● 貴池本作『未末年』，百衲本作『未年』。未年，乾和十六年後一年己未也。不改。

● 薛史六月月蝕，當秋卒。

惟宦者親近可任，遂委其政於宦者龔澄樞、陳延壽等，至其羣臣有欲用者，皆閹然後用。澄樞等既專政，鋹乃與宮婢波斯女等淫戲後宮，不復出省事。延壽又引女巫樊胡子，自言玉皇降胡子身。鋹於內殿設帳幄，陳寶貝，胡子冠遠遊冠，衣紫霞裾，坐帳中宣禍福，呼鋹為太子皇帝，國事皆決於胡子。盧瓊仙、龔澄樞等爭附之。胡子乃為鋹言澄樞等皆上天使來輔太子，有罪不可問。尚書左丞鍾允章參政事，深嫉之，數請誅宦官，宦官皆仄目。二年，鋹祀天南郊，前三日，允章與禮官登壇，四顧指麾，宦者許彥真望見之曰：「此謀反耳！」乃拔劍升壇，允

● 百衲本無下一「冠」字。貴池本脫「遊」字。
● 〔左丞，編注〕通鑑及十國春秋作「右丞」。

章迎叱之、彥眞馳走、告允章反。鋹下允章獄、遣禮部尚書薛用丕治之。允章與用丕有舊、因泣下曰、吾今無罪、自誣以死、固無恨、然吾二子皆幼、不知父冤、俟其長、公可告之。彥眞聞之、罵曰、反賊欲使而子報讐邪。復入白鋹、并捕二子繫獄、遂族誅之。陳延壽謂鋹曰、先帝所以得傳陛下者、由盡殺羣弟也。勸鋹稍誅諸王、鋹以爲然、殺其弟桂王璇興。是歲建隆元年也。鋹將邵廷琄言於鋹曰、漢乘唐亂、居此五十年、幸中國有故、干戈不及、而漢益驕於無事、今兵不識旗鼓、而人主不知存亡。夫天下亂久矣、亂久而治、自然之勢也。今聞眞主已出、必將

百衲本誅下有去字
旋作璇、是璇不誤

• 百衲本『誅』下有『去』字。
• 上作『旋』，此作『璇』，是『璇』不誤。

盡有海內，其勢非一天下不能已。勸鋹修兵為備，不然，
悉珍寶奉中國，遣使以通好。鋹慚然，莫以為慮。惡廷瑀
言直，深恨之。四年，芝菌生宮中，野獸觸寢門，苑中羊吐
珠，井旁石自立行百餘步而仆，樊胡子皆以為符瑞，諷
羣臣入賀。五年，鋹以宦者李托養女為貴妃，專寵，托為
內太師，居中專政。許彥眞既殺鍾允章，惡龔澄樞等居
己上，謀殺之。澄樞使人告彥眞反，族誅之。七年，王師南
伐，克郴州，鋹所遣將暨彥贇與其刺史陸光圖皆戰死，
餘衆退保韶州。鋹始思廷瑀言，遣廷瑀以舟兵出洸口
抗王師。會王師退，命廷瑀訓士卒，修戰備，嶺人尙以為

良將有譖者投無名書言廷珝反鋹遣使者賜死士卒
排軍門見使者訴廷珝無反狀不能救為立祠於洸口
八年交州吳昌文卒其佐呂處玶與峯州刺史喬知祐
爭立交趾大亂驩州丁璉舉兵擊破之鋹授璉交州節
度九年南海民妻生子兩首四臂是時太祖皇帝詔李
煜諭鋹使稱臣鋹怒囚煜使者龔愼儀十三年詔潭州
防禦使潘美出師師次白霞鋹遣龔澄樞守賀州郭崇
岳守桂州李托守韶州以備是歲秋潘美平賀州十月
平韶州又平桂州十一月平連州鋹喜曰韶桂連賀本
屬湖南今北師取之足矣其不復南也其愚如此十二

● 前一吳昌濬，劉校謂，通鑑、十國春秋作『昌文』，疑『濬』字誤。
● 『呂』，續通鑑長編作『吳』。
● 李托守韶州，見東都事略。宋史〔劉鋹，編注〕傳『守韶⋯
● 十月平韶州，貴池本作『昭州』，彭本同。
● 『韶桂』，百衲本作『昭桂』，貴本同，彭本同。
● 宋史本紀，十一月克昭桂二州；四八一劉鋹傳，十月昭州城陷。

月平韶州開寶四年正月平英雄二州鋹將潘崇徹先降師次瀧頭鋹遣使請和求緩師二月師度馬逕鋹遣其右僕射蕭漼奉表降漼行鋹惶迫復令整兵拒命美等進師鋹遣其弟祥王保興率文武詣美軍降不納龔澄樞李托等謀曰北師之來利吾國寶貨爾焚爲空城師不能駐當自還也乃盡焚其府庫宮殿鋹以海船十餘悉載珍寶嬪御將入海宦官樂範竊其舟以逃歸師次白田鋹素衣白馬以降獻俘京師赦鋹爲左千牛衞大將軍封恩赦侯其後事具國史 隱興滅年世諸書皆同蓋自唐天祐二年隱爲廣州節度使至宋開寶四年國滅凡六十七年舊五代史以梁貞明三年龔僭號爲始故曰五十五年爾

『宋』，百衲本作『皇朝』，貴池本同。

五代史卷六十五

•上『韶』字，乃『昭』字之誤。

上韶字乃昭字之誤

五代史卷六十五考證

劉鋹傳十二月平韶州○上文已書十月平韶州又平桂州此復云平韶州當必有誤但各本俱同姑仍之

五代史卷六十五考證　一

五代史卷六十五考證

五代史卷六十六

宋　歐　陽　修　撰

楚世家第六

馬殷字霸圖、許州鄢陵人也。唐中和三年、蔡州秦宗權遣孫儒、劉建峯將兵萬人屬其弟宗衡略地淮南、殷初爲儒裨將。宗衡等攻楊行密於揚州、未克、梁兵方急攻宗權、宗權數召儒等、儒不欲還、宗衡屢趣之、儒怒殺宗衡、自將其兵取高郵、遂逐行密。行密據宣州、儒以兵圍之、久不克、遣殷與建峯掠食旁縣。儒戰敗死、殷等無所歸、乃推建峯爲帥、殷爲先鋒、轉攻豫章、略虔吉、有衆數

薛史一三三少爲木工
十國春秋作建鋒

• 薛史一三三，少爲木工。
• 十國春秋作『建鋒』。

萬。乾寧元年，入湖南，次澧陵、潭州刺史鄧處訥發邵州兵戍龍回關。建峯等至關，降其戍將蔣勛。建峯取勛鎧甲，被先鋒兵，張其旗幟，直趨潭州，至東門。東門守者以爲關兵戍還，開門內之，遂殺處訥。建峯自稱留後。僖宗授建峯湖南節度使，殷爲馬步軍都指揮使。蔣勛求爲邵州刺史，建峯不與，勛率兵攻湘鄉，建峯遣殷擊勛於邵州。建峯庸人，不能帥其下，常與部曲飲酒讙呼。軍卒陳贍妻有色，建峯私之，贍怒，以鐵檛擊殺建峯。軍中推行軍司馬張佶爲帥，佶將入府，乘馬輒踶齧傷佶髀，佶臥病，語諸將曰：吾非汝主也，馬公英勇，可共立之。諸將

• 〔澧，編注〕鄂本作『醴』。

• 『僖』字各本同，通鑑列此事於乾寧二年，則是昭宗時事，『僖』字誤。十國春秋亦誤作『僖宗』。

乃共殺贍，磔其尸。遣姚彦章迎殷於邵州。殷至，佶乘肩輿入府，殷拜謁於庭中，佶召殷上，乃率將吏下，北面再拜，以位與之。時乾寧三年也。唐拜殷潭州刺史。殷遣其將秦彦暉、李瓊等攻連、邵、郴、衡、道、永六州，皆下之。桂管劉士政懼，遣其將陳可璠、王建武等率兵守全義嶺。殷遣使聘于士政，使者至境上，可璠等不納。殷怒，遣瓊等以兵七千攻之，擒可璠等及其兵二千餘人，悉阬之，遂圍桂管，虜士政，盡取其屬州。殷表瓊桂管觀察使。四年，拜殷武安軍節度使。初，孫儒敗於宣州，殷弟賨爲楊行密所執，行密收儒餘兵爲黑雲都，以賨爲指揮使。賨從行密攻戰數有功，爲人質重，未嘗自矜，行密愛之，問賨誰家子，賨曰：馬殷弟也。行密大驚曰：汝兄貴矣，吾今歸汝可乎？賨不對。他日又問之，賨謝曰：臣孫儒敗卒也，幸公待以不死，非殺身不足報。湖南隣境，朝夕聞殷動靜足矣，不願去也。行密歎曰：昔吾愛子之貌，今吾得子之心矣。然勉爲吾合二國之權，通商賈，易有無以相資，亦所以報我也。乃厚禮遣賨歸。殷大喜，表賨節度副使。行密遣其將劉存等攻杜洪，圍鄂州，殷遣秦彥暉、許德勳以舟兵救之。已而杜洪敗死，存等遂攻殷，殷遣秦彥暉拒於上流，偏將黄璠以舟三百伏瀏陽口。存等屢戰不

『五世』，彭本作『三世』。

五世彭本作三世[redacted]

勝，乃致書于殷以求和，殷欲許之。彥暉曰：「淮人多詐，將怠我師，不可信。」急擊之。存等退走，黃璠以劉陽舟截江合擊，大敗之，劉存及陳知新戰死。彥暉取岳州。梁太祖即位，殷遣使修貢，太祖拜殷侍中兼中書令，封楚王。荆南高季昌以兵斷漢口，邀殷貢使，殷遣許德勳攻其沙頭，季昌求和，乃止。楊行密袁州刺史呂師周來奔。師周勇健豪俠，頗通緯候兵書，自言五世將家，懼不能免，常與酒徒聚飲，醉則起舞，悲歌慷慨泣下。行密聞之，疑其有異志，使人察其動靜。師周益懼，謂其裨將綦毋章曰：「吾與楚人為敵境，吾常望其營上雲氣甚佳，未易敗也。

乾隆四年校刊

吾聞馬公仁者、待士有禮、吾欲逃死於楚可乎。章曰、公自圖之、章舌可斷、語不泄也。師周以兵獵境上、乃奔於楚。棊毋章縱其家屬隨之。殷聞師周至、大喜曰、吾方南圖嶺表而得此人足矣。以爲馬步軍都指揮使、率兵攻嶺南、取昭賀梧蒙龔富等州。殷表師周昭州刺史。朗州雷彥恭召吳人攻平江、許德勳擊敗之。殷遣秦彥暉攻朗州、彥恭奔于吳、執其弟彥雄等七人送于梁。於是澧州向瓌、辰州宋鄴、溆州昌師益等率溪洞諸蠻皆附于殷。殷請升朗州爲永順軍、表張佶節度使。殷乃請依唐太宗故事、開天冊府、置官屬。太祖拜殷天冊上將軍。殷以其弟賨爲左相，存爲右相，廖光圖等十八人爲學士。末帝時，加殷武安武昌靜江寧遠等軍節度使，洪鄂四面行營都統。唐莊宗滅梁，殷遣其子希範修貢京師，上梁所授都統印。莊宗問洞庭廣狹，希範對曰：「車駕南巡，纔堪飲馬爾。」莊宗嘉之。莊宗平蜀，殷大懼，表求致仕。莊宗下璽書慰勞之。明宗即位，遣使修貢，并賀明年正月。荆南高季昌執其貢使史光憲，殷遣袁詮、王環等攻之，至其城下，季昌求和乃止。殷初兵力尚寡，與楊行密、成汭、劉龔等爲敵國，殷患之，問策於其將高郁。郁曰：「成汭地狹兵寡，不足爲吾患，而劉龔志在五管而已。楊行密

● 百衲本無『武安』，薛史『靜江、武平、寧遠』。武平是朗州。

孫儒之仇，雖以萬金交之，不能得其懽心。然尊王仗順，霸者之業也。今宜內奉朝廷以求封爵，而外誇隣敵，然後退修兵農，畜力而有待爾。」於是殷始修貢京師，然歲貢不過所產茶茗而已。乃自京師至襄唐郢復等州置邸務以賣茶，其利十倍。郁又諷殷鑄鉛鐵錢，以十當銅錢一。又令民自造茶，以通商旅，而收其算，歲入萬計。由是地大力完。數邀封爵。天成二年，請建行臺。明宗封殷楚國王。有司言無封國王禮，請如三公用竹冊。乃遣尙書右丞李序持節以竹冊封之。殷以潭州爲長沙府，建國承制，自置官屬，以其弟賨爲靜江軍節度使，子希振

冊府元龜作李光序

• 冊府元龜作『李光序』。

武順軍節度使，次子希聲判內外諸軍事，姚彥章爲左相，許德勳爲右相，李鐸爲司徒，崔穎爲司空，拓拔常爲僕射，馬珙爲尚書，文武皆進位。謚其曾祖筠曰文肅，祖正曰莊穆，父元豐曰景莊，立三廟于長沙。長興元年，殷卒，年七十九。詔曰馬殷官爵俱高，無以爲贈，謚曰武穆而已。子希聲立。

殷卒年及年歲與馬令南唐書同。

希聲字若訥，殷次子也。殷建國，以希聲判內外諸軍事。荊南高季昌聞殷將高郁素教殷以計策，而楚以彊，患之，嘗使諜者行間於殷，殷不聽。希聲用事，諜者語希聲曰，季昌聞楚用高郁大喜，以爲亡馬氏者必郁也。希聲

● 十國春秋作『拓拔恒』。通鑑作『恒』，此避宋諱改。
● 薛史長興二年十一月十日薨，年七十八。十國春秋已注其誤。殷卒年及年歲，與馬令南唐書同。
● 『希聲』，劉本殘脫。

素愚以爲然，遽奪郁兵職。郁怒曰：「吾事君王久矣，亟營西山將老焉，犬子漸大，能咋人矣。」希聲聞之，矯殷令殺郁。殷老不復省事，莫知郁死。是日大霧四塞，殷惟之，語左右曰：「吾嘗從孫儒，儒每殺不辜，天必大霧，豈馬步獄有寃死乎？」明日，吏以狀白，殷拊膺大哭曰：「吾荒耄如此，而殺吾勳舊！」顧左右曰：「吾亦不久於此矣！」明年，殷薨。希聲立，授武安、靜江等軍節度使。希聲嘗聞梁太祖好食雞，慕之，乃日烹五十雞以供膳。葬殷上潢，希聲不入泣，頓食雞肉數器而起。其禮部侍郎潘起譏之曰：「昔阮籍居喪而食蒸豚，世豈乏之賢邪！」長興三年，希聲卒，追封衡

- 百衲本少一『儒』字。
- 貴池本『大哭』作『大笑』，誤。
- 『入泣』，百衲本作『哭泣』，貴同。
- 食雞。

- 『籍［藉，編注］』，百衲本、貴池本。
- 通鑑作『雞臛』，十國春秋作『雞膗』。
- 『上潢』，彭本、局本作『上漢』，通鑑作葬於衡陽。十國春秋六十七注，湖廣總志云馬殷墓在衡陽上潢水側。

陽王弟希範立。

希範字寶規，殷第四子也。殷子十餘人，嫡子希振長而賢，其次希聲與希範同日生，而希聲母袁夫人有美色，希聲以母寵得立，而希振棄官爲道士，居于家。故希聲卒而希範以次立，襲殷官爵，封楚王。清泰二年，賜以弓矢冠劍。天福四年，加希範天冊上將軍、開封承制，如殷故事。希範好學善詩文，士廖光圖、徐仲雅、李皐、拓拔常等十八人皆故殷時學士，希範性奢侈，光圖等皆薄徒，飲博讙呼。獨常沉厚長者，上書切諫，光圖等惡之。襄州安從進、安州李金全叛晉，高祖詔希範出兵，希範遣張

乾隆四年校刊　五代史卷六十六　世家　六　馬希範

• 「開封」，疑當作「開府」。百衲正作「府」，貴池本同。
• 「光圖」，通鑑、十國春秋作「匡圖」，歐史避宋諱改。
• 「李皐」，本名「宏皐」，通鑑、十國春秋。

少敵以舟兵趨漢陽漕米五萬斛以饋軍金全等敗少敵乃旋溪州刺史彭士然率錦獎諸蠻攻澧州希範遣劉勍劉全明等以步卒五千擊之士然大敗勍等攻溪州士然走獎州遣其子師暠率諸蠻酋降于勍溪州西接牂牁兩林南通桂林象郡希範乃立銅柱爲表命學士李皐銘之於是南寧州酋長莫彥殊率其本部十八州都雲酋長尹懷昌率其昆明等十二部牂牁張萬濬率其夷播等七州皆附於希範希範作會春園嘉宴堂其費鉅萬始加賦於國中拓拔常切諫以爲不可希範又作九龍殿以八龍繞柱自言身一龍也是時契丹滅

- 『士然』，薛史、通鑑作『士愁』，九國志作『士憖』。
- 十國春秋據李宏皐銅柱銘作『彭仕然』。
- 兩林。
- 『爲表』，百衲本作『以爲表』，貴本同。

晉中國大亂希範牙將丁思覲廷諫希範曰先王起卒伍以攻戰而得此州倚朝廷以制隣敵傳國三世有地數千里養兵十萬今天子四辱中國無主霸者立功之時誠能悉國之兵出荊襄以趨京師倡義於天下此桓文之業也奈何耗國用而窮土木爲兒女子之樂乎希範謝之思覲嗔目視希範曰孺子終不可教也乃扼喉而死開運四年希範卒年四十九謚曰文昭希廣立

希廣字德丕希範同母弟也希範平生惡拓拔常諫諍常入謁希範呼閽者指常曰吾不欲見此人勿復內也乃謝絕之及卧病始思常言以爲忠召之託以希廣希

● 丁思覲。
● 『今』，百衲本作『人』，疑誤。
● 百衲本無『子』字。
● 薛史佚。

丁思覲
今百衲本作人疑誤
百衲本無子字
薛史佚

範卒、常數勸希廣以位奉其兄希萼、希廣不從。希萼爲朗州節度使、希範之卒、希萼自朗州來奔喪、希廣將劉彥瑫謀曰、武陵之來、其意不善、宜出兵迎之、以備非常、使其解甲釋兵而後入。張少敵周廷誨曰、王能與之則已、不然宜早除之。希廣泣曰吾兄也、焉忍殺之、分國而治可也。乃以兵迎希萼於䂵石、止之於碧湘宮、厚賂以遣之。希萼憤然而去、乃遣使詣京師求封爵、請置邸稱藩、漢隱帝不許、降璽書慰勞講解之。希萼怒、送款於李景、舉兵攻長沙、希廣遣劉彥瑫許可瓊等禦之。彥瑫敗希萼於僕射洲。希萼去、誘溪洞諸蠻寇益陽、希廣遣崔

乾隆四年校刊

洪璉以步卒七千屯湘鄉玉潭以遏諸蠻劉彥瑫以舟
兵趨武陵攻希萼彥瑫敗於湄洲希廣大懼遣使請兵
于京師漢隱帝不能出師希萼率舟兵沿江而上自號
順天將軍攻岳州刺史王贇堅城不戰希萼呼贇曰吾
昔約君同行今何異心乎贇曰君王兄弟不相容而責
將吏異心乎願君王入長沙不傷同氣臣其敢不盡節
希萼引兵去下湘鄉至長沙屯水西劉彥瑫許可瓊屯
水東彭師暠登城望水西軍入白希廣曰武陵兵驕雜
以蠻蜑其勢易破請令可瓊等陣山前臣以步兵三千
自巴溪渡江趨岳麓後夜擊之希廣以為可而可瓊巳

- 百衲本「洪」作「珙」，誤。
- 〔湄洲，編注〕彭本作「湄州」，通鑑、十國春秋作「湄州」。
- 百衲本「舟兵」上無「率」字。
- 「順天將軍」，通鑑二六九（應在通鑑二八九，編注）作「順天王」。
- 「其敢」，百衲本作「不敢」。
- 此「湘鄉」當從通鑑作「湘陰」。十國春秋作「湘陰」。
- 「至」，百衲本作「止」。
- 「後」，百衲本作「候」。字疑，未可遽改。

柴德賡點校

陰送欽於希蕚、遂沮其議。明日師暠詣可瓊計事、瞋目叱之曰、視汝反文在面、豈欲投賊乎、拂衣而出、急白希廣請殺之、希廣不聽。希蕚攻長樂門、牙將吳宏、楊滌戰于門中、希蕚少卻。已而許可瓊奔于希蕚、宏、滌聞之皆潰。希廣率妻子匿于慈堂、明日擒之。希蕚見之惻然曰、此鈍夫也、豈能爲惡、徒爲左右惑之爾。顧其下曰、吾欲活之如何、其下皆不對、遂縊殺之。乾祐三年、希蕚自立。明年、漢隱帝崩、京師大亂、希蕚遂臣於李景、景冊封希蕚楚王。希蕚悉以軍政任其弟希崇。希崇與楚舊將徐威、陸孟俊、曾縚等謀作亂。希蕚置酒端陽門、希崇辭以

• 百衲本無『徒爲』二字。
• 『殺』，百衲本作『死』。

疾威等縱惡馬十餘匹以壯士執檛隨之突入其府劫庫兵縛希蕚迎希崇以立希崇遣彭師暠廖偃囚希蕚於衡山師暠奉希蕚爲衡山王臣於李景希崇懼亦請命於景景遣邊鎬入楚盡遷馬氏之族于金陵時周廣順元年也景封希蕚楚王居洪州希崇領舒州節度使居揚州顯德三年世宗征淮下揚州下詔撫安馬氏子孫已而揚州復入于景希崇率其兄弟十七人歸京師拜右羽林統軍希能左屯衛大將軍希貫右千牛衛大將軍希隱希濬希知希朗皆爲節度行軍司馬

劉言吉州廬陵人也王進逵武陵人也言初事刺史彭

•『庫兵』，百衲本作『軍兵』。
•百衲本無『景』字。
•『希知』，彭本作『希矩』，局本同。

玕從玕奔楚言事希範爲辰州刺史進逵少爲靜江軍卒事希蕚爲指揮使希蕚攻希廣以進逵爲先鋒陷長沙長沙遭亂殘毀希蕚使進逵以靜江兵營緝之兵皆愁怨進逵因擁之夜以長柯巨斧斫關奔歸武陵希蕚方醉不能省明旦遣將唐蓊追之及于武陵蓊戰大敗而還進逵乃逐出留後馬光惠迎言於辰州以爲帥進逵自爲副已而希蕚將徐威等作亂縛希蕚而立希崇湖南大亂李景遣邊鎬入楚遷馬氏于金陵因并召言言不從遣進逵與行軍司馬何景眞等攻鎬於長沙鎬敗走周廣順三年言奉表京師以邀封爵又言長沙殘

- 『唐蓊』，通鑑作『唐師翥』，十國春秋從之。
- 逐馬光惠，薛史時廣順二年也。
- 『湖南』，汲古本、局本作『湘南』。

破不可居請移治所於武陵周太祖皆從之乃升朗州爲武平軍在武安軍上以言爲節度使因以武安授進逵進逵自以言已所迎立不爲之下言患之二人始有隙欲相圖進逵謀曰言將可用者不過何景眞朱全琇爾召而殺之言可取也是時劉晟取楚梧桂宜蒙等州進逵因白言召景眞等會兵攻晟言信之遣景眞全琇往至皆見殺乃舉兵襲武陵執言殺之奏表京師周太祖即以進逵爲武平軍節度使世宗征淮南授進逵南面行營都統進逵攻鄂州過岳州岳州刺史潘叔嗣進逵故時同列待進逵甚謹進逵左右就叔嗣求賂叔嗣

不與左右譏其短，進逵面罵之。叔嗣懟恨，語其下曰：進逵戰勝而還，吾無遺類矣。進逵入鄂州，方攻下長山，叔嗣以兵襲武陵。進逵聞之，輕舟而歸，與叔嗣戰武陵城外，進逵敗見殺。

周行逢，武陵人也，與王進逵俱爲靜江軍卒。事希萼爲軍校。進逵攻邊鎬，行逢別破益陽，殺李景兵二千餘人，擒其將李建期。進逵爲武安軍節度使，拜行逢集州刺史，爲進逵行軍司馬。進逵與劉言有隙，行逢爲畫謀策，遂襲殺言。進逵據武陵，行逢據潭州。顯德元年，拜行逢武淸軍節度使，權知潭州軍府事。潘叔嗣殺進逵，或勸

● 百衲本無『遂』字。

百衲本無遂字

其入武陵、叔嗣曰、吾殺進逵救死而已、武陵非吾利也。乃還岳州、遣其客將李簡率武陵人迎行逢於潭州。行逢入武陵、或請以潭州與叔嗣、行逢曰、叔嗣殺主帥、罪當死、以其迎我、未忍殺爾、若與武安、是吾使之殺王公也。召以爲行軍司馬。叔嗣怒、稱疾不至。行逢怒曰、是又欲殺我矣。乃陽以武安與之、召使至府受命、至則殺之。行逢故武陵農家子。少貧賤無行、多慷慨大言。及居武陵、能儉約自勉勵。而性勇敢果於殺戮、麾下將吏素恃功驕慢者、一以法繩之。大將十餘人謀爲亂、行逢召宴諸將、酒半、以壯士擒下斬之。一境皆畏服、民過無大小皆死，夫人嚴氏諫曰：「人情有善惡，安得一槩殺之乎？」行逢怒曰：「此外事，婦人何知！」嚴氏不悅，紿曰：「家田佃戶以公貴，頗不力農，多恃勢以侵民，請往視之。」至則營居以老。歲時衣青裙，押佃戶送租入城。行逢往就見之，勞曰：「吾貴矣，夫人何自苦邪？」嚴氏曰：「公思作戶長時乎？民租後時，常苦鞭朴。今貴矣，宜先期以率衆，安得遂忘壠畝間乎？」行逢彊邀之，以羣妾擁升肩輿，嚴氏卒無留意，因曰：「公用法太嚴而失人心，所以不欲留者，一旦禍起，田野間易爲逃死爾。」行逢爲少損。建隆三年，行逢病，召其將吏，以其子保權屬之曰：「吾起壠畝爲團兵，同時十人

・佃戶。
・貴池本無『氏』字。
・『青裙』，百衲本作『青裾』。
・戶長。
・『扑［朴，編注］』，百、貴。

皆以誅死。惟衡州刺史張文表獨存。然常怏怏不得行軍司馬。吾死、文表必叛。當以楊師璠討之。如其不能、則嬰城勿戰。自歸於朝廷。行逢卒。子保權立。文表聞之、怒曰、行逢與我起微賤、而立功名、今日安能北面事小兒乎。遂舉兵叛、攻下潭州。保權乞師於朝廷、亦命楊師璠討文表、告以先人之言、感激涕泣。師璠亦泣、顧其軍曰、汝見郎君乎、年未成人、而賢若此。軍士奮然、皆思自効、師璠至平津亭、文表出戰、大敗之。初保權之乞師也、太祖皇帝遣慕容延釗討文表、未至而文表爲師璠所執。延釗兵入朗州、保權舉族朝于京師。其後事具國史。殿自二年，百衲本作三年，貴本同。

唐乾寧二年入湖南至周廣順元年凡五十七年餘具年譜註

以五十七年計之，當是乾寧二年，若以馬殷入湖南計之，當始於乾寧元年。

五代史卷六十六

• 『二年』，百衲本作『三年』，貴本同。
• 以五十七年計之，當是乾寧二年，若以馬殷入湖南計之，當始於乾寧元年。

此即通鑑顯德三年文，何言宋通鑑也？

五代史卷六十六考證

劉言王進逵附傳進逵因白言召景眞等會兵攻晟○監本兵作攻攻作破俱譌也

周行逢傳夫人嚴氏○臣文淸按宋通鑑作夫人鄧氏未知孰是

此即通鑑顯德三年文，何言宋通鑑也？

五代史卷六十六考證

五代史卷六十六考證

五代史卷六十七

宋　歐　陽　修　撰

吳越世家第七

錢鏐字具美、杭州臨安人也。臨安里中有大木、鏐幼時與羣兒戲木下、鏐坐大石指麾羣兒爲隊伍、號令頗有法、羣兒皆憚之。及壯、無賴、不喜事生業、以販鹽爲盜。縣錄事鍾起有子數人、與鏐飲博、起嘗禁其諸子、諸子多竊從之遊。豫章人有善術者、望牛斗間有王氣、牛斗錢塘分也、因遊錢塘、占之在臨安、乃之臨安、以相法隱市中、陰求其人。起與術者善、術者私謂起曰、占君縣有貴人求之市中不可得，視君之相貴矣，然不足當之。起乃爲置酒，悉召縣中賢豪爲會，陰令術者徧視之，皆不足當。術者過起家，鏐適從外來，見起反走。術者望見之，大驚曰，此眞貴人也。起笑曰，此吾旁舍錢生爾。術者召鏐至，熟視之，顧起曰，君之貴者因此人也。乃慰鏐曰，子骨法非常，願自愛。因與起訣曰，吾求其人者，非有所欲也，直欲質吾術爾。明日乃去。起始縱其子等與鏐遊，時時貸其窮乏。鏐善射與槊，稍通圖緯諸書。唐乾符二年，浙西裨將王郢作亂，石鑑鎭將董昌募鄉兵討賊，表鏐偏將，擊郢破之。是時黃巢衆已數千，攻掠浙東，至臨安，鏐

• 百衲本無『縣中』二字。
• 『石鑑』，本作石『鏡』，避宋諱嫌名改，十國春秋作『鏡』。

百衲本無皆

曰、今鎮兵少而賊兵多、難以力禦、宜出奇兵邀之。乃與勁卒二十人伏山谷中、巢先鋒度險皆單騎、鏐伏弩射殺其將、巢兵亂、鏐引勁卒蹂之、斬首數百級。鏐曰、此可一用爾、若大衆至、何可敵邪、乃引兵趨八百里。八百里地名也。告道旁媼曰、後有問者、告曰、臨安兵屯八百里矣。巢衆至、聞媼語、不知其地名、皆曰、嚮十餘卒不可敵、况八百里乎。遂急引兵過。都統高駢聞巢不敢犯臨安、壯之、召董昌與鏐俱至廣陵。久之、駢無討賊意、昌等不見用、辭還。駢表昌杭州刺史。是時天下已亂、昌乃團諸縣兵爲八都、以鏐爲都指揮使、成及爲靖江都將。中和

百衲本無『皆』。

二年，越州觀察使劉漢宏與昌有隙，漢宏遣其弟漢宥、都虞候辛約屯兵西陵。鏐率八都兵渡江，竊敵軍號，斫其營，營中驚擾，因焚之。漢宥等皆走。漢宏復遣將黃珪、何肅屯諸暨、蕭山。鏐皆攻破之。與漢宏遇戰，大敗之，殺何肅、辛約。漢宏易服持膾刀以遁。追者及之，漢宏曰：我宰夫也。舉刀示之，乃免。四年，僖宗遣中使焦居璠爲杭越通和使，詔昌及漢宏罷兵，皆不奉詔。漢宏遣其將朱褒、韓公玫、施堅實等以舟兵屯望海。鏐出平水，成及夜率奇兵破褒等於曹娥埭，進屯豐山，施堅實等降，遂攻破越州。漢宏走台州，台州刺史執漢宏送於鏐，斬于會

•「竊敵」，百衲本作「竊取」，貴池本同。

稽族其家。鏐乃奏昌代漢宏，而自居杭州。光啓三年，拜鏐左衛大將軍、杭州刺史，昌越州觀察使。是歲，畢師鐸囚高駢，淮南大亂，六合鎮將徐約攻取蘇州。潤州牙將劉浩逐其帥周寶，寶奔常州，浩推度支催勘官薛朗爲帥。鏐遣都將成及、杜稜等攻常州，取周寶以歸，鏐具軍禮郊迎，館寶於樟亭，寶病卒。稜等進攻潤州，逐劉浩，執薛朗，剖其心以祭寶。然後遣其弟銶攻徐約，約敗走入海，追殺之。昭宗拜鏐杭州防禦使。是時，楊行密、孫儒爭淮南，與鏐戰蘇、常間，已而儒爲行密所殺，行密據淮南，取潤州，而鏐亦取蘇、常。唐升越州威勝軍，以董昌爲節

● 薛史、通鑑昌表鏐代己爲杭州刺史，與此處相反。
● 百衲本無『而』字。

度使，封隴西郡王。杭州武威軍，拜鏐都團練使，以成及爲副使。及字弘濟，與鏐同事，攻討謀多出於及。而鏐以女妻及子仁琇。鏐乃以杜稜、阮結、顧全武等爲將校，沈崧、皮光業、林鼎、羅隱爲賓客。景福二年，拜鏐鎮海軍節度使、潤州刺史。乾寧元年，加同中書門下平章事。二年，越州董昌反。昌素愚，不能決事，臨民訟，以骰子擲之，而勝者爲直。妖人應智、王溫、巫韓媪等以妖言惑昌，獻鳥獸爲符瑞。牙將倪德儒謂昌曰：「曩時謠言有羅平鳥主越人禍福，民間多圖其形禱祠之。視王書名與圖類。」因出圖以示昌。昌大悅，乃自稱皇帝，國號羅平，改元順天。

- 劉校，新唐書、通鑑、吳越備史「景福元年置」。
- 成及。
- 武勝軍於杭州，此云「武威」誤。職方考武威，福州。
- 「阮結」，百衲本作「陽結」，貴作「阮」。十國春秋有浙江都遊奕史阮結。
- 「德儒」，貴池本作「德」，缺「儒」字，十國春秋作「德儒」。

分其兵爲兩軍中軍衣黃外軍衣白銘其衣曰歸義副
使黃竭切戒昌以爲不可昌大怒使人斬竭持其首至
罵曰此賊負我好聖明時三公不肯作乃自求死邪投
之圃中昌乃以書告鏐鏐以昌反狀聞昭宗下詔削昌
官爵封鏐彭城郡王浙江東道招討使鏐曰董氏於吾
有恩不可遽伐乃以兵三萬屯迎恩門遣其客沈滂諭
昌使改過昌以錢二百萬犒軍執應智等送軍中自請
待罪鏐乃還兵昌復拒命遣其將陳郁崔溫等屯香嚴
石侯乞兵於楊行密行密遣安仁義救昌鏐遣顧全武
攻昌斬崔溫昌所用諸將徐珣湯臼袁邠等皆庸人不

• 「歸義」，百衲本作「歸我」。十國春秋作「威儀」，又繡中軍外軍之衣曰「歸我」。

• 百衲本無「等」字，貴本同。

• 黃「竭」，十國春秋作黃「碣」，吳越備史作「竭」。

• 「侯」，十國春秋作「候」。從吳越備史知「香嚴」、「石侯」爲地名。

• 通鑑從新史。十國春秋作「湯舊」，依吳越備史。

知兵，遇全武輒敗。昌兒子眞驍勇善戰，全武等攻之逾年不能克。眞與其裨將刺羽有隙，刺羽譖之，昌殺眞，兵乃敗。全武執昌歸杭州，行至西小江，昌顧其左右曰：「吾與錢公俱起鄉里，吾嘗爲大將，今何面復見之乎！」左右相對泣下。因瞋目大呼，投水死。昭宗以宰相王溥鎭越州，溥請授鏐，乃改威勝軍爲鎭東軍，拜鏐鎭海鎭東軍節度使，加檢校太尉、中書令，賜鐵券，恕九死。鏐如越州受命，還治錢塘，號越州爲東府。光化元年，移鎭海軍於杭州，加鏐檢校太師，改鏐鄉里曰廣義鄉勳貴里。鏐素所居營曰衣錦營。婺州刺史王壇叛附于淮南，楊行密

• 百衲本無『刺』字，貴池本同。
• 百衲本無『其』字。
• 譖［譛，編注］。
• 董昌卒。
• 貴池本『嘗』作『常』。
• 『瞋』，貴池本作『瞑』。

遣其將康儒應壇因攻睦州鏐遣其弟銶敗儒於軒渚壇奔宣州昭宗詔鏐圖形凌煙閣升衣錦營爲衣錦城石鑑山曰衣錦山大官山曰功臣山鏐游衣錦城宴故老山林皆覆以錦號其幼所嘗戲大木曰衣錦將軍天復二年封鏐越王鏐巡衣錦城武勇右都指揮使徐綰與左都指揮使許再思叛焚掠城郭攻內城鏐子傳瑛及其將馬綽陳爲等閉門拒之鏐歸至北郭門不得入成及代鏐與綰戰斬首百餘級綰屯龍興寺鏐微服踰城而入遣馬綽王榮杜建徽等分屯諸門使顧全武備東府全武曰東府不足慮可慮者淮南爾綰急必召淮

•「石鑑山」，原名「石鏡山」。

兵、淮兵至，患不細矣。楊公大丈夫，今以難告，必能閔我，
鏐以爲然。全武曰：「獨行事必不濟，請擇諸公子可行者。」
鏐曰：「吾嘗欲以元璙婚楊氏。」乃使隨全武如廣陵。綰果
召田頵於宣州，全武等至廣陵，行密以女妻元璙，亟召
頵還。頵取鏐錢百萬，質鏐子元瓘而歸。天祐元年，封鏐
吳王，鏐建功臣堂，立碑紀功，列賓佐將校名氏於碑陰
者五百人。四年，升衣錦城爲安國衣錦軍。梁太祖卽位，
封鏐吳越王兼淮南節度使。客有勸鏐拒梁命者，鏐笑
曰：「吾豈失爲孫仲謀邪！」遂受之。太祖嘗問吳越進奏吏
曰：「錢鏐平生有所好乎？」吏曰：「好玉帶、名馬。」太祖笑曰：「眞

• 百衲本不重『淮兵』二字，貴、局、汲本同，彭有二字。
• 『大丈夫』，彭本無『大』字。
• 『必不』，百衲本作『不必』，貴同。

通鑑作何朗　何明南唐書作何朗吳越備史作何朗

英雄也乃以玉帶一匣打毬御馬十匹賜之江西危全諷等爲楊渥所敗信州危仔倡奔於鏐鏐惡其姓改曰元開平二年加鏐守中書令改臨安縣爲安國縣廣義鄉爲衣錦鄉三年加守太保楊渥將周本陳章圍蘇州鏐遣其弟鏢救之淮兵爲水柵環城以銅鈴繫網沉水中斷潛行者水軍卒司馬福多智而善水行乃先以巨竹觸網淮人聞鈴聲遂舉網福乃過入城中其出也亦然乃取其軍號內外夾攻號令相應淮人以爲神遂大敗之本等走擒其將閭丘直何明等四年鏐游衣錦軍作還鄉歌曰三節還鄉兮掛錦衣父老遠來相追隨

•「何明」，十國春秋作「何朗」，吳越備史作「何朗」，通鑑作「何朗」。

牛斗無孛人無欺吳越一王駟馬歸乾化元年、加鏐守尚書令兼淮南宣潤等道四面行營都統立生祠於衣錦軍。鏐弟鏢居湖州、擅殺戍將潘長懼罪奔于淮南。二年、梁郢王友珪立、冊尊鏐尚父。末帝貞明三年、加鏐天下兵馬都元帥、開府置官屬。四年、楊隆演取虔州、鏐始由海路入貢京師。龍德元年、賜鏐詔書不名。唐莊宗入洛、鏐遣使貢獻、求玉冊。莊宗下其議於有司、羣臣皆以謂非天子不得用玉冊。郭崇韜尤爲不可。既而許之、乃賜鏐玉冊金印。鏐因以鎮海等軍節度、授其子元瓘、自稱吳越國王、更名所居曰宮殿、府曰朝、官屬皆稱臣、起

尤爲彭本作尤以爲

•『尤爲』，彭本作『尤以爲』。

玉冊金券詔書三樓於衣錦軍，遣使冊新羅、渤海王，海中諸國皆封拜其君長。明宗初即位，安重誨用事，鏐致書重誨，書辭嫚，重誨大怒。是時供奉官烏昭遇、韓玫使吳越，既還，玫誣昭遇稱臣舞蹈，重誨乃奏削鏐王爵、元帥、尚父，以太師致仕。元瓘等遣人以絹表間道自陳，安重誨死，明宗乃復鏐官爵。長興三年，鏐卒，年八十一，謚曰武肅。子元瓘立。

元瓘字明寶，少爲質於田頵。頵叛於吳，楊行密會越兵攻之，頵每戰敗歸，即欲殺元瓘，頵母常蔽護之。後頵將出，語左右曰：「今日不勝，必斬錢郎。」是日頵戰死，元瓘得

• 百衲本無「初」字。

歸。鏐卧病、召諸大將告之曰、吾子皆愚懦不足任後事、吾死、公等自擇之。諸將泣下、皆曰、元瓘從王征伐、最有功、諸子莫及、請立之。鏐乃出筦鑰數篋召元瓘與之、曰、諸將許爾矣。鏐卒、元瓘立、襲封吳越國王、玉册、金印、皆如鏐故事。王延政自立於建州、閩中大亂、元瓘遣其將仰詮、薛萬忠等攻之、逾年、大敗而歸。元瓘亦善撫將士、好儒學、善爲詩、使其國相沈崧置擇能院、選吳中文士錄用之。然性尤奢侈、好治宮室。天福六年、杭州大火、燒其宮室迨盡、元瓘避之、火輒隨發、元瓘大懼、因病狂、是歲卒、年五十五、謚曰文穆。子佐立。

• 吳越備史作『仰詮』，十國春秋作『仰仁詮』。
• 通鑑長興四年。
• 『侈』，百衲本作『僭』，貴池本同，南監本。

佐字祐，立時年十三，諸將皆少佐，佐初優容之。諸將稍不法，佐乃黜其大將章德安於明州，李文慶於睦州，殺內都監杜昭達、統軍使闞璠，由是國中皆畏恐。王延義、延政兄弟相攻，卓儼明、朱文進、李仁達等自相篡殺，連兵不解者數年。仁達附于李景，已而又叛，景兵攻之，仁達求救於佐。佐召諸將計事，諸將皆不欲行。佐奮然曰：「吾爲元帥而不能舉兵邪？諸將皆吾家素畜養，獨不肯以身先我乎？有異吾議者斬！」乃遣其統軍使張筠、趙承泰等率兵三萬，水陸赴之。遣將誓軍，號令齊整。筠等大敗景兵，俘馘萬計，獲其將楊業、蔡遇等，遂取福州而還。

- 薛史佐字元祐，備史弘佐字元祐，十國春秋弘佐字元祐。通鑑『弘佐』。
- 通鑑『年十四』，吳越備史弘佐天成三年生，則『十四』〔十三，編注〕是也。
- 百衲本脫『皆』字。
- 『楊業』，十國紀年、十國春秋作『楊匡業』。

由是諸將皆服。佐立七年、襲封吳越國王、玉冊金印、皆如元瓘。開運四年、佐卒、年二十、謚曰忠獻、弟俶立。

俶字文德、佐卒、弟倧以次立。初、元瓘質於宣州、以胡進思戴惲等自隨。元瓘立、用進思等爲大將。佐既年少、進思以舊將自待、甚見尊禮。及倧立、頗卑侮之、進思不能平。倧大閱兵於碧波亭、方第賞、進思前諫、以賞太厚、倧怒、擲筆水中曰、以物與軍士、吾豈私之、何見咎也。進思大懼。歲除、畫工獻鍾馗擊鬼圖、倧以詩題圖上、進思見之、大悟、知倧將殺己。是夕、擁衞兵廢倧、囚於義和院、迎俶立之。遷倧于東府。俶歷漢周、襲封吳越國王、賜玉冊金印。世宗征淮南、詔俶攻常宣二州、以牽李景。俶治國中兵以待。景聞周師將大舉、乃遣使安撫境上、皆戒嚴。蘇州候吏陳滿不知景使、以謂朝廷已克諸州、遣使安撫矣。亟言於俶、請舉兵以應。俶相國吳程遽調兵以出、相國元德昭以爲王師必未渡淮、與程爭於俶前、不可奪。程等攻常州、果爲景將柴克宏所敗、程裨將邵可遷力戰、可遷子死馬前、猶戰不顧、程等僅以身免。周師渡淮、俶乃盡括國中丁民益兵、使邵可遷等以戰船四百艘、水軍萬七千人、至于通州、以會期。吳越自唐末有國、而楊行密李昪據有江淮、吳越貢賦朝廷、遣使皆由登

情報工作不妙。

情報不妙

萊泛海歲常飄溺其使顯德四年詔遣左諫議大夫尹
日就吏部郎中崔頌等使于俶世宗諭之曰朕此行決
平江北卿等還當陸來也五年王師征淮正月克靜海
軍而日就等果陸還世宗已平淮南遣使賜俶兵甲旗
幟橐駝羊馬錢氏兼有兩浙幾百年其人比諸國號爲
怯弱而俗喜淫侈偷生工巧自鏐世常重斂其民以事
奢僭下至雞魚卵鷇必家至而日取每笞一人以責其
負則諸案吏各持其簿列于廷凡一簿所負唱其多少
量爲笞數已則以次唱而笞之少者猶積數十多者至
笞百餘人尤不堪其苦又多掠得嶺南商賈寶貨當五

• 總述錢氏。
• 『案吏』，百衲本作『案史』。
• 『唱』，百衲本作『喝』。
• 『不堪』，百衲本作『不勝』，貴本同。
• 『嶺南』，百衲本、貴本作『嶺海』。

代時常貢奉中國不絕及世宗平淮南宋興荊楚諸國相次歸命俶勢益孤始傾其國以事貢獻太祖皇帝時俶嘗來朝厚禮遣還國俶喜益以器服珍奇爲獻不可勝數太祖曰此吾帑中物爾何用獻爲太平興國三年詔俶來朝俶舉族歸于京師國除其後事具國史

嗚呼天人之際爲難言也非徒自古術者好奇而幸中至於英豪草竊亦多自託於妖祥豈其欺惑愚衆有以用之歟蓋其興也非有功德漸積之勤而黥髠盗販倔起於王侯而人亦樂爲之傳歟考錢氏之始終非有德澤施其一方而百年之際虐用其人甚矣其動於氣象

• 百衲本上九行無『已則』二字。
• 天［夫，編注］。
• 彭本作『積漸』。
• 彭本作『終始』。
• 百衲本無『而』字。

蘖，百衲本作孽，貴本同。

者、豈非其蘖歟。是時四海分裂，不勝其暴，又豈皆然歟。是皆無所得而推歟。術者之言，不中者多，而中者少，而人特喜道其中者歟。

鏐世興滅，諸書皆同，蓋自唐乾寧二年爲鎮海鎮東軍節度使，兼有兩浙，至皇朝太平興國三年國除，凡八十四年。

五代史卷六十七

• 『蘖』，百衲本作『孽』，貴本同。

五代史卷六十七考證

錢鏐傳鏐以昌反狀聞昭宗下詔削昌官爵封鏐彭城郡王浙江東道招討使鏐乃以兵三萬屯迎恩門昌執應智等送軍中自請待罪鏐乃還兵○臣文清按通鑑載鏐移書責昌昌不聽乃將兵三萬詣越州城下昌懼執首謀者送鏐請待罪鏐引兵還以狀聞又表請以本道兵討昌五月詔削董昌官爵委錢鏐討之以鏐爲浙東招討使據此則鏐以兵三萬詣越州城尚在未以狀聞之先而詔削昌官爵以鏐爲招討使又在鏐表請討昌之後與本紀異

俶傳錢氏兼有兩浙幾百年俗喜淫侈工巧自鏐世常重歛其民以事奢侈下至雞魚卵鷇必家至而日取

○臣文清按通鑑胡三省注考異曰十國紀年謂鏐窮極侈靡末年荒恣尤甚賦歛苛暴人苦其政吴越備史稱鏐節儉衣衾用油布常膳惟甆漆器寢帳壞文穆夫人欲易以青繒鏐不許嘗除夜子孫鼓琴未數曲曰聞者以我爲長夜之飲也遂罷之又錢易家話稱鏐公宴不貳羹胾衣必三澣然後易按錢鏐起于貧賤知民疾苦必不至窮極侈靡其奢汰暴歛之事蓋其子孫所爲也已上皆胡三省考異之說與世

家所載大異

五代史卷六十七考證

五代史卷六十八

宋 歐陽修 撰

閩世家第八

王審知字信通，光州固始人也。父恁，世爲農。兄潮，爲縣史。唐末群盜起，壽州人王緒攻陷固始，緒聞潮兄弟材勇，召置軍中，以潮爲軍校。是時，蔡州秦宗權方募士以益兵，乃以緒爲光州刺史，召其兵會擊黄巢。緒遲留不行，宗權發兵攻緒，緒率衆南奔，所至剽畧，自南康入臨汀，陷漳浦，有衆數萬。緒性猜忌，部將有才能者，多因事殺之，潮頗自懼。軍次南安，潮説其前鋒將曰：吾屬棄墳

縣史薛史通鑑作縣佐九國志作縣佐史

彭本無壽州人三字

事在光啓元年

略百衲本作掠

•「縣史」，薛史、通鑑作「縣佐」，九國志作「縣佐史」。
•彭本無「壽州人」三字。
•事在光啓元年。
•「略」，百衲本作「掠」。

墓妻子而爲盜者、爲緒所脅爾、豈其本心哉。今緒雄猜、將吏之材能者、必死、吾屬不自保朝夕、況欲圖成事哉。前鋒將大悟、與潮相持而泣。乃選壯士數十人、伏篁竹間、伺緒至、躍出擒之、囚之軍中。緒後自殺。緒已見廢、前鋒將曰、生我者潮也、乃推潮爲主。是時泉州刺史廖彥若爲政貪暴、泉人苦之、聞潮略地至其境、而軍行整肅、其耆老相率遮道留之。潮即引兵圍彥若、逾年、克之。光啓二年、福建觀察使陳巖表潮泉州刺史。景福元年、巖卒、其壻范暉自稱留後。潮遣審知攻暉、久不克、士卒傷死甚衆。審知請班師、潮不許、又請潮自臨軍、且益兵。潮

• 通鑑作『妻弟』，有考異。此與薛史同。

乾隆四年校刊　五代史卷六十八　世家　王審知

報曰兵與將俱盡吾當自往審知懼乃親督士卒攻破之暉見殺是歲唐即以潮爲福建觀察使潮以審知爲副使審知爲人狀貌雄偉隆準方口常乘白馬軍中號白馬三郎乾寧四年潮卒審知代立唐以福州爲武威軍拜審知節度使累遷同中書門下平章事封瑯琊王唐亡梁太祖加拜審知中書令封閩王升福州爲大都督府是時楊行密據有江淮審知歲遣使汎海自登萊朝貢于梁使者入海覆溺常十三四審知雖起盜賊而爲人儉約好禮下士王淡唐相溥之子楊沂唐相涉從弟徐寅唐時知名進士皆依審知仕宦又建學四門以

• 百衲本無「懼」字，貴本同。
• 百衲本無「是歲」二字，貴本同。
• 百衲本「武威」作「威武」，是。校記見職方考。貴本同，彭本同。
• 百衲本無「遣」字。
• 泛［汎，編注］。

• 王「淡」，彭本作「倓」，疑即繼鵬，時相。新宰相世系表七十二中，倓河南府文學，父搏，昭宗相。劉校引纂誤補與余意同。
• 溥爲相後於搏，世系表不載溥子孫，十國春秋以淡、倓爲二人，無新史料。
• 十國春秋作「沂豐」。

教閩士之秀者，招來海中蠻夷商賈。海上黃𥔲波濤爲阻，一夕風雨雷電震擊，開以爲港，閩人以爲審知德政所致，號爲甘棠港。審知同光三年卒，年六十四，謚曰忠懿。子延翰立。

延翰字子逸，審知長子也。同光四年，唐拜延翰節度使。是歲，莊宗遇弒，中國多故，延翰乃取司馬遷史記閩越王無諸傳示其將吏曰：閩自古王國也，吾今不王，何待之有。於是軍府將吏上書勸進。十月，延翰建國稱王，而猶禀唐正朔。延翰爲人長大，美皙如玉，其妻崔氏陋而淫，延翰不能制。審知喪未朞，撤其几筵，又多選良家子

● 諸本並作『玉』。
● 『撤』，百衲本作『徹』，彭本、貴本同。

爲妾。崔氏性妬，艮家子之美者輒幽之別室，繫以大械，刻木爲人手以擊其頰，又以鐵錐刺之，一歲中死者八十四人。崔氏後病見以爲祟而卒。審知養子建州刺史延稟本姓周氏，自審知時與延翰不叶。延翰立，以其弟延鈞爲泉州刺史。延鈞怨，二人因謀作亂。十二月，延稟、延鈞皆以兵入執延翰殺之，而延鈞立，更名鏻。

鏻，審知次子也。唐即拜鏻節度使，累加檢校太師、中書令，封閩王。初，延稟與鏻之謀殺延翰也，延稟之兵先至，巳執延翰而殺之。明日鏻兵始至，延稟自以養子，推鏻而立之。延稟還建州，鏻餞于郊，延稟臨訣謂鏻曰：善繼

● 百衲本無『其』字。
● 十國春秋作『三十四人』。
● 『閩王』，薛史紀、通鑑天成二年、九國志均作封『琅玡王』。通鑑天成三年封『閩王』，此云累封，不誤。

先志。毋煩老兄復來。鏻銜之。長興二年，延禀率兵擊鏻，攻其西門，使其子繼雄轉海攻其南門。鏻遣王仁達拒之。仁達伏甲舟中，僞立白幟請降。繼雄信之，登舟，伏兵發，刺殺之，梟其首西門。其兵見之皆潰去。延禀見執，鏻誚之曰：「予不能繼先志，果煩老兄復來。」延禀不能對，遂殺之。延禀子繼昇守建州，聞敗，奔于錢塘。長興三年，鏻上書言楚王馬殷、吳越王錢鏐皆爲尚書令，今皆已薨，請授臣尚書令，唐不報，鏻遂絶朝貢。鏻好鬼神道家之説，道士陳守元以左道見信，建寶皇宮以居之。守元謂鏻曰：「寶皇命王少避其位，後當爲六十年天子。」鏻欣然

• 『南門』，通鑑長興二年作『東門』，十國春秋作『東門』。
• 僞降。
• 百衲本、貴池本作『塘』。
• 薛史四十三，長興三年七月乙未，福建節度使王延鈞請授臣尚書令，不報。薛史本傳僅載乞封吳越王不報，不及馬殷事，通鑑同薛史本紀。十國春秋從新史。

遜位命其子繼鵬權主府事既而復位遣守元問寶皇六十年後將安歸守元傳寶皇語曰六十年後當爲大羅仙人鏻乃卽皇帝位受册於寶皇以黄龍見眞封宅改元爲龍啓國號閩追謚審知爲昭武孝皇帝廟號太祖立五廟置百官以福州爲長樂府而閩地狹國用不足以中軍使薛文傑爲國計使文傑多察民間陰事致富人以罪而籍没其貲以佐用閩人皆怨又薦妖巫徐彦曰陛下左右多姦臣不質諸鬼神將爲亂鏻使彦視鬼於宮中文傑與內樞密使吳英有隙英病在告文傑謂英曰上以公居近密而屢以疾告將罷公英曰柰何

- 百衲本無『孝』字。
- 以下皆薛文傑事。
- 『吳英』，通鑑長興四年作『吳勗』，徐彦林、盛韶爲二巫，致勗死者爲韜。十國春秋從通鑑。

文傑因教英曰：即上遣人問公疾，當言頭痛而已，無他苦也。英以爲然。明日，諷鏻使巫視英病，巫言入北廟見英爲崇順王所訊曰：「汝何敢謀反？」以金槌擊其首。鏻以語文傑，文傑曰：「未可信也，宜問其疾如何。」鏻遣人問之，英曰頭痛，鏻以爲然，即收英下獄，命文傑劾之，英自誣伏見殺。英嘗主閩兵，得其軍士心，軍士聞英死，皆怒。是歲，吳人攻建州，鏻遣其將王延宗救之，兵士在道不肯進，曰：「得文傑乃進。」鏻惜之不與，其子繼鵬請與之以紓難，乃以檻車送文傑軍中。文傑善數術，自占云過三日可無患，送者聞之，疾馳二日而至，軍士踴躍，磔文傑于

• 百衲本『病』作『疾』。
• 『崇順王』，劉行全，梁貞明中封。
• 百衲本作『以英』，貴同，汲、局同。
• [槌，編注] 彭作『搥』。
• 『兵士』，彭本作『兵行』，南監本。

● 請君入甕，又。
● 百衲本無『猶』字，貴同。
● 『答』，疑是『客』。
● 『早卒』，汲本作『早死』。
● 通鑑清泰二年，閩主兩娶劉氏。

乾隆四年校刊

赤。閩人爭以瓦石投之，臠食立盡。明日，鏻使者至，赦之，已不及。初，文傑爲鏻造檻車，以謂古制踈闊，乃更其制，令上下通中，以鐵芒內嚮，動輒觸之。旣成，首被其毒。龍啓三年，改元永和。王仁達爲鏻殺延稟有功，而典親兵，鏻心忌之，嘗問仁達曰：「趙高指鹿爲馬，以愚二世，果有之邪？」仁達曰：「秦二世愚，故高指鹿爲馬，非高能愚二世也。今陛下聰明，朝廷官不滿百，起居動靜，陛下皆知之，敢有作威福者，族滅之而已。」鏻慙，賜與金帛慰安之。退而謂人曰：「仁達智畧，在吾世猶可用，不可遺後世患。」卒誣以罪殺之。鏻妻早卒，繼室金氏賢而不見答，審知婢

于8 查已改

金鳳姓陳氏，鏻嬖之，遂立以爲后。初鏻有嬖吏歸守明者，以色見幸，號歸郎。鏻後得風疾，陳氏與歸郎姦。又有百工院使李可殷因歸郎以通陳氏。鏻命錦工作九龍帳。國人歌曰：誰謂九龍帳，惟貯一歸郎。鏻婢春燕有色，其子繼鵬烝之。鏻已病，繼鵬因陳氏以求春鷰，鏻怏怏與之。其次子繼韜怒，謀殺繼鵬，繼鵬懼，與皇城使李倣圖之。是歲十月，鏻饗軍于大酺殿，坐中昏然，言見延稟來。倣以爲鏻病已甚，乃令壯士先殺李可殷于家。明日晨朝，鏻無恙，問倣殺可殷何罪，倣懼而出，與繼鵬率皇城衛士而入。鏻聞鼓譟聲，走匿九龍帳中，衛士刺之不

• 于〔千，編注〕，逕改。

殂宮人不忍其苦爲絶之繼韜及陳氏歸郎皆爲倣所殺鏻立十年見殺謚曰惠皇帝廟號太宗

繼鵬鏻長子也既立更名昶改元通文以李倣判六軍諸衞事倣有弑君之罪既立昶而心常自疑多養死士以爲備昶患之因大享軍伏甲擒倣殺之梟其首于市倣部曲千人叛燒啓聖門奪倣首奔於錢唐晉天福二年昶遣使朝貢京師高祖遣散騎常侍盧損冊封昶閩王拜其子繼恭臨海郡王損至閩昶稱疾不見令繼恭主之又遣中書舍人劉乙勞損于館乙衣冠偉然騶僮甚盛佗日損遇乙于塗布衣芒屩而已損使人誚之曰

● 『陳氏』，百衲本、貴池本、彭本作『陳后』。
● 百衲本無『封』字，貴本同。
● 百衲本作『芒屩』，彭同，貴同。

鳳閣舍人何偪下之甚也乙羞媿以手掩面而走昶聞之怒損稍侵辱之損還昶無所答而其子繼恭遣其佐鄭元弼隨損至京師貢方物致書晉大臣述昶意求以敵國禮相往來高祖怒其不遜下詔暴其罪歸其貢物不納兵部員外郎李知損上書請籍没其物而禁錮使者於是以元弼下獄獄具引見元弼俯伏曰昶夷貊之君不知禮義陛下方示大信以來遠人臣將命無狀願伏斧鑕以贖昶罪高祖乃赦元弼遣歸昶亦好巫拜道士譚紫霄爲正一先生又拜陳守元爲天師而妖人林興以巫見幸事無大小興輒以寶皇語命之而後行守

百衲本無稍字　句疑
拒貢
好道士

- 百衲本無『稍』字。
- 拒貢。
- 句疑。
- 好道士。

賣官

元敎昶起三淸臺三層，以黃金數千斤鑄寶皇及元始天尊、太上老君像，日焚龍腦、薰陸諸香數斤，作樂于臺下，晝夜聲不輟，云如此可求大還丹。三年夏，虹見其宮中。林興傳神言，此宗室將爲亂之兆也。乃命興率壯士殺審知子延武、延望及其子五人，後興事敗，亦被殺。而昶愈惑亂，立父婢春鷰爲淑妃，後立以爲皇后。又遣醫人陳究以空名堂牒賣官。昶弟繼嚴判六軍諸衞事，昶疑而罷之，代以季弟繼鏞，而募勇士爲宸衞都以自衞，其賜予給賞獨厚於他軍。控鶴都將連重遇、拱宸都將朱文進皆以此怨激其軍。是歲夏，術者言昶宮中當有

賣官。

災，昶徙南宮避災，而宮中火，昶疑重遇軍士縱火。內學士陳郯素以便佞爲昶所親信，昶以火事語之，郯反以告重遇，重遇懼，夜率衞士縱火焚南宮，昶挾愛姬子弟黃門衞士斬關而出，宿于野次，重遇迎延義立之。延義令其子繼業率兵襲昶，及之，射殺數人，昶知不免，擲弓于地，繼業執而殺之，及其妻子皆死，無遺類。延義立，謚昶曰康宗。

延義審知少子也。既立，更名曦，遣使朝貢于晉，改元永隆，鑄大鐵錢，以一當十。曦自昶世倔彊難制，昶相王倓每抑折之，曦亦憚倓不敢有所發。新羅遣使聘閩以寶

• 『其子繼業』，延義諸子中無繼業名。通鑑天福四年作兄子繼業，十國春秋九十四，繼業延宗之子，則兄子無疑。

• 『遣使』下百衲本、貴池本有『者』字。

• 彭本『鑄大錢』蓋據泉志有以銅爲之之語而改。

• 通鑑天福七年八月，閩人鑄永隆通寶大鐵錢，一以當鉛錢百。

劒，昶舉以示倓曰：「此將何爲？」倓曰：「不忠不孝者斬之。」曦居旁色變。曦旣立，而新羅復獻劒，曦思倓前言，而倓已死，命發塚戮其尸，倓面如生，血流被體。泉州刺史余廷英嘗矯曦命掠取良家子，曦怒，召下御史劾之，廷英進買宴錢十萬，曦曰：「皇后土貢何在？」廷英又獻皇后錢十萬，乃得不劾。曦嘗嫁女，朝士有不賀者笞之，御史中丞劉贊坐不糾舉，將加笞，諫議大夫鄭元弼切諫，曦謂元弼曰：「卿何如魏鄭公，乃敢彊諫！」元弼曰：「陛下似唐太宗，臣爲魏鄭公可矣。」曦喜，乃釋贊不笞。曦弟延政爲建州節度使，封富沙王，自曦立不叶，數舉兵相攻，曦由此惡

乾隆四年校刊

五代史卷六十八 世家

王延羲

- 南監本、彭本作「延英」，十國春秋作「廷英」。
- 兩「十萬」，百衲本均作「千萬」，彭本亦作「千萬」，貴池本同。
- 買宴錢。
- 通鑑天福七年，余廷英獻買宴錢萬緡，劉校，每緡千錢，則千萬是。十國春秋萬緡，一作千萬，其實一也。

南監本、彭本作延英，十國春秋作廷英。
兩十萬，百衲本均作千萬。
買宴錢。
彭本亦作千萬。
貴池本書。
通鑑天福七年余廷英獻買宴錢萬緡，劉校每緡千錢，則千萬是。十國春秋萬緡，一作千萬，其實一也。

柴德賡點校

其宗室、多以事誅之。諫議大夫黃峻舁櫬詣朝堂極諫，曦怒，貶峻漳州司戸參軍。校書郎陳光逸上書疏曦過惡五十餘事，曦命衛士鞭之百而不死，以繩係頸掛于木，久而乃絶。國計使陳匡範增筭商之法以獻，曦曰：「匡範人中寶也。」已而歲入不登其數，乃借於民以足之，匡範以憂死。其後知其借於民也，剖棺斷尸、棄之水中。曦性既淫虐，而妻李氏悍而酗酒，賢妃尚氏有色而寵，李仁遇，曦甥也，以色變之，用以爲相。曦常爲牛飲，群臣侍酒，醉而不勝，有訴乃私棄酒者輒殺之，諸子繼柔棄酒，并殺其賛者一人。連重遇弒昶，懼爲國人所討，與朱文

● 此亦硬漢。
● 彭本作『斲尸』。
● 牛飲。
● 『訴』，馬氏南唐書作『詐』。
● 『乃』，百衲本作『及』，彭本同，貴本同，汲同。
● 百衲本『弑』作『殺』，貴本同。

進連姻以自固。曦心疑之，常以語誚重遇等，重遇等流涕自辨。李氏妬尚妃之寵，欲圖曦而立其子亞澄，乃使人謂重遇等曰：「上心不平於二公，柰何？」重遇等懼。六年三月，曦出遊，醉歸，重遇等遣壯士拉於馬上而殺之，謚曰景宗。

延政，審知子也。曦立，爲淫虐，延政數貽書諫之，曦怒，遣杜建崇監其軍，延政逐之。曦乃舉兵攻延政，爲延政所敗。延政乃以建州建國，稱殷，改元天德。明年，連重遇已殺曦，集閩羣臣告曰：「昔太祖武皇帝親冒矢石，遂啓有閩，及其子孫，淫虐不道，今天厭王氏，百姓與能，當求有德以安此土。群臣皆莫敢議，乃掖朱文進升殿，率百官北面而臣之。文進以重遇判六軍諸衛事，王氏子弟在福州者無少長皆殺之，以黃紹頗守泉州，程贇守漳州，許文縝守汀州，稱晉年號，時開運元年也。泉州軍將留從效詐其州人曰：富沙王兵取福州矣，吾屬世爲王氏臣，安能交臂而事賊乎。州人共殺紹頗，迎王繼勳爲刺史，漳州聞之，亦殺贇，迎王繼成爲刺史，皆王氏之諸子也。文縝懼，以汀州降于延政。延政已得三州，重遇亦殺文進，傳首建州以自歸。福州裨將林仁翰又殺重遇，謀迎延政都福州。是時，南唐李景聞閩亂，發兵攻之，延政

- 『程贇』，通鑑開運元年爲『程文緯』。
- 『文縝』，通鑑開運元年作『文稹』，九國志事略同。
- 『取』，百衲本作『收』。

遣其從子繼昌守福州而南唐兵方急攻延政福州將李仁達謂其徒曰唐兵攻建州富沙王不能自保其能有此土邪乃擒繼昌殺之欲自立懼衆不附以雪峰寺僧卓儼明示衆曰此非常人也被以衮冕率諸將吏北面而臣之已而又殺儼明乃自立送款于李景景以仁達爲威武軍節度使更其名曰弘義而景兵攻破建州遷延政之族於金陵封鄱陽王是歲景保大四年也留從効聞延政降唐執王繼勳送于金陵李景以泉州爲清源軍以從効爲節度使景已破延政遣人召李仁達使入朝仁達不從遂降于吳越而留從効亦逐景守兵

• 百衲本「邪」作「也」。
• 通鑑「儼」作「嚴」。
• 百衲本「族」上無「之」字。
• 貴池本、百衲本無「使」字。

據泉漳二州，景猶封從効晉江王。周世宗時，從効遣牙將蔡仲興爲商人，間道至京師，求置邸内屬。是時世宗與李景畫江爲界，遂不納從効，仍臣于南唐。其後事具國史。晉開運三年丙午，南唐保太四年也，是歲李景兵破建州，王氏滅。江南録云，保太三年虜王氏之族遷于金陵，謬也。據王潮實以唐景福元年入福州，拜觀察使，而後人紀録者乃用騎馬來騎馬去之讖，以爲據，遂以王潮光啓二年歲在丙午拜泉州刺史爲始年，至保太四年、歲復在丙午，而滅，故爲六十一年。然其奄有閩國則當自景福元年爲始，實五十五年也。今諸家記其國滅丙午是也，其始年則牽於讖書，謬矣。惟江南録又差其末年也。

五代史卷六十八

• 『太』，均當作『大』，各本均作『大』。
• 江南錄云，『云』彭本作『書』，貴同。
• 『金陵』下彭本有『者』字。

• 彭注引三楚新錄，作『峽石』人。
• 天『復』，百衲本誤作『福』，貴本亦誤。

五代史卷六十九

宋　歐　陽　修　撰

南平世家第九

高季興字貽孫陝州硤石人也本名季昌避後唐獻祖廟諱更名季興季興少爲汴州富人李讓家僮梁太祖初鎭宣武讓以入貲得幸養爲子易其姓名曰朱友讓季興以友讓故得進見太祖奇其材命友讓以子畜之因冒姓朱氏補制勝軍使遷毅勇指揮使天復二年梁兵攻鳳翔李茂貞堅壁不出太祖議欲收軍還河中季興獨進曰天下豪傑窺此擧者一歲矣今岐人已憊破

彭注引三楚新錄作峽石人

天復百衲本誤作福貴本亦誤

乾隆四年校刊　　五代史卷六十九　世家　一　高季興

在旦夕、而大王之所慮者、閉壁以老我師、此可以誘致之也。太祖壯其言、命季興募勇敢士、得騎士馬景、季興授以計、引見太祖。景曰：此行無還理、願錄其後嗣。太祖惻然止之、景固請乃行。景以數騎馳叩城門、告曰：梁兵將東、前鋒去矣。岐人以爲然、開門出追梁軍、梁兵隨景後以進、殺其九千餘人、景死之。茂貞後與梁和、昭宗出、贈景官、謚曰忠壯。季興由是知名。明年、拜宋州刺史、從破青州、徙潁州防禦使、復姓高氏。當唐之末、襄州趙匡凝、襲破雷彥恭于荆南、以其弟匡明爲留後。梁兵攻破襄州、匡凝奔于吳、匡明奔于蜀、乃以季興爲荆南節度

• 『授』，貴池本誤作『受』。

• 〔宋州刺史，編注〕通鑑、九國志作『宋州團練使』。薛史一三三，行宋州刺史。

柴德賡點校

觀察留後。開平元年，拜季興節度使。二年，加同中書門下平章事。荆南節度十州，當唐之末，爲諸道所侵，季興始至，江陵一城而已，兵火之後，井邑凋零。季興招緝綏撫，人士歸之。乃以倪可福、鮑唐爲將帥，梁震、司空薰、王保義等爲賓客。太祖崩，季興見梁日以衰弱，乃謀阻兵自固，治城隍，設樓櫓，以兵攻歸、峽，爲蜀將王宗壽所敗。又發兵聲言助梁擊晉，以侵襄州，爲孔勍所敗，乃絶貢賦累年。梁末帝優容之，封季興渤海王，賜以袞冕劍佩。貞明三年，始復修貢。梁亡，唐莊宗入洛，下詔慰諭，季興司空薰等皆勸季興入朝京師，梁震以爲不可，曰：「梁唐世爲仇敵，夾河血戰垂二十年，今主上新滅梁而大王梁室故臣，握彊兵居重鎮，以身入朝，行爲虜爾。季興不聽，留其二子，以騎士三百爲衞，朝于洛陽。莊宗果欲留之，郭崇韜諫曰：「唐新滅梁得天下，方以大信示人。今四方諸侯相繼入貢，不過遣子弟將吏，而季興以身述職，爲諸侯率。宜加恩禮，以諷動來者，而反縻之，示天下以不廣，且絕四方內向之意，不可。」莊宗乃止，厚禮而遣之。莊宗嘗問季興曰：「吾已滅梁，欲征吳、蜀，何者爲先？」季興曰：「宜先蜀。臣請以本道兵先進。」莊宗大悅，以手拊其背。季興因命工繡其手迹於衣，歸以爲榮耀。季興已去，莊

● 薛史一三三，季興朝洛陽歸，明年，冊拜南平王。
● 季興朝洛在同光元年，則明年乃二年，通鑑正載在二年，五代會要同，則作『三年』誤。
● 蜀資入荆南。

宗心悔遣之密詔襄州劉訓圖之季興行至襄州心動夜斬關而出已去而詔書夜至季興歸而謂梁震曰不聽子言幾不免因曰吾行有二失來朝一失放還一失且主上百戰以取河南對功臣誇手抄春秋又曰我於手指上得天下其自矜伐如此而荒于遊畋政事多廢吾可無慮矣同光三年封南平王魏王繼岌已破蜀得蜀金帛四十餘萬自峽而下而莊宗之難作季興聞京師有變乃悉邀留蜀物而殺其使者韓珙等十餘人初唐兵伐蜀季興請以本道兵自取夔忠萬歸峽等州乃以季興爲峽路東南面招討使而季興未嘗出兵魏王

已破蜀，而明宗入立，季興因請夔、忠等州爲蜀郡，唐大臣以爲季興請自取之，而兵出無功，不與。季興屢請，雖不得已與之，而唐猶自除刺史，季興拒而不納。明宗乃以襄州劉訓爲招討使攻之，不克。而唐別將西方鄴克其夔、忠、萬三州，季興遂以荆、歸、峽三州臣于吳。吳册季興秦王。天成三年冬，卒，年七十一，謚曰武信。季興子九人，長子從誨立。

從誨字遵聖。季興時入梁爲供奉官，累遷鞍轡庫使，賜告歸寧，季興遂留爲馬步軍都指揮使、行軍司馬。季興卒，吳以從誨爲荆南節度使。從誨以父自絕于唐，懼復

「蜀」當作「屬」，百衲本作「屬」，貴本同，彭本同。
「無功」，貴本訛爲「爲功」。
「與之」上，百衲本有「而」字。
薛史病脚氣卒。

• 「蜀」，當作「屬」，百衲本作「屬」，貴本同，彭本同。
• 「無功」，貴本訛爲「爲功」。
• 「與之」上，百衲本有「而」字。
• 薛史病脚氣卒。

見討乃遣使者聘于楚楚王馬殷爲之請命于唐而從誨亦遣押衙劉知謙奉表自歸進贖罪銀三千兩明宗納之長興元年正月拜從誨節度使追封季興楚王諡曰武信三月封從誨渤海王應順元年封南平王從誨爲人明敏多權詐晉高祖遣翰林學士陶穀爲從誨生辰國信使從誨宴穀望沙樓大陳戰艦于樓下謂穀曰吳蜀不賓久矣願修武備習水戰以待師期穀還具道其語晉高祖大喜復遣使賜以甲馬百匹襄州安從進反結從誨爲援從誨外爲拒絶陰與之通晉師致討從誨遣將李端以舟師爲應從進誅從誨求郢州爲屬郡

• 銀三千兩。

• 『三月』，百衲本、南監本、貴池本作『三年』，彭同。通鑑封從誨勃海王正在『三年』。

貴澤不重從誨二字

高祖不許。契丹滅晉、漢高祖起太原、從誨遣人間道奉表勸進。且言漢得天下、願乞郢州爲屬。漢高祖陽諾之。高祖入汴、從誨遣使朝貢、因求郢州、高祖不與。從誨怒、發兵攻郢州、爲刺史尹實所敗。漢遣國子祭酒田敏使于楚、假道荆南、從誨問敏中國虛實、以爲契丹之後、兵食皆殫、意欲以誚敏。敏爲言杜重威悉以晉戈甲降虜、虜置之鎮州、未嘗以北、而晉兵皆漢有也。從誨不悅。敏以印本五經遺從誨。從誨謝曰。子之所識不過孝經十八章爾。敏曰。至德要道、於此足矣。敏因誦諸侯章曰。在上不驕。高而不危。制節謹度。滿而不溢。從誨以爲譏已。

• 貴池本不重『從誨』二字。

即以大危罰斂荆南地狹兵弱介於吳楚爲小國自吳稱帝而南漢閩楚皆奉梁正朔歲時貢奉皆假道荆南季興從誨常邀留其使者掠取其物而諸道以書責誚或發兵加討即復還之而無媿其後南漢與閩蜀皆稱帝從誨所嚮稱臣蓋利其賜予俚俗語謂奪攘苟得無媿恥者爲賴子猶言無賴也故諸國皆目爲高賴子從誨自求郢州不得遂自絕於漢逾年復通朝貢乾祐元年十月卒年五十八贈尚書令謚曰文獻子保融立從誨十五子長曰保勳次保正保融第三子也不知其得立之因

乾隆四年校刊

• 『吳越』，百衲本作『吳楚』，貴池本、汲、彭、局同，南監本同。

保融字德長，從誨時爲節度副使、兼峽州刺史。從誨卒，拜節度使。廣順元年，封渤海郡王。顯德元年，進封南平王。世宗征淮，保融遣指揮使魏璘率兵三千出夏口以爲應。又遣客將劉扶奉牋南唐，勸其內附。李景稱臣，世宗得保融所與牋，大喜，賜以絹百匹。荆南自後唐以來數歲一貢京師，而中間兩絶。及世宗時，無歲不貢矣。保融以謂器械金帛皆土地常産，不足以効誠節，乃遣其弟保紳來朝。世宗益嘉之。初，季興之鎭梁，以兵五千爲牙兵，衣食皆給於梁。至明宗時，歲給以鹽萬三千石。後不復給。及世宗平淮，故命泰州給之。保融性迂緩無材

•『百匹』，南監本、彭本作『萬匹』，貴本同，百衲本作『百匹』，十國春秋作『萬』。通鑑顯德五年亦作『萬匹』，同時賜吴越之『三萬匹』，則此作『萬匹』不爲過也。

•『數歲』上，百衲本有『常』字，貴本同。

能而事無大小、皆委其弟保勗。其從叔從義謀爲亂，爲其徒高知訓所告，徙之松滋而殺之。宋興，保融懼，一歲之間，三入貢。建隆元年以疾卒，年四十一，贈太尉，謚曰貞懿。弟保勗立。

保勗字省躬，從誨第十子也。保融卒，拜節度使。三年，保勗疾，謂其將梁延嗣曰：我疾遂不起，兄弟孰可付之後事者？延嗣曰：公不念貞懿王乎？先王寢疾，以軍府付公，今先王子繼冲長矣。保勗曰：子言是也。即以繼冲判內外兵馬。十一月，保勗卒，年三十九，贈侍中。保融之子繼冲立。

乾隆四年校刊

・「從叔」，彭本作「後叔」，誤。
・薛史建隆四年春卒，續通鑑長編從歐史。

從叔彭本作後叔誤

薛史建隆四年春卒 續通鑑長編從歐史

五代史卷六十九　世家　六

繼冲字成和保勗卒拜節度使湖南周行逢卒子保權
立其將張文表作亂建隆四年太祖命慕容延釗等討
之延釗假道荆南約以兵過城外繼冲大將李景威曰
兵尚權譎城外之約不可信也宜嚴兵以待之判官孫
光憲叱之曰汝峽江一民爾安識成敗且中國自周世
宗時已有混一天下之志况聖宋受命眞主出邪王師
豈易當也因勸繼冲去斥堠封府庫以待繼冲以爲然
景威出而歎曰吾言不用大事去矣何用生爲因扼吭
而死延釗軍至繼冲出逆于郊而前鋒遽入其城繼冲
亟歸見旗甲馬布列衢巷大懼郎詣延釗納牌印太

•『不可信也』，彭本作『其可信乎』。
•『堠』，百衲本、貴池本作『候』，可不改。

祖優詔復命繼冲爲節度使。乾德元年，有事于南郊，繼冲上書願陪祠。九月，具文告三廟，率其將吏宗族五百餘人朝于京師，拜武寧軍節度使，以卒。光憲拜黃州刺史，其後事具國史。季興興滅年世甚明，諸書皆同，蓋自梁開平元年鎮荊南，至皇朝乾德元年國除，凡五十七年。

五代史卷六十九

五代史卷六十九考證

高季興傳韓珙等十餘人○珙監本訛琪今從閣本

從誨傳從誨以父自絕于唐懼復見討乃遣使者聘於楚楚王馬殷爲之請命于唐而從誨亦遣押衙劉知謙奉表自歸進贖罪銀三千兩明宗納之○臣文清按通鑑載季興附于吳從誨襲位謂僚佐曰唐近而吳遠舍近臣遠非計也乃因楚王殷以謝罪于唐又遺山南東道節度使安元信書求保奏復修職貢元信以從誨書聞帝許之與此小異然較詳

保融傳皆委其弟保勗○監本闕其弟二字今從南本

增正

五代史卷六十九考證

薛史高祖從弟

五代史卷七十

宋　歐　陽　修　撰

東漢世家第十

劉旻漢高祖母弟也初名崇爲人美鬚髯目重瞳子少無賴嗜酒好博嘗黥爲卒高祖事晉爲河東節度使以旻爲都指揮使高祖即帝位以爲太原尹北京留守同中書門下平章事隱帝時累加中書令隱帝少政在大臣周太祖爲樞密使新討三叛立大功而與旻素有隙旻頗不自安謂判官鄭珙曰主上幼弱政在權臣而吾與郭公不叶時事如何珙曰漢政將亂矣晉陽兵雄天

• 薛史作高祖從弟。

下、而地形險固、十州征賦、足以自給。公爲宗室老、不以此時爲計、後必爲人所制。旻曰、子言乃吾意也。乃罷上供征賦、收豪傑籍丁民以益兵。三年、周太祖起魏、隱帝遇弒、旻乃謀舉兵。周太祖之自魏入也、反狀已白、而漢大臣不即推尊之、故未敢即立。乃白漢太后立旻子贇爲漢嗣、遣宰相馮道迎贇于徐州。當是時、人皆知太祖之非實意也、旻獨喜曰、吾兒爲帝矣、何患。乃罷兵、遣人至京師。周太祖少賤、黥其頸上爲飛雀、世謂之郭雀兒。太祖見旻使者、具道所以立贇之意。因自指其頸以示使者曰、自古豈有雕青天子。幸公無以我爲疑。旻喜、益

• 百衲本無『老』字。
• 劉校謂，『三年』上宜加『乾祐』二字。
• 『即立』，彭本作『即位』。

此至愚蠢事也

此至愚蠢事也。

信以爲然太原少尹李驤曰郭公舉兵犯順其勢不能爲漢臣必不爲劉氏立後因勸旻以兵下太行控孟津以俟變庶幾贇得立贇立而罷兵可也旻大罵曰驤腐儒欲離間我父子命左右牽出斬之驤臨刑歎曰吾爲愚人畫計死誠宜矣然吾妻病不可獨存願與之俱死旻聞之即并戮其妻于市以其事白漢以明無他已而周太祖果代漢降封贇湘陰公旻遣牙將李䜩奉書周太祖求贇歸太原而贇已死旻即慟哭爲李驤立祠歲時祠之乃以周廣順元年正月戊寅即皇帝位于太原以子承鈞爲太原尹判官鄭珙趙華爲宰相都押衙陳

光裕爲宣徽使，遣通事舍人李謽間行使于契丹。契丹永康王兀欲與旻約爲父子之國，旻乃遣宰相鄭珙致書兀欲，稱姪皇帝，以叔父事之而已。兀欲遣燕王述軋、政事令高勳以冊尊旻爲大漢神武皇帝，幷稱旻妻爲皇后。兀欲性豪儁，漢使者至，輒以酒肉困之。珙素有疾，兀欲彊之飮，一夕而以醉卒。然兀欲聞旻自立，頗幸中國多故，乃遣其貴臣述軋、高勳以自愛黃騮九龍十二稻玉帶報聘。已而兀欲爲述軋所弒，述律代立，旻遣樞密直學士王得中聘于述律，求兵以攻周。述律遣蕭禹厥率兵五萬助旻，旻出陰地攻晉州，爲王峻所敗。是歲

●『稱』，彭本作『冊』，百衲本、貴本同。
●儁[儁，編注]，逕改。
●『神武』，薛史作『英武』。
●纂誤，與峻未嘗交鋒，安得謂爲峻所敗也？

大寒，旻軍凍餒亡失過半。明年，又攻府州，爲折德扆所敗。德扆因取岢嵐軍。周太祖崩，旻聞之喜，遣使乞兵于契丹，契丹遣楊衮將鐵馬萬騎及奚諸部兵五、六萬人，號稱十萬以助旻。旻以張元徽爲先鋒，自將騎兵三萬攻潞州。潞州李筠遣穆令鈞以步騎三千拒元徽于太平驛，元徽擊敗之，遂圍潞州。是時世宗新即位，以謂旻幸周有大喪，而天子新立，必不能出兵，宜自將以擊其不意，自宰相馮道等多言不可，世宗意甚銳。顯德元年三月，親征。甲午，戰于高平，李重進、白重贊將左，樊愛能、何徽將右，向訓、史彥超居中軍，張永德以禁兵衞蹕。旻

通鑑考異，晉陽見聞錄衮帥騎「六七萬，號十萬」。
「三千」，彭本、南監本作「二千」，貴池本亦「二千」。通鑑考異引世宗實錄作「三千騎」，通鑑從晉陽聞見實錄無軍數，然下文作「二千騎」。

亦列爲三陣張元徽居東偏楊衮居西偏旻居其中衮望周師謂旻曰勍敵也未可輕動旻奮髯曰時不可失無妄言衮怒而去旻號令東偏先進王得中叩馬諫曰南風甚急非北軍之利也宜少待之旻怒曰老措大毋妄沮吾軍即麾元徽元徽擊周右軍兵始交愛能徽退走其騎軍亂步卒數千棄甲叛降元徽呼萬歲聲振川谷世宗大駭躬督戰士士皆奮命爭先而風勢愈盛旻自麾赤幟收軍軍不可遏旻遂敗日暮旻收餘兵萬人阻澗而止是時周之後軍劉詞將之在後未至而世宗銳於速戰戰已勝詞軍繼至因乘勝追擊之旻又大敗

• 百衲本『言』下有『也』字。
• 彭本作『軍亂不可遏』。

● 貴池本脫『至於六月』四字。
● 百衲本無『之』字。

輜重器甲、乘輿服御物、皆爲周師所獲。旻獨乘契丹黃騮自鵰窠嶺間道馳去，夜失道山谷間，得村民爲鄉導，誤趨平陽，得佗道以歸。而張元徽戰歿于陣。楊袞怒旻，按兵西偏不戰，故獨全軍而返。旻歸，爲黃騮治廐，飾以金銀，食以三品料，號自在將軍。世宗休軍潞州，大宴將士，斬敗將樊愛能、何徽等七十餘人，軍威大振，進攻太原。遣符彥卿、史彥超北控忻口，以斷契丹援路。太原城方四十里，周師去城三百步，圍之匝，自四月至於六月，攻之不克。而彥卿等爲契丹所敗，彥超戰歿，世宗遽班師。初，周師之圍城也，旻遣王得中送楊袞以歸，因乞援兵於契丹，契丹發數萬騎助旻，遣得中先還，至代州，代州將桑珪殺防禦使鄭處謙以城降周，幷送得中于周。世宗召問得中虜助兵多少，得中言送袞歸無所求也。世宗信之。已而契丹敗符彥卿於忻口，得中遂見殺。旻自敗於高平，已而被圍，以憂得疾，明年十一月卒，年六十。子承鈞立。

承鈞，旻次子也。少頗好學，工書。旻卒，承鈞遣人奉表契丹，自稱男。述律荅之以詔，呼承鈞爲兒，許其嗣位。初，旻常謂張元徽等曰：「吾以高祖之業，贇之冤，義不爲郭公屈，爾期與公等勉力以復家國之讐。」至於稱帝一方，豈

• 歐史、十國年譜承鈞立於顯德元年，則旻不死於高平戰後之明年，此『明年』二字疑誤。然薛史、周世宗實錄作卒二年。通鑑考異引諸本作『二年』，不改。

• [家國，編注]彭本作『國家』。

獲己也顧我是何天子爾亦是何節度使故其僭號仍
稱乾祐不改元不立宗廟四時之祭用家人禮承鈞既
立始赦境內改乾祐十年曰天會元年立七廟於顯聖
宮契丹遣高勳以兵助承鈞承鈞遣李存瓌與勳攻上
黨無所得而還明年世宗北伐契丹下三關契丹使來
告急承鈞將發兵而世宗班師乃已宋興昭義節度使
李筠叛命遣其將劉繼沖判官孫孚奉表稱臣執其監
軍周光遜李廷玉送于太原乞兵爲援承鈞欲謀於契
丹繼冲道筠意請無用契丹兵承鈞卽率其國兵自將
出團柏谷羣臣餞之汾水僕射趙華曰李筠舉事輕易

百衲本無
本無以兵二字

• 百衲本、貴池本無『以兵』二字。

陛下不圖成敗空國與師臣實憂之。承鈞至太平驛、封筠隴西郡王。筠見承鈞儀衞不備、非如王者、悔臣之。筠因自陳受周氏恩、不忍背德。而承鈞與周世仇也、聞筠言亦不悅。遣宣徽使盧贊監其軍、筠心益不平。與贊多不叶。承鈞遣宰相衞融和解之。已而筠敗死、衞融被執至京師、太祖皇帝問融承鈞所以助筠反狀、融言不遜、太祖命以鐵檛擊其首、流血被面、融呼曰、臣得死所矣。太祖顧左右曰、此忠臣也、釋之、命以良藥傅其瘡、遣融致書于承鈞、求周光遜等、約亦歸融太原。承鈞不報。融遂留京師。承鈞謂趙華曰、不聽公言、幾至於敗、然失衞

檛

• 檛［撾，編注］。

融盧贊吾以爲恨爾承鈞由此益重儒者以抱腹山人郭無爲參議國政無爲棣州人方顙鳥喙好學多聞善談辯嘗衣褐爲道士居武當山周太祖討李守貞于河中無爲詣軍門上謁詢以當世之務太祖奇之或謂太祖曰公爲漢大臣握重兵居外而延縱橫之士非所以防微慮遠之道也由是太祖不納無爲去隱抱腹山承鈞內樞密使段常識之薦其材承鈞以諫議大夫召之遂以爲相五年宿衞殿直行首王隱劉紹趙鸞等謀作亂事覺被誅其詞連段常乃罷常樞密爲汾州刺史縊殺之自旻世凡舉事必稟契丹而承鈞之立多略契丹

- 貴池本、彭本作『烏』，長編作『烏』。
- 『于河中』，貴池本無『于』字，彭同。
- 行首。
- 段『常』，長編作『恒』，避真宗諱改。

遣使者責承鈞改元援李筠殺段常不以告承鈞惶恐謝罪使者至契丹輒見留承鈞奉之愈謹而契丹待承鈞益薄承鈞自李筠敗而失契丹之援無復南侵之意地狹產薄以歲輸契丹故國用日削乃拜五臺山僧繼顒爲鴻臚卿繼顒故燕王劉守光之子守光之死以孽子得不殺削髮爲浮圖後居五臺山爲人多智善商財利自旻世頗以賴之繼顒能講華嚴經四方供施多積畜以佐國用五臺當契丹界上繼顒常得其馬以獻號添都馬歲率數百匹又於柏谷置銀冶募民鑿山取礦烹銀以輸劉氏仰以足用即其冶建寶興軍繼顒後累

冶 貴本作冶、百衲本同 彭同

『治』，貴池本作『冶』，百衲本同，彭同。

官至太師中書令，以老病卒，追封定王。太祖嘗因界上諜者謂承鈞曰：「君家與周氏爲世讎，宜其不屈。今我與爾無所間，何爲困此一方之人也？若有志於中國，宜下太行以決勝負。」承鈞遣諜者復命曰：「河東土地兵甲，不足以當中國之十一；然承鈞家世非叛者，區區守此，蓋懼漢氏之不血食也。」太祖哀其言，笑謂諜者曰：「爲我語承鈞，開爾一路以爲生。」故終其世不加兵。承鈞立十三年，病卒，其養子繼恩立。

繼恩本姓薛氏，父釗爲卒，旻以女妻之，生繼恩。漢高祖以釗壻也，除其軍籍，置之門下。釗無材能，高祖衣食之，

● 百衲本『太祖』下有『皇帝』二字，貴同，彭同，下倣此。
● 十國年譜承鈞顯德元年立，至開寶元年應爲『十五年』。

而無所用、妻以旻女、常居中。釗罕得見、釗常怏怏、因醉拔佩刀刺之、傷而不死、釗卽自裁。旻女後適何氏、生子繼元、而何氏及旻女皆卒。旻以其子承鈞無子、乃以二子命承鈞養爲子。承鈞立、以繼恩爲太原尹。承鈞嘗謂郭無爲曰、繼恩純孝、然非濟世之才、恐不能了我家事。無爲不對。承鈞病臥勤政閣、召無爲、執手以後事付之。承鈞卒、繼恩告哀於契丹而後立。繼恩服縗裳視事、寢處皆居勤政閣。而承鈞故執事百司宿衞者、皆在太原府廨。九月、繼恩置酒會諸大臣宗子、飲罷臥閣中、供奉官侯霸榮率十餘人挺刃入閣閉戶而殺之。郭無爲遣

人以梯登屋入殺霸榮并其黨初承鈞之語郭無爲也
繼恩怨無爲不助已及立欲逐之而未果故霸榮之亂
人皆以謂無爲之謀霸榮死口滅而無知者無爲迎繼
元而立之
繼元爲人忍旻子十餘人皆無可稱者當繼元時有鎬
錡錫於繼元爲諸父皆爲繼元所殺獨銑以佯愚獲
免承鈞妻郭氏繼元兄弟自少母之繼元妻段氏嘗以
小過爲郭氏所責旣而以宅疾而卒繼元疑其殺之及
立遣嬖者范超圖殺郭氏郭氏方縗服哭承鈞于柩前
超執而縊殺之於是劉氏之子孫無遺類矣繼元立畋

• 百衲本『錫』下多一『銑』字，貴池本同，彭、局本、南監本同。

元曰廣運王師北征繼元閉城拒守太祖以詔書招繼元出降許以平盧軍節度使郭無爲安國軍節度使無爲捧詔色動而幷人及繼元左右皆欲堅守以拒命無爲仰天慟哭拔佩刀欲自裁爲左右所持繼元自下執其手延之上坐無爲曰奈何以孤城拒百萬之王師蓋欲搖動幷人而幷人守意益堅宦者衞德貴察無爲有異志以告繼元繼元遣人縊殺之初太祖命引汾水浸其城水自城門入而有積草自城中飄出塞之是時王師頓兵甘草地中會歲暑雨軍士多疾乃班師王師已去繼元決城下水注之臺駘澤水已落而城多摧圮契

• 百衲本『太祖』下有『皇帝』二字，貴同。
• 百衲本『太祖』下有『皇帝』二字，貴同。

丹使者韓知璠時在太原，歎曰：「王師之引水浸城也，知其一而不知其二。若知先浸而後涸，則并人無類矣。」太平興國四年，王師復北征，繼元窮窘，而并人猶欲堅守。其樞密副使馬峯老疾居于家，舁入見繼元，流涕以興亡諭之，繼元乃降。太宗御城北高臺受降，以繼元爲右衞上將軍，封彭城公。其後事具國史。是年，世興滅諸書皆同，自周廣順元年建號，至皇朝太平興國四年國滅，凡二十八年。餘具年譜注。

- 百衲本「太宗」下有「皇帝」二字，貴本同。
- 百衲本、貴池本「國滅」無「國」字，汲、局同。
- 宋史四百八十二作「二十九年」，作二十九年是。

五代史卷七十

五代史卷七十考證

劉繼元傳繼元決城下水灌之臺駘澤○澤一本作驛誤

五代史卷七十考證

五代史卷七十一

宋　歐　陽　修　撰

十國世家年譜第十一

嗚呼、堯舜盛矣三代之王功有餘而德不足故皆更始以自新、由是改正朔矣至於後世遂名年以建元及僭竊交興、而稱號紛雜、則不可以不別也五代十國稱帝改元者七吳越荆楚常行中國年號然予聞於故老謂吳越亦常稱帝改元、而求其事迹不可得頗疑吳越後自諱之及旁采閩楚南漢諸國之書、與吳越往來者多矣、皆無稱帝之事獨得其封落星石爲寶石山制書稱寶正六年辛卯，則知其嘗改元矣。辛卯，長興二年，乃鏐之末世也。然不見其終始所因，故不得而備列。錢氏訖五代，嘗外尊中國，豈其張軌之比乎。十國皆非中國有也，其稱帝改元與不，未足較其得失，故並列之，作十國世家年譜。

二年彭本局本誤作三年

	晉	吳	蜀	南漢	楚	吳越	閩	南平
丁卯 梁太祖開平元年	李克用 天祐四年	楊渥 天祐四年	王建 天復七年 是歲即位	劉隱 開平	馬殷 開平	錢鏐 開平	王審知 開平	高季興 開平

•『二年』，彭本、局本誤作『三年』。

戊辰	二	五 正月克用卒子存勗立	五 是歲隆演立	武成					
己巳	三	六	六	二					
庚午	四	七	七	三					
辛未	乾化元年	八	八	永平	乾化 是歲龑立	乾化		乾化	乾化
壬申	二	九	九	二					

乾隆四年校刊

彭本汲本局本第一格三誤作二

癸酉	三月末帝即位	十	十	三					
甲戌	四	十一	十一	四					
乙亥	貞明元年	十二	十二	五	貞明	貞明		貞明	貞明
丙子	二	十三	十三	通正					
丁丑	三	十四	十四	天漢	乾亨是歲龔僭帝號改元				

● 彭本、汲本、局本第一格「三」誤作「二」。

（手書）吳王上貴池本有以字劉校謂南監本有以字

戊寅	四	十五	十五	光天（是歲衍立）	二				
己卯	五	十六	武義（是歲吳王稱制改元）	乾德	三				
庚辰	六	十七	二（是歲溥立）	二	四				
辛巳	龍德元年	十八	順義	三	五	龍德		龍德	龍德
壬午	二	十九	二	四	六				

●「吳王」上，貴池本有「以」字，劉校謂南監本有「以」字。

貴池本咸誤作成

癸未	唐莊宗同光元年	是歲四月改元同光	三	五	七	同光		同光	同光
甲申	二		四	六	八				
乙酉	三		五	咸康 是歲蜀亡	白龍			是歲延翰立	
丙戌	明宗天成元年		六		二	天成	寶正	天成 是歲鏻立	天成
丁亥	二		乾貞 是歲溥僭帝號改元		三		二		

• 貴池本『咸』誤作『成』。

戊子	三		二		大有		三		是歲從誨立
己丑	四		大和		二		四		
庚寅	長興元年		二		三	長興是歲希聲立	五	長興	長興
辛卯	二		三		四		錢氏惟見一號六年其餘皆闕不見		
壬辰	三		四		五	是歲希範立	是歲元瓘立		

乾隆四年校刊

五代史卷七十一 年譜

● 百衲本吴越有『六』字，貴池本同。
● 局本下格誤入此格。

癸巳	四愍帝十二月即位		五		六			龍啓	
甲午	廢帝應順元年清泰元年		六	後蜀明德 孟知祥立是歲卒昶立	七	應順清泰		二	應順清泰
乙未	二		天祚	二	八			永和 是歲昶立	
丙申	晉高祖天福元年		二	三	九	天福		通文	天福
丁酉	二		南唐昇元 是歲李昇立	四	十			二	

・百衲本無『四』字。
・『廢帝』，百衲本作『末帝』。
・毛本、彭本脫一格『二』字。

乾隆四年校刊

戊戌	三		二	廣政	十一			三	
己亥	四		三	二	十二			是歲永隆延義立	
庚子	五		四	三	十三			二	
辛丑	六		五	四	十四		是歲佐立	三	
壬寅	七 六月出帝即位		六	五	是歲光天玢立			四	

• 百衲本作「曦立」，即作「延義」，亦非「義」字，貴本亦誤作「延義」。彭作「義」。

柴德賡點校

癸卯	八		保大 是歲景立	六	應乾 乾和 是歲晟立			五 天德 是歲延政以建州稱殷改元	
甲辰	開運元年		二	七	二	開運		六 是歲曦亡 二	開運
乙巳	二		三	八	三			天德三	
丙午	三		四	九	四			四 是歲延政爲南唐所虜王氏滅	
丁未	漢高祖 天福十二年		五	十	五	是歲希廣立	是歲倧立見廢		

- 百衲本『廷』作『延』，貴本同，彭同。
- 南監本『改元』上有『故』字。
- 彭本脱末格『開運』。
- 彭本無『天德』二字。
- 南監本『二』、『三』均入下格，誤。
- 『漢高祖』，南監本在右。

周太祖南監本列右邊
百衲本廣順作小字
殿本

乾隆四年校刊

戊申	隱帝 乾祐元年 二月即位		六	十一	六	乾祐 是歲俶立		乾祐 是歲保融立
己酉	二		七	十二	七			
庚戌	三		八	十三	八	是歲希蕚立		
辛亥	周太祖 廣順元年	東漢 劉旻立 乾祐四年	九	十四	九	廣順 是歲希蕚等遷于金陵馬氏絕		廣順
壬子	二	五	十	十五	十			

南監本在右

五代史卷七十一　三

●『周太祖』，南監本列右邊。
●南監本『東漢』在右。
●百衲本『廣順』作小字，不如殿本。

癸丑	三	六	十一	十六	十一	是歲劉言立見殺王進逵立			
甲寅	世宗（顯德元年正月即位）	七（是歲承鈞立）	十二	十七	十二	顯德			顯德
乙卯	二	八	十三	十八	十三				
丙辰	三	九	十四	十九	十四	是歲周行逢立			
丁巳	四	天會	十五	二十	十五				

● 世家死於敗高平之明年，則顯德二年也，與此異。
● 此兩行百衲本無。
● 貴池本無『十五』。

貴池本於己酉年第二格（晉）列交泰、顯德二號，其誤顯然，此本兩處均不誤

戊午	五	二	交泰 顯德	二十一	大寶	是歲 鋹立
己未	六 恭帝六月即位明年正月遜位	三		二十二	二	

或問十國固非中國有也，然猶命以封爵而稱中國年號、來朝貢者亦有之矣。本紀之不書何也？曰、封爵之不書，所以見其非中國有也。其朝貢之來，如夷狄以夷狄書之，則甚矣。問者曰、四夷十國，皆非中國有也，四夷之封爵朝貢則書，而十國之不書何也？曰、以中國而視夷狄，夷狄之可也。以五代之君而視十國，夷狄之則未可

乾隆四年校刊　五代史卷七十一　年譜　二　十國世家年譜

● 貴池本於己酉年第二格〔晉，本注〕列『交泰』、『顯德』二号，其誤顯然。此本兩處均不誤。

也故十國之封爵朝貢不如夷狄則無以書之書如夷狄則五代之君未可以夷狄之也是以外而不書見其自絕於中國焉爾問者曰外而不書則東漢之立何以書曰吾於東漢常異其辭於九國也春秋因亂世而立治法本紀以治法而正亂君世亂則疑難之事多正疑處難敢不懼也周漢之事可謂難矣哉或謂劉旻嘗致書于周求其子贇不得而後自立然則旻之志不以忘漢爲讎而以失子爲讎也曰漢嘗詔立贇爲嗣則贇爲漢之國君不獨爲旻子也旻之大義宜不爲周屈其立雖未必是而義當不屈于周此其可以異乎九國矣終

● 王鳴盛曰『忘漢』當作『亡漢』。『忘漢』貴池本、南監本作『亡漢』。

旻之世，猶稱乾祐，至承鈞立，然後改元，則旻之志豈不可哀也哉。

十國年世，惟楚、閩、東漢三國諸家之說不同，而互有得失，最難考正。今畧其諸說，而正其是者，庶幾博覽者不惑，而一以年譜爲正也。○馬氏據湖湘故事、九國志、運歷圖並云殷以長興元年卒，是歲子希聲立，長興三年卒；而五代舊史殷列傳云殷以長興二年卒，享年七十八，子希聲立，不周歲而卒。明宗本紀長興元年書希聲除節度使，起復，三年八月又書希聲卒。今據九國志殷以大中六年歲在壬申生，享年七十九，蓋自大中壬申至長興元年庚寅，實七十九年，爲得其實，而希聲據湖湘故事、九國志、運歷圖皆以三年卒，與明宗本紀皆合，不疑。惟舊史書殷卒二年，及年七十八，希聲立不周歲卒，爲繆爾。希萼、希崇之亂，南唐盡遷馬氏之族歸于金陵，五代舊史云時廣順元年也，而運歷圖云乾祐二年馬氏滅者，繆也。初殷入湖南，掘地得石讖云：龍起頭，豬掉尾。蓋殷以乾寧三年歲在丙辰自立於湖南，至廣順元年辛亥而滅。九國志以乾祐三年爲辛亥，湖湘故事

乾隆四年校刊

以顯德元年爲辛亥者皆繆也惟五代舊史得其實○王氏世次曰潮曰審知曰延翰曰鏻曰昶曰曦曰延政凡七主而潮以唐景福元年歲在壬子始入福州至開運三年丙午而滅實五十五年當云七主五十五年爲得其實而運歷圖云五十六年九國志五代舊史紀年通譜閩中實錄閩王列傳皆云七主六十年者皆繆也○審知五代舊史本傳云同光元年十二月卒九國志亦云同光元年卒運歷圖同光三年卒今檢五代舊史莊宗本紀同光二年五月丙午審知加檢校太師守中書令豈得卒於元年也又至四年二月庚子福建副使王延翰奏稱權知軍府事二月辛亥遂除延翰威武軍節度使以此推之審知卒當在同光三年十二月蓋閩去京師遠明年二月延翰之奏始至京師理當然也又據閩王列傳九國志皆云審知在位二十九年審知以唐乾寧四年嗣位是歲丁巳至同光三年乙酉實二十九年則運歷圖爲是而舊史九國志云元年卒者皆繆也○鏻本名延鈞五代舊史本傳云在位十二年九國志云在位十一年閩王列傳紀年通譜皆云在位十年蓋鏻以天成元年殺延翰自立是歲丙戌至清泰二年乙未實十年而卒與閩王列傳合而舊史九國志皆繆

- 『二月』，百衲本作『三月』，誤。是月戊子朔，此兩用『二月』，行文方便計，非衍文也。

也鏻以清泰二年改元永和，是歲見殺。而舊史、九國志、運歷圖皆無永和之號，又運歷圖書鏻見殺在天福元年丙申者，皆繆也。○劉旻，九國志云乾祐七年十一月旻卒，享年六十，子承鈞立，時年二十九。乾祐七年乃顯德元年也。而五代舊史、周世宗實錄、運歷圖、紀年通譜皆云顯德二年冬旻卒。又有旻僞中書舍人王保衡晉陽見聞要錄云旻乙卯生，卒時年六十一，子承鈞立，承鈞丙戌生，立時年二十九。保衡是旻之臣，其親所見聞所得最實，然而頗爲傳寫差誤爾。按保衡書旻乙卯生，若享年六十一，當於乙卯歲卒，則是顯德二年也。又書承鈞丙戌生，立時年二十九，則當是顯德元年甲寅歲也。豈有旻卒於二年，承鈞以元年嗣位？理必不然。以九國志參較，旻享年六十，顯德元年卒，承鈞以是歲嗣位，時年二十九，爲得其實，但見聞要錄衍一字爾。其云二年卒者，皆繆也。九國志又云承鈞立，服喪三年，至乾祐九年服除，改十年爲天會元年，當是顯德四年。而紀年通譜以顯德三年爲天會元年者，繆也。晉與梁爲敵國，自稱天祐者二十年，故首列於年譜。其後遂滅梁而爲唐，故不列於世家。

乾隆四年校刊

傳寫百衲本貴池本彭本作轉寫

「傳寫」，百衲本、貴池本、彭本作「轉寫」。

五代史卷七十一

貴池本百衲本不脫

五代史卷七十一考證

十國世家年譜序辛卯長興二年乃鏐之末年也○二一本訛三今據本卷辛卯條從南本爲是

丁卯蜀王建天復七年卽位是歲○復各本訛福今從前蜀世家改正

丁酉二一○二謂晉高祖天福二年也各本俱脫二一字今增正

己亥永隆是歲延義立○義當從閣本作羲

癸卯五天德是歲延政以建州稱殿改元○改元上南本有故字

甲辰六是歲曦亡二一○二一謂閩延政天德二年也監本訛列

●貴池本、百衲本不脫。

于下格開運三字之上今改正

乙巳天德二〇三亦謂閩天德三年也監本訛列下格今改正

五代史卷七十一考證

五代史卷七十二

宋　歐　陽　修　撰

四夷附錄第一

嗚呼、夷狄居處飲食、隨水草寒暑徙遷、有君長部號而無世族文字記別。至於弦弓毒矢、彊弱相并、國地大小、興滅不常、是皆烏足以考述哉。惟其服叛去來、能爲中國利害者、此不可以不知也。自古夷狄之於中國、有道未必服、無道未必不來、蓋自因其衰盛、雖嘗置之治外、而羈縻制馭恩威之際、不可失也。其得之未必爲利、失之有足爲患、可不愼哉。作四夷附錄。

考述貴池本誤作著述

乾隆四年校刊

● 『考述』，貴池本誤作『著述』。

夷狄種號多矣，其大者自以名通中國，其次小遠者附見，又其次微不足錄者，不可勝數。其地環列九州之外，而西北常彊，爲中國患。三代獫狁，見於詩書；秦漢以來，匈奴著矣；隋唐之間，突厥爲大，其後有吐蕃、回鶻之彊。五代之際，以名見中國者十七八，而契丹最盛。契丹自後魏以來，名見中國，或曰與庫莫奚同類而異種。其居曰梟羅箇沒里。沒里者，河也，是謂黄水之南，黄龍之北，得鮮卑之故地，故又以爲鮮卑之遺種。當唐之世，其地北接室韋，東隣高麗，西界奚國，而南至營州。其部族之大者曰大賀氏，後分爲八部，其一曰但皆利部，二曰乙

• 『梟』，彭本作『梟』。
• 貴池本、彭本、局本作『但利皆』，會要作『旦利皆』，『但』，百衲本作『但』。通鑑二六六注引歐史亦作『但利皆』，本條引漢高祖實錄『一曰利皆邸』。

• 『野花』，百衲本作『野草』，貴同，彭同，薛史同。
• 彭無『其』字。又，『勇』下有『略』字。

野花　百衲本作野草，貴同，彭同，薛史同
彭無其字，又勇下有略字

室活部、三曰實活部、四曰納尾部、五曰頻没部、六曰內會雞部、七曰集解部、八曰奚嗢部。部之長號大人，而常推一大人建旗鼓以統八部。至其歲久，或其國有災疾而畜牧衰，則八部聚議，以旗鼓立其次而代之。被代者以爲約本如此，不敢爭。某部大人遥輦次立，時劉仁恭據有幽州，數出兵摘星嶺攻之，每歲秋霜落，則燒其野花，契丹馬多飢死，即以良馬賂仁恭，求市牧地，請聽盟約甚謹。八部之人以爲遥輦不任事，選於其衆，以阿保機代之。阿保機亦不知其何部人也，爲人多智勇而善騎射。是時劉守光暴虐，幽涿之人多亡入契丹。阿保機人間入塞攻陷城邑俘其人民依唐州縣置城以居之漢人教阿保機曰中國之王無代立者由是阿保機益以威制諸部而不肯代其立九年諸部以其久不代共責誚之阿保機不得已傳其旗鼓而謂諸部曰吾立九年所得漢人多矣吾欲自爲一部以治漢城可乎諸部許之漢城在炭山東南灤河上有鹽鐵之利乃後魏滑鹽縣也其地可植五穀阿保機率漢人耕種爲治城郭邑屋廛市如幽州制度漢人安之不復思歸阿保機知衆可用用其妻述律策使人告諸部大人曰我有鹽池諸部所食然諸部知食鹽之利而不知鹽有主人可乎

- 彭作「乘」，貴同，百衲本同，蜀本「乘」誤「人」。查殿本原本。
- 「灤」，百衲本作「欒」，貴同。通鑑注引歐史亦作「欒」，引宋白曰作「灤河」。
- 「後魏」，劉校謂，漢志有縣，後魏無。

當來犒我諸部以爲然共以牛酒會鹽池阿保機伏兵其旁酒酣伏發盡殺諸部大人遂立不復代梁將篡唐晉王李克用使人聘于契丹阿保機以兵三十萬會克用於雲州東城置酒酒酣握手約爲兄弟克用贈以金帛甚厚期共舉兵擊梁阿保機遺晉馬千匹既歸而背約遣使者袍笏梅老聘梁梁遣太府卿高頃軍將郎公遠等報聘逾年頃還阿保機遣使者解里隨頃以良馬貂裘朝霞錦聘梁奉表稱臣以求封冊梁復遣公遠及司農卿渾特以詔書報勞別以記事賜之約共舉兵滅晉然後封冊爲甥舅之國又使以子弟三百騎入衛京

• 『遺』，貴誤作『遣』。
• 『千匹』，薛史作『三千匹』。
• 百衲本『里』作『俚』。
• 『高頃』，通鑑作『高頎』。

師。克用聞之、大恨。是歲克用病臨卒、以一箭屬莊宗、期必滅契丹。渾特等至契丹、阿保機不能如約、梁亦未嘗封冊。而終梁之世、契丹使者四至。莊宗天祐十三年、阿保機攻晉蔚州、執其振武節度使李嗣本。是時、莊宗已得魏博、方南向與梁爭天下、遣李存矩發山北兵。存矩至祁溝關、兵叛、擁偏將盧文進擊殺存矩、亡入契丹。契丹攻破新州、以文進部將劉殷守之。莊宗遣周德威擊殷、而文進引契丹數十萬大至、德威懼、引軍去、爲契丹追及、大敗之。德威走幽州、契丹圍之。幽薊之間、虜騎遍滿山谷、所得漢人、以長繩連頭繫之於木、漢人夜多自解逃去。文進又教契丹爲火車地道，起土山以攻城。城中鎔銅鐵汁揮之，中者輒爛墮。德威拒守百餘日，莊宗遣李嗣源、閻寶、李存審等救之。契丹數爲嗣源等所敗，乃解去。契丹比佗夷狄尤頑傲，父母死以不哭爲勇，載其尸深山，置大木上，後三歲往取其骨焚之，酹而呪曰：「夏時向陽食，冬時向陰食，使我射獵，猪鹿多得。」其風俗與奚、靺羯頗同。至阿保機，稍并服旁諸小國，而多用漢人，漢人教之以隸書之半增損之，作文字數千，以代刻木之約。又制婚嫁，置官號，乃僭稱皇帝，自號天皇王，以其所居橫帳地名爲姓，曰世里。世里，譯者謂之耶律。名

彭本爲李嗣源所敗

羯應作鞨　下卷自有靺鞨傳　局本不誤　彭同

● 彭本『爲李嗣源所敗』。
● 『羯』，應作『鞨』，下卷自有靺鞨傳。局本不誤，彭同。

年日天贊以其所居爲上京起樓其間號西樓又於其東千里起東樓北三百里起北樓南木葉山起南樓往來射獵四樓之間契丹好鬼而貴日每月朔旦東向而拜日其大會聚視國事皆以東向爲尊四樓門屋皆東向莊宗討張文禮圍鎮州定州王處直懼鎮且亡晉兵必并擊已遣其子郁說契丹使入塞以牽晉兵郁謂阿保機曰臣父處直使布愚款曰故趙王王鎔王趙六世鎮州金城湯池金帛山積燕姬趙女羅綺盈廷張文禮得之而爲晉所攻懼死不暇故皆留以待皇帝阿保機大喜其妻述律不肯曰我有羊馬之富西樓足以娛樂

● 『朔旦』，百衲本作『朔日』。
● 貴池本無『且』字。
● 百衲本無『鎮』字。
● 貴池本作『四樓』。

○南監本作契丹必爲患五字百衲本作後患二字貴池本同

都告急而 監本作郁 告急誤

今捨此而遠赴人之急，我聞晉兵彊天下，且戰有勝敗，後悔何追？」阿保機躍然曰：「張文禮有金玉百萬，留待皇后，可共取之。」於是空國入寇。郁之召契丹也，定人皆以爲契丹必爲患，不可召，而處直不聽。郁已去，處直爲其子都所廢。阿保機攻幽州，不克，又攻涿州，陷之。聞處直廢而都立，遂攻中山，渡沙河，都告急於莊宗。莊宗自將鐵騎五千，遇契丹前鋒於新城，晉兵自桑林馳出，人馬精甲，光明燭日，虜騎愕然，稍却，晉軍乘之，虜遂散走。而沙河冰薄，虜皆陷没，阿保機退保望都。會天大雪，契丹人馬飢寒，多死，阿保機顧盧文進，以手指天曰：「天未使

● 南監本作『契丹必爲患』五字，百衲本作『後患』二字，貴池本同。
● 『都告急』，南監本作『郁告急』，誤。

我至此乃引兵去。莊宗躡其後，見其宿處環結在地，方隅整然，雖去而不亂，歎曰：虜法令嚴，蓋如此也。契丹雖無所得而歸，然自此頗有窺中國之志，患女眞、渤海等在其後，欲擊渤海，懼中國乘其虛，乃遣使聘唐以通好。同光之間，使者再至。莊宗崩，明宗遣供奉官姚坤告哀於契丹。坤至西樓，而阿保機方東攻渤海，坤追至愼州見之。阿保機錦袍大帶垂後，與其妻對坐穹廬中，延坤入謁。阿保機問曰：聞爾河南北有兩天子，信乎？坤曰：天子以魏州軍亂，命總管令公將兵討之，而變起洛陽，凶問今至矣。總管返兵河北，赴難京師，爲衆所推，已副人

• 『結』，百納本作『秸』，貴同，蜀本作『結』。彭本同、局同，薛史亦作『布秸在地，方而環之，雖去，無一莖亂者』，則作『秸』是。

• 『姚坤』，通鑑考異引漢高祖實錄作『苗勝』（應爲『紳』字，編注）。然通鑑自從莊宗列傳作『姚坤』，不校。

• 貴池本無『矣』字。

望阿保機仰天大哭曰、晉王與我約爲兄弟、河南天子卽吾兒也。昨聞中國亂、欲以甲馬五萬往助我兒、而渤海未除、志願不遂。又曰、我兒既沒、理當取我商量、新天子安得自立。坤曰、新天子將兵二十年、位至大總管、所領精兵三十萬、天時人事、其可得違。其子突欲在側曰、使者無多言、蹊田奪牛、豈不爲過。坤曰、應天順人、豈比匹夫之事。至如天皇王得國而不代、豈彊取之邪。阿保機卽慰勞坤曰、理正當如是爾。又曰、吾聞此兒有宮婢二千人、樂官千人、放鷹走狗、嗜酒好色、任用不肖、不惜人民、此其所以敗也。我自聞其禍、卽舉家斷酒、解放鷹

● 「欲以」，貴池本作「欲下」。
● 彭本「昨聞中國禍亂」。

犬、罷散樂官。我亦有諸部樂官千人、非公宴不用、我若所爲類吾兒、則亦安能長久。又謂坤曰、吾能漢語、然絕口不道於部人、懼其效漢而怯弱也。因戒坤曰、爾當先歸、吾以甲馬三萬會新天子幽鎮之間、共爲盟約、與我幽州、則不復侵汝矣。阿保機攻渤海、取其扶餘一城、以爲東丹國、以其長子人皇王突欲爲東丹王。已而阿保機病死、述律護其喪歸西樓、立其次子元帥太子耀屈之。坤從至西樓而還。當阿保機時、有韓延徽者、幽州人也、爲劉守光參軍。守光遣延徽聘于契丹、延徽見阿保機不拜、阿保機怒、留之不遣、使牧羊馬。久之、知其材、召

• 所謂接受教訓者也。

• 康熙、乾隆勗勉族人亦正如此。

與語奇之遂用以爲謀主阿保機攻党項室韋服諸小國皆延徽謀也延徽後逃歸事莊宗莊宗客將王緘譖之延徽懼求歸幽州省其母行過常山匿王德明家居數月德明問其所向延徽曰吾欲復走契丹德明以爲不可延徽曰阿保機失我如喪兩目而折手足今復得我必喜乃復走契丹阿保機見之果大喜以謂自天而下阿保機僭號以延徽爲相號政事令契丹謂之崇文令公後卒于虜耀屈之後更名德光葬阿保機木葉山謚曰大聖皇帝後更其名曰億德光立三年改元曰天顯遣使者以名馬聘唐并求碑石爲阿保機刻銘明宗

• 貴池本『客』下無『將』字。
• 『喪』，彭本作『傷』。

厚禮之遣飛勝指揮使安念德報聘定州王都反唐遣
王晏球討之都以蠟丸書走契丹求援德光遣秃餒蔚
刺等以騎五千救都都及秃餒擊晏球於曲陽爲晏球
所敗德光又遣惕隱赫邈益秃餒以騎七千晏球又敗
之于唐河赫邈與數騎返走至幽州爲趙德鈞所執而
晏球攻破定州擒秃餒蔚刺皆送京師明宗斬秃餒等
六百餘人而赦赫邈選其壯健者五千餘人爲契丹直
初阿保機死長子東丹王突欲當立其母述律遣其幼
子安端少君之扶餘代之將立以爲嗣然述律尤愛德
光德光有智勇素已服其諸部安端已去而諸部希述

● 〔卷，編注〕二十三（當作『三十三』，編注）王思同傳爲『飛勝指揮使』，會要二十九『飛勝指揮使安念德』。

● 通鑑天成三年，乃赦惕隱酋長五十余人置之親衛，餘六百人悉斬之。薛史本紀亦作『五十人留於親衛』。彭本作『五十』。

● 會要二十九立契丹直，然總數六百餘人。會要，所獲番將惕隱以下六百餘人至京師，明宗皆赦之，選其尤體健者立爲契丹直。

律意共立德光突欲不得立長興元年自扶餘泛海奔于唐明宗因賜其姓爲東丹而更其名曰慕華以其來自遼東乃以瑞州爲懷化軍拜慕華懷化軍節度瑞愼等州觀察處置等使其部曲五人皆賜姓名罕只曰罕友通穆葛曰穆順義撒羅曰羅賓德易密曰易師仁蓋禮曰蓋來賓以爲歸化歸德將軍郎將又賜前所獲赫邈姓名曰狄懷惠揑列曰列知思薊剌曰原知感福郎曰服懷造竭失訖曰訖懷宥其餘爲契丹直者皆賜姓名二年更賜突欲姓李更其名曰贊華三年以贊華爲義成軍節度使契丹自阿保機時侵滅諸國稱雄北方

乾隆四年校刊

契丹

• 『慎』，薛史作『鎮』，誤。
• 五代會要二十九賜姓吉，俄有首領吉趙實自京遁歸。
• 薛史四十二作『懷化、歸德將軍中郎將』。
• 『揑』，百衲本作『担』，『思』作『恩』，貴亦『恩』，薛作『恩』。貴作『担列』。
• 『失訖』，百衲本作『失記』。『訖懷』作『乙懷』，貴亦『乙懷』，南監本、彭本同。
• 彭作『乙』，局作『乙』。薛作『乙』。
• 『賜姓名』，貴作『賜姓吉』。

及救王都爲王晏球所敗喪其萬騎又失赫邈等皆名將而述律尤思念突欲由是卑辭厚幣數遣使聘中國因求歸赫邈前刺等唐輒斬其使而不報當此之時中國之威幾振距幽州北七百里有榆關關東臨海北有兔耳覆舟山山皆斗絶並海東北有路狹僅通車其旁地可耕植唐時置東西狹石淥疇米磚長揚黃花紫蒙白狼等戍以扼契丹於此戍兵常自耕食惟衣絮歲給幽州久之皆有田宅養子孫以堅守爲己利自唐末幽薊割據戍兵廢散契丹因得出陷平營而幽薊之人歲苦寇鈔自涿州至幽州百里人跡斷絶轉餉常以兵護

• 「榆」，彭本作「渝」。
• 百衲本不重「關」字，貴同。
• 百衲本脫三字〔有路狹，編注〕。
• 百衲本「石」作「西」，貴同。
• 「耕植」，彭本作「耕種」。
• 「揚」，彭作「楊」。
• 貴本無「割據」二字。

送契丹多伏兵於鹽溝以擊奪之莊宗之末趙德鈞鎮幽州於鹽溝置良鄉縣又於幽州東五十里築城皆戍以兵及破赫邈等又於其東置三河縣由是幽薊之人始得耕牧而輸餉可通德光乃西徙横帳居捺剌泊出寇雲朔之間明宗患之以石敬瑭鎮守河東總大同彰國振武威塞等軍禦之應順清泰之間調發饋餉遠近勞敝德光事其母甚謹常侍立其側國事必告而後行石敬瑭反唐遣張敬達等討之敬瑭遣使求救於德光德光白其母曰吾嘗夢石郎召我而使者果至豈非天邪母召胡巫問吉凶巫言吉乃許是歲九月契丹出鴈

乾隆四年校刊

● 纂誤補，二縣唐已有之。
● 百納本、貴池本無『守』字，彭同。
● 貴池本脫下一『德光』。

門車騎連亘數十里將至太原遣人謂敬瑭曰吾爲爾
今日破敵可乎敬瑭報曰皇帝赴難要在成功不在速
大兵遠來而唐軍甚盛願少待之使者未至而兵已交
敬達大敗敬瑭夜出北門見德光約爲父子問曰大兵
遠來戰速而勝者何也德光曰吾謂唐兵能守鴈門而
扼諸險要則事未可知今兵長驅深入而無阻吾知大
事必濟且吾兵多難久宜以神速破之此其所以勝也
敬達敗退保晉安寨德光圍之唐遣趙德鈞延壽救敬
達而德鈞父子按兵團柏谷不救德光謂敬瑭曰吾三
千里赴義義當徹頭乃築壇晉城南立敬瑭爲皇帝自

● 汲古本『神』作『兵』。

解衣冠被之，册曰：咨爾子晉王，予視爾猶子，爾視予猶父。已而楊光遠殺張敬達降晉，晉高祖自太原入洛陽，德光送至潞州，趙德鈞延壽出降。德光謂晉高祖曰：大事已成，吾命大相溫從爾渡河，吾亦留此，俟爾入洛而後北。臨訣，執手嘘嚱，脫白貂裘以衣高祖，遺以良馬二十匹，戰馬千二百匹，戒曰：子子孫孫無相忘。時天顯九年也。高祖已入洛，德光乃北，執趙德鈞延壽以歸。德鈞，幽州人也，事劉守光，守文爲軍校。莊宗伐燕，得之，賜姓名曰李紹斌。其子延壽，本姓劉氏，常山人也。其父邟爲蓚縣令，劉守文攻破蓚縣，德鈞得延壽，并其母种氏，而

貴池本大作太

• 貴池本「大」〔「大」相，編注〕作「太」。

納之、因以延壽爲子。延壽爲人姿質妍柔、稍涉書史、明宗以女妻之、號興平公主。莊明之世、德鈞鎮幽州十餘年、以延壽故尤見信任。延壽明宗時爲樞密使、罷、至廢帝立、復以爲樞密使。晋高祖起太原、廢帝遣延壽將兵討之、而德鈞亦請以鎮兵討賊。廢帝察其有異志、使自飛狐出擊其後、而德鈞南出吳兒會延壽於西唐、延壽因以兵屬之。廢帝以德鈞爲諸道行營都統、延壽爲太原南面招討使、德鈞爲延壽求鎮州節度使、廢帝怒曰：德鈞父子握彊兵、求大鎮、苟能敗契丹而破太原、雖代予亦可。若翫寇要君、但恐犬兔俱斃。因遣使者趣德鈞

• 薛史趙德鈞、趙延壽傳「吳兒峪」，「西唐店」。

百衲本無在字

等進軍、德鈞陰遣人聘德光、求立己爲帝、德光指穹廬前巨石謂德鈞使者曰、吾已許石郎矣、石爛可改也、德光至潞州、鏁德鈞父子而去、德光母述律見之、問曰、汝父子自求爲天子、何邪、德鈞慙不能對、悉以田宅之籍獻之、述律問何在、曰在幽州、述律曰、幽州屬我矣、何獻之爲、明年德鈞死、德光以延壽爲幽州節度使、封燕王、

契丹當莊宗明宗時、攻陷營平二州、及已立晉、又得鴈門以北幽州節度管內合一十六州、乃以幽州爲燕京、改天顯十一年爲會同元年、更其國號大遼、置百官、皆依中國、參用中國之人、晉高祖每遣使聘問、奉表稱臣、

百衲本無『在』字。

歲輸絹三十萬匹、其餘寶玉珍異，下至中國飲食諸物、使者相屬於道，無虛日。德光約高祖不稱臣，更表爲書，稱兒皇帝，如家人禮。德光遣中書令韓頴奉冊高祖爲英武明義皇帝。高祖復遣趙瑩馮道等以太常鹵簿奉冊德光及其母尊號，終其世奉之甚謹。高祖崩，出帝即位，德光怒其不先以告，而又不奉表，不稱臣而稱孫，數遣使者責晉。晉大臣皆恐，而景延廣對契丹使者語獨不遜。德光益怒。楊光遠反青州，招之，開運元年，春德光傾國南寇，分其衆爲三，西出鴈門，攻幷代，劉知遠擊敗之于秀容；東至于河，陷博州以應光遠；德光與延壽南

• 彭本作『三萬匹』，五代會要作『十三萬』，皆『三十萬』之誤。
• 『並代』，彭本、局本作『并州』。

攻陷貝州德光屯元城兵及黎陽晉出帝親征遣李守
貞等東馳馬家渡擊敗契丹而德光與晉相距于河月
餘聞馬家渡兵敗乃引衆擊晉戰于戚城德光臨陣望
見晉軍旗幟光明而士馬嚴整有懼色謂其左右曰楊
光遠言晉家兵馬半已餓死何其盛也兵既交殺傷相
半陣間斷箭遺鏃布厚寸餘日暮德光引去分其兵爲
二一出滄州一出深州以歸二年正月德光復傾國入
寇圍鎮州分兵攻下鼓城等九縣杜重威守鎮州閉壁
不敢出契丹南掠邢洺磁至于安陽河千里之内焚剽
殆盡契丹見大桑木罵曰吾知紫披襖出自汝身吾豈

復　蜀本作以
貴本　本誤水

●『復』，蜀本作『以』。
●貴本『木』誤『水』。

容汝活邪。束薪於木而焚之。是時出帝病不能出征，遣張從恩、安審琦、皇甫遇等禦之。遇前渡漳水，與契丹戰於榆林，幾爲所虜。審琦從後救之，契丹望見塵起，謂救兵至，引去。而從恩畏怯，不敢追，亦引兵南走黎陽。契丹已北，而出帝疾少間，乃下詔親征，軍于澶州。遣杜重威等北伐。契丹歸至古北，聞晉軍已至，即復引而南，及重威戰于陽城衞村。晉軍飢渴，鑿井輒壞，絞泥汁而飲。德光坐奚車中，呼其衆曰：「晉軍盡在此矣，可生擒之，然後平定天下。」會天大風，晉軍奮死擊之，契丹大敗。德光喪車，騎一白橐駞而走，至幽州，其首領大將各笞一百，獨

● 「與」，百衲本作「遇」，貴同，彭同。
● 貴池本脱「後」字。
● 「已至」，百衲本、貴池本作「且至」。
● 「一百」，百衲本作「數百」，貴本同，彭同，通鑑亦作「數百」，局同。

趙延壽免焉是時天下旱蝗晉人苦兵乃遣開封府軍
將張暉假供奉官聘于契丹奉表稱臣以修和好德光
語不遜然契丹亦自厭兵德光母述律嘗謂晉人曰南
朝漢兒爭得一向臥邪自古聞漢來和蕃不聞蕃去和
漢若漢兒實有回心則我亦何惜通好晉亦不復遣使
然數以書招趙延壽延壽見晉衰而天下亂常有意窺
中國而德光亦嘗許延壽滅晉而立之延壽得晉書僞
爲好辭報晉言身陷虜思歸約晉發兵爲應而德光將
高牟翰亦詐以瀛州降晉晉君臣皆喜三年七月遣杜
重威李守貞張彥澤等出兵爲延壽應兵趨瀛州牟翰

空城而去。晉軍至城下，見城門皆啓，疑有伏兵，不敢入。遣梁漢璋追牟翰，及之，漢璋戰死。重威等軍屯武强，德光聞晉出兵，乃入寇鎮州。重威西屯中渡，與德光夾水而軍。德光分兵並西山出晉軍後，攻破欒城縣，縣有騎軍千人，皆降於虜。德光每獲晉人，刺其面，文曰奉勅不殺，縱以南歸。重威等被圍糧絕，遂舉軍降。德光喜，謂趙延壽曰：所得漢兒皆與爾。因以龍鳳赭袍賜之，使衣以撫晉軍，亦以赭袍賜重威。遣傅住兒監張彥澤將騎二千先入京師。晉出帝與太后爲降表，自陳過咎。德光遣解里以手詔賜帝曰：孫兒但勿憂，管取一喫飯處。德光將至京師，有司請以法駕奉迎，德光曰：「吾躬擐甲胄，以定中原，太常之儀，不暇顧也。」止而不用。出帝與太后出郊奉迎，德光辭不見，曰：「豈有兩天子相見於道路邪！」四年正月丁亥朔旦，晉文武百官班于都城北，望帝拜辭，素服紗帽以待。德光被甲衣貂裘帽，立馬于高岡，百官俯伏待罪。德光入自封丘門，登城樓，遣通事宣言諭衆曰：「我亦人也，可無懼。我本無心至此，漢兵引我來爾。」遂入晉宮，宮中嬪妓迎謁，皆不顧，夕出宿于赤岡。封出帝負義侯，遷于黃龍府。癸巳，入居晉宮，以契丹守諸門，門廡殿庭皆磔犬掛皮以爲厭勝。甲午，德光胡服視朝于

● 貴池本作『朔日』。
● 句逗當商。
● 百衲本作『衣貂帽』，貴同。
● 『大』，當作『犬』，百、貴，逕改。

廣政殿。乙未，被中國冠服，百官常參、起居如晉儀。而氈裘左衽，胡馬奚車，羅列階陛，晉人俛首不敢仰視。二月丁丑朔，金吾六軍、殿中省仗、太常樂舞陳于廷，德光冠通天冠、服絳紗袍，執大珪以視朝，大赦，改晉國爲大遼國，開運四年爲會同十年。德光嘗許趙延壽滅晉而立以爲帝，故契丹擊晉，延壽常爲先鋒，虜掠所得，悉以奉德光及其母述律。德光已滅晉，而無立延壽意，延壽不敢自言，因李崧以求爲皇太子。德光曰：吾於燕王無所愛惜，雖我皮肉可爲燕王用者，吾可割也。吾聞皇太子是天子之子，燕王豈得爲之？乃命與之遷秩。翰林學士

- 開運四年二月丁巳朔，彭改作「丁巳」，是。從南監本改。
- 貴本脫「德光」二字。

張礪進擬延壽中京留守大丞相錄尚書事都督中外諸軍事。德光索筆塗其錄尚書事都督中外諸軍事、止以爲中京留守、大丞相。而延壽前爲樞密使、封燕王、皆如故。又以礪爲右僕射兼門下侍郎同中書門下平章事、與故晉相和凝竝爲宰相。礪明宗時翰林學士、晉高祖起太原時、廢帝遣礪督趙延壽進軍於團柏谷、已而延壽爲德光所鏁、幷礪遷于契丹、德光重其文學、仍以爲翰林學士。礪常思歸、逃至境上、爲追者所得、德光責之、礪曰、臣本漢人、衣服飲食言語不同、今思歸而不得、生不如死。德光顧其通事高唐英曰、吾戒爾輩善待此

• 「時」，百衲本作「唐」，是。貴同，彭同。
• 高「唐英」遼史七十六作「彥英」。

人、致其逃去、過在爾也。因笞唐英一百而待礪如故。其愛之如此。德光將視朝、有司給延壽貂蟬冠、礪三品冠服、延壽與礪皆不肯服。而延壽別爲王者冠以自異。礪曰、吾在上國時、晉遣馮道奉册北朝、道賫二貂冠、其一宰相韓延徽冠之、其一命我冠之、今其可降服邪。卒冠貂蟬以朝。三月丙戌朔、德光服靴袍、御崇元殿、百官入閤、德光大悦、顧其左右曰、漢家儀物、其盛如此、我得於此殿坐、豈非眞天子邪。其母述律遣人賫書及阿保機明殿書賜德光。明殿、若中國陵寢下宮之制。其國君死葬、則於其墓側起屋、謂之明殿。置官屬職司、歲時奉表起居如事生置明殿學士一人掌答書詔每國有大慶弔學士以先君之命爲書以賜國君其書常曰報兒皇帝云德光已滅晉遣其部族酋豪及其通事爲諸州鎮刺史節度使括借天下錢帛以賞軍胡兵人馬不給糧草日遣數千騎分出四野劫掠人民號爲打草穀東西二三千里之間民被其毒遠近怨嗟漢高祖起太原所在州鎮多殺契丹守將歸漢德光大懼又時已熱乃以蕭翰爲宣武軍節度使翰契丹之大族其號阿鉢翰之妹亦嫁德光而阿鉢本無姓氏契丹呼翰爲國舅及將以爲節度使李崧爲製姓名曰蕭翰於是始姓蕭德光

● 百衲本、貴池本無『日』字。

已留翰守汴、乃北歸、以晉內諸司伎術宮女諸軍將卒數千人從。自黎陽渡河行至湯陰、登愁死岡、謂其宣徽使高勳曰、我在上國、以打圍食肉爲樂。自入中國、心常不快。若得復吾本土、死亦無恨。勳退而謂人曰、虜將死矣。相州梁暉殺契丹守將閉城距守。德光引兵攻破之、城中男子無少長皆屠之、婦女悉驅以北。後漢以王繼弘鎮相州、得髑髏十數萬枚、爲大冢葬之。德光至臨洺、見其井邑荒殘、笑謂晉人曰、致中國至此、皆燕王爲罪首。又顧張礪曰、爾亦有力焉。德光行至欒城、得疾、卒于殺胡林。契丹破其腹、去其腸胃、實之以鹽、載而北。晉人謂之帝羓焉。永康王兀欲立，謚德光爲嗣聖皇帝，號阿保機爲太祖，德光爲太宗。

五代史卷七十二

五代史卷七十二考證

附錄契丹傳明宗斬禿餒等六百餘人而赦赫邈選其壯健者五千餘人爲契丹直○臣文淸按通鑑云乃赦惕隱等酋長五十人置之親衞餘六百人悉斬之與此異

以幽州爲燕京○臣宗萬按通鑑云契丹以幽州爲南京胡三省注云參考趙思溫爲留守事則南京爲是

德光服靴袍御崇元殿百官入閤○臣文淸按歐陽修曰唐故事天子御殿見群臣曰常參朔望御便殿見羣臣曰入閤又五代會要有入閤儀乃後梁所定詳

見通鑑注

五代史卷七十二考證

五代史卷七十三

宋　歐　陽　修　撰

四夷附錄第二

兀欲，東丹王突欲子也。突欲奔于唐，兀欲留不從，號永康王。契丹好飲人血，突欲左右姬妾，多刺其臂吮之，其小過輒挑目刲灼，不勝其毒。然喜賓客，好飲酒，工畫，頗知書。其自契丹歸中國，載書數千卷，樞密使趙延壽每假其異書、醫經，皆中國所無者。明宗時，自滑州朝京師，遙領武信軍節度使，食其俸，賜甲第一區，宮女數人。契丹兵助晉于太原，唐廢帝遣宦者秦繼旻、皇城使李彥

● 薛史此下全缺。
● 貴池本脫『時』字。

紳殺突欲于其第。晉高祖追封突欲爲燕王。德光滅晉，兀欲從至京師，德光殺繼旻、彦紳，籍其家貲，悉以賜兀欲。德光死欒城，兀欲與趙延壽及諸大將等俱入鎮州，延壽自稱權知軍國事，遣人求鎮州管鑰於兀欲，兀欲不與。延壽左右曰：「契丹大人聚而謀者詾詾，必有變，宜備之。今中國之兵猶有萬人，可以擊虜，不然，事必不成。」延壽猶豫不決。兀欲妻延壽以爲妹，五月朔旦，兀欲召延壽及張礪、李崧、馮道等，置酒。酒數行，兀欲謂延壽曰：「妹自上國來，當一見之。」延壽欣然與兀欲俱入食頃，兀欲出坐，笑謂礪等曰：「燕王謀反，鎖之矣，諸君可無慮也。」

又曰、先帝在汴州與我筭子一莖、許我知南朝軍國事、
昨聞寢疾無遺命。燕王安得自擅邪。礪等罷去。兀欲召
延壽廷立而詰之、延壽不能對、乃遣人監之而籍其家
貲。兀欲宣德光遺制曰、永康王大聖皇帝之嫡孫、人皇
王之長子、可於中京即皇帝位。中京、契丹謂鎮州也。遣
使者告哀於諸鎮。蕭翰聞德光死、棄汴州而北、至鎮州、
兀欲已去。翰以騎圍張礪宅、執礪而責曰、汝教先帝勿
用胡人爲節度使、何也。礪對不屈、翰鏁之、是夕礪卒。兀
欲爲人雋偉、亦工畫、能飲酒、好禮士。德光嘗賜以絹數
千匹、兀欲散之一日而盡。兀欲已立、先遣人報其祖母

乾隆四年校刊　五代史卷七十三　四夷　二　契丹

胡人彭本作故人　通作胡人

•「胡人」，彭本作「故人」，通鑑作「胡人」。

貴池本少述律二字

述律述律怒曰：我兒平晉取天下，有大功業，其子在我側者當立。而人皇王背我歸中國，其子豈得立邪？乃率兵逆兀欲，將廢之。兀欲留其將麻答守鎮州，晉諸將相隨德光在鎮州者皆留之而去，以翰林學士徐台符、李澣從行，與其祖母述律相距于石橋。述律所將兵多亡歸兀欲，兀欲乃幽述律於祖州。祖州，阿保機墓所也。述律爲人多智而忍，阿保機死，悉召從行大將等妻，謂曰：我今爲寡婦矣，汝等豈宜有夫。乃殺其大將百餘人，曰：可往從先帝。左右有過者，多送木葉山，殺於阿保機墓隧中，曰：爲我見先帝于地下。大將趙思溫本中國人也，

● 貴池本少『述律』二字。

以材勇爲阿保機所寵。述律後以事怒之，使送木葉山。思溫辭不肯行。述律曰：爾先帝親信，安得不往見之？思溫對曰：親莫如后，后何不行？述律曰：我本欲從先帝于地下，以子幼國中多故，未能也。然可斷吾一臂以送之。左右切諫之，乃斷其一腕，而釋思溫不殺。初，德光之擊晉也，述律常非之，曰：吾國用一漢人爲主，可乎？德光曰：不可也。述律曰：然則汝得中國不能有，後必有禍，悔無及矣。德光死，載其尸歸，述律不哭而撫其尸曰：待我國中人畜如故，然後葬汝。已而兀欲囚之，後死于木葉山。

兀欲更名阮，號天授皇帝，改元曰天祿。是歲八月，葬德光於木葉山，遣人至鎮州召馮道、和凝等會葬，使者至鎮州，鎮州軍亂，大將白再榮等逐出麻答，據定州。已而悉其衆以北。麻答者，德光之從弟也。德光滅晉，以爲邢州節度使。兀欲立，命守鎮州。麻答尤酷虐，多略中國人，剝面、抉目、拔髮、斷腕而殺之。出入常以鉗鑿挑割之具自隨，寢處前後掛人肝脛手足，言笑自若，鎮定之人不勝其毒。麻答已去，馮道等乃南歸。漢乾祐元年，兀欲率萬騎攻邢州，陷內丘。契丹入寇，常以馬嘶爲候，其來也，馬不嘶鳴，而矛戟夜有光，又月蝕，虜衆皆懼，以爲凶，雖破內丘，而人馬傷死者大半。兀欲立五年，會諸部酋長

- 『榮』，百衲本作『筠』，貴同。
- 通鑑注引宋白曰，『麻荅本名解里，阿保機之從子也』，蓋即上卷聘于梁者也。
- 陷內丘，通鑑在乾祐三年，作『元年』誤。劉校引五代會要，亦作『三年』，薛史亦在三年，遼史同。
- 彭『不』下有『甚』字。
- 百衲本『蝕』作『食』，貴同，通鑑『食』。
- ［大半，編注］百衲本『太半』。

復謀入寇諸部大人皆不欲兀欲彊之燕王述軋與太寧王嘔里僧等率兵殺兀欲於大神淀德光子齊王述律聞亂走南山契丹擊殺述軋嘔里僧而迎述律以立述律立改元應歷號天順皇帝後更名璟述律有疾不能近婦人左右給事多以宦者然畋獵好飲酒不恤國事每酣飲自夜至旦晝則常睡國人謂之睡王初兀欲常遣使聘漢使者至中國而周太祖入立太祖復遣將軍朱憲報聘憲還而兀欲死述律立遂不復南寇顯德六年夏世宗北伐以保大軍節度使田景咸爲淤口關部署右神武統軍李洪信爲合流口部署前鳳翔節度

● 『大神』，貴池本作『火神』，通鑑及契丹國志作『火神』。
● 〔應歷，編注〕會要作『膺曆』。
● 『北伐』，彭本作『北征』。

守將彭本作首將誤
此卷莫字皆誤作漠逕改下倣此
莫

使王晏爲益津關部署侍衛親軍馬步都虞候韓通爲陸路都部署世宗自乾寧軍御龍舟艛船戰艦首尾數十里至益津關降其守將而河路漸狹舟不能進乃捨舟陸行瓦橋淤口關瀛漠州守將皆迎降方下令進攻幽州世宗遇疾乃置雄州於瓦橋關霸州於益津關而還周師下三關瀛漠兵不血刃述律聞之謂其國人曰此本漢地今以還漢又何惜耶述律後爲庖者因其醉而殺之

嗚呼自古夷狄服叛雖不繫中國之盛衰而中國之制夷狄則必因其彊弱予讀周日曆見世宗取瀛漠定三

●『守將』，彭本作『首將』，誤。
●『莫』，此卷『莫』字皆誤作『漠』，逕改，下倣此。

關兵不血刃，而史官譏其以王者之師馳千里而襲人，輕萬乘之重於萑葦之間，以僥倖一勝。夫兵法，決機因勢，有不可失之時。世宗南平淮甸，北伐契丹，乘其勝威，擊其昏殆，世徒見周師之出何速，而不知述律有可取之機也。是時，述律以謂周之所取皆漢故地，不足顧也。然則十四州之故地，皆可指麾而取矣。不幸世宗遇疾，功志不就。然瀛、漠三關，遂得復爲中國之人，而十四州之俗，至今陷於夷狄。彼其爲志豈不可惜，而其功不亦壯哉！夫兵之變化屈伸，豈區區守常談者所可識也。初，蕭翰聞德光死，北歸，有同州郃陽縣令胡嶠爲翰掌書

「殆」彭本、南監本作「怠」。

記、隨入契丹。而翰妻爭妒、告翰謀反、翰見殺。嶠無所依、居虜中七年、當周廣順三年、亡歸中國、略能道其所見云。自幽州西北入居庸關、明日又西北入石門關、關路崖狹、一夫可以當百、此中國控扼契丹之險也。又三日至可汗州、南望五臺山、其一峯最高者、東臺也。又三日至新武州、西北行五十里、有雞鳴山、云唐太宗北伐聞雞鳴于此、因以名山。明日入永定關、此唐故關也。又四日至歸化州、又三日登天嶺、嶺東西連亘、有路北下、四顧冥然、黃雲白草、不可窮極。契丹謂嶠曰。此辭鄉嶺也、可一南望而爲永訣。同行者皆慟哭、往往絕而復蘇。又

南監本三作二

• 南監本『三』作『二』。

行三四日、至黑榆林。時七月寒如深冬。又明日、入斜谷、谷長五十里、高崖峻谷、仰不見日、而寒尤甚。已出谷、得平地、氣稍溫。又行二日、渡湟水。又明日、渡黑水。又二日、至湯城淀、地氣最溫、契丹苦大寒、則就溫于此。其水泉清冷、草歆如茸、可藉以寢、而多異花。記其二種、一曰旱金、大如掌、金色爍人。一曰青囊、如中國金燈、而色類藍可愛。又二日、至儀坤州、渡麝香河。自幽州至此無里堠、其所向不知爲南北。又二日、至赤崖、翰與兀欲相及、遂及述律戰于沙河、述律兵敗而北。兀欲追至獨樹渡、遂囚述律于撲馬山。又行三日、遂至上京、所謂西樓也。西

·『谷』，貴本誤『各』。
·『苦』，百衲本作『若』，貴本同。
·『歆』，百衲本作『軟』，貴本同，彭同，南監本。
·『堠』，百衲本作『候』，貴本同。

樓有邑屋市肆交易無錢而用布有綾錦諸工作官者
翰林伎術教坊角觝秀才僧尼道士等皆中國人而并
汾幽薊之人尤多自上京東去四十里至眞珠寨始食
菜明日東行地勢漸高西望平地松林鬱然數十里遂
入平川多草木始食西瓜云契丹破回紇得此種以牛
糞覆棚而種大如中國冬瓜而味甘又東行至褭潭始
有柳而水草豐美有息雞草尤美而本大馬食不過十
本而飽自褭潭入大山行十餘日而出過一大林長二
三里皆蕪荑枝葉有芒刺如箭羽其地皆無草兀欲時
卓帳于此會諸部人葬德光自此西南行日六十里行

• 『平川』，彭本、局本作『平州』。
• 彭本『日行六十里』。

七日至大山門、兩高山相去一里、而長松豐草珍禽野
卉、有屋室、碑石、曰陵所也。兀欲入祭諸部大人惟執祭
器者得入入而門闔。明日開門、曰拋盞禮畢。問其禮、皆
祕不肯言。嶠所目見四迯律葬德光等事、與中國所記
差異。已而翰得罪被鏁、嶠與部曲東之福州。福州翰所
治也。嶠等東行過一山、名十三山、云此西南去幽州二
千里。又東行數日、過衞州、有居人三千餘家、乃契丹所
虜中國衞州人、築城而居之。嶠至福州、而契丹多憐嶠、
教其逃歸。嶠因得其諸國種類遠近。云距契丹國東至
于海、有鐵甸、其族野居皮帳、而人剛勇。其地少草木、水

●百衲本『三十餘家』，貴本同，彭同，南監本。
●『乃』，貴、彭、百衲本作『蓋』。

鹹濁色如血澄之久而後可飲又東女眞善射多牛鹿野狗其人無定居行以牛負物遇雨則張革爲屋常作鹿鳴呼鹿而射之食其生肉能釀麋爲酒醉則縛之而睡醒而後解不然則殺人又東南渤海又東遼國皆與契丹畧同其南海曲有魚鹽之利又南奚與契丹畧同而人好殺戮又南至于榆關矣西南至儒州皆故漢地西則突厥回紇西北至嫗厥律其人長大髦頭酋長全其髮盛以紫囊地苦寒水出大魚契丹仰食又多黑白黃貂鼠皮北方諸國皆仰足其人最勇鄰國不敢侵又其西轄戞又其北單于突厥皆與嫗厥律畧同又北黑

•『麋』，百衲本、貴池本、彭本作『麋』，南監本同。

瓠䫂……

車子善作車帳其人知孝義地貧無所產云契丹之先常役回紇後背之走黑車子始學作車帳又北牛蹄突厥人身牛足其地尤寒水曰葫蘆河夏秋冰厚二尺春冬冰徹底常燒器銷冰乃得飲東北至韈劫子其人髦首披布爲衣不鞍而騎大弓長箭尤善射遇人輒殺而生食其肉契丹等國皆畏之契丹五騎遇一韈劫子則皆散走其國三面皆室韋一曰室韋二曰黃頭室韋三曰獸室韋其地多銅鐵金銀其人工巧銅鐵諸器皆精好善織毛錦地尤寒馬溺至地成冰堆又北狗國人身狗首長毛不衣手搏猛獸語爲犬嘷其妻皆人能漢語

•『瓠䫂』，百衲、貴。

生男爲狗、女爲人、自相婚嫁。穴居食生、而妻女人食。云
嘗有中國人至其國、其妻憐之、使逃歸、與其筯十餘隻、
教其每走十餘里遺一筯、狗夫追之、見其家物、必啣而
歸、則不能追矣。其說如此。又曰、契丹嘗選百里馬二十
匹、遣十人齎乾麨北行、窮其所見。其人自黑車子歷牛
蹄國以北、行一年、經四十三城、居人多以木皮爲屋、其
語言無譯者、不知其國地山川部族名號。其地氣遇平
地則溫和、山林則寒冽。至三十三城、得一人、能鐵甸語、
其言頗可解。云地名頡利烏于邪堰。云自此以北、龍蛇
猛獸魑魅羣行、不可往矣。其人乃還。此北荒之極也。契

『一』年，彭本作『二』年，局本亦『二』。

丹謂嶠曰：夷狄之人豈能勝中國，然晉所以敗者，主暗而臣不忠。因具道諸國事，曰：子歸，悉以語漢人，使漢人努力事其主，無爲夷狄所虜。吾國非人境也。嶠歸，錄以爲陷虜記云。契丹年號，諸家所記舛謬非一，莫可考正。惟嘗見於中國者，可據也。據耶律德光立晉高祖冊文稱惟天顯九年歲次丙申，是歲乃晉天福元年，推而上之，得唐天成三年戊子爲天顯元年。按契丹附錄，德光與唐明宗同年而立，立三年改元天顯，與此正合矣。又據開運四年德光滅晉入汴，肆赦稱會同十年，推而上之，得天福三年爲會同元年，是天顯盡十年，而十一年改爲會同矣。惟此二者其據甚明，餘皆不足考也。附錄所載夷狄年號多畧不書，蓋無所用，故不必備也。

• 「稱惟」，百衲本作「據推」。貴「稱」作「云」，彭本同。
• 「元年」下百衲本作「云」，無「按」字。

五代史卷七十三

五代史卷七十三考證

兀欲傳晉高祖追封突欲爲燕王○突各本訛兀臣文清按上文云兀欲東丹王突欲子也又云唐廢帝遣人殺突欲于其第下文云德光滅晉兀欲從至京師則其所追封者其爲突欲無疑矣

五代史卷七十三考證

五代史卷七十四

宋　歐　陽　修

四夷附錄第三

奚本匈奴之別種當唐之末居陰涼川在營府之西幽州之西南皆數百里有人馬二萬騎分爲五部一曰阿薈部二曰啜米部三曰粤質部四曰奴皆部五曰黑訖支部後徙居琵琶川在幽州東北數百里地多黑羊馬趫前蹄堅善走其登山逐獸下上如飛契丹阿保機彊盛室韋奚霫皆服屬之奚人常爲契丹守界上而苦其苛虐奚王去諸怨叛以別部西徙嬀州依北山射獵常

乾隆四年校刊

五代會要粤作奥

• 五代會要『粤』作『奥』。

刺

採北山麝香仁參賂劉守光以自托其族至數千帳始分爲東西奚去諸之族頗知耕種歲借邊民荒地種穄秋熟則來穫窖之山下人莫知其處爨以平底瓦鼎煮穄爲粥以寒水解之而飲去諸卒子掃剌立莊宗破劉守光賜掃剌姓李更其名紹威紹威卒子拽剌立同光以後紹威父子數遣使朝貢初紹威娶契丹女舍利逐不魯之姊爲妻後逐不魯叛亡入西奚紹威納之晉高祖入立割幽州鴈門以北入于契丹是時紹威與逐不魯皆已死耶律德光已立晉北歸拽剌迎謁馬前德光曰非爾罪也負我者掃剌與逐不魯爾乃發其墓粉其

• 刺［剌，編注］。

骨而颸之後德光滅晉拽剌常以兵從其後不復見於

中國自去諸徙嬀州自别爲西奚而東奚在琵琶川者

亦爲契丹所并不復能自見云

吐渾本號吐谷渾或曰乞伏乾歸之苗裔自後魏以來

名見中國居於青海之上當唐至德中爲吐蕃所攻部

族分散其内附者唐處之河西其大姓有慕容拓拔赫

連等族懿宗時首領赫連鐸爲陰山府都督與討龎勛

以功拜大同軍節度使爲晉王所破其部族益微散處

蔚州界中莊宗時有首領白承福者依中山北石門爲

柵莊宗爲置寧朔奉化兩府以承福爲都督賜其姓名

乾隆四年校刊 五代史卷七十四 四夷 十二

• 百衲本無『有』字。

爲李紹魯終唐時常遣使朝貢中國晉高祖立割鴈門以北入于契丹於是吐渾爲契丹役屬而苦其苛暴是時安重榮鎮成德有異志陰遣人招吐渾入塞承福等乃自五臺山入處中國契丹耶律德光大怒遣使者責誚高祖高祖恐懼遣供奉官張澄率兵搜索并鎮忻代等州山谷中吐渾驅出之然晉亦苦契丹思得吐渾爲緩急之用陰遣劉知遠鎮太原慰撫之終高祖時承福數遣使者朝貢後出帝與契丹絕盟召承福入朝拜大同軍節度使待之甚厚契丹與晉相距于河承福以其兵從出帝禦虜是歲大熱吐渾多疾死乃遣承福歸太

百衲本無『山』字，貴同。

百衲本無山字，貴同。

原居之嵐石之間。劉知遠稍侵辱之，承福謀復亡出塞，知遠以兵圍其族，殺承福及其大姓赫連海龍、白可久、白鐵匱等，其羊馬貲財鉅萬計，皆籍沒之。其餘衆以其別部王義宗主之，吐渾遂微，不復見。初，唐以承福之族爲熟吐渾，長興中，又有生吐渾杜每兒來朝貢，每兒不知其國地部族。至漢乾祐二年，又有吐渾何戞刺來朝貢，不知爲生熟吐渾，蓋皆微不足考錄。

達靼，靺鞨之遺種，本在奚、契丹之東北，後爲契丹所攻，而部族分散，或屬契丹，或屬渤海，別部散居陰山者，自號達靼。當唐末，以名見中國。有每相温、于越相温，咸通

● 彭本無『貢』字，脫『吐』字。
● 劉校、南監本『契丹』上有『奚』字。

中從朱耶赤心討龐勛，其後李國昌、克用父子爲赫連鐸等所敗，嘗亡入達靼。後從克用入關破黃巢，由是居雲代之間。其俗善騎射，畜多駝馬。其君長、部族名字不可究見，惟其嘗通於中國者可見云。同光中，都督折文逋數自河西來貢駝馬。明宗討王都於定州，都誘契丹入寇，明宗詔達靼入契丹界，以張軍勢。遣宿州刺史薛敬忠以所獲契丹團牌二百五十及弓箭數百賜雲州生界達靼，蓋唐常役屬之。長興三年，首領頡哥率其族四百餘人來附。訖于顯德，常來不絕。

党項，西羌之遺種。其國在禹貢析支之地，東至松州，西接葉護南界春桑北隣吐渾有地三千餘里無城邑而有室屋以毛罽覆之其人喜盜竊而多壽往往至百五六十歲其大姓有細封氏費聽氏折氏野利氏拓拔氏爲最彊唐德宗時党項諸部相率内附居慶州者號東山部落居夏州者號平夏部落部有大姓而無君長不相統一散處邠寧鄜延靈武河西東至麟府之間自同光以後大姓之彊者各自來朝貢明宗時詔沿邊置場市馬諸夷皆入市中國而回鶻党項馬最多明宗招懷遠人馬來無駑壯皆售而所售常過直往來館給道路倍費其每至京師明宗爲御殿見之勞以酒食既醉連

● 『春桑』，貴池本作『舂桑』，五代會要同。
● 百衲本無『至』字，貴同。
● 『折氏』，五代會要作『析利氏』，『野利氏』作『野辭氏』，不改。新唐書黨項傳有往利氏、野辭氏。
● 『售』，百衲本作『讎』，貴同，南監本。

袂歌呼道其土風以爲樂去又厚以賜賚歲耗百萬計
唐大臣皆患之數以爲言乃詔吏就邊場售馬給直止
其來朝而党項利其所得來不可止其在靈慶之間者
數犯邊爲盜自河西回鶻朝貢中國道其部落輒邀劫
之執其使者賣之佗族以易牛馬明宗遣靈武康福邠
州藥彥稠等出兵討之福等擊破阿埋韋悉褒勒彊賴
埋廝骨尾及其大首領連香李八薩王都統悉那埋摩
侍御乞埋嵬悉逋等族殺數千人獲其牛羊鉅萬計及
其所劫外國寶玉等悉以賜軍士由是党項之患稍息
至周太祖時府州党項尼也六泥香王子拓拔山等皆

- 五代會要，阿埋三族餘四族，共七族，此少屈悉保一族。
- 尼也六族名見會要。

來朝貢。廣順三年，慶州刺史郭彥欽貪其羊馬，侵擾諸部，獨野雞族彊不可近，乃誣其族犯邊。太祖遣使招慰之，野雞族苦彥欽，不肯聽命。太祖遣邠州折從阮、寧州刺史張建武等討之。建武勇於立功，不能通夷情，馳軍擊野雞族，殺數百人。而喜玉、折思、殺牛三族聞建武擊破野雞族，各以牛酒犒軍，軍士利其物，反劫掠之。三族共誘建武軍至包山度險，三族共擊之，軍投崖谷死傷甚衆。太祖怒，罪建武等，選良吏爲慶州刺史以招撫之。其佗諸族散處沿邊界上者甚衆，然其無國地君長，故莫得而紀次云。

乾隆四年校刊　五代史卷七十四　四夷　五　黨項

喜玉　會要作　喜王　貴本同

「喜玉」，會要作「喜王」，貴本同。

突厥國地君世部族名號物俗見於唐著矣至唐之末爲諸夷所侵部族微散五代之際嘗來朝貢同光三年渾解樓來天成二年首領張慕晉來長興二年首領杜阿熟來天福六年遣使者薛同海等來凡四至其後不復來然突厥於時最微又來不數故其君長史皆失不能紀

吐蕃國地君世部族名號物俗見於唐著矣當唐之盛時河西隴右三十三州涼州最大土沃物繁而人富樂其地宜馬唐置八監牧馬三十萬匹以安西都護府羈縻西域三十六國唐之軍鎮監務三百餘城常以中國

• 明宗紀在天成三年十月，薛史同，『慕晉』作『慕進』。五代會要二十九作二年正月。

兵吏戍而涼州置使節度之安祿山之亂肅宗起靈武悉召河西兵赴難而吐蕃乘虛攻陷河西隴右華人百萬皆陷于虜文宗時嘗遣使者至西域見甘涼瓜沙等州城邑如故而陷虜之人見唐使者夾道迎呼涕泣曰皇帝猶念陷蕃人民否其人皆天寶時陷虜者子孫其語言稍變而衣服猶不改至五代時吐蕃已微弱回鶻党項諸羌夷分侵其地而不有其人民值中國衰亂不能撫有惟甘涼瓜沙四州常自通於中國甘州爲回鶻牙而涼瓜沙三州將吏猶稱唐官數來請命自梁太祖時嘗以靈武節度使兼領河西節度而觀察甘肅威等

●「天寶時」，彭本作「天寶中」。

●薛史考證謂，「牙」下據歐陽史增「帳」字，歐史各本均無「帳」字，何也？

州。然雖有其名，而涼州自立守將。唐長興四年，涼州留後孫超遣大將拓拔承謙及僧道士耆老楊通信等至京師求旌節，明宗問孫超等世家，承謙曰：吐蕃陷涼州，張掖人張義朝募兵擊走吐蕃，唐因以義朝爲節度使，發鄆州兵二千五百人戍之。唐亡，天下亂，涼州以東爲突厥党項所隔，鄆兵遂留不得返。今涼州漢人皆其戍人子孫也。明宗乃拜孫超節度使。清泰元年，留後李文謙來請命。後數年，涼州人逐出文謙，靈武馮暉遣牙將吳繼勳代文謙爲留後。是時天福七年。明年，晉高祖遣涇州押牙陳延暉齎詔書安撫涼州，涼州人共劫留延

手批：百衲本無等字

戍人彭本作戍兵

• 百衲本、貴池本無『等』字。
• 『戍人』，彭本作『戍兵』。

暉、立以爲刺史。至漢隱帝時，涼州留後折逋嘉施來請命，漢卽以爲節度使。嘉施，土豪也。周廣順二年，嘉施遣人市馬京師，因來請命帥。是時，樞密使王峻用事，峻故人申師厚者，少起盜賊，爲兗州牙將，與峻相友善。後峻貴，師厚慠衣蓬首，日候峻出，拜馬前，訴以飢寒，峻未有以發，而嘉施等來請帥，峻卽建言：涼州深入夷狄，中國未嘗命吏，請募率府率、供奉官能往者。月餘，無應募者，乃奏起師厚爲左衛將軍，已而拜西河節度使。師厚至涼州，奏薦押衙副使崔虎心、陽妃谷首領沈念般等及中國留人子孫王廷翰、温崇樂、劉少英爲將吏。又自安

● 廣順二年，薛史作『二年』，劉校謂本紀作『元年』，未審。
● 『押衙』，貴池本作『押蕃』，據會要『左廂押蕃副使，折逋支右廂崔虎心』，則亦押蕃副使也。

國鎮至涼州立三州以控扼諸羌、用其酋豪爲刺史。然涼州夷夏雜處、師厚小人不能撫有。至世宗時、師厚留其子而逃歸、涼州遂絕於中國。獨瓜沙二州、終五代常來。沙州、梁開平中有節度使張奉自號金山白衣天子、至唐莊宗時、回鶻來朝、沙州留後曹義金亦遣使附回鶻以來、莊宗拜義金爲歸義軍節度使、瓜沙等州觀察處置等使。晉天福五年、義金卒、子元德立。至七年、沙州曹元忠、瓜州曹元深皆遣使來。周世宗時、又以元忠爲歸義軍節度使、元恭爲瓜州團練使。其所貢碙砂、羚羊角、波斯錦、安西白氎、金星礬、胡桐律、大鵬砂、毦褐、玉團

● 百衲本、貴池本無『鎮』字。
● 『氎』貴池本訛作『毦』，『玉團』作『玉圍』。

皆因其來者以名見，而其卒立世次，史皆失其紀。而吐蕃不見於梁世。唐天成三年，回鶻王仁喻來朝，吐蕃亦遣使附以來，自此數至中國。明宗嘗御端明殿見其使者，問其牙帳所居，曰西去涇州二千里。明宗賜以虎皮人一張，皆披以拜，委身宛轉，落其氊帽，亂髮如蓬，明宗及左右皆大笑。至漢隱帝時，猶來朝，後遂不復至，史亦失其君世云。

回鶻，爲唐患尤甚。其國地、君世、物俗見於唐著矣。唐嘗以女妻之，故其世以中國爲舅。其國本在娑陵水上，後爲黠戛斯所侵，徙天德、振武之間，又爲石雄、張仲武所

乾隆四年校刊

•「喻」，本紀及本卷回鶻傳、薛史均作仁「裕」。
•「亂髮」，彭本、局本、薛史作「髮亂」。

破其餘衆西徙、役屬吐蕃。是時、吐蕃已陷河西隴右、乃以回鶻散處之。當五代之際、有居甘州西州者、嘗見中國。而甘州回鶻數至、猶呼中國爲舅、中國答以詔書亦呼爲甥。梁乾化元年、遣都督周易言等來、而史不見其君長名號。梁拜易言等官爵、遣左監門衛上將軍楊沼押領還蕃。至唐莊宗時、王仁美遣使者來貢玉馬、自稱權知可汗。莊宗遣司農卿鄭續持節冊仁美爲英義可汗。是歲仁美卒、其弟狄銀立、遣都督安千想等來。同光四年、狄銀卒、阿咄欲立。天成二年、權知國事王仁裕遣李阿山等來朝。明宗遣使者冊仁裕爲順化可汗。晉高

• 『績』，會要同薛史作『續』（按會要作鄭質，編注），百衲本作『續』，貴同。
• 『千想』，會要無『想』字，薛史同。
• 會要作『三年二月』，歐史本紀同，薛史同。

祖時、又冊爲奉化可汗。阿咄欲不知其爲狄銀親疏、亦不知其立卒。而仁裕訖五代常來朝貢、史亦失其紀。其地出玉、犛牛、綠野馬、獨峯駝、白貂鼠、羚羊角、硇砂、膃肭臍、金剛鑽、紅鹽、罽氎、騊駼之革。其地宜白麥、青麲麥、黃麻、葱韭、胡荽、以橐駝耕而種。其可汗常樓居、妻號天公主、其國相號媚祿都督。見可汗則去帽被髮而入以爲禮。婦人總髮爲髻、高五六寸、以紅絹囊之。既嫁、則加氈帽。又有別族號龍家、其俗與回紇小異。長興四年、回鶻來獻白鶻一聯、明宗命解絏放之。自明宗時、常以馬市中國、其所齎寶玉皆鬻縣官、而民犯禁爲市者、輒罪之。

乾隆四年校刊

● 百衲本無『牛』字。
● [肭，編注]百衲本作『肭』。
● 『鬻』，百衲本作『屬』。

周太祖時，除其禁，民得與回鶻私市，玉價由此倍賤。顯德中，來獻玉，世宗曰：「玉雖寶而無益。」却之。于闐，國地、君世、物俗見於唐，五代亂世，中國多故，不能撫來四夷。其嘗自通於中國者，僅以名見，其君世、終始皆不可知。而于闐尤遠，去京師萬里外，其國西南近葱嶺，與婆羅門爲鄰國，而相去猶三千餘里，南接吐蕃，西北至疏勒二千餘里。晉天福三年，于闐國王李聖天遣使者馬繼榮來貢紅鹽、鬱金、氂牛尾、玉氎等，晉遣供奉官張匡鄴假鴻臚卿，彰武軍節度判官高居晦爲判官，冊聖天爲大寶于闐國王。是歲冬十二月，匡鄴等自靈州行二歲至于闐、至七年冬乃還、而居誨頗記其往復所見山川諸國、而不能道聖天世次也。居誨記曰：自靈州過黃河、行三十里、始涉沙入党項界、曰細腰沙、神樹沙、至三公沙、宿月支都督帳。自此沙行四百餘里、至黑堡沙、沙尤廣、遂登沙嶺、沙嶺党項牙也。其酋曰捻崖天子。渡白亭河、至涼州、自涼州西行五百里、至甘州、甘州回鶻牙也。其南山百餘里、漢小月支之故地也。有別族號鹿角山沙陀、云朱耶氏之遺族也。自甘州西、始涉磧、磧無水、載水以行。甘州人教晉使者作馬蹄木澁、木澁四竅、馬蹄亦鑿四竅而綴之、駝蹄則包以氂皮乃可行、

● 以下高居誨記。
● 百衲本『樹』作『點』，彭本同。
● 此處『牙』字與吐蕃傳相應。

西北五百里至肅州、渡金河西百里、出天門關、又西百里、出玉門關、經吐蕃界。吐蕃男子冠中國帽、婦人辮髮、戴瑟瑟珠、云珠之好者、一珠易一良馬。西至瓜州沙州、二州俱中國人、聞晉使者來、其刺史曹元深等郊迎問使者天子起居。瓜州南十里鳴沙山、云冬夏殷殷有聲如雷、云禹貢流沙也。又東南十里三危山、云三苗之所竄也。其西渡都鄉河曰陽關。沙州西曰仲雲、其牙帳居胡盧磧、云仲雲者、小月支之遺種也。其人勇而好戰、瓜沙之人皆憚之。胡盧磧漢明帝時征匈奴屯田於吾盧、蓋其地也。地無水而嘗寒多雪、每天暖雪銷、乃得水。匡

• 『俱』，百衲本作『多』，貴、彭、汲本同，改。南監本。

• 百衲本『沙』作『州』。

鄴等西行、入仲雲界至大屯城、仲雲遣宰相四人都督三十七人候晉使者、匡鄴等以詔書慰諭之、皆東向拜。自仲雲界西始涉醎磧、無水、掘地得濕沙、人置之胸以止渴。又西渡陷河、伐檉置水中乃渡、不然則陷。又西至紺州、紺州于闐所置也、在沙州西南、云去京師九千五百里矣。又行二日、至安軍州、遂至于闐。聖天衣冠如中國、其殿皆東向、曰金冊殿、有樓曰七鳳樓。以蒲桃爲酒、又有紫酒、青酒、不知其所釀、而味尤美。其食粳沃以蜜、粟沃以酪。其衣布帛。有園圃花木。俗喜鬼神而好佛。聖天居處嘗以紫衣僧五十人列侍、其年號同慶二十九

• 『醎』，當作『鹹』，遼史。
• 彭本、局本作『水』。

年。其國東南曰銀州、盧州、湄州，其南千三百里曰玉州，云漢張騫所窮河源、出于闐，而山多玉者，此山也。其河源所出，至于闐分爲三：東曰白玉河，西曰綠玉河，又西曰烏玉河。三河皆有玉而色異，每歲秋水涸，國王撈玉于河，然後國人得撈玉。自靈州渡黄河，至于闐，往往見吐蕃族帳，而于闐常與吐蕃相攻劫。匡鄴等至于闐，聖天頗責誚之，以邈誓約。匡鄴等還，聖天又遣都督劉再昇獻玉千斤，及玉印、降魔杵等。漢乾祐元年，又遣使者王知鐸來。

高麗，本扶餘人之别種也。其國地君世見於唐，比佗夷

撈之至作
撈，彭本
同。

•『撈』，會要作『撈』，彭本、局本同。

狄有姓氏而其官號略可曉其義當唐之末其王姓高氏同光元年遣使廣評侍郎韓申一副使春部少卿朴巖來而其國王姓名史失不紀至長興三年權知國事王建遣使者來明宗乃拜建玄菟州都督充大義軍使封高麗國王建高麗大族也開運二年建卒子武立乾祐四年武卒子昭立王氏三世終五代常來朝貢其立也必請命中國中國常優荅之其地產銅銀周世宗時遣尚書水部員外郎韓彥卿以帛數千匹市銅於高麗以鑄錢六年昭遣使者貢黃銅五萬斤高麗俗知文字喜讀書昭進別敘孝經一卷越王新義八卷皇靈孝經

● 百衲本『三年』作『二年』，本紀在三年。會要在三年十一月，本紀同。

● 『巖』，彭本作『嚴』。

一卷、孝經雌圖一卷。別敘敘孔子所生及弟子事迹、越
王新義以越王爲問目、若今正義、皇靈述延年辟穀、雌
圖載日食星變、皆不經之說。

渤海、本號靺鞨、高麗之別種也。唐高宗滅高麗、徙其人
散處中國、置安東都護府於平壤以統治之。武后時、契
丹攻北邊、高麗別種大乞乞仲象與靺鞨酋長乞四比
羽走遼東、分王高麗故地。武后遣將擊殺乞四比羽、而
乞乞仲象亦病死。仲象子祚榮立、因并有比羽之衆。其
衆四十萬人、據挹婁、臣于唐。至中宗時、置忽汗州、以祚
榮爲都督、封渤海郡王。其後世遂號渤海。其貴族姓大

百衲本無「越王」二字。
大、姓也。

百衲本無越王二字
大姓也

氏。開平元年、國王大諲譔遣使者來、訖顯德常來朝貢、其國土物產與高麗同、諲譔世次立卒、史失其紀。

新羅、弁韓之遺種也。其國地君世物俗見於唐、其大族曰金氏、朴氏。自唐高祖時、封金眞爲樂浪郡王、其後世常爲君長。同光元年、新羅國王金朴英遣使者來朝貢。長興四年、權知國事金溥遣使來、朴英、溥世次卒立、史皆失其紀。自晉已後不復至。

黑水靺鞨、本號勿吉、當後魏時見中國。其國東至海、南界高麗、西接突厥、北鄰室韋、蓋肅愼氏之地也。其衆分爲數十部、而黑水靺鞨最處其北、尤勁悍、無文字之記、

乾隆四年校刊　五代史卷七十四　十三　渤海　新羅

• 本紀在三年，會要在四年。

其兵角弓楛矢。同光二年、黑水兀兒遣使者來、其後常來朝貢。自登州泛海、出青州。明年、黑水胡獨鹿亦遣使來。兀兒胡獨鹿若其兩部酋長、各以使來、而其部族世次立卒史皆失其紀。至長興三年、胡獨鹿卒、子桃李花立、嘗請命中國、後遂不復見云。

南詔蠻、見於唐、其國在漢故永昌郡之東、姚州之西。僖宗幸蜀、募能使南詔者、得宗室子李龜年及徐虎、虎姪藹、乃以龜年爲使、虎爲副、藹爲判官、使南詔。南詔所居曰苴咩城、龜年等不至苴咩、至善闡、得其要約、與唐爲甥舅。僖宗許以安化公主妻之、南詔大喜、遣人隨龜年等求公主。已而黄巢敗、收復長安、僖宗東還、乃止。同光三年、魏王繼岌及郭崇韜等破蜀、得王衍時所俘南詔蠻數十人、又得徐鷁自言嘗使南詔、乃矯詔還其所俘、遣鷁等持金帛招撫南詔、諭以威德、南詔不納。至明宗時、嶲州山後兩林百蠻都鬼主右武衛大將軍李卑晚遣大鬼主傅能何華來朝貢、明宗拜卑晚寧遠將軍。又以大渡河南山前印州六姓都鬼主懷安郡王勿定摽莎爲定遠將軍。明年、遣左金吾衛將軍馬昭遠爲入蠻國信使、昭遠不能達而還。

牂牁蠻在辰州西千五百里、以耕植爲生、而無城郭、聚

• 會要「何華」，會要作「阿花」。彭本、局本同，貴本同。
• 會要作「邛州」，彭本、局本同。
• 會要「烏昭遠」，彭本、局本同。
• 會要「東至辰州二千四百里」。

落有所攻擊則相屯聚刻木爲契其首領姓謝氏其名見於唐至天成二年嘗一至其使者曰淸州八郡刺史宋朝化冠帶如中國貢草豆蔻二萬箇朱砂五百兩蠟二百斤昆明在黔州西南三千里外地產羊馬其人椎髻跣足披氈其首領披虎皮天成二年嘗一至其首領號昆明大鬼主羅殿王普露靜王九部落各遣使者來使者號若土附牂牁以來占城在西南海上其地方千里東至海西至雲南南鄰眞蠟北抵驩州其人俗與大食同其乘象馬其食稻米

• 『蔻』，會要作『㲄』，『朱』作『硃』。
• 百衲本『昆明』連上文。
• 會要『其地東西七百里，南北三千里』。
• 『蠟』，會要作『臘』，百衲本作『臘』，南監本。

水兕山羊、鳥獸之奇、犀孔雀、自前世未嘗通中國。顯德五年、其國王因德漫遣使者莆訶散來貢猛火油八十四瓶、薔薇水十五瓶、其表以貝多葉書之、以香木爲函。猛火油以灑物、得水則出火。薔薇水、云得自西域、以灑衣、雖敝而香不滅。五代四夷見中國者、遠不過于闐、占城、史之所紀、其西北頗詳、而東南尤略、蓋其遠而罕至、且不爲中國利害云。

漫本紀作謾
會要薔作莆、
訶作阿

●「漫」，本紀作「縵」。
●會要「莆」作「甫」，「訶」作「阿」。

五代史卷七十四

五代史卷七十四考證

党項傳殺數千人獲其牛羊鉅萬計○千南本作十誤

吐蕃傳常以中國兵更戍而凉州置使節度之○戍監本訛盛今改正

周世宗時又以元忠爲歸義軍節度使元恭爲瓜州團練使○臣人龍按上文沙州曹元忠瓜州曹元深皆遣使來則恭應作深今各本俱同姑仍之

毦褐玉團○毦各本訛毦今改正

高麗傳本扶餘人之別種也○南本無人字

當唐之末其王姓高氏長興三年封權知國事王建爲

高麗國王○臣文清按通鑑云初唐滅高麗天祐初高麗石窟寺眇僧躬乂聚衆據開州稱王號大封國與此傳異

渤海傳至中宗時置忽汗州以祚榮爲都督○忽南本作忽

五代史卷七十四考證

編修臣人龍謹言宋開寶中詔盧多遜扈蒙張澹李昉劉兼李穆李九齡等同修梁唐晉漢周書宰相薛居正監修謂之五代史迨歐陽修以薛史繁猥失實重加修定藏于家修没朝廷聞之取以付國學刊行於是新五代史出而薛居正史遂廢不傳臣等奉

命編校悉依監本條著舛訛不敢滲漏設居正之史尚存其煩簡異同當必有所互證而發明之云臣謹識

原任詹事臣陳浩洗馬臣陸宗楷編修臣孫人龍
宗人府主事臣王文清知州臣王祖庚拔貢生臣
郭世燦等奉
勅恭校刊

校刊五代史職名

圖書在版編目(CIP)數據

柴德賡點校新五代史：全3册/(宋)歐陽修撰；柴德賡點校. —北京：商務印書館，2014
ISBN 978-7-100-09098-8

Ⅰ.①柴… Ⅱ.①歐…②柴… Ⅲ.①中國歷史—五代(907～960)—紀傳體 Ⅳ.①K243.104.2

中國版本圖書館CIP數據核字(2014)第075429號

柴德賡點校新五代史
(全三册)
(宋)歐陽修 撰
柴德賡 點校

商 務 印 書 館 出 版
(北京王府井大街36號 郵政編碼100710)
商 務 印 書 館 發 行
三河市尚藝印裝有限公司印刷
ISBN 978-7-100-09098-8

2014年6月第1版　開本710×1000 1/16
2014年6月北京第1次印刷　印張109 1/2
定價：560.00元

〔宋〕歐陽修 撰
柴德賡 點校

柴德賡點校新五代史

第二册

创于1897
商務印書館
The Commercial Press

五代史卷二十八

宋　歐陽修撰

唐臣傳第十六

豆盧革父瓚唐舒州刺史豆盧為世名族唐末天下亂革避地之中山唐亡為王處直掌書記莊宗在魏議建唐國而故唐公卿之族遭亂喪亡且盡以革名家子召為行臺左丞相莊宗即帝位拜同中書門下平章事革雖唐名族而素不學問除拜官吏多失其序常為尚書郎蕭希甫駮正革頗患之莊宗已滅梁革乃薦韋說為相說唐末為殿中侍御史坐事貶南海後事梁為禮部

乾隆四年校刊　五代史卷二十八　傳　一　豆盧革

● 薛史六十七。
● 此實豆盧革、韋說合傳。
● 百衲本、貴池本無『帝』字。

侍郎革以說能知前朝事故引以佐己而說亦無學術徒以流品自高是時莊宗內畏劉皇后外惑宦官伶人郭崇韜雖盡忠於國而亦無學術革說俯仰默默無所爲唯諾崇韜而已唐梁之際仕宦遭亂奔亡而吏部銓文書不完因緣以爲姦利至有私鬻告勑亂易昭穆而季父母舅反拜姪甥者崇韜請論以法是時唐新滅梁朝廷紀綱未立議者以爲宜革以漸而崇韜疾惡太甚果於必行說革心知其未可而不能有所建言是歲冬選人吳延皓改亡叔告身行事事發延皓及選吏尹玫皆坐死尚書左丞判吏部銓崔沂等皆貶說革詣閤門

彭本作前朝故事亦可通義似較長

● 彭本作『前朝故事』，亦可通，義似較長。

益　百衲本作亦
採稆百衲本誤作
採稆　彭本亦誤

待罪由是一以新法從事往往以僞濫駁放而斃踣羈
旅號哭道路者不可勝數及崇韜死說乃教門人上書
言其事而議者益以罪之是歲大水四方地連震流民
殍死者數萬人軍士妻子皆採稆以食莊宗日以責三
司使孔謙謙不知所爲樞密小吏段徊曰臣嘗見前朝
故事國有大故則天子以朱書御札問宰相水旱宰相
職也莊宗乃命學士草詔手自書之以問革說革說不
能對第曰陛下威德著于四海今西兵破蜀所得珍寶
億萬可以給軍水旱天之常道不足憂也革自爲相遭
天下多故而方服丹砂鍊氣以求長生嘗嘔血數日幾

乾隆四年校刊　五代史卷二十八　傳　二　豆盧革

●『益』，百衲本作『亦』。
●『採稆』，百衲本誤作『採相』，彭本亦誤。

死二人各以其子爲拾遺父子同省人以爲非遽改佗
官而革以說子爲弘文館學士說以革子爲集賢院學
士莊宗崩革爲山陵使莊宗已祔廟革以故事當出鎮
乃還私第數日未得命而故人賓客趣使入朝樞密使
安重誨詬之于朝曰山陵使名尚在不俟改命遽履新
朝以我武人可欺邪諫官希旨上疏誣革縱田客殺人
說坐與隣人爭井遂俱罷革貶辰州刺史說漵州刺史
所在馳驛發遣宰相鄭珏任圜三上章請毋行後命不
報革復坐請俸私自入說賣官與選人責授革費州司
戶參軍說夷州司戶參軍皆員外置同正員已而竄革

● 本紀六作『叙州』。
● 鄭『珏』，百衲本、貴池本誤作『班』。
● 貴池本、百衲本『責受費州』，既誤『授』作『受』，又脫一『革』字。

• 百衲本無『尚書』二字，貴池本亦無，可有可去。
• 薛史六十七。
• 薛史，程唐朝右族，祖懿，父蘊，歷仕通顯。何云不知世家？

陵州說合州皆長流百姓初說嘗以罪竄之南海遇赦還寓江陵與高季興相知及爲相常以書幣相問遺唐兵伐蜀季興請以兵入三峽莊宗許之使季興自取夔忠萬歸峽等州爲屬郡及破蜀季興無功而唐用佗將取五州明宗初即位季興數請五州以謂先帝所許朝廷不得已而與之及革說再貶因以其事歸罪二人天成二年夏詔陵合州刺史監賜自盡革子昇說子濤皆官至尚書郎坐其父廢至晉天福初濤爲尚書膳部員外郎卒

盧程不知其世家何人也唐昭宗時程舉進士爲鹽鐵

出使巡官。唐亡，避亂燕、趙，變服爲道士，遊諸侯間。豆盧革爲王處直判官，盧汝弼爲河東節度副使，二人皆故唐時名族，與程門地相等，因共薦之，以爲河東節度推官。莊宗嘗召程草文書，程辭不能。其後戰胡柳，掌書記王誠歿于陣。莊宗還軍太原，置酒謂監軍張承業曰：「吾以巵酒辟一書記於坐。」因舉巵屬巡官馮道。程位在道上，以嘗辭不能，故不用，而遷程支使。程大恨曰：「用人不以門閥，而先田舍兒邪！」莊宗已卽位，議擇宰相，而盧汝弼、蘇循已死，次節度判官盧質當拜，而質不樂任事，乃言豆盧革與程皆故唐時名族，可以爲相。莊宗以程爲

• 『誠』，南監本、貴池本、百衲本作『誠』，薛史六十紀傳作『緘』，彭亦作『緘』，本書七十二作『緘』。

• 南監本『即』下有『帝』字。

[redacted]

中書侍郎同平章事是時朝廷新造百度未備程草拜
命之日肩輿導從喧呼道中莊宗聞其聲以問左右左
右對曰宰相檐子入門莊宗登樓視之笑曰所謂似是
而非者也程奉皇太后册自魏至太原上下山險所至
州縣驅役丁夫官吏迎拜程坐肩輿自若少忤其意必
加笞辱人有假驢夫於程者程帖興唐府給之府吏啓
無例程怒笞吏背少尹任圜莊宗姊婿也詣程訴其不
可程戴華陽巾衣鶴氅據几決事視圜罵曰爾何蟲豸
恃婦家力耶宰相取給州縣何爲不可圜不對而去夜
馳至博州見莊宗莊宗大怒謂郭崇韜曰朕悞相此癡

● 百衲本少『左右』二字，貴池本亦缺。
● 劉校，時少尹爲『任圜』，『圜』、『圜』之別，各本皆誤，從通鑑同光元年七月條，改正。
● 蟲豸。
● 氅［氅，編注］。
『耶』，百衲本作『也』。

柴德賡點校

物、敢辱于九卿、趣令自盡。崇韜亦欲殺之、賴盧質力解之、乃罷爲右庶子。莊宗入洛、程於路墜馬中風、卒、贈禮部尚書。

任圜、京兆三原人也、爲人明敏、善談辯、見者愛其容止、及聞其論議縱橫、益皆悚動、李嗣昭節度昭義、辟圜觀察支使。梁兵築夾城圍潞州、踰年而晉王薨、晉兵救潞者皆解去、嗣昭危甚、問圜去就之計。圜勸嗣昭堅守以待、不可有二心。已而莊宗攻破梁夾城、聞圜爲嗣昭畫守計甚嘉之、由是益知名。其後嗣昭與莊宗有隙、圜數奉使往來、辯釋讒構、嗣昭卒免於禍、圜之力也。嗣昭從

薛史六十七

• 薛史六十七。

莊宗戰胡柳、擊敗梁兵、圜頗有功、莊宗勞之曰、儒士亦破體邪、仁者之勇、何其壯也。張文禮弑王鎔、莊宗遣嗣昭討之、嗣昭戰歿、圜代將其軍、號令嚴肅、既而文禮子處球等閉城堅守、不可下、圜數以禍福諭鎮人、鎮人信之。圜嘗擁兵至城下、處球登城呼圜曰、城中兵食俱盡、而久抗王師、若泥首自歸、懼無以塞責、幸公見哀、指其生路。圜告之曰、以子先人固難容貸、然罰不及嗣、子可從輕、其如拒守經年、傷吾大將、一朝困竭、方布欵誠、以此計之、子亦難免。然坐而待斃、曷若伏而俟命。處球流涕曰、公言是也。乃遣人送狀乞降、人皆稱圜其言不欺。

• 「體」字，當從貴池本作「敵」字，百衲本亦誤，南監亦誤。

• 貴池本脫下「鎮人」二字。

• 薛史張文禮傳，閉城堅守者處瑾，歐史三十九同，疑當改爲「處瑾」。

旣而佗將攻破鎮州，處球雖見殺，而鎮之吏民以嘗乞降故，得保其家族者甚衆。其後以鎮州爲北京，拜圜工部尚書兼眞定尹、北京副留守，知留守事，爲政有惠愛。明年，郭崇韜兼領成德軍節度使，改圜行軍司馬，仍知眞定府事。圜與崇韜素相善，又爲其司馬，崇韜因以鎮州事託之，而圜多所違異。初，圜推官張彭爲人傾險貪黷，圜不能察，信任之，多爲其所賣。及崇韜領鎮，彭爲圜謀隱其公廨錢。後莊宗遣宦者選故趙王時宮人百餘人，有許氏者尤有色，彭賂守者匿之。後事覺，召彭詣京師，將罪之，彭懼，悉以前所隱公錢簿書獻崇韜，崇韜深

- 貴池本脫『素相善』至『司馬』止八字。
- 百衲本、貴池本無『後』字，下行有一『後』字。此可省。
- 百衲本、貴池本『百餘』下無『人』字。

德彭，不殺。由是與圜有隙。同光三年，圜罷司馬，守工部尚書。魏王繼岌暨崇韜伐蜀，權圜攻巳於後，乃辟圜參魏王軍事。蜀滅，表圜黔南節度使，圜懇辭不就。繼岌殺崇韜，以圜代將其軍而旋。康延孝反，繼岌遣圜將三千人會董璋、孟知祥等兵擊敗延孝於漢州。而魏王先至渭南自殺，圜悉將其軍以東。明宗嘉其功，拜圜同中書門下平章事，兼判三司。是時，明宗新誅孔謙，圜選辟才俊，抑絕僥倖，公私給足，天下便之。是秋，韋說、豆盧革罷相，圜與安重誨、鄭珏、孔循議擇當爲相者，圜意屬李琪，而珏、循雅不欲琪爲相，謂重誨曰：「李琪非無文藝，但不廉耳、宰相端方有器度者足以爲之、太常卿崔協可也、重誨以爲然。佗日明宗問誰可相者、重誨卽以協對。圜前爭曰、重誨未諳朝廷人物、爲人所賣、天下皆知崔協不識文字。而虛有儀表。號爲沒字碑。臣以陛下誤加採擢、無功幸進、此不知書、以臣一人取笑足矣、相位有幾、豈容更益笑端。明宗曰、宰相重位、卿等更自詳審。然吾在藩時、識易州刺史韋肅、世言肅名家子、且待我甚厚、置之此位可乎。肅或未可、則馮書記先朝判官、稱爲長者、可以相矣。馮書記者、道也。議未決、重誨等退休於中興殿廊下、孔循不揖、拂衣而去、行且罵曰、天下事一則

- 沒字碑。
- 『儀表』，百衲本、貴池本作『表號』，無『儀』字。
- 『此』，貴池本作『比』，局本同，南監本同。

任圜二則任圜圜乃何人圜謂重誨曰李琪才藝可兼
時輩百人而讒夫巧沮忌害其能若舍琪而相協如棄
蘇合之丸而取蛣蜣之轉也重誨笑而止然重誨終以
循言爲信居月餘協與馮道皆拜相協在相位數年人
多嗤其所爲然圜與重誨交惡自協始故時使臣出四
方皆自戶部給券重誨奏請自內出圜以故事爭之不
能得遂與重誨辨於帝前圜聲色俱厲明宗罷朝後宮
嬪御迎前問曰與重誨論事者誰明宗曰宰相也宮人
奏曰妾在長安見宰相奏事未嘗如此蓋輕大家耳明
宗由是不悅而使臣給券卒自內出圜益憤沮重誨嘗

• 「自內出」，百衲本作「自出」，各本均作「自內出」。
• 「論事」，百衲本、貴池本無「事」字。

過圜。圜出妓善歌而有色，重誨欲之，圜不與，由是二人益相惡。而圜遽求罷職，乃罷爲太子少保。圜不自安，因請致仕，退居于磁州。朱守殷反于汴州，重誨誣圜與守殷連謀，遣人矯制殺之。圜受命怡然，聚族酣飲而死。明宗知而不問，爲下詔，坐圜與守殷通書，而言涉怨望。愍帝即位，贈圜太傅。

趙鳳，幽州人也。少以儒學知名。燕王劉守光時，悉黥燕人以爲兵，鳳懼，因髠爲僧，依燕王弟守奇自匿。守奇奔梁，梁以守奇爲博州刺史，鳳爲其判官。守奇卒，鳳去爲鄆州節度判官。晉取鄆州，莊宗聞鳳名，得之喜，以爲扈

● 百衲本只一『圜』字，貴本同。
● 百衲本、貴池本無『職乃罷』三字。
● 薛史作廢帝清泰中贈太保。
● 薛史六十七。
● 貴池本脫『燕』字，百衲本『人』誤描爲『入』。

吴縝纂誤莊宗先即位後取鄆州
彭本第作家

鑾學士。莊宗即位，拜鳳中書舍人、翰林學士。莊宗及劉皇后幸河南尹張全義第，酒酣，命皇后拜全義爲父。明日，遣宦者命學士作牋上全義，以父事之，鳳上書極言其不可。全義養子郝繼孫犯法死，宦官、伶人冀其貲財，固請籍沒。鳳又上書言：「繼孫爲全義養子，不宜有別籍之財，而於法不至籍沒，刑人利財，不可以示天下。」是時皇后及羣小用事，鳳言皆不見納。明宗武君，不通文字，四方章奏常使安重誨讀之，重誨亦不知書，奏讀多不稱旨。孔循教重誨求儒者置之左右，而兩人皆不知唐故事，於是置端明殿學士，以馮道及鳳爲之。鳳好直言。

● 吴縝纂誤，莊宗先即位後取鄆州。
● 彭本『第』作『家』。

而性剛強素與任圜善自圜爲相頗薦進之初端明殿學士班在翰林學士下而結銜又在官下明年鳳遷禮部侍郎因諷圜升學士於官上又詔班在翰林學士上圜爲重誨所殺而誣以謀反是時重誨方用事雖明宗不能詰也鳳獨號哭呼重誨曰任圜天下義士豈肯謀反而公殺之何以示天下重誨慙不能對術士周玄豹以相法言人事多中莊宗尤信重之以爲北京巡官明宗爲內衙指揮使重誨欲試玄豹乃使佗人與明宗易服而坐明宗於下坐召玄豹相之玄豹曰內衙貴將也此不足當之乃指明宗於下坐曰此是也因爲明宗言

・此內衙，可與第二十五卷［一頁，本注］參證。

其後貴不可言明宗即位思玄豹以爲神將召至京師鳳諫曰好惡上所慎也今陛下神其術而召之則傾國之人皆將奔走吉凶之說轉相惑亂爲患不細明宗遂不復召朱守殷反明宗幸汴州守殷已誅又詔幸鄴是時從駕諸軍方自河南徙家至汴不欲北行軍中爲之洶洶而定州王都以爲天子幸汴州誅守殷而又幸鄴以圖已因疑不自安宰相率百官詣閤請罷幸鄴明宗不聽人情大恐羣臣不復敢言鳳手疏責安重誨言甚切直重誨以白遂罷幸有僧遊西域得佛牙以獻明宗以示大臣鳳言世傳佛牙水火不能傷請驗其眞僞因

乾隆四年校刊　　五代史卷二十八　　傳　　九　　趙鳳

● 百衲本、貴池本無下一『而』字，按文義當去。

● 佛牙。

以斧斫之，應手而碎。是時宮中施物已及數千，因鳳碎之乃止。天成四年夏，拜門下侍郎、同中書門下平章事。

祕書少監于嶠者，自莊宗時與鳳俱爲翰林學士，而嶠亦許直敢言，與鳳素善。及鳳已貴，而嶠久不遷，自以材名在鳳上而不用，因與蕭希甫數非斥時政，尤詆訾鳳，鳳心銜之，未有以發。而嶠與隣家爭水竇，爲安重誨所怒，鳳即左遷嶠祕書少監。嶠因被酒往見鳳，鳳知其必不遜，乃辭以沐髮。嶠訴直吏，又溺於從者直廬而去。省吏白鳳嶠溺於客次，且訴鳳，鳳以其事聞。明宗下詔奪嶠官，長流武州百姓，又流振武，天下寃之。其後安重誨

于嶠
材　百衲本誤

・于嶠。
・『材』，百衲本誤作『林』。

爲邊彥温等告變，明宗詔彥温等廷詰，具伏其詐，卽斬之。後數日，鳳奏事中興殿，啓曰：臣聞姦人有誣重誨者。明宗曰：此閑事，朕已處置之，卿可無問也。鳳曰：臣所聞者，繫國家利害，陛下不可以爲閑。因指殿屋曰：此殿所以尊嚴宏壯者，棟梁柱石之所扶持也，若折其一棟，去其一柱，則傾危矣。大臣，國之棟梁柱石也。且重誨起微賤，歷艱危，致陛下爲中興主，安可使姦人動搖。明宗改容謝之曰：卿言是也。遂族彥温等三家。其後重誨得罪，羣臣無敢言者，獨鳳數言重誨盡忠。明宗以鳳爲朋黨，罷爲安國軍節度使。鳳在鎭，所得俸祿悉以分將校賓

● 照文義應作『臣所問者』，百衲本、貴池本均作『聞』，不改。
● 彭本無『家』字。

薛史六十

客。廢帝入立、召爲太子太保、病足居于家。疾篤、自筮、投
著而歎曰、吾家世無五十者、又皆窮賤、吾今壽過其數、
而富貴、復何求哉。清泰二年卒于家。

李襲吉、父圖、洛陽人、或曰唐相林甫之後也。乾符中、襲
吉舉進士、爲河中節度使李都推鹽判官。後去之晉、晉
王以爲榆次令、遂爲掌書記。襲吉博學、多知唐故事。遷
節度副使、官至諫議大夫。晉王與梁有隙、交兵累年、後
晉王數困、欲與梁通和、使襲吉爲書諭梁、辭甚辨麗。梁
太祖使人讀之、至於「毒手尊拳、交相於暮夜、金戈鐵馬、
蹂踐於明時」、歎曰、李公僻處一隅、有士如此、使吾得之、

薛史六十。

傳虎以翼也。顧其從事敬翔曰，善爲我荅之。及翔所荅書辭不工，而襲吉之書多傳於世。襲吉爲人恬淡，以文辭自娛。天祐三年卒，以盧汝弼代爲副使。汝弼工書畫，而文辭不及襲吉，其父簡求爲河東節度使，爲唐名家，故汝弼亦多知唐故事。晉王薨，莊宗嗣爲晉王，承制封拜官爵，皆出汝弼。十八年卒，莊宗即位，贈襲吉禮部尚書，汝弼兵部尚書。

張憲，字允中，晉陽人也。爲人沉靜寡欲，少好學，能鼓琴飲酒。莊宗素知其文辭，以爲天雄軍節度使掌書記。莊宗即位，拜工部侍郎，租庸使，遷刑部侍郎，判吏部銓，東

乾隆四年校刊　五代史卷二十八　傳　十二　李襲吉　張憲

• 劉校所引作『二年』，彭本作『三年』，局本同，薛史亦作『三年』，百衲本、貴池本亦『三年』。
• 薛史六十九。

都副留守，憲精於吏事，甚有能政。莊宗幸東都，定州王都來朝，莊宗命憲治鞠場，與都擊鞠。初，莊宗建號於東都，以鞠場爲即位壇。於是憲言：「即位壇，王者所以興也，漢鄗南、魏繁陽壇至今皆在，不可毀。」乃別治宮西爲鞠場。場未成，莊宗怒，命兩虞候亟毀壇以爲場。憲退而歎曰：「此不祥之兆也。」初，明宗北伐契丹，取魏鎧仗以給軍，有細鎧五百，憲遂給之，而不以聞。莊宗至魏，大怒，責憲，馳自取之，左右諫之，乃止。又問憲庫錢幾何，憲上庫簿，有錢三萬緡。莊宗益怒，謂其嬖伶史彥瓊曰：「我與羣臣飲博須錢十餘萬，而憲以故紙給我。我未渡河時，庫錢

●『謂』，貴池本誤作『調』。
●百衲本、貴池本無『飲』字。

謂貴池本誤作調
百衲本貴池本無飲字

宗當逕改崇

「宗」，當逕改「崇」。

常百萬緡今復何在彥瓊爲憲解之乃已郭宗韜伐蜀薦憲可任爲相而宦官伶人不欲憲在朝廷樞密承旨段徊曰宰相在天子面前事有非是尚可改作一方之任苟非其人則爲患不細憲材誠可用不如任以一方乃以爲太原尹北京留守趙在禮作亂憲家在魏州在禮善待其家遣人以書招憲憲斬其使不發其書而上之莊宗遇弑明宗入京師太原猶未知而永王存霸奔于太原左右告憲曰今魏兵南嚮主上存亡未可知存霸之來無詔書而所乘馬斷其鞦豈非戰敗者乎宜拘之以俟命憲曰吾本書生無尺寸之功而人主遇我甚

厚，豈宜懷二心以幸變，第可與之俱死爾。」憲從事張昭遠教憲奉表明宗以勸進，憲涕泣拒之。已而存霸削髮見北京巡檢符彥超，願爲僧以求生，彥超麾下兵大譟，殺存霸，憲出奔沂州，亦見殺。

嗚呼，予於死節之士得三人而失三人焉。鞏廷美、楊溫之死，予既已哀之，至於張憲之事，尤爲之痛惜也。予於舊史考憲事實，而永王存霸、符彥超與憲傳所書始末皆不同，莫得而考正。蓋方其變故倉卒之時，傳者失之爾。然要其大節，亦可以見也。憲之志誠可謂忠矣。當其不顧其家，絕在禮而斬其使，涕泣以拒昭遠之說，其志

- 『豈宜』，百衲本、貴池本皆作『豈有』。
- 張昭遠。
- 『沂』州，汲古本、百衲本同，貴池本、彭本均作『忻』州，薛史本傳亦作『沂』州，當改『忻』。自太原出奔，當至忻州，不能至沂州也。

薛史七十一。

薛史七十一

甚明至其欲與存霸俱死及存霸被殺反棄太原而出奔然猶不知其心果欲何爲也而舊史書憲坐棄城而賜死予亦以爲不然予之於憲固欲成其美志而要在憲失其官守而其死不明故不得列于死節也

蕭希甫宋州人也爲人有機辯多矯激少舉進士爲梁開封尹袁象先掌書記象先爲青州節度使以希甫爲巡官希甫不樂乃棄其母妻變姓名亡之鎮州自稱青州掌書記謁趙王王鎔鎔以希甫爲參軍尤不樂居歲餘又亡之易州削髮爲僧居百丈山莊宗將建國于魏置百官求天下隱逸之士幽州李紹宏薦希甫爲魏州

推官。莊宗卽帝位，欲以知制誥，有詔定內宴儀，問希甫樞密使得坐否，希甫以爲不可。樞密使張居翰聞之怒，謂希甫曰：老夫歷事三朝天子，見內宴數百，子本田舍兒，安知宮禁事，希甫不能對。由是宦官用事者皆切齒，宰相豆盧革等希宦官旨，共排斥之，以爲駕部郎中。希甫失志，尤怏怏。莊宗滅梁，遣希甫宣慰青齊，希甫始知其母已死，而妻袁氏亦改嫁矣。希甫乃發哀服喪，居于魏州。人有引漢李陵書以譏之曰：老母終堂，生妻去室。時皆傳以爲笑。明宗卽位，召爲諫議大夫。是時復置匭函，以希甫爲使。希甫建言：自兵亂相乘，王綱大壞，侵欺

- 汲古、彭本、局本皆『二朝』，當從貴本、百衲本作『三朝』，薛史本朝（『朝』字疑爲『傳』字之誤，編注）亦作『三朝』，改。
- 匭函。

凌奪有力者勝凡畧人之妻女占人之田宅姦贓之吏
刑獄之冤者何可勝紀而匭函一出投訴必多至於功
臣貴戚有不得繩之以法者乃自天成元年四月二十
八日昧爽已前大辟已上皆赦除之然後出匭函以示
衆初明宗欲以希甫爲諫議大夫豆盧革韋說頗沮難
之其後革說爲安重誨所惡希甫希旨誣奏革縱田客
殺人而說與鄰人爭井井有寶貨有司推劾井中惟破
釜而已革說卒皆貶死明宗賜希甫帛百匹粟麥三百
石拜左散騎常侍希甫性褊而躁進嘗遣人夜叩宮門
上變言河堰牙官李筠告本軍謀反詰旦追問無狀斬

乾隆四年校刊　五代史卷二十八　唐臣傳　十四　蕭希甫

彭本略作掠不改、

卒百衲本貴池本作終不改

● 彭本『略』作『掠』，不改。
● 『卒』，百衲本、貴池本作『終』，不改。

筠、軍士詰安重誨求希甫啖之。是時明宗將有事於南郊、前齋一日、羣臣習儀于殿廷、宰相馮道趙鳳河南尹秦王從榮樞密使安重誨候班于月華門外、希甫與兩省班先入道等坐廊下不起。旣出、希甫召堂頭直省朝堂驅使官責問宰相樞密見兩省官、何得不起、因大詬詈。是夜託疾還第、月餘、坐告李筠事動搖軍衆、貶嵐州司戶參軍、卒于貶所。

劉贊魏州人也。父玭爲縣令、贊始就學、衣以靑布衫襦、每食、則玭自肉食、而別以蔬食食贊於牀下。謂之曰、肉食君之祿也。爾欲之則勤學問以干祿。吾肉非爾之食

齋百衲本貴池本作齊

薛史六十八

劉玭教子

• 『齋』，百衲本、貴池本作『齊』。
• 薛史六十八。
• 劉玭教子。此封建時代教子为學之目的也，今而如此，其弊可勝言哉。

也由是贊益力學，舉進士，爲羅紹威判官，去爲租庸使趙巖巡官，又爲孔謙鹽鐵判官。明宗時，累遷中書舍人、御史中丞、刑部侍郎，守官以法，權豪不可干以私。是時秦王從榮握兵而驕，多過失，言事者請置師傅以輔道之，大臣畏王，不敢決其事，因請王得自擇。秦王即請贊，乃拜贊祕書監，爲秦王傅。贊泣曰：「禍將至矣。」秦王所請王府元帥官屬十餘人，類多浮薄傾險之徒，日獻諛諂以驕王，獨贊從容諷諫，率以正道。秦王嘗令賓客作文於坐中，贊自以師傅恥與羣小比伍，雖操筆，勉彊有不悅之色。秦王惡之，後戒左右，贊來不得通，贊亦不往，月

• 當依百衲本等作「傅」。
• 「令」，百衲本、貴本作「命」，彭同。

一至府而已。退則杜門不交人事。已而秦王果敗死、唐大臣議王屬官當坐者、馮道曰、元帥判官任贊與秦王非素好、而在職不逾月、詹事王居敏及劉贊皆以正直爲王所惡、河南府判官司徒詡病告家居久、皆宜不與其謀。而諮議參軍高輦與王最厚、輦法當死、其餘可次第原減。朱弘昭曰、諸公不知其意爾、使秦王得入光政門、當待贊等如何、吾徒復有家族邪。且法有首從、今秦王夫婦男女皆死、而贊等止其一身、幸矣。道等難之、而馮贇亦爭以爲不可、贊等乃得免死。於是論高輦死、而任贊等十七人皆長流。初、贊聞秦王敗、即白衣駕驢以

• 『不知』，貴池本作『不謀』，不取。
• 百衲等無『以爲』二字。亦無『得』字，貴池本皆同。

俟人有告贊奪官而已，贊曰：豈有天子冢嗣見殺而賓僚奪官者乎，不死幸矣。已而贊長流嵐州百姓。淸泰二年，詔歸田里，行至石會關，病卒。

何瓚，閬人也。唐末舉進士及第。莊宗爲太原節度使，辟爲判官。莊宗每出征伐，留張承業守太原，承業卒，瓚代知留守事。瓚爲人明敏，通於吏事，外若疎簡而內頗周密。莊宗建大號于鄴都，拜瓚諫議大夫。瓚慮莊宗事不成，求留守北京。瓚與明宗有舊，明宗即位，召還，見於內殿，勞問久之。已而以瓚爲西川節度副使。是時孟知祥已有二志，方以副使趙季良爲心腹，聞瓚代之，亟奏留

乾隆四年校刊　五代史卷二十八　傳　十六　何瓚

「冢」，百衲本、貴池本誤作「家」。
百衲本「若」誤作「君」。

李艮、遂改瓚行軍司馬。瓚恥於自辭、不得已而往、明宗賜予甚厚。初、知祥在北京、爲馬步軍都虞候、而瓚留守太原、知祥以軍禮事瓚、瓚常繩以法。知祥初不樂。及瓚爲司馬、猶勉待之甚厚。知祥反、罷瓚司馬、置之私第、瓚飲恨而卒。

五代史卷二十八

彭本重一瓚字

• 彭本重一『瓚』字。

五代史卷二十八考證

任圜傳後莊宗遺宦者選故趙王時宮人百餘人○監本宦訛宮又脫者選二字今從閣本增正

五代史卷二十八考證

五代史卷二十九

宋 歐 陽 脩 撰

晉臣傳第十七

桑維翰字國僑，河南人也。爲人醜怪，身短而面長，常臨鑑以自奇曰：「七尺之身，不如一尺之面。」慨然有志於公輔。初舉進士，主司惡其姓，以爲桑、喪同音。人有勸其不必舉進士，可以從佗求仕者，維翰慨然，乃著日出扶桑賦以見志。又鑄鐵硯以示人曰：「硯弊則改而佗仕。」卒以進士及第。晉高祖辟爲河陽節度掌書記，其後常以自從。高祖自太原徙天平，不受命而有異謀，以問將佐，將

乾隆四年校刊　五代史卷二十九　傳　一　桑維翰

薛史八十九

以爲 百衲本、貴池本均無爲字

• 薛史八十九。

• 『以爲』，百衲本、貴池本均無『爲』字。

佐皆恐懼不敢言、獨維翰與劉知遠贊成之、因使維翰爲書求援於契丹。耶律德光已許諾、而趙德鈞亦以重賂啖德光、求助已以篡唐、高祖懼事不果、乃遣維翰往見德光、爲陳利害甚辯。德光意乃決、卒以滅唐而興晉、維翰之力也。高祖即位、以維翰爲翰林學士、禮部侍郎、知樞密院事、遷中書侍郎、同中書門下平章事、兼樞密使。天福四年、出爲相州節度使、歲餘徙鎮泰寧。吐渾白承福爲契丹所迫、附鎮州安重榮以歸晉、重榮因請與契丹絕好、用吐渾以攻之。高祖重違重榮意、未決、維翰上疏言契丹未可與爭者七。高祖召維翰使者至卧内、

● 『鈞』，百衲本誤作『均』。

柴德賡點校

●『瀚』，當作『澣』。
●彭本『端明殿』下無『學士』二字，南監本無『學士』。

謂曰北面之事方撓吾胷中得卿此疏計已決矣可無憂也維翰又勸高祖幸鄴都七年高祖在鄴維翰來朝徙鎮晉昌出帝即位召拜侍中而景延廣用事與契丹絕盟維翰言不能入乃陰使人說帝曰制契丹而安天下非用維翰不可乃出延廣於河南拜維翰中書令復爲樞密使封魏國公事無巨細一以委之數月之間百度寖理初李瀚爲翰林學士好飲而多酒過高祖以爲浮薄天福五年九月詔廢翰林學士按唐六典歸其職於中書舍人而端明殿學士樞密院學士皆廢及維翰爲樞密使復奏置學士而悉用親舊爲之維翰權勢既

瀚當作澣
南監本無學士
彭本端明殿
下無學士二字

盛、四方賂遺、歲積鉅萬。內客省使李彥韜、端明殿學士馮玉用事、共讒之。帝欲驟黜維翰、大臣劉昫、李崧皆以爲不可、卒以玉爲樞密使、既而以爲相、維翰日益見疏。帝飲酒過度得疾、維翰遣人陰白太后、請爲皇弟重睿置師傅。帝疾愈、知之、怒、乃罷維翰以爲開封尹。維翰遂稱足疾、稀復朝見。契丹屯中渡、破欒城、杜重威等大軍隔絕、維翰曰：「事急矣！」乃見馮玉等計事、而謀不合。又求見帝、帝方調鷹於苑中、不暇見。維翰退而歎曰：「晉不血食矣。」自契丹與晉盟、始成於維翰、而終敗於景延廣、故自兵興、契丹凡所書檄、未嘗不以此兩人爲言。耶律德

南監本悍 捍 百衲本貴池本同當改 作悍 彭本正作悍 百衲本貴池本無府字

光犯京師、遣張彥澤遺太后書、問此兩人在否、可使先來。而帝以維翰嘗議毋絕盟而已違之也、不欲使維翰見德光、因諷彥澤圖之、而彥澤亦利其貲產。維翰狀貌旣異、素以威嚴自持、晉之老將大臣、見者無不屈服。彥澤以驍捍自矜、每往候之、雖冬月未嘗不流汗。初、彥澤入京師、左右勸維翰避禍、維翰曰、吾爲大臣、國家至此、安所逃死邪、安坐府中不動。彥澤以兵入府、問維翰何在、維翰厲聲曰、吾晉大臣、自當死國、安得無禮邪。彥澤股栗不敢仰視、退而謂人曰、吾不知桑維翰何如人、今日見之、猶使人恐懼如此、其可再見乎。乃以帝命召維

●「捍」，百衲本、貴池本同，當改作「悍」。彭本正作「悍」，南監本「悍」。
●百衲本、貴池本無「府」字。

翰、維翰行遇李崧、立馬而語。軍吏前白維翰、請赴侍衛司獄、維翰知不免、顧崧曰、相公當國、使維翰獨死、崧慙不能對。是夜彥澤使人縊殺之、以帛加頸、告德光曰維翰自縊。德光曰、我本無心殺維翰、維翰何必自致。德光至京師、使人檢其尸、信爲縊死、乃以尸賜其家、而貲財悉爲彥澤所掠。

景延廣、字航川、陜州人也。父建善射、嘗教延廣曰、射不入鐵、不如不發。由是延廣以挽彊見稱。事梁邵王友誨、友誨謀反被幽、延廣亡去。後從王彥章戰中都、彥章敗、延廣身被數創、僅以身免。明宗時、朱守殷以汴州反、晉

薛史八十八。

薛史八十八

高祖爲六軍副使，主誅從守殷反者，延廣爲汴州軍校，當誅，高祖惜其才，陰縱之使亡，後錄以爲客將。高祖即位，以爲侍衛步軍都指揮使，領果州團練使，徙領寧江軍節度使。天福四年，出鎮義成，又徙保義，復召爲侍衛馬步軍都虞候，徙鎮河陽三城，遷馬步軍都指揮使，領天平。高祖崩，出帝立，延廣有力，頗伐其功。初，出帝立，晉大臣議告契丹，致表稱臣，延廣獨不肯，但致書稱孫而已。大臣皆知其不可而不能奪。契丹果怒，數以責晉，延廣謂契丹使者喬瑩曰：「先皇帝北朝所立，今天子中國自冊，可以爲孫，而不可爲臣。且晉有橫磨大劍十萬口，

● 徙『鎮』，貴池本作徙『領』，彭本亦作『領』，薛史傳作『移鎮河陽』，然六年移鎮，七年轉官，其年高祖崩，延廣承顧命，則領字爲先。
● 貴池本脫『可以爲孫而』五字。

翁要戰則來佗日不禁孫子、取笑天下。瑩知其言必起兩國之爭、懼後無以取信也、因請載于紙、以備遺忘。延廣敕吏具載以授瑩、瑩藏其書衣領中以歸、具以延廣語告契丹、契丹益怒。天福八年秋、出帝幸大年莊還、置酒延廣第、延廣所進器服鞍馬茶牀椅榻、皆裹金銀、飾以龍鳳。又進帛五千匹、綿一千四百兩、馬二十二匹、玉鞍衣襲犀玉金帶等、請賜從官、自皇弟重睿下至伴食刺史重睿從者各有差、帝亦賜延廣及其母妻從事押衙孔目官等稱是。時天下旱蝗、民餓死者歲十數萬、而君臣窮極奢侈、以相誇尚如此。明年春、契丹入寇、延廣

彭本作帛五十匹

● 彭本作『帛五十四』。

從出帝北征、爲御營使、相拒澶魏之間。先鋒石公霸遇
虜於戚城、高行周符彥卿兵少不能救、馳騎促延廣益
兵、延廣按兵不動。三將被圍數重、帝自御軍救之。三將
得出、皆泣訴、然延廣方握親兵、恃功恣横、諸將皆由其
節度、帝亦不能制也。契丹嘗呼晉人曰、景延廣喚我來
何不速戰。是時諸將皆力戰、而延廣未嘗見敵、契丹已
去、延廣獨閉壁不敢出。自延廣一言而契丹與晉交惡、
凡號令征伐一出延廣、晉大臣皆不得與、故契丹凡所
書檄、未嘗不以延廣爲言。契丹去、出帝還京師、乃出延
廣爲河南尹、留守西京。明年、出帝幸澶淵、以延廣從、皆

無功。延廣居洛陽，鬱鬱不得志。見晉日削，度必不能支契丹，乃爲長夜之飲，大治第宅，園置妓樂，惟意所爲。後帝亦追悔，遣供奉官張暉奉表稱臣以求和。德光報曰：「使桑維翰、景延廣來，而割鎮定與我，乃可和。」晉知其不可，乃止。契丹至中渡，延廣屯河陽，聞杜重威降，乃還。德光犯京師，行至相州，遣騎兵數千，雜晉軍渡河趨洛，以取延廣，戒曰：「延廣南奔吳，西走蜀，必追而取之。」而延廣顧慮其家，未能引決，虜騎奄至，乃與從事閻丕馳騎見德光於封丘，并丕見鎖。延廣曰：「丕，臣從事也，以職相隨，何罪而見鎖？」丕乃得釋。德光責延廣曰：「南北失懽，皆因

● 園『置』，百衲本同，貴池本作園『池』，據改。彭本同，劉校未校出，南監本『池』。

爾也。召喬瑩質其前言，延廣初不服，瑩從衣領中出所藏書，延廣乃服。因以十事責延廣，每服一事，授一牙籌，授至八籌，延廣以面伏地，不能仰視，遂叱而鎖之。將送之北，行至陳橋，止民家，夜分，延廣伺守者怠，引手扼吭而死，時年五十六。漢高祖時，贈侍中。

嗚呼，自古禍福成敗之理，未有如晉氏之明驗也。其始以契丹而興，終爲契丹所滅。然方其以逆抗順，大事未集，孤城被圍，外無救援，而徒將一介之命，持片舌之彊，能使契丹空國興師，應若符契，出危解難，遂成晉氏。當是之時，維翰之力爲多。及少主新立，釁結兵連，敗約起

● 百衲本脱『乃』字，貴池本『乃』在『服』下。
● 『怠』，百衲本誤作『殆』。
● 『侍中』，薛史作『中書令』。

爭，發自延廣，然則晉氏之事，維翰成之，延廣壞之，二人之用心者異，而其受禍也同，其故何哉？蓋夫本末不順，而與夷狄共事者，常見其禍，未見其福也。可不戒哉！可不戒哉！

吳巒字寶川，鄆州盧縣人也。少舉明經不中。清泰中，為大同沙彥珣節度判官。晉高祖起太原，召契丹為援。契丹過雲州，彥珣出城迎謁，為契丹所虜。城中推巒主州事，巒閉門拒守。契丹以兵圍之。高祖入立，以雲州入于契丹，而巒猶守城不下。契丹圍之凡七月，高祖義巒所為，乃以書告契丹，使解兵去。高祖召巒以為武寧軍

●『晉氏之事』，貴池本無『之』字。
●纂誤補，何焯云『守城』疑是『城守』，不采。

節度副使、諫議大夫、復州防禦使。出帝即位，與契丹絕盟，河北諸州皆警，以謂貝州水陸之衝，緩急可以轉餉，乃積芻粟數十萬，以王令温爲永清軍節度使。令温牙將邵珂素驕狠難制，令温奪其職。珂閑居無憀，乃陰使人亡入契丹，言貝州積粟多而無兵守，可取。令温以事朝京師，心頗疑珂，乃質其子崇範以自隨。晉大臣以戀前守雲中，七月，契丹不能下，乃遣戀馳驛代令温守貝州。戀善撫士卒，會天大寒，裂其帷幄以衣士卒，士卒皆愛之。珂因求見戀，願自效，戀推心信之。開運元年正月，契丹南寇，圍貝州，戀命珂守南門。契丹圍三日，四面急

•『雲中』，百衲本、彭本作『雲州』。
•彭本無『卒』字。
•彭本『圍城三日』。

攻之，繼從城上投薪草，焚其梯衝殆盡。已而珂自南門引契丹入，繼守東門，方戰，而左右報珂反，繼顧城中已亂，即投井死。而令溫家屬爲契丹所虜，出帝憫之，以令溫爲武勝軍節度使，後累歷方鎮。周顯德中卒。令溫瀛州河間人也。王令溫疑邵珂而質其子矣，繼不能察其姦反，委以兵，及契丹入貝州，又不拒戰，遽投井死。其死不足貴，故不列於死事。

五代史卷二十九

• 彭本注『疑』下有『忌』字。
• 城中已亂，不死即爲所虜，歐公此論過刻。
• 貴池本脫『其死』之『死』字。

五代史卷二十九考證

桑維翰傳維翰之力也○監本闕翰字今增入

五代史卷二十九考證

柴德賡點校

• 薛一〇八。

薛一〇八

五代史卷三十

宋　歐　陽　脩　撰

漢臣傳第十八

蘇逢吉、京兆長安人也。漢高祖鎮河東、父悅爲高祖從事、逢吉常代悅作奏記、悅乃言之高祖。高祖召見逢吉精神爽秀、憐之、乃以爲節度判官。高祖性素剛嚴、賓佐稀得請見、逢吉獨入、終日侍立。高祖書閤中兩使文簿盈積、莫敢通、逢吉輒取內之懷中、伺高祖色可犯時以進之、高祖多以爲可、以故甚愛之。然逢吉爲人貪詐無行、喜爲殺戮。高祖嘗以生日遣逢吉疏理獄囚以祈福、謂之靜獄。逢吉入獄中，閱囚無輕重曲直，悉殺之，以報曰：「獄靜矣。」高祖建號，拜逢吉中書侍郎、同中書門下平章事。是時制度草創，朝廷大事，皆出逢吉，逢吉以爲已任。然素不學問，隨事裁決，出其意見，是故漢世尤無法度，而不施德政，民莫有所稱焉。高祖既定京師，逢吉與蘇禹珪同在中書，除吏多違舊制。逢吉尤納貨賂，市權鬻官，謗者讙譁，然高祖方倚信二人，故莫敢有告者。鳳翔李永吉初朝京師，逢吉以永吉故秦王從曮子，家世王侯，當有奇貨，使人告永吉，許以一州，而求其先王玉帶。永吉以無爲解，逢吉乃使人市一玉帶，直數千緡，責

●『從曮』，當從百衲本、貴池本、彭本作『從曮』。南監本。

承吉償之前客省使王鈞自晉末使楚至是還逢吉意鈞得楚王重賂遣人求之許以一州鈞怏怏以其橐裝之半獻之而皆不得州晉相李崧從契丹以北高祖入京師以崧第賜逢吉而崧别有田宅在西京逢吉遂皆取之崧自北還因以宅劵獻逢吉逢吉不悦而崧子弟數出怨言其後逢吉乃誘人告崧與弟嶼嶬等下獄崧款自誣伏與家僮二十人謀因高祖山陵爲亂獄中上書逢吉改二十人爲五十人遂族崧家是時天下多盜逢吉自草詔書下州縣凡盜所居本家及鄰保皆族誅或謂逢吉曰爲盜族誅已非王法況鄰保乎逢吉悋以

● 彭本脫「嶬」字。

● 百衲本作「獄上中書」，是也。南監本同。

爲是、不得已但去族誅而已。於是鄆州捕賊使者張令柔盡殺平陰縣十七村民數百人。衛州刺史葉仁魯聞部有盜、自帥兵捕之。時村民十數共逐盜入于山中、盜皆散走。仁魯從後至、見民捕盜者、以爲賊、悉擒之、斷其腳筋、暴之山麓、宛轉號呼累日而死。聞者不勝其冤、而逢吉以仁魯爲能。由是天下因盜殺人滋濫。逢吉已貴、益爲豪侈、謂中書堂食爲不可食、乃命家廚進羞、日極珍善。繼母死不服喪。妻武氏卒、諷百官及州鎮皆輸綾絹爲喪服。武氏未朞、除其諸子爲官。有庶兄自外來、未白逢吉、而見其諸子、逢吉怒、託以佗事告於高祖杖殺之。逢吉嘗從高祖征鄴，數使酒辱周太祖於軍中，太祖恨之。其後隱帝立，逢吉素善李濤，諷濤請罷太祖與楊邠樞密。李太后怒濤離間大臣，罷濤相，以楊邠兼平章事，事悉關決，逢吉、禹珪由是備位而已。乾祐二年，加拜司空。周太祖鎮鄴，不落樞密使，逢吉以謂樞密之任，方鎮帶之非便，與史弘肇爭，於是卒如弘肇議。弘肇怨逢吉異己，已而會飲王章第，使酒坐中，弘肇怒甚。逢吉謀求出鎮以避之，既而中輟，人問其故，逢吉曰：「苟捨此而去，史公一處分，吾虀粉矣。」是時隱帝少年，小人在側，弘肇等威制人主，帝與左右李業、郭允明等皆患之。逢吉

• 百衲本、貴池本脫下『事』字。
• 百衲本缺『己』字，貴池本缺『已』字，兩本均無『飲』字。

母見業等以言激之業等卒殺弘肇卽以逢吉權知樞密院方命草麻聞周太祖起兵乃止逢吉夜宿金祥殿東閣謂司天夏官正王處訥曰昨夕未瞑已見李崧在側生人接死者無吉事也周太祖至北郊官軍敗于劉子陂逢吉宿七里夜與同舍酣飲索刀將自殺爲左右所止明日與隱帝走趙村自殺於民舍周太祖定京師梟其首適當李崧被刑之所廣順初賜其子西京莊并宅一區

史弘肇字化元鄭州滎澤人也爲人蹻勇走及奔馬梁末調民七戶出一兵弘肇爲兵隸開道指揮選爲禁兵

• 『母』，當從百衲本作『每』，貴同。監本、貴池本脫『言』字。

• 彭本、汲古本作『蹻』，百衲本作『驍』，貴池本同。

• 薛史一〇七。

● 貴池本無『都』字，南監本同。
● 『霍』令奇，百衲本、貴池本、彭本作『翟』令奇，薛史亦作『翟』。當改。
● 檛。

漢高祖典禁兵弘肇爲軍校其後漢高祖鎮太原使將
武節左右指揮領雷州刺史高祖建號於太原代州王
暉拒命弘肇攻破之以功拜忠武軍節度使侍衞步軍
都指揮使是時契丹北歸留耿崇美攻王守恩於潞州
高祖遣弘肇前行擊之崇美敗走守恩以城歸漢而河
陽武行德澤州霍令奇等皆迎弘肇自歸弘肇入河陽
高祖從後至遂入京師弘肇爲將嚴毅寡言麾下嘗少
忤意立檛殺之軍中爲之股慄以故高祖起義之初弘
肇行兵所至秋毫無犯兩京帖然遷侍衞親軍馬步軍
都指揮使領歸德軍節度使同中書門下平章事高祖

疾大漸，與楊邠、蘇逢吉等同授一作受顧命。隱帝時，河中李守貞、鳳翔王景崇、永興趙思綰等皆反，關西用兵，人情恐懼，京師之民，流言以相驚恐，弘肇出兵警察，務行殺戮，罪無大小皆死。是時太白晝見，民有仰觀者，輒腰斬于市。市有醉者忤一軍卒，軍卒誣其訛言，坐棄市。凡民抵罪，吏以白弘肇，弘肇但以三指示之，吏即腰斬之。又爲斷舌、決口、斮筋、折足之刑。李崧坐奴告變族誅，弘肇取其幼女以爲婢。於是前資故將失職之家，姑息僮奴，而厮養之輩，往往脅制其主。侍衞孔目官解暉狡酷，因緣爲姦，民抵罪者，莫敢告訴。燕人何福進有玉枕，直

● 當作『受』。貴池本逕作『授』，彭本逕作『受』，南監本作『受』。
● 百衲本無下一『軍卒』。
● 百衲本、貴池本脫『弘肇』二字。
● 何『福進』，薛史作『福殷』。

錢十四萬遣僮賫之淮南以鬻茶僮隱其錢福進笞責之僮乃誣告福進得趙延壽玉枕以遺吳人弘肇捕治福進棄市帳下分取其妻子而籍其家財弘肇不喜賓客嘗言文人難耐呼我爲卒弘肇領歸德其副使等月率私錢千緡爲獻潁州麴場官麴温與軍將陳拯爭官務訟之三司三司直温拯訴之弘肇弘肇以謂潁已屬州而温不先白已乃追温殺之連坐者數十人周太祖平李守貞推功羣臣弘肇拜中書令隱帝自關西罷兵漸近小人與後贊李業等嬉遊無度而太后親族頗行干託弘肇與楊邠稍裁抑之太后有故人子求補軍職

• 『陳拯』，貴池本、百衲本作『何拯』，汲古本、彭本作『陳拯』。

• 彭本脫『弘肇』二字。

弘肇輒斬之。帝始聽樂，賜教坊使等玉帶、錦袍，往謝弘肇，弘肇怒曰：「健兒爲國征行者未有偏賜，爾曹何功，敢當此乎！」悉取所賜還官。周太祖出鎮魏州，弘肇議帶樞密以行，蘇逢吉、楊邠以爲不可，弘肇恨之。明日，會飲竇貞固第，弘肇厲聲舉爵屬太祖曰：「昨日廷論，何爲異同？今日與公飲此！」逢吉與邠亦舉大爵曰：「此國家事也，何必介意乎！」遂俱飲釂。弘肇曰：「安朝廷，定禍亂，直須長槍大劍，若毛錐子安足用哉！」三司使王章曰：「無毛錐子，軍賦何從集乎？」毛錐子蓋言筆也。弘肇黙然。他日，會飲章第，酒酣，爲手勢令，弘肇不能爲，客省使閻晉卿坐次弘

- 『偏』賜，疑當作『偏』賜，彭本正作『偏』，局本同。薛史亦云偏有霑賜。
- 『以』字，百衲本、貴池本無之。
- 手勢令。

肇屢教之蘇逢吉戲曰坐有姓閻人何憂罰爵弘肇妻閻氏酒家倡以爲譏已大怒以醜語詬逢吉逢吉不校弘肇欲毆之逢吉先出弘肇起索劒欲追之楊邠泣曰蘇公漢宰相公若殺之致天子何地乎弘肇馳馬去邠送至第而還由是將相如水火隱帝遣王峻置酒公子亭和解之是時李業郭允明後贊聶文進等用事不喜執政而隱帝春秋漸長爲大臣所制數有怨言業等乘間譖之以謂弘肇威震人主不除必爲亂隱帝頗欲除之夜聞作坊鍛甲聲以爲兵至達旦不寐由是與業等密謀禁中乾祐三年冬十月十三日弘肇與楊邠王章

- 南監本、彭本『教』作『救』，薛史作『教』。
- 彭本、局本作『置』天子何地，文義較長，南監本同。百衲本、貴池本、汲古本並作『致』。
- 公子亭。
- 隱帝紀十一月丙子，是月甲子朔，丙子十三日，此『十』字，當作『十一』。

此十字當作十二、

右前本作左

等入朝、坐廣政殿東廡、甲士數十人自內出、擒弘肇、邠
章斬之、并族其三家。弘肇已死、帝坐崇元殿、召羣臣告
以弘肇等謀反、羣臣莫能對。又召諸軍校見於萬歲殿、
帝曰、弘肇等專權、使汝曹常憂橫死、今日吾得爲汝主
矣、軍校皆拜。周太祖即位、追封弘肇鄭王、以禮歸葬。
楊邠、魏州冠氏人也。少爲州掌籍吏、租庸使孔謙領度
支、補邠勾押官、歷孟華鄆三州糧料院使、事漢高祖爲
右都押衙、高祖即位、拜樞密使。邠出於小吏、不喜文士、
與蘇逢吉等內相排忌。逢吉諷李濤上疏罷邠與周太
祖樞密使、邠泣訴李太后前、太后怒、罷濤相、加邠中書

• 『右』，薛史作『左』。

過誤
百衲本無下帝字

侍郎兼吏部尚書同平章事是時逢吉禹珪頗以私賄
除吏多繆邠爲相事無大小必先示邠邠以爲可乃入
白而深革逢吉所爲凡門蔭出身諸司補吏者一切罷
之邠雖長於吏事而不知大體以謂爲國家者帑廩實
甲兵完而已禮樂文物皆虛器也以故秉大政而務苛
細凡前資官不得居外而天下行旅皆給過所然後得
行旬日之間人情大擾邠度不可行而止邠常與王章
論事帝前帝曰事行之後勿使有言也邠遽曰陛下但
禁聲有臣在聞者爲之戰慄李太后弟業求爲宣徽使
帝與太后私以問邠邠止以爲不可帝欲立所愛耿夫

●過所。
●百衲本無下『帝』字。

五代史卷三十一

人爲后、邠又以爲不可。夫人死、將以后禮葬之、邠又以爲不可。由是隱帝大怒、而左右乘間構之、與史弘肇等同日見殺。邠爲人頗儉靜。四方之賂雖不却、然往往以獻於帝。居家謝絶賓客、晚節稍通縉紳、延客門下、知史傳有用。乃課吏傳寫。未幾及於禍。周太祖即位、追封弘農王。

王章、魏州南樂人也、爲州孔目官。張令昭逐節度使劉延皓、章事令昭。令昭敗、章婦翁白文珂與副招討李周善、乃以章託周、周匿章褚中、以橐駝負之洛陽、藏周第。唐滅、章乃出、爲河陽糧料使。漢高祖典禁兵、補章都孔

薛一〇七。

褚中。

貴池本『典』誤作『興』。

薛一〇七

褚中

貴池本典誤作興

目官從之太原高祖即位拜三司使檢校太尉高祖崩隱帝即位加太尉同中書門下平章事是時漢方新造承契丹之後京師空乏而關西三叛作周太祖用兵西方章供饋軍旅未嘗乏絕然征利剝下民甚苦之往時民租一石輸二升爲雀鼠耗章乃增一石輸二斗爲省耗緡錢出入皆以八十爲陌章減其出者陌三州縣民訴田者必全州縣覆之以括其隱田天下由此重困然尤不喜文士嘗語人曰此輩與一把算子未知顛倒何益於國邪百官俸廩皆取供軍之餘不堪者命有司高估其價估定又增謂之擡估章猶意不能滿往往復增

乾隆四年校刊　五代史卷三十　傳　王章

● 百衲本、貴池本少一『往』字。南監本兩『往』字。

● 百衲本、貴池本『孔目官』上無『都』字。

● 『太尉』，薛史作『太傅』。

● 『全州』，百衲本、貴池本作『至州』，薛史作『必命全州覆之（薛史作『覆視』，此處筆誤。編注）』，則作『全』字不誤。

● 擡估。

之民有犯鹽礬酒麴者無多少皆抵死吏緣爲姦民莫堪命已而與史弘肇等同日見殺

劉銖陜州人也少爲梁邵王牙將與漢高祖有舊高祖鎮太原以爲左都押衙銖爲人慘酷好殺戮高祖以爲勇斷類已特信用之高祖即位拜永興軍節度使徙鎮平盧加檢校太師同平章事又加侍中是時江淮不通吳越錢鏐使者常泛海以至中國而濱海諸州皆置博易務與民貿易民負失期者務吏擅自攝治置刑獄不關州縣而前爲吏者利其厚賂縱之不問民頗爲苦銖乃一切禁之然銖用法亦自爲刻深民有過者問其年

• 薛史卷一〇七。
• 百衲本脫『度』字，貴池本亦脫。
• 『博易務』，薛史『博』作『迴』。
• 『利』，百衲本、貴池本作『納』，薛史作『利』。
• 彭無『深』字，南監無『深』字。

乾隆四年校刊

幾何對曰若千即隨其數杖之謂之隨年杖每杖一人必兩杖俱下謂之合歡杖又請增民租畝出錢三十以爲公用民不堪之隱帝患銖剛暴召之懼不至是時沂州郭淮攻南唐還以兵駐青州隱帝乃遣符彦卿往代銖銖顧禁兵在莫敢有異意乃受代還京師銖嘗切齒於史弘肇楊邠等已而弘肇等死銖謂李業等曰諸君可謂儚儸兒矣權知開封府周太祖兵犯京師銖悉誅太祖與王峻等家屬太祖入京師銖妻裸露以席自蔽與銖俱見執銖謂其妻曰我則死矣汝應與人爲婢太祖使人責銖曰與公共事先帝獨無故人之情乎吾家

- 隨年杖。
- 南監本、彭本無「請」字。
- 薛作「三千」，非。
- 薛史「淮」作「瓊」。
- 劉校謂，是「晉州」，不知引據何本，上文明言鎮「平盧」也。
- 儚儸兒。

屠滅雖有君命加之酷毒一何忍也今公亦有妻子獨不念之乎銖曰爲漢誅叛臣爾豈知其佗是時太祖方欲歸人心乃與羣臣議曰劉侍中墜馬傷甚而軍士逼辱殆有微生吾欲奏太后貸其家屬何如羣臣皆以爲善乃止殺銖與李業等梟首於市赦其妻子太祖即位賜陝州莊宅各一區

李業高祖皇后之弟也后昆弟七人業最幼故尤憐之高祖時以爲武德使隱帝即位業以皇太后故益用事無顧憚時天下旱蝗黄河決溢京師大風拔木壞城門宮中數見怪物投瓦石撼門扉隱帝召司天趙延乂問

- 『不念』，百衲本、貴池本無『不』字。
- 各本均作『殆』，百衲本誤作『迨』。
- 全唐文李元懿上六事疏，彈劾劉銖。
- 薛史卷一〇七，附李洪建傳。

禳除之法、延乂對曰、臣職天象日時、察其變動、以考順逆吉凶而已、禳除之事、非臣所知也、然臣所聞殆山魈也。皇太后乃召尼誦佛書以禳之。一尼如廁、旣還、悲泣不知人者數日、及醒、訊之、莫知其然。而帝方與業及聶文進、後贊、郭允明等狎昵、多爲廋語相誚戲、放紙鳶于宮中、太后數以灾異戒帝、帝不聽。時宣徽使闕、業欲得之、太后亦遣人微諷大臣、大臣楊邠、史弘肇等皆以爲不可、業由此怨望。謀殺邠等。邠等已死、又遣供奉官孟業以詔書殺郭威于魏州、威舉兵反、隱帝遣左神武統軍袁義、侍衞馬軍都指揮使閻晉卿等率兵拒威于澶

乾隆四年校刊　五代史卷三十　十一　李業

- 百衲本、貴池本均少一『帝』字。
- 百衲本、貴池本無『微』字。
- 袁義原名光輔，見冊府。

五代史卷三十　傳　十

淵。兵未出、威已至滑州、隱帝大懼、謂大臣曰、昨太草草
耳。業請出府庫以賚軍、宰相蘇禹珪以爲未可。業拜禹
珪於帝前曰、相公且爲官家勿惜府庫、乃詔賜京師兵
及魏兵從威南者錢人十千、督其子弟作書以告北兵
之來者。及漢兵敗于北郊、業取內庫金寶懷之以奔其
兄保義軍節度使洪信、洪信拒而不納。業走至絳州、爲
人所殺。

薛史卷一〇七

聶文進、并州人也。少爲軍卒、善書算、給事漢高祖帳中。
高祖鎮太原、以爲押司官。高祖卽位、歷拜領軍屯衞將
軍樞密院承旨。周太祖爲樞密使、頗親信之、文進稍橫

恣。遷右領軍大將軍、入謝、召諸將軍設食朝堂、儀鸞翰林御厨供帳飲食、文進自如、有司不敢劾。周太祖鎭鄴、文進等用事居中、及謀殺楊邠等、文進夜作詔書制置中外。邠等已死、文進點閲兵籍、指麾殺戮、以爲己任。周太祖在鄴、聞邠等遇害、初以爲文進不與、及發詔書、皆文進手跡、乃大詬之。周兵至京師、隱帝敗于北郊、太后懼、使謂文進善衞帝、對曰臣在此、百郭威何害。慕容彦超敗走、帝宿于七里、文進夜與其徒飲酒歌呼自若。明旦隱帝遇弑、文進亦見殺。

後贊兖州瑕丘人。其母倡也。贊幼善謳、事張延朗、延朗

• 各本作『見殺』，百衲本作『自殺』。薛史作『爲軍士所追，梟其首』。

• 後贊，薛一〇七。

死、贊更事漢高祖高祖愛之、以爲牙將。高祖卽位、拜飛龍使。隱帝尤愛幸之。楊邠等執政、贊久不得遷、乃共謀殺邠等。邠等死、隱帝悔之、贊與允明等番休侍帝、不欲左右言己短。隱帝兵敗北郊、贊奔兗州、慕容彥超執送京師、梟首于市。

郭允明、少爲漢高祖廝養、高祖愛之、以爲翰林茶酒使。隱帝尤狎愛之。允明益驕橫無顧避、大臣不能禁。允明使荆南、高保融車服導從如節度使、保融待之甚厚。允明乃陰使人步測其城池高下、若爲攻取之計者、以動之、荆人皆恐、保融厚賂以遣之。遷飛龍使。已而李業與

書眉邠等二字

薛史卷一百七

● 貴池本脫『邠等』二字。
● 薛史卷一〇七。

允明謀殺楊邠等、是日無雲、而昬霧雨如泣、日中載邠等十餘尸暴之市中。允明手殺邠等諸子於朝堂西廡、王章壻張貽肅血流逆注。隱帝敗于北郊、還至封丘門、不得入、帝走趙村、允明從後追之、弑帝于民舍、乃自殺。

●『無雲』，百衲本作『天雲』。

●章傳言其女死。

五代史卷三十

百衲本作
獄上中書

五代史卷三十考證

蘇逢吉傳逢吉乃誘人告崧與弟嶼嶬等下獄〇南本

無嶬字

崧款自誣伏與家僮二十人謀因高祖山陵爲亂獄中

上書逢吉改二十人爲五十人遂族崧家〇逢吉時

爲中書此云獄中上書當作獄上中書爲是

劉銖傳銖謂李業等曰諸君可謂僂儸兒矣〇鶴林玉

露僂儸俗言猾也唐書作婁羅見回紇傳華言婁羅

蓋聰明才敏之意北史作樓羅見王昕傳樓羅樓羅

實自難解宋史亦作樓羅張思均質狀小而精悍大

● 百衲本正作『獄上中書』。

宗嘗稱其樓羅是也

太祖入京師銖見執○臣文淸按通鑑考異則謂周祖以太后意令收銖下獄與此小異

五代史卷三十考證

薛史一三六

五代史卷三十一

宋　歐陽修　撰

周臣傳第十九

王朴字文伯、東平人也。少舉進士、爲校書郎、依漢樞密使楊邠。邠與王章史弘肇等有隙、朴見漢興日淺、隱帝年少孱弱、任用小人、而邠爲大臣、與將相交惡、知其必亂、乃去邠東歸。後李業等教隱帝誅權臣、邠與章弘肇皆見殺、三家之客多及、而朴以故獨免。周世宗鎮澶州、朴爲節度掌書記。世宗爲開封尹、拜朴右拾遺、爲推官。世宗卽位、遷比部郎中。獻平邊策曰、唐失道而失吳蜀

南監本與彭本同 失之、平之 二之字彭本皆脫去、薛史亦如此

晉失道而失幽并，觀所以失之之由，知所以平之之術。
當失之時，君暗政亂，兵驕民困，近者姦於內，遠者叛於
外，小不制而至于僭，大不制而至于濫，天下離心，人不
用命，吳蜀乘其亂而竊其號，幽并乘其間而據其地。平
之之術，在乎反唐晉之失而已。必先進賢退不肖以清
其時，用能去不能以審其材，恩信號令以結其心，賞功
罰罪以盡其力，恭儉節用以豐其財，徭役以時以阜其
民，俟其倉廩實、器用備、人可用而舉之。彼方之民知我
政化大行，上下同心，力彊財足，人安將和，有必取之勢，
則知彼情狀者願爲之間諜，知彼山川者願爲之先導。

• 『失之』、『平之』，二『之』字，彭本皆脫去，薛史亦如此。南監本與彭本同。

難下百衲本有而字

彼民與此民之心同是與天意同與天意同則無不成
之功攻取之道從易者始當今惟吳易圖東至海南至
江可撓之地二千里從少備處先撓之備東則撓西備
西則撓東彼必奔走以救其弊奔走之間可以知彼之
虛實衆之彊弱攻虛擊弱則所向無前矣勿大舉但以
輕兵撓之彼人怯弱知我師入其地必大發以來應數
大發則民困而國竭一不大發則我獲其利彼竭我利
則江北諸州乃國家之所有也既得江北則用彼之民
揚我之兵江之南亦不難平之也如此則用力少而收
功多得吳則桂廣皆爲内臣岷蜀可飛書而召之如不

『難』下百衲本有『而』字。

至則四面並進席卷而蜀平矣吳蜀平幽可望風而至唯并必死之寇不可以恩信誘必須以彊兵攻力已竭氣已喪不足以爲邊患可爲後圖方今兵力精練器用具備羣下知法諸將用命一稔之後可以平邊臣書生也不足以講大事至于不達大體不合機變惟陛下寬之遷左諫議大夫知開封府事歲中遷左散騎常侍充端明殿學士是時世宗新即位銳意征伐已撓羣議親敗劉旻於高平歸而益治兵慨然有平一天下之志數顧大臣問治道選文學之士徐台符等二十八使作爲君難爲臣不易論及平邊策朴在選中而當時文士皆

「撓」，貴池本作「曉」，不采。
「八」，百衲本作「人」，是。貴同，南昌本、汲古作「人」。

不欲上急於用武以謂平定僭亂在修文德以爲先惟
翰林學士陶穀竇儀御史中丞楊昭儉與朴皆言用兵
之策朴謂江淮爲可先取世宗雅已知朴及見其議論
偉然益以爲奇引與計議天下事無不合遂決意用之
顯德三年征淮以朴爲東京副留守還拜戸部侍郎樞
密副使遷樞密使四年再征淮以朴留守京師世宗之
時外事征伐而内修法度朴爲人明敏多材智非獨當
世之務至於陰陽律曆之法莫不通焉顯德二年詔朴
校定大曆乃削去近世符天流俗不經之學設通經統
三法以歲軌離交朔望周變率策之數步日月五星爲

暦

貴池本已作以

● 貴池本『已』作『以』。
● 曆。

準　批手
據玉海、治蹟統類
百衲本宋興擡頭，貴池本亦如此

欽天曆。六年，又詔朴考正雅樂。朴以謂十二律管互吹，難得其眞，乃依京房爲律準，以九尺之絃十三，依管長短寸分設柱，用七聲爲均，樂成而和。朴性剛果，又見信於世宗，凡其所爲，當時無敢難者，然人亦莫能加也。世宗征淮，朴留京師，廣新城，通道路，壯偉宏闊，今京師之制，多其所規爲。其所作樂，至今用之不可變。其陳用兵之畧，非特一時之策。至言諸國興滅次第，云淮南可最先取，并必死之寇，最後亡，其後宋興，平定四方，惟并獨後服，皆如朴言。六年春，世宗遣朴行視汴口，作斗門，還過故相李穀第，疾作，仆于坐上，舁歸而卒，年五十四。世

三　王仁裕等三二　傳

• 『準』〔准，編注〕，彭本。
• 據玉海、治蹟統類。
• 百衲本『宋興』擡頭，貴池本亦如此。

宗臨其喪、以玉鉞叩地、大慟者數四、贈侍中。
鄭仁誨字日新、太原晉陽人也。初事唐將陳紹光、紹光
爲人驍勇而好使酒、嘗因醉怒仁誨、拔劍欲殺之、左右
皆奔走、仁誨植立不動、無懼色。紹光擲劍于地、撫仁誨
曰汝有器量、必富貴、非吾所及也。仁誨後棄紹光去、還
鄉里、事母以孝聞。漢高祖爲河東節度使、周太祖居帳
下、時時往過仁誨、與語甚懽、每事有疑、即從仁誨質問、
仁誨所對不阿、周太祖益奇之。漢興、周太祖爲樞密使、
乃召仁誨用之、累官至內客省使。太祖破李守貞於河
中、軍中機畫、仁誨多所參決。太祖入立、以仁誨爲大內

●『王』字，貴池本、百衲本作『玉』，據改。彭亦作『玉』。
●薛一二三。

都點檢、恩州團練使樞密副使、累遷宣徽北院使。出爲鎮寧軍節度使。顯德元年、拜樞密使。世宗攻河東、仁誨留守東都、明年冬、以疾卒。世宗將臨其喪、有司言歲不利臨喪、世宗不聽、乃先以桃茢而臨之。仁誨自其微時常爲太祖謀畫、及居大位、未嘗有所聞、而太祖世宗皆親重之。然亦能謙謹好禮、不自矜伐、爲士大夫所稱。贈中書令、追封韓國公、謚曰忠正。

扈載、字仲熙、北燕人也。少好學、善屬文。廣順初、舉進士高第、拜校書郎、直史館、再遷監察御史。其爲文章、以辭多自喜、常次歷代有國廢興治亂之迹爲運源賦、甚詳。

薛史一三一
常　當作嘗

• 薛史一三一。
• 『常』，當作『嘗』。

又因遊相國寺見庭竹可愛作碧鮮賦題其壁世宗聞之遣小黃門就壁錄之覽而稱善因拜水部員外郎知制誥遷翰林學士賜緋而載已病不能朝謝居百餘日乃力疾入直學士院世宗憐之賜告還第遣太醫視疾初載以文知名一時樞密使王朴尤重其才薦於宰相李穀久而不用朴以問穀曰扈載不爲舍人何也穀曰非不知其才然載命薄恐不能勝朴曰公爲宰相以進賢退不肖爲職何言命邪已而召拜知制誥及爲學士居歲中病卒年三十六議者以穀能知人而朴能薦士是時天子英武樂延天下奇才而尤禮文士載與張昭

●朴論是也，穀言偶中耳。天下障塞人才，又爲之辭，皆如此也。

此前史筆了，可取者也。

鶴林玉露已批判李穀矣。

專論王朴

實儀陶穀徐台符等俱被進用。穀居數人中文辭最劣，尤無行，昭儀數與論議，其文粲然，而穀徒能先意所在以進諛，取合人主，事無大小，必稱美頌贊，至於廣京城爲木偶耕人、紫芝白兎之類，皆爲頌以獻，其辭大抵類俳優，而載以不幸早卒，論議雖不及昭儀，而不爲穀之諛也。

嗚呼，作器者無良材而有良匠，治國者無能臣而有能君。蓋材待匠而成，臣待君而用，故曰，治國譬之於奕，知其用而置得其處者勝，不知其用而置非其處者敗。敗者臨棊注目，終日而勞心，使善奕者視焉，爲之易置其

● 此則史筆，可取者也。

● 鶴林玉露已批判李穀矣。

● 專論王朴。

處則勝矣。勝者所用、敗者之棊也、興國所用、亡國之臣也。王朴之材、誠可謂能矣。不遇世宗、何所施哉。世宗之時、外事征伐、攻取戰勝、內修制度、議刑法、定律曆、講求禮樂之遺文、所用者五代之士也。豈皆愚怯於晉漢、而材智於周哉。惟知所用爾。夫亂國之君、常置愚不肖於上、而彊其不能、以暴其短惡、置賢智於下、而泯沒其材能、使君子小人皆失其所、而身蹈危亡。治國之君能置賢知於近、而置愚不肖於遠、使君子小人各適其分、而身享安榮。治亂相去雖遠甚、而其所以致之者不多也。反其所置而已。嗚呼、自古治君少而亂君多、況於五代、

乾隆四年校刊　五代史卷三十一　傳　六　扈載

● 彭本作『治君之用』，引五代史纂誤，以爲當時（疑『是』字之誤，編注）『治國之君』之誤。

● 按文義『賢知』當作『賢智』，貴池本、百衲本同。

士之遇不遇者可勝歎哉。

五代史卷三十一

五代史卷三十一考證

王樸傳世宗即位遷比部郎中○顧炎武云唐時刑部有刑比都官司門四曹故稱刑曹爲比部郎中後改爲司計大夫又改比部爲司計今四曹改爲十三司而財計之不關刑部久矣

遷左諫議大夫知開封府事○臣文清按劉友益綱目書法云漢周開封多以子弟尹之世宗始用賢者而樸以諫議大夫領焉參書法此條方見此舉之善

以王鉞叩地○王一本作玉

- 此節所引於五代史何補？
- 引綱目書法甚陋。
- 當作玉，何言一本也？

五代史卷三十一考證

五代史卷三十二

宋　歐陽修撰

死節傳第二十

語曰世亂識忠臣。誠哉，五代之際，不可以爲無人，吾得全節之士三人焉。作死節傳。

王彥章字子明，鄆州壽昌人也。少爲軍卒，事梁太祖，爲開封府押衙、左親從指揮使、行營先鋒馬軍使。末帝即位，遷濮州刺史，又徙澶州刺史。彥章爲人驍勇有力，能跣足履棘行百步。持一鐵鎗，騎而馳突，奮疾如飛，而他人莫能舉也。軍中號王鐵鎗。梁晉爭天下，爲勁敵，獨彥

乾隆四年校刊

五代史卷三十二　傳　一

王彥章

- 薛史卷二十一。
- 薛史作『壽張人』，纂誤補鄆州有壽張無壽昌，歐陽公王彥章畫像記亦作『壽張人』，此誤。

章心常輕晉王、謂人曰、亞次鬬鷄小兒耳、何足懼哉。梁分魏相六州爲兩鎮、懼魏軍不從、遣彥章將五百騎入魏、屯金波亭以虞變。魏軍果亂、夜攻彥章、彥章南走。魏人降晉、晉軍攻破澶州、虜彥章妻子、歸之太原、賜以第宅、供給甚備、間遣使者招彥章、彥章斬其使者以自絕。然晉人畏彥章之在梁也、必欲招致之、待其妻子愈厚。自梁失魏博、與晉夾河而軍、彥章常爲先鋒。遷汝鄭二州防禦使、匡國軍節度使、北面行營副招討使。又徙宣義軍節度使。是時晉已盡有河北、以鐵鎖斷德勝口、築河南北爲兩城、號夾寨。而梁末帝昏亂、小人趙巖張漢

• 貴池本脫『彥章』二字。
• 百衲本、貴池本無此十六字［北面至義軍節度使，編注］。
• 夾寨。

傑等用事、大臣宿將多被讒間、彥章雖爲招討副使、而謀不見用。龍德三年夏、晉取鄆州、梁人大恐。宰相敬翔顧事急、以繩内靴中、入見末帝泣曰、先帝取天下、不以臣爲不肖、所謀無不用。今彊敵未滅、陛下棄忽臣言、臣身不用、不如死。乃引繩將自經。末帝使人止之、問所欲言。翔曰、事急矣、非彥章不可。末帝乃召彥章爲招討使、以段凝爲副。末帝問破敵之期、彥章對曰、三日。左右皆失笑。彥章受命而出、馳兩日至滑州、置酒大會。陰遣人具舟於楊村、命甲士六百人皆持巨斧、載冶者、具鞴炭、乘流而下。彥章會飲酒半、佯起更衣、引精兵數千、沿河

• 百衲本、貴池本均脫『命』字。

• 彭本無『人』字。

以趨德勝，舟兵舉鎖燒斷之，因以巨斧斬浮橋，而彦章引兵急擊南城，浮橋斷，南城遂破，蓋三日矣。是時莊宗在魏，以朱守殷守夾寨，聞彦章爲招討使，驚曰：「彦章驍勇，吾嘗避其鋒，非守殷敵也。然彦章兵少，利於速戰，必急攻我南城。」即馳騎救之，行二十里，而得夾寨報者曰：「彦章兵已至。」比至而南城破矣。莊宗徹北城爲栰，下楊劉，與彦章俱浮于河，各行一岸，每舟栰相及，輒戰，一日數十接。彦章至楊劉，攻之幾下。晉人築壘博州東岸，彦章引兵攻之，不克，還擊楊劉，戰敗。是時段凝已有異志，與趙巖、張漢傑交通，彦章素剛，憤梁日削，而嫉巖等所

● 百衲本、貴池本無『岸』字。
● 彭本無『擊』字，南監本無『擊』字。

百衲本募上有捉字

貴池本脫凝字

爲、嘗謂人曰、俟吾破賊還、誅姦臣以謝天下。巖等聞之懼、與凝叶力傾之。其破南城也、彥章與凝各爲捷書以聞、凝遣人告巖等匿彥章書、而上己書。末帝初疑其事、已而使者至軍、獨賜勞凝而不及彥章、軍士皆失色。及楊劉之敗也、凝乃上書、言彥章使酒輕敵而至於敗。趙巖等從中日夜毀之、乃罷彥章、以凝爲招討使。彥章馳至京師、入見、以笏畫地、自陳勝敗之迹。巖等諷有司劾彥章不恭、勒還第。唐兵攻兗州、末帝召彥章使守捉東路。是時梁之勝兵皆屬段凝、京師秖有保鑾五百騎、皆新募之兵、不可用、乃以屬彥章、而以張漢傑監之。彥章

● 貴池本脫『凝』字。
● 百衲本『募』上有『捉』字。

汲古本牙兵誤作于兵

至遞坊，以兵少戰敗，退保中都，又敗，與其牙兵百餘騎死戰。唐將夏魯奇素與彥章善，識其語音，曰：「王鐵鎗也。」舉稍刺之，彥章傷重，馬踣，被擒。莊宗見之，曰：「爾常以孺子待我，今日服乎？」又曰：「爾善戰者，何不守兗州而守中都？中都無壁壘，何以自固？」彥章對曰：「大事已去，非人力可爲。」莊宗惻然，賜藥以封其創。彥章武人，不知書，常爲俚語謂人曰：「豹死留皮，人死留名。」其於忠義，蓋天性也。莊宗愛其驍勇，欲全活之，使人慰諭彥章。彥章謝曰：「臣與陛下血戰十餘年，今兵敗力窮，不死何待？且臣受梁恩，非死不能報，豈有朝事梁而暮事晉，生何面目見天

● 汲古本『牙兵』誤作『于兵』。

下之人乎。莊宗又遣明宗往諭之，彥章病創，卧不能起，仰顧明宗，呼其小字曰，汝非邈佶烈乎，我豈苟活者。遂見殺，年六十一。晉高祖時，追贈彥章太師。與彥章同時有裴約者，潞州之牙將也。莊宗以李嗣昭為昭義軍節度使，約以裨將守澤州。嗣昭卒，其子繼韜以澤潞叛降于梁。約召其州人，泣而諭曰，吾事故使二十餘年，見其分財饗士，欲報梁仇，不幸早世。今郎君父喪未葬，違背君親，吾能死于此，不能從以歸梁也。衆皆感泣。梁遣董璋率兵圍之，約與州人拒守，求救於莊宗。是時莊宗方與梁人戰河上，而已建大號，聞繼韜叛降梁，頗有憂色。

裴約
百衲本貴池本皆無有字
裴約薛史附五十二李嗣昭傳

- 裴約。
- 百衲本、貴池本皆無『有』字。
- 『裴約』，薛史附五十二李嗣昭傳。

及聞約獨不叛喜曰吾於繼韜何薄於約何厚而約能分逆順邪顧符存審曰吾不惜澤州與梁一州易得約難得也爾識機便爲我取約來存審以五千騎馳至遼州而梁兵已破澤州約見殺至周世宗時又有劉仁贍者焉仁贍字守惠彭城人也父金事楊行密爲濠滁二州刺史以驍勇知名仁贍爲將輕財重士法令嚴肅少畧通兵書事南唐爲左監門衞將軍黃袁二州刺史所至稱治李景使掌親軍以爲武昌軍節度使周師征淮先遣李穀攻自壽春景遣將劉彥貞拒周兵以仁贍爲清淮軍節度使鎮壽州李穀退守正陽浮橋彥貞見周

• 『符存審』，薛史、冊府作『李紹斌』。
• 百衲本誤作『五十』。
• 劉仁贍（疑为『贍』字之誤，編注）。

兵之刦、意其怯、急追之、仁贍以爲不可、彥貞不聽。仁贍獨按兵城守、彥貞果敗於正陽。世宗攻壽州、圍之數重、以方舟載礮、自淝河中流擊其城。又束巨竹數十萬竿、上施版屋、號爲竹龍、載甲士以攻之。又決其水、砦入于淝河、攻之百端、自正月至于四月不能下。而歲大暑、霖雨彌旬、周兵營寨水深數尺、淮淝暴漲、礮舟竹龍皆飄南岸、爲景兵所焚、周兵多死。世宗東趨濠梁、以李重進爲廬壽州都招討使。景亦遣其元帥齊王景達等列砦紫金山下、爲夾道以屬城中。而重進與張永德兩軍相疑不協、仁贍屢請出戰、景達不許、由是憤惋成疾。明年

● 彭本無「十」字。

● 百衲本、貴池本均無「州」字，以文義論「州」字亦衍，汲古本有「州」字。

正月、世宗復至淮上、盡破紫金山砦、壞其夾道、景兵大敗、諸將往往見擒、而景之守將廣陵馮延魯、光州張紹、舒州周祚、泰州方訥、泗州范再遇等或走或降、皆不能守。雖景君臣亦皆震懾、奉表稱臣、願割土地、輸貢賦、以效誠欵。而仁贍獨堅守不可下。世宗使景所遣使者孫晟等至城下示之、仁贍子崇諫幸其父病、謀與諸將出降、仁贍立命斬之。監軍使周廷構哭于中門、救之不得。於是士卒皆感泣、願以死守。三月、仁贍病甚、已不知人、其副使孫羽詐爲仁贍書以城降。世宗命舁仁贍至帳前、嘆嗟久之、賜以玉帶、御馬、復使入城養疾、是日卒。制

• 貴池本『祚』作『柞』。

百衲本、貴池本無「命」字。

百衲本貴池本無命字

曰、劉仁贍盡忠所事、抗節無虧、前代名臣、幾人可比、予之南伐、得爾爲多。乃拜仁贍檢校太尉兼中書令、天平軍節度使。仁贍不能受命而卒、年五十八。世宗遣使弔祭、喪事官給、追封彭城郡王、以其子崇讚爲懷州刺史、賜莊宅各一區。李景聞仁贍卒、亦贈太師。壽州故治壽春、世宗以其難剋、遂徙城下蔡、而復其軍曰忠正軍、曰、吾以旌仁贍之節也。

嗚呼、天下惡梁久矣、然士之不幸而生其時者、不爲之臣可也、其食人之祿者、必死人之事、如彥章者、可謂得其死哉。仁贍既殺其子以自明矣、豈有垂死而變節者、乎。今周世宗實錄載仁贍降書，蓋其副使孫羽等所爲也。當世宗時，王環爲蜀守秦州，攻之久不下，其後力屈而降，世宗頗嗟其忠，然止以爲大將軍。視世宗待二人之薄厚，而考其制書，乃知仁贍非降者也。自古忠臣義士之難得也，五代之亂，三人者或出於軍卒，或出於僞國之臣，可勝嘆哉，可勝嘆哉。

五代史卷三十二

以古閣本脫或出於軍卒五字局本有

• 汲古閣本脫『或出於軍卒』五字，局本有。

五代史卷三十二考證

王彥章傳趙巖等日夜毀之乃罷彥章彥章馳至京師以笏畫地自陳勝敗之迹巖等諷有司劾彥章不敬勒還第○臣文清按司馬光通鑑云趙張與彥章動相違戾潛伺彥章過失以聞彥章功竟無成及歸楊村梁主信讒猶恐彥章旦夕成功難制徵還大梁與此異

五代史卷三十二考證

五代史卷三十三

宋　歐　陽　修　撰

死事傳第二十一

嗚呼甚哉。自開平訖于顯德。終始五十三年。而天下五代。士之不幸而生其時。欲全其節而不二者固鮮矣。於此之時。責士以死與必去。則天下爲無士矣。然其習俗遂以苟生不去爲當然。至於儒者以仁義忠信爲學。享人之祿。任人之國者。不顧其存亡。皆恬然以苟生爲得。非徒不知愧。而反以其得爲榮者。可勝數哉。故吾於死事之臣有所取焉。君子之於人也。樂成其美而不求其備。況死者人之所難乎。吾於五代得全節之士三人而已。其初無卓然之節，而終以死人之事者，得十有五人焉。而戰沒者不得與也。然吾取王清、史彥超者，其有旨哉。其有旨哉。作死事傳。不能立傳者五人，馬彥超附朱守殷傳，宋令詢、李遐、張彥卿、鄭昭業見於本紀而已。

張源德者，不知其世家，或曰本晉人也。少事晉無所稱，從李罕之以潞州叛晉降梁，罕之遣源德見梁太祖。太祖時，源德自金吾衛將軍爲蔡州刺史。梁貞明三年，魏博節度使楊師厚卒，末帝分魏相等六州爲兩鎮，懼魏軍不從，乃遣劉鄩將兵萬人屯于魏以虞變。魏軍果叛，

• 薛史無傳。
• 梁本紀作『貞明元年』，纂誤有。
• 『萬人』，賀德倫傳作『六萬』，薛史劉鄩傳作『精兵萬人』。

迫其節度使賀德倫以魏博二州降晉當是時源德爲鄴守貝州晉王入魏諸將欲先擊貝州晉王曰貝城小而堅攻之難卒下且源德雖恃劉鄩之兵然與滄州相首尾今德州居其中而無備不如先取之則滄貝之勢分而易圖也乃先襲破德州然後以兵五千攻源德源德堅守不下晉軍塹而圍之已而劉鄩大敗于故元城南走黎陽晉軍攻破洺州而衞州刺史來昭邢州節度使閻寶皆以城降晉磁州刺史靳昭相州張筠滄州戴思遠皆棄城走當此時晉已先下全燕而鎮定皆附于晉自河以北山以東四面千里六鎮數十州之地皆歸

● 劉校，纂誤補「來昭」，卷五本紀作「米昭」，薛史二十八唐紀亦作「米昭」，當據改。

晉、獨貝一州、圍之踰年不可下。源德守旣堅、而貝人聞晉已盡有河北、城中食且盡、乃勸源德出降、源德不從、遂見殺。源德已死、貝人謀曰、晉圍吾久、吾窮而後降、懼皆不免也。乃告于晉曰、吾欲被甲執兵而降、得赦而後釋之、如何。晉軍許諾。貝人三千出降、已釋甲、晉兵四面圍而盡殺之。

夏魯奇字邦傑、青州人也。唐莊宗時賜姓名曰李紹奇、其後莊宗賜姓名者皆復其故。魯奇初事梁爲宣武軍校、後奔于晉、爲衛護指揮使。從周德威攻劉守光於幽州、守光將單廷珪元行欽以驍勇自負、魯奇每與二將

● 薛史卷七十。
● 『衛護』，薛史作『護衛』。
● 單廷珪見周德威傳，百衲本誤作『延』，貴本亦誤。

鬭輒不能解兩軍皆釋兵而觀之晉已下魏博梁將劉鄩軍于洹水莊宗以百騎覘敵遇鄩伏兵圍之數重幾不得脫魯奇力戰手殺百餘人身被二十餘創與莊宗決圍而出莊宗益奇之以爲磁州刺史從戰中都擒王彥章莊宗壯之賜絹千疋拜鄭州防禦使遷河陽節度使爲政有惠愛徙鎮忠武河陽之人遮留不得行父老詣京師乞留明宗遣中使往諭之魯奇乃得去唐師伐荆南以魯奇爲招討副使無功而還徙鎮武信東川董璋反攻遂州魯奇閉城拒之旬月救兵不至城中食盡魯奇自刎死年四十九（吳巒兵猶可戰而不戰魯奇食盡力窮而刎故取捨異）

●「創」，百衲本作「瘡」。
●「而刎」，百衲本、彭本、貴池本作「而死」。

姚洪本梁之小校也。自董璋爲梁將、洪嘗事璋。後事唐爲指揮使。長興中、遣洪將千人戍閬州。董璋反、遣人以書招洪、洪得璋書、輒投厠中。後璋兵攻破閬州、執洪、璋曰、爾爲健兒、我遇汝厚、柰何負我邪。洪罵曰、老賊、爾昔爲李七郎奴、掃馬糞、得一臠殘炙、感恩不已。今天子用爾爲節度使、何苦反邪。吾能爲國家死、不能從人奴以生。璋怒、然鑊于前、令壯士十人刲其肉而食、洪至死大罵。明宗聞之泣下、錄其二子、而厚卹其家。

王思同、幽州人也。其父敬柔娶劉仁恭女、生思同。思同事仁恭爲銀胡䩮指揮使。仁恭爲其子守光所囚、思同

薛史卷七十
薛史六十五

- 薛史卷七十。
- 薛史六十五。

奔晉以爲飛勝指揮使梁晉相拒于莘遣思同築壘楊劉以功遷神武十軍都指揮使累遷鄭州防禦使思同爲人敢勇善騎射好學頗喜爲詩輕財重義多禮文士然未嘗有戰功明宗時以久次爲匡國軍節度使徙鎮雄武是時吐蕃數爲寇而泰州無亭障思同列四十餘柵以禦之居五年來朝明宗問以邊事思同指畫山川陳其利害思同去明宗顧左右曰人言思同不管事能若是邪於是始知其材以爲右武衛上將軍京兆尹西京留守石敬瑭討董璋思同爲先鋒指揮使兵入劒門而後軍不繼思同與璋戰不勝而却敬瑭兵罷思同徙

● 飛「勝」，彭本、局本、南監本作飛「騰」，薛史、通鑑亦作「騰」，擬改。七十二卷有「飛勝指揮使安念德」。

● 「泰」州，當從百衲本作「秦」州，貴本同，彭亦作「秦」，汲本、局本誤作「泰」，南監本亦作「秦」。

鎮山南西道，已而復爲京兆尹、西京留守。應順元年二月，潞王從珂反鳳翔，馳檄四鄰，言姦臣幸先帝疾病，賊殺秦王而立幼嗣，侵弱宗室，動搖藩方，懼已所以興兵討亂之兆。因遣伶奴安十十以五絃謁思同，欲因其權以通意。是時諸鎮皆懷向背，所得潞王書檄，雖以上聞而不絕其使，獨思同執十十及從珂所使推官郝詡等送京師。愍帝嘉其忠節，以思同爲西面行營馬步軍都部署。三月，會諸鎮兵圍鳳翔，破東西關城。從珂兵弱而守甚堅，外兵傷死者衆。從珂登城呼外兵而泣曰：「吾從先帝二十年，大小數百戰，甲不解體，金瘡滿身，士卒固

百衲本作「應順二年」，無「二月」二字，貴池本同。按，從珂反，事在元年二月，殿本不誤。

「安十十」，薛史作「乃令小伶女十人」。

「郝詡」，薛史作「郝昭」，通鑑從歐。

嘗從我矣今先帝新棄天下而朝廷信用姦人離間骨肉我實何罪而見伐乎因慟哭士卒聞者皆悲憐之與元張虔釗攻城西督戰甚急士卒苦之反兵攻虔釗虔釗走羽林指揮使楊思權呼曰潞王吾主也乃引軍自西門入降從珂而思同未知猶督戰嚴衛指揮使尹暉麾其衆曰城西軍入城受賞矣何用戰邪士卒解甲棄仗聲聞數里遂皆入城降諸鎮之兵皆潰思同挺身走至長安西京副留守劉遂雍閉門不納乃走潼關從珂引兵東至昭應前鋒追執思同從珂責曰罪可逃乎思同曰非不知從王而得生恐終死不能見先帝於地下

乾隆四年校刊

貴池本脫下一『虔釗』。

從珂娌其言乃殺之漢高祖即位贈侍中思同東走將自歸于天子與元行欽走異故寻其死

張敬達字志通代州人也小字生鐵少以騎射事唐莊宗爲廳直軍使明宗時爲河東馬步軍都指揮使領欽州刺史累遷彰國大同軍節度使徙鎮武信晉昌清泰二年契丹數犯邊廢帝以河東節度使石敬瑭兼大同彰國振武威塞等軍蕃漢馬步軍都總管屯于忻州屯兵聚譟遮敬瑭呼萬歲敬瑭斬三十餘人以止之廢帝疑敬瑭有異志乃以敬達爲北面副總管以分其兵明年夏從敬瑭鎮天平遂以敬達爲大同彰國振武威塞

• 薛史卷七十。

• 『欽』州，蜀誤作『青』，通鑑二八〇有注駁正。

• 劉校以爲『晉昌』乃『晉州』之誤，可參考，此實通鑑考異之文，劉校未說明。

汲本與此作五千餘里何其多也當從百衲本作五十貴池本亦作五十彭局同

等軍蕃漢馬步軍都部署敬瑭因此遂反即以敬達爲
太原四面招討使六月兵圍太原敬達爲長城連柵雲
梯飛礮以攻之所爲城柵將成輒有大風雨水暴至以
壞之敬瑭求救于契丹九月契丹耶律德光自鴈門入
旌旗相屬五千餘里德光先遣人告敬瑭曰吾欲今日
破敵可乎敬瑭報曰大兵遠來而賊勢方盛要在成功
不必速也使者未復命而兵已交敬達陣於西山契丹
以羸騎三千革鞭木鐙人馬皆不甲胄以趨唐軍唐軍
爭馳之契丹兵走追至汾曲伏發斷唐軍爲二其在北
者皆死死者萬餘人敬達收軍柵晉安契丹圍之廢帝

• 汲本與此本作『五千』餘里，何其多也，當從百衲本作『五十』，貴池亦『五十』，彭、局同。

遣趙延壽范延光等救之。延壽屯團柏谷、延光屯遼州、相去皆百餘里。契丹兵圍敬達者、自晉安寨南長百餘里、濶五十里、敬達軍中望之、但見穹廬連屬如岡阜。四面亘以毛索。掛鈴爲警。縱犬往來。敬達軍中有夜出者、輒爲契丹所得、由是閉壁不敢復出。延壽等皆有二心、無救敬達意。敬達猶有兵五萬人、馬萬匹、久之食盡、削木篩糞以飼其馬、馬死者食之、已而馬盡。副招討使楊光遠勸敬達降晉、敬達自以不忍背唐、而救兵且至、光遠促之不已、敬達曰、諸公何相迫邪、何不殺我而降。光遠即斬敬達降契丹、耶律德光聞敬達死、哀其忠、遣人

● 胡謍景況。
● 百衲本無下一『馬』字，貴亦無。
● 『達』字，百衲本訛作『遠』。

收葬之。本紀責其不誅光遠而諷其殺已以降賊，故不書死而書如其志，而傳録其死者，終嘉其不降也。然已雖不屈而諷人降賊，故不得爲死節。

翟進宗、張萬迪者，皆不知其何人也。初皆事唐，後事晉。進宗爲淄州刺史，萬迪爲登州刺史。楊光遠反，以騎兵數百脅取二刺史至青州，萬迪聽命，而進宗獨不屈。光遠遂殺進宗。出帝贈進宗左武衛上將軍。及光遠平，曲赦青州，雖光遠子孫皆見慰釋，而獨不赦萬迪，暴其罪而斬之。詔求進宗尸，加禮歸葬，葬事官給，以其子仁欽爲東頭供奉官。

沈斌字安時，徐州下邳人也。少爲軍卒，事梁爲拱宸都

彭本無已字
薛史無傳
局彭汲均作數百，百衲本貴池本均無數字
薛史卷九十五沈贇

• 彭本無『已』字。
• 薛史無傳。
• 局、彭、汲均作『數百』，百衲本、貴池本均無『數』字。
• 薛史卷九十五，沈贇。

指揮使。後事唐、從魏王繼岌破蜀、平康延孝、以功爲號州刺史、歷隨趙等八州刺史。晉開運元年、爲祁州刺史。契丹犯塞、至于榆林、過祁州、斌以謂契丹深入晉地而歸兵羸之可擊、即以州兵邀之。契丹以精騎劃門、斌兵多死、城中無備、虜將趙延壽留兵急攻之。延壽招斌降斌從城上罵延壽曰、公父子誤計、陷于腥膻、忍以犬羊之衆殘賊父母之邦。斌能爲國死爾、不能效公所爲也。已而城陷、斌自盡、其家屬皆沒于虜云。

王清字去瑕、洛州曲周人也。初事唐爲寧衞指揮使、後事晉爲奉國都虞候、安從進叛襄州、從高行周攻之、逾

百衲本貴池本脫九字
百衲本貴池本皆無云字、云字可删
薛史卷九十五

• 百衲本、貴池本脫九字［『留兵急攻之延壽』與『降斌』，編注］。
• 百衲本、貴池本皆無『云』字，『云』字可删。
• 薛史卷九十五。

年不能下。清謂行周曰、從進閉孤城以自守、其勢豈得久邪、因請先登、遂攻破之。開運二年冬、從杜重威戰陽城、清以力戰功爲步軍之最、加檢校司徒。是冬、重威軍中渡橋南、虜軍其北、以相拒、而虜以精騎並西山出晉軍後、南擊欒城、斷晉餉道。清謂重威曰、晉軍危矣、今去鎮州五里、而守死于此、營孤食盡、將若之何、請以步兵二千爲先鋒、奪橋開路、公率諸軍繼進、以入鎮州、可以守也。重威許之、遣與宋彥筠俱前。清與虜戰、敗之、奪其橋。是時重威已有二志、猶豫不肯進、彥筠亦退走、清曰、吾獨死於此矣、因力戰而死、年五十三。漢高祖立、贈清

● 劉校，據薛史、通鑑『冬』當作『春』。

● 『五里』，薛史作『五百里』，誤。

太傅。

史彥超，雲州人也。爲人勇悍驍捷。周太祖起魏，時彥超爲漢龍捷都指揮使，以兵從。太祖入立，遷虎捷都指揮使，戍于晉州。劉旻攻晉州，州無主帥，知州王萬敢不能拒，彥超以戍兵堅守月餘，太祖遣王峻救之，旻兵解去，以功遷龍捷右廂都指揮使，領鄭州防禦使。周漢戰高平，彥超爲前鋒，先登陷陣，以功拜感德軍節度使。周兵圍漢太原，契丹救漢，出忻代，世宗遣符彥卿拒之，以彥超爲先鋒，戰忻口。彥超勇憤俱發，左右馳擊，解而復合者數四，遂歿于陣。是時世宗敗漢高平，乘勝而進，圍城

• 薛史卷一二四。
• 劉校，薛史作授華州節度使，華州唐故曰鎮國，梁改曰感化，後唐復曰鎮國，五代無『感德』軍，疑即『感化』之誤。

之役，諸將議不一，故久無成功。世宗欲解去而未決，聞彥超戰死，遽班師，倉卒之際，亡失甚衆。世宗既惜彥超，而憤無成功，憂忿不食者數日，贈彥超太師，優恤其家焉。

孫晟，初名鳳，又名忌，密州人也。好學有文辭，尤長於詩。少爲道士，居廬山簡寂宮，常畫唐詩人賈島像置于屋壁，晨夕事之。簡寂宮道士惡晟，以爲妖，以杖驅出之。乃儒服北之趙魏，謁唐莊宗于鎮州，莊宗以晟爲著作佐郎。天成中，朱守殷鎮汴州，辟爲判官。守殷反，伏誅，晟乃棄其妻子，亡命陳宋之間。安重誨惡晟，以謂教守殷反

乾隆四年校刊　五代史卷三十三　史彥超　孫晟

疑化之誤

決百衲本貴池本均作訣 不采

薛史卷131

• 「決」，百衲本、貴池本均作「訣」，不采。

• 薛史卷一三一。

者晟也盡其像購之不可得遂族其家晟奔于吳是時
李昪方篡楊氏多招四方之士得晟喜其文辭使爲教
令由是知名晟爲人口吃遇人不能道寒暄已而坐定
談辯鋒生聽者忘倦昪尤愛之引與計議多合意以爲
右僕射與馮延巳並爲昪相晟輕延巳爲人常曰金椀
玉盃而盛狗屎可乎晟事昪父子二十餘年官至司空
家益富驕每食不設几案使衆妓各執一器環立而侍
號肉臺盤時人多効之周世宗征淮李景懼始遣泗州
牙將王知朗至徐州奉書以求和世宗不荅又遣翰林
學士鍾謨文理院學士李德明奉表稱臣不荅乃遣禮

• 肉臺盤。
• 『効』，當從百衲本、彭本逕改〔效，編注〕。

江北百衲本作淮北、誤

部尚書王崇質副晟奉表。謨與晟等皆言景願割壽濠泗楚光海六州之地，歲貢百萬以佐軍。而世宗已取滁揚濠泗諸州，欲盡取淮南，乃止，因留使者不遣，而攻壽州益急。謨等見世宗英武非景敵，而師甚盛，壽春且危，乃曰：願陛下寬臣五日之誅，容臣還取景表，盡獻江北諸州。世宗許之，遣供奉官安弘道押德明、崇質南還，而謨與晟皆見留。德明等既還，景悔，不肯割地，世宗亦以暑雨班師，留李重進、張永德等分攻廬壽。周兵所得揚泰諸州皆不能守，景兵復振。重進與永德兩軍相疑有隙，永德上書言重進反，世宗不聽。景知二將之相疑也，

●『江北』，百衲本作『淮北』，誤。

乃以蠟丸書遺重進、勸其反。初、晟之奉使也、語崇質曰、吾行必不免、然吾終不負永陵一抔土也。永陵者昪墓也。及崇質還、而晟與鍾謨俱至京師、館于都亭驛待之甚厚。每朝會入閤、使班東省官後、召見必飲以醇酒、已而周兵數敗、盡失所得諸州、世宗憂之、召晟問江南事、晟不對、世宗怒、未有以發。會重進以景蠟丸書來上、多斥周過惡以爲言、由是發怒曰、晟來使我言景畏吾神武、願得北面稱臣、保無二心、安得此指斥之言乎。亟召侍衛軍虞候韓通收晟下獄、及其從者二百餘人、皆殺之、晟臨死、世宗猶遣近臣問之、晟終不對、神色怡然正

• 『抔』，百衲本作『坏』。
• 薛史、通鑑作『百餘人』。

其衣冠南望而拜曰、臣惟以死報國爾、乃就刑。晟既死、
鍾謨亦貶耀州司馬。其後世宗怒解、憐晟忠、悔殺之、召
拜鍾謨衛尉少卿。景已割江北、遂遣謨還、而景聞晟死、
亦贈魯國公。

五代史卷三十三

五代史卷三十四　此卷貴池本宋缺抄補，不知來歷

宋　歐陽修　撰

一行傳第二十二

嗚呼五代之亂極矣傳所謂天地閉賢人隱之時歟當此之時臣弒其君子弒其父而搢紳之士安其祿而立其朝充然無復廉恥之色者皆是也吾以謂自古忠臣義士多出於亂世而怪當時可道者何少也豈果無其人哉雖曰干戈興學校廢而禮義衰風俗隳壞至於如此然自古天下未嘗無人也吾意必有潔身自負之士嫉世遠去而不可見者自古材賢有韞于中而不見于

● 此卷貴池本宋缺鈔補，不知來歷。

外或窮居陋巷委身草莽雖顏子之行不遇仲尼而名不彰况世變多故而君子道消之時乎吾又以謂必有負材能修節義而沉淪于下泯没而無聞者求之傳記而亂世崩離文字殘缺不可復得然僅得者四五人而已處乎山林而羣麋鹿雖不足以爲中道然與其食人之祿俛首而包羞孰若無愧於心放身而自得吾得二人焉曰鄭遨張薦明勢利不屈其心去就不違其義吾得一人焉曰石昂苟利於君以忠獲罪而何必自明有至死而不言者此古之義士也吾得一人焉曰程福贇五代之亂君不君臣不臣父不父子不子至於兄弟夫

婦人倫之際無不大壞而天理幾乎其滅矣於此之時能以孝弟自修於一鄉而風行於天下者猶或有之然其事迹不著而無可紀次獨其名氏或因見於書者吾亦不敢没而其略可錄者吾得一人焉曰李自倫作一行傳

鄭遨字雲叟滑州白馬人也唐明宗祖廟諱遨故世行其字遨少好學敏於文辭唐昭宗時舉進士不中見天下已亂有拂衣遠去之意欲携其妻子與俱隱其妻不從遨乃入少室山爲道士其妻數以書勸遨還家輒投之於火後聞其妻子卒一慟而止遨與李振故善振後

事梁貴顯欲以祿邀邀不顧後振得罪南竄邀徒步千
里往視之由是聞者益高其行其後邀聞華山有五粒
松脂淪入地千歲化爲藥能去三尸因徙居華陰欲求
之與道士李道殷羅隱之友善世目以爲三高士邀種
田隱之賣藥以自給道殷有釣魚術釣而不餌又能化
石爲金邀嘗驗其信然而不之求也節度使劉遂凝數
以寶貨遺之邀一不受唐明宗時以左拾遺晉高祖時
以諫議大夫召之皆不起即賜號爲逍遙先生天福四
年卒年七十四邀之節高矣遭亂世不汚於榮利至棄
妻子不顧而去豈非與世相絕而篤愛其身者歟然邀

- 百衲本『視』作『省』，不改。
- 百衲本『釣』作『鉤』，彭本上作『釣』，下作『鉤』，擬從彭本改。薛史上『釣』下『鉤』。
- 『相絕』，百衲本作『自絕』。

好飲酒奕棊、時時爲詩章落人間、人間多寫以縑素、相贈遺以爲寶。至或圖寫其形、翫于屋壁、其迹雖遠、而其名愈彰、與乎石門荷蓧之徒異矣。與澂同時有張薦明者、燕人也。少以儒學遊河朔、後去爲道士、通老子莊周之說。高祖召見、問道家可以治國乎、對曰道也者、妙萬物而爲言、得其極者、尸居衽席之間、可以治天地也。高祖大其言、延入內殿、講道德經、拜以爲師。薦明聞宮中奏時鼓、曰陛下聞鼓乎、其聲一而已、五音十二律、鼓無一焉、然和之者鼓也。夫一、萬事之本也、能守一者可以治天下。高祖善之、賜號通玄先生。後不知其所終。

乾隆四年校刊　五代史卷三十四　三　張薦明

● 百衲本『張薦明』上無『有』字。
● 彭本無『者』字，南監無『者』字。
● 此何高祖乎？以上文觀之當是石敬瑭。『無一』，彭本無『一』字，南監同。

石昂青州臨淄人也家有書數千卷喜延四方之士士無遠近多就昂學問食其門下者或累歲昂未嘗有怠色而昂不求仕進節度使符習高其行召以爲臨淄令習入朝京師監軍楊彥朗知留後事昂以公事至府上謁贊者以彥朗諱石更其姓曰右昂趨于庭仰責彥朗曰內侍奈何以私害公昂姓石非右也彥朗大怒拂衣起去昂卽趨出解官還于家語其子曰吾本不欲仕亂世果爲刑人所辱子孫其以我爲戒昂父亦好學平生不喜佛說父死昂於柩前誦尚書曰此吾先人之所欲聞也禁其家不可以佛事汚吾先人晉高祖時詔天下

仰責百衲本作昂責不取　更其姓百衲本誤作更其名

•『仰責』，百衲本作『昂責』，不取。
•『更其姓』，百衲本誤作『更其名』。

求孝悌之士、戸部尚書王權、宗正卿石光贊、國子祭酒田敏、兵部侍郎王延等相與詣東上閤門上昂行義、可以應詔。詔昂至京師、召見便殿、以爲宗正丞、遷少卿。出帝即位、晉政日壞、昂數上疏極諫、不聽、乃稱疾東歸、以壽終于家。昂既去、而晉室大亂。

程福贇者、不知其世家。爲人沉厚寡言、而有勇、少爲軍卒、以戰功累遷洛州團練使。晉出帝時、爲奉國右廂都指揮使。開運中、契丹入寇、出帝北征、奉國軍士乘間夜縱火焚營、欲因以爲亂。福贇身自救火、被傷、火滅而亂者不得發。福贇以爲契丹且大至、而天子在軍、京師虛

薛史右廂
左廂

● 薛史『右廂』作『左廂』。

空，不宜以小故動搖人聽，因匿其事不以聞。軍將李殷位次福贇下，利其去而代之，因誣福贇與亂者同謀，不然何以不奏。出帝下福贇獄，人皆以爲冤，福贇終不自辨，以見殺。

李自倫者，深州人也。天福四年正月，尚書戶部奏深州司功參軍李自倫六世同居，奉敕准格，按格孝義旌表，必先加按驗，孝者復其終身，義門仍加旌表。得本州審到鄉老程言等稱自倫高祖訓，訓生粲，粲生則，則生忠，忠生自倫，自倫生光厚，六世同居不妄。敕以所居飛鳧鄉爲孝義鄉，匡聖里爲仁和里，准式旌表門閭。九月丙子戶部復奏前登州義門王仲昭六世同居其旌表有聽事步欄前列屏樹烏頭正門閥閱一丈二尺烏頭二柱端冐以瓦桶築雙闕一丈在烏頭之南三丈七尺夾樹槐柳十有五步請如之敕曰此故事也令式無之其量地之宜高其外門門安綽楔左右建臺高一丈二尺廣狹方正稱焉圬以白而赤其四角使不孝不義者見之可以悛心而易行焉

●「六世」，百衲本作「六從」，不取。此唐旌表舊制。
●「登州」，薛劉作「鄧州」。
●「夾樹」上，疑脫一「街」字，冊一四〇、六一。
●「令式」，百衲本作「令式」，當據改。彭本作「令式」，五代會要作「令式」。

五代史卷三十四

• 勵宗萬不知『敖』、『遨』同音，妄欲改史文，亦陋矣！

五代史卷三十四考證

鄭遨傳唐明宗祖廟諱遨故世行其字○臣宗萬按明宗紀曾祖敖謚曰孝質廟號毅祖則遨當作敖

勵宗萬不知敖遨同音，妄欲改史文，亦陋矣！

五代史卷三十四考證

五代史卷三十五

宋　歐陽修　撰

唐六臣傳第二十三

甚哉白馬之禍。悲夫可爲流涕者矣。然士之生死。豈其一身之事哉。初唐天祐三年。梁王欲以嬖吏張廷範爲太常卿。唐宰相裴樞以謂太常卿唐常以清流爲之。廷範乃梁客將。不可。梁王由此大怒曰。吾常語裴樞純厚。不陷浮薄。今亦爲此邪。是歲四月。彗出西北。掃文昌軒轅大市。宰相柳璨希梁王旨。歸其譴於大臣。於是左僕射裴樞、獨孤損、右僕射崔遠、守太保致仕趙崇、兵部侍

• 貴池本此卷宋缺鈔補，不知來歷。
• 「廷範」，百衲本均作「延範」。
• 「大」字，當從諸本作「天」字。

郎王贊、工部尚書王溥、吏部尚書陸展皆以無罪貶，同日賜死于白馬驛。凡搢紳之士與唐而不與梁者皆誣以朋黨，坐貶死者數百人，而朝廷爲之一空。明年三月，唐哀帝遜位于梁，遣中書侍郎同中書門下平章事張文蔚爲冊禮使，禮部尚書蘇循爲副；中書侍郎同中書門下平章事楊涉爲押傳國寶使，翰林學士中書舍人張策爲副；御史大夫薛貽矩爲押金寶使，尚書左丞趙光逢爲副。四月甲子，文蔚等自上源驛奉冊寶，乘輅車，導以金吾仗衛、太常鹵簿，朝梁于金祥殿。梁王袞冕南面，臣文蔚、臣循奉冊升殿進讀已，臣涉、臣策奉傳國璽，

百衲本空上無一字

百衲本脫梁字

● 百衲本「空」上無「一」字。
● 百衲本脫「梁」字。

臣貽矩、臣光逢奉金寶以次升進，讀已，降，率文武百官北面舞蹈，再拜稱臣。夫一太常卿與社稷孰爲重？使樞等不死，尚惜一卿，其肯以國與人乎！雖樞等之力未必能存唐，然必不亡唐而獨存也。嗚呼！唐之亡也，賢人君子既與之共盡，其餘在者皆庸懦不肖、傾險獪猾、趨利賣國之徒也。不然，安能蒙恥忍辱於梁庭如此哉！作唐六臣傳。

張文蔚字右華，河間人也。初以文行知名，舉進士及第。唐昭宗時爲翰林學士承旨。是時天子微弱，制度已廢，文蔚居翰林，制詔四方，獨守大體。昭宗遷洛，拜中書侍郎同中書門下平章事。柳璨殺裴樞等七人，蔓引朝士，輒加誅殺，縉紳相視以目，皆不自保，文蔚力講解之，朝士多賴以全活。梁太祖立，仍以文蔚爲相。梁初制度，皆文蔚所裁定。文蔚居家亦孝悌。開平二年，太祖北巡，留文蔚西都，以暴疾卒，贈右僕射。

楊涉，祖收，唐懿宗時宰相。父嚴，官至兵部侍郎。涉舉進士，昭宗時爲吏部尚書。哀帝即位，拜中書侍郎、同中書門下平章事。涉唐名家，世守禮法，而性特謹厚，不幸遭唐之亂，拜相之日，與家人相對泣下，顧謂其子凝式曰：吾不能脫此網羅，禍將至矣，必累爾等。唐亡，事梁爲門

• 「仍」上，百衲本無「立」字，諸本皆有，彭本「立」上有「始」字。
• 百衲本「暴」下無「疾」字。
• 彭本無「謂」字。

• 楊凝式。
• 考證之功。

楊凝式

考證之功

下侍郎同中書門下平章事，在位三年，俛首無所施爲。罷爲左僕射，知貢舉。後數年卒。子凝式，有文詞，善筆札，歷事梁、唐、晉、漢、周，常以心疾致仕，居于洛陽，官至太子太保。

張策字少逸，河西燉煌人也。父同，爲唐容管經畧使。策少聰悟，好學，通章句。父同居洛陽敦化里，浚井得古鼎，銘曰：「魏黄初元年春二月，匠吉千。」同以爲奇。策時年十三，居同側，啓曰：「漢建安二十五年，曹公薨，改元延康。是歲十月，文帝受禪，又改黄初。是黄初元年無二月也。銘何謬邪！」同大驚異之。策少好浮圖之說，乃落髮爲僧，居長安慈恩寺。黄巢犯長安、策乃返初服、奉父母以避亂、居田里十餘年。名拜廣文館博士、邠州王行瑜辟觀察支使。晉王李克用攻行瑜、策與婢肩輿其母東歸、行積雪中、行者憐之。梁太祖兼四鎮、辟鄭滑支使、以母喪解職。服除、入唐爲膳部員外郎。華州韓建辟判官、建徙許州、以爲掌書記。建遣策聘于太祖、太祖見而喜曰、張夫子至矣、遂留以爲掌書記、薦之于朝、累拜中書舍人、翰林學士。太祖卽位、遷工部侍郎奉旨。開平二年、拜刑部侍郎同中書門下平章事、遷中書侍郎、以風恙罷爲刑部尚書致仕、卒于洛陽。

• 『奉旨』，當考。

• 梁諱『誠』，『承』、『誠』音同而改。

• 『嘗』，百衲本作『時』，不采。
• 汲本『中尉』作『中軍』。

趙光逢字延吉，父隱，唐左僕射。光逢在唐以文行知名，時人稱其方直溫潤，謂之玉界尺。昭宗時爲翰林學士承旨、御史中丞，以世亂棄官居洛陽，杜門絕人事者五六年。柳璨爲相，與光逢有舊恩，起光逢爲吏部侍郎、太常卿。唐亡，事梁爲中書侍郎、同中書門下平章事，累遷左僕射，以太子太保致仕。末帝即位，起爲司空、同中書門下平章事，復以司徒致仕。唐天成中，即其家拜太保，封齊國公，卒贈太傅。

薛貽矩字熙用，河東聞喜人也。仕唐爲兵部侍郎、翰林學士承旨。昭宗自岐還長安，大誅宦者，貽矩嘗爲中尉

乾隆四年校刊　五代史卷三十五　傳　趙光逢　薛貽矩

嘗百衲本作時不采

汲本中尉作中軍

韓全誨等作畫像贊、坐左遷。貽矩乃自結於梁太祖、太祖言之於朝、拜吏部尚書、遷御史大夫。天祐三年、太祖自長蘆還軍、哀帝遣貽矩來勞、貽矩以臣禮見太祖揖之升階、貽矩曰、殿下功德及人、三靈改卜、皇帝方行舜禹之事、臣安敢違。乃稱臣拜舞、太祖側身以避之。貽矩還、遂趣哀帝遜位。太祖即位、拜貽矩中書侍郎同中書門下平章事、累拜司空。貽矩爲梁相五年、卒贈侍中。

蘇循不知何許人也。爲人巧佞阿諛、無廉恥。惟利是趨。事唐爲禮部尚書。是時梁太祖已弒昭宗立哀帝、唐之舊臣皆憤惋切齒。或俛首畏禍。或去不仕。而循特傳會

劉校謂淠河之敗在乾寧四年此當作壽州不知淠河亦經壽州，不采、

蘇楷

廷範百衲本作延範

延範

唐書亦作張廷
範此本不誤

梁以希進用。梁兵攻楊行密，大敗于淠河。太祖躁忿急於禪代，欲邀唐九錫。羣臣莫敢當其議，獨循倡言梁王功德，天命所歸，宜即受禪。明年，梁太祖即位，循爲冊禮副使。循有子楷，乾寧中舉進士及第，昭宗遺學士陸扆覆落之，楷常慙恨。及昭宗遇弒，唐政出於梁，楷爲起居郎，與柳璨、張廷範等相結。因謂廷範曰：「夫謚者所以易名而貴信也。前有司謚先帝曰昭，名實不稱，公爲太常卿，予史官也，不可以不言。」乃上疏駁議，而廷範本梁客將，嘗求太常卿不得者，廷範亦以此怨唐，因下楷疏，廷範。廷範議曰：「臣聞執事堅固之謂恭，亂而不損之謂靈，

● 劉校謂，淠河之敗在乾寧四年，此當作壽州。不知淠河亦經壽州，不采。
● 蘇楷。
● 『廷範』，百衲本『延範』，唐書亦作張『廷範』，此本不誤。

武而不遂之謂莊，在國逢難之謂閔，因事有功之謂襄，請改謚昭宗皇帝曰恭靈莊閔皇帝，廟號襄宗。梁太祖已即位，置酒玄德殿，顧羣臣自陳德薄，不足以當天命，皆諸公推戴之力。唐之舊臣楊涉、張文蔚等皆慙懼俯伏不能對，獨循與張禕、薛貽矩盛稱梁王功德，所以順天應人者。循父子皆自以附會梁得所託，旦夕引首希見進用。敬翔尤惡之，謂太祖曰：「梁室新造，宜得端士以厚風俗。循父子皆無行，不可立於新朝。」於是父子皆勒歸田里。乃依朱友謙於河中。其後友謙叛梁降晉，晉王將即位，求唐故臣在者，以備百官之闕，友謙遣循至魏杜曉。

杜曉

州是時梁未滅晉諸將相多不欲晉王即帝位晉王之意雖銳將相大臣未有贊成其議者循始至魏州望州廨聽事即拜謂之拜殿及入謁舞蹈呼萬歲而稱臣晉王大悅明日又獻畫日筆三十管晉王益喜因以循爲節度副使已而病卒莊宗即位贈左僕射楷同光中爲尚書員外郎明宗即位大臣欲理其駮謚之罪以憂死當唐之亡也又有杜曉者字明遠祖審權父讓能皆爲唐相昭宗時王行瑜李茂貞兵犯京師昭宗殺讓能於臨皐以自解曉以父死無罪居喪哀毁服除布衣幅巾自廢十餘年崔胤判鹽鐵辟巡官除畿縣尉直昭文館

皆不起。崔遠判戶部、又辟巡官、或謂曉曰、嵇康死、子紹自廢不出仕、山濤以物理責之、乃仕、吾子忍令杜氏歲時鋪席祭其先人同匹庶乎。曉乃爲之起、累遷膳部郎中、翰林學士。梁太祖卽位、遷工部侍郎、奉旨開平二年拜中書侍郎同中書門下平章事。友珪立、遷禮部尚書集賢殿大學士。袁象先等討賊、兵大掠、曉爲亂兵所殺。贈右僕射。

嗚呼。始爲朋黨之論者誰歟。甚乎作俑者也。眞可謂不仁之人哉。予嘗至繁城、讀魏受禪碑、見漢之羣臣稱魏功德、而大書深刻、自列其姓名、以夸耀于世。又讀梁實

• 本紀在『三年九月辛亥』，通鑑同。
• 歐公此論當與朋黨論同觀，非爲五代，乃爲宋言之也。

錄見文蔚等所爲如此未嘗不爲之流涕也夫以國予人而自夸耀及遂相之此非小人孰能爲也漢唐之末舉其朝皆小人也而其君子者何在哉當漢之亡也先以朋黨禁錮天下賢人君子而立其朝者皆小人也然後漢從而亡及唐之亡也又先以朋黨盡殺朝廷之士而其餘存者皆庸懦不肖傾險之人也然後唐從而亡夫欲空人之國而去其君子者必進朋黨之說欲孤人主之勢而蔽其耳目者必進朋黨之說欲奪國而與人者必進朋黨之說夫爲君子者固常寡過小人欲加之罪則有可誣者有不可誣者不能遍及也至欲舉天下

•『固』，百衲本、彭本作『故』。
•『常』，百衲本作『嘗』，彭同。

之善求其類而盡去之。惟指以爲朋黨耳。故其親戚故舊謂之朋黨可也。交游執友謂之朋黨可也。宦學相同謂之朋黨可也。門生故吏謂之朋黨可也。是數者皆其類也。皆善人也。故曰。欲空人之國而去其君子者惟以朋黨罪之、則無免者矣。夫善善之相樂以其類同。此自然之理也。故聞善者必相稱譽。稱譽則謂之朋黨。得善者必相薦引。薦引則謂之朋黨。使人聞善不敢稱譽。人主之耳不聞有善于下矣。見善不敢薦引。則人主之目不得見善人矣。善人日遠而小人日進。則爲人主者悵悵然誰與之圖治安之計哉。故曰。欲孤人主之勢而蔽

● 百衲本此行脱『引』字，彭亦脱。
● 『悵悵』，百衲本作『倀倀』，當據改。

其耳目者必用朋黨之說也。一君子存，羣小人雖衆，必
有所忌而有所不敢爲，惟空國而無君子，然後小人得
肆志於無所不爲，則漢魏唐梁之際是也。故曰可奪國
而予人者，由其國無君子，空國而無君子，由以朋黨而
去之也。嗚呼，朋黨之說，人主可不察哉。傳曰，一言可以
喪邦者，其是之謂與，可不鑒哉，可不戒哉。

五代史卷三十五

五代史卷三十五考證

蘇循傳後論至欲舉天下之善求其類而盡去之○一本無求其二字今從監本

五代史卷三十五考證

汲古本『其三族出與養』。

汲古本其三族出與養

五代史卷三十六

宋　歐　陽　修　撰

義兒傳第二十四

嗚呼。世道衰。人倫壞。而親疏之理反其常。干戈起於骨肉。異類合爲父子。開平顯德五十年間。天下五代。而實八姓。其三、出於丐、養。蓋其大者取天下。其次立功名位將相。豈非因時之隙以利合而相資者耶。唐自號沙陀。起代北。其所與俱。皆一時雄傑虣武之士。往往養以爲兒。號義、兒、軍。至其有天下。多用以成功業。及其亡也。亦由焉。太祖養子多矣。其可紀者九人。其一是爲明宗。其次曰嗣昭、嗣本、嗣恩、存信、存孝、存進、存璋、存賢，作義兒傳。李存審後復以符氏大顯，故别自爲傳。

李嗣昭本姓韓氏，汾州大谷縣民家子也。太祖出獵，至其家，見其林中鬱鬱有氣，甚異之，召其父問焉。父言家適生兒，太祖因遺以金帛而取之，命其弟克柔養以爲子，初名進通，後改名嗣昭。嗣昭爲人短小，而膽勇過人，初喜嗜酒，太祖嘗微戒之，遂終身不飲。太祖愛其謹厚，常從用兵，爲內衙指揮使。陝州王珙與其兄珂爭立於河中，遣嗣昭助珂，敗珙於猗氏，獲其將二人。梁軍救珙，嗣昭又敗之于胡壁堡，執其將一人。光化元年，澤州李

●「初喜嗜酒」，纂誤以爲贅一字。
●「內衙」，百衲本作「衙內」，薛「衙內都將」。
●「二」人，百衲本作「三」人，汲古本、彭本均「三」，南監本「三」人。

罕之襲潞州以降梁、梁遣丁會應罕之、嗣昭與會戰含山、執其將一人、斬首三千級、遂取澤州。二年、晉遣李君慶攻梁潞州、君慶爲梁所敗、太祖酖殺君慶、嗣昭攻克之。三年、出山東取梁洺州、梁太祖自將攻之、遣葛從周設伏於青山口。嗣昭聞梁太祖自來、棄城走、前遇伏兵、因大敗。天復元年、梁破河中、執王珂、取晉絳慈隰、因大舉擊晉、圍太原。嗣昭日以精騎出擊梁兵、會大雨、梁軍解去。晉汾州刺史李瑭叛降梁軍、梁軍已去、嗣昭復取汾州、斬瑭、遂出陰地、取慈州、降其刺史唐禮、又取隰州降其刺史張瓌。是歲、梁兵西犯京師、圍鳳翔、嗣昭乘間

● 百衲本作『梁軍』。

百衲本嗣昭下有等字

攻梁晉絳、戰平陽、執梁將一人。進攻蒲縣、梁朱友寧氏
叔琮以兵十萬迎擊之、嗣昭敗走、友寧追之。晉遣李存
信率兵迎嗣昭、存信又敗、梁軍遂圍太原、而慈隰汾州
復入于梁。太祖大恐、謀走雲州。李存信等勸太祖奔于
契丹、嗣昭力爭以爲不可、賴劉太妃亦言之、乃止。嗣昭
晝夜出奇兵擊梁軍、梁軍解去。嗣昭復取汾慈隰。是時
鎮定皆已絕晉而附梁、晉外失大國之援、內亡諸州、仍
歲之間、孤城被圍者再、於此時嗣昭力戰之功爲多。天
祐三年、與周德威攻梁潞州、降丁會、以嗣昭爲昭義軍
節度使。梁遣李思安將兵十萬攻潞、築夾城以圍之。梁

• 百衲本『嗣昭』下有『等』字。

太祖嘗遣人招降嗣昭、嗣昭斬其使者、閉城拒守、踰年、
莊宗始攻破夾城。嗣昭完緝兵民、撫養甚有恩意。梁晉
戰胡柳、晉軍敗、周德威戰死、莊宗懼、欲收兵還臨濮。嗣
昭曰、梁軍已勝、旦暮思歸、吾若收軍、使彼休息整而復
出、何以當之。宜以精騎撓之、因其勞乏、可以勝也、莊宗
然之。是時梁軍已登無石山、莊宗遣嗣昭轉擊山北、而
自以銀槍軍趨而呼曰、今日之戰、得山者勝。晉軍皆爭
登山、梁軍遽下、陣於山西、晉軍從上急擊、大敗之、於是
晉城德勝矣。周德威死、嗣昭權知幽州、居數月、以李紹
宏代之。嗣昭將去、幽州人皆號哭閉關遮留之、嗣昭夜

●「晉軍」，百衲本無「軍」字。

遯乃得去。十九年、從莊宗擊契丹於望都、莊宗爲契丹圍之數十里、嗣昭以三百騎決圍取莊宗以出。是時晉遣閻寶攻張文禮於鎮州、寶爲鎮人所敗、乃以嗣昭代之。鎮兵出掠九門、嗣昭以奇兵擊之、鎮軍且盡、餘三人匿破垣中、嗣昭馳馬射之、反爲賊射中腦、嗣昭顧箙中矢盡、拔矢于腦、射殺一人、還營而卒。嗣昭諸子、繼儔長而懦。其弟繼韜囚之以自立。莊宗方與梁兵相持河上、不暇究其事、因即以爲昭義軍留後。繼韜委其政於魏琢、申蒙。琢等常教繼韜反、繼韜未決。莊宗在魏、以事召監軍張居翰、節度判官任圜、琢等以謂莊宗召居翰等

• 南監本、彭本、局本作『數十重』，纂誤補當作『重』，薛史作『數十重』，當改。

• 楊氏。

楊氏

問繼韜事、繼韜且見誅、因以語趣之。繼韜乃遣其弟繼遠入梁、梁末帝卽拜繼韜同中書門下平章事。居數月、莊宗滅梁、繼韜將走契丹、會赦至乃已、因隨其母朝于京師。繼遠諫曰、兄爲臣子、以反爲名、復何面以見天子。且潞城堅而倉廩實、不如閉城、坐食積粟、以延歲月、愈於往而就戮也。繼韜不聽。繼韜母楊氏、善畜財。平生居積行販、至貲百萬、當嗣昭爲梁圍以夾城彌年、軍用乏絕。楊氏之積蓄有助焉。至是乃齎銀數十萬兩至京師。厚賂宦官伶人。宦官伶人皆言繼韜初無惡意、爲姦人所悞耳。楊夫人亦以賂謁劉皇后。劉皇后爲言嗣昭功

百衲本數召繼韜從獵作嘗從獵、

臣宜蒙恩貸。由是莊宗釋繼韜、數召繼韜從獵、寵倖無間。李存渥尤切齒、數詆責之、繼韜懷不自安、復賂宦官伶人求歸鎮、莊宗不許。繼韜陰使人告繼遠、令起變於軍中、冀天子遣己往安緝之、事泄、斬于天津橋。其二子嘗爲質于梁、莊宗破梁得之、撫其背曰、爾幼猶能佐其父反、長復何爲乎、至是因并誅之、即遣人斬繼遠、以繼儔知潞州事。已而召繼儔還京師、繼儔悉取繼韜伎妾珍翫、而不時即路、其弟繼達怒曰、吾兄父子誅死、而大兄不仁、利其貲財、淫其妻妾、吾所不忍也。乃服縗麻、引數百騎坐戟門、使人入殺繼儔、節度副使李繼珂募市

• 百衲本「數召繼韜從獵」作「嘗從獵」。

人千餘攻繼達，繼達走城外，自剄死。嗣昭七子，至明宗時，子繼能坐笞殺其母主藏婢，婢家告變，言繼能反，與其弟繼襲皆見殺，唯一子繼忠僅免。繼忠家于晉陽，楊氏所積餘貲猶鉅萬。晉高祖自太原起兵，召契丹爲援，契丹求賂，高祖貸于繼忠以取足。高祖入立，甚德之，以爲沂、棣、單三州刺史，開運中卒。楊氏平生積產，嗣昭父子三人賴之。

李嗣本

嗣本本姓張氏，鴈門人也，世爲銅冶鎮將。嗣本少事太祖，太祖愛之，賜以姓名，養爲子。從擊居庸關，以功遷義兒軍使。從破王行瑜，遷威遠軍使。從攻羅弘信，以先鋒

•『言繼能反』，百衲本脫『繼』字。
•薛史梁本紀作『張汚落』，五十二作『回鶻部人也』。
•義兒軍使。

兵破湯陰。從莊宗破潞州、夾城、累以戰功遷代州刺史、雲州防禦使、振武節度使、號威信可汗。天祐十三年、從莊宗擊劉鄩於故元城下、洺磁諸州。六月、還軍振武。契丹入代北、攻破蔚州、嗣本戰歿。

嗣恩本姓駱。吐谷渾部人也。少事太祖、能騎射、爲鐵林軍將、稍以戰功遷突陣指揮使、賜姓名以爲子。從敗康懷英於河西、遷左廂馬軍都指揮使。從李嗣昭援朱友謙於河中、與梁兵力戰、稍中其口、戰不已、遷遼州刺史。從莊宗入魏、遷天雄軍馬步都指揮使。劉鄩攻太原、兵趣樂平、嗣恩從後追之、自佗道先入太原以守。鄩兵去、

百衲本無破字

• 百衲本無『破』字。

嗣恩亦以兵會莊宗于魏從戰于莘遷代州刺史石嶺關以北都知兵馬使振武節度使天祐十五年卒于太原追贈太尉

存信本姓張氏其父君政回鶻李思忠之部人也存信少善騎射能四夷語通六蕃書從太祖起代北入關破黃巢以功為馬步軍都指揮使遂賜姓名以為子存信與存孝俱為養子材勇不及存孝而存信不為之下由是交惡存孝所為存信每沮激之存孝怒得罪死而存信數從征伐以功領郴州刺史太祖遣將兵救朱宣存信屯于莘縣為羅弘信所擊存信敗亡太祖子落落

- 彭本「敗」上有「兵」字，南監本有「兵」。
- 薛史五十二、子武八、從郎。
- 「以」，百衲本作「已」。

後從太祖討劉仁恭，大敗于安塞。太祖大怒，顧存信曰：「昨日吾醉，公獨不能爲我戰邪？古人三敗，公已二矣。」將殺之。存信叩頭謝罪而免。由是大懼，常稱疾。天復二年卒，年四十一。

存孝，代州飛狐人也，本姓安，名敬思。太祖掠地代北，得之，給事帳中，賜姓名以爲子，常從爲騎將。文德元年，河南張言襲破河陽，李罕之來歸晉。晉處罕之于澤州，遣存孝與薛阿檀、安休休等以兵七千助罕之還擊河陽。梁亦遣丁會、牛存節等助言，戰于溫縣，梁軍先扼太行。存孝大敗，安休休被執。是時晉已得澤潞，歲出山東，與

百衲本無獨字

● 百衲本無『獨』字。

孟方立爭邢洺磁，存孝未嘗不在兵間。方立死，晉取三州，存孝功爲多。明年，潞州軍亂，殺李克恭以歸唐，梁遣李讜攻李罕之于澤州，存孝以騎兵五千救之。梁軍呼罕之曰：公常恃太原以爲命，今上黨已歸唐，唐兵大集圍太原，沙陀將無穴以自處。公復誰恃而不降乎？存孝以精騎五百繞梁柵而呼曰：我沙陀之未穴者，待爾肉以食軍，可令肥者出鬬。梁驍將鄧季筠引軍出戰，存孝舞矟擒之。李讜敗走，追擊至馬牢關，還攻潞州。唐以孫揆爲潞州節度使。揆儒者，以梁卒三千爲衞，褒衣大蓋，擁節先驅。存孝以三百騎伏長子西崖谷間，伺揆軍過，

● 此所謂唐，實即梁也。
● 『未穴』，薛史五三，通鑑二五八皆作『求穴』，當據改。新唐書李罕之傳同，劉校。

橫擊斷之，擒撥以歸。初，梁遣葛從周、朱崇節守潞州，以待撥，聞撥見執，皆棄去，晉遂復取潞州。是時張濬、韓建伐晉，擊陰地關，晉以李存信、薛阿檀等當濬，別遣存孝軍于趙城。唐軍戰敗于陰地關，濬退保晉州，韓建走絳州。存孝攻晉州，濬兵出戰，輒復敗，因閉壁不敢出。存孝去攻絳州，濬、建皆走。存孝猨臂善射，身被重鎧，櫜弓坐稍，手舞鐵撾，出入陣中，以兩騎自從，戰酣易騎，上下如飛。初，存孝取潞州，功爲多，而太祖別以大將康君立爲潞州留後，存孝爲汾州刺史，存孝負其功，不食者數日。及走張濬，遷邠州刺史。大順二年，徙邢州留後。是時晉

彭本脫闕字

存孝之勇

● 彭本脫『關』字。
● 存孝之勇。

軍連歲攻趙常山存孝常爲先鋒下趙臨城元氏趙王求救於幽州李匡威匡威兵至晉軍輒引去存孝素與存信有隙存信譖之曰存孝有二心常避趙不擊存孝不自安乃附梁通趙自歸于唐因請會兵以伐晉唐命趙王王鎔援之明年趙與幽州有隙懼而與晉和反以兵三萬助晉擊存孝存孝嬰城自守太祖自將兵傅其城掘塹以圍之存孝出兵衝擊塹不得成裨將袁奉韜使人說存孝曰公所畏者晉王爾王俟塹成且留兵去諸將非公敵也雖塹何爲存孝以爲然縱兵成塹塹成深溝高壘不可近存孝遂窮城中食盡登城呼曰兒蒙

王恩，位至將相，豈欲捨父子而附仇讎？乃存信構陷之耳。願生見王一言而死。」太祖哀之，遣劉夫人入城慰諭之。劉夫人引與俱來，存孝泥首請罪曰：「兒於晉有功而無過，所以至此，由存信爲之耳！」太祖叱曰：「爾爲書檄罪我百端，亦存信爲之邪？」縛載後車，至太原，車裂之以徇。然太祖惜其材，悵然恨諸將之不能容也，爲之不視事者十餘日。康君立素與存信相善，方二人之交惡也，君立每左右存信以傾之。存孝已死，太祖與諸將博，語及存孝，流涕不已，君立以爲不然，太祖怒，酖殺君立。君立初爲雲州牙將，唐僖宗時，逐段文楚，與太祖俱起雲中。

• 存孝未授同平章事，不當云將相。薛史作『將帥』。
• 康君立。

蓋君立首事，其後累立戰功，表昭義節度使，以存孝故殺之。

存進，振武人也，本姓孫，名重進。太祖攻破朔州，得之，賜以姓名，養爲子。從太祖入關破黄巢，以爲義兒軍使。從莊宗戰柏鄉，遷行營馬步軍都虞候，歷慈、沁二州刺史。莊宗初得魏博，以爲天雄軍都部署，治梁亂軍，一切以法，人有犯者，輒梟首磔尸於市，魏人屏息畏之。從戰河上，以功遷振武軍節度使。是時晉軍德勝，爲南北寨，每以舟兵來往，頗以爲勞，而河北無竹石，存進乃以葦笮維大艦爲浮梁，莊宗大喜，解衣以賜之。晉討張文禮於

彭本引碑作「樂安人」。

彭本引碑作樂安人

鎮州久不克，而史建瑭、閻寶、李嗣昭相次戰歿，乃以存進代嗣昭爲招討使，軍于東垣渡。東垣土惡，築壘不能就，存進伐木爲柵。晉軍晨出芻牧，文禮子處球以兵千餘逼存進柵，存進出戰橋上，殺處球兵殆盡，而存進亦歿于陣，追贈太尉。子漢韶，明宗時復本姓，爲洋州節度使。潞王從珂以鳳翔反，漢韶與張虔釗會唐軍討之，唐軍皆降于從珂，獨漢韶與虔釗軍不降，俱奔于蜀。事蜀歷永平、興元、武信節度使，年七十餘，卒于蜀。

存璋字德璜，初與康君立、薛志勤等從太祖入關，破黃巢，累遷義兒軍使。太祖病革，存璋與張承業等受顧命，

• 『處球』，百衲本誤作『處求』，下一『處球』不誤。
• 劉校，纂誤補以爲獨漢韶、虔釗不降耳。『軍』疑衍，不改。

立莊宗爲晉王，晉王以存璋爲河東馬步軍使。晉自先王時嘗優假軍士，軍士多犯法踰禁，莊宗新立，尤患之。存璋一切繩之以法，境內爲之清肅。從攻夾城，戰柏鄉，以功遷汾州刺史。莊宗與劉鄩戰於魏博，梁遣王檀來乘虛襲太原，存璋以汾州兵入太原距守，以功遷大同軍防禦使，遂爲節度使。天祐十九年以疾卒，追贈太尉。

存賢，許州人也，本姓王，名賢。少爲軍卒，善角觝。太祖擊黃巢于陳州，得之，賜以姓名，養爲子。後爲義兒軍副兵馬使，遷沁州刺史。先時沁州當敵衝，徙其南百餘里，據險立柵而寓居。至存賢爲刺史，曰：「徙城避敵，豈勇者所

南監本、彭本無『來』字，百衲本有。

『百餘里』，薛史作『五十里』。

爲，乃復城故州。梁兵屢攻之，存賢力自距守，卒不能近，遷武州刺史、山北團練使，又遷慈州。天祐十八年，梁兵攻朱友謙于河中，莊宗遣存賢援友謙。是時友謙新叛梁歸晉，而河中食少，人心多貳，諜者因謂存賢曰：河中人欲殺子以歸梁，宜亟去。存賢曰：死王事，吾志也，復何恨哉。卒擊走梁兵。莊宗即位，拜右武衛上將軍。莊宗亦好角觝，嘗與王都較而屢勝，頗以自矜，因顧存賢曰：爾能勝我，與爾一鎮。存賢博而勝之。同光二年春，幽州符存審病甚，莊宗置酒宮中歎曰：吾創業故人，零落殆盡，其所存者，惟存審耳。今又病篤，北方之事，誰可代之，因

• 此『十八年』，吳縝纂誤據梁末帝紀及莊宗本紀當作『十七年』，歐史蓋本薛史本傳未及改正。
• 『王都』，百衲本脫『都』字，薛史作『王郁』。
• 『博』，當從彭本作『搏』，通鑑同。
• 百衲本無『甚』字。

● 殿本薛史考證：案存賢蔚州刺史，在天祐五年，蓋因角觝而得郡也。歐陽史改薛史『賞爾一郡』爲『與爾一鎮』，以爲盧龍節度使，殊非實事。此節可取。

顧存賢曰、無以易卿、角觝之勝、吾不食言、即日以爲盧龍軍節度使。是歲卒于幽州、年六十五、贈太傅、

殿本薛史考證　案存賢蔚州刺史在天祐五年蓋因角觝而得郡

又歐陽史改薛史賞爾一郡爲與爾一鎮以爲盧龍節度使殊

非實事

此節可取

乾隆四年校刊

五代史卷三十六　傳　十二　李存賢

五代史卷三十六

此卷貴池本宋缺鈔補，不知來歷。

五代史卷三十七

宋　歐陽修　撰

此卷貴池本宋缺鈔補不知來歷

伶官傳第二十五

嗚呼盛衰之理雖曰天命豈非人事哉原莊宗之所以得天下與其所以失之者可以知之矣世言晉王之將終也以三矢賜莊宗而告之曰梁吾仇也燕王吾所立契丹與吾約爲兄弟而皆背晉以歸梁此三者吾遺恨也與爾三矢爾其無忘乃父之志莊宗受而藏之于廟其後用兵則遣從事以一少牢告廟請其矢盛以錦囊負而前驅及凱旋而納之方其係燕父子以組函梁君

臣之首，入于太廟，還矢先王，而告以成功，其意氣之盛，可謂壯哉。及仇讎已滅，天下已定，一夫夜呼，亂者四應，倉皇東出，未及見賊而士卒離散，君臣相顧，不知所歸，至於誓天斷髮，泣下沾襟，何其衰也。豈得之難而失之易歟，抑本其成敗之迹而皆自於人歟。書曰：「滿招損，謙得益。」憂勞可以興國，逸豫可以亡身，自然之理也。故方其盛也，舉天下之豪傑莫能與之爭。及其衰也，數十伶人困之，而身死國滅，爲天下笑。夫禍患常積於忽微，而智勇多困於所溺，豈獨伶人也哉。作伶官傳。

莊宗既好俳優，又知音，能度曲，至今汾、晉之俗，往往能

倉：百衲本作蒼

得：局本作受

●『倉』，百衲本作『蒼』。

●〔得，編注〕局本作『受』。

歌其聲謂之御製者皆是也其小字亞子當時人或謂之亞次又別爲優名以自目曰李天下自其爲王至於爲天子常身與俳優雜戲于庭伶人由此用事遂至於亡皇后劉氏素微其父劉叟賣藥善卜號劉山人劉氏性悍方與諸姬爭寵常自恥其世家而特諱其事莊宗乃爲劉叟衣服自負蓍囊藥篋使其子繼岌提破帽而隨之造其卧內曰劉山人來省女劉氏大怒笞繼岌而逐之宮中以此爲笑樂其戰於胡柳也嬖伶周匝爲梁人所得其後滅梁入汴周匝謁於馬前莊宗得之喜甚賜以金帛勞其良苦周匝對曰身陷仇人而得不死以

乾隆四年校刊　五代史卷三十七　二　周匝

- 王彥章呼爲『亞次』。
- 家人傳及之。
- 『篋』，百衲本作『笈』。
- 百衲本無『此』字。

生者敎坊使陳俊內園栽接使儲德源之力也願乞二州以報此兩人莊宗皆許以爲刺史郭崇韜諫曰陛下所與共取天下者皆英豪忠勇之士今大功始就封賞未及於一人而先以伶人爲刺史恐失天下心不可因格（音閣）其命踰年而伶人屢以爲言莊宗謂崇韜曰吾已許周匝矣使吾慙見此二人公言雖正然當爲我屈意行之卒以俊爲景州刺史德源爲憲州刺史莊宗好畋獵獵于中牟踐民田中牟縣令當馬切諫爲民請莊宗怒叱縣令去將殺之伶人敬新磨知其不可乃率諸伶走追縣令擒至馬前責之曰汝爲縣令獨不知吾天子

• 『二』人，南監本、百衲本作『三』人，彭本亦作『二』，當據改。謂周匝、陳俊、儲德源也。通鑑胡注亦作三人。

好獵邪奈何縱民稼穡以供稅賦何不飢汝縣民而空此地以備吾天子之馳騁汝罪當死因前請亟行刑諸伶共倡和之莊宗大笑縣令乃得免去莊宗嘗與羣優戲于庭四顧而呼曰李天下李天下何在新磨遽前以手批其頰莊宗失色左右皆恐羣伶亦大驚駭共持新磨詰曰女奈何批天子頰新磨對曰李天下者一人而已復誰呼邪於是左右皆笑莊宗大喜賜與新磨甚厚新磨常奏事殿中殿中多惡犬新磨去一犬起逐之新磨倚柱而呼曰陛下毋縱兒女齧人莊宗家世夷狄夷狄之人諱狗故新磨以此譏之莊宗大怒彎弓注矢將

●『倡』，百衲本、彭本、南監本作『唱』。

射之。新磨急呼曰：陛下無殺臣，臣與陛下爲一體，殺之不祥。莊宗大驚，問其故，對曰：陛下開國，改元同光，天下皆謂陛下同光帝。且同，銅也，若殺敬新磨，則同無光矣。莊宗大笑，乃釋之。然時諸伶，獨新磨尤善俳，其語最著，而不聞其佗過惡。其敗政亂國者，有景進、史彥瓊、郭門高三人爲最。是時，諸伶人出入宮掖，侮弄縉紳，羣臣憤嫉，莫敢出氣，或反相附託，以希恩倖，四方藩鎮，貨賂交行，而景進最居中用事。莊宗遣進等出訪民間事，無大小皆以聞。每進奏事殿中，左右皆屏退，軍機國政皆與參決，三司使孔謙兄事之，呼爲八哥。莊宗初入洛，居唐

景進

孔謙　通鑑作孔巖

• 景進。

• 『孔謙』，通鑑作『孔巖』。

故宮室、而嬪御未備。閹官希旨、多言宮中夜見鬼物相
驚恐。莊宗問所以禳之者、因曰、故唐時後宮萬人、今空
宮多怪、當實以人乃息。莊宗欣然。其後幸鄴、乃遣進等
採鄴美女千人、以充後宮。而進等緣以爲姦、軍士妻女
因而逃逸者數千人。莊宗還洛、進載鄴女千人以從、道
路相屬、男女無別。魏王繼岌已破蜀、劉皇后聽宦者讒
言、遣繼岌賊殺郭崇韜。崇韜素嫉伶人、常裁抑之、伶人
由此皆樂其死。皇弟存乂、崇韜之壻也、進讒於莊宗曰、
存乂且反、爲婦翁報仇。乃囚而殺之。朱友謙以梁河中
降晉者、及莊宗入洛、伶人皆求賂於友謙、友謙不能給

而辭焉。進乃譏友謙曰、崇韜且誅、友謙不自安、必反、宜并誅之、於是及其將五六人皆族滅之、天下不勝其寃。進官至銀青光祿大夫檢校左散騎常侍兼御史大夫上柱國。史彥瓊者爲武德使、居鄴都、而魏博六州之政皆決彥瓊、自留守王正言而下皆俛首承事之。是時郭崇韜以無罪見殺于蜀、天下未知其死也、第見京師殺其諸子、因相傳曰、崇韜殺魏王繼岌而自王於蜀矣、以故族其家、鄴人聞之、方疑惑。已而朱友謙又見殺、友謙子建徽爲澶州刺史、有詔彥瓊使殺之。彥瓊祕其事、夜半馳出城。鄴人見彥瓊無故夜馳出、因驚傳曰、劉皇后

● 本紀作『七人』。
● 史彥瓊。
● 『建徽』，百衲本作『廷徽』，新舊史友謙傳均不及此子。

郭從謙

• 郭從謙。

怒崇韜之殺繼岌也、已弒帝而自立、急召彥瓊計事、鄴都大恐。貝州人有來鄴者、傳此語以歸、戍卒皇甫暉聞之、由此劫趙在禮作亂。在禮已至館陶、鄴都巡檢使孫鐸見彥瓊求兵禦賊、彥瓊不肯與、曰賊未至、至而給兵豈晚邪。已而賊至、彥瓊以兵登北門、聞賊呼聲大恐、棄其兵而走、單騎歸于京師。在禮由是得入于鄴、以成其叛亂者、由彥瓊啓而縱之也。郭門高者名從謙、門高其優名也。雖以優進、而嘗有軍功、故以爲從馬直指揮使。從馬直、蓋親軍也。從謙以姓郭、拜崇韜爲叔父、而皇弟存乂又以從謙爲養子。崇韜死、存乂見囚、從謙置酒軍中、憤然流涕、稱此二人之寃。是時從馬直軍士王溫宿衞禁中、夜謀亂、事覺被誅。莊宗戲從謙曰、汝黨存乂崇韜負我、又教王溫反、復欲何爲乎。從謙恐、退而激其軍士曰、罄爾之貲、食肉而飲酒、無爲後日計也。軍士問其故、從謙因曰、上以王溫故、俟破鄴、盡坑爾曹。軍士信之、皆欲爲亂。李嗣源兵反、嚮京師、莊宗東幸汴州、而嗣源先入。莊宗至萬勝、不得進、而還、軍士離散、尚有二萬餘人。居數日、莊宗復東幸汜水、謀扼關以爲拒。四月丁亥朔、朝羣臣於中興殿、宰相對三刻罷、從駕黃甲馬軍陣於宣仁門、步軍陣於五鳳門、以俟莊宗入食內殿。從謙

劉校　宣仁　薛史作寬仁　誤

• 劉校，『宣仁』門，薛史作『寬仁』，誤。

自營中露刃注矢馳攻興教門與黃甲軍相射莊宗聞亂率諸王衛士擊亂兵出門亂兵縱火焚門緣城而入莊宗擊殺數十百人亂兵從樓上射帝帝傷重踣于絳霄殿廊下自皇后諸王左右皆奔走至午時帝崩五坊人善友聚樂器而焚之嗣源入洛得其骨葬新安之雍陵以從謙爲景州刺史已而殺之傳曰君以此始必以此終莊宗好伶而弑於門高焚以樂器可不信哉可不戒哉

汲古本兵作軍

入洛得其骨　百衲本作得洛其骨　其誤顯然

●汲古本『兵』作『軍』。
●『入洛得其骨』，百衲本作『得洛其骨』，其誤顯然。

五代史卷三十七

貴池本此卷宋缺鈔補，來歷不明。

五代史卷三十八

貴池本此卷宋缺鈔補來歷不明

宋 歐陽修 撰

宦者傳第二十六

嗚呼，自古宦女之禍深矣。明者未形而知懼，暗者患及而猶安焉，至於亂亡而不可悔也。雖然，不可以不戒。作宦者傳。

張承業，字繼元，唐僖宗時宦者也。本姓康，幼閹爲內常侍張泰養子。晉王兵擊王行瑜，承業數往來兵間，晉王喜其爲人。及昭宗爲李茂貞所迫，將出奔太原，乃先遣承業使晉以道意，因以爲河東監軍。其後崔胤誅宦官、

金粟彭本
金帛、南
監書同
不改

五代史卷三十八　傳

宦官在外者悉詔所在殺之、晉王憐承業、不忍殺、匿之
斛律寺。昭宗崩、乃出承業、復爲監軍。晉王病且革、以莊
宗屬承業曰、以亞子累公等。莊宗常兄事承業、歲時升
堂拜母、甚親重之。莊宗在魏、與梁戰河上十餘年、軍國
之事皆委承業。承業亦盡心不懈。凡所以畜積金粟、收
市兵馬、勸課農桑、而成莊宗之業者、承業之功爲多。自
貞簡太后韓德妃伊淑妃及諸公子在晉陽者、承業一
切以法繩之、權貴皆斂手畏承業。莊宗歲時自魏歸省
親、須錢蒲博賞賜伶人、而承業主藏、錢不可得。莊宗乃
置酒庫中、酒酣、使子繼岌爲承業起舞、舞罷、承業出寶

•『金粟』，彭本作『金帛』，南監本同，不改。

為百衲本缺
帶□下
衲本□作幣
汲古本作帶
彭本同

帶幣馬爲贈、莊宗指錢積呼繼岌小字以語承業曰、和哥乏錢、可與錢一積、何用帶馬爲也。承業謝曰、國家錢非臣所得私也。莊宗以語侵之、承業怒曰、臣老敕使、非爲子孫計、惜此庫錢、佐王成霸業爾。若欲用之、何必問臣、財盡兵散、豈獨臣受禍也。莊宗顧元行欽曰、取劍來。承業起、持莊宗衣而泣曰、臣受先王顧託之命、誓雪家國之讎、今日爲王惜庫物而死、死不愧於先王矣。閻寶從旁解承業手令去、承業奮拳毆寶踣、罵曰、閻寶、朱溫之賊、嘗吾厚恩、不能有一言之忠、而反諂諛自容邪。太后聞之、使召莊宗、莊宗性至孝、聞太后召甚懼、乃酌兩

•「爲」，百衲本缺。
•「帶」，百衲本作「幣」，汲古本作「帶」，彭本同。

卮謝承業曰、吾杯酒之失、且得罪太后、願公飲此爲吾分過、承業不肯飲。莊宗入內、太后使人謝承業曰、小兒忤公、已笞之矣。明日、太后與莊宗俱過承業第、慰勞之。盧質嗜酒傲忽、自莊宗及諸公子多見侮慢、莊宗深嫉之。承業乘間請曰、盧質嗜酒無禮、臣請爲王殺之。莊宗曰、吾方招納賢才、以就功業、公何言之過也。承業起賀曰、王能如此、天下不足平也。質因此獲免。天祐十八年、莊宗已諾諸將即皇帝位、承業方臥病、聞之、自太原肩輿至魏、諫曰、大王父子與梁血戰三十年、本欲雪家國之讎、而復唐之社稷。今元兇未滅、而遽以尊名自居、非

•『家國』，南監本、彭本作『國家』。

薛史正作貞

王父子之初心、且失天下望、不可。莊宗謝曰、此諸將之所欲也。承業曰、不然、梁、唐、晉之仇賊、而天下所共惡也、今王誠能爲天下去大惡、復列聖之深讎、然後求唐後而立之、使唐之子孫在、孰敢當之、使唐無子孫、天下之士誰可與王爭者。臣唐家一老奴耳、誠願見大王之成功、然後退身田里。使百官送出洛東門、而令路人指而歎曰、此本朝敕使、先王時監軍也、豈不臣主俱榮哉。莊宗不聽。承業知不可諫、乃仰天大哭曰、吾王自取之、悞老奴矣。肩輿歸太原、不食而卒、年七十七。同光元年、贈左武衛上將軍、謚曰正憲。

• 薛史『正』作『貞』。

張居翰、字德卿、故唐掖廷令張從玫之養子。昭宗時爲范陽軍監軍、與節度使劉仁恭相善。天復中、大誅宦者、仁恭匿居翰大安山之北谿以免。其後梁兵攻仁恭、仁恭遣居翰從晉王攻梁潞州以牽其兵、晉遂取潞州、以居翰爲昭義監軍。莊宗卽位、與郭崇韜並爲樞密使。莊宗滅梁而驕、宦官因以用事、郭崇韜又專任政、居翰默默苟免而已。魏王破蜀、王衍朝京師、行至秦川、而明宗軍變于魏。莊宗東征、慮衍有變、遣人馳詔魏王殺之。詔書已印畫、而居翰發視之、詔書言誅衍一行、居翰以謂殺降不祥、乃以詔傳柱、揩去行字、改爲一家。時蜀降人

● 『默默』，彭本『默然』，南監本『默默』。
● 通鑑作『秦川驛』。

劉校 傑然南監本 傑作偉此文 亦作偉傑 字疑誤

輿衍俱東者千餘人，皆獲免。莊宗遇弒，居翰見明宗于至德宮，求歸田里。天成三年，卒于長安，年七十一。

五代文章陋矣，而史官之職廢於喪亂，傳記小說多失其傳，故其事迹終始不完，而雜以訛繆。至於英豪奮起，戰爭勝敗，國家興廢之際，豈無謀臣之略、辯士之談？而文字不足以發之，遂使泯然無傳於後世。然獨張承業事卓卓在人耳目，至今故老猶能道之。其論議可謂傑然歟！殆非宦者之言也。自古宦者亂人之國，其源深於女禍。女色而已，宦者之害非一端也。蓋其用事也近而習，其爲心也專而忍。能以小善中人之意，小信固人之

劉校，『傑然』，南監本『傑』作『偉』，此文後亦作『偉』，『傑』字疑誤。

心、使人主必信而親之、待其已信、然後懼以禍福、而把持之。雖有忠臣碩士、列于朝廷、而人主以爲去已疏遠、不若起居飲食前後左右之親爲可恃也。故前後左右者日益親、則忠臣碩士日益疏、而人主之勢日益孤。勢孤則懼禍之心日益切、而把持者日益牢、安危出其喜怒、禍患伏於帷闥、則嚮之所謂可恃者、乃所以爲患也。患已深而覺之、欲與疏遠之臣、圖左右之親近、緩之則養禍而益深、急之則挾人主以爲質、雖有聖智不能與謀、謀之而不可爲、爲之而不可成、至其甚則俱傷而兩敗。故其大者亡國、其次亡身、而使姦豪得借以爲資而

捽字彭本作猝　南监本作捽

起，至抉其種類，盡殺以快天下之心而後已。此前史所載宦者之禍常如此者，非一世也。夫爲人主者，非欲養禍於內而踈忠臣碩士於外，蓋其漸積而勢使之然也。夫女色之惑，不幸而不悟，則禍斯及矣。使其一悟，捽而去之可也。宦者之爲禍，雖欲悔悟，而勢有不得而去也，唐昭宗之事是已。故曰「深於女禍」者，謂此也，可不戒哉？

昭宗信狎宦者，由是有東宮之幽。既出，而與崔胤圖之。胤爲宰相，顧力不足爲，乃召兵於梁。梁兵且至，而宦者挾天子走之岐，梁兵圍之三年，昭宗既出，而唐亡矣。初，昭宗之出也，梁王悉誅唐宦者第五可範等七百餘人

乾隆四年校刊　五代史卷三十八　傳　五　宦者傳論

•「捽」字，彭本作「猝」，南監本作「捽」。

其在外者悉詔天下捕殺之，而宦者多爲諸鎮所藏匿而不殺。是時方鎮僭擬，悉以宦官給事，而吳越最多。及莊宗立，詔天下訪求故唐時宦者悉送京師，得數百人，宦者遂復用事，以至於亡。此何異求已覆之車，躬駕而履其轍也？可爲悲夫！莊宗未滅梁時，承業已死，其後居翰雖爲樞密使，而不用事。有宣徽使馬紹宏者，嘗賜姓李，頗見信用，然誣殺大臣，黷貨賂，專威福，以取怨於天下者，左右狎暱黄門内養之徒也。是時明宗自鎮州入覲，奏朝請於京師，莊宗頗疑其有異志，陰遣紹宏伺其動靜，紹宏反以情告明宗。明宗自魏而反，天下皆知禍

馬紹宏

• 馬紹宏。

屠下細書作圖

起於魏。孰知其啓明宗之二心者，自紹宏始也。郭崇韜已破蜀，莊宗信宦者言而疑之，然崇韜之死，莊宗不知，皆宦者爲之也。當此之時，舉唐之精兵皆在蜀，使崇韜不死，明宗入洛，豈無西顧之患？其能晏然取唐而代之邪。及明宗入立，又詔天下悉捕宦者而殺之。宦者亡竄山谷，多削髮爲浮屠。其亡至太原者七十餘人，悉捕而殺之都亭驛，流血盈庭。明宗晚而多病，王淑妃專內以干政，宦者孟漢瓊因以用事。秦王入視明宗疾，已革，既出而聞哭聲，以謂帝崩矣，乃謀以兵入宮者懼不得立也。大臣朱弘昭等方圖其事，議未決，漢瓊遽入見明宗

乾隆四年校刊

「屠」，百衲本作「圖」。

言秦王反。即以兵誅之。陷秦王大惡。而明宗以此飲恨而終。後愍帝奔于衛州。漢瓊西迎廢帝于潞。廢帝惡而殺之。

嗚呼、人情處安樂、自非聖哲、不能久而無驕怠。宦女之禍非一日、必伺人之驕怠而浸入之。明宗非佚君、而猶若此者、蓋其在位差久也。其餘多武人崛起、及其嗣續、世數短而年不永、故宦者莫暇施爲。其爲大害者、略可見矣。獨承業之論偉然可愛、而居翰更一字以活千人、君子之於人也、苟有善焉、無所不取。吾於斯二人者有所取焉。取其善而戒其惡。所謂愛而知其惡、憎而知其

• 劉校引纂誤補謂，『潞』字當是『路』字。

善也。故并述其禍敗之所以然者著于篇。

五代史卷三十八

五代史卷三十八考證

張承業傳肩輿入太原不食而卒年七十七同光元年贈左武衛上將軍謚曰正憲○臣文清按張承業卒時唐亡已十六載矣朱子綱目仍書曰唐特進河東監軍使張承業卒予承業之不忘唐也可補此處之缺

五代史卷三十八考證

• 此卷貴池本宋缺鈔補，不知來歷。
• 薛史五十四。

五代史卷三十九

宋　歐　陽　修　撰

雜傳第二十七

王鎔，其先回鶻阿布思之遺種，曰沒諾干，爲鎮州王武俊騎將，武俊錄以爲子，遂冒姓王氏。沒諾干子曰末坦活，末坦活子曰昇，昇子曰廷湊，廷湊子曰元逵，元逵子曰紹鼎、紹懿，紹鼎子曰景崇，自昇以上三世常爲鎮州騎將，自景崇以上四世五人皆爲成德軍節度使。景崇官至守太尉，封常山郡王。唐中和二年卒，子鎔立，年十歲。是時晉新有太原，李匡威據幽州，王處存據中山，赫連鐸據大同、孟方立據邢臺，四面豪傑並起而交爭。鎔介於其間，而承祖父百年之業，士馬彊而畜積富，爲唐累世藩臣，故鎔年雖少，藉其世家以取重，自四方諸鎮廢立承繼，有請於唐者，皆因鎔以聞。自晉兵出山東，已破孟遷，取邢、洺、磁三州。景福元年，乃大舉擊趙，下臨城。鎔求救於李匡威，匡威來救，晉軍解去。明年，晉會王處存攻鎔堅固、新市，晉王與處存皆自將，而鎔未嘗臨軍，遣追風都團練使段亮、翦寇都團練使馬珂等以兵屬匡威而已。匡威戰磁河，晉軍大敗。明年春，晉攻天長軍，鎔出兵救之，敗于叱日嶺。晉軍遂出井陘，鎔又求救於

追風。
翦寇。
「天長軍」，薛史、通鑑「軍」作「鎮」。
彭本無「井」字。

匡威晉軍解去。初，匡威悅其弟匡儔之婦美而淫之，匡儔怒，及其救鎔也，誘其軍亂而自立。匡威內慙，不敢還，乃以符印歸其弟而將奔于京師。行至深州，鎔德匡威救己，使人邀之，館于梅子園，以父事之。匡威客李正抱者，少游燕趙間，每徘徊常山，愛之不能去。正抱、匡威皆失國無聊，相與登城西高閣，顧覽山川，泫然而泣。乃與匡威謀刼鎔而代之，因詐爲忌日，鎔去衞從，晨詣館慰。坐定，甲士自幕後出，持鎔兩袖。鎔曰："吾國賴公而存，誠無以報厚德，今日之事，是所甘心。"因叩頭以位與匡威。匡威素少鎔，以謂無能爲也，因與鎔方轡詣府，將代其

• 百衲本作「梅子」，「梅子」彭本作「海子」，局本同。南監本「梅子」。夢溪筆談載「海子園」，當改爲「海」字。
• 百衲本脫「鎔」字。
• 李正抱事薛史無傳，新舊唐匡威附其父全忠傳，作李抱貞，通鑑作李抱真。

位行過親事營軍士閉門大譟，天雨震電，暴風拔木，屋瓦皆飛。屠者墨君和望見鎔，識之，從鈌垣中躍出，挾鎔于馬，負之而走。亂軍擊殺匡威，正抱燕人皆死。匡儔雖憾其兄，而陽以大義責鎔甚急。鎔既失燕援，而晉軍急攻平山，刦鎔以盟，鎔遂與晉和。其後梁太祖下晉邢、洺、磁三州，乃爲書詔（古本作招）鎔，使絕晉而歸梁，鎔依違不決（一作訣）。晉將李嗣昭復取洺州，梁太祖擊敗嗣昭，嗣昭棄洺州走，梁獲其輜重，得鎔與嗣昭書，多道梁事。太祖怒，因移兵常山，顧謂葛從周曰：「得鎮州以與爾，爾爲我先鋒。」從周至臨城，中流矢，臥輿中，梁軍大沮。梁太祖自將

- 『死』，百衲本作『走』。
- 後人妄加注。字當作『招』，彭已改『招』，去附注。

傳城下，焚其南關，鎔懼，顧其屬曰：「事急矣，柰何？」判官周式，辨士也，對曰：「此難于力爭，而可以理奪也。」式與梁太祖有舊，因請入梁軍。太祖望見式，罵曰：「吾常以書招鎔，不來，今吾至此，而爾爲說客，晚矣。且晉吾仇也，而鎔附之，吾知李嗣昭在城中，可使先出。」乃以所得鎔與嗣昭書示式。式進曰：「梁欲取一鎮州而止乎？而欲成霸業於天下也。且霸者責人以義而不私，今天子在上，諸侯守封睦鄰，所以息爭且休民也。昔曹公破袁紹，得魏將吏與紹書，悉焚之，此英雄之事耳。今梁知兵舉無名，而假嗣昭以爲辭。且王氏五世六公，撫有此土，豈無死士而

●「于」，百衲本、彭本作「與」，是。
●「耳」，百衲本誤作「乎」。

待嗣昭平。梁太祖大喜，起牽式衣而撫之曰：吾言戲耳。因延式於上坐，議與鎔和，鎔以子昭祚爲質，梁太祖以女妻之。太祖卽位，封鎔趙王。鎔祖母喪，諸鎭皆弔，梁使者見晉使在館，還言趙王有二志。是時魏博羅紹威卒，梁因欲盡取河北。開平四年冬，遣供奉官杜廷隱監魏博將夏諲以兵三千襲深、冀二州，以王景仁爲北面行營招討使。鎔懼，乞兵于晉，晉人擊敗景仁於柏鄉，梁遂失鎭定。而莊宗由此益彊，北破幽、燕，南并魏博，鎔常以兵從。鎔德晉甚，明年，會莊宗於承天軍，奉觴爲壽。莊宗以鎔父友，尊禮之，酒酣，爲鎔歌，拔佩刀斷衣而盟，許以

百衲本無梁字

汲古本作吊

廷 百衲本作延

● 百衲本無『梁』字。
● 汲古本作『吊』。
● 『廷』，百衲本作『延』。

俱斃百衲本作相斃

彭本作不返

女妻鎔子昭誨鎔爲人仁而不武未嘗敢爲兵先佗兵
攻趙常藉鄰兵爲救當是時諸鎭俱斃於戰爭而趙獨
安樂王氏之無事都人士女褒衣博帶務夸侈爲嬉遊
鎔尤驕於富貴又好左道鍊丹藥求長生與道士王若
訥留游西山登王母祠使婦人維錦繡牽持而上每出
逾月忘歸任其政於宦者宦者石希蒙與鎔同臥起天
祐十八年冬鎔自西山宿鶻營莊將還府希蒙止之宦
者李弘規諫曰今晉王身自暴露以親矢石而大王竭
軍國之用爲游畋之資開城空宮逾月不還使一夫閉
門不納從者大王欲何歸乎鎔懼促駕希蒙固止之弘

●『俱弊』，百衲本作『相弊』。
●彭本作『不返』。

規怒、遣親事軍將蘇漢衡率兵擐甲露刃於帳前曰、軍士勞矣、願從王歸國、弘規繼而進曰、惑王者希崇也、請殺之以謝軍士、鏴不答。弘規呼甲士斬希崇首、擲於鏴前、鏴懼、遽歸、使其子昭祚與大將張文禮族弘規、漢衡、收其偏將下獄、窮究反狀。親軍皆懼、文禮誘以爲亂、夜半、親軍千餘人踰垣而入、鏴方與道士焚香受籙、軍士斬鏴首、袖之而出、因縱火焚其宮室、遂滅王氏之族。鏴少子昭誨年十歲、其軍士有德鏴者、藏之穴中、亂定、髡其髮、被以僧衣、遇湖南人李震、與之震匿昭誨於茶籠中、載之湖南、依南嶽爲浮圖、易名崇隱。明宗時、昭誨已

- 百衲本無『國』字。
- 百衲本『甲士』上有『鏴』字。
- 『千』餘，彭作『十』餘，薛作『十』餘，南監作『十』。
- 王昭誨。
- 『少子』，百衲本『小子』。
- 百衲本脫『與之震』三字。

長思歸、而鎔故將符習爲宣武軍節度使、震以歸習、習表於朝。昭誨自稱前成德軍中軍使、以見拜考功郎中、司農少卿。周顯德中猶爲少府監云。張文禮者、狡獪人也、鎔惑愛之、以爲子、號王德明。鎔已死、文禮自爲留後。莊宗初納之、後知其通於梁也、遣趙故將符習與閻寶擊之。文禮家鬼夜哭、野河水變爲血、游魚皆死、文禮懼、病疽卒。子處瑾秘喪拒守、擊敗習等。以李嗣昭代之、嗣昭中流矢卒、以李存進代之。存進輒復戰歿、乃以符存審爲招討使、遂破之、執文禮妻及子處瑾處球處琪等、折足歸于晉、趙人請而醢之、磔文禮尸于市。

● 張文禮。

● 任圜傳作子處球堅守。

羅紹威字端已其先長沙人祖讓北遷爲魏州貴鄉人父弘信爲牧馬監卒文德元年魏博牙軍亂遂殺其帥樂彥貞立其將趙文建爲留後已而又殺之牙將未知所立乃聚呼曰孰能爲我帥者弘信從衆中出應曰我可爲君等帥也弘信狀貌奇怪面色青黑軍中異之共立爲留後唐昭宗即位拜弘信節度使梁太祖將攻晉乞糴于弘信弘信不與由是有隙梁兵攻魏取黎陽臨河淇門衛縣戰于内黃魏兵五戰五敗弘信懼請盟乃止是時梁方東攻兖鄆北敵晉晉遣李存信救朱宣假道于魏太祖聞遣使語弘信曰晉人志在河朔兵

古本作遂

• 薛史十四。
• 百衲本脫『馬』字。
• 彭本作『遂』，去注。
• 百衲本『樂』誤爲『乐』。
• 『牙將』，彭本作『牙軍』，南監本、局本『牙軍』。
• 『聞』，南監本、彭本作『間』，局本同。

還滅魏矣。弘信以爲然，乃發兵擊存信於莘縣。太祖遣葛從周助之，梁兵擒晉王子落落送于魏，弘信殺之，乃與晉絕。太祖猶疑弘信有二心，乃以兄事弘信，常爲卑辭厚幣以聘魏。魏使者至梁，太祖北面拜而受幣，謂使者曰：「六兄於我有倍年之長，吾何敢慢之。」弘信大喜，以爲厚己。以故太祖往來燕趙之閒，卒有河北者，魏不爲之患也。弘信死，紹威立。紹威好學，工書，頗知屬文，聚書數萬卷，開館以延四方之士。弘信在唐，以其先長沙人，故封長沙郡王。紹威襲父爵長沙。紹威新立，幽州劉仁恭以兵（六）十萬攻魏，屠其城，紹威求救於梁，大敗燕軍

●南監本『十萬』屠貝州，下文劉守光傳亦作『十萬』。
●百衲本『貝』字誤作『具』。百衲本『十萬』屠具州。『六十萬』，彭本作『十萬』，『其城』作『貝州』，薛史作『十萬』。

於內黃明年梁太祖遣葛從周會魏兵攻滄州取其德
州遂敗燕軍於老鵶隄紹威以故德梁助已魏博自田
承嗣始有牙軍牙軍歲久益驕至紹威時已二百年父
子世相婚姻以自固結前帥史憲誠何全皞韓君雄樂
彥貞等皆由牙軍所立怒輒遂古本作逐殺之紹威爲人精
悍明敏通習吏事爲政有威嚴然其家世由牙軍所立
天祐二年魏州城中地陷紹威懼有變已而牙校李公
佺作亂紹威誅之乃間遣使告梁乞兵欲盡誅牙軍梁
太祖許之爲遣李思安等攻滄州召兵於魏紹威因悉
發魏兵以從獨牙軍在紹威子廷規娶梁女會梁女卒

- 百衲本無『固』字。
- 『遂』，彭本逕作『逐』，無注。
- 『佺』，百衲本作『僉』。

乾隆四年校刊　五代史記卷三十九　傳　羅紹威

太祖陰遣客將馬嗣勳選兵實橐中以長直軍千人雜輿夫入魏詐為助葬太祖以兵繼其後紹威夜以奴兵數百會嗣勳兵擊牙軍牙軍并其家屬盡殺之太祖自內黃馳至魏魏兵從攻滄州者行至歷亭聞之皆反分入澶博諸州魏境大亂數月太祖為悉平之牙軍既死魏兵悉叛紹威勢益孤太祖乃欲奪其地紹威始大悔是歲太祖復攻滄州宿兵長蘆紹威饋給梁兵自滄至魏五百里起亭候供帳什物自具又兵數十萬皆取足紹威以此重困昭宗東遷洛陽詔諸鎮繕理京師紹威營太廟成加拜守侍中進封鄴王太祖圖滄州未下劉守光

百衲本無『分』字。

會晉軍破梁潞州、太祖自長蘆歸、過魏、疾作、臥府中、諸將莫得見。紹威懼太祖終襲己、乃乘間入見曰、今四方稱兵爲梁患者、以唐在故也、唐家天命已去、不如早自取之。太祖大喜、乃急歸。太祖卽位、將都洛陽、紹威取魏良材爲五鳳樓、朝元前殿、浮河而上。立之京師。太祖嘆曰、吾聞蕭何守關中、爲漢起未央宮、豈若紹威越千里而爲此、若神化然、功過蕭何遠矣。賜以寶帶名馬。燕王劉守光囚其父仁恭、與其弟守文有隙、紹威馳書勸守光等降梁。太祖聞之、笑曰、吾常攻燕不能下、今紹威折簡乃勝用兵十萬。太祖每有大事、多遣使者問之、紹威

● 彭『軍』作『兵』。

百衲本無爲字

時亦馳簡入白，使者相遇道中，其事往往相合。紹威自以魏久不用兵，願伐木安陽淇門爲船，自河入洛，歲漕穀百萬石，以供京師。太祖益以紹威爲盡忠，遣將程厚盧凝督其役。舟未成，而紹威病，乃表言：「魏故大鎮，多外兵，願得梁一有功重臣臨之，請以骸骨就第。」太祖亟命其子周翰監府事，語使者曰：「亟行語而主，爲我彊飯，如有不諱，當世世貴爾子孫。」今使周翰監府事，尚冀卿復愈耳。紹威仕梁，累拜太師兼中書令，卒年三十四，贈尚書令，謚曰貞壯。子三人，廷規官至司農卿，卒。周翰襲父位，乾化二年八月，爲楊師厚所逐，徙爲宣義軍節度使

乾隆四年校刊　五代史卷三十九　傳　八　羅紹威

• 百衲本無『爲』字。

卒于官年十四周敬代爲宣義軍節度使年十歲從鎮忠武明年爲秘書監駙馬都尉光祿卿唐莊宗時爲金吾大將軍明宗以爲匡國軍節度使罷爲上將軍晉天福二年卒年三十二廷規娶梁太祖二女一曰安陽公主一曰金華公主周翰娶末帝女曰壽春公主周敬亦娶末帝女曰晉安公主

王處直字允明京兆萬年人也父宗善殖財貨富擬王侯爲唐神策軍吏官至金吾大將軍領興元節度使子處存處直處存以父任爲驍衛將軍定州已來制置內閑廐宮苑等使乾符六年即拜義武軍節度使黃巢陷

• 南監本、彭本『金吾』上有『左右』二字，薛史有『左右』字。
• 年『三十二』，據周敬碑作『三十三』，吳光耀曰『二』疑『三』之誤。
• 『晉安』，彭、局本作『普安』，薛史『普安』，南監本『普安』。
• 薛史五十四處直傳缺，處直舊唐書一八二，新唐書一八六附處存傳中。

長安處存感憤流涕率鎮兵入關討賊巢敗第功而收
城擊賊李克用爲第一勤王倡義處存爲第一乾寧二
年處存卒于鎮三軍以河朔故事推處存子郜爲留後
即拜節度使加檢校司空同中書門下平章事處直爲
後院中軍都知兵馬使光化三年梁兵攻定州郜遣處
直率兵拒之戰于沙河爲梁兵所敗敗兵返入城逐郜
郜出奔晉亂兵推處直爲留後梁兵圍之處直遣人告
梁請絕晉而事梁出絹十萬匹犒軍乃與梁盟梁太祖
表處直義武軍節度使累封太原王太祖即位封處直
北平王其後梁兵攻王鎔鎔求救于晉處直亦遣人至

百衲本少一敗字

• 百衲本少一『敗』字。

晉、願絶梁以自効。晉兵救鎔、處直以兵五千從破梁軍於柏鄉。其後晉北破燕、南取魏博、與梁戰河上十餘年、處直未嘗不以兵從。處直好巫而客有李應之者、妖妄人也。處直有疾、應之以左道治之而愈、處直益以爲神、使衣道士服、以爲行軍司馬、軍政無大小、咸取決焉。初、應之於陘邑閭得小兒劉雲郎、養以爲子、而處直未有子、乃以雲郎與處直、而紿曰此子生而有異。處直養以爲子、更名曰都、甚愛之。應之由此益橫、乃籍管內丁壯别立新軍、自將之、治第博陵坊、四面開門、皆用左道。處直將吏知其必爲患而莫能諫也。是時幽州李匡儔假

博

行軍　百衲本作行營

王都

• 博。
• 『行軍』，百衲本作『行營』。
• 王都。

佞

彭如上有以字

道中山以如京師處直伏甲城外以備不虞匡儔已去甲士入城圍應之第執而殺之因詰處直請殺都處直不與明日第功行賞因陰疏甲士姓名自隊長以上藏于别籍其後因事誅之凡二十年無一人免者而處直終爲都所殺都爲人狡佞多謀處直以爲節度副使張文禮弑王鎔莊宗發兵討文禮處直與左右謀曰鎮定之蔽也文禮雖有罪然鎮亡定不獨存乃遣人請莊宗毋發兵莊宗取所獲文禮與梁蠟書示處直曰文禮負我師不可止處直有孽子郁當郜之亡于晉也郁亦奔焉晉王以女妻之爲新州防禦使處直見莊宗必討文

● 佞〔佞，編注〕。

● 彭『爲』上有『以』字。

禮益自疑，乃陰與郁交通，使郁北招契丹入塞以牽晉兵，且許召郁爲嗣。都聞之不悅，而定人皆言契丹不可召，恐自貽患，處直不聽。郁自奔晉，常恐處直不容，因此大喜，以爲乘其隙可取之，乃以厚賂誘契丹阿保機。阿保機舉國入寇，定人皆不欲契丹之舉。小吏和昭訓勸都舉事，都因執處直，囚之西宅，自爲留後，凡王氏子孫及處直將校殺戮殆盡。明年正月朔旦，都拜處直於西宅，處直奮起椹其胷而呼曰：「逆賊，吾何負爾！」然左右無兵，遂欲齧其鼻，都掣袖而走，處直遂見殺。初，有黃蛇見于牌樓，處直以爲龍，藏而祠之；又有野鵲數百巢麥田

●「和昭訓」，宋史趙上交傳作「和少微」。
●「椹」，當作「揕」，彭本作「揕」，局本。
●「牌」樓，百衲本作「碑」樓，南監本作「碑」。

中處直以爲巳德所致而定人皆知其不祥曰蛇穴山澤而處人室鵲巢鳥降而田居小人竊位而在上者失其所居之象也巳而處直果被廢死莊宗巳敗契丹于沙河追奔過定州與都相得懽甚以其子繼岌娶都女以都爲義武軍節度使同光二年莊宗幸鄴都來朝賜與鉅萬莊宗以繼岌故待都甚厚所請無不從及明宗立頗惡都爲人而安重誨每以法繩之都始有異志是時唐兵擊契丹數往來定州都供饋多闕盃不自安和昭訓爲都謀曰天子新立四方未附其勢易離可爲自安之計已而朱守殷反於汴州都遂亦反遣人以蠟書

彭本無其字

彭本無『其』字。

招青徐岐潞梓五鎮約皆舉兵，而五鎮不應。明宗遣王晏球討之，都復與王郁招契丹爲援。契丹遣禿餒將萬騎救都，都遣指揮使鄭季璘、龍泉鎮將杜弘壽以二千人迎契丹，爲晏球所敗，季璘、弘壽被執。晏球責曰：「吾常使人招汝，何故不降？」弘壽對曰：「受恩中山兩世矣，不敢有二心。」遂見殺。弘壽臨刑，神色自若。晏球屯軍望都，與都及契丹戰，大敗之曲陽，都及禿餒得數騎遯去，閉城不復出。初，莊宗軍中闌得一男子，愛之，使冒姓李，名繼陶，養於宮中以爲子。明宗卽位，安重誨出以乞假佪佪，亦惡而逐之。都使人求得之，至是給其衆曰：此莊宗太

●「岐」，百衲本作『岐』。『梓鎮』，當考。薛史五鎮同。
●「常」，當從南監本、百衲本作『嘗』。
●「閉城」，百衲本作『閉門』。
薛史『佪』作『佪』。

子也，被以天子之服，使巡城上，以示晏球軍。軍士識者曰：「繼陶也。」共詬之。都居城中，兵少，惟以契丹二千人守城，呼禿餒爲餒王，屈身事之。諸將有欲出降者，都伺察嚴密，殺戮無虛日，以故堅守經年。天成四年二月，城破，都與家屬皆自焚死，王氏遂絕于中山。而處存有子鄴。

鄴子廷胤，與莊宗連外姻，爲人驍勇，自爲軍校，能與士卒同辛苦。明宗時，歷貝、忻、密、澶、隰州刺史。范延光反于鄴，晉高祖以廷胤爲楊光遠行營中軍使，破延光有功，拜彰德軍節度使。初，處直爲都所囚，幼子威北走契丹。契丹謂晉高祖曰：「吾欲使威襲其先人爵土，如何？」高祖

遽

對曰，中國之法，自將校爲刺史，升團練、防禦，而至節度使，請送威歸中國，漸進之。契丹怒曰：「爾自諸侯爲天子，豈有漸乎？」高祖聞之，遽從廷徙鎮義武，曰：「此亦王氏之後也。」後徙鎮海而卒。

劉守光，深州樂壽人也。其父仁恭，事幽州李可舉，能穴地爲道以攻城，軍中號劉窟頭，稍以功遷軍校。仁恭爲人有勇，好大言，可舉死，子匡威惡其爲人，不欲使居軍中，徙爲瀛州景城縣令。瀛州軍亂，殺刺史，仁恭募縣中得千人討平之。匡威喜，復以爲將，使戍蔚州。戍兵過期不得代，皆思歸，出怨言。匡威爲弟匡儔所逐，仁恭聞亂，

• 遽。

百衲本無于字

乃擁戍兵攻幽州，行至居庸關，戰敗，奔于晉，晉以爲壽陽鎮將。仁恭多智詐，善事人，事晉王愛將蓋寓尤謹，每對寓涕泣，自言居燕無罪，以讒見逐，因道燕虛實，陳可取之謀。晉王益信而愛之。乾寧元年，晉擊破匡儔，乃以仁恭爲幽州留後，留其親信燕留得等十餘人監其軍，爲之請命于唐，拜檢校司空、盧龍軍節度使。其後晉攻羅弘信，求兵於仁恭，仁恭不與，晉王以書微責誚之，仁恭大怒，執晉使者，殺燕留得等以叛。晉王自將討之，戰于安塞，晉王大敗。光化元年，遣其子守文襲滄州，逐節度使盧彥威，遂取滄、景、德三州，爲其子請命于唐，昭宗

乾隆四年校刊　五代史卷三十九　傳　十三　劉守光

• 百衲本無『于』字。

遲之未即從仁恭怒語唐使者曰爲我語天子旌節吾自有但要長安本色爾何屢求而不得也昭宗卒以守文爲橫海軍節度使仁恭父子率兩鎮兵十萬號稱三十萬以擊魏屠貝州羅紹威求救於梁梁遣李思安救魏大敗守文於內黃斬首五萬仁恭走梁軍追擊之自魏至長河橫尸數百里梁軍自是連歲攻之破其瀛莫二州仁恭懼復附晉天祐三年梁攻滄州仁恭調其境內凡男子年十五已上七十已下皆黥其面文曰定霸都得二十萬人兵糧自具屯于瓦橋梁軍壁長蘆深溝高壘仁恭不能近滄州被圍百餘日城中食盡人自相

● 『也』，彭本作『邪』，百衲本同。
● 纂誤補謂『橫海』當作『義昌』，呂琦傳同，不采。
● 百衲本『貝』誤作『具』。
● 『莫』[漢，編注]，彭本作『鄭』。

● 百衲本『墐』作『瑾』。
● 百衲本無『山』字。
●『盧』，彭本作『蘆』。

百衲本墐作瑾
百衲本無山字
盧 彭本作 蘆

食析骸而爨，或丸墐土而食，死者十六七。仁恭求救於晉，晉王爲之攻潞州以牽梁圍。晉破潞州，梁軍乃解去。然仁恭幸世多故，而驕於富貴，築宮大安山，窮極奢侈，選燕美女充其中。又與道士鍊丹藥，冀可不死。令燕人用墐土爲錢，悉斂銅錢，鑿山而藏之，已而殺其工以滅口，後人皆莫知其處。仁恭有愛妾羅氏，其子守光烝之，仁恭怒，笞守光，逐之。梁開平元年，遣李思安攻仁恭，仁恭在大安山，守光自外將兵以入，擊走思安，乃自稱盧龍節度使，遣李小喜、元行欽以兵攻大安山，執仁恭而幽之。其兄守文聞父且囚，卽率兵討守光，至于盧臺，爲

乾隆四年校刊　五代史卷三十九　傳　四　劉仁恭

守光所敗，進戰玉田，又敗，乃乞兵于契丹。明年，守文將契丹吐渾兵四萬人戰于鷄蘇，守光兵敗。守文陽爲不忍，出於陣而呼其衆曰：「毋殺吾弟。」守光將元行欽識守文，躍馬而擒之，又囚之於別室，既而殺之。守文將吏孫鶴、呂兖等立守文子延祚以拒守光，守光圍之百餘日，城中食盡，米斛直錢三萬，人相殺而食，或食墐土，馬相食其騣尾。兖等率城中飢民食以麴，號宰殺務，日殺以餉軍。久之，延祚力窮，遂降。守光素庸愚，由此益驕，爲鐵籠、鐵刷，人有過者，坐之籠中，外燎以火，或刷剔其皮膚以死。燕之士逃禍于佗境，守光身衣赭黃，謂其將吏曰：

- 「斛」字，百衲本作「㪷」，薛史作「斗」，南監本作「斗」。
- 「騣」，彭本作「鬃」。
- 百衲本作「宰務」。

我衣此而南面可以帝天下乎。孫鶴切諫以爲不可。梁攻趙，趙王王鎔求救於守光，孫鶴曰：「今趙無罪，而梁伐之，諸侯救趙之兵，先至者霸，臣恐燕軍未出，而晉已先破梁矣，此不可失之時也。」守光曰：「趙王與我盟而背之，今急乃來歸我，且兩虎方鬬，可待之，吾當爲卞莊子也。」遂不出兵。晉王果救趙，大敗梁兵於柏鄉，進掠邢洺，至于黎陽。守光聞晉王空國深入梁，乃治兵戒嚴，遣人以語動鎮定曰：「燕有精兵三十萬，願率二鎮以從晉，然誰當主此盟者？」晉人患之，謀曰：「昔夫差爭黃池之會，而越入吳；項羽貪伐齊之利，而漢敗楚。今吾越千里以伐人

- 「與」上，南監本、百衲本、彭本、局本有「嘗」字，是。
- 「梁兵」，彭作「梁軍」。
- 百衲本「晉」下無「王」字。
- 百衲本無「願」字。

而彊燕在其後此腹心之患也乃爲之班師守光益以爲諸鎭畏其強乃諷諸鎭共推尊巳於是晉王率天德宋瑤、振武周德威、昭義李嗣昭、義武王處直、成德王鎔等以墨制册尊守光爲尚書令尚父。守光又遣人告于梁，請授巳河北兵馬都統，以討鎭定河東。梁遣閤門使王瞳拜守光河北採訪使。有司白守光，尚父受册，用唐册太尉禮儀。守光問曰：此儀注何不郊天改元？有司曰：此天子之禮也，尚父雖尊，乃人臣耳。守光怒曰：我爲尚父，誰當帝者乎？且今天下四分五裂，大者稱帝，小者稱王，我以二千里之燕，獨不能帝一方乎？乃械梁晉使者

- 百衲本無「益」字。
- 百衲本「彊」誤作「疆」。
- 百衲本無「人」字。
- 通鑑考異乾化元年，引亦作「瞳」。「瞳」，南監本、彭本。薛史亦作「曈」。
- 閣。

下獄、置斧鑕于其庭、令曰敢諫者死。孫鶴進曰、滄州之敗、臣蒙王不殺之恩、今日之事、不敢不諫。守光怒、推之伏鑕、令軍士割而啖之。鶴呼曰、不出百日、大兵當至、命窒其口而醢之。守光遂以梁乾化元年八月自號大燕皇帝、改元曰應天、以王瞳、齊涉爲左右相、晉遣太原少尹李承勳賀册尚父至燕、而守光已僭號、有司迫承勳稱臣、承勳不屈、以列國交聘禮入見、守光怒殺之。明年、晉遣周德威將三萬人會鎮定之兵以攻燕、自祈溝關入其瀆涿武順諸州、皆迎降。守光被圍經年、累戰常敗、乃遣客將王遵化致書于德威曰、予得罪于晉、迷而不

乾隆四年校刊　五代史卷三十九　傳　十六

瞳

祁　彭本

瀆　當作檀（通鑑）

·「祁」〔祈，編注〕，彭本。
·「瀆」，當作「檀」〔通鑑，本注〕。

復、今其病矣、公善爲我辭焉。德威謂遵化曰、大燕皇帝尚未郊天、何至此耶、弓受命以討僭亂、不知其佗也。守光益窘、乃獻絹千匹、銀千兩、錦百段、遣其將周遵業謂德威曰、吾王以情告公、富貴成敗、人之常理、錄功赦過、霸者之事也。守光去歲妄自尊崇、本不能爲朱溫下耳、豈意大國暴師經年、幸少寬之。德威不許。守光登城呼德威曰、公三晉賢士、獨不急人之危乎。遣人以所乘馬易德威馬而去、因告曰、俟晉王至則降。晉王乃自臨軍、守光登城見晉王、晉王問將如何。守光曰、今日俎上肉耳、惟王所爲也。守光有嬖者李小喜勸其母降、守光因

● 『赦』，彭本作『宥』，百衲本亦作『宥』，南監本『宥』。

請侯佗曰。是夕，小喜叛，降于晉軍。明旦，晉軍攻破其城，執仁恭及其家族三百口。守光與其妻李氏、祝氏，子繼珣、繼方、繼祚等南走滄州，迷失道，至燕樂界中，數日不得食，遣其妻祝氏乞食于田家，田家怪而詰之，祝氏以實告，乃被擒，送幽州。晉王方大饗軍，客將引守光見晉王，戲之曰：「主人何避客之遽邪？」守光叩頭請死。命械守光并其父仁恭以從軍。軍還，過趙，趙王王鎔會晉王，置酒，酒酣，請曰：「願見仁恭父子。」晉王命破械出之，引置下坐，飲食自若，皆無慙色。晉王至太原，仁恭父子曳以組練，獻于太廟。守光將死，泣曰：「臣死無恨，然教臣不降者，

乾隆四年校刊　五代史卷三十九　傳　十七　劉守光

百衲本脫子字

百衲本脱『子』字。

李小喜也。罪人不死，臣將訴于地下。晉王使召小喜、小喜瞋目曰：「囚父弒兄，烝其骨肉，亦小喜教爾耶。」晉王怒命先斬小喜。守光知不免，呼曰：「王將復唐室以成霸業，何不赦臣使自效。」其二婦從旁罵曰：「事已至此，生復何爲，願先死。」乃俱死。晉王命李存霸執仁恭至鴈門，刺其心血以祭先王墓，然後斬之。

五代史卷三十九

蒸從彭本改作烝

『蒸』，從彭本改作『烝』。

五代史卷三十九考證

羅紹威傳行至歷亭○亭監本訛序今從閣本改正

五代史卷三十九考證

彭作『李鋋』。

五代史卷四十

宋　歐陽修　撰

雜傳第二十八

李茂貞、深州博野人也。本姓宋、名文通、爲博野軍卒、戍鳳翔。黄巢犯京師、鄭畋以博野軍擊賊、茂貞以功自隊長遷軍校。光啓元年、朱玫反、僖宗出居興元、玫遣王行瑜攻大散關、茂貞與保鑾都將李鋋等敗行瑜於大唐峯。明年、玫遂敗死。茂貞以功自扈蹕都頭、拜武定軍節度使、賜以姓名。扈蹕東歸、至鳳翔、鳳翔節度使李昌符與天威都頭楊守立爭道、以兵相攻、昌符不勝、走隴州。

鋌作李鋋

乾隆四年校刊　五代史卷四十　傳　一　李茂貞

僖宗遣茂貞追擊殺昌符，以功拜鳳翔隴右節度使。大順元年，封隴西郡王。二年，樞密使楊復恭得罪，奔於興元，興元節度使楊守亮，復恭之養子也，納之。茂貞乃上書言復恭父子罪皆當誅，因自請爲山南招討使。昭宗以宦者故，難之，未許。茂貞擅發兵攻破興元，復恭父子見殺。茂貞表其子繼密權知興元軍府事，昭宗乃徙茂貞爲山南西道節度使，以宰相徐彥若鎮鳳翔。茂貞不奉詔，上表自論曰：「但慮軍情忽變，戎馬難羈，徙令甸服生靈，因茲受弊，未審乘輿播越，自此何之？」昭宗以茂貞表辭不遜，不能忍，以問宰相杜讓能，讓能以謂茂貞地

百衲本無「追」字
百衲本無爲字
徙 百衲本作徙 彭同、南監本同

● 百衲本無「追」字。
● 百衲本無『爲』字。
● 『徙』，百衲本作『徙』，彭同，南監本同。

大兵彊、而唐力未可以致討鳳翔又近京師、易以自危、而難於後悔、佗日雖欲誅晁錯以謝諸侯、恐不能也。昭宗怒曰、吾不能孱孱坐受陵弱、乃責讓能治兵、而以覃王嗣周爲京西招討使。令下、京師市人皆知不可。相與聚承天門、遮宰相請無舉兵。爭投瓦石擊宰相。宰相下輿而走、亡其堂印。人情大恐。昭宗意益堅。覃王率扈駕軍五十四都戰于盩厔、唐軍敗潰。茂貞遂犯京師、屯于三橋、昭宗御安福門、殺兩樞密以謝茂貞、使罷兵。茂貞與讓能素有隙、因曰、謀舉兵者非兩樞密、乃讓能也、陳兵臨皋驛、請殺讓能。讓能曰、臣固先言之矣、惟殺臣可

● 『坐』，百衲本注，古本作『生』，彭作『坐』，無注。
● 薛史，兩中尉乃西門重遂、李周潼。
● 『固』，百衲本作『故』。

繼鵬即閻珪。

以紓國難。昭宗泣下沾襟，貶讓能雷州司戶參軍，賜死。茂貞乃罷兵。明年，河中節度使王重盈卒，其諸子珂、珙爭立，晉王李克用請立珂，茂貞與韓建、王行瑜請立珙。昭宗不許。茂貞等怒，率三鎮兵犯京師，謀廢昭宗，立吉王保，未果，而晉王亦舉兵。茂貞懼，乃殺宰相韋昭度、李磎，留其養子繼鵬以兵二千宿衞而去。晉兵至河中，繼鵬與行瑜弟行實等爭劫昭宗出奔京師大亂，昭宗出居于石門。茂貞以兵至鄠縣，斬繼鵬自贖。晉兵已破王行瑜，還軍渭北，請擊茂貞。昭宗以謂晉遠而茂貞近，因欲庇之以爲德，而冀緩急之可恃也。且茂貞已殺其子

繼鵬即閻珪

而自贖矣，乃詔罷歸晉軍。克用歎曰：「唐不誅茂貞，憂未已也。」昭宗自石門還，益募安聖、捧宸等軍萬餘人，以諸王將之。茂貞謂唐將討己，亦治兵請覲，京師大恐，居人亡入山谷。茂貞遂犯京師，昭宗遣覃王拒之，覃王至三橋，軍潰，昭宗出居于華州，遣宰相孫偓以兵討茂貞，韓建爲茂貞請，乃已。久之，加拜茂貞尚書令，封岐王。其後昭宗爲宦者所廢，既反正，宰相崔胤欲借梁兵誅諸宦者，陰與梁太祖謀之。中尉韓全誨等亦倚茂貞之彊以爲外援，茂貞遣其子繼筠以兵數千宿衞京師，宦者恃岐兵益驕，不可制。天復元年，胤召梁太祖以西，梁軍至

百衲本無而字

• 百衲本無『而』字。

同州全誨等懼與繼筠劫昭宗幸鳳翔梁軍圍之逾年
茂貞每戰輒敗閉壁不敢出城中薪食俱盡自冬涉春
雨雪不止民凍餓死者日以千數米斗直錢七千至燒
人屎煮尸而食父自食其子人有爭其肉者曰此吾子
也汝安得而食之人肉斤直錢百狗肉斤直錢五百父
甘食其子而人肉賤於狗天子於宮中設小磨遣宮人
自屑豆麥以供御自後宮諸王十六宅凍餒而死者日
三四城中人相與邀遮茂貞求路以為生茂貞窮迫謀
以天子與梁以為解昭宗謂茂貞曰朕與六宮皆一日
食粥一日食不托安能不與梁和乎三年正月茂貞與

彭 迫 作急

• 彭『迫』作『急』。

梁約和、斬韓全誨等二十餘人、傳首梁軍。梁圍解、天子雖得出、然梁遂劫東遷、而唐亡、茂貞非惟亡唐、亦自困矣。及梁太祖即位、諸侯之彊者皆相次稱帝、獨茂貞不能、但稱岐王、開府置官屬、以妻爲皇后、鳴稍羽扇視朝、出入擬天子而已。茂貞居岐、以寬仁愛物、民頗安之。嘗以地狹賦薄、下令搉油、因禁城門無内松薪、以其可爲炬也。有優者誚之曰、臣請并禁月明。茂貞笑而不怒。初、茂貞破楊守亮、取興元、而邠寧鄜坊皆附之、有地二十州。其被梁圍也、興元入于蜀、開平已後、邠寧鄜坊入于梁、秦鳳階成又入于蜀、當梁末年、所有七州而已。二十州者

●「稍」，百衲本作「梢」，彭同，薛史「梢」字作「鞘」。劉校，「梢」爲舞者所執樂器，作「梢」是。

●禁油。

岐隴涇原渭武秦成階鳳邠寧慶衍鄜坊丹延梁洋也莊宗已破梁、茂貞稱岐王、上牋以季父行自處。及聞入洛、乃上表稱臣、遣其子從曮來朝、莊宗以其耆老、甚尊禮之、改封秦王、詔書不名。同光二年、以疾卒、年六十九、謚曰忠敬。從曮爲人柔而善書畫、茂貞承制拜從曮彰義軍節度使、茂貞卒、拜鳳翔節度使。魏王繼岌征蜀、爲供軍轉運應接使、蜀平、繼岌遣從曮部送王衍、行至鳳翔、監軍使柴重厚拒而不納、從曮遂東至華州、聞莊宗之難、乃西歸。明宗入立、聞重厚嘗拒從曮、遣人誅之。從曮上書、言重厚守鳳翔軍民無所擾、願貸其過、雖不許、上人以此多之。歷鎮宣武

五代史卷四十　傳　四

薛名繼曮
李從曮

• 薛史作『继曮』。
• 李從曮。

彭本習下有爲字

天平。從曮有田千頃、竹千畮、在鳳翔、懼侵民利、未嘗省
理。鳳翔人愛之。廢帝起鳳翔、將行、鳳翔人叩馬乞從曮。
廢帝入立、復以從曮爲鳳翔節度使、卒年四十九。
韓建、字佐時、許州長社人也。少爲蔡州軍校、隸忠武軍
將鹿晏弘。從楊復光攻黃巢於長安、巢已破、復光亦死、
晏弘與建等無所屬、乃以麾下兵西迎僖宗於蜀、所過
攻劫。行至興元、逐牛叢、據山南、已而不能守、晏弘東走
許州、建乃奔于蜀、拜金吾衞將軍。僖宗還長安、建爲潼
關防禦使、華州刺史。華州數經大兵、戶口流散、建少賤、
習農事、乃披荊棘、督民耕植、出入閭里、問其疾苦。建初

● 彭本『習』下有『爲』字。

不知書乃使人題其所服器皿牀榻為其名目以視之久乃漸通文字見玉篇喜曰吾以類求之何所不得也因以通音韻聲偶暇則課學書史是時天下已亂諸鎮皆武夫獨建撫緝兵民又好學荊南成汭時冒姓郭亦善緝荊楚當時號為北韓南郭大順元年以兵屬張濬伐晉濬敗建自含山遯歸河中王重盈死諸子珂珙爭立晉人助珂建與王行瑜李茂貞助珙昭宗不許建等大怒以三鎮兵犯京師昭宗見建等責之行瑜茂貞惶恐戰汗不能語獨建前自陳述乃殺宰相韋昭度李磎等謀廢昭宗會晉舉兵且至建等懼乃還晉兵問罪三

•「目」，彭本作「日」，字未當據改。
•「含山」，彭本作「舍山」。

鎮、兵傳華州、建登城呼曰、弊邑未嘗失禮於大國、何爲見攻。晉人曰、君以兵犯天子、殺大臣、是以討也。已而與晉和。乾寧三年、李茂貞復犯京師、昭宗將奔太原、次渭北、建遣子允請幸華州、昭宗又欲如鄜州。建追及昭宗於富平、泣曰、藩臣倔彊、非止茂貞、若捨近畿而巡極塞、乘輿渡河、不可復矣。昭宗亦泣、遂幸華州。是時天子孤弱、獨有殿後軍及定州三都將李筠等兵千餘人爲衛、以諸王將之。建已得昭宗幸其鎮、遂欲制之、因請罷諸王將兵、散去殿後諸軍、累表不報。昭宗登齊雲樓、西北顧望京師、作菩薩蠻詞三章以思歸、其卒章曰、野煙生碧樹、陌上行人去、安得有英雄、迎歸大内中。酒酣、與從臣悲歌泣下、建與諸王皆屬和之、建心尤不悦。因遣人告諸王謀殺建、劫天子幸佗鎮。昭宗召建將辨之、建稱疾不出。乃遣諸王自詣建辨之、建不見、請送諸王十六宅。昭宗難之。建乃率精兵數千圍行宫、請誅李筠。昭宗大懼、遽詔斬筠、悉散殿後及三都衛兵、幽諸王於十六宅。昭宗益悔幸華、遣延王戒丕使于晉、以謀興復。戒丕還、建與中尉劉季述誣諸王謀反、以兵圍十六宅、諸王皆登屋叫呼、遂見殺。昭宗無如之何、爲建立德政碑以慰安之。建已殺諸王、乃營南莊、起樓閣、欲邀昭宗遊幸

百衲本無『辨之』二字。

因以廢之而立德王裕。其父叔豐謂建曰、汝陳許間一田夫爾、遭時之亂、蒙天子厚恩至此、欲以兩州百里之地行大事、覆族之禍、吾不忍見、不如先死、因泣下歔欷。李茂貞梁太祖皆欲發兵迎天子、建稍恐懼、乃止。光化元年、昭宗還長安、自爲建畫像、封建潁川郡王、賜以鐵券。建辭王爵、乃封建許國公。梁太祖以兵嚮長安、遣張存敬攻同州、建判官司馬鄴以城降。太祖使鄴召建、乃出降。太祖責建背己、建曰、判官李巨川之謀也、太祖怒卽殺巨川、以建從行。昭宗東遷、建從至洛陽、昭宗舉酒屬太祖與建曰、遷都之後、國步小康、社稷安危、繫卿兩

• 通鑑考異叔父豐。
• 彭本無『陽』字，百衲本同。

人。次何皇后舉觴，建躡太祖足，太祖乃陽醉去。建出謂
太祖曰：「天子與宮人眼語，幕下有兵仗聲，恐公不免也。」
太祖以故尤德之，表建平盧軍節度使。太祖即位，拜司
徒、同中書門下平章事。太祖性剛暴，臣下莫敢諫諍，惟
建時有言，太祖亦優容之。太祖郊于洛，建爲大禮使，罷
相，出鎮許州。太祖崩，許州軍亂，見殺，年五十八。

李仁福不知其世家。當唐僖宗時，有拓拔思敬者，爲夏
州偏將，後以與破黄巢功，賜姓李氏，拜夏州節度使。思
敬卒，乾寧二年，以其弟思諫爲節度使。自唐末天下大
亂，史官實錄多闕，諸鎮因時倔起，自非有大善惡暴著

南監本 彭本時時有言

• 南監本、彭本『時時有言』。

百衲本無『梁』字

于世者不能紀其始終是時與元鳳翔邠寧鄜坊河中同華諸鎮之兵四面並起而交爭獨靈夏未嘗爲唐患而亦無大功朱玫之亂思敬與鄜州李思孝皆以兵屯渭橋其後黄巢陷京師王重榮李克用等會諸鎮兵討賊思敬與破黄巢復京師然皆未嘗有所可稱故思敬之世次功過不顯而無傳梁開平二年思諫卒軍中立其子彝昌爲留後梁即拜彝昌節度使明年其將高宗益作亂殺彝昌是時仁福爲蕃部指揮使戍兵于外軍中乃迎仁福立之不知其於思諫爲親疎也是歲四月拜仁福檢校司空定難軍節度使終梁之世奉正朔而

• 百衲本無『梁』字。

已。是時岐王李茂貞、晉王李克用數會兵攻仁福、梁輒出兵救之。仁福累官至檢校太師兼中書令、封朔方王。長興四年三月卒、其子彝超自立爲留後。自仁福時邊將多言仁福北通契丹、恐爲邊患。明宗因其卒、乃以彝超爲延州刺史、彰武軍節度使、而徙彰武安從進代之、恐彝超不受代、遣邠州藥彦稠以兵五萬送從進之鎮。彝超果不受代、從進與彦稠以兵圍之百餘日、不克。夏州城壁素堅、故老傳言赫連勃勃蒸土築之、從進等穴地道至其城下、堅如鐵石、鑿不能入。彝超外招党項抄掠、從進等糧道、自陝以西、民運斗粟束芻、其費數千、人

●『北通』，百衲本作『通於』。
●夏州城。
●百衲本無『其』字。
●彭『芻』作『芻』。

• 「失不錄」彭本作「其錄」。南監本、局本。
• 汲古本「靈武」作「武靈」。
• 百衲本脫下一「部」字。

不堪命、道路愁苦。明宗遂釋不攻、以彝超爲定難軍節度使。清泰二年卒、其弟彝興、累官檢校太師兼侍中。周顯德中、封西平王、其後事具國史。

韓遜、不知其世家。初爲靈武軍校、當唐末之亂、據有靈鹽、唐卽以爲節度使、而史失不錄、不見其事。梁開平三年、封朔方節度使韓遜爲潁川王、始見於史。是時邠寧楊崇本、鄜延李周彝、鳳翔李茂貞皆與梁爭戰、獨遜與夏州李思諫臣屬于梁、未嘗以兵爭。李茂貞嘗遣劉知俊攻遜、不能克。遜亦善撫其部、部人皆愛之、爲遜立生祠。貞明中、遜卒、軍中立其子洙爲留後、梁卽以爲節度使至莊宗時，又以洙兼河西節度。天成四年，洙卒，即以洙子澄爲朔方軍留後。其將李寶作亂，澄乃上書請師於朝，明宗以康福爲朔方河西節度使以代澄，由是命吏而相代矣。韓氏自遜有靈武，傳世皆無所稱述，澄後不知其所終。

楊崇本，幼事李茂貞，養以爲子，冒姓李，名曰繼徽。茂貞表崇本靜難軍節度使。後梁太祖攻岐未下，乃移兵攻邠州，崇本迎降，太祖使復其姓，賜名崇本，遷其家於河中以爲質。崇本妻有美色，太祖用兵往來河中，嘗幸之。崇本妻頗媿恥，間遣人誚崇本曰：大丈夫不能庇其伉

• 「上書」，百衲本、彭本作「上章」。「師」作「帥」。
• 劉校，薛史作「其弟澄」，案康福傳，歐四十六亦作韓洙死弟澄立，此云「洙子」誤。
• 百衲本無「後」字，彭亦無。

儷我已爲朱公婦矣無面視君有刀繩而已崇本涕泣憤怒其後梁兵解岐圍崇本妻得歸崇本乃復背梁歸茂貞茂貞西連蜀兵會崇本攻雍華關西大震太祖以兵西至河中遣郴王友裕擊之友裕至永壽而卒梁兵乃旋崇本屯美原太祖復遣劉知俊康懷英等擊之崇本大敗自此不復東乾化四年爲其子彥魯所弒崇本養子李保衡殺彥魯以降梁

高萬興河南人也唐末河西屬李茂貞茂貞將胡敬璋爲延州刺史萬興與其弟萬金俱事敬璋爲騎將敬璋死其將劉萬子代爲刺史梁開平二年葬於州南萬子

• 彭作『河西』，百衲本同，薛史亦作『河西』人，汲古本同，南監本『河西』。
• 『葬』下彭本、南監本有『敬璋』二字。

在會其將許從實殺萬子，自爲延州刺史。是時萬興兄弟皆將兵戍境上，聞萬子死，以其部下數千人降梁。梁太祖兵屯河中，遣同州劉知俊以兵應萬興，攻丹州，執其刺史崔公實，進攻延州，執許從實。鄜州李彥容、坊州李彥昱皆棄城走梁。太祖乃以萬興爲延州刺史、忠義軍節度使，以牛存節爲保大軍節度使。已而劉知俊叛，乃徙存節守同州，以萬金爲保大軍節度使。萬興累遷檢校太師、兼中軍令，封渤海郡王。貞明四年，萬金卒，乃以萬興爲鄜延節度使，進封延安郡王，徙封北平王。梁亡，莊宗入洛，萬興嘗一來朝。同光三年，卒於鎮。萬興兄

- 『彥容』，通鑑作李『彥博』。
- 百衲本無『封』字。南監本、彭本作『中書令』，汲古本作『軍』。
- 『三年』，汲古本作『元年』，誤。

弟皆驍勇，而未嘗立戰功。然以戍兵降梁，梁取鄜坊丹延，自萬興始，故其兄弟世守其土。萬興死，子允韜代立，長興元年，徙鎮安國，又徙義成，清泰中卒。萬金子允權，開運中爲虜施命，罷居於家。是時周密爲彰信軍節度使，契丹滅晉，延州軍亂，逐密，密守東城，而西城之兵以允權爲留後。聞漢高祖起太原，遂歸漢，即拜節度使。廣順三年卒。

溫韜，京兆華原人也。少爲盜，後事李茂貞，爲華原鎮將，冒姓李，名彥韜。茂貞以華原縣爲耀州，以韜爲刺史。梁太祖圍茂貞於鳳翔，韜以耀州降梁，已而復叛歸茂貞，

● 百衲本脫「死」字。

● 劉校，薛史作「以周密爲延帥」，按，延州後唐改爲彰武軍，彰信後周始置於曹州，此書「彰信」蓋「彰武」之訛。

南監本
彭本義勝下
有軍字
發陵

茂貞又以美原縣爲鼎州，建義勝軍，以韜爲節度使。末帝時，韜復叛茂貞降梁，梁改耀州爲崇州，鼎州爲裕州，義勝爲靜勝軍，即以韜爲節度使，復其姓溫，更其名曰昭圖。韜在鎮七年，唐諸陵在其境內者，悉發掘之，取其所藏金寶，而昭陵最固，韜從埏道下，見宮室制度閎麗，不異人間，中爲正寢，東西廂列石牀，牀上石函中爲鐵匣，悉藏前世圖書，鍾、王筆迹，紙墨如新，韜悉取之，遂傳人間。惟乾陵風雨不可發。其後朱友謙叛梁，取同州，晉王以兵援友謙而趨華原，韜懼，求徙佗鎮，遂徙忠武。莊宗滅梁，韜自許來朝，因伶人景進納賂劉皇后，皇后爲

• 南監本、彭本「義勝」下有「軍」字。
• 發陵。

言之、莊宗待韜甚厚。賜姓名曰李紹沖。郭崇韜曰。此劫陵賊耳。罪不可赦。莊宗曰、已宥之矣、不可失信、遽遣還鎮。明宗入洛、與段凝俱收下獄、已而赦之、勒歸田里。明年流於德州、賜死。

嗚呼、厚葬之弊。自秦漢以來。率多聰明英偉之主。雖有高談善說之士。極陳其禍福。有不能開其惑者矣。豈非富貴之欲、溺其所自私者篤、而未然之禍、難述於無形、不足以動其心歟。然而聞溫韜之事者可以少戒也。五代之君。往往不得其死。何暇顧其後哉。獨周太祖能鑒韜之禍。其將終也。爲書以遺世宗。使以瓦棺紙衣而斂將葬。開棺示人。既葬。刻石以告後世。毋作下宮。毋置守陵妾。其意丁寧切至。然實錄不書其葬之薄厚也。又使葬其平生所服衮冕通天冠絳紗袍各二。其一於京師。其一於澶州。又葬其劒甲各二。其一於河中。其一於大名者。莫能原其旨也。

五代史卷四十

五代史卷四十考證

李茂貞傳茂貞與保鑾都將李鋋等敗行瑜于大唐峯○鋋閣本作鋋

楊崇本傳太祖以兵西至河中遣郴王友裕擊之○郴監本訛彬今改正

五代史卷四十考證

- 貴池本此卷宋缺鈔補，不知來歷。
- 盧、譚合傳。
- 第二『乎』，彭作『也』。
- 百衲本無『吾』字，彭亦無之。

五代史卷四十一

（貴池本此卷宋缺鈔補，不知來歷）

宋　歐陽脩　撰

雜傳第二十九

（盧譚合傳）

盧光稠、譚全播、皆南康人也。光稠狀貌雄偉、無他才能、
而全播勇敢有識略。然全播常奇光稠爲人、唐末羣盜
起南方。全播謂光稠曰。天下洶洶。此眞吾等之時。無徒
守此貧賤爲也。乃相與聚兵爲盜。衆推全播爲主。全播
曰。諸君徒爲賊乎。而欲成功乎。若欲成功。當得良帥。盧
公堂堂。眞君等主也。衆陽諾之。全播怒拔劒擊木三斬
之曰。不從吾令者如此木。衆懼、乃立光稠爲帥。是時王

（第二乎彭作也）

（百衲本無吾字，彭亦無之）

如虔在光啓元年、取韶在天復二年、相去十八年

潮攻陷嶺南、全播攻潮、取其虔韶二州、又遣光稠弟光睦攻潮州。光睦好勇而輕進、全播戒其持重、不聽、度其必敗、乃爲奇兵伏其歸路。光睦果敗走、潮人追之、全播以伏兵邀擊、大敗之、遂取潮州。是時劉巖起南海、擊走光睦、以兵數萬攻虔州、光稠大懼、謂全播曰、虔潮皆公取之、今日非公不能守也。全播曰、吾知劉巖易與爾、乃選精兵萬人伏山谷中、陽治戰地於城南、告巖戰期、以老弱五千出戰。戰酣、僞北、巖急追之、伏兵發、巖遂大敗。光稠第戰功、全播悉推諸將、光稠心益賢之。梁初、江南嶺表悉爲吳與南漢分據、而光稠獨以虔韶二州請命

● 取虔在光啓元年，取韶在天復二年，相去十八年。

于京師，願通道路，輸貢賦。太祖爲置百勝軍，以光稠爲防禦使，兼五嶺開通使。又建鎭南軍，以爲留後。開平五年，光稠病，以符印屬全播，全播不受。光稠卒，全播立其子延昌而事之。延昌好遊獵，其將黎求閉門拒延昌，延昌見殺。求因謀殺全播，全播懼，稱疾不出。求乃自立，請命于梁。乾化元年，拜求防禦使。求暴病死，其將李彥圖自立，全播益懼，遂稱疾篤，杜門自絕。彥圖疑之，使人覘其動靜，全播應覘爲狀以自免。彥圖死，州人相率詣全播第，扣門請之，全播乃起，遣使請命于梁，拜防禦使。全播治虔州七年，有善政。楊隆演遣劉信攻破虔州，以全

• 盧延昌。
• 「黎求」，通鑑、九國志作「黎球」。
• 「李彥圖」，通鑑同，九國志作「李圖」。

播歸廣陵，卒年八十五。當盧氏時，劉龔已取韶州，及全播被執，虔州遂入于吴。

雷滿，武陵人也，爲人兇悍獷勇，文身斷髮。唐廣明中，湖南饑，盜賊起，滿與洞里人區景思、周岳等聚諸蠻數千獵于大澤中，乃擊鮮釃酒，擇坐中豪者補置伍長，號土團軍，諸蠻從之，推滿爲帥。是時高駢鎮荆南，召滿隸麾下，使以蠻軍擊賊。駢徙淮南，滿從至廣陵，逃歸，殺刺史崔翥，遂據朗州，請命于唐。昭宗以澧朗爲武貞軍，拜滿節度使。是時澧陽人向瓌殺刺史呂自牧，據澧州，而溪洞諸蠻宋鄴、昌師益等皆起兵剽掠湖外，滿亦以輕舟

龔　百衲本彭本作龑　此時尚未改名作龔不誤

彭本無于字

土團軍

• 『龔』，百衲本作『龑』。此時尚未改名，作『龔』不誤。
• 彭本無『于』字。
• 土團軍。

上下荊江，攻刼州縣。楊行密攻杜洪于鄂州，荊南成汭出兵救洪，汭戰敗溺水死於君山。滿襲破荊南，不能守，焚掠殆盡而去。滿嘗鑿深池於府中，客有過者，召宴池上，指其水曰：「蛟龍水怪皆窟於此，蓋水府也。」酒酣，取坐上器擲池中，因裸而入，取器嬉水上，久之乃出，治衣復坐，意氣自若。滿居朗州，引沅水塹其城，上為長橋，為不可攻之計。天祐中，滿卒，子彥恭自立。彥恭附于楊行密，亦嘗攻刼為荊湖患。開平元年，馬殷發兵攻彥恭，彥恭恃塹為阻，逾年不能破。三年，彥恭奔于楊行密，馬殷擒其弟彥雄等十人送于梁，斬于汴市。彥恭卒于淮南。澧

● 百衲本無『水』字，彭同，考證閣本無『水』字。
● 雷彥恭。
● 百衲本脫下一『彥恭』。
● 百衲本、南監本、局本、彭本作『七』人，薛史同，汲作『十』。

朗，遂入于楚。

鍾傳，洪州高安人也。事州爲小校。黄巢攻掠江淮，所在盜起，往往據州縣。傳以州兵擊賊，頻勝，遂逐觀察使，自稱留後。唐以洪州爲鎮南軍，拜傳節度使。江夏伶人杜洪者，亦據鄂州。楊行密屢攻之，洪頗倚傳爲首尾。久之，洪敗死。是時，危全諷、韓師德等分據撫、吉諸州，傳皆不能節度，以兵攻之，稍聽命，獨全諷不能下。乃自率兵圍其城。城中夜火起，諸將請急攻之。傳曰：「吾聞君子不迫人之危。」乃掃地祭天，嚮城再拜，祝曰：「全諷不降，非民之罪，願天止火。」全諷聞之，明日乃亦聽命，請以女妻傳子

其城之字 百衲本作之字

「其城」二字，百衲本作「之」字。

匡時傳居江西三十餘年累拜太保中書令封南平王
天祐三年傳卒子匡時自稱留後請命于唐全諷曰聽
鍾郎爲節度使三年吾將自爲之已而傳養子延規與
匡時爭立乞兵于楊渥渥遣秦裴等攻匡時匡時敗被
執歸于廣陵開平三年全諷等起兵江西謀復鍾氏故
地全諷爲楊隆演將周本所敗江西遂入于吳
趙匡凝字光儀蔡州人也其父德諲事秦宗權爲申州
刺史宗權反德諲攻下襄陽梁太祖攻蔡州宗權屢敗
德諲乃以山南東道七州降梁太祖初鎮宣武嘗爲宗
權所困聞德諲降大喜表爲行營副都統河陽保義義

乾隆四年校刊　五代史卷四十一　傳　四　鍾傳　趙匡凝

鍾匡時
彭本無使字
百衲本無于字

- 鍾匡時。
- 彭本無『使』字。
- 百衲本無『于』字。

昌三節度行軍司馬，會其兵以攻蔡州，破之，德諲功多。德諲卒，子匡凝自立。是時成汭死，雷彥恭襲取荊南，匡凝遣其弟匡明逐彥恭。太祖表匡凝荊襄節度使，以匡明爲荊南留後。是時唐衰，藩鎮不復奉朝廷，獨匡凝兄弟貢賦不絕。匡凝爲人氣貌雄偉，性方嚴，喜自修飾，頗好學問，聚書數千卷，爲政有威惠。太祖攻兗州，朱瑾求救於晉，晉遣史儼等將兵數千救瑾，瑾敗，與儼等奔于淮南。晉王李克用遣人以書幣假道于匡凝，以聘于楊行密，求歸儼等。晉王使者爲梁得，太祖大怒。是時，梁已破兗鄆，遣氏叔琮、康懷英等攻匡凝。叔琮取泌隨二州，

• 彭本脫『州』字。
• 『雄』，百衲本作『甚』，彭本同。

懷英取鄧州，匡凝懼，請盟乃止。太祖已殺昭宗，將謀代唐，畏匡凝兄弟不從，遣使告之。匡凝對使者流涕答曰：「受唐恩深，不敢妄有佗志。」太祖遣楊師厚攻之，太祖以兵殿漢北，匡凝戰敗，以輕舟奔于楊行密。師厚進攻荆南，匡明奔于蜀。匡凝至廣陵，行密見之，戲曰：「君在鎮城，輕車重馬，歲歲輸于梁，今敗乃歸我乎？」匡凝曰：「僕世爲唐臣，歲時職貢，非輸賊也。今以不從賊之故，力屈歸公，惟公生死之耳。」行密厚遇之。其後行密死，楊渥稍不禮之。渥方宴，食青梅，匡凝顧渥曰：「勿多食，發小兒熱。」諸將以爲嫚。渥遷匡凝海陵，後爲徐溫所殺。匡明卒于蜀。

● 已『殺』，百衲本作『弒』，彭同，汲同。
● 『城』，當從南監本、百衲本作『時』，彭同，貴池本亦作『時』。『重馬』，無『重』字。
● 『慢』，彭作『嫚』。

五代史卷四十一

五代史卷四十一考證

盧光稠傳全播戒其持重不聽度其必敗○閩本度字
下無其字

雷滿傳洞戰敗溺水死于君山○閩本無水字
取器牆水上○南本取字下有其字

鍾傳傳城中夜火起諸將請急攻之○監本闕城中夜
火起諸將七字今加入又一本無攻字訛

趙匡凝傳是時成汭死○汭監本訛訥今從雷滿傳改
正

五代史卷四十一考證

五代史卷四十二

唐　宋　歐　陽　修　撰

雜傳第三十

朱宣，宋州下邑人也。少從其父販鹽爲盜，父抵法死，宣乃去事青州節度使王敬武爲軍校。敬武以隸其將曹全晟。中和二年，敬武遣全晟入關與破黃巢，還過鄆州，鄆州節度使薛宗卒，其將崔君預自稱留後，全晟攻殺君預，遂據鄆州。宣以戰功爲鄆州馬步軍都指揮使。已而全晟死，軍中推宣爲留後，唐僖宗即拜宣天平軍節度使。梁太祖鎮宣武，以兄事宣。太祖新就鎮，兵力尚少，

● 薛史十三。
● 彭本「父」下有「以」字。
● 「全晟」，薛史作「全㝡」。
● 薛「宗」，百衲本作「崇」，彭同、汲同、南監本同。

數爲秦宗權所困太祖乞兵於宣宣與其弟瑾以兗鄆之兵救汴大破蔡兵走宗權是時太祖已襲取滑州稍欲并吞諸鎮宣瑾既還乃馳檄兗鄆言宣瑾多誘宣武軍卒亡以東乃發兵收亡卒因攻之遂爲敵國苦戰曹濮間是時梁又東攻徐州西有蔡賊北敵强晉宣瑾兄弟自相首尾然卒爲梁所滅乾寧四年宣敗走中都爲葛從周所執斬于汴橋下今流俗以宣瑾兄於名加玉者非也

瑾宣從父弟也從宣居鄆州補軍校少倜儻有大志兗州節度使齊克讓愛其爲人以女妻之瑾行親迎乃選壯士爲輿夫伏兵器輿中夜至兗州兵發遂虜克讓自

● 當云「亡卒以東」。
● 彭本「北」上有一「而」字。
● 薛史正從流俗作「瑄」。百衲本注中「玉」字作「王」，貴本同。
● 此人尚爲有人情乎。

稱留後。僖宗即拜瑾泰寧軍節度使。瑾與宣已破秦宗權於汴州，梁太祖責瑾誘宣武軍卒以歸，遣朱珍攻瑾，取曹州，又攻濮州。而太祖自攻鄆，瑾兄弟往來相救，凡十餘年，大小數十戰，與太祖屢相勝敗。太祖得宣將賀瓌、何懷寶及瑾兄瓊，乃將瓊等至兖城下，告瑾曰：汝兄敗矣，今瓊等已降，不如早自歸。瑾僞曰：諾。乃遣牙將胡規持書幣詣軍門請降。太祖大喜，至延壽門，與瑾交語。瑾曰：願得瓊來送符印。太祖信之，遣客將劉捍送瓊往。瑾伏壯士橋下，單騎迎瓊，揮手語捍曰：請瓊獨來。瓊前，壯士擒之，遂閉門，責瓊先降，斬之，擲其首城外。太祖度

百衲本無來字

• 百衲本無『來』字。

不可下，乃留兵圍之而去。瑾嬰城自守，而與葛從周等戰城下，瑾兵屢敗，宣亦敗於鄆州，乃乞兵於晉，晉遣李承嗣、史儼等以騎兵五千救之。太祖已破宣，乃急趨兗，瑾城中食盡，與承嗣等掠食豐沛間，梁兵奄至，瑾將康懷英等以城降梁。瑾等將麾下兵走沂州，沂州刺史尹處賓不納，又走海州，梁兵急追之，乃奔于淮南。楊行密聞瑾來，大喜，解其玉帶贈之，表瑾領武寧軍節度使，以爲行軍副使。其後梁遣龐師古、葛從周等攻淮南，行密用瑾大破梁兵於淸口，斬師古。行密累表瑾東南諸道行營副都統、領平盧軍節度使、同中書門下平章事，行

彭本脫十二字

處賓新唐書作尹懷寶

- 彭本脫十二字［與葛至屢敗，編注］。
- 『尹處賓』，新唐書作『尹懷寶』。

柴德賡點校

密死，渥及隆演相繼立，皆年少，徐溫與其子知訓專政，畏瑾欲除之。瑾乃謀殺知訓，嘗以月旦遣愛妾候知訓家。知訓强通之，妾歸自訴，瑾益不平。屢勸隆演誅徐氏，以去國患，隆演不能爲。既而知訓以泗州建靜淮軍，出瑾爲節度使。將行，召之夜飲。明日知訓過瑾謝，延之升堂，出其妻陶氏，知訓方拜，瑾以笏擊踣之，伏兵自戶突出殺之。初瑾以二惡馬繫庭中，知訓入而釋馬，使相踶鳴，故外人莫聞其變。瑾攜其首馳示隆演曰：今日爲吳除患矣。隆演曰：此事非吾敢知。遽起入內。瑾忿然以首擊柱，提劒而出，府門已闔，因踰垣，折其足。瑾顧路窮，大

● 彭本作『妾自歸訴』。
● 『靜淮軍』，馬氏南唐書同，十國春秋同，薛史作『淮寧軍』。
● 『陶氏』，薛史作『愛妓桃氏』。

呼曰：「吾爲萬人去害，而以一身死之。」遂自刎。潤州徐知誥聞亂，以兵趨廣陵，族瑾家。瑾妻陶氏臨刑而泣，其妾曰：「何爲泣乎？今行見公矣。」陶氏收淚，欣然就戮，聞者哀之。瑾名重江淮，人畏之，其死也，尸之廣陵北門，路人私共瘞之。是時，民多病瘧，皆取其墓上土，以水服之，云病輒愈，更益新土，漸成高墳。徐溫等惡之，發其尸，投於雷公塘。後溫病，夢瑾挽弓射之，溫懼，網其骨，葬塘側，立祠其上。初，瑾嘗病疽，醫者視之色懼，瑾曰：「但理之，吾非以病死者。」於是果然，卒年五十二。

王師範，青州人也。其父敬武，爲平盧軍牙將。唐廣明元

彭無「以」字

薛史作雷公「江」誤

薛史十三

- 彭無『以』字。
- 薛史作雷公『江』，誤。
- 薛史十三。

年無棣人洪霸郎爲盜齊棣間平盧節度使安師儒遣
敬武率兵擊破之敬武反兵逐師儒自稱留後都統王
鐸承制拜敬武節度使敬武卒師範立師範尚幼其棣
州刺史張蟾叛昭宗以爲師範年少其下不服從乃拜
太子少師崔安潛爲平盧節度使師範不受代蟾迎安
潛入棣州師範遣其將盧洪攻蟾洪以兵返襲青州師
範陽爲好辭遣人迎語洪曰吾幼未能任事賴諸將共
持之爾不然聽公所爲也洪以師範無能爲遽還不爲
備師範伏兵於道語其僕劉鄩曰洪來爲我斬之用爾
爲牙將明日洪來師範出迎鄩於坐上斬之伏兵發盡

- 百衲本無『師範立』三字，其餘各本均有。
- 『洪』，通鑑作『弘』。
- 鄩。
- 彭作『道路』。

殺其餘兵。乃急攻棣州，破張蟾，安潛奔歸于京師。昭宗

乃拜師範節度使。師範頗好儒學，聚書至萬卷，爲政有

威愛。梁太祖圍昭宗於鳳翔，宦官韓全誨等矯詔召諸

鎮兵以擊梁。詔至青州，師範泣曰：諸鎮有兵，所以藩扞

天子。今天子危辱，而諸鎮反以兵自衞，吾雖力不足當，

成敗以之。乃遣使乞兵於楊行密。是時梁已東下兗、鄆，

師範乃遣劉鄩與其弟師魯分攻兗、密諸州，遣張居厚

以壯士二百爲輿夫，伏兵輿中，西馳梁軍，稱師範使者

聘梁，因欲劫殺太祖。居厚至華州東城，華州將婁敬思

疑其有異，剖輿視之，見其兵，居厚遂擊殺敬思，以兵攻

「諸州」，彭本作「諸軍」。

諸州　彭本作　諸軍

西城，不克而反。劉鄩逐葛從周，取兗州，而平盧諸州皆起兵攻梁。其後梁太祖自鳳翔東還，遣朱友寧攻師範，友寧戰死。復遣楊師厚攻之，屯于臨朐，師範以兵迫之，師厚陽爲怯，不敢出，間遣人陽言曰，梁兵少，方乞兵於鳳翔，今糧且絕，當還軍。師範以爲然，乃遣師魯悉兵攻之，師厚拒而不戰。師魯兵却，師厚追擊至聖王山，師魯大敗，遂傅其城。而梁別將劉重霸下其棣州，師範乃請降，太祖許之。師範素服乘驢，詣太祖請罪，太祖待以客禮。久之，表師範河陽節度使。太祖卽位，召爲右金吾衞上將軍，居于洛陽。太祖心欲誅之，未有以發。太祖諸子巳封王宴於宮中友寧妻泣謂太祖曰陛下化家爲國諸子人人皆得封而妾夫獨以戰死奈何讐人猶在朝廷太祖奮然戟手曰吾亦幾忘此賊乃遣人就洛陽族滅之使者至先掘坑於外乃入告之師範設席爲具與諸宗族飲酒謂使者曰死人之所不免況有罪乎然懼少長失敘下愧於先人酒半令少長以次起就戮於坑所聞者皆哀憐之同光三年贈師範太尉

李罕之陳州項城人也爲人驍勇力兼數人少學讀書不成去爲僧以其無賴所往皆不容乃行乞食酸棗市中市中人皆不與罕之擲器于地裂其衣又去爲盜是

• 『敘』，各本均作『序』，逕改不校。

• 薛史十五。

敘各本均作序、逕改不校

薛史十五

時黄巢起曹濮、乃往依之。巢北渡江、罕之與其麾下走
淮南、自歸於高駢、駢表光州刺史。歲餘、秦宗權急攻光
州、罕之不能守、還走項城、收其餘衆、依諸葛爽於河陽、
爽以罕之爲懷州刺史。巢已敗走、爽降唐、僖宗拜爽東
南面招討使、以攻宗權、爽表罕之副使、使以兵屯宋州、
又表河南尹、東都留守。秦宗權遣孫儒攻河南、罕之兵
少、西走澠池、儒燒宫闕、剽掠而去。罕之壁澠池、歲餘、諸
葛爽死、其將劉經立爽子仲方。仲方年少、事皆任經、經
慮罕之兇勇難制、以兵攻之、罕之返擊走經。罕之追至
鞏縣、陳舟于汜水、將渡河、經遣張言拒之河上、言反背

經與罕之合攻河陽，爲經所敗，退保懷州。已而孫儒陷洛陽，仲方奔于梁，梁兵擊走儒，罕之襲取河陽，言取河南，皆附于梁。罕之與言皆爽叛將，事已成，乃相與交臂爲盟誓，同休戚不相忘。罕之御衆無法，性苛暴，頗失士心。而言善治軍旅，教民播殖，務爲積聚，罕之用兵，言嘗供給其乏，罕之求取無已，言頗苦之，不能輸，罕之召言軍吏笞責之，言益不平。罕之悉兵攻晉絳，言夜襲河陽，罕之奔晉，晉表罕之澤州刺史，使李存孝以兵三萬助罕之攻言。言求救於梁，罕之敗于沇河，乃歸太原。李克用延之帳中，罕之留其子顥事晉，乃之澤州，日以兵鈔

• 「三萬」，存孝傳作「七千」，通鑑作「騎七千」。

• 「沇河」，存孝傳、薛史本紀、通鑑均作「温」，薛史罕之傳作「流河店」，新唐書作「沅河聚」，沇河即沇水，亦見丁會傳。

懷孟間，啖人爲食，居民屯聚摩雲山，罕之攻殺之，立柵其上，時人號曰李摩雲。是時晉方徇地山東，頗倚罕之爲扞蔽。李茂貞等犯京師，克用以兵至渭北，僖宗以克用爲邠州四面行營都統，表罕之爲副。破王行瑜，加檢校太尉，食邑千戶。罕之自以功多於晉，私謂蓋寓曰：「自吾脫身河陽，賴晉容我，未能有以報之。今行老矣，無能爲也。若吾王見憐，與一小鎮，使休兵養疾，而後歸老，幸也。」寓爲言之克用，克用不對。他日諸鎮擇守將，未嘗及罕之，罕之心益怏怏。寓告克用，懼罕之有佗心，克用曰：「吾於罕之，豈惜一鎮，然鷹鳥之性，飽則颺矣。」光化元年，

• 百衲本、南監本「攻殺」上有「悉」字，各本同，殿本脫一字，當補。
• 百衲本脫下一「克用」。

潞州薛志勤卒罕之遽入潞州使人啓晉王曰志勤且死新帥未至所以然者備佗盜耳克用大怒遣李嗣昭攻之罕之執晉守將馬溉伊鐸等遣子頎送于梁以乞兵梁太祖遣丁會守潞州以罕之爲河陽節度使行至懷州以疾卒年五十八罕之初背梁而歸晉晉王以罕之守濮州罕之留其子頎與莊宗遊甚狎後罕之背晉以歸梁晉王怒欲殺頎莊宗與之駿馬使奔于梁梁太祖得頎父子大喜使與友倫將兵以衛昭宗故頎當太祖時常掌禁兵末帝誅友珪頎與其謀拜右羽林統軍澶州刺史事唐歷衛衍二州刺史累遷右領軍衛上將

● 『頎』，百衲本作『顥』，蓋罕之別一子也，貴本同，薛史同，當改。

● 汲古本、局本作『濮州』，百衲本、貴池本、彭本作『澤州』，薛史同，當改。濮非晉地，南監本作『澤』。

太尉彭本局本作太师　薛史六十二

汲古本作三州誤

軍，天福中卒，年七十，贈太尉。

孟方立，邢州平鄉人也。少爲軍卒，以勇力選爲隊將。唐廣明中，潞州節度使高潯攻諸葛爽于河陽，遣方立將兵出天井關爲先鋒。潯爲其將劉廣所逐，廣爲亂軍所殺，方立聞亂，引兵自天井入據潞州，唐因以爲昭義軍節度使。昭義所節制澤潞邢洺磁五州，而治潞州。方立以謂潞州山川高險，而人俗勁悍，自劉稹以來嘗逐其帥。且已邢人也，因徙其軍于邢州。而潞人怨方立之徙也，因以澤潞二州歸于晉。晉遣李克修爲澤潞節度使。方立以邢洺磁三州自爲昭義軍。晉數遣李存孝等出

- 「太尉」，彭本、局本作「太師」。
- 薛史六十二。
- 汲古本作「三州」，誤。

兵以窺山東三州之人俘掠殆盡赤地數千里無復耕
桑者累年。方立以孤城自守求救于梁梁方東事兗鄆
不能救也。文德元年方立乞兵于王鎔以攻晉鎔許之
方立乃遣其將奚忠信攻晉遼州而鎔以佗故不能出
兵。兵既失約忠信大敗而晉兵乘勝攻之。方立將石元
佐者善兵而多智方立嘗信用之。忠信之敗也元佐爲
晉將安金俊所得金俊厚遇之問以攻邢之策元佐曰
方立善守而邢城堅若攻之必不得志。宜急攻其磁州
方立來救可以敗也。金俊以爲然軍于滏水之西。方立
果帥兵來救爲金俊所敗馳入邢州閉壁不復出外無

• 百衲本脫『于滏水之』四字，貴池本、彭本、局本『淦』作『滏』。磁州滏水即今滏陽河，淦水在江西，此當改正。

救兵城中食且盡方立夜出巡城號令守者守者皆不應方立知不可乃歸飲酖而卒軍中以其弟洺州刺史遷爲留後求救於梁梁太祖遣王虔裕將騎兵三百助遷守遷執虔裕降晉晉徙遷族于太原以爲汾州刺史後以爲澤潞節度使天復元年梁遣氏叔琮攻晉出天井關遷開門降爲梁兵鄉道以攻太原不克叔琮軍還過潞以遷歸于梁梁太祖惡其反覆殺之

王珂河中人也其仲父重榮以河中兵破黃巢有功於唐拜河中節度使重榮無子以其兄重簡子珂爲後重榮卒弟重盈立重盈卒軍中乃以珂重榮子立之重盈

● 彭本無下『守者』二字。
● 『反』，百衲本作『返』，『其』，彭作『還』。
● 薛史十四。
● 彭本『有大功於唐』。

子陝州節度使珙、絳州刺史瑤與珂爭立。珙、瑤以書與梁太祖，言珂故王氏蒼頭，小字忠兒，不應得立。珂亦求援於晉，晉人言之朝，昭宗以晉故，許之。而珙、瑤亦西結王行瑜、韓建、李茂貞爲援，行瑜等交章論列，昭宗報以重榮與晉於唐嘗有大功，業許之，不可易。行瑜等怒，以兵犯京師，殺宰相李磎等而去。珙、瑤連兵攻珂河中，珂求援於晉，晉兵西討三鎭，行下絳州，斬瑤而過，至于渭北，擊破行瑜。昭宗卒以珂爲河中節度使，晉以女妻之，遣李嗣昭將兵助珂攻珙陝州。珙爲人慘刻，嘗斬人，擲其首於前，言笑自若，其下苦之。偏將李璠因珙戰敗，殺

舊唐書作『蟲兒』。

百衲本脫『此』字。
彭本『朱公』訛作『諸公』。

百衲本脱此字

彭本朱公訛作諸公

珙、自稱留後。是時梁已下鎭定、將移兵西、而昭宗爲劉
季述所廢、京師大亂、崔胤陰召梁以兵西。梁太祖以珂
在河中、懼爲患、乃顧張存敬、俟言以一大繩與之、曰、爲
我持此縛珂來。存敬等兵出含山、破晉絳二州、遣何絪
以兵守之、絶晉援。存敬圍河中、珂告急於晉、晉以絪故
不得前。珂乃遣其妻以書告晉王曰、賊勢如此、朝夕乞
食於梁矣、大人何忍而不救邪。晉王報之曰、梁兵爲阻、
衆寡不敵、救之則并晉俱亡、不若與王郎自歸朝廷。珂
乃爲書與李茂貞曰、天子初返正、詔藩鎭無相侵、以安
王室。今朱公棄約以見攻、其勢不止於弊邑、若弊邑朝

乾隆四年校刊　五代史卷四十二　傳十　王珂

彭本無下守陴者三字

亡、則西北諸鎮非諸君所能守也、願與華州出兵潼關以爲應茂貞不報。珂計窮、乃治舟于河、將歸于京師。珂夜登城諭守陴者、守陴者皆不應、牙將劉訓夜入珂寢白事、珂叱之曰、兵欲反邪。訓乃解衣自索而入、曰、公苟懷疑、請先斷臂。珂曰、事急矣、計安出乎。訓曰、公若攜家夜濟、人必爭舟、一夫鴟張、大事即去。不若遲明以情諭軍中、願從者猶得其半、不然、且爲款狀以緩梁兵、徐圖向背、珂以爲然。梁太祖自同州降唐、即依重榮、以母王氏故、事重榮爲舅。珂乃登城呼存敬曰、吾與梁王有家世之舊、兵當退舍、俟梁王來、吾將聽命。存敬乃退舍、使

● 彭本無下『守陴者』三字。

百衲本貴池本脫太祖二字

王瓚　薛史五十九

人馳詣太祖於洛陽。太祖至河中，先之城東，哭於重榮之墓而後入。珂欲面縛牽羊以見太祖，太祖謂曰：太師阿舅之恩何時可忘，郎君若以亡國之禮見，太師其謂我何。珂迎於路，太祖握手噓唏，乃徙珂於汴。太祖以珂晉壻也，疑其貳己，使珂西入覲，行至華州，使人殺之傳舍。瓚，重盈之諸子也。梁太祖已執珂，自領河中節度使，以瓚爲吏。瓚事梁爲諸衛大將軍、泰寧鎮國軍節度使。末帝時爲開封尹。貞明五年，代賀瓌爲北面行營招討使。是時晉已城德勝，瓚自黎陽渡河攻澶州，不克，退屯楊村，扼河上流，與晉人相持經年，大小百餘戰，瓚卒無

• 百衲本、貴池本脫『太祖』二字。
• 王瓚，薛史五十九。

功。末帝遣戴思遠代瓚、復爲開封尹。莊宗自鄆入京師、末帝聞唐兵且至、日夜涕泣、不知所爲、自持國寶、指其宮室謂瓚曰、使吾能保有此者、繫卿之畫如何耳。唐兵已過宛朐、瓚驅率市人登城拒守、唐兵攻封丘門、瓚開門迎降、伏地請死。莊宗勞而起之曰、朕與卿家世婚姻、然人臣各爲主耳、復何罪邪。因以爲開封尹、遷宣武軍節度使。已而故梁臣趙巖張漢傑等相次誅死、瓚以憂卒、贈太子太師。

趙犨其先青州人也。世爲陳州牙將。犨幼與群兒戲道中、部分行伍、指顧如將帥。雖諸大兒皆聽其節度。其父

● 百衲本、貴池本作『使吾保此者』。

● 薛史十四作『天水人』。

諸當作詣

叔文見之驚曰大吾門者此兒也及壯善用弓劒爲人
勇果重氣義刺史聞其材召置麾下累遷忠武軍馬步
軍都虞候王仙芝寇河南陷汝州將犯東都犨引兵擊
敗之仙芝乃南去已而黃巢起所在州縣往往陷賊陳
州豪傑數百人相與諸忠武軍求得犨爲刺史以自保
忠武軍表犨陳州刺史已而巢陷長安犨語諸將吏曰
以吾計巢若不爲長安市人所誅必驅其衆東走吾州
適當其衝矣乃治城池爲守備遷民六十里內者皆入
城中選其子弟配以兵甲以其弟昶珝爲將巢敗果東
走先遣孟楷據項城昶擊破之執楷以歸巢從後至聞

『諸』，當作『詣』。

楷被執，大怒，既而秦宗權以蔡州附巢，巢勢甚盛，乃悉其衆圍犨，置舂磨寨，糜人之肉以爲食。陳人大恐，犨語其下曰：吾家三世陳將，必能保此。爾曹男子，當於死中求生，建功立業，未必不因此時。陳人皆踴躍。巢柵城北三里爲八仙營，起宮闕，置百官，聚糧餉，欲以久弊之。其兵號二十萬，陳州舊有巨弩數百，皆廢壞，後生弩工皆不識其器，琊創意理之，弩矢激五百步，人馬皆洞，以故巢不敢近。圍凡三百日，犨食將盡，乃乞兵於梁，梁太祖與李克用皆自將會陳，擊敗巢將黃鄴於西華，西華有積粟，巢恃以爲餉，及鄴敗，巢乃解圍去。梁太祖入陳州，

- 百衲本、貴池本無『寨』字。
- 百衲本『恐』上無『大』字。
- 百衲本『陳州』誤作『陳人』。
- 『巨弩』，彭本作『弓弩』。

犨兄弟迎謁馬首甚恭然犨陰識太祖必成大事乃降心屈迹爲自託之計以梁援巳因爲太祖立生祠朝夕拜謁以其子巖尙太祖女是謂長樂公主黃巢巳去秦宗權復亂淮西陷旁二十餘州而陳去蔡最近犨兄弟力拒之卒不能下後巢宗權皆敗死唐昭宗即以陳州爲忠武軍拜犨節度使犨巳病乃以位與其弟昶後數月卒昶乘大寇新滅乃休兵課農事梁尤謹梁兵攻戰四方昶饋輓供億未嘗少懈昶卒珝代立珝頗知書乃求鄧艾故迹決翟王陂溉民田兄弟居陳二十餘年陳人大賴之梁太祖巳降韓建取同華徙珝爲同州留後

乾隆四年校刊　五代史卷四十二　專　十三　趙珝

• 『因』，南監本、百衲本、彭本、局本作『恩』，若作恩，當從恩字斷句。
• 趙珝。

入唐爲右金吾衛上將軍、歲餘以疾免官、歸陳、卒于家。陳人爲之罷市。肆次子巖、梁末帝時爲戶部尚書租庸使、與張漢傑漢倫等居中用事。梁自太祖以暴虐殺戮爲事、而末帝爲人特和柔恭謹、然性庸愚、以漢傑婦家、而巖壻也、故親信之。梁之大臣老將皆切齒、末帝獨不悟、以至於亡。初、友珪弒太祖自立、以末帝爲東都留守、巖如東都、末帝與之飮酒、從容以誠款告之、巖爲末帝謀、遣人召楊師厚兵起事。巖還西都、卒與袁象先以禁兵誅友珪、取傳國寶以授末帝。末帝立、巖自以有功於梁。又尚公主。聞唐駙馬杜悰位至將相、自奉甚豐。恥其

●趙巖。
●『甚豐』，汲古本作『盛豐』。

不及乃占天下良田大宅裒刻商旅其門如市租庸之物半入其私巖一飲食必費萬錢故時魏州牙兵驕數爲亂羅紹威盡誅之太祖崩楊師厚逐羅氏據魏州復置牙兵二千人末帝患之師厚死巖與租庸判官邵贊議曰魏爲唐患百有餘年自先帝時嘗切齒紹威以其前恭而後倨今先帝新棄天下師厚復爲陛下憂所以然者以魏地大而兵多也陛下不以此時制之寧知後人不爲師厚邪不若分相魏爲兩鎮則無北顧之憂矣末帝以爲然乃分相澶衞爲昭德軍牙兵亂以魏博降晉梁由是盡失河北是時梁將劉鄩等與莊宗相拒澶

乾隆四年校刊

• 百衲本、貴池本無「一」字。
• 百衲本、貴池本無「人」字。
• 彭「師」誤作「歸」。
• 「邪」，百衲本作「也」。
• 百衲本、貴池本「拒」作「距」。

魏之間，兵數敗，巖曰：古之王者必郊祀天地，陛下即位猶未郊天，議者以爲朝廷無異藩鎮，如此何以威重天下。今河北雖失，天下幸安，願陛下力行之。敬翔以爲不可，曰：今府庫虛竭，箕歛供軍，若行郊禮，則必賞賚，是取虛名而受實弊也。末帝不聽，乃備法駕幸西京，而莊宗取楊劉，或傳晉兵入東都矣，或曰扼汜水矣，或曰下鄆濮矣，京師大風拔水，末帝大懼，從官相顧而泣，末帝乃還東都，遂不果郊。鎮州張文禮殺王鎔，使人告梁曰：臣已北召契丹，願梁以兵萬人出德棣州，則晉兵憊矣。敬翔以爲然，巖與漢傑皆以爲不可，乃止。其後黜王彥章

水當從諸本作木，殿本獨誤

『水』，當從諸本作『木』，殿本獨誤。

用段凝，皆巖力也。莊宗兵將至汴，末帝惶惑不知所爲，登建國樓以問羣臣，羣臣或曰：「晉以孤軍遠來，勢難持久，雖使入汴，不能守也，宜幸洛陽，保險以召天下兵，徐圖之，勝負未可知也。」末帝猶豫，巖曰：「勢已如此，一下此樓，何人可保？」末帝卒死於樓上。當巖用事時，許州温韜尤曲事巖，巖因顧其左右曰：「吾常待韜厚，今以急投之，必不幸吾爲利。」乃走投韜，韜斬其首以獻莊宗。巳滅梁，巖素所善段凝奏請誅巖家屬，乃族滅之。

嗚呼，禍福之理，豈可一哉！君子小人之禍福異也。老子曰：「禍兮福所倚，福兮禍所伏。」後世之談禍福者，皆以其

百衲本集本無下一羣臣

彭作險

● 百衲本、貴池本無下一『群臣』。
● 彭作『險』。

言爲至論也夫爲善而受福焉得禍爲惡而受禍焉得福惟君子之罹非禍者未必不爲福小人之求非福者未嘗不及禍此自然之理也始犨自以先見之明深結梁太祖及其子孫皆享其祿利自謂知所託矣安知其族卒與梁俱滅也犨之求福於梁蓋老氏之所謂福也非君子之所求也可不戒哉

馮行襲字正臣均州人也唐末山南盜孫喜以衆千人襲均州刺史呂燁燁不能禦行襲爲州校乃陰選勇士伏江南獨乘小舟逆喜告曰州人聞公至皆欲歸矣然知公兵多民懼虜掠恐其驚擾請留兵江北獨與腹心

• 『福』下汲古本、局本無『也』字。

數人從行，願爲前導，以慰安州民，事可立定。言以爲然，
乃留其兵江北，獨與行襲渡江。軍吏前謁，行襲擊言仆
地，斬之，伏兵發，盡殺從行者。餘兵在江北，聞言死，皆潰。
山南節度使劉巨容表行襲均州刺史。是時，僖宗在蜀，
諸鎮貢賦行在者皆道山南，盜賊多據州西長山以邀
劫之，行襲盡破諸賊。洋州葛佐辟行襲行軍司馬，使以
兵鎮谷口，通秦蜀道，行襲由此知名。李茂貞兼領山南，
遣子繼臻守金州，行襲逐之，遂據金州。昭宗乃以金州
爲戎昭軍，拜行襲節度使。昭宗在岐，梁太祖引兵而西，
中尉韓全誨遣中官郗文晏等二十餘人召兵江淮以

拒太祖、行襲已附梁、乃盡殺文晏等。太祖攻趙匡凝于襄陽、行襲遣子勗以舟兵會均房、以功遷匡國軍節度使。行襲爲人、嚴酷少恩、而所至輒天幸。境旱有蝗、則飛鳥食之、歲凶、田中鹵穀自生。唐衰、知梁必興、尤盡心傾附、事梁官至司空、封長樂郡王、卒贈太傅、謚曰忠敬。

五代史卷四十二

此匡國軍是許州
許州
彭旱訛旦

• 此匡國軍是許州。
• 彭『旱』訛『旦』。

五代史卷四十二考證

李罕之傳其將劉經立爽子仲方仲方年少事皆任經

○任經閣本作經任

五代史卷四十二考證

五代史卷四十二考證

五代史卷四十三

宋 歐 陽 修 撰

雜傳第三十一

氏叔琮，開封尉氏人也。為梁騎兵伍長，梁兵擊黃巢陳、許間，叔琮戰數有功，太祖壯之，使將後院馬軍。從攻徐、兗，表宿州刺史。使攻襄陽，戰數敗，降為陽翟鎮遏使。入之遷曹州刺史。太祖下河中，取晉絳，晉王遣使致書太祖求成，太祖以晉書詞嫚，乃遣叔琮與賀德倫等攻之。叔琮自太行入取澤潞，出石會，營于洞渦，久之，糧盡乃旋。表晉州刺史。晉人復取絳州，攻臨汾，叔琮選壯士二人深目而胡鬚者牧馬襄陵道旁，晉人以爲晉兵，雜行道中，伺其怠，擒晉二人而歸。晉人大驚，以爲有伏兵，乃退屯于蒲縣。太祖遣友寧兵萬人會叔琮禦晉，友寧欲休兵以待，叔琮曰：「敵聞救至，必走，走則何功邪？」乃夜擊之，晉人大敗，逐之至于太原。太祖大喜曰：「破太原非氏老不可。」已而兵大疫，叔琮班師，令曰：「病不能行者焚之。」病者懼，皆言無恙。乃以精卒爲殿而還，至石會，留數騎以大將旗幟立于高岡，晉兵疑其有伏，乃不敢追。叔之從保大軍節度使。昭宗遷洛，拜右龍武統軍。太祖遣叔琮與李彥威等弒昭宗，已而殺之。[redacted]

・間諜工作。
・『萬人』，薛史作『數萬』。
・『以待』，汲古本作『乃待』。
・亦稱氏老耶。
・『還』下『至』字，百衲本無之，貴池本作『至大石會』。

李彥威壽州人也少事梁太祖爲人頴悟善揣人意太祖憐之養以爲子冒姓朱氏名友恭歷汝頴二州刺史昭宗遷洛拜右龍武統軍劉季述廢昭宗立皇太子裕爲天子昭宗反正以爲太子年幼爲賊所立赦之復其始封爲德王昭宗自岐還太祖見裕眉目疎秀惡之謂宰相崔胤曰德王嘗爲季述所立安得猶在乎公白天子殺之胤奏之昭宗不許佗日以問太祖太祖曰臣安敢及之胤欲賣臣爾昭宗遷洛謂蔣玄暉曰德王朕愛子也全忠何爲欲殺之因泣下齧指流血玄暉具以白太祖太祖益惡之是時昭宗改元天祐遷于東都爲梁

• 百衲本誤作「穎」。
• 朱友恭。
• 貴池本、南監本「劉」上有「初」字，彭本同。
• 「遷」，百衲本作「下」。
• 薛史作「左」。
• 百衲本無「年」字，貴本同。

所迫而晉人蜀人以爲天祐之號非唐所建不復稱之但稱天復王建亦傳檄天下舉兵誅梁太祖大懼恐昭宗奔佗鎮以兵七萬如河中陰遣敬翔至洛告彦威與氏叔琮等使行弑逆八月壬辰彦威叔琮以龍武兵宿禁中夜二鼓以兵百人叩宮門奏事夫人裴正一開門問曰奏事安得以兵入龍武牙官史太殺之趨椒蘭殿問昭宗所在昭宗方醉起走太持劍逐之昭宗單衣旋柱而走太劍及之昭宗崩訃至河中太祖陽爲驚駭投地號哭罵曰奴輩負我俾我被惡名於後世邪太祖至洛流彦威叔琮嶺南使張廷範殺之彦威臨刑大呼曰

• 纂誤補引潘耒曰，『蜀』字疑是『岐』字之誤。
• 『敬翔』，通鑑作『李振』，下文李振傳亦載之。
• 通鑑、新唐作『壬寅』。

賣我以滅口其如神理何顧廷範曰勉之公行自及遂見殺已而還其姓名莊宗時得故唐内人景姹言嘗彥威等弑昭宗時諸王宗屬數百人皆遇害而同爲一坑瘞于龍興寺北請合爲一冢而改葬之詔以故濮王爲首葬以一品禮云

李振字興緒其祖抱眞唐潞州節度使振爲唐金吾衛將軍拜台州刺史盜起浙東不果行乃西歸過梁以策干太祖太祖留之太祖兼領鄆州表振節度副使振奏事長安舍梁邸宦官劉季述謀廢昭宗遣其姪希正因梁邸吏程巖見振曰今主上嚴急誅殺不辜中尉懼及

• 貴池本『弑』作『殺』，百衲本同。
• 薛史、通鑑均謂，振抱真之曾孫。
• 百衲本『干』誤作『于』。
• 彭本無『衛』字。
• 薛史作『希貞』。

禍，將行廢立，請與諸邸吏協力以定中外，如何？振駭然曰：「百歲奴事三歲主，而敢爾邪！今梁王百萬之師，方仗大義尊天子，君等無爲此不祥也。」振還，季述卒與嚴等廢昭宗，幽之東宮，號太上皇，立皇太子裕爲天子。是時太祖用兵在邢洺間，季述詐爲太上皇誥告太祖，太祖猶豫未知所爲。振曰：「夫豎刁、伊戾之亂，所以爲霸者資也。今閹宦作亂，天子危辱，此正仗義立功之時。」太祖大悟，乃囚季述使者，遣振詣京師，見崔胤，謀出昭宗。昭宗返正，太祖大喜，執振手曰：「卿謀得之矣。」王師範以青州降梁，遣振往代師範，師範疑懼不知所爲。振曰：「獨不聞

● 百衲本、貴池本『正』作『王』，南監本作『王』。

漢張繡乎繡與曹公爲敵然不歸袁紹而歸曹公者知其志大不以私讎殺人也今梁王方欲成大事豈以故怨害忠臣乎師範洗然自釋乃西歸梁昭宗遷洛振往來京師朝臣皆側目振視之若無人有所小怒必加譴謫故振一至京師朝廷必有貶降時人目振爲鴟梟太祖之弑昭宗也遣振至京師與朱友恭氏叔琮謀之昭宗崩太祖問振所以待友恭等宜如何振曰昔晉司馬氏殺魏君而誅成濟不然何以塞天下口太祖乃歸罪友恭等而殺之振常舉進士咸通乾符中連不中尤憤唐公卿及裴樞等七人賜死白馬驛振謂太祖曰此輩

乾隆四年校刊

●貴池本脫『繡乎』二字。

●［側，編注］百衲本作『仄』。

嘗自言清流、可投之河、使爲濁流也。太祖笑而從之。太
祖卽位、累遷戶部尚書。友珪時、以振代敬翔爲崇政院
使。莊宗滅梁入汴、振謁見郭崇韜、崇韜曰、人言李振一
代奇才、吾今見之、乃常人爾。已而伏誅。
裴迪字昇之、河東聞喜人也。爲人明敏、善治財賦、精於
簿書。唐司空裴璩判度支、辟爲出使巡官。都統王鐸鎭
滑州、奏迪汴宋鄆等州供軍院使。鐸爲租庸使、辟租庸
招納使。梁太祖鎭宣武、辟節度判官。太祖用兵四方、常
留迪以調兵賦。太祖乃牓院門、以兵事自處、而以貨財
獄訟一切任迪。太祖西攻岐王、師範謀襲汴、遣健卒苗

百衲本貴池本無院字　一切汲古本作以切

• 百衲本、貴池本無『院』字。
• 『一切』，汲古本作『以切』。

公立持書至汴，陰伺虛實。迪召公立問東事，公立色動，乃屏人密詰之，具得其事。迪不暇啓，遣朱友寧以兵巡兗、鄆，以故師範雖竊發，而事卒不成。太祖自岐還，將吏皆賜迎鑾叶贊功臣，將吏入見，太祖目迪曰：「叶贊之功，惟裴公有之，佗人不足當也。」迪入唐，累遷太常卿。太祖即位，召拜右僕射。居一歲，告老，以司空致仕，卒于家。

韋震字東卿，雍州萬年人也。初名肇。爲人彊敏有口辯。事梁太祖爲都統判官。申叢執秦宗權，欲送于太祖，又欲自獻於京師，又欲挾宗權奪其兵。太祖遣震入蔡州視之，叢遣騎兵三百迎震，欲殺之。震以計得免，還白太

●「伺」，貴池本作「詗」，彭本同。
●「詰」，貴池本誤作「詁」。
●彭「欲」作「復」，誤。

祖曰、叢不足慮、爲其謀者、牙將裴涉、安庸人也。叢後果爲郭璠所殺、璠以宗權歸于太祖。太祖欲大其事、請獻俘于唐、唐以時溥破黃巢獻馘而已、宗權不足俘。左拾遺徐彥樞亦疏請所在斬決。太祖遣震奏事京師、往復論列、卒俘宗權、太祖德之、表爲節度副使。昭宗幸石門、太祖遣震由虢略間道奉表行在、昭宗賜其名震。太祖已破兗、鄆、遂攻吳、大敗于淸口、太祖懼諸鎭乘間圖己、乃諷杜洪、鍾傳、王師範、錢鏐等薦己爲元帥、且求兼領鄆州。昭宗初不許、震彊辯敢大言、語數不遜、昭宗卒許梁以鄆州、太祖遂兼四鎭、表震鄆州留後。昭宗遷洛、震

● 今河南『虢略』尚存一鎮。
● 貴池本『傳』誤作『傳』。

入爲河南尹、六軍諸衛副使，以病痟守太子太保致仕。太祖受禪，改太子太傅。末帝即位，加太師，卒。

孔循不知其家世何人也。少孤，流落於汴州。汴州富人李讓闌得之，養以爲子。梁太祖鎮宣武，以李讓爲養子，循乃冒姓朱氏。稍長，給事太祖帳下。太祖諸兒乳母有愛之者，養循爲子。乳母之夫姓趙，循又冒姓爲趙氏，名殷衡。昭宗東遷洛陽，太祖盡去天子左右，悉以梁人代之，以王殷爲宣徽使，循爲副使。循與蔣玄暉、張廷範等共與弒昭宗之謀。其後循與玄暉有隙。哀帝即位，將有事于南郊，循因與王殷譖于太祖曰：「玄暉私侍何太后，

• 百衲本、貴池本少下「汴州」二字。
• 朱循。
• 「帳下」，百衲本、貴池本並作「帳中」。

與廷範等奉天子郊天，冀延唐祚，太祖大怒。是時梁兵攻壽春，大敗而歸，哀帝遣裴迪勞軍，太祖見迪，怒甚，迪還，哀帝不敢郊，封太祖魏王，備九錫，太祖拒而不受。玄暉與宰相柳璨相次馳至梁自解，璨曰：「自古王者之興，必有封國，而唐所以不卽遜位者，當先建國備九錫，然後禪也。」太祖曰：「我不由九錫作天子，可乎？」璨懼，馳去。太祖遣循與王殷弑何太后，因殺璨及玄暉、廷範等，以循爲樞密副使。唐亡，事梁爲汝州防禦使、左衞大將軍。租庸使始改姓孔名循。莊宗時，權知汴州。明宗自魏兵反而南，莊宗東出汜水，循持兩端，遣迎明宗於北門，迎莊

• 「迪還」，貴池本脫「迪」字。
• 「何太后」，百衲本、貴池本、彭本作「何皇后」，不改。

宗於西門、供帳牲餼、其禮如一、而戒其人曰、先至者入之。明宗先至、遂納之。明宗卽位、以爲樞密使。明宗幸汴州、循留守東都。民有犯麴者、循族殺其家。明宗知其寃、因詔天下除麴禁、許民得造麴。循爲人柔佞而險猾、安重誨尤親信之、凡循所言無不聽用。明宗嘗欲以皇子娶重誨女、重誨以問循、循曰、公爲機密之臣、不宜與皇子婚。重誨信之、乃止。而循陰使人白明宗、求以女妻皇子。明宗卽以宋王從厚娶循女。重誨始惡其爲人、出循爲忠武軍節度使、徙鎭橫海、卒于鎭、年四十八、贈太尉。

孫德昭、鹽州五原人也。其父惟最有材畧、黃巢陷長安、

• 百衲本、貴池本作「女」，無「以」字。
• 「最」，貴池本作「最」，彭同，局本同。薛史、新唐「最」。

惟最率其鄉里子弟得義兵千人，南攻巢于咸陽。興平州將壯其所爲，益以州兵二千，與破賊，功拜右金吾衛大將軍。朱玫亂京師，僖宗幸興元，惟最率兵擊賊，累遷鄜州節度使，留京師宿衛。鄜州將吏詣闕，請惟最之鎮，京師民數萬與神策軍復遮留，不得行，改荆南節度使，在京制置，分判神策軍，號扈駕都。是時京師數亂，民皆賴以爲保。德昭以父任爲神策軍指揮使。光化三年，劉季述廢昭宗，幽之東宮，宰相崔胤謀反正，陰使人求義士可共成事者，德昭乃與孫承誨、董從實應胤。胤裂衣襟爲書以盟。天復元年正月朔，未旦，季述將朝，德昭伏

● 百衲本無『數』字，貴池本同。

甲士道旁，邀其輿斬之。承誨等分索餘黨皆盡。昭宗聞外諠譁，大恐。德昭馳至，扣門曰：「季述誅矣，皇帝當反正。」何皇后呼曰：「汝可進逆首。」德昭擲其首入。已而承誨等悉取餘黨首以獻，昭宗信之。德昭破鎖出昭宗，御丹鳳樓反正。以功拜靜海軍節度使，賜姓李，號扶傾濟難忠烈功臣，與承誨等皆拜節度使、同中書門下平章事，圖形凌煙閣，俱留京師，號「三使相」，恩寵無比。是時，崔胤方欲誅唐宦官，外交梁以爲恃，而宦官亦倚李茂貞爲扞蔽，梁、岐交爭。冬十月，宦者韓全誨劫昭宗幸鳳翔，承誨、從實皆從，而德昭獨與梁，乃率兵衞胤及百官保東街。

• 通鑑，賜姓名『李繼昭』。
• 三使相。

趣梁兵以西。梁太祖頗德其附已，以龍鳳劍、鬭鷄紗遺之。太祖至華州，德昭以軍禮迎謁道旁。太祖至京師，表同州留後，將行，京師民復請留，遂留爲兩街制置使。梁兵圍鳳翔，德昭以其兵八千屬太祖，太祖益德之，使先之洛陽，賜甲第一區。昭宗東遷，拜左威衛上將軍，以疾免。太祖即位，以烏銀帶、袍笏、名馬賜之。疾少間，以爲左衛大將軍。末帝立，拜左金吾大將軍，以卒。承誨、從實至鳳翔，與宦者俱見殺。

王敬蕘，潁州汝陰人也。事州爲牙將。唐末王仙芝等攻劫汝、潁間，刺史不能拒，敬蕘遂代之，即拜刺史。敬蕘爲

留爲 百衲本貴池本無留字

彭本局本作逐代之

•「留爲」，百衲本、貴池本無「留」字。
•彭本、局本作「逐代之」。

人狀貌魁傑而沉勇有力善用鐵槍重三十斤潁州與淮西爲鄰境數爲秦宗權所攻力戰拒之宗權悉陷河南諸州獨敬蕘不可下由是潁旁諸州民皆依敬蕘避賊是時所在殘破獨潁州戶二萬梁太祖攻淮南道過潁州敬蕘供饋梁兵甚厚太祖大喜表敬蕘沿淮指揮使其後梁兵攻吳龐師古死淸口敗兵亡歸過潁大雪士卒飢凍敬蕘乃沿淮積薪爲燎爲作糜粥餔之亡卒多賴以全活太祖表敬蕘武寧軍留後遂拜節度使天祐三年爲左衞上將軍太祖卽位敬蕘以疾致仕後卒于家

- 百衲本重「二十」斤，貴池本「三十」。
- 又一王鐵鎗。
- 貴池本「依」誤作「保」，百衲本同，彭本同。
- 百衲本無「爲燎」二字，貴池本同。

蔣殷，幼爲王重盈養子，冒姓王氏。梁太祖取河中，以王氏舊恩，錄其子孫，表殷牙將，太祖尤愛之。唐遷洛陽，殷爲宣徽北院使。太祖已下襄陽，轉攻淮南，還屯正陽，哀帝遣殷勞軍。是時，哀帝方卜郊，殷與樞密使蔣玄暉等有隙，因譖之太祖，言玄暉等教天子卜郊祈天，且待諸侯助祭者以謀興復。太祖大怒，哀帝爲改卜郊。是時，太祖將有簒弒之謀，何太后嘗泣涕叩頭，爲玄暉等言梁王禪位後，願全唐家子母。殷乃誣玄暉嘗私侍太后，太祖斬玄暉及張廷範、柳璨等，遣殷弒太后於積善宮。哀帝下詔慙愧，自言以母后故，無以奉天，乃卒不郊。庶人友珪與殷善友珪弑太祖自立拜殷武寧軍節度使末帝即位以福王友璋代殷殷不受代王瓚亦王氏子懼爲殷所累乃言殷非王氏子其本姓蔣末帝詔削殷官爵還其姓遣牛存節討之殷舉族自燔死

● 彭本「殷懼不受代」，薛史、通鑑亦有「懼」字，南監本「懼」。

● 「官爵」上，百衲本、貴池本均脫「殷」字。

五代史卷四十三

五代史卷四十三考證

韋震傳太祖懼諸鎮乘間圖已○監本闕圖字今增正

柴德賡點校

五代史卷四十三考證

• 薛十三。
• 『二千人』，薛史作『三千人』。

薛十三
二千人薛作三千人

五代史卷四十四

宋　歐　陽　修　撰

雜傳第三十二

劉知俊字希賢徐州沛人也少事時溥溥與梁相攻知俊與其麾下二千人降梁太祖以爲左開道指揮使知俊姿貌雄傑能被甲上馬輪劒入敵勇出諸將當是時劉開道名重軍中歷海懷鄭三州刺史從破青州以功表匡國軍節度使邠州楊崇本以兵六萬攻雍州屯于美原是時太祖方與諸將攻滄州知俊不俟命與康懷英等擊敗崇本斬馘二萬獲馬三千匹執其偏裨百人

李思安爲夾城攻潞州久不下、太祖罷思安、拜知俊行營招討使。未至潞、夾城已破、徙西路行營招討使敗邠岐兵於幕谷。是時延州高萬興叛楊崇本降梁、太祖遣知俊會萬興攻下丹延鄜坊四州、加檢校太尉兼侍中、封大彭郡王。知俊功益高、太祖性多猜忌、屢殺諸將、王重師無罪見殺、知俊益懼不自安。太祖已下鄜坊、遣知俊復攻邠州、知俊以軍食不給、未行。太祖幸河中、使宣徽使王殷召知俊、其弟知浣爲親軍指揮使、間遣人告知俊以不宜來、知俊遂叛、臣於李茂貞、以兵攻雍華、執劉捍送于鳳翔。太祖使人謂知俊曰、朕待卿至矣。何相

書本脫諸字

• 貴池本脫『諸』字。

負邪知俊報曰王重師不負陛下而族滅臣非背德但
畏死爾太祖復使語曰朕固知卿以此吾誅重師乃劉
捍誤我致卿至此吾豈不恨之邪今捍已死未能塞責
知俊不報以兵斷潼關太祖遣劉鄩牛存節攻知俊知
俊遂奔于茂貞茂貞地狹無以處之使之西攻靈武韓
遜告急太祖遣康懷英寇彥卿等攻邠寧以牽之知俊
大敗懷英於昇平殺梁將許從實茂貞大喜以知俊爲
涇州節度使使攻興元取興鳳圍西縣已而茂貞左右
忌知俊功以事間之茂貞奪其軍知俊乃奔于蜀王建
以爲武信軍節度使使反攻茂貞取秦鳳階成四州建

雖待知俊甚厚，然亦陰忌其材，嘗謂左右曰：「吾老矣，吾且死，知俊非爾輩所能制，不如早圖之。」而蜀人亦共嫉之。知俊爲人色黑，而其生歲在丑，建之諸子皆以宗承爲名，乃於里巷構爲謠言曰：「黑牛出圈棧繩斷。」建益惡之，遂見殺。

薛五九

丁會字道隱，壽州壽春人也。少工挽喪之歌，尤能悽愴其聲以自喜。後去爲盜，與梁太祖俱從黄巢，梁太祖鎮宣武，以爲宣武都押衙。光啓四年，東都張全義襲破河陽，逐李罕之，罕之召晉兵圍河陽，全義告急，是時梁軍在魏，乃遣會及葛從周等將萬人救之，會等行至河陰，

• 薛五九。

謀曰、罕之料吾不敢渡九鼎、以吾兵少而來遠、且不虞吾之速至也。出其不意掩其不備者、兵家之勝策也。乃渡九鼎、直趨河陽、戰于沇水、罕之大敗、河陽圍解。大順元年、梁軍擊魏、會及葛從周破黎陽臨河、遂敗羅弘信于內黃。梁軍攻時溥於徐州、遣會別攻宿州、刺史張筠閉城距守、會堰汴水浸其東城、城壞、筠降。兗州朱瑾以兵萬餘擊單父、會及瑾戰于金鄉、大敗之。光化二年、李罕之叛晉、以潞州降梁、會自河陽攻晉澤州、下之、乃以會爲昭義軍留後。會畏梁太祖雄猜、常稱疾者累年。天復元年、太祖復起會爲昭義軍節度使。昭宗遇弒、會與

- 罕之傳作『沇河』。
- 百衲本少一『城』字。
- 貴池本脫下一『會』字。

三軍縞素發哀，梁軍攻燕滄州，燕王劉守光乞師于晉，晉人爲攻潞州，會乃降晉，晉王以會歸于太原，賜以甲第，位在諸將上。莊宗立，以會爲都招討使。天祐七年，以疾卒于太原，唐興，追贈太師。

賀德倫，河西人也，少爲滑州牙將。梁太祖兼領宣義、德倫從太祖征伐，以功累遷平盧軍節度使。貞明元年，魏州楊師厚卒，末帝以魏兵素驕難制，乃分相澶衞三州建昭德軍，以張筠爲節度使，魏博貝三州仍爲天雄軍，以德倫爲節度使。遣劉鄩以兵六萬渡河，聲言攻鎮定，王彥章以騎兵五百入魏州，屯金波亭，以虞變，分魏牙

• 百衲本脫『劉』字，貴本同。
• 劉校，南監本無『立』字。莊宗以天祐五年立，當有『立』字。

張彥。

兵之半入昭德。租庸使遣孔目吏閱魏兵籍、檢校府庫、德倫促牙兵上道、牙兵親戚相訣別、哭聲盈塗。劾節軍將張彥謀於其衆曰、朝廷以我軍府彊盛、設法殘破之。況我六州舊爲藩府、未嘗遠出河門。一旦離親戚去鄉里。生不如死。乃相與夜攻金波亭。彥章走出。遲明、魏兵攻牙城、殺五百餘人、執德倫致之樓上、縱兵大掠。末帝遣供奉官扈異馳至魏、諭彥許以刺史。彥謂異曰、爲我報皇帝、三軍不負朝廷、朝廷負三軍、割隸無名、所以亂耳。但以六州還魏、而詔劉鄩反兵、皇帝可以高枕。異還、言彥狂蹶、不足畏、宜促鄩兵擊之。末帝使人諭彥、以制

乾隆四年校刊　五代史卷四十四　傳　四　賀德倫

張彥

置已定、不可復易。使者三返、彥怒曰、傭保兒敢如是邪。乃召羅紹威故吏司空頲曰、爲我作奏、若復依違、則渡河虜之耳。末帝優詔荅之、言王鎔死、鎮人請降、遣郭以兵定鎮州、非有佗也、若魏不便之、卽召郭還、戒彥勿爲朝廷生事。彥乃以楊師厚鎮魏州、嘗帶招討使、逼德倫論列之。末帝不許、諭以詔書、彥裂詔書抵于地曰、愚主聽人穿鼻、難與共事矣。乃迫德倫降晉、德倫惶恐曰、惟將軍命。乃遣牙將曹延隱奉書莊宗、莊宗入魏、德倫以彥逼己、遣人陰訴於莊宗、莊宗斬彥於臨清而後入。從德倫爲大同軍節度使、行至太原、監軍張承業留之。王

- 『共事』，彭本作『其事』。
- 百衲本作『廷』隱，貴池本同，當改，彭同。薛史有傳，南監本『廷』。

・薛五九。
・彭本少一『晉』字。

薛五九
彭本少一晉字

檀攻太原，德倫麾下多奔檀，承業懼德倫爲變，殺之。
閻寶字瓊美，鄆州人也。少爲朱瑾牙將，瑾走淮南，寶降於梁。梁太祖時爲諸軍都虞候，常從諸將征伐，未嘗獨立戰功。至末帝時，以寶爲保義軍節度使。貞明三年，賀德倫以魏博降晉，晉軍攻下洺磁相衞，移兵圍邢州，末帝遣捉生都指揮使張温將五百騎救寶。温至內黄，遇晉軍，乃降晉。晉遣温將所降梁軍至城下招寶，寶遂降晉。晉王拜寶檢校太尉同中書門下平章事，領天平軍節度使、東南面招討使，位在諸將上。梁晉戰胡柳，晉軍敗，莊宗欲引兵退保臨濮，寶曰：「夫決勝料勢，決戰料情，

乾隆四年校刊　五代史卷四十四　傳　五　閻寶

情勢既得，斷在不疑。今梁兵窘蹙，其勢可破，勝而驕怠，其情可知，此不可失之時也。」莊宗謝曰：「微公幾敗吾事。」乃整軍復戰，遂敗梁兵。十八年，晉軍討張文禮於鎮州，以寶爲招討使。明年三月，寶戰敗，退保趙州，慙憤發疽卒，追贈太師。晉天福中，追封太原王。

康延孝，代北人也。爲太原軍卒，有罪亡命于梁。末帝遣段凝軍于河上，以延孝爲左右先鋒指揮使。延孝見梁末帝任用羣小，知其必亡，乃以百騎奔于唐，見莊宗于朝城。莊宗解御衣金帶以賜之，拜延孝博州刺史、捧日軍使，兼南面招討指揮使。莊宗屏人問延孝梁事，延孝

十八上應補天祐二字
薛七十四
即李紹琛
薛史右先鋒
招討貴池本作招收百衲本同

●「十八」上應補「天祐」二字。
●薛七十四。
●即李紹琛。
●薛史「右先鋒」。
●「招討」，貴池本作「招收」，百衲本同。

具言末帝懦弱，趙巖、張漢傑、婿家皆用事，段凝姦邪，以入金多爲大將，自其父時故將皆出其下，王彥章驍將也，遣漢傑監其軍而制之，小人進任，而忠臣勇士皆見疏斥，此其必亡之勢也。莊宗又問梁計如何，曰：臣在梁時，竊聞其議，期以仲冬大舉，遣董璋以陝虢、澤潞之衆出石會以攻太原，霍彥威以關西、汝洛之兵掠邢洛，以趨鎮定，王彥章以京師禁衛擊鄆州，段凝以河上之軍當陛下。莊宗初聞延孝言梁必亡，喜，及聞其大舉也，懼曰：其將何以禦之？延孝曰：梁兵雖衆，分則無餘，臣請待其既分，以鐵騎五千，自鄆趨汴，出其不意，擣其空

入汴之計，決於延孝。

入汴之計決於延孝

虛，不旬日天下定矣。莊宗甚壯其言，後董璋等雖不出
兵，而梁兵悉屬段凝于河上，京師無備，莊宗卒用延孝
策，自鄆入汴，凡八日而滅梁。以功拜鄭州防禦使，賜姓
名曰李紹琛。二年，遷保義軍節度使。三年，征蜀，以延孝
爲先鋒排陣斬斫使，破鳳州，取固鎮，降興州，與王衍戰
三泉，衍敗走，斷吉柏江浮橋。延孝造舟以渡，進取綿州，
衍復斷綿江浮橋。延孝謂招撫使李嚴曰：吾遠軍千里，
入人之國，利在速戰，乘衍破膽之時，但得百騎過鹿頭
關，彼將迎降不暇；若修繕橋梁，必留數日，使衍得閉關
爲備，則勝負未可知也。因與嚴乘馬浮江，軍士隨之濟

• 貴池本脫『兵』字。
• 『浮』，南昌本作『渡』。

者千餘人遂入鹿頭關下漢州居三日後軍始至衍弟
宗弼果以蜀降延孝屯漢州以俟魏王繼岌蜀平延孝
功爲多左廂馬步軍都指揮使董璋位在延孝下然特
見重於郭崇韜崇韜有軍事獨召璋與計議而不問延
孝延孝大怒責璋曰吾有平蜀之功公等僕遬相從反
俛首郭公之門吾爲都將獨不能以軍法斬公邪璋訴
于崇韜崇韜解璋軍職表爲東川節度使延孝愈怒曰
吾冒白刃犯險阻以定兩川璋有何功而得旄節因見
崇韜言其不可崇韜曰紹琛反邪敢違吾節度延孝懼
而退明年崇韜死延孝謂璋曰公復俛首何門邪璋求

哀以免。繼岌班師，命延孝以萬二千人爲殿，行至武連，聞朱友謙無罪見殺。友謙有子令德在遂州，莊宗遣使者詔繼岌卽誅之，繼岌不遣延孝，而遣董璋。延孝已自疑。及璋過延孝軍，又不謁，延孝大怒，謂其下曰：南平梁，西取蜀，其謀盡出於郭公，而汗馬之勞，攻城破敵者，我也。今郭公已死，我豈得存，而友謙與我俱背梁以歸唐者，友謙之禍，次及我矣。延孝部下皆友謙舊將，知友謙被族，皆號泣訴于軍門曰：朱公無罪，二百口被誅，舊將往往從死，我等死必矣。延孝遂擁其衆自劒州返入蜀，自稱西川節度三州制置等使，馳檄蜀人，數日之間，衆

• 彭本「盡」作「畫」。
• 號「泣」，百衲本作號「哭」，貴同，彭作「泣」。
• 彭本三「州」，作三「川」，薛〔劉本，本注〕亦三「州」，通鑑亦作三「川」，當作「川」。

至五萬。繼岌遣任圜以七千騎追之，及于漢州，會孟知祥兵攻之，延孝戰敗被擒，載以檻車。圜置酒軍中，引檻車至坐上，知祥酌大卮從車中飲之，而謂曰：「公自梁朝脫身歸命，遂擁節旄，今平蜀之功，何患富貴，而入此檻車邪。」延孝曰：「郭崇韜佐命之臣，功在第一，兵不血刃而取兩川，一旦無罪，闔門受戮。顧如延孝，何保首領，以此不敢歸朝耳。」任圜東還，延孝檻車至鳳翔，莊宗遣宦者殺之。

五代史卷四十四

五代史卷四十五

宋　歐陽修　撰

雜傳第三十三

張全義字國維，濮州臨濮人也。少以田家子役于縣。縣令數困辱之，全義因亡入黃巢賊中。巢陷長安，以全義為吏部尚書、水運使。巢敗去，事諸葛爽于河陽。爽死，事其子仲方。仲方為孫儒所逐，全義與李罕之分據河陽、洛陽，以附于梁。二人相得甚歡，然罕之性貪暴，日以寇鈔為事。全義勤儉，御軍有法，督民耕殖，以故罕之常乏食，而全義常有餘。罕之仰給全義，全義不能給，二人因

- 薛六十三。
- 『巢』下百衲本、貴池本有『賊』字，可省。
- 貴池本脫下一『仲方』。

有隙。罕之出兵攻晉絳，全義襲取河陽，罕之奔晉，晉遣兵助罕之，圍全義甚急。全義乞兵于梁，梁遣牛存節、丁會等以兵萬人自九鼎渡河，擊敗罕之於沇水，晉軍解去。梁以丁會守河陽，全義還爲河南尹。全義德梁出己，由是盡心焉。是時河南遭巢儒兵火之後，城邑殘破，戶不滿百。全義披荊棘，勸耕殖，躬載酒食，勞民畎畝之間，築南北二城以居之。數年，人物完盛，民甚賴之。及梁太祖劫唐昭宗東遷，繕理宮闕、府廨、倉庫，皆全義之力也。全義初名言，唐昭宗賜名全義。唐亡，全義事梁，又請改名，太祖賜名宗奭。太祖猜忌，晚年尤甚，全義奉事益謹，

畎

薛史初名居言李罕之傳作張言

- 畎〔畝，編注〕。
- 薛史初名『居言』，李罕之傳作『張言』。

卒以自免。自梁與晉戰河北、兵數敗亡、全義輒蒐卒伍鎧馬、月獻之以補其缺。太祖兵敗蓚縣、道病、還洛、幸全義會節園避暑、留旬日。全義妻女皆迫淫之。其子繼祚憤恥不自勝。欲剚刃太祖。全義止之曰、吾爲李罕之兵圍河陽、啖木屑以爲食、惟有一馬、欲殺以餉軍、死在朝夕、而梁兵出之、得至今日、此恩不可忘也。繼祚乃止。嘗有言全義於太祖者、太祖召全義、其意不測。全義妻儲氏明敏有口辯、遽入見、厲聲曰、宗奭種田叟爾、守河南三十年、開荒斸土、捃拾財賦、助陛下創業。今年齒衰朽、已無能爲、而陛下疑之、何也。太祖笑曰、我無惡心、嫗勿

• 『猜忌』，彭本作『猜忍』。
• 『蓚』，貴池本作『蒲』。
• 兵敗蓚縣在乾化二年，至會節園在乾化元年。

多言。全義事梁累拜中書令、食邑至萬三千戶、兼領忠武陝虢鄭滑河陽節度使、判六軍諸衛事、天下兵馬副元帥、封魏王。初、全義爲李罕之所敗、其弟全武及其家屬爲晉兵所得、晉王給以田宅、待之甚厚、全義常陰遣人通問於太原。及梁亡、莊宗入汴、全義自洛來朝、泥首待罪。莊宗勞之曰、卿家弟姪、幸復相見、全義俯伏感涕年老不能進趨、遣人掖扶而登、宴犒盡歡、命皇子繼岌皇弟存紀等皆兄事之。全義因去梁所賜名、請復其故名、而全義猶不自安、乃厚賂劉皇后以自託。初、梁末帝幸洛陽、將祀天於南郊、而不果、其儀仗法物、猶在、全義因請幸洛陽曰南郊儀物已具莊宗大悅加拜全義太師尚書令明年十一月莊宗幸洛陽南郊而禮物不具因改用來年二月然不以前語責全義以皇后故待之愈厚數幸其第命皇后拜全義爲父改封齊王初莊宗滅梁欲掘梁太祖墓斲棺戮尸全義以謂梁雖讎敵今已屠滅其家足以報怨剖棺之戮非王者以大度示天下也莊宗以爲然鏟去墓闕而已全義監軍嘗得李德裕平泉醒酒石德裕孫延古因託全義復求之監軍忿然曰自黃巢亂後洛陽園宅無復能守豈獨平泉一石哉全義嘗在巢賊中以爲譏已因大怒奏笞殺監軍者

- 「曰」，百衲本作「白」，諸本並作「曰」，然作「白」字義長。
- 劉校，「明年」二字疑衍。
- 延古即李敬義。

天下冤之。其聽訟以先訴者爲直，民頗以爲苦。同光四年，趙在禮反於魏，元行欽討賊無功，莊宗欲自將討之，大臣皆諫以爲不可，因言明宗可將。是時郭崇韜、朱友謙皆已見殺，明宗自鎮州來朝，處之私第，莊宗疑之，不欲遣也，羣臣固請不從。最後全義力以爲言，莊宗乃從。已而明宗至魏，果反，全義以憂卒，年七十五，謚曰忠肅。子繼祚，官至上將軍。晉高祖時，與張從賓反於河陽，當族誅，而宰相桑維翰以其父珙嘗事全義有恩，乞全活之，不許，止誅繼祚及其妻子而已。

朱友謙字德光，許州人也。初名簡，以卒隸澠池鎮，有罪

- 繼祚薛史九十六有傳。
- 張從賓薛史九十七有傳。
- 薛六十三。

亡去爲盜石濠三鄉之間商旅行路皆苦之久之去爲陜州軍校陜州節度使王珙爲人嚴酷與其弟珂爭河中戰敗其牙將李璠與友謙謀共殺珙附于梁梁太祖表璠代珙璠立友謙復以兵攻之璠得逃去梁太祖又表友謙代璠梁兵西攻李茂貞太祖往來過陜友謙奉事尤謹因請曰僕本無功而富貴至此元帥之力也且幸同姓願更名以齒諸子太祖益憐之乃更其名友謙錄以爲子太祖即位徙鎮河中累遷中書令封冀王太祖遇弑友珪立加友謙侍中友謙雖受命而心常不平已而友珪使召友謙入覲友謙不行乃附于晉友珪遣

- 石壕［濠，編注］在澠池，三鄉在洛寧。
- 百衲本、貴池本無『梁』字。

招討使韓勍將康懷英等兵五萬擊友謙、晉王出澤潞以救之、遇懷英于解縣、大敗之、追至白逕嶺、夜秉炬擊之、懷英又敗、梁兵乃解去。友謙會晉王于猗氏、友謙醉寢晉王帳中、晉王視之、顧左右曰、冀王雖甚貴、然恨其臂短耳。末帝即位、友謙復臣于梁、而不絕晉也。貞明六年、友謙遣其子令德襲同州、逐節度使程全暉、因求兼鎮、末帝初不許、已而許之、制命未至、友謙復叛、始絕梁而附晉矣。末帝遣劉鄩等討之、鄩爲李存審所敗。晉封友謙西平王、加守太尉、以其子令德爲同州節度使。莊宗滅梁入洛、友謙來朝、賜姓名曰李繼麟、賜子鉅萬。明

• 『大敗』，彭本作『大破』。
• 百衲本、貴池本脫此句［友謙至猗氏，編注］。

年加守太師尚書令、賜鐵券恕死罪、以其子令德爲遂州節度使、令錫忠武軍節度使、諸子及其將校爲刺史者十餘人、恩寵之盛、時無與比。是時宦官伶人用事、多求賂于友謙、友謙不能給而辭焉、宦官伶人皆怒。唐兵伐蜀、友謙閱其精兵、命其子令德將以從軍。及郭崇韜見殺、伶人景進言唐兵初出時、友謙以爲討己、閱兵自備。又言與崇韜謀反、且曰崇韜所以反于蜀者、以友謙爲內應。友謙見崇韜死、謀與存乂爲郭氏報冤。莊宗初疑其事、羣伶宦官日夜以爲言、友謙聞之大恐、將入朝以自明、將吏皆勸其毋行。友謙曰、郭公有大功於國而使。

百衲本無「言」字二字

以讒死，我不自明，誰爲我言者，乃單車入朝。景進使人詐爲變書告友謙反，莊宗惑之，乃徙友謙義成軍節度使，遣朱守殷夜以兵圍其館，驅友謙出徽安門外殺之，復其姓名。詔魏王繼岌殺令德於遂州，王思同殺令錫於許州，夏魯奇族其家屬于河中。魯奇至其家，友謙妻張氏率其宗族二百餘口見魯奇曰：「朱氏宗族當死，願無濫及平人。」乃別其婢僕百人，以其族百口就刑。張氏入室取其鐵券示魯奇曰：「此皇帝所賜也，不知爲何語。」魯奇亦爲之慙。友謙死，其將史武等七人皆坐友謙族誅，天下冤之。

- 使。
- 百衲本無「言」字，貴同。

袁象先，宋州下邑人，唐南陽王恕巳之後也。父敬初，梁太府卿、駙馬都尉，尚太祖妹，是爲萬安大長公主。象先以梁甥爲宣武軍內外馬步軍都指揮使，歷宿、洺、陳三州刺史。太祖即位，累遷左龍武統軍、在京馬步軍都指揮使。太祖遇弑，友珪立，末帝留守東都，以大事謀於趙巖，巖曰：「此事如反掌耳，但得招討楊令公一言諭禁軍，則事可成。」末帝即遣人之魏州，以謀告楊師厚，遣裨將王舜賢至洛陽，與象先謀。象先許諾。是時，龍驤軍將劉重遇戍于懷州，以其軍作亂，友珪遣霍彦威擊敗于鄢陵，其餘兵奔散，捕之甚急。末帝即召龍驤軍在東京者

• 百衲本重『師厚』二字，當據增。貴同，彭亦脫二字。

告之曰、上以重遇故欲盡召龍驤軍至洛而誅之、乃僞爲友珪詔書示之、龍驤軍恐懼不知所爲、因告之曰、友珪弒父與君、天下之賊也、爾能趨洛陽擒之以其首祭先帝、則所謂轉禍而爲福也。軍士踴躍曰、王言是也。末帝卽馳奏言龍驤軍反、象先聞之、卽引禁軍千人入宮攻友珪、友珪死、末帝卽位、拜象先鎭南軍節度使、同中書門下平章事、開封尹、判在京馬步軍諸軍事。貞明四年、爲平盧軍節度使、徙鎭宣武。象先爲梁將、未嘗有戰功、徒以甥故掌親軍、及誅友珪有功、於末帝在宋州十餘年、誅斂其民、積貨千萬。莊宗滅梁、象先來朝洛陽、輦

薛史作十年，劉校，實止八年

• 薛史作『十年』，劉校，實止八年。

其資數十萬賂唐將相伶官宦者及劉皇后等由是內外翕然稱其爲人莊宗待之甚厚賜姓名爲李紹安改宣武軍爲歸德軍曰歸德之名爲卿設也遣之還鎮是歲卒年六十一贈太師象先二子正辭官至刺史義周世宗時爲横海軍節度使象先平生所積財産數十萬邸舍四千間其卒也不以分諸子而悉與正辭正辭初以父任爲飛龍副使唐廢帝時獻錢五萬緡領衢州刺史晉高祖入立復獻五萬緡求爲眞刺史拜雄州刺史州在靈武之西吐蕃界中正辭憚不欲行復獻錢數萬乃得免正辭不勝其忿以衣帶自經其家人救之而止

- 百衲本作年「六十」，貴同，薛史作「六十一」。
- 「羲」，貴池本作「義」。
- 「數十」，百衲本作「數千」，當據改。
- 「而止」，貴池本誤作「而亡」。

出帝時又獻錢三萬緡銀萬兩出帝憐之欲與一內郡未及而卒正辭積錢盈室室中嘗有聲如牛人以爲妖勸其散積以禳之正辭曰吾聞物之有聲求其同類爾宜益以錢聲必止聞者傳以爲笑

朱漢賓字績臣亳州譙人也其父元禮爲軍校從梁軍戰殁于淸口漢賓爲人有膽力梁太祖以其父死戰憐之以爲養子是時梁方東攻兗鄆鄆州朱瑾募其軍中驍勇者黥雙鴈于其頰號鴈子都太祖聞之乃更選勇士數百人號落鴈都以漢賓爲指揮使及漢賓貴人猶以爲朱落鴈漢賓事梁爲天威軍使歷磁滑宋亳曹五

• 貴池本『禳』誤作『穰』。

• 薛六十四。

右薛史作左
慧百衲本作惠

州刺史安遠軍節度使莊宗滅梁罷漢賓爲右龍武統軍待之頗薄後莊宗因出遊幸其第漢賓妻有色而慧因侍左右進酒食奏歌舞莊宗懽甚留至夜漏二更而去漢賓自此有寵初漢賓在梁也與朱友謙俱爲太祖養子而友謙年長漢賓以兄事之其後梁亡漢賓數寓書友謙友謙不荅漢賓銜之其後友謙見族人皆以爲漢賓有力明宗入立以漢賓爲莊宗所厚惡之以爲右衞上將軍安重誨用事漢賓依附之相爲婚姻由是復得爲昭義軍節度使重誨死漢賓罷爲上將軍遂以太子少保致仕漢賓爲將未嘗有戰功而臨政能守法好

「右」，薛史作「左」。
「慧」，百衲本作「惠」。

施惠人頗愛之清泰二年卒年六十四晉高祖時贈太子少傅謚曰貞惠

段凝開封人也初名明遠後更名凝爲澠池主簿其父事梁太祖以事坐徙後凝棄官亦事太祖爲軍巡使又以其妹內太祖妹有色後爲美人凝爲人憸巧善窺迎人意又以妹故太祖漸親信之常使監諸軍爲懷州刺史梁太祖北征過懷州凝獻饋甚豐太祖大悅過相州相州刺史李思安獻饋如常禮比凝爲薄太祖怒思安因以得罪死遷凝鄭州刺史使監兵於河上李振亟請罷之太祖曰凝未有罪振曰待其有罪則社稷亡矣然

● 薛七十三。
● 『徙』，彭本作『徙』，南監本亦『徙』。
● 貴池本脫『內太祖』三字。
● 貴池本無『太』字。

終不罷也。莊宗已下魏博、與梁相距河上、梁以王彥章爲招討使、凝爲副。是時末帝昏亂、小人趙巖張漢傑等用事、凝依附巖等爲姦。彥章爲招討使三日、用奇計破唐德勝南城、而凝與彥章各自上其功、巖等從中匿彥章功狀、悉歸其功於凝。凝因納金巖等求代彥章、末帝惑巖等言、卒以凝爲招討使、軍于王村。是時唐已下鄆州、凝乃自酸棗決河東注鄆、以隔絕唐軍、號護駕水。莊宗自鄆趨汴、汴兵悉已屬凝、京師無備、乃遣張漢倫馳騎召凝于河上、漢倫中道墜馬傷、不能進。已而梁亡、凝率精兵五萬降唐。莊宗賜以錦袍御馬。明日、凝奏故梁

● 貴池本脫「然」字。
● 「水」下百衲本衍「鄆」字。
● 「騎」，百衲本作「馹」，貴池本同，「馹」則「驛」字也，當據改。彭亦「驛」。

姦人趙巖張漢傑等十餘人倚弄權柄殘害生靈請皆族之凝出入唐朝無媿色見唐將相若倡優因伶人景進納賂劉皇后以求恩寵莊宗甚親愛之賜姓名曰李紹欽以爲泰寧軍節度使居月餘用庫錢數十萬有司請責其償莊宗釋之郭崇韜固請以爲不可莊宗怒曰朕爲卿所制都不自由終釋之莊宗遣李紹宏監諸將備契丹凝軍瓦橋關以詔事紹宏紹宏數薦凝可大用郭崇韜每以爲不可遷武勝軍節度使趙在禮反紹宏請以凝招討莊宗使凝條奏方畧凝所請偏裨皆其故黨莊宗疑之乃止明宗卽位勒歸田里明年長流遼州

• 『姦人』，貴池本作『妾人』。

• 自由。

薛六十四

賜死。
劉玘、汴州雍丘人也。世爲宣武軍牙將、梁太祖鎮宣武、
玘以軍卒補隊長、稍以戰功遷牙將、爲襄州都指揮使。
山南節度使王班爲亂軍所殺、亂軍推玘爲留後、玘僞
許之。明日、饗士于庭、伏甲幕中、酒半、擒爲亂者殺之。會
梁遣陳暉兵亦至、襄州平、以功拜復州刺史、徙亳安二
州。末帝時爲晉州觀察留後、凡八年、日與晉人交戰。莊
宗滅梁、玘來朝、莊宗勞之曰、劉侯亡恙、爾居晉陽之南
鄙久矣、不早相聞、今日見訪、不其晚邪。玘頓首謝罪、遣
還鎮、遂以爲節度使、徙鎮安遠。天成元年、以史敬鎔代

薛六十四。

五代史卷四十五　傳　十

之，玘還京師，未至，拜武勝軍節度使，以疾卒于道中，贈侍中。

周知裕字好問，幽州人也。爲劉仁恭騎將，仁恭爲其子守光所囚，知裕去，事守光。守光兄守文，守光又攻殺守文，乃與張萬進立守文子延祚而事之。守光又殺延祚，以其子繼威代之，萬進殺繼威，與知裕俱奔于梁。梁太祖得知裕喜甚，爲置歸化軍，以知裕爲指揮使，凡與晉戰所得及兵背晉而歸梁者，皆以隸知裕。梁、晉相距河上十餘年，其摧堅陷陣，歸化一軍爲最。然知裕位不過刺史。莊宗入汴，知裕與段凝軍河上，聞梁已亡，欲自殺，爲賓

薛六十四。

薛六十四。

客故人止之，乃降唐。莊宗尤寵待之，諸將嫉其寵，因獵射之，知裕走以免。莊宗爲殺射者，以知裕爲房州刺史。明宗時，歷絳、淄二州刺史，遷宿州團練使、安州留後，所居皆有善政。安州近淮，俗惡病者，父母有疾，置之他室，以竹竿繫飲食委之，至死不近。知裕深患之，加以敎道，由是稍革。罷爲右神武統軍，應順中卒，贈太傅。

陸思鐸，澶州臨黃人也。少事梁爲宣武軍卒，以善射知名，累遷拱辰左廂都指揮使，領恩州刺史。梁、晉相距河上，思鐸鏤其姓名於箭笴，以射晉軍，而矢中莊宗馬鞍，莊宗拔矢見思鐸姓名，奇之。其後滅梁，思鐸謁見，莊宗

避惡疾。

薛史作「清泰中卒」〔「中」疑爲「初」字之誤，編注〕。

出其矢以示之、思鐸伏地請死、莊宗慰而起之。拜龍武右廂都指揮使。晉高祖時爲陳蔡二州刺史、卒年五十四。思鐸在陳州有善政、臨終戒其子曰、陳人愛我、我死則葬焉、遂葬于陳州。

五代史卷四十五

五代史卷四十五考證

張全義傳濮州臨濮人也○第二濮字監本訛漢今改正

朱友謙傳此皇帝所賜也不知爲何言語○語一本作矣

晉封友謙西平王加守太尉以其子令德爲同州節度使○臣文清按司馬光通鑑止載友謙求節鉞于晉王晉王以墨制除令德忠武節度使考異載莊宗列傳止云上令幕客王正言送節旄賜之俱未有封友謙西平王加守太尉之事

五代史卷四十五考證

五代史卷四十六

宋 歐陽修 撰

雜傳第三十四

趙在禮字幹臣，涿州人也。少事劉仁恭為軍校，仁恭遣佐其子守文，襲取滄州。其後守文為其弟守光所殺，在禮乃奔于晉。莊宗時為効節指揮使，將魏兵戍瓦橋關。還至貝州，軍士皇甫暉作亂，推其將楊仁晸為首，仁晸不從，殺之，又推一小校，小校不從，又殺之，乃携二首詣在禮。在禮聞亂，衣不及帶，方踰垣而走，暉曳其足而下之，環以白刃，示之二首曰：「不從我者如此首。」在禮從之，

薛九十

效

和識薛史作楊晸

• 薛九十。
• 效〔効，編注〕。
• 『仁晸』，薛史作『楊晸』。

遂反。在禮自貝州還攻魏、縱軍大掠。是時興唐尹王正言年老病昏、聞在禮至、呼吏草奏、吏已奔散、正言猶不知、方據案大怒。左右告曰、賊已市中殺人、吏民皆走、欲誰呼耶。正言大驚曰、吾初不知此、卽索馬將去、廐吏曰、公妻子爲虜矣、安得馬乎。正言惶恐步出府門、見在禮望而下拜、在禮呼正言曰、公何自屈之甚耶、此軍士之情、非予志也。在禮卽自稱兵馬留後、莊宗遣元行欽討之、行欽攻魏不克、乃遣明宗代行欽。明宗至鄴、軍變、因入城與在禮合。明宗兵反嚮京師、在禮留于魏。明宗卽位、拜在禮義成軍節度使、在禮不受命、遂拜鄴都留守

柴德賡點校

與唐尹久之、皇甫暉等皆去、在禮獨在魏。患魏軍之驕、懼及禍、乃求徙鎮橫海、歷鎮泰寧、匡國、天平、忠武、武寧、歸德、晉昌。所至邸店羅列、積貲巨萬。晉出帝時、以在禮爲北面行營馬步軍都虞候、以擊契丹、未嘗有戰功。在禮在宋州、人尤苦之。已而罷去、宋人喜而相謂曰：「眼中拔釘、豈不樂哉！」既而復受詔居職、乃籍管内、口率錢一千、自號「拔釘錢」。晉亡、契丹入汴、在禮自宋馳至洛陽、遇契丹拽刺等、拜於馬首、拽刺等兵共侵辱之、誅責貨財。在禮不勝其憤、行至鄭州、聞晉大臣多爲契丹所鎖、中夜惶惑、解衣帶就馬櫪自經而卒、年六十二。漢高祖立、

乾隆四年校刊　五代史卷四十六　傳　十二　趙在禮

百衲本無軍字
鄭汲古閣本局本作鄭誤
薛史年六十六

• 百衲本無『軍』字。
• 『鄭』，汲古閣本、局本作『鄭』，誤。
• 薛史『年六十六』。

柴德賡點校

贈中書令

霍彥威字子重洺州曲周人也少遭兵亂梁將霍存掠得之愛其儁爽養以爲子嘗從存戰中矢眇其一目後事梁太祖太祖亦愛之稍遷左龍驤軍使右監門衞上將軍預誅友珪以功拜洺州刺史遷邠寧節度使李茂貞遣梁叛將劉知俊攻邠州彥威固守踰年每獲知俊兵必縱還之知俊德之後不復攻從鎮義成又從天平兼北面行營招討使與晉軍相持河上彥威屢敗降爲陝州留後莊宗滅梁彥威自陝來朝莊宗置酒故梁崇元殿彥威與梁將段凝袁象先等皆在莊宗酒酣指彥

- 薛六十四。
- 貴池本『左』作『右』，薛史亦『右』。
- 貴『度』誤作『府』。

威等舉酒屬明宗曰，此皆前日之勍敵，今侍吾飲，乃卿功也。彥威等惶恐伏地請死，莊宗勞之曰，吾與總管戲爾，卿無畏也。賜姓名曰李紹眞。明年，從鎭武寧，從明宗擊契丹，明宗愛其爲人，甚親厚之。其後趙在禮反，彥威別討趙太於邢州，破之，還以兵屬明宗討在禮。明宗軍變，從馬直軍吏張破敗率衆殺將校，縱火焚營，譟呼。明宗叱之曰，自吾爲帥十有餘年，何負爾輩。今賊城破在旦夕，乃爾輩立功名取富貴之時，況爾天子親軍，返效賊邪。軍士對曰，城中之人何罪，戍卒思歸而不得耳。天子不垂原宥，志在勦除，且聞破魏之後，欲盡坑魏博諸

貴本脫此字

● 貴池本脫『此』字。

百衲本作令公鎮河北

軍、某等初無叛心、直畏死耳。今宜與城中合勢、擊退諸
鎮之兵、請天子帝河南、令公帝河北。」明宗涕泣諭之、亂
兵環列而呼曰：「令公不欲帝河北、則佗人有之、我輩狼
虎、豈識尊卑。」彥威與安重誨勸明宗許之、乃擁兵入城、
與在禮合、彥威獨不入。明宗入城、與在禮置酒大會、而
部兵在外者聞明宗反、皆潰去、獨彥威所將五千人營
城西北隅不動。居二日、明宗復出、得彥威兵、乃之魏縣、
謀欲還鎮州。彥威重誨勸明宗以兵南向、莊宗崩、彥威
從明宗入洛陽、首率羣臣勸進、內外機事皆決彥威。彥
威素與段凝溫韜有隙、因擅捕凝韜下獄、將殺之。安重

• 百衲本作『令公鎮河北』。

誨曰：凝韜之惡，天下所知，然主上方平內難，以恩信示人，豈公報讐之時？彥威乃止。明宗卽位，乃赦凝韜，放歸田里，已而卒賜死。彥威徙鎮平盧。朱守殷反，伏誅，彥威遣使者馳騎獻兩箭爲賀，明宗賜兩箭以報之。夷狄之法，起兵令衆，以傳箭爲號令，然非下得施於上也。明宗本出夷狄，而彥威武人，君臣皆不知禮，動多此類。然彥威容有淳于晏者，登州人也，少舉明經及第，遭世亂，依彥威。自彥威爲偏裨時已從之。彥威嘗戰敗，脫身走，麾下兵無從者，獨晏徒步以一劍從之榛棘間以免。彥威高其義，所歷方鎮，常辟以自從，至其家事無大小皆決

乾隆四年校刊

- 貴池本脫『伏』字。
- 薛史『值青州王公儼拒命，改平盧［軍，編注］節度，至鎮，擒公儼斬之』。殿本考證謂朱守殷反，乃范延光斬之，當從薛史。
- 淳于晏。

於晏彥威以故得少過失當時諸鎮辟召寮屬皆以晏爲法天成三年冬彥威卒于鎮是時明宗方獵于近郊青州馳騎奏彥威卒明宗涕泣還宮輟朝仍終其月不舉樂贈彥威太師謚曰忠武

房知温字伯玉兗州瑕丘人也少以勇力爲赤甲都官健後隸魏州馬闕軍稍遷親隨指揮使莊宗取魏博得知温遂賜姓李氏名曰紹英以爲澶州刺史歷曹貝二州刺史戍瓦橋關明宗自魏反兵南向知温首馳赴之天成元年拜泰寧軍節度使明年爲北面招討使屯于盧臺明宗遣烏震往代知温還鎮其戍卒效節軍將龍

- 薛史九十一。
- 赤甲都。
- 百衲本作『親隨軍指揮使』，南監本同。
- 百衲本、貴本、彭本無『遂』字，南監無『遂』字。

暱等攻震殺之效節魏州軍也魏州自羅紹威誅衙軍楊師厚爲節度使復置銀槍效節軍當梁末帝時師厚幾爲梁患師厚卒以賀德倫代之末帝患魏軍彊難制與趙巖等謀分相魏爲兩鎮魏軍由此作亂劫德倫叛梁而降晉梁遂失河北莊宗自得魏兵與梁戰河上數有功許其軍以滅梁而厚賞及梁亡魏軍雖數賜與而驕縱無厭常懷怨望皇甫暉之亂劫趙在禮入魏皆此軍也明宗入立在禮鎮天雄軍以魏軍素驕常懼禍不遑居陰遣人訴于明宗求解去明宗乃以皇子從榮代在禮而遣魏效節九指揮北戍盧臺軍發之日不給兵

• 百衲本『效』均作『効』。
• 不『遑』，百衲本、貴池本作『皇』，南監本同。

甲、惟以長竿繫旗幟、以表隊伍。軍士頗自疑惑。明年、明宗遣烏震代知溫戍、而知溫意尤不樂。盧臺戍軍夾水東西爲兩寨、震初至、與知溫會東寨、方博、效節軍亂、譟于門外、知溫卽乘馬而出、亂軍擊殺震、執嚮留知溫。知溫紿曰、騎兵皆在西寨、今獨步軍、恐無能爲也。知溫卽躍馬登舟、渡河入西寨、以騎軍盡殺亂者。明宗下詔悉誅其家屬于魏州。凡九指揮、三千餘家、數萬口、驅至漳水上殺之。漳水爲之變色。魏之驕兵、於是而盡。明宗知變自知溫起、釋而不問、徙鎭武寧、加兼侍中、歷鎭天平、平盧。初、明宗爲北面招討使、而知溫爲副使、廢帝時以

• 貴池本脫下一『知溫』。

裨將事知温甚謹。後因杯酒失意。及廢帝起兵鳳翔。愍帝出奔。知温乘間有窺覦之意。謂其司馬李冲曰：吾有錢數屋。養馬數千。因時建義。功必有成。冲曰：今天子孱弱。上下離心。潞王兵威甚盛。事未可知。冲請懷表而西以覘之。及冲至京師。廢帝已入立。冲即奉表稱賀。還勸知温入朝。廢帝慰勞之甚厚。知温還鎮。封東平王。太常上言。冊拜王公。皇帝臨軒遣冊。其在外者。正衙命使。而鹵簿鼓吹輅車法物不出都城。考之故事無明文。今北平王德鈞。東平王知温受封遣冊。請下兵部太常太僕給鹵簿鼓吹輅車法物赴本道。禮畢還有司。知温在鎮

●「杯」，百衲本、貴池本作「柸」。
●百衲本「養馬」作「養兵」，貴池本同。
●百衲本「冊」作「策」，貴同。

常厚歛其民積貲鉅萬治第青州南城出入以聲妓游
嬉不恤政事天福元年卒于官贈太尉知温卒後其子
彥儒獻其父錢三萬緡絹布三萬疋金百兩銀千兩茶
千五百斤絲十萬兩拜沂州刺史其將吏分其餘貲者
皆爲富家云
王晏球字瑩之洛陽人也少遇亂爲盜所掠汴州富人
杜氏得之養以爲子冒姓杜氏梁太祖鎮宣武選富家
子之材武者置之帳下號廳子都晏球爲人倜儻有大
節爲廳子都指揮使太祖即位爲右千牛衛將軍友珪
立龍驤戍卒反自懷州趣京師遣晏球擊敗之于河陽

房彥儒 薛史作十六萬緡

薛六十四

- 房彥儒。
- 薛史作『十萬緡』（『緡』當作『貫』，編注）。
- 薛六十四。

以功遷龍驤第一指揮使末帝卽位遷龍驤四軍都指揮使梁遣捉生軍將李霸將千人戍楊劉霸夜作亂自水門入縱火大譟以長竿縛布沃油仰燒建國門晏球聞亂不俟命率龍驤五百騎擊之賊勢稍却末帝登樓見之呼曰此非吾龍驤軍邪晏球奏曰亂者李霸一部爾陛下嚴守宮城而責臣破賊遲明盡殺之以功拜澶州刺史梁晉軍河上以晏球爲行營馬步軍都指揮使莊宗入汴晏球以兵追之行至封丘聞末帝巳崩卽解甲降唐莊宗賜姓名曰李紹虔拜齊州防禦使戍瓦橋關明宗兵變自鄴而南遣人招晏球晏球從至洛陽拜

薛史左龍驤
薛史軍將作都將
薛史亦作一都
一部百衲本彭本貴池本作都
澶州 百衲本注古本作單 貴池本遲作單
薛史作單

• 薛史『一』在『龍驤』……
• 薛史『軍將』作『都將』。
• 一『部』，百衲本、彭本、貴池本作『都』，薛史亦作一『都』。
• 『澶』州，百衲本注古本作『單』，貴池本遷作『單』，薛史作『單』。

歸德軍節度使定州王都反以晏球爲招討使與宣徽南院使張延朗等討之都遣人北招契丹契丹遣禿餒將萬騎救都晏球聞禿餒等兵且來留張延朗屯新樂自逆於望都而契丹從佗道入定州與都出不意擊延朗軍延朗大敗收餘兵會晏球趨曲陽都乘勝追之晏球先至水次方坐胡床指麾而都衆掩至晏球與左右十餘人連矢射之都衆稍却而後軍亦至晏球立高岡號令諸將皆櫜弓矢用短兵回顧者斬符彥卿以左軍攻其左高行珪以右軍攻其右中軍騎士抱馬項馳入都軍都遂大敗自曲陽至定州橫尸棄甲六十餘里都

- 薛史一二三，行周傳與彥卿爲左右排陣使，則行周爲左是也。薛史［劉本，本注］彥卿以龍武右軍攻其左，高行周以龍武左軍攻其右。
- 『萬騎』，薛史作『騎千餘』。
- 『陽』下貴池本脫『都』字。
- 百衲本作『符』，貴同，逕改。
- 據二史高行周傳，此乃行周事，非行珪。

七千薛史作五千

契丹校

與禿餒入城不敢復出契丹又遣惕隱以七千騎益都

晏球遇之唐河追擊至滿城斬首二千級獲馬千匹契

丹自中國多故彊於北方北方諸夷無大小皆畏伏而

中國之兵遭契丹者未嘗少得志自晏球擊敗禿餒又

走惕隱其餘衆奔潰投村落村落之人以鋤耰白梃所

在擊殺之無復遺類惕隱與數十騎走至幽州西爲趙

德鈞擒送京師明宗下詔責誚契丹契丹後數遣使至

中國求歸惕隱等辭甚卑遜輒斬其使以絶之於是時

中國之威幾於大震而契丹少衰伏矣自晏球始也晏

球攻定州久不克明宗數遣人促其破賊晏球以謂未

●『七千』，薛史作『五千』。

●契丹敗。

可急攻，其偏將朱弘昭、張虔釗等宣言曰：「晏球怯耳。」乃驅兵以進，兵果敗，殺傷三千餘人，由是諸將不敢復言攻。晏球乃休養士卒，食其三州之賦，悉以俸祿所入具牛酒，日與諸將高會。久之，都城中食盡，先出其民萬餘人，數與秃餒謀決圍以走，不果。都將馬讓能以城降，都自焚死。晏球爲將有機略，善撫士卒，其擊秃餒既因敗以爲功，而諸將皆欲乘勝取都，晏球返獨不動，卒以持久弊之。自天成三年四月都反，明年二月始克之，軍中未嘗戮一人。以破都功拜天平軍節度使，又徙平盧，累官至兼中書令。是歲卒，年六十二，贈太尉。

薛史『年六十』。

薛六十一

百衲本作『秦川』，貴池本同，南監本。

安重霸，雲州人也，初與明宗俱事晉王，重霸得罪奔于梁，又奔于蜀。重霸爲人狡譎多智，善事人，蜀王建以爲親將。王衍立，少年宦者王承休用事，重霸深結承休以自託。梁末，蜀取李茂貞秦成階三州，重霸勸承休求鎮秦州，衍以承休爲節度使，重霸爲其副使。重霸與承休多取秦州花木獻衍，請衍東遊。唐魏王兵伐蜀，承休大恐，以問重霸。重霸曰：「劍門天下之險，雖有精兵不可過也，然公受國恩，聞難不可不赴，願與公俱西。」承休素親信之，以爲然。承休整軍將發，秦人送之，帳飲城外，酒罷，承休上道，重霸立承休馬前辭曰：「秦隴不可失，願留爲公守承休業已上道，無如之何。唐軍已破蜀，重霸亦以秦成階三州降唐。明宗以爲閬州團練使，罷爲左衛大將軍。久之，以爲匡國軍節度使。廢帝時，爲京兆尹、西京留守，徙鎮大同，以病罷，歸，卒于潞州。

王建立，遼州榆杜人也。唐明宗爲代州刺史，以建立爲虞候將。莊宗常遣女奴之代州祭墓，女奴侵擾代人，建立捕而笞之。莊宗怒，欲殺之，明宗爲庇護之以免。明宗自魏反，犯京師，曹皇后、王淑妃皆在常山，建立殺常山監軍，并其守兵，明宗家屬因得無患，由是明宗益愛之。明宗即位，以爲成德軍節度副使，已而拜節度使、檢校

• 薛史「秦人目重霸爲「擣蒜老」」。
• 「歸」，貴池本作「還」。
• 薛九十一。

太尉同中書門下平章事建立與安重誨素不協定州王都有二志數以書通建立約爲兄弟重誨知之以爲言明宗不欲傷建立亟召還京師建立入見亦多言重誨過失明宗大怒欲亟罷重誨羣臣左右調解之乃止然卒以建立爲右僕射同中書門下平章事判三司事居歲餘自言不識文字願解三司明宗不許久之建立稱疾明宗笑曰人固有詐疾而得疾者乃出爲平盧軍節度使又徙上黨建立快快不得志遂求解職乃以太子少保致仕建立數請朝見不許乃自詣京師闌至後樓見明宗涕泣言已無罪爲重誨所擯明宗曰汝爲節

• 百衲本『調』作『諷』，貴池本、彭本同，南監本。
• 百衲本脫『軍』字。
• 『太子少保』，通鑑［長興七年，本注］、薛史作『太傅』。
• 『擯』，彭本、貴池本作『損』，誤。南監本作『擠』。

度使不作好事豈獨重誨讒汝耶賜以茶藥而遣之廢帝立復起爲天平軍節度使晉高祖時徙鎮平盧天福五年來朝高祖勞之曰三十年前老兄可毋拜賜以肩輿入朝給二宦者掖而升殿宴見甚渥又從昭義賜以玉斧蜀馬累封韓王建立好殺人其晚節始惑浮圖法戒殺生所至人稍安之卒年七十贈尚書令子守恩以蔭補稍遷諸衛將軍建立已卒家于潞守恩自京師得告歸而契丹滅晉昭義節度使張從恩與守恩姻家乃以守恩權巡檢使以守潞州而從恩入見契丹從恩既去守恩因剽劫從恩家貲以潞州降漢漢高祖即位以

- 薛史『時人目之爲「王垜疊」』。
- 王守恩。
- 『家』，貴池本作『冢』。

守恩爲昭義軍節度使，徙鎮靜難，西京留守，加同中書門下平章事。守恩性貪鄙，人甚苦之。時周太祖以樞密使將白文珂等軍西平三叛，還過洛陽，守恩以使相自處，肩輿出迎，太祖怒，即日以頭子命文珂代守恩爲留守，而守恩方詣館謁，坐於客次以俟見，而吏馳報新留守視事於府矣。守恩大驚，不知所爲，遂罷去，奉朝請于京師。後隱帝殺史弘肇等，召羣臣上殿慰諭之，羣臣恐懼無敢言者，獨守恩前對曰：「陛下始睡覺矣。」聞者皆縮頸。顯德中，爲左金吾衛上將軍以卒。

嗚呼，道德仁義，所以爲治，而法制綱紀，亦所以維持之

乾隆四年校刊

• 頭子。
• 彭本『守恩』上無『而』字。

是矣百衲本作是已貴同

也自古亂亡之國必先壞其法制而後亂從之亂與壞相乘至蕩然無復綱紀則必極於大亂而後返此勢之然也五代之際是矣若文珂守恩皆位兼將相漢大臣也而周太祖以一樞密使頭子易置之如更戍卒是時太祖與漢未有間隙之端其無君叛上之志宜未萌于心而其所爲如此者何哉蓋其習爲常事故特發於喜怒頤指之間而文珂不敢違守恩不得拒太祖既處之不疑而漢廷君臣亦置而不問其上下安然而不怪者豈非朝廷法制綱紀壞亂相乘其來也遠既極而至於此歟是以善爲天下慮者不敢忽於微而常杜其漸也

•『是矣』，百衲本作『是已』，貴同。

可不戒哉。

康福，蔚州人也。世爲軍校，福以騎射事晉王爲偏將。莊宗嘗曰：「吾家以羊馬爲生，福狀貌類胡人而豐厚，胡宜羊馬。」乃令福牧馬于相州，爲小馬坊使，逾年馬大蕃滋。明宗自魏反兵過相州，福以小坊馬二千匹歸命，明宗軍勢由是益盛。明宗入立，拜飛龍使，領磁州刺史、襄州兵馬都監。從劉訓討荆南，無功而還。福爲將無佗能，善諸戎語，明宗常召入便殿，訪以外事，福輒爲蕃語以對。樞密使安重誨惡之，常戒福曰：「無妄奏事，當斬汝！」福懼，求外任。靈武韓洙死，其弟澄立，而偏將李從賓作亂，澄

- 薛九十一。
- [反兵，編注] 彭本、南監本作『兵反』。
- 『諸』，百衲本作『謂』。
- 『李從賓』，薛史作『李賓』，通鑑作『李匡賓』。

表請朝廷命帥而重誨以謂靈武深入夷境爲帥者多遇害乃拜福涼州刺史河西軍節度使福入見明宗涕泣言爲重誨所擠明宗召重誨爲福更佗鎮重誨曰福爲刺史無功效而建節旄其敢有所擇邪明宗怒謂福曰重誨遣汝非吾意也吾當遣兵護汝可無憂乃令將軍牛知柔以兵衞福行至方渠而羌夷果出邀福福以兵擊走之至青岡峽遇雪福登山望見川谷中煙火有吐蕃數千帳不覺福之至福分其兵爲三道出其不意襲之吐蕃大駭棄車帳而走殺之殆盡獲其玉璞綾錦羊馬甚衆由是威聲大振福居靈武三歲歲常豐稔有

• 薛史『韓澄』作『韓潯』。
• 『河西』上，百衲本、貴池本有『朔方』兩字，當增。薛史有『朔方』字，本史韓遜傳亦云以福爲朔方河西節度使。
• 『福之至』，百衲本、貴池本無『之』字。

馬千駟蕃夷畏服言事者疑福有異志重誨亦言福必負朝廷明宗遣人謂福曰我何少汝而欲負我福言受國恩深有死無二因乞還朝不許福章再上即隨而至明宗不之罪徙鎮彰義歷靜難雄武充西面都部署晉高祖時徙鎮河中代還卒于京師贈太師謚曰武安福世本夷狄而夷狄貴沙陀故常自言沙陀種也福嘗有疾臥閤中寮佐入問疾見其錦衾相顧竊戲曰錦衾爛兮福聞之怒曰我沙陀種也安得謂我爲奚聞者笑之

郭延魯沁州綿上人也父饒以驍勇事晉數立軍功爲沁州刺史者九年爲政有惠愛州人思之延魯以善槊

● 薛史『年五十八』。
● 上文言『貌類胡』，此言『本夷狄』。
● 薛史九十四。

爲將累遷神武都知兵馬使朱守殷反從攻汴州以先登功爲汴州馬步軍都指揮使累遷復州刺史延魯嘆曰吾先君爲沁州者九年民到于今思之吾今幸得爲刺史其敢忘吾先君之志由是益以廉平自勵民甚賴之秩滿州人乞留不許皆遮道攀號天福中拜單州刺史卒于官當是時刺史皆以軍功拜言事者多以爲言以謂方天下多事民力困敝之時不宜以刺史任武夫恃功縱下爲害不細而延魯父子特以善著焉

嗚呼五代之民其何以堪之哉上輸兵賦之急下困剝斂之苛自莊宗以來方鎮進獻之事稍作至於晉而不

● 薛史無『馬』字。
● 『方』，彭作『今』。
● 薛史『年四十七』。
● 『善』下百衲本、貴池本、彭本、汲古並有『政』字，當增。

可勝紀矣。其添都助國之物、動以千數計、至於來朝奉使買宴贖罪、莫不出於進獻、而功臣大將、不幸而死、則其子孫率以家貲求刺史、其物多者得大州、善地。蓋自天子皆以賄賂爲事矣、則爲其民者其何以堪之哉。於此之時、循廉之吏、如延魯之徒者、誠難得而可貴也哉。

五代史卷四十六

五代史卷四十七

宋 歐陽修撰

雜傳第三十五

華温琪字德潤宋州下邑人也世本農家温琪身長七尺少從黃巢爲盜巢陷長安以温琪爲供奉官都知巢敗温琪走滑州顧其狀貌魁偉懼不自容乃投白馬河流數十里不死河上人援而出之又自經于桑林桑輒枝折乃之胙縣有田父見之曰子狀貌堂堂非常人也乃匿于家後歲餘問濮州刺史朱裕募士爲兵乃往依之後事梁爲開道指揮使累以戰功爲緜棣二州刺史

薛史九十

間○ 百衲本作聞 貴池本同彭、局、 薛史本傳作朱友裕

● 薛史九十。
● 『間』，百衲本作『聞』，貴池本同，彭、局。
● 薛史本傳作『朱友裕』。

柴德賡點校

棣州苦河水爲患，温琪徙于新州以避之，民賴其利。又歷齊、晉二州。莊宗攻晉州，踰月不能破，梁末帝嘉温琪善守，升晉州爲定昌軍，以温琪爲節度使。坐掠部民妻爲其夫所訟，罷爲金吾衛大將軍、左龍武統軍。朱友謙以河中叛附于晉，末帝拜温琪汝州防禦使、河中行營排陣使，遷耀州觀察留後。莊宗滅梁，見温琪曰："此爲梁守平陽者也。"嘉之，因以耀州爲順義軍，拜温琪節度使。徙鎮雄武。明宗時來朝，願留闕下，以爲左驍衛上將軍。踰年，明宗謂樞密使安重誨曰："温琪舊人，宜與一重鎮。"重誨意不欲與，對以無員闕。佗日明宗語又及之，重誨

百衲本歷上無又字，貴池本同

薛史右龍武

薛史秦州節度

- 百衲本『歷』上無『又』字，貴池本同。
- 薛史『右龍武』。
- 薛史『秦州節度』。

曰、可代者惟樞密使耳。明宗曰、可重誨不能荅。温琪聞之懼、稱疾不出者累月。已而以爲鎮國軍節度使。廢帝時以太子太保致仕、天福元年卒、贈太子太傅。

萇從簡、陳州人也、世本屠羊。從簡去事晉爲軍校、力敵數人、善用槊。莊宗用兵攻城、從簡多爲梯頭。莊宗愛其勇、以功累遷步軍都指揮使。莊宗與梁軍對陣、梁軍有執大旗出入陣間者、莊宗登高丘望見之、歎曰、彼猛士誰能爲我取之者。從簡因前請往、莊宗惜之不許。從簡潛率數騎馳入梁軍、奪其旗而還、軍中皆鼓噪。莊宗壯之、賜與甚厚。從簡嘗中流矢、鏃入髀骨、命工取之、工無

● 薛史「華州節度」、「太子少保」。
● 薛史「七十五」，「贈太子太保」。
● 薛史九十四。
● 梯頭。
● 「攻」下貴池本無「累」字。
● 薛史作「十數騎」。

良藥，欲鑿其骨，人皆以爲不可。從簡遽使鑿之，工遲疑不忍下，從簡叱其亟鑿，左右視者皆若不勝其毒，而從簡言笑自若。然其爲人剛暴難制，莊宗每屈法優容之。累遷蔡州防禦使。明宗時，歷麟、汝、汾、金四州防禦使。明宗嘗戒之曰：富貴可惜，然汝不能守也。先帝能貸爾，吾恐不能。從簡性不可悛，明宗亦不之責。廢帝舉兵於鳳翔，從簡與諸鎮兵圍之，已而兵潰，從簡東走，被執。廢帝責其不降，從簡曰：事主不敢二心。廢帝釋之，拜潁州團練使。晉高祖起兵太原，廢帝將親征，召爲招討副使，從至河陽，拜河陽三城節度使。廢帝還洛陽，從簡卽降晉。

• 薛史本傳莊宗賜姓名李紹瓊。

歷鎮忠武、武寧，入爲左金吾衛上將軍，卒年六十五，贈太師。從簡好食人肉，所至多潛捕民間小兒以食。許州富人有玉帶，欲之而不可得，遣二卒夜入其家，殺而取之。卒夜踰垣，隱木間，見其夫婦相待如賓，二卒歎曰：「吾公欲奪其寶而害斯人，吾必不免。」因躍出而告之，使其速以帶獻，遂踰垣而去，不知其所之。

張筠，海州人也。世以貲爲商賈。筠事節度使時溥，爲宿州刺史。梁兵攻溥，取宿州，得筠，愛其辯慧，以爲四鎮客將、長直軍使，累拜宣徽使。末帝分相、澶、衛三州爲昭德軍，以筠爲節度使，由是魏博軍叛附于晉。晉王攻相州，

• 薛史「贈太傅」。
• 食小兒。
• 薛史九十。
• 「慧」，百衲本作「惠」，貴池本同。
• 貴池本「長直」誤作「良直」。
• 百衲本無「附」字，貴池本同，當有「附」字。

張籛
薛九十

筠棄城走。後以爲永平軍節度使。梁亡事唐。仍爲京兆尹。從郭崇韜伐蜀。爲劒南兩川安撫使。蜀平。拜河南尹。徙鎮興元。筠嘗有疾。不見將吏。副使符彥琳入問疾。筠又辭不見。彥琳疑筠已死。即請出牌印。筠怒。命左右收彥琳下獄。以其反聞。明宗知彥琳無反狀。召彥琳釋之。陽徙筠爲西京留守。戒守者不內。筠至長安不得入。乃朝京師。以爲左驍衛上將軍。筠弟籛。當筠爲京兆尹時。以爲牙內指揮使。三白渠營田制置使。筠西伐蜀。留籛守京兆。蜀平。魏王繼岌班師至興平。而明宗自魏起。京師大亂。籛乃斷咸陽浮橋以拒繼岌。繼岌乃自殺。初筠

• 張籛。
• 薛九十。

代康懷英爲永平軍節度使，而懷英死，筠卽掠其家貲。又於唐故宮掘地，多得金玉。有偏將侯莫陳威者，嘗與温韜發唐諸陵，分得寶貲，筠因以事殺威而取之。魏王繼岌死渭南，籛悉取其行橐。而王衍自蜀行至秦川，莊宗遣宦者向延嗣殺之，延嗣因盡得衍蜀中珍寶。明宗卽位，遣人捕誅宦者，延嗣亡命，而蜀之珍寶籛又取之。由是兄弟貲皆鉅萬。然筠爲人好施予，以其富，故所至不爲聚歛，民賴以安。而籛嗜酒貪鄙，歷沂、密二州刺史。晉出帝時，以將軍市馬於回鶻，坐馬不中式，有司理其價直，籛性鄙，因鬱鬱而卒。筠居洛陽，擁其貲以酒色聲

•前史作『侯莫威』
•『寶貲』，百衲本、貴池本、南監本、彭本均作『寶貨』，當據改。
•『行橐』，彭本作『行貴』，不改。
•『遺人』上，百衲本有『即』字，彭本同，此可加可不加之字。

妓自娛足者十餘年。人謂之地仙。天福二年徙居長安、是歲、張從賓作亂、入洛陽、鈞遂以免、卒贈太子少師。

嗚呼。五代反者多矣。吾於明宗獨難其餘。至於魏王繼岌、甍然後終其事也。莊宗遇弑。繼岌以元子握重兵、死于外而不得立。此大事也。而前史不書其所以然。夫繼岌之存亡於張籛無所利害。籛何爲而拒之。不使之東乎。豈其有所使而爲之乎。然明宗於符彥超深以爲德而待籛無所厚。此其又可疑也。不然。好亂之臣。望風而響應乎。使籛不斷浮橋、而繼岌得以兵東。明宗未必能自立。則繼岌之死、由籛之拒。其所繫者豈小哉。

薛史九十
薛史充北京副留守

• 薛史九十。
• 薛史『充北京副留守』。

楊彥詢，字成章，河中寶鼎人也。少事青州王師範，師範好學，聚書萬卷，使彥詢掌之。彥詢爲人聰悟，遂見親信。師範降梁，後見殺，彥詢無所歸，乃之魏，事楊師厚爲客將。魏博叛梁入于晉，彥詢因留事晉。莊宗滅梁，以彥詢爲引進副使，奉使吳蜀，常稱旨，歷德州刺史、羽林將軍。晉高祖鎮太原，廢帝疑其有貳志，擇諸將之謹厚者佐之，乃以彥詢爲太原節度副使。其後晉高祖以疑見徙，欲拒命不行，以問彥詢，彥詢不敢正言，因曰：「太原之力能與唐敵否？」公其審計之。高祖反意已決，彥詢亦不復敢言。高祖左右以彥詢異議，欲殺之，高祖遽止之曰：「惟

乾隆四年校刊　五代史卷四十七　傳　五　楊彥詢

副使一人我自保之乃免是時高祖乞兵於契丹契丹耶律德光立高祖于太原以兵送至河上彥詢爲宣徽使數往來虜帳中德光亦愛其爲人明年拜威德軍節度使復入爲宣徽使又拜安國軍節度使天福七年徙鎮鎮國遭歲大饑爲政有惠愛以病風罷爲右金吾衛上將軍卒年七十四贈太子太師

李周字通理邢州內丘人唐昭義軍節度使抱眞之後也父矩遭世亂不仕嘗謂周曰邯鄲用武之地今世道未平汝當從軍旅以興吾門周年十六爲內丘捕賊將以勇聞是時梁晉兵爭山東羣盜充斥道路行者必以

『威』德，百衲本、貴池本作『感』德，彭亦作『感』。
薛史作鄧州節度使，則當作『威勝』。
薛史作『華州』。
薛史九十一。
薛史明宗紀作『李敬周』。

兵衞內丘人盧岳將從家太原舍逆旅徬徨不敢進周意憐之爲送至西山有盜從林中射岳中其馬周大呼曰吾在此孰敢爾邪盜聞其聲曰此李周也因各潰去周送岳至太原岳謂之曰吾少學星曆且工相人子方頤隆準眉目疎徹身長七尺眞將相也吾占天象晉必有天下子宜留事晉以圖富貴周以母老辭歸是時梁遣葛從周攻下邢洺晉王柵兵青山口周未知所歸乃思岳言至青山歸晉晉王以周爲萬勝黃頭軍使從征伐常有功從戰栢鄉先登遷匡霸指揮使守楊劉周爲將甚勇其於用兵善守能與士卒同甘苦梁兵攻周

● 『岳』，百衲本作『嶽』，貴池本同，薛史作『岳』。
● 貴池本脫『目』字。
● 薛史作『匡霸都』。

周堅守久之。周聞母喪奔歸、莊宗遣佗將代周守、幾爲梁兵所破、莊宗遽追周還守之、乃得不破。其後梁人已破德勝、因東擊楊劉、以巨艦絕河斷晉餉援。周遣人馳趨莊宗求救、請日行百里以赴急。莊宗笑曰、周爲我守何憂。日行六十里、且行且獵、日周非梁將可敵也。比至、周已絕糧三日、莊宗以巨栰積薪沃油、順流縱火焚梁艦、梁兵解去。莊宗見周勞曰、微公諸將爲梁擒矣。歷相蔡二州刺史。明宗時拜武信軍節度使、徙鎮靜難、歷武寧、安遠、永興、宣武四鎮、所至多善政。晉高祖時、復鎮靜難。罷還。出帝幸澶淵、以周留守東京、還拜開封尹、卒年七十四，贈太師。

劉處讓字德謙，滄州人也。少爲張萬進親吏。萬進入梁，爲泰寧軍節度使，以處讓爲牙將。萬進叛梁附晉，梁遣劉鄩討之，萬進遣處讓求救于晉。晉王方與梁相距，未能出兵，處讓乃於軍門截耳而訴曰：萬進所以見圍者，以附晉故也。奈何不顧其急？苟不出兵，願請死。晉王壯之曰：義士也。爲之發兵。兵未渡河，而萬進爲梁兵所敗。處讓因留事晉。莊宗卽位，爲客省使，常使四方，多稱旨。天成中，遷引進使，累遷左驍衛大將軍。廢帝時，魏州軍亂，逐其帥劉延皓，遣范延光招討，以處讓爲河北都轉

• 薛史九十四。
• 『距』，百衲本作『据』，貴池本同。
• 『兵未渡河』，百衲本、貴池本無『兵』字。
• 『梁兵』，彭無『兵』字。

運使晉高祖立歷宣徽南院使范延光反高祖命楊光
遠爲招討使以處讓參其軍事已而副招討使張從賓
叛于河陽處讓分兵擊破從賓還與光遠攻鄴逾年不
能下其後延光有降意而遲疑處讓入城譬以禍福延
光乃出降唐制樞密使常以宦者爲之自梁用敬翔李
振至莊宗始用武臣而權重將相高祖時以宰相桑維
翰李崧兼樞密使處讓與諸宦者心不平之光遠之討
延光也以晉重兵在已掌握舉動多驕恣其所求請高
祖頗裁抑之處讓爲光遠言此非上意皆維翰崧等嫉
公耳光遠大怒及兵罷光遠見高祖訴以維翰等沮已

• 薛史先作北院使，後改南院使。
• 樞密使源流。

高祖不得已罷維翰等，以處讓爲樞密使。處讓在職，凡所陳述多不稱旨。處讓丁母憂，高祖遂不復拜樞密使，以其印付中書而廢其職。處讓居喪期年，起復爲彰德軍節度使、右金吾衞上將軍，以疾卒，年六十三，累贈太師。

李承約字德儉，薊州人也。少事劉仁恭爲山後八軍巡檢使，將騎兵二千人。仁恭爲其子守光所囚，承約以其騎兵奔晉，晉王以爲匡霸指揮使。從破夾寨，戰臨淸，以功累遷洺、汾二州刺史，頳州團練使。天成中，邠州節度使毛璋有異志，明宗拜承約涇州節度副使，使往伺璋

- 石晉時曾廢樞密使。
- 汲古本「三」作「二」，誤。薛史亦六十三。
- 百衲本、貴池本「薊州」作「薊門」，薛史作「薊州」。
- 薛九十。
- 薛史作「匡霸都」。

勤靜承約見璋諭以禍福後明宗遣人代璋璋即時受代明宗大喜即拜承約黔南節度使承約以恩信撫諸夷落勸民農桑興起學校居數年當代黔南人詣京師乞留爲許留一年召爲左衛上將軍改左龍武統軍拜昭義軍節度使復爲左龍武統軍天福二年遷左驍衛上將軍數請老不許卒年七十五贈太子太師

張希崇字德峯幽州薊人也少好學通左氏春秋劉守光不喜儒士希崇因事軍中爲偏將將兵戍平州其後契丹攻陷平州得希崇知其儒者也以爲盧龍軍行軍司馬明宗時盧文進自平州亡歸契丹因以希崇代文

- 薛史八十八。
- 百衲本『偏將』下衍『附于』二字。

進爲平州節度使遣其親將以三百騎監之居歲餘虜將喜其爲人監兵稍怠希崇因與其麾下謀走南歸其麾下皆言兵多不可俱亡懼不得脱因勸希崇獨去希崇曰虜兵守我者三百騎爾烹其將其兵必散走且平州去虜帳千餘里使其聞亂而呼兵則吾與汝等在漢界矣衆皆曰善乃先爲穽窴以石灰明日虜將謁希崇崇飲之以酒殺之穽中兵皆潰去希崇率其麾下得生口二萬南歸明宗嘉之拜汝州防禦使遷靈武節度使靈州地接戎狄戍兵餉道常苦抄掠希崇乃開屯田教士耕種軍以足食而省轉饋明宗下詔褒美希崇撫養

● 脱一『希』字，據百衲本、貴池本補，彭同，南監本。

士卒、招輯夷落、自回鶻、瓜、沙皆遣使入貢。居四歲、上書
求還內地、徙鎮邠寧。晉高祖入立、復拜靈武節度使、希
崇歎曰、吾當老死邊徼、豈非命邪。希崇事母至孝、朝夕
母食、必侍立左右、徹饌乃敢退。爲將不喜聲色、好讀書、
頗知星歷。天福三年月掩畢口大星、希崇歎曰、畢口大
星、邊將也、我其當之乎。明年正月卒、贈太師、有子仁謙。
相里金字奉金、并州人也。爲人勇悍而能折節下士、事
晉王爲五院軍隊長。梁晉戰栢鄉、胡柳、皆有功、遷廣甲
指揮使。同光中、拜忻州刺史。是時諸州皆用武人、多以
部曲主場務、漁蠹公私、以利自入、金獨禁部曲不與事、

張仁謙
薛史九十
相里金有墓碑

• 張仁謙。
• 薛史九十。
• 相里金有墓碑。

厚其給養使掌家事而已遷隴州防禦使廢帝起兵鳳翔馳檄四鄰四鄰未有應者獨金首遣判官薛文遇見廢帝往來計事廢帝即位德之拜保義軍節度使晉高祖起太原廢帝以金爲太原四面步軍都指揮使高祖入立從鎮建雄罷爲上將軍天福五年卒贈太師

張廷蘊開封襄邑人也少爲宣武軍卒去事晉稍遷軍校常從莊宗征伐先登力戰金瘡滿體莊宗壯之以爲帳前黃甲二十指揮步軍都虞候魏博三城巡檢使是時莊宗在魏以劉皇后從行劉氏多縱其下擾人爲不法人無敢言者廷蘊輒收而斬之李繼韜叛于潞州莊

● 『罷爲』下應從薛史增『諸衛』二字。碑作太子太師。
● 薛史九十四。
● 此時叛者繼韜部將楊立也。

宗遣明宗爲招討使、元行欽爲都部署、廷蘊爲馬步軍都指揮使、將兵爲前鋒。廷蘊至潞、日已暮、即率兵百餘踰濠登城、城守者不能禦、遂破潞州。明旦明宗與行欽後至、明宗心頗慊之。廷蘊以功遷羽林都指揮使、申懷沂三州刺史、金頳隴絳四州防禦團練使、左監門衛上將軍。開運中、以疾卒。廷蘊武人、所識不過數字、而平生重文士。嘗從明宗破梁鄆州、獲判官趙鳳、廷蘊謂曰、吾視汝貌必儒人、可無隱也。鳳以實對、廷蘊亟薦於明宗。後鳳貴爲相、數薦廷蘊於安重誨、重誨屢言之、明宗以廷蘊破潞之隙、終恨之、故終不秉旄節。廷蘊素廉、歷七

- 廿二史考異、劉校均言之。
- 局本「士」誤作「字」。
- 「旄」，百衲本作「髦」，誤。

• 薛史九十。
• 金州防禦使，薛史繫清泰初。
• 『數百』，薛史作『千人』，陳知隱又攜去三百，故此云『數百』也。
• 『二千』，百衲本、貴池本作『三千』。

州卒之日家無餘貲。

馬全節字大雅，大名元城人也。唐同光中，全節爲捉生指揮使，趙在禮反鄴都，以全節爲馬步軍指揮使。明宗卽位，歷博單鄆沂四州刺史，金州防禦使。廢帝時，蜀人攻金州，州兵纔數百，全節散家財與士卒堅守，蜀人去。廢帝召全節，以爲滄州留後。晉高祖入立，卽拜全節橫海軍節度使，徙鎮安遠。代李金全，金全叛附于李昪，昪高祖發兵三萬，使全節與安審暉討之，金全南奔，昪將李承裕守安州，全節與承裕戰州南，大敗承裕，斬首二千級，生擒千餘人，承裕棄城去，審暉追至雲夢，執承裕及

乾隆四年校刊

其兵二千人，全節斬千五百人，以其餘兵并承裕獻于京師。承裕謂全節曰：吾掠城中所得百萬計，將軍皆取之矣，吾見天子，必訴此而後就刑。全節懼，因殺承裕。高祖置之不問。從全節鎮昭義，又從安國。從杜重威討安重榮，以功徙鎮義武。自出帝與契丹交惡，全節未嘗不在兵間。開運元年，爲行營都虞候。契丹與晉大軍相距澶、魏之間，全節別攻白團城，破之，虜七百人；克泰州，虜二千人，降其守將晉廷謙。四月，契丹敗于戚城，引兵分道而北，全節敗之于定豐，執其將安暉。七月，徙廣晉尹、留守鄴都。十月，杜重威爲招討使，以全節爲副，大敗契

相距局本作相遇誤
泰州百衲本作秦州貴池本作奉州

•『相距』，局本作『相遇』，誤。
•『泰州』，百衲本作『秦州』，貴池本作『奉州』。

丹于衛村全節爲人謙謹事母至孝其臨政決事必問法如何初從廣晉過元城衣白襴謁其縣令州里以爲榮開運二年從鎮順國未至而卒年五十五贈中書令

皇甫遇常山眞定人也爲人有勇力虬髯善射少從唐明宗征伐事唐爲武勝軍節度使所至苛暴以誅斂爲務賓佐多解官迯去以避其禍晉高祖時歷義武昭義建雄河陽四鎮罷爲神武統軍契丹入寇陷貝州出帝以高行周爲北面行營都部署遇爲馬軍右廂排陣使是時青州楊光遠據城反出帝乃遣李守貞及遇分兵守鄆州遇等至馬家渡契丹方將渡河助光遠遇等擊

● 薛史九十五。
● 薛史作『鄧州節度使』，則當作『威勝』，若『武勝』至後周始改之名，不應提前用之，如此之類，不校。
● 逃。

敗之、以功拜義成軍節度使馬軍都指揮使。開運二年、契丹寇西山、遣先鋒趙延壽圍鎮州、杜重威不敢出戰。延壽分兵大掠、攻破欒城、柏鄉等九縣、南至邢州。是時歲除、出帝與近臣飲酒過量得疾、不能出征、乃遣北面行營都監張從恩會馬全節、安審琦及遇等禦之。從恩等至相州、陣安陽河南、遣遇與慕容彥超率數千騎前視虜。遇渡漳河、逢虜數萬、轉戰十餘里、至榆林、爲虜所圍。遇馬中箭而踣、得其僕杜知敏馬乘之以戰。知敏爲虜所擒、遇謂彥超曰、知敏義士也、豈可失之。卽與彥超躍馬入虜、取之而還。虜兵與遇戰、自午至未、解而復合、益出生兵，勢甚盛。遇戒彥超曰：今日之勢，戰與走爾，戰尚或生，走則死也。我等死戰，猶足以報國。張從恩與諸將怪遇視虜無報，皆謂遇已陷虜矣。已而有馳騎報遇被圍，安審琦率兵將赴之，從恩疑報者詐，不欲往。審琦曰：成敗，天也，當與公共之。雖虜不南來，吾屬失皇甫遇，復何面目見天子。即引騎渡河，諸軍皆從而北，距虜十餘里，虜望見救兵來，即解去。遇與審琦等收軍而南。契丹亦皆北去。是時，契丹兵已深入，人馬俱乏，其還也，諸將不能追，而從恩率遇等退保黎陽，虜因得解去。三年冬，以重威爲都招討使，遇爲馬軍右廂都指揮使，屯於

●『我等死戰』，百衲本作『等死死戰』，亦可通。彭本、貴池本同，局本同。惟汲古本與殿本無異，當改。
●〔距，編注〕貴池本作『拒』。
●〔杜，編注〕從百衲本、貴池本、彭本增。

中渡。重威巳陰送欵契丹，伏兵幕中，悉召諸將列坐，告以降虜。遇與諸將愕然不能對，重威出降表，遇等俛首以次自書其名，即麾兵解甲出降。契丹遣遇與張彥澤先入京師，遇行至平棘，絶吭而死。

嗚呼，梁亡而敬翔死，不得爲死節；晉亡而皇甫遇死，不得爲死事，吾豈無意哉。梁之篡唐，用翔之謀爲多，猶子佐其父而殺其祖，可乎。其不戮於斧鉞爲幸免矣，方晉兵之降虜也，士卒初不知，及使解甲，哭聲震天，則降豈其欲哉。使遇奮然攘臂而起，殺重威於坐中，雖不幸不免而見害，猶爲得其死矣，其義烈豈不凛然哉。既俛首

- 『書』，貴池本、百衲本作『畫』。
- 『弑』，百衲本、貴池本、彭本、局本。
- 『不免』，彭本作『不克』。

貴池本脫『難得』二字，下一『貴』字又誤作『責』。

薛史九十一。

聽命、相與亡人之國矣、雖死不能贖也、豈足貴哉、君子之於人、或推以恕、或責以備、恕故遷善自新之路廣、備則難得、難得故可貴焉、然知其所可恕、與其所可貴、豈不又難哉。

安彥威、字國俊、代州崞縣人也、少以軍卒隸唐明宗麾下、彥威善射、頗知兵法、明宗鎭天平宣武成德、以彥威常爲牙將、以謹厚見信、明宗入立、皇子從榮鎭鄴、彥威爲護聖指揮使、以從榮判六軍、彥威遷捧聖指揮使、領寧國軍節度使、晉高祖入立、拜彥威北京留守、徙鎭歸德、是時河決滑州、命彥威塞之、彥威出私錢募民治隄遷西京留守。遭歲大饑，彥威賑撫饑民，民有犯法，皆寬貸之，饑民愛之，不忍流去。丁母憂，哀毀過制。出帝與契丹嚝盟，拜彥威北面行營副都統。彥威悉以家財佐軍用。以疾卒于京師。彥威與安太妃同宗，出帝事以爲舅，彥威未嘗以爲言。及卒，太妃臨哭，人始知其同宗也。當時益稱其愼重。

李瓊，滄州饒安人也。少爲騎將，與晉高祖俱隸唐明宗麾下。同光二年，契丹犯塞，明宗出涿州，遇契丹，與戰不勝，諸將各稍引去，而晉高祖獨戰不已。契丹漸合而圍之。瓊引高祖衣與俱遯，至劉李河，而追兵且及，瓊浮水

• 『飢』，百衲本作『饑』，貴池作『饑』。
• 貴池本脫『爲』字。
• 百衲本脫『其』字。
• 薛史九十四。

先至南岸，高祖至河中流，馬踣，瓌以長矛援出之，又以所乘馬與高祖，而步護之，走十餘里，乃得免。明宗兵變于魏而南，瓌從高祖以三百騎先趨汴州。高祖爲保義軍節度使，以爲牙隊指揮使。高祖建國，以爲護聖都虞候，賜與金帛甚厚，而不與之官爵，瓌亦鬱鬱。久之，拜相、申二州刺史。出帝時，爲棣州刺史。楊光遠反，以書招瓌，瓌拒而不納。遷洺州團練使，又爲護聖右廂都指揮使。晉亡，契丹入京師，以瓌爲威州刺史，行至鄭州，遇盜見殺。

劉景巖，延州人也。其家素富，能以貲交游豪俊，事高萬

• 薛史作『護聖都指揮使』。
• 『賜與』，貴池本作『賜以』。
• 『相州』，薛史作領『橫州』刺史。
• 薛史無傳。

全爲部曲。其後爲丹州刺史。晉高祖起兵太原，唐廢帝調民七戸出一卒爲義兵，延州節度使楊漢章發鄉民赴京師。將行，景巖遣人激怒之，義兵亂，殺漢章，迎景巖爲留後。晉高祖即位，即拜景巖節度使。景巖從事熊皦爲人多智，陰察景巖跋扈難制，懼其有異心，欲以利愚之，因語景巖，以謂邊地不可以久安，爲陳保名享利之策，言邠、涇多善田，其利百倍，宜多市田，射利以自厚。景巖信之，歲餘，其獲甚多。景巖使皦朝京師，皦乃言景巖不宜在邊，可徙之内地。乃移景巖邠州。皦入拜補闕，而景巖又徙鎮保義，居未幾，又徙武勝。景巖乃悟皦爲賣

• 通鑑作『坊州刺史』。
• 熊皦。
• 彭本無『即』字。

巳遂誣奏皦隱巳玉帶，皦坐貶商州上津令。皦懼景巖害之，道亡匿山中。開運三年，景巖罷武勝，以太子太師致仕，居華州。契丹犯京師，以周密鎮延州，景巖乃還故里。而州人逐密，立高允權。允權妻劉氏，景巖孫女也。景巖良田甲第，僮僕甚盛，党項司家族畜牧近郊，尤富彊，景巖與之往來，允權頗患之。允權妻歲時歸省，景巖謂曰：高郎一縣令而有此州，其可保乎。允權意惡之，而心又利其田宅，乃誣其反而殺之，年八十餘。長子行琮，德州刺史，罷留京師，亦被誅。次子行謙，允權婦翁也，爲奏言非劉氏子，遂免不誅。

- 『害之』上，百衲本、貴池本、彭本有『邀』字，當增。
- 『孫女』，百衲本作『孫女子』，貴池本同。
- 『意』，百衲本人『益』，貴池本同。
- 劉行琮。
- 劉行謙。

此卷頗多愛民守法者，且多高壽，歐公均不論及。惟皇甫遇之死則有專論，蓋據事直書，善惡自見。若皇甫遇之死，則論者或有彼此，故發凡示例耳。

五代史卷四十七

● 此卷頗多愛民守法者，且多高壽，歐公均不論及。惟皇甫遇之死則有專論，蓋據事直書，善惡自見。若皇甫遇之死，則論者或有彼此，故發凡示例耳。

五代史卷四十七考證

張延蘊傳李繼韜叛于潞州○李閣本作而誤

延字誤當作廷

●『延』字誤，當作『廷』。

五代史卷四十七考證

五代史卷四十八

宋　歐陽修　撰

雜傳第三十六

盧文進字大用，范陽人也。爲劉守光騎將。唐莊宗攻范陽，文進以先降拜壽州刺史。莊宗以屬其弟存矩。存矩爲新州團練使，統山後八軍。莊宗與劉鄩相距於莘，召存矩會兵擊鄩。存矩募山後勁兵數千人，課民出馬，民以十牛易一馬，山後之人皆怨，而兵又不樂南行。行至祁溝關，聚而謀爲亂。文進有女幼而美，存矩求之爲側室，文進以其大將不敢拒，雖與而心常歉之也。因與亂

乾隆四年校刊

• 薛史九十七。
• 薛史「字國用」，遼史神册元年，盧國用來降。
• [距，編注]「拒」，百、貴。
• 薛史遥授。
• 「壽州」刺史，南唐書、契丹國志作「蔚州」。
• 貴池本、百衲本「與」字下無「而」字。

軍殺存矩、反攻新州、不克、攻武州、又不克、遂奔于契丹。契丹使守平州。明宗卽位、文進自平州率衆數萬歸唐、明宗得之喜甚、以爲義成軍節度使。居歲餘、徙鎮威勝、加同平章事、入爲上將軍、出鎮昭義、徙安遠。晉高祖立、與契丹約爲父子、文進懼不自安、天福元年冬、殺其行軍司馬馮知兆、副使杜重貴、送款於李昪、昪遣兵迎之。文進居數鎮、頗有善政、兵民愛之。其將行也、從數騎馳至營中、別其將士、告以避契丹之意、將士皆再拜爲訣、乃南奔。昪以文進爲天威統軍、宣潤節度使。文進身長七尺、狀貌偉然、自其奔契丹也、數引契丹攻掠幽薊之

● 貴池本脫『契丹』二字。
● 『喜甚』，彭本作『甚喜』。
● 『馳』，貴池本作『自』，百衲本同，彭同。
● 『天威』，百衲本作『天雄』，貴池本同，南唐書同。
● 『數』，彭本作『教』。

間虜其人民，教契丹以中國織紝工作無不備，契丹由此益彊。同光中，契丹數以奚騎出入塞上，攻掠燕、趙，人無寧歲。唐兵屯涿州，歲時饋運，自瓦橋關至幽州，嚴兵斥堠，常苦鈔奪，爲唐患者十餘年，皆文進爲之也。及其南奔，始屈身晦迹，務爲恭謹，禮接文士，謙謙若不足，其所談論，近代朝廷儀制、臺閣故事而已，未嘗言兵。後以左衞上將軍卒于金陵。

李金全，其先出於吐渾。金全少爲唐明宗廝養，以驍勇善騎射，常從明宗戰伐，以功爲刺史。天成中，爲彰武軍節度使，在鎭務爲貪暴，罷歸，獻馬數十匹，居數日，又以

• 百衲本「時」下有「鈔」字，衍。
• 百衲本「堠」作「候」，貴池本同，又無「斥」字，「迹」字下多一「亦」字。彭作「候」。
• 薛史九十七。
• 百衲本作「吐谷渾」，貴同，彭同。
「數十」，貴池本脫「數」字。
• 「義」劉校疑「彰武」當作「彰義」。

獻。明宗謂曰、卿患馬多耶、何進獻之數也。且卿在涇州治狀如何、無乃以馬爲事乎。金全慙不能對。徙鎭橫海、久之、罷爲右衛上將軍。晉高祖時、安州屯防指揮使王暉殺節度使周瓌、高祖遣金全將騎兵千人以往、下詔書招暉曰、暉降以爲唐州刺史。又以信箭諭安州、不戮一人。且戒金全曰、無失吾信。金全未至、襄州安從進意暉必走江南、以精兵遮其要路。暉聞金全來、果南走、爲從進兵所殺。金全後至、得暉餘黨數百人、皆送京師、暉之亂也、大掠城中三日、金全利其所掠貲、因擒其將武克和等十餘人殺之。克和呼曰、王暉首亂、猶賜之信誓、

• 彭本無『進』字。
• 『克和』，薛史作『彥和』，通鑑同。

● 薛史作『胡』漢筠，百衲本『胡』作『明』，誤。通鑑從薛史。
● 賈仁沼。
● 『弓』下，貴池本、百衲本有『射』字，當據改。彭同。

以爲刺史，我等何罪，反見殺邪？若朝廷之命，何以示信？苟將軍違詔而殺降，亦將不免也。」高祖不能詰，即以金全爲安遠軍節度使。金全左都押衙胡漢筠用事，所爲不法，高祖患之，不欲因漢筠以累功臣，爲選廉吏賈仁沼代之，且召漢筠。漢筠教金全留已而不遣，金全客龐令圖諫曰：「仁沼昔事王晏球，晏球攻王都於中山，都遣善射者登城射晏球，中兜牟，仁沼從後引弓善射者，一發而斃。晏球求其人，欲厚賞之，仁沼退而不言，此天下之忠臣也。都敗，晏球遣仁沼獻捷于京師，凡所賜與甚厚，悉以分故人親戚之貧者，此天下之廉士也。爲人如此豈有爲人謀而不善者乎宜納仁沼而遣漢榮漢榮聞之夜使人殺令圖而酖仁沼仁沼舌壞而死天福五年夏高祖以馬全節代金全而仁沼二子欲詣京師訴其父寃漢榮大懼紿金全曰前日天子召漢榮公違詔而不遣仁沼之死其二子將訴于朝今以全節代公是召公對獄也金全信之遂叛送欵于李昇高祖發兵三萬授全節討之昇遣其將李承裕入安州金全遂南奔行至泌川引頸北望涕泣而去昇以金全爲天威統軍漢隱帝時李守貞反河中乞兵於昇金全爲昇潤州節度使與查文徽等出沭陽昇之諸將皆鋭於攻取金全

●天「福」，彭本訛作「復」。

●「泌川」，百衲本作「泌州」，薛史與貴池本作「汶川」，據改。彭本作「汶川」。泌州在河南，汶川在安州南，正合纂誤補。職方考「汶川故屬沔州」。

獨以謂遠不相及，不可行，乃止。其後亦不復用，不知其所終。

楊思權，邠州新平人也。事梁為控鶴右第一軍使。唐莊宗滅梁，以為夾馬都指揮使。明宗時，秦王從榮為河東節度使，以馮贇為副，思權為北京步軍都指揮使以佐之。從榮素驕，所為多不法。是時宋王從厚為河南尹，從厚年少，謙恭好禮，明宗陰遣人從容語從厚之善以諷勉之。從榮不悅，告思權曰：「天下共賢河南而非我，我將廢矣，奈何？」思權曰：「公有甲士而思權在，何患也？」乃勸從榮招募死士，增利器械以為備。馮贇患之，以其事聞，

• 劉校、陸游南唐書，金全於保大八年卒。
• 薛史八十八。
• 百衲本『勉』訛作『免』。

明宗召思權還京師，然以從榮故，亦不之責也。後爲右羽林都指揮使，將兵戍興元。潞王從珂反鳳翔，興元張虔釗會諸鎮兵討賊，諸鎮兵圍鳳翔，思權攻城西，嚴衛指揮使尹暉攻城東，破其兩關城。從珂登城呼外兵，告以已非反者，其語甚哀，外兵聞者皆悲之。而虔釗督戰甚急，軍士反兵逐虔釗，思權因呼其衆曰：「潞王眞吾主也。」即擁軍士入城降。暉聞思權已降，亦麾其軍使解甲，由是諸鎮之兵皆潰。思權與暉入見從珂，思權前曰：「臣以赤心奉殿下，俟後事成，願不以防禦團練使處臣。」乃出一紙於懷中曰：「願志臣姓名以爲驗。」從珂即書曰：「可

• 百衲本『以』上無『然』字，貴本同。
• 『俟後事成』，百衲本作『事成』二字。彭本重一『殿下』，作『殿下事成』，局本同。貴池本與此同，作『俟後事成』，及古本同。

乾隆四年校刊

邠寧節度使廢帝入立即拜思權靜難軍節度使後爲右龍武統軍左衛上將軍天福八年卒于京師贈太傅

尹暉者魏州大名人也從廢帝入洛陽而晉高祖來朝與暉相遇于道暉時猶爲嚴衛指揮使特先降功不爲高祖屈馬上橫鞭揖之高祖怒白廢帝暉不可與名藩乃以爲應州節度使晉高祖入立罷爲右衛大將軍范延光反以書招暉暉懼出奔淮南爲人殺于道有子勳

王弘贄不知其世家何人也唐明宗時爲合階二州刺史右千牛衛將軍衛州刺史潞王從珂反於鳳翔擁兵東至陝愍帝懼夜以百餘騎出奔至衛州東七八里遇

五代史卷四十八　　尹暉

● 薛史『年六十九』。
● 薛史八十八。
● 百衲本『遇』上無『相』字。
● 尹勳。
● 『爲人殺于道』，百衲本作『爲人所殺』，貴池本同。
● 弘贄薛史無傳。

晉高祖、將朝于京師、騶呵前導者不避、愍帝遣左右叱之、對曰成德軍節度使石敬瑭也。愍帝即下馬慟哭、謂敬瑭曰、潞王反、康義誠等皆叛我、我無所依、長公主教我逆爾于路。高祖曰、衛州刺史王弘贄宿將也、且多知時事、請就圖之。即馳騎前見弘贄曰、主上危迫、吾戚屬也、何以圖全。弘贄曰、天子避狄、自古有之、然將相大臣從乎、曰無也、國寶乘輿法物從乎、曰無也。弘贄歎曰、所謂大木將顛、非一繩所維、今萬乘之主以百騎出奔、將相大臣無一人從者、則人心去就可知也、雖欲興復其可得乎。即從高祖上謁於驛舍。高祖具以弘贄語白愍

百衲本脱『可』字。

百衲本脱可字

帝弓箭庫使沙守榮奔弘進前謂高祖曰：「主上明宗愛子，公愛壻也。公於此時不能報國，而反問大臣國寶所在，公亦助賊反邪？」乃抽佩刀刺高祖，高祖親將陳暉扞之，守榮與暉戰死，弘進亦自刎。高祖因盡殺帝從兵，獨留帝于驛而去。弘贄奉帝居于州廨。弘贄有子巒爲殿直，廢帝入立，遣巒持鴆與弘贄。初，愍帝在衞州，弘贄令市中酒家獻酒，愍帝見之大驚，遽殞于地，久而蘇。弘贄曰：「此酒家也，願獻酒以慰無憀。」愍帝受之，由是日獻一觴。及巒持鴆至，因使酒家獻之，愍帝飲而不疑，遂崩。弘贄後事晉爲鳳翔行軍司馬，以光祿卿致仕，卒，贈太傅。

● 局本「弘進」誤作「弘贄」，蓋不知「奔」爲姓耳。
● 彭本脫下「高祖」二字。
● 王巒。

劉審交字求益，幽州文安人也。少畧知書，通於吏事，爲唐興令，補范陽牙校。劉守光僭號，以審交爲兵部尚書。守光敗，歸于太原，唐莊宗以爲從事。其後趙德鈞鎮范陽，北面轉運使馬紹宏辟審交判官。王晏球討王都，以爲轉運供軍使。定州平，拜遼州刺史，復爲北面轉運使，改慈州刺史，以母老去官。母喪，哀毀過禮，不調累年。晉高祖即位，楊光遠討范延光於魏州，審交復爲供軍使。是時晉高祖分戶部度支鹽鐵爲三使，歲餘三司益煩弊，乃復合爲一，拜審交三司使。議者請檢天下民田，宜得益租。審交曰：「租有定額，而天下比年無閑田，民之苦

● 薛史一〇六。
● 薛作『興唐』，誤。
● 僭。
● 薛史『北面』下有『供軍』二字。
● 薛史作『磁』州，百衲本作『慈』，彭本作『慈』，貴池本同。劉校以爲當作『磁』，攻官不一定在河北，劉校未必是。

樂不可等也。遂止不檢。而民賴以不擾。遷右衛上將軍陳州防禦使、出視民田。見民耕器薄陋。乃取河北耕器爲範。爲民更鑄。安從進平、從審交襄州、又徙青州。皆有善政。罷還。契丹犯京師、留蕭翰而去、翰復以審交爲三司使。已而翰召許王從益守京師、漢高祖起義太原、從益召高行周以拒高祖、行周不至。從益母王淑妃與羣臣謀迎高祖、或以謂燕兵在京師者猶數千、可以城守而待行周、淑妃不從、議未決。審交進曰、余燕人也、今爲燕守城、當爲燕謀、然事勢不可爲也、太妃語是。從益乃罷不設備、遣人西迎高祖。高祖至、罷審交不用、隱帝時爲汝州防禦使，有能名。乾祐三年卒，年七十四。州人聚哭柩前，上疏乞留葬近郊，使民得歲時祠祭，詔特贈太尉，起祠立碑。

王周，魏州人也。少以勇力從軍，事唐莊宗、明宗爲裨校，以力戰有功，拜刺史。晉天福中，從楊光遠討范延光於魏州，又從杜重威討安重榮於鎮州，皆有功。歷貝州、涇州節度使。涇州張彥澤爲政苛虐，民多流亡，周乃更爲寬恕，問民疾苦，去其苛弊二十餘事，民皆復歸。歷遷武勝、保義、義武、成德四鎮，皆有善政。定州橋壞，覆民租車，周曰：「橋梁不修，刺史過也。」乃償民粟，爲治其橋。杜重威

• 劉校謂威德當改爲順國，不校。

• 薛史『二年卒』，誤。

• 薛史一〇六。

• 薛史『歷鄧陝二鎮』，則武勝當作威勝，鄧州改武勝在後周。

降契丹，契丹兵過鎮州臨城，呼周使出降，周泣曰：「受晉厚恩，不能死戰，而以城降，何面目南行見人主與士大夫乎！」乃劇飲求刀，欲自引決，家人止之，迫以出降。契丹以周爲武勝軍節度使。漢高祖入立，徙鎮武寧，卒于鎮，贈中書令。

高行周，字尚質，嬀州人也。世爲懷戎戍將。父思繼，思繼兄弟皆以武勇雄於北邊，爲幽州節度使李匡威戍將。匡威爲其弟匡儔所篡，晉王將討其亂，謀曰：「高思繼兄弟在孔嶺關，有兵三千，此後患也，不如遣人招之。思繼爲吾用，則事無不成。」克用遣人招思繼兄弟。燕俗重氣

乾隆四年校刊　　五代史卷四十八　　王周　高行周

- 薛亦作「鄧州」，仍當作「威勝」。
- 薛一二三。
- 高思繼。
- 「孔嶺」，百衲本作「孔領」，貴池本同。

義思繼等聞晉兵爲匡威報讐、乃欣然從之、爲晉兵前鋒。匡儔聞思繼兄弟皆叛、乃棄城走。克用以劉仁恭守幽州、以其兄某爲先鋒都指揮使。思繼爲中軍都指揮使。弟某爲後軍都指揮使。高氏兄弟分掌燕兵。克用臨訣、謂仁恭曰、思繼兄弟勢傾一方、爲燕患者必高氏也、宜善爲防。克用留晉兵千人爲仁恭衞、而晉兵多犯法、思繼等數誅殺之、克用以責仁恭、仁恭以高氏爲訴、由是晉盡誅思繼兄弟。仁恭以其兄某之子行珪爲牙將、而思繼子行周年十餘歲、亦收之帳下。稍長、補以軍職、仁恭被囚、守光立、以行珪爲武州刺史。其後守光背晉、

● 一家三人，二失其名。

● 高行珪，薛史六十五有傳。

晉兵攻之、守光將元行欽牧馬山後、聞守光且見圍、卽率所牧馬赴援、而麾下兵叛于道、推行欽爲幽州留後。行欽曰、吾所憚者行珪也、乃遣人之懷戎、得行珪子縶之。兵過武州、招行珪曰、守光可取而代也、當從我、行不然且殺公子。行珪謝曰、與君俱劉公將、而忍叛之、吾當爲劉氏也、尚何顧吾子邪。行欽卽以兵圍行珪、月餘、行珪城中食盡、召其州人告曰、吾非不爲父老守也、今劉公救兵不至、奈何、可殺吾以降晉。父老皆泣、願以死守。是時行周適從行珪在武州、卽夜縋行周馳入晉見莊宗、莊宗因遣明宗救武州。比至、行欽已解去、行珪乃降晉莊宗時歷朔忻嵐三州刺史大同軍節度使明宗入立徙鎮威勝安遠行珪性貪鄙所爲多不法副使范延策爲人剛直數規諫之行珪不聽䘖之已而戍兵有謀叛者行珪先覺之因潛徙庫兵于他所戍兵叛趨庫刼兵無所得乃潰去行珪追而殺之因誣奏延策同反并其子皆見殺天下寃之行珪卒于鎮贈太尉當行珪之降晉也行周隸明宗帳下初爲裨將趙德鈞識之謂明宗曰此子貌厚而小心他日必大貴宜善待之梁晉軍河上莊宗遣明宗東襲鄆州行周將前軍夜遇雨軍中皆欲止不進行周曰此天贊我也鄆人恃雨不備吾來

庫兵百衲本誤作軍兵

•『庫兵』，百衲本誤作『軍兵』。

汴有 百衲本 貴池本有翰字
百衲本貴池本作天平軍

乾隆四年校刊　五代史卷四十八　十　高行周

宜出其不意，卽夜馳渉濟，入其城，鄆人方覺，遂取之。莊宗滅梁，以功領端州刺史，遷絳州。明宗時，從平朱守殷，克王都，遷潁州團練使，振武軍節度使，歷鎭彰武、昭義。晉高祖時，爲西京留守，從鎭天雄。安從進叛，以行周爲襄州行營都部署，討平之，從鎭歸德。出帝時，代景延廣爲侍衛親軍都指揮使。是時李彥韜、馮玉等用事，乃求歸鎭。契丹滅晉，留蕭翰守汴，又棄去，召唐故許王從益入汴。而漢高祖起太原，從益遣人召行周，將以拒漢。行周嘆曰：衰世難輔，況兒戲乎。乃不從。漢高祖入京師，加行周守中書令，徙鎭天平，封臨淸王。周太祖入立，封齊

- 「汴」有（應作「下」，編注）百衲本、貴池本有「翰」字。
- 百衲本、貴池本作「天平軍」。

高懷德
薛史一〇六

王，卒，贈尚書令，追封秦王。有子懷德。

白再榮不知其世家何人也。少爲軍卒，唐晉之間，爲護聖指揮使。契丹犯京師，再榮從契丹北歸，至鎮州，契丹留麻荅守鎮州而去，晉人從者多留焉。居未幾，李筠、何福進等謀逐麻荅，使人召再榮，再榮遲疑不欲往，軍士迫之，乃往共攻之。麻荅走，諸將以再榮名次最高，乃推爲留後。再榮出於行伍，貪而無謀。是時李崧、和凝等皆隨契丹留鎮州，再榮以兵環其居，迫而求物，又欲害崧取其貲。李穀謂曰：「公等親被契丹之苦，憂死不暇，然逐麻荅者乃衆人所爲，非獨公力也。今纔得生路，而遽殺

● 高懷德。
● 薛史卒年六十八。
● 薛史一〇六。

宰相此契丹尚或不爲然他日至京師天子問宰相何在何以對之再榮默然乃止而悉拘嘗事麻答者取其財鎮人謂之白麻答漢高祖即位拜再榮爲留後遷義成軍節度使罷還京師周太祖以兵入京師軍士攻再榮於第悉取其財已而前啓曰士卒嘗事公隸麾下一旦無禮如此亦復何面見公乎乃斬之攜其首而去家人以帛贖而葬之

安叔千字胤宗沙陀三部落人也少善騎射事莊宗以爲奉安指揮使明宗時與討王都拜秦州刺史從擊契丹爲先鋒都指揮使以功拜昭武軍節度使歷靜難橫

乾隆四年校刊

- 薛史一二三。
- 『唐』，從百衲本增，貴池本同。
- 『昭武』在利州，薛史作『振武』，則是朔州。廿二史考異，『昭武』當作『振武』。

海安國建雄四鎮。叔千狀貌堂堂，而不通文字，所爲鄙陋，時人謂之「沒字碑」。晉出帝時，爲左金吾衞上將軍。契丹犯京師，晉百官迎見耶律德光于赤岡，叔千出班，夷言，德光勞曰：「是安沒字否？汝在邢州，已通誠款，吾今至此，當與汝一喫飯處。」叔千再拜，乃以爲鎮國軍節度使。漢高祖入立，罷歸京師，自以嘗私附契丹，頗懷媿懼，以太子太師致仕。周太祖兵入京師，軍士大掠，叔千家貲已盡，而軍士意其有所藏者，箠掠不已，傷重，歸于洛陽卒，年七十二。

五代史卷四十八

• 百衲本、貴池本無『時』字。
• 卷二十八，崔協號『沒字碑』。
• 百衲本『嘗』誤作『常』。
• 百衲本、貴池本脫『有』字。

五代史卷四十八考證

盧文進傳其將行也從數騎馳至營中別其將士○馳監本作自今從閣本

楊思權傳明宗詔思權還京師然以從榮故亦不之責也○重榮謂秦王閣本榮作宏誤也

高行周傳匡威爲其弟匡儔所篡○匡儔閣本作光儔

漢高祖加行周守中書令徙鎮天平封臨清王周太祖立封齊王卒贈尚書令追封秦王○臣文清按朱子綱目書周天平節度高行周卒不書周官而書漢官又不繫其官于漢而繫之于周見其不以周始不以

漢終也與此正可參觀

五代史卷四十八考證

• 貴池本全卷缺，從影鈔本摹寫。
• 薛一二九。
• 翟景珂。

薛一二九 翟景珂

五代史卷四十九

宋 歐陽修 撰

貴池本全卷缺從影鈔本摹寫

雜傳第三十七

翟光鄴字化基，濮州鄄城人也。其父景珂，倜儻有膽氣。梁、晉相距于河上，景珂率聚邑人守永定驛，晉人攻之，踰年不能下。景珂卒戰死。光鄴時年十歲，爲晉兵所掠，明宗愛其穎悟，常以自隨。光鄴事唐，官至耀州團練使。晉高祖時，歷棣、沂二州刺史、西京副留守。出帝已破楊光遠，以光鄴爲青州防禦使，光鄴招輯兵民，甚有恩意。契丹滅晉，遣光鄴知曹州。許王從益入汴，以爲樞密使。

漢高祖入京師，改右領軍衛大將軍、左金吾大將軍，充街使。周太祖入立，拜宣徽使、樞密副使，出知永興軍，卒于官。光鄴爲人沉默多謀，事繼母以孝聞。雖貴，不營財產，常假官舍以居，蕭然僅蔽風雨。雍睦親族，麤衣糲食，與均有無，而光鄴處之晏然，日與賓客飲酒聚書爲樂。其所臨政務以寬靜休息爲意。病亟，戒其左右，氣絕以尸歸洛，無久留以煩軍府。既卒，州人上書乞留葬立祠，不許。

馮暉，魏州人也。爲效節軍卒，以功遷隊長。唐莊宗入魏，與梁相距于河上，暉以隊長亾入梁軍。王彥章以暉驍

• 薛史『左領軍』（『軍』當作『衛』，編注），『右金吾衛』。
• 彭本兩衛俱作『左』。百衲本少一句［左金吾大將軍，編注］。
• 街使。
• 薛史『年四十六』。
• 百衲本無『而』字。
• 薛史一二五。

勇隸之麾下。梁亡，莊宗赦暉不問，從明宗討楊立，魏王繼岌平蜀，累遷夔興二州刺史。董璋反東川，暉從晉高祖討璋，軍至劍門，劍門兵守不得入，暉從佗道出其左，擊蜀守兵殆盡，會晉高祖班師，拜暉澶州刺史。天福中，范延光反魏州，遣暉襲滑州，不克，遂入于魏，爲延光守。已而出降，拜義成軍節度使，徙鎮靈武。靈武自唐明宗已後，市馬糴粟，招來部族，給賜軍士，歲用度支錢六千萬，自關以西，轉輸供給，民不堪役，而流亡甚衆。青岡、土橋之間，氐羌剽掠道路，商旅行必以兵。暉始至，則推以恩信，部族懷惠，止息侵奪，然後廣屯田以省轉餉，治倉

定道前史誤作地道

吳武

●『它〔佗，編注〕道』，薛史誤作『地道』。
●靈武。

庫亭館千餘區，多出俸錢，民不加賦，管内大治。晉高祖下詔書襃美。党項拓拔彥超最爲大族，諸族嚮背常以彥超爲去就。暉之至也，彥超來謁，遂留之，爲起第於城中，賜予豐厚，務足其意。彥超旣留，而諸部族爭以羊馬爲市易，朞年有馬五千匹。晉見暉馬多而得夷心，反以爲患，徙鎭靜難，又徙保義。歲中，召爲侍衛步軍都指揮使，領河陽節度使。暉於是始覺晉有患已意。是時，出帝昏亂，馮玉、李彥韜等用事，暉曲意事之，因得復鎭靈武。時王令温鎭靈武，失夷落心，大爲邊患。暉卽請曰：「今朝廷多事，必不能以兵援臣，願得自募兵以爲衛。」乃募得

- 薛史作『彥昭』。
- 『出帝』，百衲本作『隱帝』，彭本同。五代史纂誤論五代史『隱』字之誤，則『出』字乃後人回改耳，當仍其舊。

兵千餘人，行至梅戍，蕃夷稍稍來謁。暉顧首領一人，指其佩劒曰：「此板橋王氏劒邪？吾聞王氏劒天下利器也。」俯而取諸腰間，若將翫之，因擊殺首領者，其從騎十餘人皆殺之。裨將藥元福曰：「今去靈武尚五六百里，柰何？」暉笑曰：「此夷落之豪，部族之所恃也。吾能殺之，其餘豈敢動哉！」已而諸族皆以兵扼道路，暉以言譬諭之，獨所殺首領一族求戰，卽與之戰而敗走，諸族遂不敢動。暉至靈武，撫綏邊部，凡十餘年，恩信大著。官至中書令，封陳留王。廣順三年卒，追封衛王。子繼業。

皇甫暉，魏州人也。爲魏軍卒，戍厖橋關，歲滿當代歸，而

乾隆四年校刊

• 板橋王氏劍。
• 薛史卒年六十。
• 薛史『朔方衛內都盧侯』。
• 薛史無傳。

留屯貝州。是時唐莊宗已失政，天下離心，暉爲人驍勇無賴，夜博軍中不勝，乃與其徒謀爲亂，劫其部將楊仁晸曰：唐能破梁而得天下者，以先得魏而盡有河北之兵也。魏軍甲不去體、馬不解鞍者十餘年。今天下已定，而天子不念魏軍久戍之勞，去家咫尺，不得相見。今將士思歸，不可遏，公當與我俱行。不幸天子怒吾軍，則坐據一州，足以起事。仁晸曰：公等何計之過也！今英主在上，天下一人，精甲鋭兵，不下數十萬，公等各有家屬，何故出此不祥之言。軍士知不可强，遂斬之，推一小校爲主，不從，又斬之，乃擕二首以詣裨將趙在禮，在禮從之，

● 「部將」，百衲本作「都將」，南監本、彭本。
● 「之兵」，百衲本無「之」字。
● 「一家」，百衲本、貴池本、彭本、汲古本、南監本。

● 百衲本無『吾』字。

● 纂誤補『當時無衞將軍官，此當有脫誤』。按，廿二史考異已言之。

乃夜焚貝州以入于魏。在禮以暉爲馬步軍都指揮使。暉擁甲士數百騎、大掠城中。至一民家、問其姓、曰姓國。暉曰、吾當破國、遂盡殺之。又至一家、問其姓、曰姓萬。暉曰、吾殺萬家足矣。又盡殺之。及明宗入魏、遂與在禮合謀、莊宗之禍自暉始。明宗卽位、暉自軍卒擢拜陳州刺史、終唐世常爲刺史。晉天福中、以衞將軍居京師。在禮已秉旄節、罷鎮來朝、暉往候之、曰、與公俱起甘陵、卒成大事、然由我發也。公今富貴、能卹我乎。不然、禍起坐中。在禮懼遽出器幣數千與之、而飲以酒。暉飲自若、不謝而去。久之、爲密州刺史。契丹犯闕、暉率其州人奔于江南、李景以爲歙州刺史、奉化軍節度使、鎮江州。周師征淮、景以暉爲北面行營應援使、屯清流關、爲周師所敗、并其都監姚鳳皆被擒。世宗召見暉、金瘡被體、哀之、賜以金帶鞍馬、後數日卒、拜鳳左屯衛上將軍。

唐景思、秦州人也。幼善角觝、以屠狗爲生。後去爲軍卒、累遷指揮使。唐魏王繼岌伐蜀、景思爲蜀守固鎮、繼岌兵至、景思以城降、拜興州刺史。晉高祖時、爲貝州行軍司馬。出帝時、契丹攻陷貝州、景思爲趙延壽所得、以爲壕砦使。契丹滅晉、拜景思亳州防禦使。漢高祖時、爲鄧州行軍司馬、後爲沿淮巡檢。漢法酷、而史弘肇用事、喜

● 『都』，汲古同，局本誤作『部』。
● 彭本無『上』字。
● 薛史一二四。

以告訐殺人景思有奴嘗有所求不如意卽馳見弘肇言景思與李景交通而私畜兵甲弘肇遣吏將三十騎往收景思奴謂吏曰景思勇者也得則殺之不然將失之也吏至景思迎前以兩手抱吏呼冤請詣獄自理吏引奴與景思驗景思曰我家在此請索之有錢十千爲受外賂有甲一屬爲私畜兵吏索之惟一衣笥軍籍糧簿而已吏閔而寬之景思請械送京師以自明景思有僕王知權在京師聞景思被告乃見弘肇願先下獄明景思不反弘肇憐之送知權獄中日勞以酒食景思旣械就道頗亳之人隨至京師共明之弘肇乃鞫其奴具

彭本作鞠

[鞫，編注]彭本作『鞠』。

伏。即奏斬奴而釋景思。後從世宗戰高平。世宗以所得漢降兵數千爲效順指揮。以景思爲指揮使。復戍淮上、周師伐淮南、以功領饒州刺史、遷濠州行刺史。兵攻濠州、以戰傷重卒、贈武清軍節度使。

王進、幽州良鄉人也。爲人勇悍。走及奔馬。少聚徒爲盜、鄉里患之。符彥超遣人以賂招置麾下。彥超鎮安遠軍、軍中有變、遣進馳奏京師、明宗怪其來速、嘉其足力、以隸寧衛指揮。漢高祖爲侍衛親軍指揮使、以進爲軍校。高祖鎮河東、因以之從、每有急、遣進馳至京師、往返不過五六日、由是愈親愛之。累遷奉國軍都指揮使。從周

- 「行刺史」，薛史同，百衲本無「行」字，南監本，疑「行」字衍。
- 薛史一二四。
- 薛史作「六七日」。

百衲本作顯德元年秋又注云一本作初

太祖起魏、遷虎捷右廂都指揮使、歷汝鄭二州防禦使、彰德軍節度使、顯德初以疾卒、贈太師。

嗚呼、予述舊史至於王進之事、未嘗不廢書而歎曰、甚哉五代之君、皆武人崛起、其所與俱勇夫悍卒、各裂土地封侯王、何異豺狼之牧斯人也。雖其附託遭遇、出於一時之幸、然猶必皆橫身陣敵、非有百夫之勇、則必一日之勞。至如進者、徒以疾足善走、而秉旄節、何其甚歟。豈非名器之用、隨世而輕重者歟。世治則君子居之而重、世亂則小人易得而輕歟。抑因緣僥倖、未始不有、而尤多於亂世、既其極也、遂至於是歟。豈其又有甚於是

• 百衲本作『顯德元年秋』，又注云『一本作初』。

者歟當此之時爲國長者不過十餘年短者三四年至一二年天下之人視其上易君代國如更戍長無異蓋其輕如此況其下者乎如進等者豈足道哉易否泰消長君子小人常相上下視在上者如進等則其在下者可知矣予書進事所以哀斯人之亂而見當時賢人君子之在下者可勝道哉可勝道哉

常思字克恭太原人也初從唐莊宗爲卒後爲長劍指揮使歷唐晉爲六軍都虞候漢高祖爲河東節度使以思爲牢城指揮使高祖入立領武勝軍節度使徙鎮昭義思起軍卒未嘗有戰功徒以幸會漢興遂秉旄節在

● 彭本無『者』字。
● 薛史一二九。

● 當作『鄭』，劉本正作『鄭』，彭本同。
● 彭本無『俱』字。
● 廣順『三年』，薛史作『二年』。劉校謂思卒於顯德元年，當從薛史作『二年』。
● 薛史顯德元年卒，年六十九。
● 薛一二五。

潞州五年，以聚斂爲事，而性鄙儉。初，思微時，周太祖方少孤無依，衣食于思家，以思爲叔。後思與周太祖俱遭漢以取富貴。周太祖已即位，每呼思爲常叔，拜其妻如家人禮。廣順三年，徙鎮歸德，居三年來朝，又徙平盧。思因啓曰：臣居宋，宋民負臣絲息十萬兩，願以券上進。太祖頷之，即焚其券，詔宋州悉蠲除之。思居青州踰年，得疾，歸于洛陽，卒，贈中書令。

孫方諫，鄭州清苑人也。初，定州西北有狼山，堡定人常保以避契丹，有尼深意居其中，以佛法誘民，民多歸之。後尼死，堡人言其尸不朽，因奉而事之。尼姓孫氏，方諫自以爲尼族人、即繼行其法、堡人推以爲主。晉出帝時、義武軍節度使惡方諫聚徒山中、恐爲邊患、因表以爲遊奕使。方諫因有所求不得、乃北通契丹。契丹後滅晉、以方諫爲義武軍節度使。已而徙方諫於雲中、方諫不受命、率其徒復入狼山。漢高祖起、契丹縱火燒定州、虜其人民北去。方諫聞之、自狼山入據之、以歸漢。高祖嘉之、即拜方諫義武軍節度使。周太祖時徙鎮鎮國、以其弟行友爲定州留後。世宗攻太原、方諫朝于行在、從還京、至洛、得疾、徙鎮匡國、卒于洛陽、年六十二、贈太師。

五代史卷四十九

孫行友

彭本無京字

• 孫行友。

• 彭本無『京』字。

五代史卷四十九考證

馮暉傳裨將藥元福○藥一本作樂

皇甫暉傳皇甫暉魏州人也○魏一本作衞

五代史卷四十九考證

五代史卷四十九考證

五代史卷五十

宋 歐陽修 撰

雜傳第三十八

王峻字秀峯相州安陽人也父豐爲樂營將峻少以善歌事梁節度使張筠唐莊宗已下魏博筠棄相州走歸京師租庸使趙巖過筠家筠命峻歌佐酒巖見而悅之是時巖方用事筠因以峻遺巖梁亾巖族誅峻流落民間久之事三司使張延朗延朗不甚愛之晉高祖滅唐殺延朗是時漢高祖從晉起兵因悉以延朗貲產賜之峻因得事漢高祖高祖鎮河東峻爲客將高祖即位拜

乾隆四年校刊

• 貴池本此卷全缺，從影鈔本摹寫，不足據。
• 薛史一三〇。
• 薛史作『本郡樂營使』。

峻客省使。漢遣郭從義討趙思綰、以峻監其軍、累遷宣
徽北院使。周太祖鎮天雄軍、峻爲監軍。漢隱帝已殺大
臣史弘肇等、又遣人殺周太祖及峻等、峻等遂與太祖
舉兵犯京師。太祖監國、以漢太后命拜峻樞密使。太祖
將兵北出、至澶州、返軍嚮京師。是時太祖已遣馮道迎
湘陰公贇于徐州、而漢宗室蔡王信在許州、峻與王殷
謀遣侍衛馬軍指揮使郭崇率兵之宋州、前申州刺史
馬鐸之許州、以伺變。崇鐸遂幽贇而殺信。太祖入立、拜
峻右僕射、門下侍郎、同中書門下平章事、監修國史。劉
旻攻晉州、峻爲行營都部署、得以便宜從事。別遣陳思

百衲本作遂殺贇信

• 百衲本作『遂殺贇信』。

讓康延沼自烏嶺出絳州、與峻會。峻至陝州、留不進、太祖遣使者翟守素馳至陝州、諭峻欲親征。峻屏左右謂守素曰、晉州城堅不可近、而劉旻兵鋭亦未可當、臣所以留此者、非怯也、蓋有待爾。且陛下新卽位、四方藩鎭未有威德以加之、豈宜輕舉。而兗州慕容彥超反迹已露、若陛下出汜水、則彥超入京師、陛下何以待之。守素馳還、具道峻言。是時太祖已下詔西幸、聞峻語、遽自提其耳曰、幾敗吾事、乃止不行。峻軍出自絳州、前鋒報過蒙阬、峻喜謂其屬曰、蒙阬、晉絳之險也、旻不分兵扼之、使吾過此、可知其必敗也。峻軍去晉州一舍、旻聞周兵大至、卽解去。諸將皆欲追之、峻猶豫不決、明日遣騎兵追旻、不及而還。從討慕容彥超爲隨駕都部署、率衆先登。峻與太祖俱起于魏、自謂佐命之功、以天下爲己任、凡所論請、事無大小、期於必得。或小不如志、言色輒不遜、太祖每優容之。峻年長於太祖二歲、往往呼峻爲兄、或稱其字、峻由是益橫。鄭仁誨李重進向訓等皆太祖故時裨將、太祖初卽位、謙抑未欲進用、而峻心忌之。自破慕容彥超還、卽求解樞密、以探上意、太祖慰勞之。峻多發書諸鎮、求爲保薦、居數日、諸鎮皆馳騎上峻書、太祖大駭。峻連章求解、因不視事。太祖遣近臣召之曰、卿

裨將百衲本作偏裨

• 『裨將』，百衲本作『偏裨』。

若不出吾當自往候卿峻曰車駕若來是致臣於不測也然殊無出意樞密直學士陳同與峻相善太祖卽遣同召峻同還奏曰峻意少解然請陛下聲言嚴駕若將幸之則峻必出矣太祖僶俛從之峻聞太祖且來遂馳入謁峻於樞密院起廳事極其華侈邀太祖臨幸賜予甚厚後太祖於內園起一小殿峻輒奏曰宮室已多何用此爲太祖曰樞密院屋不少卿亦何必有作峻慙不能對峻爲樞密使兼宰相又求兼領平盧已受命暫之鎭又請借左藏庫綾萬匹太祖皆勉從之又請用顏衎陳同代李穀范質爲相太祖曰進退宰相豈可倉卒當

乾隆四年校刊

• 百衲本作「有」。

• 「陳同」，薛史、通鑑均作「陳觀」，殆歐公父名觀，避諱改之耳，劉校亦指出。

• 貴池本作「陳周」，局本誤作「陳周」。「陳同」薛史作「陳觀」。

徐思之。峻論請不已。語漸不遜。日亭午、太祖未食。峻爭不已。是時寒食假。太祖曰：俟假開當爲卿行。峻乃退。太祖遂不能忍。明日御便殿召百官皆入。即幽峻於別所。太祖見馮道泣曰：峻凌朕不能忍。即貶商州司馬。卒于貶所。峻已被黜。太祖以峻監修國史。意其所書不實。因召史官取日曆讀之。史官以禁中事非外所知。懼以漏落得罪。峻貶後。李穀監修。因請命近臣錄禁中書付史館。乃命樞密直學士就樞密院錄送史館。自此始。

王殷。大名人也。少爲軍卒。以軍功累遷靈武馬步軍都指揮使。唐廢帝時。從范延光討張令昭于魏。以功拜祁

- 不死已幸。
- 『書』，百衲本作『事』，彭、貴、汲、局同，當改。
- 南監本、彭本。
- 此句不明後唐時本有日曆送史館之制。
- 薛史一二四。
- 薛作『瀛州人』。

夔州

州刺史。晉天福中，徙原州刺史。殷事母以孝聞，欲與人

游，必先白母，母所不可者，未嘗敢往。及爲刺史，政事有

小失，母責之，殷即取杖授婢僕，自笞於母前。母亾，服喪，

晉高祖詔殷起復，以爲憲州刺史。殷乞終喪，服除，出帝

以爲奉國右廂都指揮使。後從漢高祖討杜重威，先登

力戰，矢中其腦，鏃自口出而不死，高祖嘉之，以爲侍衛

步軍都指揮使，領寧江軍節度使。契丹犯邊，漢遣殷以

兵屯澶州。隱帝已殺楊邠等，詔鎮寧軍節度使李弘義

殺殷于澶州，又詔郭崇殺周太祖于魏。詔書至澶州，弘

義恐事不果，反以告殷。殷遣人馳至魏，告周太祖，遂起

• 夔州。

兵反。太祖入立，拜侍衛親軍都指揮使，出爲天雄軍節度使、同中書門下平章事，仍領親軍，自河以北皆受殷節度。殷頗務聚斂，太祖聞而惡之，遣人謂之曰：「吾起魏時，帑廩儲畜豈少耶？汝爲國家用足矣。」殷不聽。殷與王峻俱從太祖起自魏，後峻得罪，殷不自安。廣順三年秋九月，永壽節，殷求入爲壽，太祖許之，而懼其疑也，復遣使止之。明年，太祖有事于南郊，是冬，殷來朝。殷握兵柄，職當警衛，出入多以兵從，又求兵甲以備非常。是時太祖臥疾，疑殷有異志，乃力疾御滋德殿，殷入起居，即命執之，削奪在身官爵，長流登州，已而殺之，徙其家屬于

乾隆四年校刊

登州。

劉詞字好謙大名元城人也少事楊師厚以勇悍知名。唐莊宗下魏博與梁戰夾河詞以軍功爲効節軍使遷長劍指揮使坐事左遷汝州十餘年。廢帝時詔諸州鎮選驍勇者充禁軍詞得選爲禁軍校從破張從賓楊光遠以功遷奉國第一軍都虞候從馬全節破安州以功遷指揮使從杜重威破鎮州以先登功拜泌州刺史晉軍討安從進爲襄州行營都虞候以功遷泌州團練使徙房州歲餘爲政不苛撓人頗便之詞居暇日常被甲枕弋而臥謂人曰我以此取富貴豈可一日輒忘之且

- 薛史一二四。
- 薛史作『劍直指揮使』。
- 破張從賓在天福二年，破楊光遠在開運元年，此必有誤，已見纂誤。疑楊光遠爲范延光之誤。
- 百衲本作『選』。
- 薛史『沁州』。

人情易習、若一墮其筋力、有事何以報國。漢高祖時、復爲奉國右廂都指揮使。漢軍討李守貞于河中、詞以侍衛步軍都指揮使領寧江軍節度使、爲行營都虞候、以功拜鎭國軍節度使。周太祖入立、加同中書門下平章事、歷鎭安國、河陽三城。世宗戰高平、樊愛能等軍敗南走、遇詞而止之、曰：「軍敗矣、可無前也。」詞不聽、輒趣兵以進。世宗嘉之、以爲隨駕都部署、及班師、以爲河東行營副都部署、徙鎭永興。明年、卒于鎭、年六十五、贈侍中、謚忠惠。

薛史補傳

王環、鎭州眞定人也。以勇力事孟知祥、爲御者。及知祥

薛史一二九

• 薛史「贈中書令」。
• 薛史一二九。

●『還』作『返』，百衲、彭本。
●『處儔』，纂誤謂，本史世家上有高彥儔，無處儔。薛史、通鑑同，則『處』字之訛耳。

僭號于蜀、使典衛兵。晉開運之亂，秦鳳階成入于蜀。孟昶以環爲鳳州節度使。周世宗即位，明年遣王景向訓攻秦鳳州，數爲環所敗，大臣皆請罷兵。世宗曰：吾欲一天下，以爲家，而聲教不及秦鳳。今兵已出無功而還，吾有慙焉。乃決意攻之。周兵糧道頗艱，昶遣兵五千出堂倉，抵黃花谷，以爭糧道。景訓先知其來，命排陣使張建雄以兵二千當谷口，別遣裨將以勁兵千人出其後，伏堂倉以待其歸。蜀兵前遇建雄，戰不勝，退走堂倉，伏發，盡殪之。由是蜀兵守諸城堡者皆潰。初，昶遣其秦州節度使高處儔以兵援環，未至，聞堂倉兵敗，亦潰歸。處儔

乾隆四年校刊

判官趙玭閉城不內、處儔遂奔成都、玭乃以城降、成階二州相繼亦降。獨環堅守百餘日、然後克之。世宗召見環、歎曰、三州已降、環獨堅守、吾數以書招之、而環不答、至於力屈就擒、雖不能死、亦忠其所事也、用之可勸事君者、乃拜環右驍衛將軍。是時周師已征淮、即以環佐侯章爲攻取賊城水砦副部署。初、周師南征、李景陳兵於淮、舟檝甚盛。周師無水戰之具、世宗患之、乃置造船務於京城之西、爲戰艦數百艘、得景降卒、教之水戰。明年、世宗再征淮、使環將水戰卒數千、自蔡河以入淮。環居軍中、未嘗有戰功。蜀卒與環俱擒者、世宗不殺、悉以

• 百衲本脫『百餘日』三字。

● 薛史一二五。

薛史一二五

從軍後多南奔於景、世宗待環益不疑。已而景將許文縝、邊鎬等皆被擒、世宗悉以爲將軍、與環等列第京師、歲時賜與甚厚。明年、又幸淮南、又以環從、遇疾、卒于泗州。

折從阮字可久、初名從遠、避漢高祖名、改爲阮、雲中人也。其父嗣倫爲麟州刺史。從阮爲人温恭長者、居父喪、以孝聞。唐莊宗鎮太原、以爲牙將、後以爲府州刺史。晉出帝與契丹敗盟、從阮以兵攻契丹、取其城堡十餘、遷本州團練使、兼領朔州刺史、安北都護、振武軍節度使、契丹西南面行營馬步軍都虞候。漢高祖入立、於府州建、永安軍，以從阮爲節度使。明年，以其族朝京師，徙鎮武勝。郎拜從阮子德扆爲府州團練使。周太祖入立，從阮歷徙宣義、保義、靜難三鎮。顯德二年，罷還京師，行至洛陽卒，贈中書令。

五代史卷五十

●此『武勝』，亦後來改名。
●『宣義』即唐『義成』，梁改，後唐復。
●薛史卒年六十四。
●用『武勝』當作『威勝』者，吳巒、段凝、劉玘、皇甫遇、劉景巖、王周、常思等傳並同，不必改，總作校記一條可也。

五代史卷五十考證

王峻傳久之事三司使張延朗延朗不甚愛之晉高祖滅唐殺延朗○監本延朗下脱延朗二字滅唐下衍而字空一字今從南本增定

五代史卷五十考證

五代史卷五十一

宋　歐　陽　修　撰

雜傳第三十九

朱守殷、少事唐莊宗爲奴、名曰會兒。莊宗讀書、會兒常侍左右。莊宗卽位、以其厮養爲長直軍、以守殷爲軍使、故未嘗經戰陣之用。然好言人陰私長短以自結、莊宗以爲忠、遷蕃漢馬步軍都虞候、使守德勝。王彥章攻德勝、守殷無備、遂破南城、莊宗罵曰、駑才果誤予事、明宗請以守殷行軍法、莊宗不聽。同光二年、領振武軍節度使。是時莊宗初入洛、守殷巡檢京師、恃恩驕恣、凌侮勳

• 薛史七十四。
• 「振武」，百衲本、貴池本並作「鎮武」，當時無鎮武軍，不改。
• 百衲本「檢」下多一「校」字。
• 「凌」，當作「陵」，逕改可也。

舊與伶人景進相爲表裏。魏王繼岌已殺郭崇韜，進誣朱友謙與崇韜謀反，莊宗遣守殷以兵圍其第而殺之。是時明宗自鎮州來朝，居于私第，莊宗方惑羣小，疑忌大臣，遣守殷伺察明宗動靜。守殷陰使人告明宗曰：「位高人臣者身危，功蓋天下者不賞，公可謂位高而功著矣，宜自圖歸藩，無與禍會也。」明宗曰：「吾洛陽一匹夫爾，何能爲也。」既而明宗卒反于魏，莊宗東討，守殷將騎軍陣宣仁門外以俟駕。郭從謙作亂，犯興教門以入，莊宗急召守殷等軍，守殷按軍不動。莊宗獨與諸王宦官百餘人射賊，守殷等終不至。方移兵憩北邙山下，聞莊宗

百衲本無以兵二字

● 百衲本無『以兵』二字。

已崩，即馳入宮中，選載嬪御寶貨以歸，縱軍士劫掠，遣人趣明宗入洛。明宗即位，拜守殷同中書門下平章事、河南尹、判六軍諸衛事。明年，遷宣武軍節度使。九月，明宗詔幸汴州，議者喧然，或以爲征吳，或以爲東諸侯有倔强者，將置制之。守殷尤不自安，乃殺都指揮使馬彥超，閉城反。明宗行至京水，聞守殷反，遣范延光馳兵傅其城。汴人開門納延光，守殷自殺其族，乃引頸命左右斬之。明宗至汴州，命鞭其尸，梟首于市，七日傳徇洛陽。守殷之將反也，召都指揮使馬彥超與計事，彥超不從，守殷殺之。明宗憐彥超之死，以其子承祚爲洺州長史。

● 百衲本無「都」字，下文又有「都」字。
● 「置制」，彭本作「制置」，擬改從。
● 「承祚」，貴池本作「義祚」。
● 貴池本「洺」誤作「洛」。

董璋不知其世家何人也。少與高季興、孔循俱爲汴州富人李讓家僮，梁太祖鎮宣武，養讓爲子，是爲朱友讓，其僮奴以友讓故，皆得事梁太祖。璋以軍功爲指揮使。晉李繼韜以潞州叛降梁，梁末帝遣璋攻下澤州，即以璋爲刺史。梁亡，璋事唐爲邠寧節度使，與郭崇韜相善，崇韜伐蜀，以璋爲行營右廂馬步軍都虞候，軍事大小皆與璋參決。蜀平，以爲劍南東川節度使，孟知祥鎮西川。其後二人有異志，安重誨居中用事，議者多言知祥必不爲唐用，而能制知祥者璋也，往往稱璋忠義。重誨以爲然，頗優寵之，以故璋益橫。天成四年，明宗祀天南

薛史六十二
末帝上百衲本無梁字
百衲本無璋字

・薛史六十二。
・『末帝』上，百衲本無『梁』字。
・百衲本無『璋』字。

郊、詔兩川貢助南郊物五十萬、使李仁矩齎安重誨書
往諭璋、璋訴不肯出、秪出十萬而已。又因事欲殺仁矩、
仁矩涕泣而免、歸言璋必反。其後使者至東川、璋益倨
慢使者、還、多言璋欲反狀。重誨患之、乃稍擇將吏爲兩
川刺史、以精兵爲其牙衞、分布其諸州。又分閬州置保
寧軍、以仁矩爲節度使、遣姚洪將兵千人從仁矩戍閬
州。璋及知祥覺唐疑己、且削其地、遂連謀以反。璋因爲
其子娶知祥女以相結、又遣其將李彥釗扼劍門關、爲
七砦於關北。增置關號永定。凡唐戍兵東歸者皆遮留
之。獲其逃者、覆以鐵籠火炙之。或刲肉釘面、割心而啖

乾隆四年校刊　五代史卷五十一　董璋

•『割心』，貴池本作『剖心』。

長興元年九月，知祥攻陷遂州，璋攻陷閬州，執李仁矩
姚洪皆殺之。初，璋等反，唐獨誅璋家屬，知祥妻子皆在
成都，其疎屬留京師者皆不誅。石敬瑭討璋等，兵久無
功，而自關以西饋運不給，遠近勞弊，明宗患之。安重誨
自往督軍，敬瑭不納，重誨遂得罪死，敬瑭亦還。明宗乃
遣西川進奏官蘇愿、東川將軍劉澄西歸諭璋等，使改
過。知祥遣人告璋，欲與俱謝過自歸。璋曰：「唐不殺孟公
家族於西川，恩厚矣；我子孫何在，何謝之有？」璋由此疑
知祥賣己。三年四月，以兵萬人攻知祥，戰于彌牟，璋大
敗，還走梓州。初，唐陵州刺史王暉代還，過璋，璋邀留之。

● 百衲本「而」下無「自」字。
● 百衲本作「軍將」，彭、局同，監本。貴池本亦作「將軍」。
● 通鑑「長興三年」。

百衲本而下無自字
彭局同監本
百衲本作軍將 貴池本亦作將軍、
通鑑長興三年

● 薛史九十七。
● [瓌，編注] 彭誤作『環』，薛史本傳亦誤。

薛史九十七
彭誤作環
薛史本傳亦誤

至是暉執璋殺之、傳其首於知祥。

范延光字子瓌、相州臨漳人也。唐明宗爲節度使、置延光麾下、而未之奇也。明宗破鄆州、梁兵方扼楊劉、其先鋒將康延孝陰送款於明宗、明宗求可以通延孝欵於莊宗者、延光輒自請行、乃懷延孝蠟丸書西見莊宗致之。且曰、今延孝雖有降意、而梁兵扼楊劉者甚盛、未可圖也、不如築壘馬家口以通汶陽。莊宗以爲然、壘成、梁遣王彥章急攻新壘。明宗使延光間行求兵、夜至河上、爲梁兵所得、送京師、下延光獄、搒掠數百、脅以白刃、延光終不肯言晉事。繫之數月、稍爲獄吏所護。莊宗入汴、

范長興元年九月為樞密使趙二年四月為樞密使重誨五月死
兵間百衲本無居字

五代史卷五十一　傳　四

獄吏去其桎梏拜而出之莊宗見延光喜拜檢校工部
尚書明宗時爲宣徽南院使明宗行幸汴州至滎陽朱
守殷反延光曰守殷反迹始見若緩之使得爲計則城
堅而難近故乘人之未備者莫若急攻臣請騎兵五百
馳至城下以神速駭之乃以騎兵五百自暮疾馳至半
夜行二百里戰于城下遲明明宗亦馳至汴兵望見天
子乘輿乃開門而延光先入猶巷戰殺傷甚衆守殷死
汴州平明年遷樞密使出爲成德軍節度使安重誨死
復召延光與趙延壽並爲樞密使明宗問延光馬數幾
何對曰騎軍三萬五千明宗撫髀歎曰吾居兵間四十

- 范長興元年九月爲樞密使，趙二年四月爲樞密使，重誨五月死。
- 『兵間』上，百衲本無『居』字。

年自太祖在太原時馬數不過七千莊宗取河北與梁家戰河上馬纔萬匹今有馬三萬五千匹而不能一天下吾老矣馬多奈何延光因曰臣嘗計一馬之費可養步卒五人三萬匹馬十五萬兵之食也明宗曰肥戰馬而瘠吾人此吾所媿也夏州李仁福卒其子彝超自立而邀旄節明宗遣安從進代之彝超不受代以兵攻之久不克隰州刺史劉遂凝馳驛入見獻策言綏銀二州之人皆有內嚮之意請除二刺史以招降之延光曰王師問罪本在彝超夏州已破綏銀豈足顧哉若不破夏州雖得綏銀不能守也遂凝又請自馳入說彝超使出

● 百衲本、貴池本作『三萬五千匹馬』，此處舉成數可也，不改。

降。延光曰、一遂疑萬一失之不足惜、所惜者朝廷大體也。是時王淑妃用事、遂疑兄弟與淑妃有舊、方倚以蒙恩寵、所言無不聽、而大臣以妃故多不敢爭、獨延光從容沮止之。明宗有疾、不能視朝、京師之人、訩訩異議、藏竄山谷、或寄匿於軍營、有司不能禁。或勸延光以嚴法制之、延光曰、制動當以靜、宜少待之。已而明宗疾少間、京師乃定。是時秦王握兵驕甚、宋王弱而且在外、議者多屬意於潞王。延光懼禍之及也、乃求罷去。延壽陰察延光有避禍意、亦遽求罷、明宗再三留之、二人辭益懇至、繼之以泣、明宗不得已、乃皆罷之。延光復鎮成德、而用朱弘昭馮贇爲樞密使已而秦王舉兵見誅明宗崩潞王反弑愍帝唐室大亂弘昭贇皆及禍以死末帝復召延光爲樞密使拜宣武軍節度使天雄軍亂逐節度使劉延皓遣延光討平之卽以爲天雄軍節度使延光嘗夢大蛇自臍入其腹半入而掣去之以問門下術士張生張生贊曰蛇龍類也龍入腹中王者之兆也張生自延光微時言其必貴延光素神之常置門下言多輒中遂以其言爲然由是頗畜異志當晉高祖起太原末帝遣延光以兵二萬屯遼州與趙延壽掎角既而延壽先降延光獨不降高祖卽位延光賀表又頗後諸侯至

貴池本脫使字
貴池本百衲本弑作殺
彭本脫室字
召百衲本作詔
貴池本同
貴池本脫下一張生
腹中百衲本作腹內
貴池本也下脫龍字

● 貴池本脫「一使」字。
● 貴池本、百衲本「弑」作「殺」。
● 彭本脫「室」字。
● 「召」，百衲本作「詔」，貴池本同。
● 貴池本脫下一「張生」。
● 「腹中」，百衲本作「腹內」。
● 貴池本「也」下脫「龍」字。

又其女爲末帝子重美妃，以此遂懷反側。高祖封延光臨淸王以慰其心。有平山人祕瓊者，爲成德軍節度使董溫其衙內指揮使，後溫其爲契丹所虜，瓊乃悉殺溫其家族，瘞之一穴，而取其家貲鉅萬計。晉高祖入立，以瓊爲齊州防禦使，槖其貲裝，道出于魏。延光陰遣人以書招之，瓊不納，延光怒，選精兵伏境上，伺瓊過，殺之于夏津，悉取其貲，以戍邏者悞殺聞。由是高祖疑其必爲亂，乃幸汴州。天福二年六月，延光遂反，遣其牙將孫銳、澶州刺史馮暉以兵二萬距黎陽，掠滑、衞。高祖以楊光遠爲招討使，引兵自滑州渡胡梁攻之。銳輕脫無謀，兵

- 祕瓊，舊五代史九十四有傳。
- 『溫其』，彭本作『溫琪』，局本同，薛史作『溫琪』，通鑑亦作『溫琪』，擬改。
- 百衲本無『精』字，貴本同。

簽：貴池本無及字
薛史延光知事不濟乃殺孫銳以歸其罪

行以娼女十餘自隨張蓋操扇酣歌飲食自若軍士苦
大熱皆不爲用光遠得其諜者詢得其謀誘銳等渡河
半濟而擊之兵多溺死銳暉退走入魏閉壁不復出初
延光反意未決而得暴疾不能興銳乃陰召暉入城迫
延光反延光惶惑遂從之高祖聞延光用銳等以反笑
曰吾雖不武然嘗從明宗取天下攻堅破強多矣如延
光已非我敵況銳等兒戲邪行取孺子爾乃決意討之
延光初無必反意及銳等敗延光遣牙將王知新齎表
自歸高祖不見以知新屬武德司延光又附楊光遠表
請降不報延光遂堅守晉以箭書二百射城中悉赦魏

● 百衲本、貴池本無『及』字。
● 薛史『延光知事不濟，乃殺孫銳以歸其罪』。

人、募能斬延光者。然魏城堅、難下、攻之逾年不克、師老糧匱。宗正丞石昂上書極諫、請赦延光、願以單車入說而降之、高祖亦悔悟。三年九月、使謁者入魏、赦延光、延光乃降、冊封東平郡王、天平軍節度使、賜鐵券。居數月來朝、因懇請老、以太子太師致仕。初、高祖赦降延光、語使者謂之曰、許卿不死矣、若降而殺之、何以享國。延光謀於副使李式、式曰、主上敦信明義、許之不死、則不死矣。乃降。及致仕、居京師、歲時宴見、高祖待之與羣臣無間、然心終不欲使在京師。歲餘、使宣徽使劉處讓載酒夜過延光、謂曰、上遣處讓來時、適有契丹使至、北朝皇

• 五代會要作冊封『高平郡王』，薛史同。
• 貴池本脫下『式』字。
• 百衲本、貴池本無『終』字。

帝問晉魏博叛臣何在恐晉不能制當鎖以來免爲中國後患延光聞之泣下莫知所爲處讓曰當且之洛陽以避契丹使者延光曰楊光遠留守河南吾之仇也吾有田宅在河陽可以往乎處讓曰可也乃挈其帑歸河陽其行輜重盈路光遠利其貲果圖之因奏曰延光反覆姦臣若不圖之非北走胡則南走吳越請拘之洛陽高祖猶豫未決光遠兼鎮河陽其子承勳知州事乃遣承勳以兵脅之使自裁延光曰天子賜我鐵券許之不死何得及此乃以壯士驅之上馬行至浮橋推墮水溺死以延光自投水死聞因盡取其貲高祖以適會其意

•「叛臣」，百衲本作「反臣」。

•「承勳」，通鑑作「承貴」。

不問、爲之輟朝、贈太師。水運軍使曹千獲其流尸于繆家灘、詔許歸葬相州、已葬墓輒崩、破其棺槨、頭顱皆碎。

初、祕瓊殺董温其取其貲、延光又殺瓊而取之、而終以貲爲光遠所殺、而光遠亦不能免也。當延光反時、有李彥珣者爲河陽行軍司馬、張從賓反河陽、彥珣附之、從賓敗、彥珣奔于魏、延光以爲步軍都監、使之守城。招討使楊光遠知彥珣邢州人也、其母尚在、乃遣人之邢州、取其母至城下、示彥珣以招之、彥珣望見、自射殺之。及延光出降、晉高祖拜彥珣房州刺史、太臣言彥珣殺母當誅、高祖以謂赦令已行、不可失信、後以坐贓誅。

● 琪［其，本注］。
● 『自射』下貴池本無『殺』字。
● 『房州』，薛史本傳作『坊州』。通鑑天福三年。

嗚呼，甚哉，人性之慎於習也。故聖人之於仁義深矣，其爲教也。勤而不怠，緩而不迫，欲民漸習而自趣之，至於久而安以成俗也。然民之無知，習見善則安於爲善，習見惡則安於爲惡。五代之亂，其來遠矣。自唐之衰，干戈饑饉，父不得育其子，子不得養其親。其始也，骨肉不能相保，蓋出于不幸，因之禮義日以廢，恩愛日以薄，其習久而遂以大壞，至於父子之間自相賊害。五代之際，其禍亂不可勝道也。夫人情莫不共知愛其親，莫不共知惡於不孝，然彥珣彎弓射其母，高祖從而赦之，非徒彥珣不自知爲大惡，而高祖亦安焉不以爲怪也，豈非積

● 「之於」，百衲本無「之」字，貴本同。
● 貴池本脫「來」字。
● 「禍亂」，貴池本作「禍害」，百衲本同。

習之久而至於是歟。語曰：性相近，習相遠，至其極也，使人心不若禽獸，可不哀哉。若彥珣之惡而恬然不以爲怪，則晉出帝之絶其父，宜其舉世不知爲非也。

婁繼英，不知何許人也。歷梁、唐爲絳、冀二州刺史、北面水陸轉運使、耀州團練使。晉高祖時，爲左監門衛上將軍。繼英子婦，溫延沼女也。自明宗時誅其父韜，延沼兄弟廢居于許，心常怨望。及范延光反，繼英有弟爲魏州子城都虞候，延光遣人以蠟丸書招繼英，繼英乃遣延沼入魏見延光。延光大喜，與之信箭，使陰圖許。延沼與其弟延濬、延衮募不逞之徒千人，期以攻許，而許州節

薛史無傳。

百衲本脫『丸』字，貴池本同。

度使萇從簡以延光之反也疑有應者爲備甚嚴延沼未及發延光蠟書事泄於京師繼英惶恐不自安乃出奔許高祖下詔招慰之使復位繼英懼不敢出温氏兄弟謀殺繼英以自歸延沼以其女故不忍張從賓反於洛陽延沼兄弟乃與繼英俱投從賓於汜水繼英知温氏之初欲殺已也反譖延沼兄弟於從賓從賓皆殺之從賓敗繼英爲杜重威所殺

安重榮小字鐵胡朔州人也祖從義利州刺史父全勝州刺史振武馬步軍都指揮使重榮有力善騎射爲振武巡邊指揮使晉高祖起太原使張頴陰招重榮其母

- 百衲本無『也』字。
- 百衲本無『皆』字，貴池本同。
- 薛史九十八。
- ［頴，編注］百衲本作『潁』，彭本同，貴本同。

與兄皆以爲不可，而重榮業已許穎，母兄謀共殺穎，以止之。重榮曰：「未可，吾當爲母卜之。」乃立一箭百步而射之，曰：「石公爲天子則中。」一發輒中。又立一箭而射之，曰：「吾爲節度使則中。」一發又中。其母兄乃許。重榮以巡邊千騎叛入太原。高祖即位，拜重榮成德軍節度使。重榮雖武夫，而曉吏事，其下不能欺。有夫婦訟其子不孝者，重榮抜劒授其父，使自殺之。其父泣曰：「不忍也。」其母從傍詬罵，奪其劒而逐之，問之，乃繼母也。重榮叱其母出，從後射殺之。重榮起於軍卒，暴至富貴，而見唐廢帝、晉高祖皆自藩侯得國，嘗謂人曰：「天子寧有種邪？兵强馬

- 百衲本無『而』字。
- 『千騎』，通鑑作『五百騎』。
- 貴池本『不孝』下脫『者』字。
- 百衲本無『從』字。

壯者爲之爾，雖懷異志而未有以發也。是時高祖與契丹約爲父子，契丹驕甚，高祖奉之愈謹，重榮憤然，以謂詘中國以尊夷狄，困已弊之民而充無厭之欲，此晉萬世恥也，數以此非誚高祖。契丹使者往來過鎭州，重榮箕踞慢罵，不爲之禮，或執殺之。是時，吐渾白氏役屬契丹，苦其暴虐，重榮誘之入塞。契丹數遣使責高祖，并求使者，高祖對使者鞠躬俯首受責，愈謹，多爲好辭以自解，而姑息重榮不能詰，乃遣供奉官張澄以兵二千搜索并、鎭、忻、代山谷中吐渾，悉驅出塞。吐渾去而復來，重榮卒納之，因招集亡命，課民種稗，食馬萬匹，所爲益驕。

乾隆四年校刊

- 百衲本『弊』作『敝』，貴本同。
- 『俯首』，局本作『撫首』。

白衲本無乃字
薛史作公德

因怒殺指揮使賈章誣之以反章女尚幼欲捨之女曰
吾家三十口皆死於兵存者特吾與父爾今父死吾何
忍獨生願就死遂殺之鎮人於是高賈女之烈而卑重
榮之必敗也重榮既僭侈以爲金魚袋不足貴刻玉爲
魚佩之娶二妻高祖因之並加封爵天福六年夏契丹
使者拽剌過鎮重榮侵辱之拽剌言不遜重榮怒執拽
剌以輕騎掠幽州南境之民處之博野乃上表曰臣昨
據熟吐渾白承福赫連功德等領本族三萬餘帳自應
州來奔又據生吐渾渾契苾兩突厥三部南北將沙陀
安慶九府等各領其族牛羊車帳甲馬七八路來奔具

- 百衲本、貴池本無『乃』字。
- 薛史作『公德』。

• 「今年」，汲古本、局本無「年」字。
• 「虐」，百衲本作「害」，貴本同。
• 貴本「壯」訛「故」。
• 「職牒」，貴池本、百衲本作「勑牒」，當據改。
• 「來降」，百衲本作「來歸」。
• 「喪」，百衲本、貴池本作「没」。
• 貴池「虐」訛作「暑」。

言契丹殘虐掠取生口羊馬自今年二月已後號令諸蕃點閱强壯辦具軍裝期以上秋南向諸蕃部誠恐上天不祐敗滅家族願先自歸其諸部勝兵衆可十萬又據沿河党項山前後逸越利諸族首領皆遣人送契丹所授告身職牒旗幟來歸歎皆號泣告勞願治兵甲以報怨又據朔州節度副使趙崇殺節度使劉山以城來降竊以諸蕃不招呼而自至朔州不攻伐而自歸雖繫人情盡由天意又念陷蕃諸將等本自勲勞久居富貴喪身虜塞酷虐不勝企足朝廷思歸可諒苟聞傳檄必盡倒戈其表數千言又爲書以遺朝廷大臣四方藩鎮

乾隆四年校刊　五代史卷五十一　傳　安重榮

皆以契丹可取爲言。高祖患之。爲之幸鄴。報重榮曰、前世與虜和親、皆所以爲天下計、今吾以天下臣之、爾以一鎭。抗之、大小不等、無自辱焉。重榮謂晉無加我、何反意乃決。重榮雖以契丹爲言、反陰遣人與幽州節度使劉晞相結、契丹亦利晉多事、幸重榮之亂、期兩敝之、欲因以窺中國、故不加怒於重榮。重榮將反也、其母又以爲不可。重榮曰、請爲母卜之、指其堂下旛竿龍口、仰射之曰、吾有天下則中之、一發而中、其母乃許。饒陽令劉巖獻水鳥五色、重榮曰、此鳳也、畜之後潭。又使人爲大鐵鞭以獻、誑其民曰、鞭有神、指人人輒死、號鐵鞭郎君

五代史卷五十一　　三

• 百衲本無『請』字。

出則以爲前驅鎭之城門抱關鐵胡人無故頭自落鐵
胡重榮小字雖甚惡之然不悟也其冬安從進反襄陽
重榮聞之乃亦舉兵是歲鎭州大旱蝗重榮聚飢民數
萬驅以嚮鄴聲言入覲行至宗城破家堤高祖遣杜重
威逆之兵已交其將趙彦之與重榮有隙臨陣卷旗以
奔晉軍其鎧甲鞍轡皆裝以銀晉軍不知其來降爭殺
而分之重榮聞彦之降晉大懼退入于輜重中其兵二
萬皆潰去是冬大寒潰兵飢凍及見殺無子遺重榮獨
與十餘騎奔還以牛馬革爲甲驅州人守城以待重威
兵至城下重榮裨將自城東水碾門引官軍以入殺守

• 「聞之」，局本無「之」字。
• 「城東」，薛史、通鑑作「西郭」，貴池本、百衲本作「城西」，當改。

城二萬餘人重榮以吐渾數百騎守牙城重威使人擒之斬首以獻高祖御樓受馘命漆其首送于契丹改成德軍爲順德鎮州曰恒州常山曰恒山云

安從進振武索葛部人也祖父皆事唐爲騎將從進初從莊宗於兵間爲護駕馬軍都指揮使領貴州刺史明宗時爲保義彰武軍節度使未嘗將兵征伐李彝超自立於夏州從進嘗一以兵往卒亦無功愍帝即位徙領順化爲侍衛馬軍都指揮使潞王反鳳翔從進巡檢京城殺樞密使馮贇送款于從珂愍帝出奔從珂將至京師從進率百官班迎于郊清泰中徙鎮山南東道晉高

• 薛史作『萬餘人』。
• 薛史九十八。

祖卽位加同中書門下平章事高祖取天下不順常以此塹藩鎭多務過爲姑息而藩鎭之臣或不自安或心慕高祖所爲謂舉可成事故在位七年而反者六起從進最後反然皆不免也自范延光反鄴從進畜異志恃江爲險招集亡命益置軍兵南方貢輸道出襄陽者多擅留之邀遮商旅皆黥以充軍與安重榮陰相結託期爲表裏高祖患之謀徙從進使人謂曰東平王建立來朝願還鄉里已從上黨朕虛青州以待卿卿誠樂行朕卽降制從進報曰移青州在漢江南臣卽赴任高祖亦優容之其子弘超爲宮苑副使居京師從進請賜告歸

- 百衲本『從進已畜異志』，貴本同。
- 建立由青徙潞，東平王其封爵也，見薛史本傳。
- 安弘超。
- 貴池本脫『請』字。

遂不遣。王令謙、潘知麟者，皆從進牙將也，常從從進最久，知其必敗，切諫之。從進遣子弘超與令謙遊南山，酒酣，令人推墮崖死。天福六年。安重榮執殺契丹使者，反迹見，高祖爲之幸鄴。鄭王重貴留守京師，宰相和凝曰：陛下且北，從進必反，何以制之。高祖曰：卿意奈何。凝曰：臣聞兵法，先人者奪人，願爲空名宣勑十數通授鄭王，有急則命將以往。從進聞高祖北，遂殺知麟以反。鄭王以空名勑授李建崇、郭金海等討之。從進引兵攻鄧州，不克，進至胡陽，遇建崇等，大駭，以爲神速，復爲野火所燒，遂大敗。從進以數十騎奔還襄陽，高祖遣高行周圍

● 薛史脱上文，自『天福六年』起。
● 和凝傳有焦繼勳，無郭金海。
● 『胡陽』，薛史作『湖陽』，貴本、汲、彭、百衲本同，當改作『湖』。彭本作『湖』，監本。

薛史九十七。

薛史九十七

之踰年糧盡從進自焚死執其子弘受及其將佐四十三人送京師高祖御樓受俘徇于市而斬之降襄陽爲防禦贈令謙忠州刺史知麟順州刺史

楊光遠字德明其父曰阿噔啜蓋沙陁部人也光遠初名阿檀爲唐莊宗騎將從周德威戰契丹於新州折其一臂遂廢不用久之以爲幽州馬步軍都指揮使戍瓦橋關光遠爲人病禿折臂不通文字然有辯智長於吏事明宗時爲嬀瀛冀易四州刺史以治稱初唐兵破王都於中山得契丹大將萴剌等十餘人已而契丹與中國通和遣使者求萴剌等明宗與大臣議皆欲歸之獨

光遠不可、曰萴剌等皆北狄之善戰者、彼失之如去手足、且居此久、熟知中國事、歸之豈吾利邪。明宗曰、蕃人重盟誓、已與吾好、豈相負也。光遠曰、臣恐後悔不及爾。明宗嘉其說、卒不遣萴剌等。光遠自易州刺史拜振武軍節度使、淸泰二年徙鎭中山、兼北面行營都虞候、禦契丹於雲應之間。晉高祖起太原、末帝以光遠佐張敬達爲太原四面招討副使、爲契丹所敗、退守晉安寨。契丹圍之數月、人馬食盡、殺馬而食、馬盡、乃殺敬達出降。耶律德光見之、斬曰、爾輩大是惡漢兒。光遠與諸將初不知其誚、已猶爲謙言以對。德光曰、不用鹽酪食一萬

百衲本脫『等』字，貴本同。

百衲本脫等字
貴本同

● 生鐵，張敬達小字也。

● 貴本「久之」作「久以」。

匹戰馬，豈非惡漢兒邪？」光遠等大慙伏。德光問曰：「懼否？」皆曰：「甚懼。」曰：「何懼？」曰：「懼皇帝將入蕃。」德光曰：「吾國無土地官爵以居汝，汝等勉事晉。」晉高祖以光遠爲宣武軍節度使、侍衞馬步軍都指揮使。光遠進見，佯爲悒悒之色，常如有所恨者，高祖疑其有所不足，使人問之，對曰：「臣於富貴無不足也，惟不及張生鐵死得其所，此常爲媿爾。」由是高祖以爲忠，頗親信之。范延光反，以爲魏府都招討使，久之不能下，高祖卒用他計降延光，而光遠自以握重兵在外，謂高祖畏已，始爲恣橫，高祖每優容之，爲選其子承祚尚長安公主，其次子承信等皆超拜官爵恩寵無比。樞密使桑維翰惡之，數以爲言。光遠自魏來朝，屢指維翰擅權難制，高祖不得已，罷出維翰於相州，亦徙光遠西京留守，兼鎮河陽，奪其兵職。光遠始大怨望，陰以寶貨奉契丹，訴己爲晉疏斥，所養部曲千人，撓法犯禁，河洛之間，甚於寇盜。天福五年，徙鎮平盧，封東平王。光遠請其子以行，乃拜承祚單州刺史，承勳萊州防禦使，父子俱東，車騎連屬數十里。出帝即位，拜太師，封壽王。是時晉馬少，括天下馬以佐軍，景延廣請取光遠前所借官馬三百匹。光遠怒曰：此馬先帝賜我，安得復取，是疑我反也。遂謀爲亂，而承祚自單州逃歸

原本三百匹，薛史作三百匹，劉本作三百匹

• 「三百匹」，薛史殿本作「二百匹」，劉本作「三百匹」。

淄州通鑑作登州

出帝卽以承祚爲淄州刺史，遣使者賜以玉帶、御馬以慰安之。光遠益驕，乃反，召契丹入寇，陷貝州。博州刺史周儒亦叛降契丹。是時，出帝與耶律德光相距澶、魏之間，鄆州觀察判官竇儀計事軍中，謀曰：「今不以重兵大將守博州渡，使儒得引契丹東過河與光遠合，則河南危矣。」出帝乃遣李守貞、皇甫遇以兵萬人沿河而下。儒果引契丹自馬家渡濟河，方築壘，守貞等急擊之，契丹大敗，遂與光遠隔絕。德光聞河上兵大敗，與晉決戰戚城，亦敗。契丹已北，出帝復遣守貞、符彥卿東討光遠。嬰城固守，自夏至冬，城中人相食幾盡，光遠北望契丹稽

「淄州」，通鑑作「登州」。

首以呼德光曰、皇帝悞光遠邪。其子承勳等勸光遠出降、光遠曰、我在代北時、嘗以紙錢祭天池、投之輒沒、人言我當作天子。宜且待時、毋輕議也。承勳知不可、乃殺節度判官丘濤、親將杜延壽、楊贍、白延祚等、劫光遠幽之、遣人奉表待罪。承信、承祚皆詣闕自歸、而光遠亦上章請死、出帝以其二子為侍衛將軍、賜光遠詔書、許以不死。羣臣皆以為不可、乃勅李守貞便宜處置。守貞遣客省副使何延祚殺之于其家。延祚至其第、光遠方閱馬于廄、延祚使一都將入謂之曰、天使在門、欲歸報天子、未有以藉手。光遠曰、何謂也。曰、須得大王頭爾。光遠

彭本重皇帝二字
親將貴本脫親字
百衲本作敕
從百衲本作願

● 彭本重『皇帝』二字。
● 『親將』，貴本脫『親』字。
● 百衲本作『敕』。
● 『須』，百衲本作『願』。

罵曰：我有何罪？昔我以晉安塞降契丹，使爾家世爲天子，我亦望以富貴終身，而反負心若此！遂見殺，以病卒聞。承勳事晉爲鄭州防禦使，德光滅晉，使人召承勳至京師，責其劫父，臠而食之。乃以承信爲平盧節度使。漢高祖贈光遠尚書令，封齊王，命中書舍人張正撰光遠碑銘文，賜承信使刻石于青州。碑石既立，天大雷電擊折之。阿噔啜初非姓氏，其後改名瞰而姓楊氏。光遠初名檀，清泰二年，有司言明宗廟諱犯偏傍者皆易之，乃賜名光遠云。光遠既病禿，而妻又跛其足也，人爲之語曰：自古豈有禿瘡天子、跛脚皇后邪？相傳以爲笑。然而

乾隆四年校刊　五代史卷五十一　傳　十六　楊光遠

- 百衲本作「世世」，南監本、彭同，當增。
- 楊承勳。
- 「名檀」，傳首已言之，此爲重出。

召夷狄爲天下首禍。卒滅晉氏。瘡痍中國者三十餘年。皆光遠爲之也。

五代史卷五十一

五代史卷五十一考證

范延光傳宗正丞石昂上書○丞閣本訛承今改正

安從進傳潞王反鳳翔從進廵檢京城殺樞密使馮贇

○臣文淸按張昭閔帝實錄云帝令從進殺贇與此

小異

五代史卷五十一考證

• 薛史一〇九。
• [偃，編注] 偃。

薛史一〇九

偃

五代史卷五十二

宋　歐　陽　修　撰

雜傳第四十

杜重威朔州人也其妻石氏晉高祖之女弟高祖即帝位封石氏爲公主拜重威舒州刺史以典禁兵從侯益攻破張從賓於氾水以功拜潞州節度使范延光反於鄴重威從高祖攻降延光從領忠武加同平章事又從領天平遷侍衞親軍都指揮使安重榮反重威逆戰于宗城重榮爲偃月陣重威擊之不動重威欲少却以伺之偏將王重胤曰兩兵方交退者先敗乃分兵爲三重

威先以左右隊擊其兩翼，戰酣，重眉以精兵擊其中軍，重榮將趙彥之來奔，重榮遂大敗，走還鎮州，閉壁不敢出。重威攻破之，以功拜重威成德軍節度使。重威出於武卒，無行而不知將略，破鎮州，悉取府庫之積，及重榮之貲，皆沒之家，高祖知而不問。及出帝與契丹絕好，契丹連歲入寇，重威閉城自守，屬州城邑，多所屠戮，胡騎驅其人民千萬過其城下，重威登城望之，未嘗出救。開運元年，加重威北面行營招討使。明年，引兵攻泰州，破滿城、遂城，契丹已去至古北，還兵擊之，重威等南走，至陽城，爲虜所困，賴符彥卿、張彥澤等因大風奮擊，契丹

● 滿城、遂城屬易州。

● 『泰』州，薛史作『泰』州，貴池本、彭本正作『泰』州，百衲本誤作『秦』，逕改正。廿二史考異六十四謂之。

● 『至古北』，貴池本無『至』字。

大潰諸將欲追之重威爲俚語曰逢賊得命更望復子乎乃收兵馳歸重威居鎮州重斂其民戸口彫弊又懼契丹之至乃連表乞還京師未報亟上道朝廷莫能止卽拜重威鄴都留守而鎮州所留私粟十餘萬斛殿中監王欽祚和糴軍儲乃錄以聞給絹數萬匹以償之重威大怒曰吾非反者安得籍沒邪三年秋契丹高牟翰詐以瀛州降復以重威爲北面行營招討使是秋天下大水霖雨六十餘日飢殍盈路居民拆屋木以供爨剉藁席以秣馬牛重威兵行泥潦中調發供饋遠近愁苦重威至瀛州牟翰已棄城去重威退屯武强契丹寇鎮

乾隆四年校刊

● 劉校，「複子」南監本作「復子」。薛史作「福乎」。

● 「收兵」，百衲本作「收馬」，貴本同。

● 貴池本脫「卽拜」二字。「鄴」上有「爲」字，百衲本亦有「爲」字。「鄴都」上，彭本亦有「爲」字。

● 「和糴」，百衲本作「和市」，貴本同。

● 「折」，當作「拆」。百衲本無「屋」字，貴本同。逕改。

穀百衲本作谷

定重威西趨中渡橋與虜夾滹沱河而軍偏將宋彥筠王清渡水力戰而重威按軍不動彥筠遂敗清戰死轉運使李●穀教重威以三脚木爲橋募敢死士過河擊賊諸將皆以爲然獨重威不許契丹遣騎兵夜並西山擊欒城斷重威軍後是時重威已有異志而糧道隔絕乃陰遣人詣契丹請降契丹大悅許以中國與重威爲帝重威信以爲然乃伏甲士召諸將告以降虜諸將愕然以上將先降乃皆聽命重威出降表使諸將書名乃令軍士陣于柵外軍士猶喜躍以爲決戰重威告以糧盡出降軍士解甲大哭聲震原野契丹賜重威赭袍使衣

●『穀』，百衲本作『谷』。

以示諸軍，拜重威太傅。契丹犯京師，重威以晉兵屯陳橋，士卒飢凍，不勝其苦，重威出入道中，市人隨而詬之，重威俛首不敢仰顧。契丹據京師，率城中錢帛以賞軍，將相皆不免。重威當率萬緡，乃訴於契丹曰：臣以晉軍十萬先降，乃獨不免率乎？契丹笑而免之。遣還鄴都。明年，契丹北歸，重威與其妻石氏詣虜帳中為別。漢高祖定京師，拜重威太尉、歸德軍節度使，重威懼，不受命。遣高行周攻之，不克，高祖乃自將攻之。遣給事中陳同以詔書召之，重威不聽命，而漢兵數敗，圍之百餘日。初，契丹留燕兵千五百人在京師，高祖自太原入，告者言其

●「飢凍」，百衲本作「凍饑」，貴本同。
●「與其妻」，汲古本、局本作「以其妻」。
●薛史作「陳觀」，歐史避諱改。

將反高祖悉誅於繁臺其亡者奔于鄴燕將張璉先以
兵二千在鄴聞燕兵見殺乃勸重威固守高祖已殺燕
兵悔之數遣人招璉等璉登城呼曰繁臺之誅燕兵何
罪既無生理請以死守重威食盡屑麴而食民多逾城
出降皆無人色重威乃遣判官王敏及其妻子相次請
降高祖許之重威素服出見高祖高祖赦重威拜檢校
太師守太傅兼中書令悉誅璉及重威將吏而籙其私
帑以重威歸京師高祖病甚顧大臣曰善防重威高祖
崩祕不發喪大臣乃共誅之及其子弘璋弘璨弘璲尸
於市市人蹴而詬之吏不能禁支裂蹈踐斯須而盡

- 貴池本、百衲本無『子』字。
- 薛史『子弘章（應作『璋』，疑筆誤，編注）、弘璉、弘璨誅之』，彭本引五代史『宏璋、弘璉、弘璲』。
- 逕改［蹈，編注］。

薛史一〇九

薛史一〇九。

李守貞河陽人也晉高祖鎮河陽以爲客將其後嘗從高祖高祖即位拜客省使監馬全節軍破李金全於安州以功拜宣徽使出帝即位楊光遠反召契丹入寇守貞領義成軍節度使爲侍衛親軍都虞候從出帝幸澶州麻荅以奇兵入鄆州渡馬家口柵於河東守貞馳往破之契丹兵多溺死獲馬數百匹裨將七十餘人徙領泰寧軍節度使以兵二萬討之光遠降其故吏宋顏悉取光遠寶貨名姬善馬獻之守貞守貞德之陰置顏麾下是時凡出師破賊必有德音赦其餘類而光遠黨與十餘人皆亡命捕之甚急樞密使桑維翰緩其制書久

而不下言事者告顔匿守貞所詔取顔殺之守貞大怒乃與維翰有隙賊平行賞守貞悉以駞茶染木給之軍中大怒以帛裹之爲人首梟於木間曰守貞首也守貞以功拜同平章事賜以光遠舊第守貞取旁官民舍大治之爲京師之甲出帝臨幸燕錫恩禮出於諸將契丹入寇出帝再幸澶州杜重威爲北面招討使守貞爲都監晉兵素驕而守貞重威爲將皆無節制行營所至居民豢圂一空至於草木皆盡其始發軍也有賜賚曰掛甲錢及班師又加賞勞曰卸甲錢出入之費常不下三十萬由此晉之公私重困守貞與重威等攻下秦州破

● 駞茶染木。
● 貴池本脫『木』字。
● 貴池本『常』訛『賞』。
● 『秦』，當作『泰』，貴池本正作『泰』，彭本同，局本同。

滿城，殺二千餘人，還爲侍衛親軍都指揮使、領天平軍節度使，又領歸德。是時出帝遣人以書招趙延壽使歸國，延壽詐言思歸，願得晉兵爲應。而契丹高牟翰亦詐以瀛州降，出帝以爲然，命杜重威等將兵應之。初，晉大臣皆言重威不忠，有怨望之心，不可用，乃用守貞。是時重威鎮魏州，守貞嘗將兵往來過魏，重威待之甚厚，多以戈甲金帛奉之。出帝嘗謂守貞曰：「卿常以家財散士卒，可謂忠於國者乎？」守貞謝曰：「皆重威與臣者。」因請與重威俱北。於是卒以重威爲招討使，守貞爲都監，屯于武強。契丹寇鎮定，守貞等軍于中渡，遂與重威降于契丹、契丹以守貞爲司徒。契丹犯京師、拜守貞天平軍節度使。漢高祖入京師、守貞來朝、拜太保河中節度使。高祖崩、杜重威死、守貞懼不自安、以謂漢室新造、隱帝初立、天下易以圖。而門下僧總倫以方術陰干守貞、爲言有非常之相。守貞乃決計反。而趙思綰先以京兆反、遣人以赭黃衣遺守貞。守貞大喜、以爲天人皆應。乃發兵西據潼關、招誘草寇、所在竊發。漢遣白文珂、常思等出軍擊之。已而王景崇又以鳳翔反。景崇與思綰遣人推守貞爲秦王。守貞拜景崇等官爵、又遣人間以蠟丸書遺吳、蜀、契丹、使出兵以牽漢。文珂等攻景崇、思綰久無

百衲本思綰下有等字

僧總倫

• 僧總倫。

• 百衲本「思綰」下有「等」字。

● 「彥珂」，通鑑作「從珂」，宋史二五四有彥珂傳。
● 李守貞、趙思綰、王景崇。
● 「蒲」，彭本作「蒱」，「蒱」、「蒲」通。
● 貴本無「意」字，百衲本同。

功隱帝乃遣樞密使郭威率禁兵將文珂等督攻之諸將皆請先擊思綰景崇威計未知所向行至華州節度使扈彥珂謂威曰三叛連衡以守貞爲主守貞先敗則思綰景崇可傳聲而破矣若捨近圖遠使守貞出兵于後思綰景崇拒戰于前則漢兵屈矣威以爲然遂先擊守貞是時馮道罷相居河陽威初出兵過道家問策道曰君知博乎威少無賴好蒲博以爲道譏之艴然而怒道曰凡博者錢多則多勝錢少則多敗非其不善博所以敗者勢也今合諸將之兵以攻一城較其多少勝敗可知威意大悟謀以遲久困之乃與諸將分爲三栅栅

其城三面而闕其南發五縣丁夫築長城以連三柵守
貞出兵壞長城威輒補其所壞守貞輒出爭之守貞兵
常失十三四如此逾年守貞城中兵無幾而食又盡殺
人而食威曰可矣乃爲期日督兵四面攻而破之初守
貞召總倫問以濟否總倫曰王當自有天下然分野方
災俟殺人垂盡則王事濟矣守貞以爲然常會將吏大
飲守貞指畫虎圖曰吾有天命者中其掌引弓一發中
之將吏皆拜賀守貞益以自負及城破守貞與妻子自
焚漢軍入城於煙燼中斬其首傳送京師梟於南市其
餘黨皆磔之

● 『出』下貴池本有『其』字。
● 百衲本無『及』字，貴本同。

薛史九十八
貴本無而字

張彥澤，其先突厥部人也，後徙居陰山，又徙太原。彥澤爲人驍悍殘忍，目睛黃而夜有光，顧視如猛獸。以善射爲騎將，數從莊宗、明宗戰伐。與晉高祖連姻，高祖時已爲護聖右廂都指揮使、曹州刺史，與討范延光，拜鎮國軍節度使。歲中，徙鎮彰義，爲政暴虐，常怒其子，數笞辱之，子逃至齊州，州捕送京師，高祖以歸彥澤。彥澤上章請殺之，其掌書記張式不肯爲作章，屢諫止之。彥澤怒，引弓射式，式走而免。式素爲彥澤所厚，多任以事，左右小人皆素嫉之，因共譏式，且迫之曰：「不速去，當及禍。」式乃出奔。彥澤遣指揮使李興以二十騎追之，戒曰：「式不

- 薛史九十八。
- 貴本無『而』字。

肯來當取其頭以來。式至衍州，刺史以兵援之，邠州節度使李周留式，馳騎以聞，詔流式商州。彥澤遣司馬鄭元昭詣闕論請，期必得式，且曰：「彥澤若不得張式，患在不測。」高祖不得已與之。彥澤得式，剖心、決口、斷手足而斬之。高祖遣王周代彥澤，以爲右武衛大將軍。周奏彥澤所爲不法者二十六條，并述涇人殘弊之狀。式父鐸詣闕訴冤，諫議大夫鄭受益、曹國珍，尚書刑部郎中李濤、張麟，員外郎麻麟、王禧伏閤上疏，論彥澤殺式之冤，皆不省。濤見高祖切諫，高祖曰：「彥澤功臣，吾嘗許其不死。」濤厲聲曰：「彥澤罪若可容，延光鐵券何在？」高祖怒起

麻麟 百衲本、貴池本作麻濤

伏閤 汲古本、局本作伏闕

● 〔弊，編注〕『敝』，百、貴。
● 『麻麟』，百衲本、貴池本作『麻濤』。
● 『伏閤』，汲古本、局本作『伏闕』。

去濤隨之諫不已高祖不得已召式父鐸弟守貞子希範等皆拜以官爲蠲涇州民稅免其雜役一年下詔罪已然彥澤止削階降爵而已於是國珍等復與御史中丞王易簡率三院御史詣閤門連疏論之不報出帝時彥澤爲左龍武軍大將軍遷右武衞上將軍又遷右神武統軍自契丹與晉戰河北彥澤常在兵間數立戰功拜彰國軍節度使與契丹戰陽城爲契丹所圍而軍中無水鑿井輒壞又天大風契丹順風揚塵奮擊甚銳軍中大懼彥澤以問諸將諸將皆曰今虜乘上風而吾居其下宜待風回乃可戰彥澤以爲然諸將皆去偏將藥

乾隆四年校刊

五代史卷五十二　傳　八　張彥澤

●百衲本無『常』字，貴本同。

●劉校，薛史出帝紀作『相州節度使』，本傳作『出鎮安陽』，通鑑作『彰德節度使』，相州爲彰德軍，『國』字誤。

元福獨留謂彥澤曰今軍中飢渴已甚若待風回吾屬
爲虜矣且逆風而戰敵人謂我必不能所謂出其不意
彥澤卽拔拒馬力戰契丹奔北二十餘里追至衞村又
大敗之契丹遯去開運三年秋杜重威爲都招討使李
守貞兵馬都監彥澤馬軍都排陣使彥澤往來鎭定之
間敗契丹于秦州斬首二千級重威守貞攻瀛州不克
退及武彊聞契丹空國入寇惶惑不知所之而彥澤適
至言虜可破之狀乃與重威等西趨鎭州彥澤爲前鋒
至中渡橋已爲虜所據彥澤猶力戰爭橋燒其半虜小
敗却乃夾河而寨十二月丙寅重威守貞叛降契丹彥

• 拒馬。
• 『泰』，從百衲本改，貴本同，彭同，局同。
• 貴本作『先鋒』。
• 貴本脫『而』字。

澤亦降耶律德光犯闕遣彥澤與傅住兒以二千騎先入京師彥澤倍道疾驅至河衛校夜渡壬申夜五鼓自封丘門斬關而入有頃宮中火發出帝以劒擁後宮十餘人將赴火爲小吏薛超所持彥澤自寬仁門傳德光與皇太后書入乃滅火大內都點檢康福全宿衛寬仁門登樓覘賊彥澤呼而下之諸門皆啓彥澤頓兵明德樓前遣傅住兒入傳戎王宣語帝脫黃袍素服再拜受命使人召彥澤彥澤曰臣無面目見陛下復使召之彥澤笑而不答明日遷帝於開封府帝與太后皇后肩輿宮嬪宦者十餘人皆步從彥澤遣控鶴指揮使李筠以

乾隆四年校刊　　五代史卷五十二　傳　九　張彥澤

● 百衲本、貴池本『曰』上有『謝』字，彭同。

五代史卷五十二　傳

兵監守內外不通帝與太后所上德光表章皆先示彥澤乃敢遣帝使取內庫帛數段主者曰此非帝有也不與又使求酒於李崧崧曰臣家有酒非敢惜慮陛下憂躁飲之有不測之虞所以不進帝姑烏氏公主私賂守門者得入與帝訣歸第自經死德光渡河帝欲郊迎彥澤不聽遣白德光德光報曰天無二日豈有兩天子相見於道路邪乃止初彥澤至京師李濤謂人曰吾禍至矣與其逃於溝竇而不免不若往見之濤見彥澤爲俚語以自投死彥澤笑而厚待之彥澤自以有功於契丹晝夜酣飲自娛出入騎從常數百人猶題其旗幟曰赤

● 百衲本脫『使』字，貴池本同。
● 李『崧』，彭本作『箹』。當時李崧安能見帝，疑李箹爲是，不知彭本何所據也，通鑑亦作李崧。
● 『不進』，當從百衲本作『不敢進』，彭同。
● 汲古本、局本不重『德光』二字。

心爲主迫遷出帝遂輦內庫輸之私第因縱軍士大掠京師軍士邏獲罪人彥澤醉不能問瞋目視之出三手指軍士即驅出斷其腰領皇子延煦母楚國夫人丁氏有色彥澤使人求於太后太后遲疑未與即刼取之彥澤與閤門使高勳有隙乘醉入其家殺數人而去耶律德光至京師聞彥澤刼掠怒鎖之高勳亦自訴於德光德光以其狀示百官及都人問彥澤當誅否百官皆請不赦而都人爭投狀疏其惡乃命高勳監殺之彥澤前所殺士大夫子孫皆縗絰杖哭隨而詬詈以杖扑之彥澤俛首無一言行至北市斷腕出鎖然後用刑勳剖其

- 貴池本無『士』字。
- 史弘肇手法。
- 上一『太后』上，百衲本有『皇』字。
- 彭本『詈』作『罵』。

心祭死者市人爭破其腦取其髓臠其肉而食之
嗚呼晉之事醜矣而惡亦極也其禍亂覆亡之不暇蓋必然之理爾使重威等雖不叛以降虜亦未必不亡然開虜之隙自一景延廣而卒成晉禍者此三人也視重威彥澤之死而晉人所以甘心者可以知其憤疾怨怒於斯人者非一日也至於爭已戮之尸臠其肉剔其髓而食之擠裂蹈踐斯須而盡何其甚哉此自古未有也然當是時舉晉之兵皆在北面國之存亡繫此三人勝敗則其任可謂重矣蓋天下惡之如彼晉方任之如此而終以不悟豈非所謂臨亂之君各賢其臣者歟

百衲本有『之』字，貴同。

百衲本有之字，貴同。

五代史卷五十二考證

杜重威傳初契丹留燕兵千五百人在京師○燕兵千五百人一本作燕京兵五百人

五代史卷五十二考證

五代史卷五十二考證

景崇薛史
無傳

五代史卷五十三

宋　歐　陽　修　撰

雜傳第四十一

王景崇，邢州人也。爲人明敏巧辯，善事人。唐明宗鎮邢州，以爲牙將。其後嘗從明宗，隸麾下。明宗即位，拜通事舍人，歷引進閤門使，馳詔方鎮，監軍征伐，必用景崇。後事晉，累拜左金吾衛大將軍，常怏怏人主不能用其材。晉亡，蕭翰據京師，景崇厚賂其將高牟翰以求用。已而翰北歸，許王從益居京師，用景崇爲宣徽使，監左藏庫。漢高祖起太原，景崇取庫金奔迎高祖，高祖至京師，拜

• 景崇薛史無傳。

景崇右衛大將軍，未之奇也。高祖攻鄴，景崇不得從，乃求留守起居表詣行宮，見高祖，願留軍中効用。爲高祖畫攻戰之策，甚有辯。高祖乃奇其材。是時漢方新造，鳳翔侯益、永興趙贊皆嘗受命契丹，高祖立，益等內顧自疑，乃陰召蜀人爲助。高祖患之。及已破鄴，益等懼，皆請入朝，會回鶻入貢，言爲党項所隔，不得通，願得漢兵爲援。高祖遣景崇以兵迎回鶻。景崇將行，高祖已疾，召入卧內戒之曰：益等已來善矣，若猶遲疑，則以便宜圖之。景崇行至陝，趙贊已東入朝，而蜀兵方寇南山，景崇擊破蜀兵，追至大散關而還。高祖乃詔景崇兼鳳翔巡檢

•『行宮』，百衲本作『行在』，注云『一本作宮』。

•『願』，百衲本訛作『顧』，貴池本亦誤。

貴本欲訛作次

使景崇至鳳翔侯益未有行意而高祖崩或勸景崇可
速誅益景崇念獨受命先帝而少主莫知猶豫未決益
從事程渥與景崇同鄉里有舊往說景崇曰吾與子爲
故人吾位不過賓佐而子已貴矣柰何欲以陰狡害人
而取之乎侯公父子爪牙數百子毋妄發禍行及矣非
吾誰爲子言之於是景崇頗不欲殺益益乃亡去景崇
大悔失不殺之益至京師隱帝新立史弘肇楊邠等用
事益乃厚賂邠等陰以事中景崇已而益拜開封尹景
崇心不自安諷鳳翔將吏求已領府事朝廷患之拜景
崇邠州留後以趙暉爲鳳翔節度使景崇乃叛盡殺侯

乾隆四年校刊

• 貴池本『欲』訛作『次』。

益家屬與趙思綰共推李守貞爲秦王隱帝卽以趙暉討之景崇西招蜀人爲助蜀兵至寶雞爲暉將藥元福李彥從所敗暉攻鳳翔塹而圍之數以精兵挑戰景崇不出暉乃令千人潛之城南一舍僞爲蜀兵旗幟循南山而下聲言蜀救兵至矣須臾塵起景從以爲然乃令數千人潰圍而出以爲應暉設伏以待之景崇兵大敗由是不敢復出明年守貞思綰相次皆敗景崇客周璨謂景崇曰公能守此者以有河中京兆也今皆敗矣何所恃乎不如降也景崇曰誠累君等然事急矣吾欲爲萬有一得之計可乎吾聞趙暉精兵皆在城北令使公

• 『寶』字，百衲本譌作『保』。
• 『從』，當從百衲本改作『崇』，彭同。

薛史一〇九

• 薛史一〇九。

孫輦等燒城東門僞降，吾以牙兵擊其城北，兵脫使不成而死，猶勝於束手也。瓚等皆然之。遲明，輦燒東門將降，而府中火起，景崇自焚矣，輦乃降暉。

趙思綰，魏州人也。爲河中節度使趙贊牙將。漢高祖卽位，徙贊鎭永興，贊入朝京師，留思綰兵數百人於永興。高祖遣王景崇至永興，與齊藏珍以兵迎回鶻，陰以西事屬之。景崇至永興，贊雖入朝，而其所召蜀兵已據子午谷。景崇用思綰兵擊走之，遂與思綰俱西。然以非已兵，懼思綰等有二心，意欲黥其面以自隨，而難言之。乃稍微風其旨，思綰厲聲請先黥以率衆，齊藏珍惡之，竊勸景崇殺思綰，景崇不聽，與俱西。高祖遣使者召思綰等。是時侯益來朝，思綰以兵從益東歸，思綰謂其下常彥卿曰：「趙公已入人手，吾屬至并死矣，奈何？」彥卿曰：「事至而變，勿預言也。」益行至永興，永興副使安友規出迎益，飲于郊亭。思綰前曰：「兵館城東，然將士家屬皆居城中，願縱兵入城，挈其家屬。」益信之以爲然。思綰與部下入城，有州校坐於城門，思綰毆之，奪其佩劍斬之，并斬門者十餘人，遂閉門劫庫兵以叛。高祖遣郭從義、王峻討之，經年莫能下。而王景崇亦叛，與思綰俱送款於李守貞，守貞以思綰爲晉昌軍節度使。隱帝遣郭威西督

• 侯益宋史二五四有傳，薛史此處作供奉官「王益」。劉校謂，以「王益」爲「侯益」誤，是也。
• 貴脫「人」字。
• 貴本脫下一「守貞」。

●『程』，百衲本作『陳』，貴池本同。
●［弊，編注］『敝』，百。
●『劉筠』，薛史作『劉成琦』。

諸將兵先圍守貞於河中居數月思綰城中食盡殺人而食每犒宴殺人數百庖宰一如羊豕思綰取其膽以酒吞之語其下曰食膽至千則勇無敵矣思綰計窮募人爲地道將走蜀其判官程讓能謂思綰曰公比於國無嫌但懼死而爲此爾今國家用兵三方勞弊不已誠能翻然效順率先自歸以功補過庶幾有生若坐守窮城待死而已思綰然之乃遣敎練使劉珪詣從義乞降而遣其將劉筠奉表朝廷拜思綰鎮國軍留後趣使就鎮思綰遲留不行蜀陰遣人招思綰思綰將奔蜀而從義亦疑之乃遣人白郭威威命從義圖之從義因入城

召思綰趣之上道至則擒之。思綰問曰、何以用刑。告者曰、立釘也。思綰厲聲曰、爲吾告郭公、吾死未足塞責、然釘磔之醜、壯夫所恥、幸少假之。從義許之、父子俱斬於市。

慕容彥超、吐谷渾部人、漢高祖同產弟也。嘗冒姓閻氏。彥超黑色胡髯、號閻崑崙。少事唐明宗爲軍校、累遷刺史。唐晉之間、歷磁、單、濮、棣四州。坐濮州造麴受賕、法當死、漢高祖自太原上章論救、得減死、流于房州。契丹滅晉、漢高祖起太原、彥超自流所逃歸漢、拜鎮寧軍節度使。杜重威反于魏、高祖以天平軍節度使高行周爲都

• 薛史一三〇，薛史此傳有闕文。

部署以討之以彥超爲副彥超與行周謀議多不協行周用兵持重兵至城下久之不進彥超欲速戰而行周不許行周有女嫁重威子彥超揚言行周以女故惜賊城而不攻行周大怒高祖聞二人不相得懼有他變由是遽親征彥超數以事淩辱行周行周不能忍見宰相涕泣以屎塞口以自訴高祖知曲在彥超遣人慰勞行周召彥超責之又遣詣行周謝過行周意稍解是時漢兵頓魏城下已久重威守益堅諸將皆知未可圖方伺其隙而彥超獨言可速攻高祖以爲然因自督士卒急攻死傷者萬餘人由是不敢復言攻後重威出降高祖

- 百衲本『部署』上無『都』字，貴池本同。
- 『欲速戰』，百衲本、貴池本作『欲速進戰』。

以行周爲天雄軍節度使、行周辭不肯受。高祖遣蘇逢吉諭之曰、吾當爲爾徙彥超。行周乃受、而彥超徙鎭泰寧。隱帝已殺史弘肇等、又遣人之魏殺周太祖、及王峻等、懼事不果、召諸將入衛京師。使者至兗、彥超方食、釋匕箸而就道。周兵犯京師、開封尹侯益謂隱帝曰、北兵之來、其家屬皆在京師、宜閉門以挫其銳、遣其妻子登陴以招北兵、可使解甲。彥超誚益曰、益老矣、此懦夫之計也。隱帝乃遣彥超副益將兵于北郊。周兵至、益夜叛降于周。彥超力戰于七里。隱帝出勞軍、太后使人告彥超善衛帝、彥超大言報曰、北兵何能爲、當於陣上喝坐

肯　百衲本貴池本作敢

吉　汲古本誤作言

七里

•『肯』字，百衲本、貴池本作『敢』。
•『吉』，汲古本誤作『言』。
•七里。

使歸營又謂隱帝曰官家宮中無事明日可出觀臣戰明日隱帝復出勞軍彥超戰敗奔兗州隱帝遇弑于北郊周太祖入立彥超不自安數有所獻太祖報以玉帶又賜詔書安慰之呼彥超爲弟而不名又遣翰林學士魚崇諒往慰諭之彥超心益疑懼已而劉旻自立于太原出兵攻晉絳太祖遣王峻用兵西方彥超乘間亦謀反遣押衙鄭麟至京師求入朝太祖知其詐手詔許之彥超復稱管內多盜而止又爲高行周所與書以進其辭皆斥指周過失若欲共反者太祖驗其印文僞以書示行周彥超又遣人南結李昪昪出兵攻沭陽爲周兵

·貴池本脫『所』字。
·『魚』，百衲本作『魯』，誤。貴池本作『魚』，不誤。
·『沭』，百衲本訛作『沐』。

所敗而劉旻攻晉絳不克解去太祖乃遣侍衛步軍指揮使曹英客省使向訓討之彥超閉城自守初彥超之反也判官崔周度諫曰魯詩書之國也自伯禽以來未有能霸者然以禮義得之而長世者多矣今公英武一代之豪傑也若量力相時而動可以保富貴而終身李河中安襄陽鎮陽杜令公近歲之龜鑑也彥超大怒未有以害之已而見圍因大括城中民貲以犒軍前陝州司馬閻弘魯懼其鞭扑乃悉家貲以獻彥超以為未盡又欲并罪周度乃令周度監括弘魯家周度謂弘魯曰公命之死生繫財之多少願無隱也弘魯遣家僮與周

• 「得之」，當從百衲本作「守之」，彭同，貴本同，通鑑亦作「守」。
• 「而終身」，百衲本無「而」字，貴同。
• 百衲本作「扑」，彭同。

- 崔周度。
- 貴池本、百衲本、彭本『使』上有『又』字。
- 質庫。

度斸掘搜索無所得彥超又遣鄭麟持刃迫之弘魯惶恐拜其妻妾妻妾皆言無所隱周度入白彥超彥超不信下弘魯及周度于獄弘魯乳母於泥中得金纏臂獻彥超欲贖出弘魯彥超大怒遣軍校笞弘魯夫婦肉爛而死遂斬周度于市是歲鎭星犯角亢占曰角亢鄭分兖州當焉彥超卽率軍府將吏步出西門三十里致祭迎於開元寺塑像以事之日常一至使民家立黃幡以禳之彥超爲人多智詐而好聚斂在鎭嘗置庫質錢有奸民爲僞銀以質者主吏久之乃覺彥超陰敎主吏夜穴庫垣盡徙其金帛于佗所而以盜告彥超卽牓于市

使民自占所質以償之民皆爭以所質物自言已而得質僞銀者寘之深室使教十餘人日夜爲之皆鐵爲質而包以銀號鐵胎銀其被圍也勉其城守者曰吾有銀數千鋌當悉以賜汝軍士私相謂曰此鐵胎爾復何用哉皆不爲之用明年五月太祖親征城破彥超夫妻皆投井死其子繼勳率其徒五百人出奔被擒遂滅其族兗州平太祖詔贈閻弘魯左驍衛大將軍崔周度祕書監

五代史卷五十三

• 鐵胎銀。
• 「鋌」，彭本作「挺」，貴池本亦作「挺」。

五代史卷五十四

宋　歐陽修　撰

雜傳第四十二

傳曰、禮義廉恥、國之四維。四維不張、國乃滅亡。善乎管生之能言也。禮義、治人之大法；廉恥、立人之大節。蓋不廉則無所不取、不恥則無所不爲。人而如此、則禍亂敗亡、亦無所不至、況爲大臣而無所不取、無所不爲、則天下其有不亂、國家其有不亡者乎。予讀馮道長樂老叙、見其自述以爲榮、其可謂無廉恥者矣、則天下國家可從而知也。予於五代得全節之士三、死事之臣十有五、

• 薛史卷一二六。
• 『不爲』上，貴池本脫『無所』二字，百衲本同。
• 『可謂』，貴池本作『所謂』。

而怪士之被服儒者以學古自名而享人之祿任人之國者多矣然使忠義之節獨出於武夫戰卒豈於儒者果無其人哉豈非高節之士惡時之亂薄其世而不肯出歟抑君天下者不足顧而莫能致之歟孔子以謂十室之邑必有忠信豈虛言也哉予嘗得五代時小說一篇載王凝妻李氏事以一婦人猶能如此則知世固常有其人而不得見也凝家青齊之間爲虢州司戶參軍以疾卒于官凝家素貧一子尚幼李氏携其子負其遺骸以歸東過開封止旅舍旅舍主人見其婦人獨携一子而疑之不許其宿李氏顧天已暮不肯去主人牽其

● 『常』有，汲古本、彭本、百衲本、局本作『嘗』，當改。
● 貴池本缺『旅舍』二字。

• 百衲本、貴池本脫『之』字。
• 薛一二六。
• 劉校，先充翰林學士，後爲戶部侍郎。

臂而出之李氏仰天長慟曰我爲婦人不能守節而此手爲人執邪不可以一手幷汚吾身卽引斧自斷其臂路人見者環聚而嗟之或爲之彈指或爲之泣下開封尹聞之白其事于朝官爲賜藥封瘡厚卹李氏而笞其主人者嗚呼士不自愛其身而忍恥以偷生者聞李氏之風宜少知愧哉

馮道字可道瀛州景城人也事劉守光爲參軍守光敗去事宦者張承業承業監河東軍以爲巡官以其文學薦之晉王爲河東節度掌書記莊宗卽位拜戶部侍郎充翰林學士道爲人能自刻苦爲儉約當晉與梁夾河

百衲本貴池本脫之字

薛126

劉校先充翰林學士後爲戶部侍郎

而軍道居軍中爲一茅庵不設床席卧一束芻而已所
得俸祿與僕厮同器飲食意恬如也諸將有掠得人之
美女者以遺道道不能却寘之別室訪其主而還之其
解學士居父喪于景城遇歲饑悉出所有以賙鄉里而
退耕于野躬自負薪有荒其田不耕者與力不能耕者
道夜往潛爲之耕其人後來媿謝道殊不以爲德服除
復召爲翰林學士行至汴州遇趙在禮作亂明宗自魏
擁兵還犯京師孔循勸道少留以待道曰吾奉詔赴闕
豈可自留乃疾趨至京師莊宗遇弒明宗卽位雅知道
所爲問安重誨曰先帝時馮道何在重誨曰爲學士也

• 此等事，真實與僞行，殊難分辨，道雖有此，不足晚蓋。
• 百衲本無『作』字，貴本同。
• 貴池本『弒』上脫『遇』字。
• 『疾趨』，汲古本、局本作『遂趨』。

薛史「端明之號，自道始也」。
「銜轡」，汲古本、局本作「御輿」。薛史與此同。

薛史端明之號自道始也

銜轡汲古本作御輿薛史與此同

明宗曰吾素知之此眞吾宰相也拜道端明殿學士遷兵部侍郎歲餘拜中書侍郎同中書門下平章事天成長興之間歲屢豐熟中國無事道嘗戒明宗曰臣爲河東掌書記時奉使中山過井陘之險懼馬蹷失不敢怠於銜轡及至平地謂無足慮遽跌而傷凡蹈危者慮深而獲全居安者患生於所忽此人情之常也明宗問曰天下雖豐百姓濟否道曰穀貴餓農穀賤傷農因誦文士聶夷中田家詩其言近而易曉明宗顧左右錄其詩常以自誦水運軍將於臨河縣得一玉杯有文曰傳國寶萬歲杯明宗甚愛之以示道道曰此前世有形之寶

爾王者固有無形之寶也明宗問之道曰仁義者帝王之寶也故曰大寶曰位何以守位曰仁明宗武君不曉其言道已去召侍臣講說其義嘉納之道相明宗十餘年明宗崩相愍帝潞王反於鳳翔愍帝出奔衛州道率百官迎潞王以入是爲廢帝遂相之廢帝卽位時愍帝猶在衛州後三日愍帝始遇弒崩已而廢帝出道爲同州節度使踰年拜司空晉滅唐道又事晉晉高祖拜道守司空同中書門下平章事加司徒兼侍中封魯國公高祖崩道相出帝加太尉封燕國公罷爲匡國軍節度使徙鎮威勝契丹滅晉道又事契丹朝耶律德光於京

• 明宗在位僅八年。
• 百衲本無『以』字，無『時』字，貴池本同。

師德光責道事晉無狀，道不能對。又問曰：「何以來朝？」對曰：「無城無兵，安敢不來。」德光誚之曰：「爾是何等老子？」對曰：「無才無德癡頑老子。」德光喜，以道爲太傅。德光北歸，從至常山。漢高祖立，乃歸漢，以太師奉朝請。周滅漢，道又事周，周太祖拜道太師，兼中書令。道少能矯行以取稱於世，及爲大臣，尤務持重以鎮物，事四姓十君，益以舊德自處。然當世之士無賢愚，皆仰道爲元老，而喜爲之稱譽。耶律德光嘗問道曰：「天下百姓如何救得？」道爲俳語以對曰：「此時佛出救不得，惟皇帝救得。」人皆以謂契丹不夷滅中國之人者，賴道一言之善也。周兵反犯

貴池本仰訛迎

● 貴池本『仰』訛『迎』。

京師，隱帝已崩，太祖謂漢大臣必行推戴，及見道，道殊無意。太祖素不拜道，因不得已拜之，道受之如平時，太祖意少沮，知漢未可代，遂陽立湘陰公贇爲漢嗣，遣道迎贇于徐州。贇未至，太祖將兵北至澶州，擁兵而返，遂代漢。議者謂道能沮太祖之謀而緩之，終不以晉漢之亡責道也。然道視喪君亡國亦未嘗以屑意。當是時，天下大亂，戎夷交侵，生民之命，急於倒懸，道方自號長樂老，著書數百言，陳己更事四姓及契丹所得階勳官爵以爲榮，自謂孝於家，忠於國，爲子、爲弟、爲人臣、爲司長、爲夫、爲父，有子、有孫。時開一卷，時飲一杯，食味、別聲、被

● 「素不」，百衲本脫「不」字，彭本、局本同。以文義考之，當去「不」字。
● 「倒懸」，貴池本作「倒掛」。
● 「司長」，薛史、通鑑、彭本、局本均作「師長」，不改，作校記。

色、老安於當代、老而自樂、何樂如之。蓋其自述如此。道前事九君、未嘗諫諍。世宗初卽位、劉旻攻上黨、世宗曰、劉旻少我、謂我新立而國有大喪、必不能出兵以戰。且善用兵者、出其不意、吾當自將擊之。道乃切諫以爲不可。世宗曰、吾見唐太宗平定天下、敵無大小皆親征。道曰、陛下未可比唐太宗。世宗曰、劉旻烏合之衆、若遇我師、如山壓卵。道曰、陛下作得山定否。世宗怒起去、卒自將擊旻、果敗旻于高平。世宗攻淮南、定三關、威武之振、自高平始。其擊旻也、鄙道不以從行、以爲太祖山陵使。葬畢而道卒、年七十三、謚曰文懿、追封瀛王。道旣卒、時

・『攻淮南』，彭本『攻』作『取』。
・薛史考證引五代通錄，謚文懿，見通鑑考異。

人皆共稱歎以謂與孔子同壽其喜爲之稱譽蓋如此

道有子吉

李琪字台秀河西燉煌人也其兄珽唐末舉進士及第爲監察御史丁内艱貧無以葬乞食而後葬珽飢臥廬中聞者哀憐之服除還拜御史荆南成汭辟掌書記吳兵圍杜洪梁太祖遣汭與馬殷等救洪汭以大舟載兵數萬珽爲汭謀曰今一舟容甲士千人糗糧倍之緩急不可動若爲敵人縻之則武陵武安必爲公之後患不若以勁兵屯巴陵壁不與戰吳兵糧盡則圍解矣汭不聽果敗溺死趙匡凝鎮襄陽又辟掌書記太祖破匡凝

● 馮吉。薛史五十八。
● 『内艱』，百衲本作『内難』。
● 李珽，薛史二十四。

得斑喜曰此眞書記也太祖卽位除考功員外郎知制誥斑度太祖不欲先用故吏固辭不拜出知曹州曹州素劇難理前刺史十餘輩皆坐事廢斑至以治聞遷兵部郎中崇政院直學士許州馮行襲病行襲有牙兵二千皆故蔡卒太祖懼爲變行襲爲人嚴酷從事魏峻切諫行襲怒誣以贓下獄欲誅之乃遣斑代行襲爲留後斑至許州止傳舍慰其將吏行襲病甚欲使人代受詔斑曰東首加朝服禮也乃卽臥內見行襲道太祖語行襲感泣解印以授斑斑乃理峻冤立出之還報太祖太祖喜曰斑果辦吾事會歲饑盜劫汴宋間曹州尤甚太

- 『坐事廢』，百衲本作『坐廢』，貴同。
- 貴池本脫下一『太祖』。

柴德賡點校

祖復遣斑治之斑至索賊得大校張彥珂斑甥李郊等
及牙兵百餘人悉誅之召拜左諫議大夫太祖幸河北
至內黃顧斑曰何謂內黃斑曰河南有外黃下黃故此
名內黃太祖曰外黃下黃何在斑曰秦有外黃都尉在
今雍丘下黃爲北齊所廢在今陳留太祖平生不愛儒
者聞斑語大喜友珪立除右散騎常侍侍講袁象先討
賊斑爲亂兵所殺琪少舉進士博學宏辭累遷殿中侍
御史與其兄斑皆以文章知名唐亡事梁太祖爲翰林
學士梁兵征伐四方所下書詔皆琪所爲下筆輒得太
祖意末帝時爲御史中丞尚書左丞拜同中書門下平

- 『下黃』，薛史作『小黃』，下黃即小黃。
- 內黃。
- 『在今』，百衲本、貴池本均作『今在』，不改。
- 李琪始此。

章事，與蕭頃同爲宰相。頃性畏慎周密，琪倜儻負氣不拘小節，二人多所異同。而琪內結趙巖、張漢傑等爲助，以故頃言多沮。頃嘗摘撫其過，琪所私吏，當得試官，琪改試爲守。爲頃所發，末帝大怒，欲竄逐之，而巖等救解，乃得罷爲太子少保。唐莊宗滅梁，得琪，欲以爲相，而梁之舊臣多嫉忌之，乃以爲太常卿，遷吏部尚書。同光三年秋，天下大水，京師乏食，尤甚，莊宗以朱書御札詔百寮上封事。琪上書數千言，其說漫然無足取，而莊宗獨稱重之，遂以爲國計使，方欲以爲相，而莊宗崩。明宗入洛陽，羣臣勸進，有司具儀，用柩前即位故事。霍彥威、孔

● 百衲本脫「而」字。
● 「其過」，彭本作「琪過」。
● 「試與守」，薛史、通鑑俱作改「攝爲守」。

循等請改國號絶土德，明宗武君，不曉其說，問曰：何謂改號？對曰：莊宗受唐錫姓，爲宗屬，繼昭宗以立，而號國曰唐。今唐天命已絶，宜改號以自新。明宗疑之，下其事羣臣，羣臣依違不決。琪議曰：殿下宗室之賢，立功三世，今興兵向闕，以赴難爲名，而欲更易統號，使先帝便爲路人，則煢然梓宮，何所依往？明宗以爲然，乃發喪成服而後卽位，以琪爲御史中丞。自唐末喪亂，朝廷之禮壞，天子未嘗視朝，而入閤之制亦廢。常參之官日至正衙者，傳聞不坐卽退，獨大臣奏事，日一見便殿，而侍從內諸司，日再朝而已。明宗初卽位，乃詔羣臣五日一隨宰

入閤之制

• 入閤之制。

相入見內殿謂之起居琪以謂非唐故事請罷五日起居、而復朔望入閤明宗曰五日起居吾思所以數見羣臣也不可罷、而朔望入閤可復。然唐故事天子日御殿見羣臣曰常參朔望薦食諸陵寢有思慕之心不能臨前殿則御便殿見羣臣曰入閤宣政前殿也謂之衙、衙有仗。紫宸便殿也謂之閤其不御前殿而御紫宸也乃自正衙喚仗由閤門而入百官俟朝于衙者因隨以入見故謂之入閤然衙朝也其禮尊閤宴見也其事殺自乾符已後因亂禮闕天子不能日見羣臣而見朔望故正衙常日廢仗而朔望入閤有仗其後習見遂以入閤爲重至出御前殿猶謂之入閤其後亦廢至是而復然有司不能講正其事凡羣臣五日一入見中興殿便殿也此入閤之遺制而謂之起居朔望一出御文明殿前殿也反謂之入閤琪皆不能正也琪又建言入閤有待制次對官論事而內殿起居一見而退欲有言者無由自陳非所以數見羣臣之意也明宗乃詔起居日有言事者許出行自陳又詔百官以次轉對是時樞密使安重誨專權用事重誨前騶過御史臺門殿直馬延議論之重誨即臺門斬延而後奏琪爲中丞畏重誨不敢彈糾又懼諫官論列乃託宰相任圜先白重誨而後糾然

•『議論』，百衲本作『誤衝』，貴池本同，局、彭、汲古本同。

猶依違不敢正言其事。豆盧革等罷相，任圜議欲以琪爲相，而孔循、鄭珏沮之，乃止。遷尚書右僕射。琪以狀申中書，言開元禮，僕射上事日，中書門下率百官送上。中書下太常禮院，言無送上之文。而琪已落新授，復舉上儀，皆不可。明宗討王都，已破定州，自汴還洛，琪當率百官至上東門，而請至偃師奉迎。其奏章言敗契丹之兇黨，破眞定之逆城，坐誤以定州爲眞定，罰俸一月。霍彥威卒，詔琪撰神道碑文。彥威故梁將，而琪故梁相也，叙彥威在梁事，不曰僞，爲馮道所駁。琪爲人重然諾，喜稱人善。少以文章知名，亦以此自負。既貴，乃刻牙版爲金

薛史『左僕射』。

一字之誤，罰俸一月。

薛史左僕射

一字之誤罰俸一月

字曰前鄕貢進士李琪常置之坐側。爲人少持重，不知進退，故數爲當時所沮。以太子少傅致仕，卒年六十。

鄭珏，唐宰相綮之諸孫也。其父徽爲河南尹張全義判官。珏少依全義居河南，舉進士數不中，全義以珏屬有司，乃得及第。昭宗時爲監察御史。梁太祖卽位，拜左補闕。梁諸大臣以全義故，數薦之，累拜中書舍人、翰林學士奉旨。末帝時，拜中書侍郎、同中書門下平章事。唐莊宗自鄆州入汴，末帝聞唐兵且至，惶恐不知所爲，與李振、敬翔等相持慟哭，因召珏問計安出。珏曰：「臣有一策，不知陛下能行否？」末帝問其策如何，珏曰：「願得陛下傳

- 劉校，薛史明宗紀同本傳作『太傅』。
- 薛史五十八。
- 百衲本、貴池本作『願陛下以傳國寶馳入唐軍』。

國寶馳入唐軍，以緩其行而待救兵之至。末帝曰：「事急矣，寶固不足惜，顧卿之行能了事否？」珏俛首徐思曰：「但恐不易了。」於是左右皆大笑。莊宗入汴，珏率百官迎謁道左，貶萊州司戶參軍，量移曹州司馬。張全義爲言於郭崇韜，復召爲太子賓客。明宗即位，欲用任圜爲相，而安重誨以圜新進，不欲獨相之，以問樞密使孔循。循嘗事梁，與珏善，因言珏故梁相，性謹慎而長者，乃拜珏平章事。明宗幸汴州，六軍家屬自洛遷汴，而明宗又欲幸鄴都，軍士愁怨，大臣頗以爲言，明宗不省，上下洶洶，轉相動搖。獨珏稱贊以爲當行。趙鳳極言於安重誨，重誨

● 百衲本、貴池本無『末』字。
● 薛史、通鑑無『參軍』二字。

驚懼，入見明宗切諫，乃詔罷其行，而珏又稱贊，以爲宜罷。珏在相位既碌碌無所爲，又病聾，孔循罷樞密使，珏不自安，亟以疾求去職，明宗數留之，珏章四上，乃拜左僕射致仕，賜鄭州莊一區，卒贈司空。

李愚字子晦，渤海無棣人也。愚爲人謹重寡言，好學爲古文。滄州節度使盧彥威以愚爲安陵主簿，丁母憂解去。後遊關中，劉季述幽昭宗於東内，愚以書說韓建，使圖興復，其言甚壯，建不能用。乃去之洛陽，舉進士、宏詞，爲河南府參軍。白馬之禍，愚復去之山東，與李延光相善。延光以經術事梁末帝，爲侍講，數稱薦愚，愚由此得

• 『稱贊』下百衲本有『之』字，當增。
• 薛史六十七。
• 貴本脫『爲』字。

召久之，拜左拾遺、崇政院直學士。衡王友諒，末帝兄也，梁大臣李振等皆拜之，獨愚長揖。末帝以責愚曰：「衡王朕拜之，卿獨揖可乎？」愚曰：「陛下以家人禮見之，則拜宜也，臣於王無所私，豈宜妄有所屈。」坐言事忤旨，罷爲鄧州觀察判官。唐莊宗滅梁，愚朝京師，唐諸公卿素聞愚學古，重之，拜主客郎中、翰林學士。魏王繼岌伐蜀，辟愚都統判官。蜀道阻險，議者以謂宜緩師待變而進。招討使郭崇韜以決於愚，愚曰：「王衍荒怠亂國之政，其人厭之，乘其倉卒，擊其無備，其利在速，不可緩也。」崇韜以爲然，而所至迎降，遂以滅蜀。初，軍行至寶雞，招討判官陳乂稱疾請留，愚厲聲曰：「陳乂見利則進，知難則止，今大軍涉險，人心易搖，正可斬之以徇。」由是軍中無敢言留者。明宗即位，累遷兵部侍郎承旨。明宗祀天南郊，愚爲宰相馮道、趙鳳草加恩制，道鄙其辭，罷爲太常卿。任圜罷相，乃拜愚中書侍郎、同平章事。愚爲相不治第宅，借延賓館以居。愚有疾，明宗遣宦官視之，見其敗氈弊席，四壁蕭然。明宗嗟嘆，命以供帳物賜之。潞王反，兵犯京師，愍帝夜出奔。明日，愚與馮道至端門，聞帝已出，而朱弘昭、馮贇皆已死，愚欲至中書候太后進止。道曰：「潞王已處處張牓招安，今即至矣，何暇候太后旨邪。」乃相與

• 百衲本、貴池本無『兵』字。
• 『何暇』，百衲本作『何可』。

薛史九十二

粥飯僧

出迎廢帝入立，罷道出鎮同州，以劉昫爲相。昫性褊急，而愚素剛介，動輒違戾。昫與馮道姻家，愚數以此誚昫，兩人遂相詆訐，乃俱罷。愚守左僕射。是時兵革方興，天下多事，而愚爲相，欲依古以創理，乃請頒唐六典示百司，使各舉其職，州縣貢士作鄉飲酒禮，時以其迂闊不用。愍帝即位，有意於治，數召學士問以時事，而以愚爲迂，未嘗有所問。廢帝亦謂愚等無所事，嘗目宰相曰：此粥飯僧爾，以謂飽食終日而無所用心也。清泰二年，以疾卒。

盧導字熙化，范陽人也。唐末舉進士，爲監察御史。唐亡，

乾隆四年校刊

• 粥飯僧。
• 薛史九十二。

事梁，累遷左司郎中、侍御史知雜事，以病免。唐明宗時召拜右諫議大夫，遷中書舍人。潞王從珂自鳳翔以兵犯京師，愍帝出奔于衞州，宰相馮道、李愚集百官于天宮寺，將出迎潞王于郊，京師大恐，都人藏竄，百官久而不集，惟導與舍人張昭先至。馮道請導草牋勸進，導曰：「潞王入朝，郊迎可也，若勸進之事，豈可輕議哉。」道曰：「勸進其可已乎。」導曰：「今天子蒙塵于外，遽以大位勸人，若潞王守節不回，以忠義見責，其將何辭以對。且上與潞王皆太后子也，不如率百官詣宮門取太后進止。」語未及終，有報曰：「潞王至矣。」京城巡檢使安從進催百官班

• 薛史『右司郎中』。
• 薛史作『張昭遠』。
• 百衲本無『及』字。

● 『正陽門』，薛史、通鑑均作『上陽門』，改。
● 『促』，彭誤作『從』。
● 薛史七十一。
● 『去』，貴池本空一字。

迎百官紛然而去。潞王止于正陽門外，道又促導草牋。導對如初。李愚曰：「吾輩罪人，盧舍人言是也。」導終不草牋。導後事晉爲吏部侍郎，天福六年卒，年七十六。

司空頲，貝州清陽人也。唐僖宗時舉進士，不中，後去爲羅紹威掌書記。紹威卒，入梁爲太府少卿。楊師厚鎮天雄，頲解官往依之。師厚卒，賀德倫代之。張彥之亂，命判官王正言草奏詆斥梁君臣。正言素不能文辭，又爲兵刃所迫，流汗浹背，不能下筆。彥怒，推正言下榻，詬曰：「鈍漢辱我！」顧書吏問誰可草奏者，吏即言頲羅王時書記，乃馳騎召之。頲爲亂兵劫其衣，以弊服蔽形而至。見彥長揖，神氣自若，揮筆成文，而言甚淺鄙。彥以其易曉，甚喜，即給以衣服僕馬，遂以爲德倫判官。德倫以魏博降晉，晉王兼領天雄，仍以頲爲判官。梁晉相距河上，常以頲權軍府事。頲爲郭崇韜所惡，崇韜數言其受賂。都虞候張裕多過失，頲屢以法繩之，頲有姪在梁，遣家奴召之，裕擒其家奴，以謂通書于梁，莊宗族殺之。

五代史卷五十四

安重誨傳作誤衡諸本並同不知館臣據何本擅改

五代史卷五十四考證

李琪傳重誨前騶過御史臺門殿直馬延議論之○議論一本作誤衡

• 安重誨傳作『誤衡』，諸本並同，不知館臣據何本擅改。

五代史卷五十四考證